스피노자의 귀환

스피노자의 귀환

현대철학과 함께 돌아온
사유의 혁명가

서동욱·진태원 엮음

죽음 속으로 사라졌나? 아니,
귀환이 비로소 철학자를 영예롭게 한다

귀환은 강력하고 파괴적이다. 돌아온 한 기사(騎士)가 서 있다.

이윽고 제다이의 귀환은 적들에 대한 다음과 같은 경고와 더불어 그 무서움을 드러내기 시작한다. "자바, 이것이 너의 마지막 기회야. 우리를 자유롭게 하든가, 네가 파멸하든가." 그리고 루크 스카이워커는 자바의 함선 위에서 예상치 못한 멋진 공중제비를, 철학자라면 사유의 모험으로 보여 주었을 곡예를 시전한다.

스피노자의 귀환은 '우리를 자유롭게 하라'는 저 경고와 더불어 이루어지고 있으니, 제다이는 스피노자를 흉내 내며 귀환하고 있다. 정치적 억압과 잘못된 믿음으로부터 우리를 자유롭게 하는 것. 그것이 스피노자가 대표적인 두 저작 『신학 정치론』과 『에티카』를 통해 평생 실현하려던 바였다.

1677년 2월 21일 사람들은 네덜란드의 얼어붙은 땅을 깨트리고 스피노자를 묻었다. 그의 적들은 세상을 청소하는 죽음의 신이 멋진 작품을 만들어 낸 줄 알고 안도했으리라. 그러나 겨울의 땅속으로 사라진 것은 무엇인가? 아무것도 없다. 스피노자는 우리 시대의 철학이 되어 돌아왔으며 그 귀환 속에서 그는 자신이 살았던 시대보다 더 큰 거인이 되었다. 이 책은 바로 저 귀환의 이야기이다.

귀환의 이야기는 기나긴 전사(前史)를 거친다. 스피노자는 이성이 비로소 빛을 발하는 시대, 보통 우리가 근대라고 부르는 17세기에 태어나 저 빛의 위력을 보여 준 철학자이다. 데카르트가 근대의 자연 과학이 발견한 법칙을 선(善)한 신의 보증 아래에서 유효한 것으로, 여전히 신학적 섭리 아래 제한해 두었다면, 스피노자는 선한 의지를 지닌 신 같은 것에 의존하지 않고 이성이 파악할 수 있는 합리적 법칙 아래 전 우주를 두었다. 그리고 그 자연의 법칙의 지배를 받는 인간이, 자연법칙이 아니라 그에게 공포를 주는 비합리적 기제에 의해 억압되는 정치적 현실을 비판에 부쳤다. 합리적 지식에 대한 옹호, 신학이 인간을 굴종시키는 구질서에 대한 반발, 인간의 자유와 민주주의에 대한 헌신이 스피노자라는 이름을 가득 채운다.

죽음 이후에 스피노자는 계몽주의의 불씨가 된다. 또한 독일 관념론의 경쟁 상대가 되고, 낭만주의 문학과 예술 비평에 영감을 불어넣는다. 절대자 속에서 모든 것을 사유하려 했던 독일 관념론은, 그런 사유의 기획을 앞서 달성했던 스피노자로부터 자극받으며 성장하지만, 동시에 그 과정은 스피노자를 오인 속에 폄하하는 과정을 포함하기도 했다. 가령 헤겔은 스피노자의 절대자를 스스로 운동하지 못하는 죽은 신으로 여겼다. 운동하지 못하는 절대자는 당연히 우리 자신과 같은 개별자를 생산해 내지도 못한다. 이런 오해는 20세기 중반에 와서야 스피노자의 기하학적 방법은 정적인 것이 아니라 역동성을 포함한다는 것을 보여 준 스피노자 학자들에 의해 풀린다.

현대에 들어선 스피노자는 20세기 전반을 화려하게 장식한 주체의 의식에 관한 철학의 그늘 아래 묻히게 된다. 현상학 또는 실존주의라는 이름으로도 일컬어지는 이 철학은 유한한 우리 의식의 관점에서 세상의 법칙을 구성해 보려고 한다. 그러나 스피노자에게서 우리 유한자의 의식이란 절대적인 자연의 법칙에서 결과하는 것이지, 법칙을 구성하는 근본 자리에 놓여 있는 것이 아니다.

스피노자 당대의 보수적인 세력으로부터의 증오, 독일 관념론의 오해, 20세기 의식 철학의 각광 이면으로의 침잠. 스피노자는 잊힌 적은 없으나 올바로 알려질 기회 역시 정당하게 가져 보지 못하고 사상사의 길을 걸어왔다. 그러나 눈부신 귀환은 이루어진다. 1960년대 프랑스를 중심으로 이루어진 스피노자 연구 이후 스피노자는 진보적인 현대철학자들이 자신의 무기를 주조해 내기 위한 거대한 대장간이나 다름없었다. 그것은 헤파이스토스의 망치 끝에서 태어난 아킬레우스의 무구들처럼 강력하게 우리 시대를 흔들어 놓았다. 이 책은 그 진동의 기록이다.

현대철학 안에 스며든 스피노자의 숨결을 최선의 넓은 시야 속에서 추적하기 위해 이 책은 1부를 할애해 현대철학의 여명기에 선 세 사상가 니체, 프로이트, 하이데거로부터 시작한다. 서구의 전통적 가치를 전복한 니체, 무의식을 발견한 프로이트, 정서가 가지는 근본적 의미를 간파한 하이데거 철학 속에서 스피노자의 흔적을 추적함으로써 어떻게 스피노자가 현대철학을 미리 달성하고 있었는지를 드러낸다.

2부에선 우리 시대를 대표하는 사상가들인 라캉, 들뢰즈, 푸코, 바디우가 스피노자와 마주치는 모습을 보여 준다. 스피노자와 마주쳤지만 스피노자의 철학을 감당 불가능한 것으로 판단하면서 주체 이론을 전개한 라캉, 초월적인 절대자를 제거한 스피노자적 내재성의 바탕 위에서 존재론을 구축한 들뢰즈, 스피노자의 이름을 내세운 연구를 수행하지는 않았으나 스피노자와 동일하게 실체성보다 관계의 관점에서 개체와 권력을 조망한 푸코, 스피노자가 명시적으로 말한 것 배후에 숨겨진 층으로부터 철학적 영감을 길어 낸 바디우를 탐구한다.

스피노자가 현대철학에 끼친 절대적인 영향력은 정치 철학 분야에 깊은 흔적으로 남아 있다. 3부는 현대의 대표적인 진보적 정치 철학과 스피노자의 마주침을 다룬다. 스피노자의 인간학을 배경으로 이데올로기론을 구축한 알튀세르, 유물론으로서 스피노자 철학이 발휘하는 정치적 힘을 다각도에서 탐구한 네그리, 스피노자에게서 자연학적 아포리아와 정치학적 아포리아를 발견하고, 이것을 예속에서 해방으로의 이행에 자리 잡은 불가결한 요소로 부각한 발리바르를 살펴본다.

4부는 현대 스피노자 연구를 대표하는 프랑스의 두 철학자 피에르 프랑수아 모로 그리고 앙드레 토젤이 이 책의 독자를 위해 각자 수행한 두 편의 대담으로 구성하고 있다. 앞서 말했듯 스피노자의 귀환은 현대 프랑스 철학의 연구 토양과 긴밀히 연관되어 있는데, 이 두 학자는 스피노자가 어떻게 현대의 연구 토양으로 귀환했는지, 그리고 스피노자가 스며든 그 토양 속에서 어떤 문제들과 더불어 현대철학이 성장했는지를 세밀하고도 넓게 그려 보인다. 그 결과 우리는 이들 대담을 통해서 현대 철학의 현장을 생생하게 증언한 매우 중요한 자료를 가지게 된다.

책 전체 구성을 소개했는데, 우리는 또 다른 소개자 역시 가지고 있다. 각 장의 앞에 달려 있는 요약문은 스피노자와 마주하는 철학자들의 세계로 보다 구체적이고 용이하게 안내해 줄 것이다. 또 매 장 뒤에 참고 문헌과 별도로 그 장에서 다룬 철학자의 스피노자 연구물에 대한 안내 글을 붙여 두었는데, 독자의 향후 연구를 위한 좋은 길잡이가 되리라 믿는다.

이 책의 특징은 이미 짐작했겠지만 스피노자주의자들의 스피노자만을 보여 주는 것이 아니라는 점이다. 여기에서 스피노자주의자란 광의의 의미로 알튀세르, 들뢰즈, 네그리, 발리바르 등 명시적으로 스피노자를 긍정적으로 참조하면서 사상의 궤적을 그려 나가는 이들을 말한다. 철학자들의 이런 방식 말고도 스피노자는 다양한 방식으로 현대철학에 개입한다. 스피노자가 자신의 철학에 앞서 예언적 고지자의 역할을 하고 있다는 것을 너무도 잘 인지하고 밝히면서도 때로 스피노자를 폄훼하며 그와 경쟁하려는 니체, 스피노자라는 고유 명사에 대해 거의 함구한 채로 스피노자가 사상에 그려 놓은 중요한 흔적들을 자기 철학 속에 은연중 담고 있는 프로이트, 하이데거, 푸코, 표면적으로 스피노자의 반대자인 듯 보이지만 내밀하게 스피노자 사상을 경유하는 라캉, 바디우 등이 있다.

우리가 스피노자주의자들의 스피노자로 관점을 제한했을 경우 현대철학에 묻혀 있는 스피노자의 광맥은 절반만을 내보였을 것이며, 그것은 스피노자에게나 현대철학에게나 아쉬운 일로 남을 것이다. 그런 까닭에 이 책은 현대철학에서 말해진 스피노자와 징후로만 남은 스피노자 모두를 추적하고 있다. 그러나 이 과제는 완성된 것일까? 시대의 어두운 하늘이 펼쳐졌을 때 이 책을 위자보드 삼아 스피노자의 목소리를 불러내 진정한 그의 귀환을 완성할 수 있는 이는 누구인가? 오로지 독자뿐이다.

열정을 가지고 책을 만들어 준 민음사 편집부, 꼼꼼한 눈으로 방대한 원고의 교정에 도움을 준 서강대 철학과 대학원의 강선형, 이소연 연구자에게도 이 자리를 빌려 감사드린다.

2017년 봄 필자 일동

차례

3 현대 정치 철학의 실험실 스피노자

4 현대 스피노자 학자들과의 만남

일러두기

— 이 책에서 스피노자와 관련된 몇몇 철학적 용어('공통 관념/공통 개념', '대중/다중' 등)는 각각의
   글의 집필자들의 학문적 입장에 따라 상이한 번역어로 표현되기도 했다. 그러나 용어가 사용되는
   맥락이 분명하므로 이해의 혼란을 일으킬 정도는 아니다.
— 인명과 지명은 외래어 표기법을 따랐으며 일부 관례로 굳어진 것은 예외로 두었다.

1

현대철학의
여명기에 선
스피노자

스피노자와
니체

스피노자에 대한 니체의 주목은 사유 초기부터 후기에 이르기까지 철저히 니체 자신의 철학적 프로그램과의 연관하에서 선택적으로 이루어진다. 그 과정에서 스피노자의 철학은 긍정과 부정이라는 이중적 평가의 대상이 된다. 즉 스피노자 철학은 니체에게 중대한 철학적 전환을 이룬 '선배의 작업'이자, 동시에 '병자의 현상론'이다. 이런 평가는 초기부터 후기까지 견고히 유지되어, 진기한 병렬의 모습으로 구체화되다가, 사유의 후기로 가면서 '병자의 현상론'이라는 측면이 압도적 우위를 점한다. 스피노자 철학이 철학적 전환이자 선배의 작업으로 평가받는 이유는 근대 철학에서는 그것이 최초로 형이상학과 윤리학에서 사고의 전환을 '시도'했고, 그 전환을 통해 긍정의 철학을 '모색'했기 때문이다. 하지만 스피노자의 프로그램은 완전한 긍정의 양식을 획득하지는 못한다. 금욕적 관념론과 정서에 대한 금욕주의, 이성중심주의, 도덕적 존재론 등이 숨어 있기 때문이다. 그래서 그의 절대적 내재성의 철학은 결코 절대적인 긍정의 철학이 될 수 없다. 니체는 선배의 이런 실패를 극복하고자 한다. 절대적인 내재성의 철학이 절대적인 긍정의 철학일 수 있는 프로그램을 제시하면서. 다시 말해 디오니소스적 긍정의 철학을 제시하면서.

내재성의 철학,
철학적 전환이자 병자의 현상론

백승영

1 들어가는 말

스피노자 철학과 니체 철학은 어떤 관계인가? "근대 철학자 중에서 스피노자는 쇼펜하우어와 더불어 니체에게 가장 큰 영향력을 행사한 모범(Vorbild)이었다. …… 니체는 쇼펜하우어를 일찌감치 포기했지만, 스피노자의 사유를 잃을 수는 없었다."[1] 혹은 "철학사에서 니체는 가장 일관된 스피노자주의자 중의 한 사람"[2]이라는 평가처럼 스피노자 철학은 니체에게 결정적이었을까? 아니면 전적인 사유의 빚은 아니더라도 유

---

1   W. S. Wurzer, *Nietzsche und Spinoza*(1975), p. 148.
2   D. Birnbacher, "Spinoza und die Reue"(1984), p. 219. 스피노자주의로서의 니체 철학은 승계호의 작업에서도 찾아볼 수 있다. 승계호는 『차라투스트라는 이렇게 말했다』를 '철저하게' 스피노자의 자연주의의 틀에 의해 각인된 것으로 읽어 내려 한다. T. K. Seung, *Nietzsche's Epic of the Soul, Thus Spoke Zarathustra*(2005).

사성 측면에서 두 철학은 매개되어야 하는 것일까?[3] 아니면 스피노자와 니체를 같이 언급하는 것이 두 사람 모두에게 실례가 되는 일일까?

이 문제에 대한 답은 니체 자신이 제공한다. 1865년 여름 학기에 스피노자 철학이 포함된 강의[4]를 들은 이후 니체가 저술과 편지에서 스피노자를 언급한 것은 100여 차례 정도이고, 그가 스피노자의 저술을 직접 읽은 것도 아니지만, 니체에게 스피노자는 늘 진지한 고찰의 대상이었다. 그 진지한 고찰을 통해 니체에게 스피노자는 '선배'이자 동시에 '병자', 그의 철학은 중대한 '철학적 전환'이자 '병자의 현상론'이라는 이중적 평가의 대상이 된다. 스피노자 철학을 만나기 시작했을 때부터 그 철학과 사귀다가 떠날 때까지, 이 이중적인 평가는 견고하게 유지되어, 진기한 병렬의 모습으로 구체화된다. 그런데 이 이중적 평가의 이유로 제시되는 것들은 니체의 사유가 전개되는 과정 속에서 때로는 일관된 형태로, 때로는 대립적인 모습으로, 때로는 무관한 형태로 제공된다. 또한 그 진기한 병렬의 구체적인 모습 역시 때로는 선배의 모습이, 때로는 병자의 모습이 우세를 보인다. 게다가 스피노자에 관한 글들은 맥락 없이 제공되기도 하고, 맥락이 밝혀진 경우라도 그 겉모양만으로는 판단하기 어려운, 면밀한 주의를 요하는 형태로 제공된다. 이런 점들은 스피노자에 대한 니체의 이해를 해명해 내는 작업이 니체 사유의 궤적을

---

3   예를 들어 "긍정의 존재론"(H-J. Gawoll, "Nietzsche und der Geist Spinozas" in: *Nietzsche Studien* 30(2001), pp. 44~59); "긍정의 철학" 및 "자연주의적 철학적 심리학" (R. Schacht, "The Spinoza-Nietzsche Problem" in: Y. Yovel(ed.), *Desire and Affect: Spinoza as Psychologist, Spinoza by 2000 The Jerusalem Conferences* Vol. III(2000), pp. 211~232); "신체 중심의 삶의 철학 및 비도덕주의"(질 들뢰즈, 박기순 옮김, 『스피노자의 철학』 (2007), 37~44쪽).

4   K. Schaarschmidt의 강의, "Allgemeine Geschichte der Philosophie".

면밀히 추적해야만 하는 쉽지 않은 과정이며, 그래서 위의 문제에 대한 답을 찾는 것 역시 그리 간단한 일이 아님을 예감하게 한다. 이런 어려움을 특징적으로 보여 주는 예로, 니체와 스피노자의 관계를 논할 때 늘 언급되는 유명한 엽서를 통해 이 문제를 푸는 방법적 원칙을 먼저 찾아보려 한다.

2 예비적 고찰 및 방법론

나는 진정 놀랐고 진정 매료되었다네! 나에게 이런 선배 한 사람이 있었다니. 게다가 그 어떤 선배란 말인가! 나는 스피노자를 거의 알지 못했네. 지금 내가 그에 대해 느끼는 갈망은 '본능적 행위'라네. 그의 전체 성향——인식을 가장 강력한 아펙트(Affekt, 정동)로 만드는 그 성향——이, 나와 같아서만은 아니네. 그의 이론은 다섯 가지 점에서 나를 다시 발견하게 해 준다네. 가장 정상적이지 않고 가장 고독한 이 사유가는 바로 다음과 같은 점에서 내게 가장 근접해 있네. 그는 자유의지를 부정하고, 목적을 부정하고, 도덕적 세계 질서를 부정하고, 비이기적인 것을 부정하고, 악을 부정한다네. 물론 나와의 차이점 역시 엄청날지 모르지만, 그 차이는 시대와 문화와 학문의 차이에 근거할 걸세.[5]

1881년 7월 30일에 오버벡에게 보낸 '선배 스피노자 발견' 고백이 담긴 엽서다. 이 엽서는 우리를 놀라게 한다. 17세기의 범신론자이

---

[5]　F. Nietzsche, *Sämtliche Briefe. Kritische Studienausgabe*(이하 KSB), Bd 6, p. 111.

자 신학자이고 형이상학자이며 합리론자였던 스피노자가 19세기의 형이상학과 합리주의와 그리스도교 비판론자였던 니체의 선배라니! 우리의 귀를 의심할 일이다. 니체의 이 고백을 어떻게 받아들여야 할까? 스피노자는 선악의 저편을, 유신론 대 무신론이라는 대립의 저편을, 이원론 대 일원론이라는 대립의 저편을 보여 주는 사유를 제공한다. 그의 철학에는 초월적 목적이나 자유의지나 불멸의 영혼이 없다. 초월적인 창조주 신도, 인격신도 없다. 선과 악에 대한 절대적 의미 부여자와 판관으로서의 신도 없다. 이 모든 것이 세계의 필연성과 그것에 대한 최고 형식의 인식적 통찰에 의해, 즉 내재성의 철학에 의해 파괴된다. 니체의 고백에서 이 내용은 아펙트로서의 인식을 포함해 여섯 주제로 표현되어 그의 동의를 얻고 있다. 더 나아가 니체는 자기와 스피노자의 차이점이 있다 하더라도 그것은 17세기와 19세기의 차이일 뿐이라고까지 한다. 그렇다면 이 고백을 토대로 '선배 스피노자–후배 니체'라는 관계를 가정하고, 이를 전제로 두 철학자의 관계를 정립하는 작업을 감행하거나, 그 가정에 증거들을 수집해 주는 작업을 이행해도 되는 것일까?

그런데 니체가 제시한 여섯 주제는 스피노자에 대한 니체의 주목이 매우 제한적인 범위 내에서 이루어지고 있음을 부인할 수 없게 하며, 이를 통해 스피노자를 탐구하는 니체의 방법적 원칙이 확인된다. 이 여섯 주제는 스피노자 철학, 특히 '정신의 치료를 통한 행복한 삶에의 도달'이라는 『에티카』의 핵심적이면서도 실천적인 귀결을 전혀 고려하지 않는다. 오히려 내재성의 철학이 제공하는 새로운 형이상학적 매트릭스 중에서 초월성 자체를 흡수해 버리는 측면에 집중하고 있다. 즉 니체의 '선배 스피노자' 발언은 스피노자 철학에 대한 선택적인 고찰 방식을 적용한 결과라고 할 수 있다. 그는 스피노자 철학을 정당한 철학사적 의미를 부여하거나 적절한 이해를 제공하기 위해 탐구하지 않는다. 영역의 선택에서부터 분석 방식에 이르기까지 철저히 그 자신의 철학적 프로그램을 잣대로 탐구한다. 비록 후기 사유로 이행될수록 고찰의 범위가 넓어지기는 하지만 그렇다고 그 선택적 고찰 방식이 변경되는 것은 아니다. 위의 고백에서 여섯 주제가 주목된 것은 당시의 니체가 자유정신의 해방적 측면을 구성하는 데에 집중하고 있던 것과 무관하지 않다. 게다가 이 고백이 행해진 시점에 작성된 다른 글들은 선배 스피노자라는 발언을 무색하게 한다. 이 같은 점만 고려해도 '선배 스피노자와 후배 니체'라는 관계의 설정은, 그것이 가능하다 할지라도 매우 제한적일 것임을 예상하게 된다.

이렇듯 스피노자에 관한 니체의 글은 매우 엄밀한 주의를 요구한다. 위의 고백처럼 비교적 명백하게 보이는 글도 마찬가지다. 그래서 니체와 스피노자의 관계를 해명하는 작업은 니체의 스피노자 관련 글을 다루는 방법적 원칙을 고려하도록 요구한다. 그 원칙은 다음과 같다. 첫째, 비록 니체가 1881년 7월에서야 스피노자를 '제대로' 알게 되었다고 하더라도, 그 이전에 제시된 이해가 적절치 못하다거나 의미 없다고 판단할 수는 없다.[6] 니체는 고백 이전부터 이미, 고백 직후의 스피노자 이해의 방향을 선취하는 글들을 남겼다. 물론 1881년이라는 전환적 시점에서 수행된 '예술가-형이상학으로부터 긍정의 철학 건설로의 이행'은 스피노자를 대할 때에도 다른 관점을 선택하게 한다. 하지만 관

---

6   하지만 이 고백을 증거로 1881년 여름 이전에 제시된 니체의 스피노자 이해를 무의미한 것으로 치부하는 연구도 있다. J. Ohms, "Zu Nietzsches Spinoza-Deutung" in: *Philosophie der Toleranz. Festschrift zum 65. Geburtstag von Konstantin Radakovic. Überreicht von Mitarbeitern und Schülern*(1959), p. 62. 이런 판단은 괴테의 스피노자 이해를 토대로 하는 글이 니체 사유의 초기부터 후기까지 일관되게 제시된다는 사실 하나만으로도 그 적절성을 의심할 수 있다.

점의 변경이 니체의 스피노자관에서 완전한 반동이나 본질적인 단절을
가져오는 것은 아니다. 오히려 단계적 지속이나 발전의 형태로 표출되
는 경우가 대부분이다. 따라서 1881년 여름 이전에 제시된 스피노자 관
련 글들도 진지한 고려의 대상으로 삼아야 한다. 둘째, 니체는 스피노자
의 저작을 직접 읽지 않았고, 그에 대한 지식을 괴테(J. W. v. Goethe), 피
셔(K. Fischer), 쇼펜하우어(A. Schopenhauer), 위버벡(F. Überweg), 뒤링(E.
Dühring), 하르트만(E. von Hartmann), 타이히밀러(G. Teichmiller), 괴플링
(H. Göffling) 등이 제공한 2차 문헌에서 얻었다.[7] 하지만 그 사실이 니체

---

7   스피노자에 관한 니체의 판단을 형성한 2차 문헌은 W. S. Wurzer, *Nietzsche und
Spinoza*(Maisenheim a. Glan, 1975); J. Stambaugh, "Amor dei and Amor fati: Spinoza
and Nietzsche" in: O'Flaherty(ed.), *Studies in Nietzsche and the Judaeo-Christian
Tradition*(Chapel Hill, 1985), pp. 130~142; Y. Yovel, "Nietzsche and Spinoza: amor fati
and amor dei" in: Y. Yovel(ed.), *Nietzsche as affirmative Thinker*(The Hague, 1986), pp.
183~203; G. Whitlock, "Roger Boscovich, Benedict de Spinoza and Friedrich Nietzsche:
The Untold Story" in: *Nietzsche Studien* 25(1996), pp. 200~220; T. Brobjer, "Nietzsche'
s Knowledge of Spinoza" in: V. Oittinen(ed.), *Spinoza in Nordic Countries*(Helsinki,
2004), pp. 203~215 등에 상세하게 제시되어 있다. 여기에서는 다음의 몇 가지 사항에만 주목
하려 한다. 니체는 괴테의 『시작과 진리(*Dichtung und Wahrheit*)』를 통해 스피노자를 일찌감치
알고 있었다. 1872년 여름경에 작성된 유고(KGW III 4, 19[47])는 『시작과 진리』에서 제시된
스피노자에 대한 괴테의 입장 및 긍정적인 평가와 무관하지 않으며, 괴테의 스피노자관은 니체
의 여러 유고를 통해 언급되고 있다. 니체의 소위 스피노자 '발견'(1881)은 피셔의 *Geschichte
der neueren Philosophie: Zweiter Band: Descartes' Schule. Spinoza's Leben, Werke und
Lehre*(München, 1865)를 통해서 이루어졌다. 니체가 1881년 7월과 1887년 봄에서 여름 사
이에 반복해서 읽은 이 책은 니체의 스피노자상 형성에 가장 중요한 역할을 했다. 1883년에서
1885년 사이 니체는 하르트만의 *Phänomenologie des sittlichen Bewußtseins*(Berlin, 1879)
를 읽고, 이 책 12쪽에 제시된 그의 스피노자관을 그대로 유고에 옮겨 적기도 했으며(KGW VII
1, 7[31]), 직접 인용은 아니지만 그 책과의 연관이 추적 가능한 유고들도 있다.(KGW VII 1,
7[35], 7[20], 7[108]) 타이히밀러의 *Die wirkliche und scheinbare Welt. Neue Grundlage
der Metaphysik*(Breslau, 1882)은 니체 철학 형성에 매우 중요한 역할을 하지만, 스피노자와
관련해서는 특이하게도 타이히밀러의 다른 책들이 참조된 것처럼 보인다. 여기에 니체의 후기 사
유, 특히 『도덕의 계보』에서 제시된 스피노자상의 형성에는 괴플링의 *Psychologie in Umrissen
auf Grundlage der Erfahrung*(Leipzig, 1887)의 역할도 크다. 『도덕의 계보』 II 6번 글과 15번

의 스피노자 탐구가 갖는 학적 의미를 저해하지는 않는다. 칸트 철학에 대해서도 니체는 피셔의 책에 상당 부분 의존하고 있지만, 그 사실이 그의 칸트 이해를 무의미한 것으로 만들지 않듯이 말이다. 셋째, 니체는 스피노자를 탐구할 때 철저히 자신의 철학적 프로그램을 잣대로 선택적인 제한을 했다. 따라서 앞의 고백이 등장하는 1881년이 니체 철학에서 갖는 전환적 역할을 고려하여, 스피노자 발견 이전과 발견 당시 그리고 발견 이후에 제시되는 니체의 스피노자 이해를 그의 철학적 프로그램이 전개되는 과정을 염두에 두고 독립적으로 살펴볼 필요도 있다. 넷째, 발견 고백이 있을 당시에도 그랬지만, 그 이전과 그 이후에도 스피노자에 대한 니체의 태도는 철저히 이중적이다. "생리적으로 고찰하면 …… 스피노자의 체계는 폐결핵의 현상론이다."[8]나 "수학 형식의 기괴한 요술에 의해 …… 은둔하는 병자[스피노자]가 쓰고 있는 가면은 얼마나 많은 특이한 수줍음과 허약성을 드러내고 있는지!"[9] 등의 글은 '선배 스피노자' 발언을 무색하게 한다. 마치 한 번도 '선배'였던 적이 없다는 듯, 니체는 '은둔하는 병자'라는 말로 스피노자를 조롱한다. 스피노자가 선택한 철학적 방법론에서부터 철학 내용을 거쳐, 그런 철학 체계를 구성해 내는 그의 심적 기제에 이르기까지 니체는 독설을 쏟아 낸다. 이렇듯 니체에게 스피노자는 한편으로는 '선배'이기도 하고, 한편으로는 '은둔하는 병자'이기도 하다. 그리고 이 두 모습이 형성하는 진기한 병렬의

글은 각각 이 책의 319쪽과 이 책의 4판 434, 364쪽에서 그 출처가 확인된다. 니체의 철학 형성에서 중요한 역할을 하는 스피어의 *Denken und Wirklichkeit: Versuch einer Erneuerung der kritischen Philosophie*(Leipzig, 1873)의 경우에는 스피노자상의 형성에도 중요한 역할을 한다는 주장(Wurzer)과 사실무근이라는 주장(Brobjer)이 맞서고 있다.

8   F. Nietzsche, *Werke. Kritische Gesamtausgabe*(이하 KGW), VIII 3 16[55], p. 300.
9   『선악의 저편』 5: KGW VI 2, p. 13.

구체적인 모습을 살펴보는 것은 니체와 스피노자의 관계를 적절하게 평가하는 데 반드시 필요한 전제 조건이다.

3 '스피노자 발견' 이전의 스피노자

　무엇이 청년 니체로 하여금 스피노자에게 관심을 갖게 했을까? 그것은 크게 두 가지로 제시할 수 있다. 하나는 괴테에 끼친 스피노자의 영향 및 스피노자에 대한 괴테의 긍정적 평가이며, 다른 하나는 2차 문헌을 통해 접한 스피노자의 모습이다.[10] 이 두 요소가 혼합되어 스피노자라는 특징적인 개인의 정신과 삶, 스피노자의 철학적 방법론, 그리고 선과 악에 대한 윤리적 판단이라는 몇 가지 점에 국한된 입장이 제시된다.
　예술적 세계관 및 예술가-형이상학이 전개되던 초기 사유에서 니체는 스피노자의 철학을 처음으로 언급하는데, 바로 그의 철학적 방법론에 관한 것이다. "엄밀한 수학적 형식(스피노자의 경우처럼), 다시 말해 괴테에게 매우 편안한 인상을 남겼던 그러한 형식은 바로 미적 표현 수단으로서만 권리를 지닌다."[11] 여기에서 유클리드를 모범으로 하는 공리적 방법인 스피노자의 기하학적 방법론(mos geometricus)은 세계를 해명해 내는 미적 표현 수단의 하나로 제시된다. 이런 판단은 한편으로는 스피노자의 수학적 방법을 "시적인 감각 방식 및 서술 방식"의 반영으

10　예외적으로 스피노자의 『에티카』에 대한 직접적인 분석이 행해지는 것 같은 외양을 보이는 이 시기의 글(KGW V 2, 11〔193〕) 역시 2차 문헌의 도움을 받았다. 여기에 소개된 『에티카』의 구절들은 피셔의 책에 소개된 스피노자의 글이다.

11　『유고』 KGW III 4 19〔47〕, p. 22.

로 이해하는 괴테의 영향을 받은 것이기도 하고,[12] 다른 한편으로는 예술적 세계해명 방식을 찾으려는 청년 니체의 철학적 관심이 반영된 것이기도 하다. 하지만 스피노자의 기하학적 방법론을 이 시기, 즉 1872년경에 니체가 자신이 모색했던 '예술적 세계해명' 방식과 같은 유의 것으로 판단하고 있다고 보기는 어렵다. 니체가 구상했던 예술적 세계해명 방식은 아폴론적-디오니소스적 이분법과 쇼펜하우어의 이원론적 구원의 형이상학이 결합된 형태로, 이것과 기하학적 방법론이 공유할 만한 점을 찾기는 어렵기 때문이다. 어쨌든 니체가 이 시기에 스피노자 철학의 방법론에 대해 비교적 우호적인 관심을 갖고 있었던 것만큼은 틀림없어 보인다. 하지만 니체가 『비극의 탄생』을 포기하면서, 즉 예술가-형이상학이 전개되는 초기 사유를 벗어나면서 이 우호적인 관심 역시 사라져 버린다.

방법론에 관한 것보다 청년 니체의 마음을 더욱 사로잡은 것은 스피노자라는 개인이 보여 준 삶과 정신의 모습이었다. 스피노자를 위대한 철학자 중에서도 가장 고귀하면서도 사랑할 만한 존재로 받아들였던 러셀처럼 니체 역시 그의 철학적 실존에서 진한 감동을 받은 것 같다. 이 감동은 시간이 흐를수록 점차 옅어지면서 급기야 비아냥거림으로 대체되고 말지만, 『인간적인 너무나 인간적인』의 시기부터 등장하기 시작한 스피노자 개인에 대한 관심 자체는 한결같이 지속된다. 물론 여기에서도 괴테의 영향은 지배적이다. 괴테가 성자로 찬미한 스피노자는 니체에게 바로 그 이유 하나만으로도 이미 긍정적 평가의 대상이다. 여기

---

12   J. W. von Goethe, *Hamburger Ausgabe in 14 Bänden*(1982), Bd 10, 「시작과 진리」, p. 35.

에 니체가 추가한 이유들도 가세한다. 『인간적인 너무나 인간적인』에서 스피노자는 공명심이나 욕심이나 질투심 같은 부정적인 심적 기제가 없는, 그리고 현실의 고통을 미래를 기대하며 극복하는 "지적 천재"[13]로, 이 세상에서 "가장 순수한 현자"[14]로 제시된다. 또한 에피쿠로스와 몽테뉴, 플라톤과 루소, 파스칼과 쇼펜하우어 등과 더불어 괴테와 스피노자라는 이름이 "영원히 생동하는"[15] 것으로 지칭되기도 한다. 스피노자 개인에 대한 최고의 찬미가가 울려 퍼지는 『아침놀』에서 스피노자는 플라톤과 파스칼, 루소, 괴테와 더불어 "열정적인 영혼의 역사"[16]를 보여 주었던 존재로, 그래서 실존성과 인지성 혹은 존재와 사유의 일치를 추구했고 실제로 구현했던 존재로 평가된다. 또한 스피노자는 니체가 구상하는 자유정신의 특징을 미리 갖추고 있는, 그래서 "정신이 날개가 달린 것처럼 성격과 기질을 훨씬 넘어 자신을 고양할 수 있는 …… 순수한 눈과 순수하게 만드는 눈을 지닌 …… 신을 바라보는 것처럼 세계를 바라보고 이 신을 사랑"하는 "천재"로[17] 묘사되기도 한다.

　　니체의 이런 평가에는 괴테의 영향 외에도 두 가지 측면이 반영된 것으로 보인다. 먼저 이 시기 니체의 철학적 관심, 즉 형이상학에 대한 실증학문의 우위 인정, 기존의 신념이나 사유방식으로부터의 독립 선

13　　『인간적인 너무나 인간적인』 I 157: KGW IV 2, p. 150.
14　　『인간적인 너무나 인간적인』 I 475: KGW IV 2, p. 320.
15　　『인간적인 너무나 인간적인』 II, 「혼합된 의견들과 잠언들」 408: KGW IV 3, p. 170.
16　　『아침놀』 481: KGW V 1, p. 289. 니체가 철학자들을 분류하는 방식은 같은 시기에서도 여러 가지로 제시되며, 초기 사유와 후기 사유라는 '시기' 기준으로도 달라진다. 예를 들어 초기 사유에서는 플라톤에 대한 긍정과 부정의 평가가 공존하지만, 곧 비판적 태도가 우세해진다. 칸트와 헤겔을 스피노자와 대립되는 '열정적인 영혼의 역사를 보여 주지 않은' 철학자 유형으로 제시하다가도, '도덕적 존재론'을 구체적으로 개념화하는 후기 사유에서는 모두 동류로 취급해 버린다.
17　　『아침놀』 497: KGW V 1, p. 297.

언, 모든 것들에 대한 철저한 회의의 방식 등을 추구하는 자유정신의 이상 및 계몽의 이상이 반영된 것이다. 또한 니체 자신이 평생 이상으로 삼고 그 역시 열정적으로 추구했던 철학적 개인의 이상적 모습을 스피노자에게서 발견했다고도 할 수 있다. 차가운 고상함과 거리를 두는 파토스(Pathos der Distanz)를 갖춘 고귀하고도 자유로운 정신의 모습과, 그 정신을 실천하는 고독한 삶의 모습, 삶과 사유의 불가분적 통일성을 직접 보여 주는 스피노자 개인의 삶이 니체의 경탄을 자아낸 것이다.

그런데 이 천재를 니체는 플라톤, 아리스토텔레스와 함께 "인식을 통한 최고의 행복에 도달"[18]하기를 꾀하는 존재로 이해한다. 이것은 서양의 전통 형이상학을 '이성＝덕＝행복'이라는 소크라테스의 공식이 각인된 '도덕적 존재론(moralische Ontologie)'으로 이해하고, 스피노자 철학 역시 그 범주에 속하는 것으로 판단하는 성숙한 니체의 사유를 선취하고 있는 것으로 볼 수 있다. 물론 청년 니체는 도덕적 존재론에 대해 아직은 명확한 개념적 파악이나 평가적 태도를 보여 주지 않으며, 따라서 도덕적 존재론과 연계시킨 스피노자 철학에 대한 평가 역시 아직은 유보적이다. 도덕적 존재론을 공략하는 핵심 무기인 도덕주의 비판 역시 여기에서는 적용은커녕, 언급조차 하지 않는다. 단지 스피노자가 제시한 이성과 그것의 사유 능력에 대한 '믿음'을 삶 및 생명에 대한 청년 니체의 견해에 입각해 의문시할 뿐이다. 힘에의 의지(Wille zur Macht) 개념을 구체화하기 이전의 니체에게도 생명과 삶은 이미 투쟁과 차이의 장이다. 그래서 이성을 통한 통제나 제어는 가능하지 않으며, 가능하다는 믿음 자체는 이성의 자기중심주의 및 이성으로의 "중앙 집중화"에 불과

18　『아침놀』 550: KGW V 1, p. 325.

하다. 그래서 청년 니체는 이 한 가지 이유만으로도 "스피노자는 이성에 대해 헛소리를 한 것이다."라고 단언할 수 있는 것이다.[19]

마지막으로, 선과 악에 대한 스피노자의 윤리적 판단이 니체를 자극한다. 스피노자에 대한 뒤링의 글을 그대로 옮겨 놓은 유고에서 니체의 비도덕주의(Immoralismus)를 선취하는 듯한 내용이 확인된다. "스피노자의 말을 빌리자면, 어떤 것도 그 자체로 비난될 수 없다. 인간의 의지가 우선적으로 어떤 것을 선한 것으로, 어떤 것을 악한 것으로 규정한다. 인간적인 것을 포기할 경우 누구나 실천적인 가치 평가에 대한 척도를 잃어버린다. 덧붙여서 누구나 윤리적인 판결을 잃게 된다."[20] 초월성을 흡수해 버린 내재성의 철학에서 선과 악에 대한 절대적 의미 근거와 판관자 역할을 하는 그 무엇은 있을 수 없다. 윤리적 판단은 전적으로 인간의 관점에서, 그것도 철저하게 이기적 관점에 의해 이루어지며, 그 과정에서 선과 악이라는 기존의 개념은 좋음과 나쁨이라는 개념으로 전환된다. 스피노자가 제시하는 『에티카』에서의 이런 급진적 전회를 니체는 뒤링의 시각을 통해 일찌감치 주목한 것 같다. 그리고 이 주목은 후에 완전한 동의의 태도로 구체적으로 표명된다.

이렇듯 스피노자를 '발견'했다는 고백 이전의 글들에서부터 니체는 스피노자에 대해서 철저히 이중적인 입장을 취하고 있다는 것, 그리고 이 입장은 그의 철학 내용에 대한 공정한 태도나 적절한 이해나 정당한 비판을 통해서 성취되었다기보다 의식적인 선택의 결과라는 것, 그래서 니체는 괴테와 피셔 등에게서 발견한 스피노자 철학의 한 면을 자

---

19   『유고』 KGW V 2 11〔132〕, p. 388.
20   E. Dühring, *Der Werth des Lebens. Eine philosophische Betrachtung*(1865); 『유고』 KGW IV 1 9〔1〕, p. 209.

신을 위해 사용 가능한 형태로 만들었다는 것, 스피노자 철학에 대한 철저한 분석은 아직 이루어지고 있지 않다는 것, 그럼에도 불구하고 후기 사유로 연결되는 점들이 있다는 것들을 알 수 있다. 니체의 이런 제한적인 탐구는 후기로 이행하면서 부분적으로는 보완되고 부분적으로는 새로운 관점으로 대체되어 좀 더 충실한 철학적 분석의 형태로 제공된다.

4 '스피노자 발견' 시기의 스피노자

'선배 스피노자 발견' 고백은 저술 시기상으로 니체가 『아침놀』을 마친 후 『즐거운 학문』을 위한 작업에 몰두하던 때에 등장한다. 니체가 스피노자에 대해 얼마나 놀라워했는지는 『즐거운 학문』 1번 「삶의 목적에 대한 스승」이라는 제목의 글이 목적인 개념에 대한 스피노자의 비판을 연상시키는 내용으로 구성되어 있는 것만 보아도 알 수 있다. 그리고 이 시기의 유고에도 스피노자는 여전히 니체 자신과 같은 혈통으로, 정신적 유대감을 느낄 수 있는 철학자 유형으로 묘사되고 있다.[21] 그렇다면 스피노자 발견과 관련해 니체가 제시한 여섯 가지 주제는 이 시기에 어떻게 이해되었을까? 『즐거운 학문』이 스피노자에 대한 감탄의 기조에서 출발했으니 긍정적으로 평가되지 않았을까? 예상은 완전히 빗나간다. 니체가 제시했던 여섯 가지 주제는 인식의 문제를 제외하고는 전혀 다루어지지 않는다. 오히려 다른 주제들이 매우 비판적인 어조로, 이전과는 달리 스피노자의 철학에 대한 본격적인 반박의 형태로 다루어지

21　『유고』 KGW V 2 12〔52〕, p. 483; V 2 15〔17〕, p. 540.

고 있다. 이렇듯 선배 스피노자 발견의 시기에도 스피노자에 대한 친밀감과 거리 둠이 동시에 일어나고 있는 것이다.

『즐거운 학문』에서는 스피노자의 철학 '내용'에 대한 '첫 번째 철학적' 반박이 행해지며, 그것도 다름 아닌 인식에 관한 것이다. "인식이란 무엇인가? 비웃지 말고 탄식하지 말고 저주하지 말고 인식하라!(Non ridere, non lugere, neque detestari, sed intelligere!) 스피노자는 원래 그의 방식대로 이렇게 소박하고 숭고하게 말하고 있다. 하지만 이러한 인식은 '비웃음', '탄식', '저주'가 한꺼번에 느껴지는 형식과 근본적으로 무엇이 다르단 말인가? 인식은 그 세 가지 서로 상이하고 대립되는 충동들의 결과가 아니던가? 인식이 가능해지기 전에 우선 이 각각의 충동들이 사물이나 사건에 대한 자신들의 일면적인 견해를 내놓았음에 틀림없다. …… 인식은 충동들 상호 간의 특정한 태도일 뿐이다. …… 스피노자가 말한 바와 같은 신적인 것, 자신 안의 영원한 휴식 같은 것은 분명히 존재하지 않는다. 의식된 사유, 요컨대 철학자의 사유는 가장 미약한 것이며, 이로 인해 사유 가운데 상대적으로 지극히 부드럽고 평온한 종류의 것이다."[22] 스피노자의 『정치학 논고(Tractatus Politicus)』를 인용하며 시작되는 이 글은 관점주의 인식론의 관점을 선취하면서 스피노자를 공략한다. 스피노자는 이성인식이 충동들 간의 싸움이라는 선의식적인 과정에 의해 규제된다는 것을, 그리고 이성인식은 그것의 최종 결과이자 의식되는 표면적 현상에 불과하다는 것을 알지 못했다는 것이다. 한마디로 스피노자는—니체의 후기 언어로 말하자면—이성인식이 해석(Interpretation)이라는 점을 알지 못하고 있다는 것이다. 이런 인식 비판은

---

22 『즐거운 학문』 333: KGW V 2, pp. 238~239.

스피노자의 방법적 이성주의에 대한 비판을 전제로 한다. 즉 스피노자의 방법적 이성주의는 "인간의 악한 충동이 전혀 끼어 있지 않은 공평무사하고 무해하고 자기만족적이며 진실로 무구한 것을 학문에서 얻고 사랑한다."라는 태도를 보여 주는데, 이것은 스피노자가 자기 자신을 "인식하는 자로서 신적으로 느끼는" 심적 경향의 발로이자, 이성의 근본적 관점성을 무시하고 자신의 이성 사용에 대한 독단적 믿음을 갖는 것에 불과하다는 것이다. 그래서 그것은 자신의 이성에 대한 스피노자의 과대평가에 기초한 "오류"다.[23]

니체의 이런 시각은 그가 스피노자를 플라톤과 연계시키고 있음을 예측하게 한다. 그리고 이 예측은 『즐거운 학문』 372번 글을 통해 입증된다. 여기에서 니체는 감각론(sensualism)과 관념론(idealism)을 대립시키고, 스피노자 철학을 후자의 전형적인 경우로, "점점 더 관념적으로 해석되는 탈감각화"[24]를 보여 주는 것으로 제시한다. 스피노자는 근대의 이성주의자이지만; 그렇다고 관념론자로 취급할 수는 없다. 물론 감각론자로 단정 지을 수도 없다. 아마도 그 사이에 위치한 존재로 보는 것이 가장 적절한 평가일 것이다. 하지만 니체는 스피노자를 플라톤 관념론의 근대적 모델로 여기고 있는 것 같다. 그리고 이런 평가는 후에 플라톤 철학을 도덕적 존재론으로 명시하면서, 스피노자 철학도 그 범주에 편입시키는 것으로 구체화된다. 이렇게 스피노자를 플라톤류의 관념론으로 범주화한 이유는 무엇일까? 스피노자의 정서(Affekt)이론 때문이다. 스피노자에게 정서는 매우 중요한, 피할 수 없는 곤경의 일종이었

---

23 『즐거운 학문』 37: KGW V 2, pp. 79~80. 후에 『선악의 저편』에서는 이성의 인식 능력에 대한 회의에 이어, 행복을 보증하고 근거 짓는다는 이성의 실천적 능력에 대한 회의도 진행된다.
24 『즐거운 학문』 372: KGW V 2, p. 306.

다. 그가 『에티카』를 통해서 정서를 지성에 순응하고 부응하게 만들려고 한 것도 바로 그 때문이다. 정서와 잘 지내는 방법으로 그것을 무화하거나 그것으로부터 해방되는 방법이 아니라, 오히려 정서에 지배되지 않기 위해서 그것을 안정시키고 지배하는 사유를 추구한 것이다. 그런 사유를 스피노자는——니체가 앞의 엽서에서 지적하듯——'가장 강력한 힘을 지닌 아펙트'로 만들면 되었던 것이다. 그래서 그는 우리의 '바람과 원함'의 원인을 존재하는 것의 필연성 속에서 추론하고, 존재하는 것 일체의 필연성을 추론해서, 결국 전체의 필연성을 통찰하는 것을 지성의 과제로 상정한 것이다. 전체의 필연성에 대한 통찰 속에서 다른 것을 원하는 정서는 비로소 고요해질 수 있기 때문이다.

니체는 스피노자의 이런 입장을 플라톤의 관념론이 보여 준 감각적인 것에 대한 금욕적 처치 방식의 일환으로 이해한다. 그 이유는 다음과 같다. 정서는 우리의 육체적 절차와도, 우리의 이성 사용과도 엄격하게 분리될 수 있는 것이 아니다. 정서는 인간 삶의 근본 충동을 반영한다. 이성에 의한 제어가 아니라, 인간 삶의 근본 충동에 의해서만 그리고 그것에 유용한 방식으로만 규제된다. 그러므로 '이성에 의한 정서의 제어'라는 것은 감각의 고유 권한과 고유 기능의 가치를 무시하고 이성에 의해 통제함으로써, 감각을 탈감각화하는 것과 다를 바 없다. 그것은 피가 흐르지 않는 인간을 상정하는 것과 같다. 이런 생각에서 니체는 "신에 대한 지적 사랑(amor intellectualis dei)은 달가닥거리는 소리에 불과하다. 마지막 한 방울의 피도 남아 있지 않다면 사랑이 무엇이며, 신이 무엇이란 말인가?"[25]라는 비아냥을 쏟아 냈던 것이다.

---

25 『즐거운 학문』 372: KGW V 2, p. 306. *Werke. Kritische Studienausgabe*(이하 KSA)

여기에서 스피노자의 코나투스(conatus)에 대한 니체의 첫 평가도——코나투스에 대한 니체의 향후 시각도 결정하는——시도된다. 니체에게 상승의지로서의 힘에의 의지와 자기보존 의지는 결코 양립할 수 없는 개념이다. 그래서 자기보존 명제에 대해서는 그것이 어떤 형태이든 불만을 표출한다. 스피노자의 코나투스 역시 니체에게는 근대적인 자기보존 명제의 한 경우로 고찰된다. "힘의 확장을 지향하고, 이 의지 안에서 때로는 자기보존까지도 문제 삼고 희생시키는 삶의 근본적 충동이 위기에 처하거나 위축되었을 때 나타나는 것이 자기보존에 대한 의지다. 예를 들어 폐결핵을 앓던 스피노자의 경우처럼 철학자가 자기보존 충동을 가장 결정적인 것으로 여길 때, 우리는 이것을 하나의 증상으로 보아야 한다. 즉 그는 위기에 처한 인간인 것이다. 현대의 자연과학이 그토록 스피노자의 도그마에 말려든 것(가장 최근이자 최악의 사례는 다윈이즘에서 주장하는 '생존을 위한 투쟁'이라는 도저히 이해할 수 없는 편파적인 이론이다.)은 대부분의 자연과학자들의 출신에 기인하는 것처럼 보인다."[26] 여기에서 스피노자의 코나투스는 19세기 진화론을 배경으로 파악되어,

(1967~1977) 14, 415쪽에는 『우상의 황혼』의 한 부분인 「어떻게 참된 세계가 한갓 오류가 되어 버리는지」의 초고가 실려 있다. 이 글의 첫 단락에 나오는 "……비교적 똑똑하고 단순하며 설득력 있다. '나 플라톤이 진리다.'라는 문장을 바꿔 쓴 것"이라는 구절은 원래는 "비교적 똑똑하고 단순하며 설득력 있다. 스피노자의 상하에서. '나 스피노자가 진리다.'라는 문장을 바꿔 쓴 것."으로 기획된 것이었다. 그런데 니체는 어떤 이유에서인지 이 글을 현재의 형태로, 스피노자라는 이름 대신에 플라톤의 이름을 제시하며 수정한다. 삭제된 글은 스피노자를 근대적 플라톤주의자로 이해하는 타이히밀러의 영향을 받은 것으로, 니체가 비록 스피노자를 근대적 플라톤주의로 실제로 이해하고 있다고 하더라도, 이 '삭제 글'을 그 증거로 삼을 수는 없을 것 같다. 하지만 W. Stegmaier, "'Philosophischer Idealismus' und die 'Musik des Lebens' zu Nietzsches Umgang mit Paradoxien" in: *Nietzsche Studien* 33(2004), p. 104의 경우처럼, 본 글과는 상이한 시도를 하는 경우도 있다.

26   『즐거운 학문』 349: KGW V 2, p. 267.

자신의 존재를 유지하기 위한 자기보존에의 의지로 제한되어 버린다. 이것은 코나투스라는 내재적이고도 존재론적 원리를 생물학적 범주로 축소하고, 다위니즘이 생존투쟁으로 만들어 버린 자기보존의 충동과 동일시하는 것으로, 코나투스에 대한 정당한 평가일 수는 없다.

주지하다시피 스피노자에게 코나투스는 모든 유한한 것들의 근원적인 규정성이다. 유한한 것들의 본성을 그것들의 구체적인 현실성 속에서 규정하는 것이다. 이 규정은 바로 "개개의 것은 자신 안에 존재하는 한에서 자신의 존재 안에 남아 있으려 한다."[27]라는 말로 표현된다. 이 말의 의미는, 모든 것은 실체의 양태로서 무엇인가를 자신 속에 갖고 있고(in se est), 이 무엇은 고유한 힘 혹은 권능(potentia)으로 기술될 수 있다는 것이다. 그것의 표현이 힘에 대한 긍정으로서의 추구(conatus)이며, 그 추구 속에서 개개의 것은 자신의 고유한 존재를 보존하고자 한다(in suo esse). 달리 말하면 무엇보다도 자신의 고유한 힘을, 외부에 대항해서 보존하고자 한다. 그런 한에서 개별적인 것들의 힘은 필연적으로 추구하는 형태를 띠지 않을 수 없다. 그래서 코나투스는 개개의 것들의 본질을 형성한다. 그런데 각 사물이 자기보존에 대한 추구 속에서 추구하는 것은 각자의 힘이다. 힘은 추구함 속에서 표현되고, 다른 양태들의 힘의 외화와의 관계 속에서 유지되는 것이기에, 독립적일 수도 확고한 존립 상태를 유지할 수도 없다. 그런 한에서 자기보존은 성향상 자기상승이며, 유지된다고 말할 수 있는 것은 '활동성 자체'뿐이다. 그렇다면 코나투스는 경기적인(agonal) 성격을 갖지 않을 수 없으며, 또한 자신의

---

27   B. Spinoza, *Die Ethik nach geometrischer Methode dargestellt*, *Sämtliche Werke*, Bd 2, III부(übers. von O. Baensch)(Hamburg, 1977), Lehrsatz 6.

전체 의지를 걸고 경우에 따라서는 자기보존을 희생할 수도 있는 것이다. 그런데 니체는 코나투스가 갖는 이런 측면을 외면한다. 그래서 힘의 상승과 확대를 꾀하는 힘에의 의지에 대립시키는 것이다. 이런 일면적인 이해에도 불구하고 니체는 계속해서 이런 관점으로 코나투스를 바라본다.

이상의 고찰은 다음처럼 정리해 볼 수 있다. 스피노자 철학에 대한 철학적 분석이 최초로 제공되는 '선배 스피노자 발견' 시기에 첫째, 니체 자신의 고백에도 불구하고 '선배' 스피노자의 구체적인 모습은 찾아볼 수 없다. '스피노자 발견' 글에서 제시되었던 여섯 주제 중에서 다루어지는 내용은 오로지 인식과 관련한 것이지만, 그것도 비판적인 관점을 견지하고 있다. 더불어 둘째, 스피노자 철학에 대한 니체의 향후 태도를 방향 짓는 비판적 입장들이 단초적으로나마 제시된다. 스피노자 철학은 관념론으로 고찰되어 근대적인 플라톤주의의 범주로 포섭되고, 방법적 이성주의에 대한 비판이 대두되며, 그의 코나투스 개념은 19세기 진화론과 연계되어 니체의 힘에의 의지 개념과 대립되는 것으로 고찰된다. 이런 일면적이면서도 비판적인 관점은 긍정의 철학이 본격적으로 대두되는 후기 사유에 이르기까지 일관되게 유지된다. 셋째, 스피노자의 철학에 대한 본격적인 비판을 제공하면서도 니체는 스피노자에 대해 혼란스러워하고 있는 것처럼 보인다. 스피노자는 니체에게 여전히 정신적인 유대감을 갖게 하는 철학자 유형으로 평가되고 있기 때문이다. 물론 니체 자신은 아직 그 이유를 명시적으로 밝히지 않지만, 아마도 전통적 사유 방식을 해체하고자 하는 자유정신의 과제를 스피노자의 내재성 철학에서 읽어 냈기 때문이라고 추측할 수 있다. 그리고 이 추측은 이후 시기의 글에 의해 정당화된다.

5 '스피노자 발견' 이후의 스피노자

『즐거운 학문』이후에도 스피노자 철학에 대한 인정과 의혹이라는 이중적 관계 맺음은 지속된다. 스피노자 개인에 대한 평가도 마찬가지다. 하지만 '디오니소스적 긍정의 철학'이 구체화됨에 따라 그와의 철학적 맞대결도 이전보다는 원숙한 형태로 진행되고, '선배'라는 칭호의 이유도, '선배'에 대한 의혹의 이유도 비로소 밝혀진다. 물론 여기에서도 니체는 여전히 스피노자 철학을 선택적으로 취급한다. 그 결과 니체에게 스피노자는 "조상"[28]이자 "은둔하는 병자"[29]다. 스피노자 철학은 "폐결핵의 현상론"[30]이자 철학사에서의 "결정적인 전환"[31]이다. 이 두 측면 중에서 '은둔하는 병자'가 제시한 '폐결핵의 현상론' 측면이 단연 압도적이다.

1) 결정적 전환으로서의 선배 스피노자

고독한 철학적 삶을 살았던 스피노자에 대한 니체의 유대감과 동경은 괴테의 흔적과 더불어 여전하다.[32] 하지만 이제 니체가 느끼는 정신

---

28   『유고』 KGW VII 2 25〔454〕, p. 130.
29   『선악의 저편』 5: KGW VI 2, p. 13.
30   『유고』 KGW VIII 3 16〔55〕, p. 300.
31   『유고』 KGW VII 3 36〔15〕, p. 281.
32   『유고』 KGW VII 2 25〔454〕, 26〔432〕. 1885년 7월 2일 오버벡에게 보낸 편지(KSB Bd. 7, 63)에서도 스피노자와 단테의 고독한 삶에 대한 니체의 주목을 엿볼 수 있다. 니체의 스피노자관이 괴테의 영향을 지속적으로 받고 있다는 것은 니체 후기 유고(KGW VIII 1 9〔178〕, 11〔138〕, VIII 2 12〔1〕126)를 통해서도 알 수 있다. 이 중 마지막 두 유고에서는 괴테에 의해 이해된 스피노자의 체계를 비판하지만, 여기에서도 니체가 괴테적 스피노자를 버리고 있지 않다는

적 유대감은 이런 삶의 차원을 넘어선다. 스피노자 철학의 진면목이 그의 동의를 얻기 시작한 것이다. 그래서 스피노자의 철학은 그 정신적 깊이에서 데카르트나 흄이나 로크의 철학을 능가하고,[33] 영향력이 지극히 큰 철학[34]이라는 평가를 받게 된다. 무엇이 이런 평가를 가능하게 한 것일까? 단적으로 말하자면 스피노자의 내재성의 철학이 수행한 두 가지 '전환'의 역할 때문이다.

첫째, 내재성의 철학은 형이상학적 세계해명 방식의 전환을 가져온다.

> '신은 자연이다.'라는 말 속에(그는 심지어는 '자연이 신이다.'라고 느꼈다.) 표현된 스피노자의 동경. 종교적 신들을 꾸며내는 정신에 대한 학문적 정신의 우세를 이제야 가져온 결정적 전환. 그것을 가장 단호한 형태로 정식화한 그 명제와 믿음은 그런데 도대체 무엇인가? 그것은 다음과 같은 것이 아닌가? 힘으로서의 세계는 무제약적으로 생각되어서는 안 된다. 세계는 그렇게 생각될 수 없기 때문이다. 우리는 힘의 개념과 양립할 수 없는 무한한 힘이라는 개념을 금한다. 즉 세계에는 영원히 새로운 것을 하는 능력 또한 없다.[35]

이제야 목적 개념에 대한 스피노자의 부정을 니체가 선배의 작업으로 일찌감치 이해했던 이유가 제공된다. 스피노자의 세계해명 방식이 갖는 학적 의의가 '힘에의 의지의 생기존재론(Geschehensontologie)'에 입

것이 확인된다. 스피노자의 고독한 삶에 대한 우호적인 태도는 『도덕의 계보』에서 완전한 전환을 이루어, 스피노자의 고독은 '강요당한' 고독으로 등장한다.

33 　『유고』 KGW VII 3 36〔32〕, p. 288.
34 　『유고』 KGW VIII 1 2〔131〕, p. 129.
35 　『유고』 KGW VII 3 36〔15〕, p. 281.

각해 최초로 공정하게 평가되는 것이다. 스피노자는 초월적 목적으로부터 자유로운 내재성을 근대에서 최초로 제시한 존재로 간주된다. 그래서 그는 이분법적 구도와 초월적 목적론의 결합체인 형이상학적 이원론을 거부하는 존재이기도 하다. 형이상학적 이원론에서 초월적 목적은 이 세계의 존재목적이자 존재근거이자 존재의미라는 지위를 갖는다. 철학적 형태로 제시되었다고 하더라도 그것은 "여전히 늙은 신이 살아 있다고 믿는 종교적인 낡은 사유 방식이나 소망 방식이며 일종의 동경"일 뿐이다. 이런 형이상학적 세계해명 방식으로부터의 전환을 스피노자가 가져온 것이다. 내재성의 철학에서 '신, 즉 자연'이라는 공식은 신의 자연화 혹은 자연의 신격화를 의미한다. 아니, 실제로 이 둘 모두를 의미한다. 이 두 의미는 스피노자에게서 둘 중의 하나로 읽어야 하는 대안적 성격의 것이 아니다. 신은 자연의 내재적 원리이며 동시에 자연은 신의 능력을 표현한다. 개념적으로 표현하자면, 만유재신론이자 동시에 범신론이며, 전체로서의 자연과의 우주 신학적 동일화이기도 하다. 여기에서 유한성의 필연성은 '양태 속에서 제시되는 실체'라는 도식을 통해 내재적으로 확보된다. 이렇듯 스피노자의 '신, 즉 자연' 명제는 초월성 자체를 절대적인 내재성 철학 안으로 흡수해 버리는 것이며, 이로써 형이상학적 이원론을 형이상학적 일원론으로 전환하는 시도가 이루어진 것이다.

이런 전환의 시도는 니체에게 세계에 대한 긍정양식을 철학적으로 확보할 수 있는 길을 제시한 것으로 받아들여진다. 신 개념을 실체 개념 속에 녹여 버림으로써 스피노자는 이 세계를 탈가치화하지 않고, 오히려 전체로서 신성화하는 길을 제공했기 때문이다. 그래서 니체에게 스피노자의 명제는 신학적인 의미구성이나 세계의 의미에 대한 허무적 파괴로 읽을 필요가 없다.[36] 니체가 이원론적 형이상학의 세계해명 방식을 극복하려는 이유가 무엇이었던가? 이 자연세계를 힘에의 의지의 생기(Geschehen)로 재해석하여, 이 세계에 대한 무한한 긍정이 가능하도록 신성화하고자 한 것 아닌가? 그렇기에 스피노자의 학적 '시도'를 니체는 자신의 철학적 프로그램의 방향을 선취하고 있는 것으로 간주할 수 있었던 것이다. 니체가 스피노자에게 정신적 유대감을 갖는 것은 그래서 자연스러운 일이다. 물론 스피노자의 전환이 갖는 공적과 의의를 높이 평가함에도 불구하고 니체는 여전히 불만스럽다. 스피노자가 제시한 방식은 '스피노자 식' 해결책일 뿐으로, 절반의 성공에 그친다고 생각하기 때문이다.(아래 5-(2)를 참조하라.)

둘째, 내재성의 철학은 윤리적 판단의 전환을 가져온다. 내재성의 철학이 갖는 윤리적 함의는 청년 니체가 이미 주목했던 바지만, 그 주목의 구체적인 이유들은 이제야 제공된다. 즉 내재성의 철학은 자연주의적 방식으로 윤리적 판단에 대한 철학적 심리학을 제공한다. 그 결과 선과 악이라는 윤리적 판단의 절대성과 자유의지가 부정되고, 그리스도교 도덕 전통으로부터 도덕적 가치평가의 독립이 선언되며, 인간과 세계의 죄 없는 상태가 다시 구현된다. 한마디로 니체가 구상했던 '선악의 저편' 프로그램의 몇몇 주제들을 17세기에 이미 선취하면서 윤리 담론에서의 현대의 시작을 알려 준다. 윤리학의 현대는 니체가 아니라 스피노자가 문을 연 것이다.

36　물론 데카르트 이래의 신학적 전통과 관념 철학의 전통에서 보자면 스피노자의 범신론은 무신론적이다. 헤겔도 그렇게 이해했고 야코비도 그렇게 이해했다. 하지만 포이어바흐적인 무신론의 범주로 파악할 수는 없다. 오히려 유대적-그리스도교적 전통이나 관념적 계몽주의가 보여 주는 의인적-신학적 전통의 외부에 있는 것이며, 그런 의미에서 무신론과 유신론이라는 범주를 넘어서는 것이라고 할 수 있다.

그는 선과 악을 인간의 상상력 안에 있는 것으로 제시했으며, 신은 모든 것을 선한 이성 아래에서 한다고 주장하는, 신을 모독하는 자들에게 통분을 품고서 자신의 자유로운 신의 영광을 변호했다. …… 스피노자에게 세계는 양심의 가책이 고안되기 전의 무죄 상태로 되돌아가 있었다. 그렇다면 양심의 가책(morsus conscientiae)은 어떻게 되었단 말인가? 그는 마침내 스스로에게 다음과 같이 말했다. 그것은 '환희의 반대다. 온갖 기대에 반하는 결과가 나왔던 과거 사건을 생각하는 것에 뒤따르는 슬픔이다.' (『에티카』III부, 정리 18, 주석 1, 2)[37]

스피노자의 '선악의 저편' 프로그램은 인간의 심리현상에 대한 철저한 자연주의적 분석과 재해석을 통해 진행된다. 먼저 자유의지가 부정된다. 인간은 소산적 자연이라는 양상적 세계 속에 있기에, 인간의 모든 행위는 엄격한 결정론의 지배를 받는다. 의지작용은 인식기능과 마찬가지로 긍정과 부정에 대한 판단작용이며, 그래서 인식작용을 제어하는 동일한 결정론이 의지에게도 적용된다. 따라서 자유의지는 있을 수 없다. 또한 선과 악의 문제는 철저히 상상의 문제로 환원되어, 선과 악이라는 윤리적 판단의 상대성이 확보된다. 즉 선과 악은 우리의 정신이 외부 원인과 상상의 지배하에 있을 때 산출되는 실재이며, 따라서 신의 인과적 필연성을 보여 주는 이성적 직관의 대상일 수는 없다. 욕구를 기준으로 보면, 선과 악은 유용한 것과 해로운 것을 다른 이름으로 지칭하는 것에 불과하다. 자신의 존재를 지켜 내려는 개인의 충동에 이로운 것

---

37   『도덕의 계보』II 15: KGW VI 2, p. 336. 여기에 인용된 스피노자의 글은 책 본문에서 제시된 출처와 달리 *Die Ethik*, III부, Definition der Affekte 17인 것 같다.

은 선인 반면, 그런 충동에 방해가 되는 것은 악이다. 그렇다면 이미 선과 악은 절대적 기준을 가질 수 없는 완전한 상대성의 영역에 자리한다. 물론 이런 통찰은 스피노자에게서 수동감정과 능동감정의 문제 그리고 신에 대한 지적 직관의 문제와 연계되어, 윤리학과 형이상학의 결론을 동일한 것으로 만들어 버리는 문제를 낳지만,[38] 여기에서 니체의 관심은 스피노자의 공적에 집중되고 있다. 스피노자가 서양 철학의 오래된 프레임이었던 도덕적 절대주의를 파기할 길을 제시했다는 점 하나만으로도 충분히 평가할 만하기 때문이다. "우리는 그것을 선이라고 판단하기 때문에 그것을 향하고 노력하고 의지하며 충동을 느끼고 욕구하는 것이 아니라, 반대로 노력하고 의지하며 충동을 느끼고 욕구하기 때문에 어떤 것을 선이라고 한다."[39]라는 스피노자의 단언은 비도덕주의자 니체가 했을 수도 있었다.

스피노자의 기념비적인 작업은 도덕적 절대주의의 파기로 끝나지 않는다. 그의 공적은 '절대적인' 선악의 '절대적인' 판단 기준에서 선한 신을 제외해, 신을 도덕적 신으로부터 해방시키는 것으로 이어진다. 신에게서 도덕성을 배제하는 것은 그리스도교 도덕 전통으로부터 도덕적 가치평가의 독립을 의미하는 것이기도 하다. 그리스도교적–도덕적 세계질서로부터 이 세계의 해방은 곧 이 세계의 '무죄'를 회복하는 길이기도 하다. 이 세계의 무죄 선언만큼이나 양심의 문제를 다루는 스피노자의 처치 방식 역시 니체의 관심을 끈다.[40] 양심의 가책은 니체에게 그리

---

38   좀 더 자세한 설명은 백승영, 『니체, 디오니소스적 긍정의 철학』(책세상, 2005/2007), 166쪽 참조.

39   B. Spinoza, *Die Ethik*, III부, Lehrsatz 9, Anmerkung.

40   『도덕의 계보』 서문 5: KGW VI 2, p. 264.

스도교 도덕이 만들어 낸 허구 중의 허구, 병폐 중의 병폐다. 허구인 것은 인간을 병든 죄인으로 만들어 자신들의 존재 의미를 확보하려는 그리스도교 교회와 사제의 권력욕의 소산이기 때문이고, 병폐인 것은 인간을 신에 대한 죄의식을 떨치지 못하는 병든 죄인으로 만들어 주권적이면서도 건강한 실존의 가능성을 막아 버리기 때문이다. 그래서 니체의 프로그램은 가책에서 자유로운 양심을 인간에게 되돌리려는, 인간의 주권적 존재로의 육성에 그 초점이 맞추어진다.[41] 이렇기에 스피노자가 양심을 슬픔이라는 정서의 차원으로 환원한 것은 비록 그 내용에는 동의할 수 없는 니체라도 그 시도 자체만으로도 평가하지 않을 수 없는 것이다. 그 시도 자체가 양심의 문제와 그리스도교 도덕과의 연계를 끊으려는 노력, 그래서 인간의 무죄 상태를 다시 확보하려는 노력이기 때문이다.[42]

이렇듯 스피노자 윤리학의 프로그램이 보여 준 자유의지-도덕적 절대주의-그리스도교 도덕에 대한 부정의 '시도'는 니체의 비도덕주의 프로그램을 선취하고 있다고 말할 수 있다.[43] 물론 부정의 '방식'은 메울 수 없는 간격을 보이지만, 그렇다고 스피노자의 공적이 무화될 수는 없다. 스피노자가 "지극히 영향력이 큰"[44] 철학을 구상했다는 판단은 스피노자 윤리이론의 '전환'적 역할에 대해 니체가 보내는 경의의 표시다.

41 자세한 설명은 백승영, 「양심과 양심의 가책. 그 계보의 차이」, 《철학》 90(한국철학회, 2007), 107~133쪽 참조.
42 스피노자는 동정과 희생이라는 그리스도교 에토스로부터도 니체만큼 멀리 떨어져 있다.
43 질 들뢰즈, 『스피노자의 철학』, 37쪽 비교.
44 『유고』 KGW VIII 1 2(131), p. 129.

2) 은둔하는 병자의 현상론

스피노자에 대한 니체의 이와 같은 긍정적 평가에도 불구하고, 그 긍정적 평가를 무색하게 할 정도의 이의 제기가 매우 다양한 형태로 전개된다. 그것은 스피노자 철학을 태동시킨 심적 기제에 대한 고찰에서 출발해 방법론을 거쳐 정서론에까지 이른다. 여기에서도 여전히 긍정의 철학의 형성과 연계되어 그때그때 필요한 부분만 주목되지만, 그 범위는 스피노자의 이론철학 전체를 포함하고 있다고 할 정도다. 물론 니체가 판단을 유보하는 몇 장면도 등장한다. "신성과의 융합은 …… 최고의 안정, 고요함, 정신성을 갈망하는 것일 수도 있다."[45]라는 가치중립적인 발언이나, "스피노자가 말하는 신의 사랑 같은 것이 또다시 체험될 수 있다는 것은 그에게 있어서는 대단한 사건이다."[46]처럼 평가를 배제한 글 같은 것이 그 예다. 하지만 이런 유보적 태도는 극소수일 뿐이고, 스피노자는 니체의 아주 강력한 망치질 세례를 받는다. 그것들을 유형별로 묶어 보면 다음과 같다.

(1) 실패한 긍정 프로그램으로서의 내재성의 철학

형이상학적 '전환'을 '시도'했음에도 불구하고, 니체는 스피노자가 못마땅하다. 비록 유한성의 필연성을 내재적으로 확보할 길을 열었다 해도, 내재성의 철학은 필연성 개념을 매개로 존재의 일의성 문제와 연

45　『유고』 KGW VII 1 7[108], p. 287.
46　『유고』 KGW VII 2 26[416], p. 260. 이 글은 타이히밀러의 스피노자 비판이 적절치 않음을 보여 주려는 의도로 작성되었지만, 스피노자에 대한 니체 자신의 평가를 표현한 것이라고 보기는 어렵다.

결될 수밖에 없고, 그것이 세계에 대한 긍정의 절대적 형식을 허용할 수 없다고 생각하기 때문이다. 내재성의 철학에서는 양태가 필연적으로 실체를 긍정하는 외화이기는 해도, 유한한 사물의 양태적 필연성은 실체를 통하지 않으면 안 된다. 반면 실체는 자신의 존재를 위해 다른 것들을 필요로 하지 않는다. 실체는 절대적이고도 내적인 필연성을 지닌 자기원인(causa sui)이기 때문이다.[47] 이렇듯 내재성의 철학에서 실체의 필연성은 양태의 필연성을 넘어서며, 실체에 대한 긍정은 양태에 대한 긍정에 우위를 점한다. 이렇게 해서 기하학의 원리에 입각한 스피노자의 형이상학이 비록 근대 역사에서는 최초로 이성목적으로부터 자유로운 세계의 내재성을 제공하면서, 세계에 대한 내재적 고찰을 시도했다 하더라도, 세계에 대한 무조건적 긍정을 가져올 수는 없다. 절대적인 내재성의 철학은 절대적인 긍정의 철학이 되기에는 여전히 역부족이다.

절대적인 긍정은 실체와 양태라는 구도 자체와 그 구도가 보여 주는 위계 관계가 극복될 때에만 비로소 가능하다고 니체는 생각한다. 그래서 그는 힘에의 의지를 비자존적-관계적 활동으로 제시해 실체 개념 자체를 폐기하고, 힘에의 의지의 자기 자신으로의 영원회귀라는 작용 방식을 보여 주면서, 이 세계를 '그 자체로' 긍정하는 절대적인 긍정의 양식을 제공한다.[48] 스피노자의 시도를 긍정양식 획득의 시도라는 측면에서 동의하면서도, 불완전한 형태로 판단하는 다음의 글은 바로 이런 맥락에서 등장한다.

'모든 것이 완전하고 신적이고 영원하다.'는 마찬가지로 영원회귀에

---

47 B. Spinoza, *Die Ethik*, I부.
48 초월적 목적 개념 이후에 전개되는 스피노자의 기계적-결정적 인과론은 힘에의 의지의 역동적 인과론에 의해 비난받지만, 여기에서는 생략한다.

대한 믿음을 강요하기 때문이다. 질문: 도덕으로 인해 모든 사물에 대한 범신론적 긍정 입장은 불가능해졌는가? 근본적으로 오직 도덕적 신만이 극복된 것이다. '선악의 저편'에 있는 신을 생각한다는 것은 의미 있는 일인가? 이런 의미에서의 범신론은 가능한가? 과정에서 목적 관념을 제거하고도 과정을 긍정한다? 만일 그 과정 안에 있는 무언가가 과정의 매 순간 도달된다면, 그리고 항상 동일한 것이 도달된다면 그럴 것이다. 모든 순간이 논리적 필연성을 갖고 있는 한, 스피노자는 그런 긍정적 입장을 획득했다. 그리고 그는 그와 같은 세계 특성에 대한 자신의 논리적 본능을 가지고 승리를 쟁취했다.

하지만 그 경우는 단지 개별 경우일 뿐이다.[49]

(2) 방법적 이성주의라는 도그마

모든 철학자들에 대해 불신 반, 조소 반의 시선을 보내도록 하는 것은 …… 그들이 충분히 정직하게 다가가지 못한다는 점이다. 그들은 진실의 문제가 멀리서라도 언급되기만 해도 다 같이 엄청난 도덕적 소동을 일으킨다. 그들은 모두 자신의 견해를 냉철하고 순수하며 신적으로 초연한 변증법의 자기전개에 의해 발견하고 획득한 듯 군다. …… 근본적으로 하나의 전제된 명제, 하나의 단상, 하나의 '영감', 대부분의 추상화되고 여과되어 나온 그들 마음의 소망은 대개 뒤늦게 찾은 근거에 의해 정당화된다. 그들은 모두 옹호자라 불리기를 원하지 않는 옹호자이며, 실상은 대부분 그들이 '진리'로 이름 붙인 자기편견의 교활한 대변자이기도 하다. …… 스피노자가 자신의

---

49   『유고』 KGW VIII 1 5〔71〕7, 5〔71〕8, pp. 217~218.

철학에 —— 이 용어를 바르고 적합하게 해석하면 결국 '그 자신의 지혜에 대한 사랑'이다. —— 마치 청동 갑옷을 입히고 가면을 씌우는 것 같은 저 수학 형식의 기괴한 술책도 그렇다. …… 은둔하는 병자가 쓰고 있는 이 가면은 얼마나 많은 특이한 수줍음과 허약성을 드러내고 있는가![50]

이 글은 스피노자에 대한 심리적 공격이라는 외피를 쓴, 스피노자의 방법적 이성주의에 대한 공격이다. 그리고 이것은 스피노자의 '철학'이 '그 자신의 지혜에 대한 사랑'과 동의어라는 것으로 표현된다. 스피노자의 이성주의는 인간 정신이 사유라는 속성 아래에서의 신적 실체 그 자체의 유한한 양상적 표현이라는 것을 보여 주고자 한다. 그래서 오로지 이성인식, 『에티카』에서 말하는 직관적 인식만이 유한한 본질을 신과의 본질적 연관하에서 볼 수 있으며, 양상들의 우연성을 신의 본성이 갖고 있는 인과적 필연성에서 나오는 필연성으로 이해할 수 있다. 신은 인간의 직관적 이성인식을 통해 자신을 드러낸다. 이렇듯 스피노자의 실체일원론은 이성의 직관능력에 의존하며, 또한 이성의 실천적 능력은 '이성=신에 대한 인식=최고의 덕=최고 선=행복'이라는, 변형된 형태의 소크라테스 공식('이성=덕=행복')을 도출한다. 이런 이성주의 체계는 "수학 형식의 기괴한 술책"이라고 표현된 기하학적 방법을 사용하여 건축된다. 이것은 곧 니체에게 "자신의 본능을 신성하게 생각하는 논리학자의 최고로 우스꽝스러운 옹졸함"에 의한 "모든 것을 완전히 인식했다"고 믿는 짓거리에 지나지 않는다.[51] 그것은 이성의 진리 인

---

50   『선악의 저편』 5: KGW VI 2, pp. 12~13.
51   『유고』 KGW VIII 1 7〔5〕, p. 271.

식 가능성에 대한 믿음, 지적 정직성의 결여, 지적 독립성과 중립성에 대한 포기를 표현하고 있을 뿐이다. 그래서 니체에게 스피노자의 체계는 이성중심주의 철학이 보여 준 독단의 전형이자 진리의 독단화 과정을 촉진하는, 자유정신과는 대립되는 반동적인 정신의 태도를 보여 주는 것으로 이해된다. 이런 이유에서 스피노자는 '은둔하는 병자'에 비유되며[52] 그렇기에 스피노자는 더 이상 헤겔이나 칸트보다 월등한 정신일 수 없게 된다. 오히려 '신에 대한 지적 사랑'을 가지고 플라톤적 사유를 그들과 함께 공유하는 것이다. 이전과 달리 이 시기에 니체가 스피노자를 이런 철학자들과 같은 범주로 넣기 시작하는 이유 중의 하나다.[53]

(3) 도덕적 존재론으로서의 스피노자 철학

스피노자를 플라톤, 칸트, 헤겔, 쇼펜하우어 등과 같은 범주로 편입시키는 또 하나의 이유는 니체가 스피노자의 철학에서 도덕적 존재론의 모습을 발견했기 때문이다. 도덕적 존재론은 니체가 서양 철학의 주요 특징이라 제시하는 것으로, 선배 스피노자는 바로 이 측면에서 니체의 혹독한 비난을 받는다. 플라톤과 칸트와 쇼펜하우어와 헤겔의 철학에서 도덕적 근원과 도덕적 가치감에 대한 무비판을 찾아내는 것은 니체에게 어려운 일이 아니었다. 그런데 스피노자의 경우는 그리 간단하지 않았다. 스피노자가 도덕적 가치 판단을 부정하고 '선악의 저편'에서 윤리적 사유를 제공한 것을 이미 알고 있었기 때문이다. 그래서 스피노자를 어

---

52   스피노자가 '은둔하는 병자'인 또 다른 이유를 제공하는 심리적 분석에 대해서는 이 글의 5-(4) 참조.

53   『유고』 KGW VII 26[3], p. 149. 스피노자의 인과론에 대한 니체의 비난도 같은 맥락에서 이해될 수 있다. "원인들에 대한 믿음은 목적들에 대한 믿음과 함께 사라진다.(스피노자와 그의 인과론에 대한 반대.)"『유고』 KGW VIII 1 2[83], p. 101.

떻게 평가해야 하는지를 놓고 니체는 고민하지 않을 수 없었다.[54] 하지만 그의 최종 답변은 다음과 같다. "칸트뿐 아니라 헤겔과 쇼펜하우어도 도덕적 근본판단에 의해 규정된다. 플라톤과 스피노자도 마찬가지다."[55] "플라톤부터 철학은 도덕의 지배 아래 있다. 또한 그의 선배들에게도 도덕적 해석이 결정적으로 끼어들었다."[56] 스피노자의 철학이 도덕적 존재론으로 유형화되는 이유는 특정 유고 글(VIII 1권의 7〔4〕)에 집약적으로 제시되는데, 거기에서 스피노자 철학이 갖고 있는 방법론의 도덕적-행복주의적 관점 및 형이상학의 이성중심적 사고, 그리고 '최고선=최고 덕=신에 대한 직관적 인식'이 말해 주는 형이상학과 윤리학의 결론의 일치, 이성적 직관인식이 토대로 하는 도덕적 가치 등이 주목되고 있다.[57]

(4) '은둔하는 병자'의 심리학으로서의 금욕적 관념론

스피노자의 철학이 '은둔하는 병자'의 철학인 또 다른 이유는 그 철학이 플라톤적 관념론의 근대적 모델이며, 이 모델이 스피노자라는 '추방과 은둔을 강요받은 자'의 원한과 복수심의 소산이기 때문이다. 앞서 제시되었듯이 니체는 스피노자를 플라톤류의 금욕적 관념론의 연장이라고 생각한다. 그것이 감각을 탈감각화하고 관념화하기 때문이었다. 이것은 감각을 제어할 능력의 부재가 초래하는 두려움 때문이라고 니체는 생각한다. 감각을 제어할 수 없는 무능력으로 인해 감각을 아예 탈

---

54 『유고』 KGW VIII 1 2〔161〕, p. 142. "스피노자의 입장. 도덕적 가치 판단에 대한 그의 부정과 거부는 어떻게 설명될 수 있을까?(그것은 변신론의 필연적 귀결일까?)"
55 『유고』 KGW VIII 1 5〔50〕41, p. 207.
56 『유고』 KGW VIII 1 7〔4〕, pp. 267~268.
57 상세 설명은 백승영, 『니체, 디오니소스적 긍정의 철학』, 152~165쪽 참조.

감각화해서 없애 버리는 거세의 방식이 동원된 것이다. 인간의 여러 충동과 정념, 비이성, 임의성, 우연, 변화, 사멸성 등도 동일한 처치 방식의 대상이다. 그런데 그런 두려움이나 금욕적 태도를 스피노자는 어떻게 갖추게 된 것일까? 여기에서 니체는 아주 거친 심리학을 선보인다. 그런 태도는 병자의 심리에서 발생하고, 스피노자 역시 그런 심적 성향의 소유자라는 것이다.

> 사회에서 추방당한 자, 오랫동안 박해받은 자, 심하게 쫓겨 다닌 자——스피노자와 조르다노 브루노처럼 은둔을 강요당한 자——이런 사람들이 가장 정신적인 가면을 쓰고 있다고 하더라도, 그리고 아마 그들 자신이 그 사실을 깨닫지 못한다고 할지라도, 결국에는 항상 복수심에 불타는 교활한 자와 독살자가 되어 버린다. (스피노자 윤리학과 신학의 토대를 파헤쳐 보라!) 도덕적 분노의 치졸함은 말할 필요도 없으며, 이는 한 사람의 철학자에게서 철학적 유머가 달아나 버렸음을 말해 주는 확실한 징조인 것이다. 철학자의 순교와 진리를 위한 그의 희생은 그 자신 안에 있는 선동가와 배우가 숨겨 왔던 것을 드러내도록 강요한다.[58]

스피노자는 니체에게 '진리를 위한 싸움'을 한 존재다. 하지만 그 싸움은 스피노자에게는 이길 수 없는 싸움이었으며, 그는 당시 사회로부터 은둔을 강요당한다. 이것은 스스로에게 여전히 "잘 살 수 있는 권리"[59]가 부여되는, 고독에 대한 자유로운 선택과는 거리가 멀다. 오히

---

58   『선악의 저편』 25: KGW VI 2, p. 39.
59   같은 글.

려 덴마크 유대교의 파문으로 사회적 고립을 강요당해 적에 대한 경계와 공포가 생기고, 거기에서 그들에 대한 복수 감정 및 원한 감정이 자라난 '사적 존재'가 되어 버린다. 그래서 스피노자의 진리 역시 그런 반동적인 감정에 의해 산출되고 '순수함'이나 '중립성'은 소멸된, '사적 진리' 외에 다른 것이 아니게 된다. 이런 반동적인 감정에 불타는 자는 니체에게 병자다. 병자 스피노자가 만들어 내는 그의 진리 역시 병들어 있다. 금욕적 관념론은 바로 그런 '그'의 진리다. 거기에는 "불신으로 가득 차고 나쁜 경험을 한 압박당한 영혼이 표현되고 있다."[60] 이것이 바로 니체에게는 서양의 금욕적 관념론을 태동시킨 심적 기제이자, 동시에 스피노자의 심적 기제다. 이렇게 해서 앞에서 긍정적으로 표명되었던 절대적인 내재성의 철학이 이제는 금욕주의 이상에 각인된 방어적-반동적인 정신 속에 갇혀 있는 그 무엇에 불과한 것으로 이해된다. 니체는 스피노자가 제시했던 현세적 사물의 내재적 원인으로서의 신이라는 혁신적인 내용을 이제 완전히 배제해 버리고, 스피노자 철학을 금욕적 관념론에 각인된 차가운 이성주의로 국한한다. 이렇게 해서 니체는 스피노자의 철학을 성립시켰던 심적 기제를 알아차렸다고 생각한 듯하다. 내재성의 철학을 통해 유일신과 창조주라는 유대적 신을 거부한 것조차 유대적 신에 대한 스피노자의 원한에서 기인한 것으로 제시할 정도로…….

스피노자에게.

사랑스럽게 '전체 속에서 일자'를 향해

---

60   『유고』KGW VIII 3 18〔16〕, p. 337.

신의 사랑이여, 복되도다. 분별 있어 ──

신발을 벗어라, 세 번의 성스러운 땅이여!

그러나 이 사랑 속에서

희미하게 타는 복수의 불이 섬뜩하게 삼켜 버렸다.

유대인의 증오가 유대인의 신을 삼켜 버렸다!

은둔자여, 내가 너를 알아차린 것인가?[61]

(4) 정서에 대한 불성실한 인정

스피노자가 제시한 정서이론 역시 니체의 비난을 받는다. 스피노자는 『에티카』 3부에서 정서의 본성과 근원에 대해 논의하면서 정서를 자연적인 사건으로 제시한다. 정서에는 우리가 이해할 수 있는 특정한 원인이 있으며, 그것은 인간 본성에서 피해야 할 오류 같은 것일 수 없다. 오히려 우리에게는 자신의 정서를 제어할 수 있는 능력과 힘이 있다. 또한 정서는 신체 활동 능력과의 연계 속에서 파악된다. 이 프로그램을 통해 스피노자는 정서에 대한 자연주의적 심리학을 제공하면서, 인간의 육체적 실존을 처음으로 철학의 주요 주제로 등극시키는 내용을 제공한다. 하지만 니체는 스피노자의 정서이론이 갖는 철학사적 중요성을 객관적으로 평가하는 데에는 관심이 없다. 오히려 그는 그것을 앞에서 제시했던 이성주의의 연장으로 이해한다. 그래서 그것을 '개개인의 삶의 조건과 독립적인 행복을 구상하는 이성주의 프로그램'과 '정서에 대한 금욕주의'의 연계를 지적해 내는 근거로 사용한다.

---

61   『유고』 KGW VII 3 28[49], p. 27.

말하자면 개개인의 '행복' 때문에 개개인을 향한다고 하는 이러한 모든 도덕, 그것은 각개인이 자기 혼자 살 때 나타나는 위험의 정도에 상응하여 취해야 할 태도를 제안하는 것과 무엇이 다르단 말인가. …… 스피노자의 더 이상은 웃지도 말고, 더 이상은 울지도 말라는 것, 정념을 분석하고 해부함으로써 그토록 단순하게 정념의 파괴를 옹호하는 것.[62]

스피노자가 정서의 파괴적 극복을 의도했거나 옹호했다고 말하는 것은 스피노자 정서이론의 의도나 내용을 감안하면 적절하지 않은 지적이다. 스피노자에게 정서는 인간의 활동 능력을 증대하거나 촉진하는 경우 "능동"으로 평가되기 때문이다.[63] 하지만 니체는 능동과 수동의 이런 구분에 주목할 필요를 느끼지 않는다. 오히려 정서적 삶의 핵심에 인식상의 결정 요소와 기준이 끼어든다는 점에, 즉 이성에 의해서만 정서는 정신의 본질에서 비롯되는 행위로 고양될 수 있다는 점에 주목한다. 그래서 니체에게 스피노자의 정서이론은 결국 이성주의 프로그램의 한 측면을 대변하는 것에 불과하게 된다. 그것도 이성에 의한 정서의 파괴적 극복을 실천적 차원에서도 선언하게 하는 책략인 것이다. '이성＝덕＝행복'이라는 소크라테스의 공식은 반자연적 도덕이론가의 경우에서처럼 여기에서도 성립하며, 이 공식의 성립을 위해 스피노자 역시 정서의 파괴적 극복을 요구하고 있는 것이다.

이외에도 스피노자의 코나투스 개념을 고찰하는 니체의 관점은 이 시기에 여전히 19세기 진화론의 자기보존 명제와 연계되어 있다. 단 이

62　『선악의 저편』 198: KGW VI 2, p. 120.
63　B. Spinoza, *Die Ethik*, III부, Definitionen 3.

제는 힘에의 의지라는 개념과 '직접적으로' 비교되어, 코나투스는 힘에의 의지의 상승과정의 부산 현상이나 결과로 단정된다. 그런 한에서 코나투스 개념은 "불필요한 목적론적 원리"로, 논리학자 "스피노자의 논리적인 비철저함"이 발생시킨 것에 불과하다.[64] 그래서 자기보존의 충동이 그렇듯 코나투스 역시 삶의 근원적이고도 능동적이며 창조적인 힘을 구속할 뿐이다.

6 나오는 말

니체에게 스피노자는 어떤 존재인가? 그는 형이상학과 윤리학에서 사고의 '전환'을 '시도'한 최초의 근대철학자다. 그런 한에서 내재성의 철학은 긍정의 철학을 시도한 것이며, 그런 한에서 니체 철학의 선배다. 하지만 스피노자의 프로그램은 삶과 세계에 대한 완전한 긍정 양식을 획득하지 못한다. 절대적인 내재성의 철학은 결코 절대적인 긍정의 철학이 될 수 없다. 금욕적 관념론, 이성중심주의, 도덕적 존재론 등이 숨어 있기 때문이다. 니체는 선배의 이런 실패를 극복하려 한다. 절대적인 내재성의 철학이 곧 절대적인 긍정의 철학일 수 있는 프로그램을 제시하면서. 다시 말해 디오니소스적 긍정의 철학을 제시하면서……

---

64   『선악의 저편』 13: KGW VI 2, pp. 21~22.

니체의 스피노자 연구 문헌

니체는 스피노자 철학에 대해서 주제적이면서도 체계적인 연구 내용을 제공하지 않는다. 따라서 스피노자에 대한 니체의 '대표적인' 연구 목록이나 '대표적인' 저술이라고 말할 만한 것은 없다. 오히려 니체의 스피노자관을 풀어 나가는 실마리를 얻으려면, 니체 저작 전체에 산발적이고도 비주제적인 형태로 퍼져 있는 사유의 파편들을 모두 점검해야 한다. 이 파편들 중에서 스피노자에 대한 니체의 입장을 정립하는 자료로 사용된 주요한 것들은 본문에서 이미 제시되었지만, 니체의 저술에 등장하는 스피노자 관련 (의미 있는) 글의 목록을 저작과 유고의 시대순으로 제시하는 것이 후속 연구를 위해 유용할 것 같다. 스피노자 관련 글이 등장하는 저작을 중심으로, 그 저작을 준비하는 시기부터 저작의 등장 시기까지를 한 시기로 묶어 목록으로 만들어 보면 다음과 같다.

1. 초기 유고
『유고』KGW III 4 19〔47〕(엄밀한 수학적 형식으로서의 스피노자의 철학적 방

법론); KGW IV 1, 9〔1〕(스피노자의 선과 악에 대한 판단, 선 그 자체나, 악 그 자체는 없다)

2. 『인간적인 너무나 인간적인』 시기
『인간적인 너무나 인간적인』 I 157(스피노자라는 지적 천재의 특징, 탐욕적 예술가와의 대립), I 475(이 세상에서 가장 순수한 현자);『인간적인 너무나 인간적인』 II 408(에피쿠로스와 몽테뉴, 괴테와 스피노자, 플라톤과 루소, 파스칼과 쇼펜하우어, 영원히 생동하는 네 쌍의 사상가);『유고』 KGW IV 2, 19〔68〕(스피노자의 글)

3. 『아침놀』, 『즐거운 학문』 시기
『아침놀』 481(영혼의 역사를 보여 주는 사상가 스피노자, 파스칼, 루소, 괴테), 497(순수한 눈과 순수하게 만드는 눈을 갖고 있는 천재, 스피노자, 플라톤, 괴테), 550(인식하는 자로서의 스피노자의 행복, 세계의 아름다움을 증대하고 세계에 자신의 아름다움을 투입한다);『즐거운 학문』 37(학문에 오류를 제공한 스피노자), 333(인식에 대한 스피노자의 그릇된 판단), 349(다위니즘이 빠져 있는 스피노자의 도그마, 자기보존 충동), 372(스피노자의 철학적 관념론 및 신에 대한 사랑, 철학적 흡혈주의);『유고』 KGW V 2, 11〔132〕(헛소리에 불과한 스피노자의 이성관), 11〔137〕(모세스 멘델스존의 스피노자에 대한 발언), 11〔193〕(쿠노 피셔의 책, *Geschichte der neueren Philosophie*(München, 1865), Bd. 2, pp. 479~489에서 재인용한 스피노자의 글들), 11〔307〕(쇼펜하우어에 끼친 스피노자의 영향, 존재 유지에 대한 욕망), 12〔52〕(플라톤, 파스칼, 스피노자, 괴테의 동질성);『유고』 KGW VII 1 7〔20〕(도덕적인 근본 오류를 범하고 있는 스피노자의 철학), 7〔31〕(『에티카』 4부, Lehrsatz 26 재인용), 7〔35〕(유대 법률에 대한 복수로서의 스피노자의『에티카』), 7〔108〕(신성과의 융합에 대한 스피노자의 갈망은 정신의 최고의 안정을 통한 최고의 환희에 대한 갈망이다), 8〔17〕(억압당한 스피노자의 심적 기제, 복수와 정당화)

4.『선악의 저편』,『도덕의 계보』시기
『선악의 저편』5(은둔하는 병자로서의 스피노자, 그 자신이 진리라고 부른 자기 편견의 교활한 대변자이자 옹호자), 13(불필요한 목적론적 원리로서의 '자기보존'은 스피노자의 논리적 불철저함에서 기인한다), 25(스피노자라는 은둔을 강요당한 자의 심리, 복수심과 배우 본능, 그 산물이 그의 윤리학과 신학), 198(스피노자의 정념 분석과 행복주의 윤리학);『도덕의 계보』서문 5(플라톤, 스피노자, 라로슈푸코, 칸트, 동정의 무가치에 대한 의견 일치), II 6(사심 없는 악의에 대한 스피노자의 용어 '악의 있는 동정(sympathia malevolens)'), II 15(양심의 가책에 대한 스피노자의 새로운, 탈도덕적인 정의);『유고』KGW VII 2 25〔454〕(니체의 조상 헤라클레이토스, 엠페도클레스, 스피노자, 괴테), 26〔3〕(궁핍하고 편파적인, 예술가적 속성을 지닌 스피노자), 26〔285〕(스피노자의 가식과 복수심), 26〔313〕(부수적 결과에 불과한 '자기보존'을 목표로 혼동하는 것, 스피노자의 영향), 26〔416〕(신의 사랑에 대한 스피노자의 체험), 28〔49〕(유대인 스피노자의 유대 신에 대한 복수와 증오);『유고』KGW VII 3 36〔15〕('신, 즉 자연'은 종교적 정신으로부터 학적 정신으로의 중대한 전환이다), 36〔32〕(정신과 양심의 은둔자, 스피노자);『유고』KGW VIII 1 2〔83〕(스피노자의 인과론에 대한 반대, '목적과 동의어인 원인' 개념의 제거를 통해), 2〔131〕(스피노자주의가 갖는 영향력), 2〔161〕(기존의 도덕적 가치 판단을 부정하는 스피노자), 5〔50〕(도덕적 근본 판단의 규정을 벗어나지 못한 스피노자, 그런 한에서 플라톤, 칸트, 헤겔, 쇼펜하우어와 동류), 5〔71〕7~8(스피노자의 궁정철학과 니체의 긍정철학의 차이), 7〔4〕(도덕적 존재론으로서의 스피노자 철학, 예술가적 성향의 부재), 7〔57〕(양심의 가책의 문제에 직면한 스피노자); 『유고』 KGW VIII 2 9〔160〕(스피노자 인식론에 각인된 도덕적 가치), 9〔178〕 (괴테의 스피노자), 10〔150〕(라이프니츠보다 급진적인 스피노자의 선악 개념), 10〔170〕(스피노자에 대한 괴테의 경외, 전제에 대한 무지의 소치)

5. 『우상의 황혼』, 『안티크리스트』 시기
『우상의 황혼』 「어느 반시대적 인간의 편력」 23(반그리스도적인 것으로서의 스피노자의 '신에 대한 사랑'), 49(괴테와 스피노자가 공유하는 것); 『안티크리스트』 17(형이상학적 신이라는 공통점을 지닌 그리스도교의 신과 스피노자의 신); 『유고』 KGW VIII 2 11〔138〕 및 12〔1〕126(괴테의 성자로서의 스피노자, 빈혈증적 이상); 『유고』 KGW VIII 3 14〔92〕(정서를 풀어내서 그것들을 제어하는 방법을 찾는 스피노자의 책략), 16〔55〕(폐결핵 현상학으로서의 스피노자 철학), 18〔16〕(스피노자 형이상학의 심리학, 고통받고 압박당한 영혼의 공포심)

참고 문헌

백승영, 『니체, 디오니소스적 긍정의 철학』(책세상, 2005/2007).
질 들뢰즈, 박기순 옮김, 『스피노자의 철학』(민음사, 2007).

Spinoza, B., *Die Ethik nach geometrischer Methode dargestellt, Sämtliche Werke* (übers. von O. Baensch)(Hamburg, 1977).
Nietzsche, F., *Werke. Kritische Stuidenausgabe*(KSA)(Berlin/New York, 1967~1977).

_____, *Sämtliche Briefe. Kritische Studienausgabe*(KSB)(Berlin/New York, 1975~).

_____, *Werke. Kritische Gesamtausgabe*(KGW)(Berlin/New York, 1967~).

Birnbacher, D., "Spinoza und die Reue," *Zeitschrift für philosophische Forschung* 38(1984).

Düring, E., *Der Werth des Lebens. Eine philosophische Betrachtung*(Breslau, 1865).

Gawoll, H-J., "Nietzsche und der Geist Spinozas," *Nietzsche Studien* 30(2001).

Goethe, J. W. von, *Hamburger Ausgabe in 14 Bänden*(München, 1982).

Ohms, J., "Zu Nietzsches Spinoza—Deutung," *Philosophie der Toleranz. Festschrift zum 65. Geburtstag von Konstantin Radakovic. Überreicht von Mitarbeitern und Schülern*(Graz, 1959).

Schacht, R., "The Spinoza—Nietzsche Problem," Y. Yovel(ed.), *Desire and Affect: Spinoza as Psychologist, Spinoza by 2000 The Jerusalem Conferences* Vol. III(New York, 2000).

Seung, T. K., *Nietzsche's Epic of the Soul, Thus Spoke Zarathustra*(Lanham · Boulder · New York ·Toronto · Oxford, 2005).

Stegmaier, W., "'Philosophischer Idealismus' und die 'Musik des Lebens' zu Nietzsches Umgang mit Paradoxien," *Nietzsche Studien* 33(2004).

Wurzer, W. S., *Nietzsche und Spinoza*(Maisenheim a. Glan, 1975).

스피노자와
프로이트

역사적 전거가 없음에도 스피노자와 프로이트의 연관은
스피노자 연구자들을 매료해 왔다. 비합리적 사유의 힘에 대한
인정, 사유가 주체의 의도보다는 법칙에 지배된다는 결정론의
관점, 자기 인식을 통해 정신을 치유한다는 주지주의 등에서
주목할 만한 유사성이 보이기 때문이다. 그러나 무의식,
죽음 본능, 오이디푸스 콤플렉스 등 프로이트의 근본 개념이
스피노자에게서는 원칙적으로 불가능한 이상, 유사성은
표피적인 것에 불과하고 비교 작업은 공허해 보일 수 있다.
이 글은 위 개념들을 검토하는 대신, 프로이트가 '무의식의
왕도'라고 한 꿈을 소재로 삼아 두 이론이 위치하는 사상사적
지형을 살펴보면서 유사성과 동시에 심층적 차이를 밝힌다.
스피노자와 프로이트 둘 다 관념을 말 없는 그림으로,
정신을 단일체로 보는 데카르트주의의 두 유산(의식 철학과
생리학적 심리학)에 맞서 '사유의 역학'을 전개한다. 그러나
프로이트에게 사유들 간의 관계 이면에 (의식적, 무의식적)
주체의 의미 작용이 있다면 스피노자에게는 그런 이면이
없는데, 이 차이는 17세기와 그 이후 시대 에피스테메의
차이로 추적해 볼 수 있다.

사유의 역학

김은주

1 들어가며

"어두운 계몽의 철학자."[1] 이스라엘의 철학사가 요펠은 스피노자와 프로이트를 한데 묶어 이렇게 칭한 바 있다. 이 모순 형용은 실상 계몽의 극단을 의미한다. 이성의 타자가 적극적 고려의 대상이 될 뿐만 아니라 나아가 철저한 이성적 인식의 대상이 되기 때문이다. 우선 그들에게 무지는 빛, 곧 인식의 단순한 반대가 아니다. 인간은 앎을 갈구하는 만큼이나 앎에 저항한다. 아무리 불합리한 관념도 참된 관념 앞에 그냥 사라지진 않을 만큼 그 나름의 실재성을 가진다. 그것을 산출하는 필연적 법칙이 있기 때문이다. '자유로워' 보이는 정신 현상도 엄밀한 법칙에 의해 지배되고, 법칙이 있는 곳에 반드시 인식이 있다는 것. 바로 이것

---

1   Yirmiyahu Yovel, *Spinoza and Other Heretics*(1992), p. 136.

이 두 이론의 근본 전제이다. 더욱이 인식 자체가 다시 사유 역학의 일부로 개입할 수 있기에, 정신의 치유와 행복은 인식, 무엇보다 우리 자신에 대한 인식을 떠나 생각할 수 없다. 그들은 이처럼 (고귀하거나 비천한) 모든 정신 작용을 오로지 힘의 견지에서 바라보면서 중력처럼 우리를 어김없이 끌어당기는 가상의 힘을 탐구하는 가운데 인식의 진정한 힘을 발견한다.

이렇게 볼 때 역사적 전거가 부족함에도 불구하고[2] 적지 않은 스피노자주의자들이 프로이트에게서 스피노자를 발견하고자 했던 것은 우연이 아니다.[3] 더욱이 스피노자에 대한 언급을 회피하는 가운데서도, 프로이트는 스스로 "스피노자의 학설에 의존한다."라고 밝히지 않았던가.[4] 하지만 인간 본능의 원리를 공히 관성의 법칙에서 찾으면서도 그만큼 예리하게 대립되는 본능 이론("어떤 것도 외적 원인에 의하지 않고서는 파괴되지 않는다."라는 스피노자의 코나투스 원리와 "살아 있는 모든 것은 '내적인' 이유로 인해서 죽는다."라는 프로이트의 죽음 본능 혹은 본능의 이원론), 관념을 인간 정신이 아니라 신에서 연역하는 스피노자 체계에서 무의식의 불가능성, 그리고 철학을 사유의 전능성에 대한 유아기적 믿음의 잔재로 보는 프로이

---

2   프로이트 저작 자체에서 스피노자는 단 두 번, 그것도 이론적 측면보다는 주지주의적 삶의 유형과 관련하여 아주 짤막하게 언급된다. 지그문트 프로이트, 「레오나르도 다 빈치의 유년기의 기억」, 『예술, 문학, 정신분석』(2003), 179쪽; 「환상의 미래」, 『문명 속의 불만』(2003), 222쪽. 이에 대해서는 다른 지면에서 별도로 논의하기로 한다.

3   가령 발터 베르나르의 다음과 같은 표현을 참조하라. "스피노자 연구자 가운데 심리학에서 정신분석 학파의 공헌을 이미 숙지할 기회가 있었던 사람이라면 누구나 프로이트의 기본적 관점과 이 17세기 철학자의 관점 사이에 존재하는 많은 접점에 깊은 인상을 받지 않을 수 없다." W. Bernard, "Freud and Spinoza," *Psychiatry* vol. 9. (Hessing(1977)에서 재인용)

4   프로이트가 로더 비켈(Lothar Bickel)에게 보낸 편지.(1931년 6월 28일: Hessing, *Speculum Spinozanum 1677~1977*(1977), pp. 227~228)

트의 과학주의의 차이는 '학설'상의 연관 수립은 물론, 어떤 진지한 비교 고찰도 어렵게 만든다.[5] 실제로 같은 편지에서 프로이트는 곧바로 이렇게 덧붙인다. 자신은 스피노자를 '연구'한 적이 없다고, 자신이 아는 모든 건 스피노자에 의해 창출된 '분위기'에서 얻은 가정들뿐이라고, 나아가 자신에겐 "그런 유의 철학적 정당화"는 하등 중요치 않았다고.[6]

프로이트가 철학을 몇 가지 근본 개념에서 세계 전체를 연역하려는 퇴행적 경향으로 단죄할 때, 여기엔 사실 스피노자의 악명 높은 연역적 체계가 부정적 준거로 작용하고 있는 듯하다.[7] 그러나 오직 신만을 사유

5   라캉이나 알튀세르같이 두 이론을 자기 자신의 이론을 구상하는 데 참조한 철학자들을 별도로 한다면, 이 시도는 다음 세 부류로 나눌 수 있다. 첫째, 유사한 개념들을 상응시키거나, 둘째, 비교의 의도 없이 프로이트의 개념들을 스피노자 이론을 설명하기 위해 차용하거나, 셋째, 근본 테제의 대립을 강조하는 것이다. 처음 두 경우에서는 한 개념이 체계 전체와 연관되어 있다는 점이 간과되며, 마지막 경우는 무의식이나 일체의 부정성이 없는 양 스피노자 이론이 단순화되는 경향이 있다. 그 외 비교의 한계와 그 이유에 대해서는 Bertrand Ogilvie, "Spinoza dans la psychanalyse," in Spinoza au XXe siècle(1993), pp. 549~575를 참조하라.
6   나머지 편지들(프로이트가 헤싱에게 보낸 1932년 7월 7일자 편지와 1933년 3월 19일자 편지; Hessing, op. cit.(1977), pp. 227~228 참조)에서 프로이트가 스피노자에게 바치는 찬사 역시 오히려 그가 스피노자에게 이론적으로 빚진 바가 없음을 증명하는 알리바이에 가깝다. 따라서 이 편지들을 근거로 스피노자에 대한 프로이트의 입장을 도출하는 것은 편지라는 장르의 특수성과 각 편지의 맥락을 고려하지 않은, 스피노자주의자들의 주관적 투사라고 볼 수 있다. 가령 Yirmiyahu Yovel, op. cit.(1992)나 José Attal, La non-excommunication de Jacques Lacan: quand la psychanalyse a perdu Spinoza(2010), p. 21이 그렇다. 그 외 1930년 4월 11일, 프랑스에서 부토니에(J. Favez-Boutonier)가 무명의 독자로서 보낸 편지에 대한 프로이트의 답장 (Favez-Boutonier, Bulletin de la société française de philosophie(1955), pp. 3~4에 독일어 원문과 프랑스어 번역 전문 수록)이 있으나 여기에서 역시 그는 스피노자에 대한 직접적 언급을 회피한다.
7   특히 정신분석학의 몇몇 원리를 '체계'로 일반화하려는 내부 분파(아들러와 융)의 시도를 "마치 영원의 상하에서처럼(wie sub specie aeternitatis) 어떤 지고의 관점에서" 단지 선입견으로 작업할 뿐이라 비판할 때가 그렇다. 지그문트 프로이트, 「정신분석 운동의 역사」, 『정신분석학 개요』(2003), 119쪽.(Sigmund Freud, "Zur Geschichte der psychoanalytischen Bewegung," Der Gesammelten Werke, S. Fischer Verlag(이하 G. W.), X, p. 103)

하는 실체(res cogitans)로 보는 스피노자의 형이상학적 측면이야말로, 정신적인 것과 의식적인 것의 동일시에 반대하는 정신분석학의 기치에 가장 근접한다. 역설적으로 보이지만, 이 공통의 입장은 역사적으로 신경생리학에 대한 대립(프로이트)과 사유하는 주체의 철학에 대한 대립(스피노자)으로 나타난다. 사실 스피노자와 프로이트의 결정론에는 근대 정신 이론의 이 두 지배적 조류가 암묵적으로 공유하는 데카르트적 전제에 대한 강력한 비판이 함축되어 있다. 정신이 (활동이나 반응의) 단일체라는 전제가 그것이다. 반대로, 스피노자와 프로이트에게서 정신은 단일한 주체나 말 없는 관념들의 다발이 아니라, 활동하는 사유들의 역동적 복합체이다. 그래서 그들은 의식 철학과 생리학적 심리학이 정신의 단일성이라는 전제 아래 정신의 '약화'를 보는 곳에서 갈등을, '결여'를 보는 곳에서 과잉을 본다.

이런 견지에서 이 글은 그들이 공유하는 (강한 의미의) 입장을 데카르트주의로 형성된 이론적 지형 안에 정위시키는 것을 목표로 한다. 우리는 이를 꿈이라는 소재를 통해 살펴볼 것이다. 꿈은 정신분석학의 탁월한 대상, 무의식에 이르는 왕도이거니와, 스피노자의 상상 이론에서도 상당히 중요한 의미를 갖는다. 스피노자는 꿈을 진리의 확실성이라는 인식론적 맥락이나, 예언자들의 상상과 관련하여 성서 해석의 맥락에서 다루지만, 그것은 상상의 실재성을 보여 주는 표본이기도 하다. 스피노자의 복합 개체 이론이 지금까지 거의 신체 차원에서만 다루어져 왔다면, 이 글은 인간 정신이 단순체가 아닌 복합체, 사유하는 실체가 아니라 사유 양태라는 그의 테제를 의미 있게 해석하는 단초가 될 것이다. 나아가 모든 사유 양태를 '사유하는 것(res cogitans)으로서의 신'으로부터 연역하고 동질화하는 스피노자의 형이상학적 사유 이론에서 우리는 무의식을 새롭게 개념화할 가능성을 기대한다. 주체 없는 관계, 중심 없는 구조의 관점에서 말이다.

2 데카르트와 '생리학적 무의식'

프로이트는 스피노자의 학설을 '연구'가 아니라 '분위기'를 통해서 만 안다고 했다. 그러나 편지만으로는 이 '분위기'가 정확히 무엇을 지칭하는지 알 수 없다.[8] 프로이트 학파의 일원이자 스피노자주의자였던 빅토르 타우스크(Victor Tausk)나 루 안드레아스살로메(Lou Andreas-Salomé) 같은 개인의 우연적 영향을 제한한다면, 이는 프로이트 당대 정신의학의 전제가 되었던 정신의 인과 결정론과 관련되리라 짐작된다.[9] 프로이트 당대의 신경 생리학자들은 정신의 '능력(faculté)' 이론이나 자유의지론을 비판하면서, 정신 현상이 필연적 법칙을 따르며 심지어 양적으로 측정될 수 있다고 보았다. 스피노자가 '기하학적 정념론'을 썼듯

---

8   조제 아탈은 이를 1819년 베를린에서 시작되어 나치즘 지배 이전까지 활발하게 이루어진 유대주의 연구 운동(Wissenschaft des Judentums)으로 간주한다.(La non-excommunica-tion de Jacques Lacan(2010), pp. 23~26) 스피노자는 이 운동에서 '해방의 상징' 역할을 했으며, 프로이트가 있던 비엔나는 19세기 내내 그 운동의 중심지 역할을 했다. 하지만 그렇다 하더라도 이것이 스피노자와의 학적 연관에 대한 증거는 아니다.

9   가령 19세기 독일의 대표적 생리학자로 헬름홀츠, 뒤부아레이몽 등의 스승이기도 했던 요하네스 뮐러의 다음 언급을 참조하라. "앞에서 우리는 정념들의 생리학적 본성을 현재 알고 있는 한도껏 밝혀냈다. 이 정념들 상호 간의 정역학적 관계에 대해 스피노자가 주요하게 밝혀낸 것 이상으로 무언가를 더 말한다는 건 불가능하다." Johannes Müller, Manuel de physiologie, trans. Jean Baptiste Baillière, p. 4.(Ogilvie, "Spinoza dans la psychanalyse," in Spinoza au XXe siècle(1993), p. 552에서 재인용) 또한 Ernest Jones, The life and work of Sigmund Freud(1953), vol. 1을 참조하라.

그들은 '수학적 심리학'을 꿈꾸었던 것이다. "관념의 질서와 연관은 사물의 질서 및 연관과 동일"[10]하다는 스피노자의 형이상학적 테제는 뇌의 메커니즘이 사유의 메커니즘과 병행한다는 심리 생리적 평행론이 된다.[11] 하지만 후자는 사실상 정신 현상을 뇌의 메커니즘으로 환원하는 것에 가깝다. 그러니까 정신과 신체가 완전히 동일하므로, 서로 인과 관계가 없을 뿐만 아니라 각기 사유와 연장의 특수한 메커니즘을 따른다는 스피노자 '평행론'의 실질적 내용과는 거리가 있다. 오히려 이런 관점의 뿌리는 꿈이나 광기, 나아가 영혼의 정념이나 유아적 편견에 이르기까지, 정신 작용에 나타나는 모든 결함을 정신이 아닌 신체에 돌리는 데카르트로 거슬러 올라간다.

　　주지하듯 데카르트는 「2성찰」에서 형이상학적 심리학(사유하는 주체로서의 정신)을, 「6성찰」에서 생리학적 심리학(신체와 결합된 정신)을 전개한다. 이 기묘한 동거가 갖는 난점들은 엘리자베스 공주에 의해 이미 제기되었다. 그녀는 진리 발견에서 타자를 필요로 하지 않는 데카르트적 자아의 진정한 "타아(alter-ego)", "표본적인 서신 교환자"[12]로, 데카르트의 마지막 저작 「영혼의 정념들」의 산파이기도 하다. 당대 많은 왕족들

10　스피노자, 『에티카』 2부 정리 7. 『에티카』 원문은 라틴어–프랑스어 대역판 *Ethique* (trans. Pautrat, 1988)에서 번역했다. 이하 라틴어 원문 쪽수는 Gebhardt, ed.(1925)를 따르며 이 판본을 G.로 표기한다.

11　대표적으로 젊은 시절 프로이트에게 큰 영향을 미친 페히너의 평행론을 들 수 있으며, 그는 명시적으로 라이프니츠와 스피노자의 평행론을 참조하고 있다. 이 평행론의 자세한 내용에 대해서는 Isabelle Dupéron, *G. T. Fechner, le parallélisme psychophysiologique*(2000)를 참조하라. 특히 라이프니츠 및 스피노자 철학과 페히너의 관계에 대해서는 이 책의 pp. 28~31과 p. 37을 참조하라.

12　René Descartes, *Descartes: Correspondance avec Elisabeth et autres lettres*(1989), p. 16과 p. 23.

처럼 전쟁, 추방 등 잇따른 불운을 겪으면서 우울증과 병마에 시달리던 이 보헤미아 왕녀는 어느 날 데카르트에게 이렇게 묻는다.

> 영혼 불멸, 그리고 영혼이 신체보다 훨씬 더 고귀함을 앎으로써 우리
> 는 죽음을 무시할 수도 있겠지만, 또한 그 때문에 죽음을 추구할 수도 있
> 습니다. 왜냐하면 〔사후에는〕 틀림없이 병이나 신체의 정념에서 벗어나 더
> 행복하게 살 테니까요. 죽음이 이처럼 유익한데도 …… 사람들이 이를 마
> 다하고 고통스러운 생을 선호해 왔다는 게 오히려 놀랍습니다.(1645년 9
> 월 30일, 데카르트에게 보내는 편지)[13]

이 물음은 데카르트의 심신 이원론이 갖는 맹점을 잘 보여 준다. 심신 이원론이 영혼 불멸론을 만날 때 그것은 자살을 부추기는 죽음의 이론이 될 수도 있는 것이다! 하지만 이는 오히려 데카르트 이원론의 혁신성을 은 연중 드러낸다. 사실 아리스토텔레스에서 토마스 아퀴나스로 이어지는 전 통적 심신 이론에서는 이런 문제가 제기될 여지가 없다. 신체의 형상, 곧 신체가 영양을 섭취하거나(식물적 영혼) 감각하고 운동하면서(동물적 영혼) 살아 있도록(animare) 하는 원리 자체가 바로 영혼(anima)일 테니 말이다. 반면 데카르트에게서 영혼은 적어도 그 자체로는 생의 원리와 전혀 무관 하다. 오직 사유만을 수행하는 절대적 단일체이기 때문이다. 마찬가지로 신체 역시 정신의 협력 없이도 경이로울 만큼 정교하게 수립된 자연의 법 칙(institutum)에 의해 자동적으로 생을 유지한다. 자연학의 한 분야[14]로

---

13   René Descartes, *Œuvres complètes*(1983)(이하 A. T.), p. 302.
14   그런 의미에서 인식 기관, 곧 오감과 같은 외감이나 공통감, 상상, 기억 등 내감에 대한 연구는 호흡 및 소화 기관에 대한 연구와 근본적으로 다를 바 없었다. 이에 대해서는 특히 아

머물러 있던 '영혼에 대한 학(psycho-logie)'은 이렇게 해서 '사유하는 주체에 대한 학'으로 다시 태어난다. 영혼을 신체의 생물학적 원리와 분리함으로써 말이다.

엘리자베스 공주에게 데카르트는 세심한 측량술을 동원해 이렇게 답한다.[15] 영혼이 사후에 누릴 수 있는 선이 현세에서보다 더 크더라도 사후에 일어날 일을 확신할 수 없는 이상, 지금 여기의 삶을 추구해야 한다고, 더구나 지금 여기의 삶도 다른 눈으로 보면 슬퍼할 일보다 기뻐할 일이 더 많다고. 실상 데카르트는 인간이 겪는 갈등을 오직 정신과 신체 사이에서 찾았지만, 정신이 신체와 하나로 결합된 이상 이 둘이 추구하는 목표는 동일하다. 건강하고 행복한 삶이 그것이다.

하지만 정신에 (식물적 영혼, 동물적 영혼, 이성적 영혼 같은) 부분이 없고 감각이나 정념을 비롯한 모든 사유를 의식하면서 정신이 각각에 온전히 현전한다면, 다른 한편 정신이 배에 탄 조타수 이상으로 신체 전체와 아주 밀접히 통일되어 있다면, 의식되지 못하는 일상적 신체 활동, 나아가 꿈이나 광기에서 나타나는 의식의 누락이나 착란은 과연 어떻게 설명할 수 있을까? 데카르트의 대답은 두 가지다.

하나는 '송과선'의 존재라는 상상적 가설이다. 정신과 신체는 전체적으로 결합하지만, 송과선이라는 뇌 안의 아주 작은 한 부분에서만 실질적으로 접촉한다. 이 때문에 정신은 신체에서 일어나는 운동을 낱낱이는 알 수 없고 포괄적으로만 의식한다. 우리가 고통을 느낄 때 그 위

리스토텔레스, 『영혼론』 2부를 보라. 그리고 그것과 근대 심리학의 관계에 대해서는 Georges Canguilhem, *Etudes d'histoire et de philosophie des sciences concernant les vivants et la vie*(1994), p. 368을 참조하라.

15   데카르트가 엘리자베스에게 보내는 편지, 1645년 10월 6일, A. T. IV, pp. 304~317.

치를 착각하거나, 호흡이나 소화 운동 등을 거의 의식하지 못하는 것도 이 때문이다. 물론 데카르트는 송과선의 존재를 해부학적으로 입증하는 데 실패한다. 그러나 명석판명한 것만을 받아들이고자 그토록 굳게 결단하고 스콜라 철학의 은폐된 성질을 그토록 비난했던 이 명철한 철학자가 "스콜라 철학의 은폐된 성질보다 훨씬 더 은폐된 가설"을 고수했다면,[16] 막대한 이론적 이득이 있기 때문이다. 송과선은 정신이 어떻게 상이한 실체인 신체를 움직일 수 있는지 해명함은 물론, 광기나 꿈 등 정신의 병리적 상태 역시 신체(송과선의 손상)로 돌릴 수 있게 해 준다.[17]

다른 하나는 발생학적 근거로서 유아기의 흔적이다. 유아기는 한마디로 우리 정신이 신체에 빠져 있는 상태로, 이후의 갖가지 편견과 오류의 원천이다.[18] 하지만 이는 우리 정신이 완전하지 않아서라기보다 우리 신체가 발달을 끝내지 않아서 나타나는 상태이다.[19] 유아기의 뇌는 너무 축축하고 무르기 때문에 정신은 신체에 생겨난 감각적 인상에서 못 벗어나고[20] 이 인상을 사물 자체로 여긴다. 마찬가지로 우리 정신이 오류에서 벗어날 수 있는 것도 정신이 아니라 신체가 발달하기 때문이다.[21] 사실 정신은 처음부터 늘 온전하며 더 성장하지도 더 발달하지도

---

16   스피노자, 『에티카』, 5부 서문; G. II, p. 279, I. 24.
17   "술 마시고 난 뒤 잠이 들 때 등등의 경우 정신에 일어나는 모든 변질은 이 선〔송과선〕에 일어나는 변질 탓이라고 할 수 있습니다." 데카르트가 메르센에게 보내는 편지, 1640년 7월 30일, A. T. III, p. 123.
18   르네 데카르트, 『철학의 원리』 1부 71항; A. T. IX-II, pp. 58~59.
19   "아이들의 경우 사유 능력이 약화되어 있다는 것, 그리고 광인들의 경우 그것이 장애를 일으킨다는 것 — 실제로 소멸된 것이 아니라 — 으로부터, 그것이 신체 기관들 없이는 존재할 수 없을 정도로 신체 기관들과 밀접한 관계를 맺고 있다고 생각해서는 안 된다." 르네 데카르트, 「네 번째 반박에 대한 답변」, A. T. IX. p. 177.
20   데카르트가 아르노에게 보내는 편지, 1648년 7월 29일, A. T. V, p. 219.
21   François Azouvi, "Le rôle du corps chez Descartes," *Revue de Métaphysique et de*

않는다. 정신의 존재는 오직 사유인 이상, 유아나 심지어 태아조차 (정신이 있는 이상) 사유하며 또 이를 직접적으로 의식한다.[22] 그러니 정신 활동의 손상으로 보이는 것도 알고 보면 결국 유아기 신체의 반복이며 유아기로의 회귀이다. 유아기는 결정적으로 지나간 과거가 아니라 현재에도 여전히 살아 있는 과거인 것이다.

유아기, 수면, 광기에서 나타나는 정신 활동의 이 모호한 상태를 무의식적 상태라 할 수 있다면, 이는 정신의 무의식 상태가 아니라 신체적 무의식, 곧 '생리학적 무의식'이다.[23] 이렇게 해서 데카르트는 사유 활동에서 정신의 결백을 입증하고 의지와 무관하게 일어나는 정신 활동의 모든 결손을 정신과 신체의 결합, 더 정확히는 정신과 결합된 신체에 돌린다. 그러므로 무의식을 자연적 인식의 대상으로 삼게 한 공은 데카르트에게 돌아간다. 우선 무의식적 관념들이 중세 철학에서 누리던 특권은 사실상 사라진다. 환각이나 광기가 정신 활동에서 배제되는 이상, 자연적 인식보다 우월하다고 간주되어 온 초자연적 인식은 인식의 영역에서 아예 시민권을 박탈당하는 것이다.[24] 다음으로 이 관점이 프로이트

Morale 83–1(1979), pp. 1~23을 참조하라.

22   "그 어떤 사유도, 그것이 우리 안에 있는 바로 그 순간, 우리가 그것에 대해 어떠한 현행적 인식도 갖지 못하는 경우는 있을 수 없다. 바로 이 때문에 나는 정신이 아이의 신체 속에 들어가자마자 사유한다는 것, 따라서 자신이 사유하고 있음을 의식한다는 것을 전혀 의심치 않는다." 르네 데카르트, 「네 번째 반박에 대한 답변」, A. T. IX, p. 190. 물론 의식되는 정도에는 차이가 있다. 하지만 이는 단지 주의 집중의 정도 차에 불과하다.

23   이는 루이스의 표현이다. Geneviève Lewis, *Le problème de l'inconscient et le carté-sianisme*(1950), pp. 37~61을 참조하라.

24   가령 아우구스티누스는 데카르트와 마찬가지로 정신이 비물질적이며 감각의 매개 없이 자신을 직접적으로 의식한다고 보았지만, 이 의식의 심층에는 모호한 무의식의 지대가 있다. 이는 의식보다 더 깊은 의식의 원천으로, 이에 접근함으로써 우리는 의식을 초월하는 신과 접촉할 수 있다.(특히 *De Trinitate*, 1, X–XIV) 한편 토마스 아퀴나스의 경우, 꿈이나 환각, 광기 등은 이성적 추론을 통해 알 수 없는 초자연적 지식(illumination)이 전달되는 통로로서 고유한 인

당대를 지배했던 기계론적 신경 생리학의 바탕이 된다. 이 생리학자들은 우리가 외적 감각을 질적인 것으로 경험하는 이유(데카르트가 지적한 가상의 원천)를 신체에서 찾아 이를 기하학적 양으로 환원하는 한편, 정신이 경험하는 일체의 교란을 정신 활동과는 무관한 신체 기능의 병리학적 산물로 규정한다. 의식과 자유 의지 대신 뇌신경 체계의 반사 기능과 무의식적 자동주의가 인간 연구의 중심에 놓이는 것이다.[25]

3 프로이트와 '꿈의 사유'

1) 꿈의 '해석'

프로이트의 학문적 여정이 시작된 지점도 바로 이런 유의 신경 생리학이었다. 이후 프로이트는 자신이 창시한 정신분석학 역시 정신 과학(Geisteswissenschaft)이 아니라 자연 과학(Naturwissenschaft)의 일부로 간주했다. 설명이냐 이해냐를 둘러싼 방법론 논쟁이 독일 학계를 한창 달군 시기가 정신분석학이 수립되어 가던 때였다는 점, 그리고 이 논쟁에

식론적 가치, 심지어 자연적 인식보다 우월한 가치를 지닌다.(특히 *Somme théologique*, Ia, q. 89, art. 3) 이에 대한 자세한 논의는 Geneviève Lewis, op. cit.(1950), pp. 24~35와 Pierre-François Moreau, "L'Ethique et la psychiatrie: Il y a trois siècles, Spinoza," in *Psychiatrie et éthique: le psychiatre face au malade, à la société et à lui-même*(1979), pp. 35~42를 참조하라.

25   그렇다고 그들이 정신의 의식적 활동까지 신경 체계의 구조로 환원했다고는 할 수 없다. 사실 정신의 의식적이고 지적인 활동이 신체적 무의식 과정과 구별된다는 이원론적 경향과, 후자가 전자를 포괄한다는 일원론적 경향은 갈등적으로 공존했다. 이에 대해서는 Marcel Gauchet, *L'inconscient cérébral*(1992)을 참조하라.

대해 프로이트가 계속해서 침묵했다는 점을 고려하면, 그가 고수한 입장의 의미는 더 명확해진다. 실상 요하네스 뮐러를 시작으로 헬름홀츠, 브뤼케, 뒤부아레이몽과 같은 거장들과 더불어 형성된 19세기 베를린 학파는 프로이트 학문 형성의 산실이었다. 그들은 일원론적인 인식론의 전제하에 물리학과 화학의 기계론적 설명 모델을 생리학과 심리학에 확장한다. 프로이트의 정신분석학은 바로 이 인식론적 모델이라는 바탕 위에서, 그리고 그 언어를 사용하여 수립된다.[26] '항상성의 법칙', '흥분량', '반사' 개념은 물론, 물리적 에너지와의 유비에서 온 '집중' 개념 등 정신분석학의 기본 원리들이 이를 입증한다. 하지만 프로이트의 '정신분석학'은 어쨌든 바로 이 신경 생리학적 심리학과의 단절로부터 출범한다.

"꿈의 해석(Traumdeutung)". 단절은 프로이트의 대표작에서부터 선명하게 표명된다. 꿈에 대한 '설명'이 아니라, 꿈에 대한 '해석', 그러니까 해몽을 하겠다는 것이다. 실상 이 책 첫 장의 첫머리에서부터 프로이트는 "꿈을 해석할 수 있게 해 주는 심리학적 테크닉"이 있음을 증명하겠다고 말하는데, '테크닉'이란 마술이나 점술처럼 조잡하고 경험적인 기술과 가까우며, 학문(과학)과는 거리가 멀다. 그러니까 '꿈의 해석'이라는 제목을 통해 프로이트는 기꺼이 미신과의 친연 관계를 내세우는 셈이다. 왜인가? 미신은 적어도 꿈을 의미 있는 현상으로 바라볼 줄 알

26　이에 대해서는 특히 브뤼케의 해부학적 모델과 헤르바르트의 동역학적 표상 이론, 페히너 및 헬름홀츠의 양적 생리 심리학을 각각 프로이트의 장소론적–동역학적–경제적 (topique–dynamique–économique) 도식의 모델로 설명하는 Paul-Laurent Assoun, *Introduction à l'épistémologie freudienne*(1981)을 참조하라. 그 외에도 Ernest Jones, op. cit. vol. 1(1953); Ernest Kris, *Freud*(1973); Siegfried Bernfeld, *The Psychoanalytic Quarterly*(1944)를 참조하라.

기 때문이다. 반대로 그가 '꿈 해석'이 아닌 '꿈 이론', 당대의 과학적 이론들에 결연히 맞선다면, 이는 이 이론들이 꿈의 정신적 성격을 부정하면서 그것을 신체적 과정, 곧 신경 생리학적 메커니즘으로 환원하기 때문이다. "나는 꿈이 무의미한 과정이라는 것과 신체적인 과정이라는 견해에만은 결단코 동의할 수 없다."[27] 그러면서 그는 "엄밀한 학문이 이 대상(꿈)의 본질을 밝혀내기 위해 기여한 것이라고는, 스스로 고백하듯이 대중의 감정과 반대로 그 의미와 중요성을 부인하고자 시도한 것밖에 없다."[28]라고 비판한다.

　　물론 프로이트가 겨냥하는 것은 미신적 점술가들에게 맡겨져 있던 꿈을 정신의학, 나아가 과학의 대상으로 삼는 것이다. 꿈이 '의미로 충만한' 현상이라 하더라도, 그것은 미래에 대한 전조처럼 외적 사태에 대한 상징이 아니라, 꿈꾸는 자의 복합적 정신 상태를 나타내는 증상이다. 이를 분석할 수 있다면, 그 이유는 꿈에 실린 의미 자체가 정신 내적 인과 관계에 의해 필연적으로 규정되어 있기 때문이다. 과학을 표방하는 꿈 이론들의 문제도 의미를 배제함으로써 실은 꿈에 대한 인과적 설명을 할 수 없다는 데 있다. 가령 실험 심리학은 꿈의 원인을 외적인 감각 자극에서 찾는다. 꿈의 내용은 특정한 감각 자극에 따라 규정된다는 것이다. 핀셋에 가위를 문지르면 종소리를, 이어 위험을 알리는 경종 소리를 듣는 꿈을 꾸며, 코에 향수를 갖다 대면 카이로의 유명한 향수 가게에 있는 꿈을 꾸는 식인 것이다. 물론 이는 경험적으로 증명되는 이상 "가장 확실한 꿈의 출처로 보인다."[29] 더욱이 수면 중의 신체 자극이 꿈

27　　지그문트 프로이트, 『꿈의 해석』(2003), 678쪽.
28　　같은 책, 122쪽.
29　　같은 책, 53쪽.

의 내용에 미치는 영향에 대한 이런 해명은 프로이트가 "꿈에 대한 지식 중 유일하게 가치 있는 것으로 정밀과학에 감사해야 할 것"[30], "정밀 실험 심리학이 우리를 도와줄 수 있는 단 하나의 논점"[31]으로 인정하는 것이기도 하다. 그러나 이는 인과적 해명의 외양을 하고 있지만, 감각적 자극과 꿈 내용 간의 유사성에 따른 추론에 불과하다. 더욱이 그들은 자극이 왜 그대로 나타나지 않고 유관한 다른 표상으로 대체되는지, 이런 대체와 결합 가운데서도 표상들은 왜 상황을 극화하며, 꿈꾸는 자는 이 장면을 실재처럼 체험하는지를 설명하지 못한다. 그들은 결국 꿈-자극에서 원인과 결과의 관계가 "어떤 친연성은 있으나 이것이 유일하고 배타적이진 않다."[32]라고 인정한다. 그리고 이 느슨한 관계로부터 다시 우연, 곧 정신의 자의로 돌아간다. 즉 꿈은 "음악을 전혀 모르는 사람의 열 손가락이 악기를 더듬는 것"처럼[33] 제멋대로이다. 마지막으로 이 자의성의 원인은 부정적인 방식으로, 곧 수면 상태에서의 심리 기능 저하로 규정된다. 요컨대 꿈은 "예외 없이 무익하고 많은 경우 병리적인 '신체적' 사건"[34]에 불과한 것이다.

2) 의미의 결정론

꿈이 소원의 성취라는 프로이트의 테제는 꿈을 의미 있는 과정으로, 신체적인 것이 아니라 정신적인 과정으로 설명하는 출발점이다. "꿈

30 지그문트 프로이트, 「여러 가지 어려움들과 첫 번째 접근」, 『정신분석 강의』(2003), 116쪽.
31 같은 책, 123쪽.
32 지그문트 프로이트, 앞의 책(2003), 53쪽.(번역은 수정); G. W. II/III, p. 29.
33 같은 책, 275쪽.
34 같은 책, 11쪽.

을 연주자의 손이 아닌, 외적 충격을 받아 제멋대로 울리는 악기 소리에 비유할 수는 없다. 꿈은 무의미하지도, 부조리하지도 않다. 그것은 완전한 자격을 지닌 정신적 현상이며, 소원의 성취라 할 수 있다."[35] 바로 여기에서 유명한 자유 연상법이 도출된다. 이 방법은 꿈 해석의 자료를 제공하면서 또한 그 자체가 의미를 산출하는 과정이 된다. 하지만 의미를 산출한다고 해서 흔히 "꿈보다 해몽"이라고 말할 때처럼 꿈꾼 당사자나 분석가가 무언가를 마음대로 지어낸다거나 투사한다는 건 아니다. 의미 자체가 특정한 메커니즘에 따라 인과적으로 결정되기 때문이다.

사실 자유 연상에서 꿈의 재현은 무엇보다도 꿈꾼 자의 기억에 의존한다. 이럴 경우 꿈 내용의 많은 부분이 망각되거나 추가될 수 있고 원래 내용이 위조될 수 있다. 이런 문제 제기에 프로이트는 다음과 같이 답한다.

> 그 저자들은, 꿈을 회상하거나 말로 옮기는 과정에서 일어나는 꿈 수정(Modifikation)을 자의적인 것(willkürlich)이라고, 그러므로 더 이상 풀어낼 수 없으며, 하기에 꿈에 대한 인식에서 우리를 잘못 인도할 것이라는, 도대체 그릇된 생각을 하고 있다. 그들은 심리적인 것에서 결정(Determinierung)을 과소평가한다. 거기에서 자의적인 것은 하나도 없다. …… 예를 들어 내가 순전히 자의적으로 어떤 숫자를 머리에 떠올리려 한다고 해 보자. 이것은 가능하지 않다. 나에게 떠오르는 숫자는 지금 나의 이 의도와는 동떨어진 것일 수 있는 내 안의 사고에 의해 분명하게 그리고 필연적으로 규정되어 있기 때문이다.[36]

---

35   같은 책, 163쪽.
36   같은 책, 600쪽(번역은 수정); G. W. II/III, p. 519.

곧 '자유' 연상은 결코 자의적으로 일어나지 않으며 늘 규정된 법칙을 따른다. 가령 꿈꾼 자가 꿈을 기억해 낼 때뿐 아니라, 무언가를 잊어버리거나 빠뜨릴 때, 심지어 회상 과정에서 주저하거나 의심할 때, 이 역시 꿈을 결정하는 메커니즘과 똑같은 과정에 의해 산출된 결과이다. 우선 망각은 심리 기능의 저하로 인한 기억의 약화가 아니라 기억에 대한 저항에 기인한다. 수면 상태에서 검열이 약화된 덕분에 형성될 수 있었던 사고가 깨어 있는 상태에서는 다시 검열을 받기 때문이다. 꿈을 재현하는 과정에서 나타나는 의심 역시 마찬가지이다. 그것도 이런 저항의 부산물로서 "추방당한 꿈-사고의 직접적 파생물"[37]을 암시한다. 이 불분명한 꿈의 요소는 무의식의 파편처럼, 다른 요소들에서 "고립됨으로써 완전히 불가해하게 된 것이다."[38] 결국 의식적이든 환각적이든, 정신에 일어나는 모든 사고는 서로 연결되어 있기에 그 가치나 강도는 그것들 간의 힘 관계에 의해 결정되는 것이다.

꿈의 목적인 소원 성취는 대개의 경우 왜곡되어 나타난다. 그런데 이 왜곡 자체가 정신 내부의 힘 관계를 표현한다. 권력 관계와의 유비는 이 점을 잘 보여 준다. "사회생활 어디에서 심리 활동과 유사한 왜곡을 찾아볼 수 있을까? 이는 오직 두 사람 중 한 사람은 권력을 쥐고, 다른 한 사람은 이 권력 때문에 그것을 고려해야 하는 위치에 있을 때뿐이다. 그런 경우 후자는 자신의 심리 활동을 왜곡한다. 아니, 어쩌면 '위장한다.'"[39] 그러니까 심리 기능의 저하도, 꿈 상태와 각성 상태 간 단절의 외양도 '권력 관계'의 효과인 셈이다. 두 상태는 서로 '다른 장면'인 듯

---

37   같은 책, 601쪽.
38   같은 책, 604쪽의 원주 7.
39   같은 책, 185쪽.

보이지만, 다른 장면처럼 보이는 것 자체가 실상 동일한 시나리오의 일부다. 요컨대 꿈에서의 사고 작용이든, 각성 상태에서 일어나는 변형이든, 정신 현상에서 규정되어 있지 않은 것은 아무것도 없으며 이 규정은 사고 과정으로서, 그리고 사고들 사이에서 이루어진다.

프로이트는 이처럼 의식의 누락이라는 문제를 정신 내적 인과성을 통해 설명하는 동시에 무의식이라는 단어에 새로운 의미를 부여한다. 첫째, 무의식은 정신적인 것이다. 앞서 보았듯이 동시대 다른 학자들은 의식의 누락, 곧 무의식의 문제를 정신의 타자인 신체에 결부하고서야 해결할 수 있었다. 정신적인 것이 곧 의식적인 것이라는 전제, 그리고 정신이 불가분의 단일체라는 전제 때문이다. 이는 데카르트 철학의 일관성을 입증하는 동시에, 의식 철학과 기계론적 생리 심리학의 공모 관계를 입증한다. 반대로 프로이트에게 무의식은 온전히 정신적인 것으로, 정신의 타자가 아니라 단지 의식의 타자일 뿐이다. 무의식은 단순히 알지 못하는 상태만을 말하는 것이 아니다. "자기가 알고 있음을 전혀 모르는"[40] 상태, 그리고 모른다고 믿는 상태,[41] 요컨대 "자신이 그것을 알고 있다는 것을 모르면서도 실제로는 알고 있는 정신적인 것"[42], 의식에서 격리된 어떤 앎이 있는 것이다. 둘째, 무의식은 어떤 상태에 대한 서술적 지칭이라기보다는, 관념들이 의식에서와는 전혀 다른 법칙을 따라 처리되는 특정한 절차 혹은 과정을 가리킨다. 프로이트가 '꿈 작업'을 강조하는 것도 이 때문이다. 그것은 논리의 기본 법칙인 모순이나 감성의

---

40   지그문트 프로이트, 「꿈−해석의 전제들과 해석의 기술」, 『정신분석 강의(1916~1917)』 (2003), 139쪽.
41   같은 책, 140쪽.
42   같은 책, 137쪽.

기초 조건인 시간을 무시하면서 압축이나 전치 같은 무의식 고유의 법칙을 따라 이루어진다. 이 때문에 과학적 꿈 해석이 가능하다. 꿈 작업이 특정 법칙을 따라 이루어진다면 꿈 해석은 꿈 작업과 반대 방향을 따라가면서 꿈 작업의 결과를 분해하는(analyse) '과정'인 것이다.

이렇게 해서 고유한 대상과 이 대상에 고유한 방법을 지닌 '과학'으로서 정신분석학이 창시된다. 그것은 무의식을 의미 있는 과정으로 봄으로써 생리학적 심리학과 결별하는 동시에, 의미 자체가 정신 내부의 역학 관계에 의해 필연적으로 규정된다는 관점을 취함으로써 현상학이나 해석학과 전혀 다른 길을 간다.[43] 이제 스피노자의 꿈 이야기로 넘어가 보자.

4 스피노자와 '눈뜨고 꾸는 꿈'

1) 가상에 대한 작업과 철학

다른 이들은 당신이 하필이면 유령 문제로 제게 편지를 썼다는 걸 나쁜 징조라고 생각할지도 모르겠습니다. 하지만 저는 반대로 그 문제 자체에 주목합니다. 참된 것들뿐 아니라 실없고 상상적인 것(res nugas atque

---

43   정신분석학 자체에 대한 현상학적 접근과 해석학적 접근은 과학적 실증주의에 대한 대항으로 제기되었다. 대표적으로는 독일의 빈스방어(Ludwig Binswanger)와 프랑스의 장 이폴리트 및 폴 리쾨르를 들 수 있다. 그러나 이 경우 인과적 결정론의 관점은 희생될 수밖에 없다. 특히 리쾨르의 경우, 프로이트 이론에서 물리학적 차원(에너지)과 해석학적 차원 사이의 긴장을 탁월하게 제시하고 있으나 이는 결국 후자로의 진화라는 관점에서 해소된다.(Paul Ricœur, *De l'interprétation: Essai sur Freud*(1965)) 이를 과학적 결정론의 입장에서 비판한 글로는 Jean Laplanche, *La révolution copernicienne inachevée*(1992)와 *L'après-coup*(2006), pp. 153~155 그리고 Paul-Laurent Assoun, op. cit.(1981)를 참조하라.

imaginationes)도 저는 유용할 수 있다고 보니까요.[44]

유령이 있느냐는 휴고 복셀의 질문에 스피노자는 이런 말로 답변을 시작한다. 처음부터 스피노자는 그 질문을 "실없고 상상적인 것"으로 여겼던 게 분명하다. 하지만 그는 유령이 있음을 확신하게 해 준 이야기가 있느냐고 되물으며 첫 번째 답장을 보낸다. 이내 밝혀지듯이 편지의 상대는 여자 유령을 제외하고는 모든 종류의 유령이 있다고 당당히 주장할 정도로 지극히 미신적인 사람이다. 스피노자는 나체 유령을 봤다는 사람이 성기를 보지 못하다니 놀랍다고 응수한다. 허무맹랑한 객설 같지만 유령에 관한 이 서신은 한 달이라는 짧은 기간 동안 무려 여섯 회에 걸쳐 이어진다. 총 84편밖에 되지 않는 서신에서 적지 않은 분량이다. 그 밖에도 자신이 경험한 환각이 아들의 죽음에 대한 전조가 아니었느냐는 친구 피터 발링의 물음에 대한 진지한 답변(편지 17), 의미와 진리를 분리하면서 네덜란드 다른 데카르트주의자들의 성경 해석과 흥미로운 대조를 보이는 『신학 정치론』의 성경 해석 방법, 같은 책에서 기적을 자연 현상으로 환원하면서도 예언자들이 받았다는 신의 계시는 인정하는 대목이 있다. 여기에서 우리는 스피노자의 자상한 사람됨이나 무신론을 감추려는 수사술을 보기보다, 이것들에 공히 함축된 이론적 입장을 물어야 한다. 그리고 이것은 꿈의 부조리한 관념들을 명실상부한 사유로 보고 그것이 갖는 심리적 실재성에 천착한 프로이트의 입장과 그리 다르지 않다. 실제로 『에티카』에 나타난 스피노자의 꿈 논변에서 우

---

44   스피노자가 휴고 복셀(Hugo Boxel)에게 보내는 편지 52, 1674년 9월, G. IV, pp. 242~243.

리는 이런 입장과 아울러 정신의 치유를 겨냥하는 독특한 논증 방식을 동시에 읽어 낼 수 있다.

물론 거기에서 프로이트 꿈 해석과 같은 꿈에 대한 정치한 이론을 기대한다면 시대착오일 것이다. 깨어 있는 상태와 꿈꾸는 상태의 혼동은 르네상스부터 17세기까지 빈번하게 등장하는 상투적 주제였다. 특히 17세기에 꿈은 데카르트의 『방법 서설』이나 『성찰』에서도 볼 수 있듯이 인식론적 맥락에서 오류와 착각에 대한 유비로 쓰일 뿐이다. 물론 데카르트는 꿈의 사유를 참된 사유는 아니라도 진짜 사유로 인정한다. 푸코와 데리다의 논쟁을 통해 잘 알려져 있듯, 그는 방법적 의심의 과정에서 광기 가설을 이상하리만큼 서둘러 기각하지만, 꿈 가설만은 끝까지 해소하지 않는다. 실상 꿈에서 경험하는 표상들은 광기만큼, 아니 그 이상으로 일관성이 없다. 하지만 여기에서도 코기토는 여전히 유효하다. 더구나 「6성찰」의 결론처럼 표상들의 일관성이 꿈 상태와 각성 상태를 구별하는 유일한 기준이라면, 두 상태 사이에 존재하는 것은 정도의 차이뿐이다. 결국 데카르트는 혼미한 사유조차 진짜 사유로 인정하는 것이다. 그럼에도 데카르트는 이 혼동된 사유가 사유로서 갖는 실재성은 보지 못한다. 그것은 한편으로는 참과 거짓의 이분법에 따라 단지 진리의 주체를 구성하는 부정적 계기, 진리의 그늘에 불과하거나, 아니면 적극적으로는 능동과 수동의 이분법에 따라 신체의 생리적 과정으로 소급된다.

스피노자도 『소론』이나 『지성 교정론』에서는 꿈을 진리의 자족성을 근거로 데카르트적 의심의 이유들 자체를 무용하게 만드는 데 유비적으로만 이용한다.[45] 이 결론은 『에티카』에서도 고수된다. 곧 "참된 관

---

45   가령 『소론』 2부 15장 3절과 『지성 교정론』 50절(브루더 판본 번호)을 참조하라.

념을 지닌 자는 동시에 그가 참된 관념을 지님을 알며, 사물의 진리에 대해 의심할 수 없다."(2부, 정리 43) 그러나 꿈 논변은 더 이상 이 주장을 뒷받침하는 데 이용되지 않는다. 꿈은 인식론적 맥락에서 회의주의나 의심의 이유들을 공격하는 데 쓰이는 대신, 방법적 의심의 도달점, 곧 의식의 심리적 확실성에 수반되는 가상을 문제 삼는 데 이용된다. 그리고 여기에서 인식론과는 다른 각도의 사유관을 도출할 수 있다. 의식적 사유와 혼미한 사유의 동등성, 그리고 이 혼미한 사유의 사유로서의 실재성이 그것이다.

『에티카』의 꿈 논변에서 우리는 다음 세 가지를 보여 줄 것이다. 하나는 소극적인 것이다. 앞에서 우리는 프로이트가 외적 경험(실험)을 이용하여 정신 현상을 신체 작용으로 설명하려는(신체→정신) 실험 심리학의 시도를 어떻게 비판했는지 살펴보았다. 여기에서는 스피노자가 내적 경험에 바탕을 둔 데카르트적 상호 작용론의 나머지 한 측면(정신→신체)을 어떻게 비판하는지 살펴본다. 다른 하나는 적극적인 것이다. 프로이트에 따르면 종잡을 수 없는 유동성, 고착, 단절 등에도 불구하고 무의식은 사유이다. 이제 스피노자에게서는 의식적 사유 역시 무의식적 사유의 특성들을 띠고 있으며, 이 점에서 무의식적 사유와 본성상 다를 바 없다. 마지막으로 이는 또한 '평행론'이라는 이름으로 '병리적' 정신 현상을 신체 작용으로 환원한 19세기 경험 과학자들의 입장과 스피노자 자신의 평행론 사이에 있는 간극을 간접적으로 보여 준다. 스피노자는 모든 정신 작용을 고유한 사유 활동으로 간주하는 반면, 그들은 정신 작용을 의식적 활동, 나아가 '합리적' 사유로 한정하기 때문이다.

2) 인과성에 대한 내적 경험과 꿈 논변(3부 정리 2의 주석)

수사적 차원에서 사용되는 경우 외에 『에티카』에서 꿈이 논리적 논거로 이용되는 경우는 두 번, 그리고 주석에서뿐이다. 하나는 2부 관념 이론의 말미에서 의지를 개별 의지 작용으로 환원하고, 이 의지 작용을 모든 관념이 함축하는 긍정(판단)과 동일시하는 정리 49의 주석이다. 다른 하나는 3부 서두에서 정서들의 기하학적 연역에 앞서 심신 상호 작용론을 비판하는 정리 2의 주석이다. 그러니까 꿈은 인식론과 정서론을 연결하는 동시에, 관념들의 실제적 역학 전개의 도입부 역할을 하는 셈이다.

우선 3부 정리 2를 보자. 이 정리는 신체와 정신이 상호 작용 없이 각각 연장과 사유의 종별적 질서에 따라 규정됨을 적극적으로, 그리고 대칭적으로 제시한다. 그런데 주석은 심신 상호 작용론을 비판하며, 더 정확히는 심신 상호-작용(양방향)이 아니라 그중 한 방향, 곧 정신이 신체에 작용한다는 믿음만을 문제 삼는다. 이 믿음 때문에 사람들이 문제를 "공정한 마음으로 가늠하지(aeque animo perpendendum)" 못하기 때문이다. 증명이 완결적으로 이루어졌는데도 주석을 덧붙이는 것 역시 이 때문이다. 이렇게 증명된 진리의 자명함을 '볼' 수 있는 선결 조건을 위해 스피노자는 일상적 경험의 장을 택한다. 사실 정신이 신체를 움직인다는 일상적-철학적 통념은 경험에, 그러나 경험의 두 얼굴 중 한쪽에만 의지한다. 따라서 여기에서 그는 편견을 논리적으로 반박하기보다는 반대 사례, 곧 반대되는 더 강력한 경험을 제시하는 것으로 만족한다. 이를테면 저울추들을 덜어 나가기보다는 반대편에 저울추를 더하면서 저울대의 평형을 회복하는 것이다.

(1) 우선 신체의 많은 활동, 특히 사원과 같이 고도로 정교하고 가치 있는 작품들은 정신의 의지와 생각해 내는 기예(excogitandi ars)에 의하지 않고는 만들어질 수 없다는 견해에 대해 스피노자는 "그들은 신체가 무엇을 할 수 있는지 모른다."라고 하면서 "경탄스러운" 신체의 작품을 내세운다. 가령 인간의 작품이 아닌 동물의 신체 구조 자체가 이미 그렇지만, 몽유병자(somnambuli)가 꿈에서 행하는 놀라운 것들은 신체의 자동성이 만들어 낸 작품이다. 그것들은 우리 정신의 지도를 고려하지 않고도 오직 자연 법칙들만으로 설명될 수 있다.

단 여기에서 스피노자 고유의 이론적 입장을 끌어낼 순 없다. 신체에 대한 찬사의 어조는 정신에 대한 찬사로 기울어진 일상적, 신학적 편견을 보정하기 위해 채택된 것뿐이다.[46] 경탄은 무지와 편견의 산물이며 유랑하는 상상의 특징으로, 인식보다는 미신으로 기울어지기 십상이다. 똑같은 사례가 등장하는 『에티카』 1부 부록에서 스피노자는 신체구조의 '기적'에 "백치처럼(ut stultus)"[47] 경탄하는 태도를, 그것을 자연의 기계적 기예로 보면서 원인을 탐구하는 "학자의 태도(ut doctus)"[48]에 대립시킨다. 같은 이유로 그는 "경험은 지금까지 아무에게도 신체가 무엇을 할 수 있는지 알려 주지 않았다."라고도 했는데, 이 역시 정신과 신체의 가치를 동등하게 하려는 것일 뿐, 위계를 뒤집어 신체를 정신보다 우위에 두려는 것은 아니다.[49] 더욱이 정신의 개입 없이 신체 법칙만으로

46 　오만이나 비굴함 등의 가증스러운 특성을 제시할 때도 그는 정확히 동일한 자세를 요구한다. "그럼에도 이 정서들은 우리가 경탄해 마지않는 다른 것들과 마찬가지로, 인간의 역량과 기예는 아니라 하더라도 적어도 자연의 역량과 기예를 지시한다."(『에티카』 4부, 정리 57의 주석)

47 　G. II, p. 81과 p. 17.

48 　G. II, p. 16.

49 　물론 앞의 이유에서 "스피노자가 우리는 신체가 무엇을 할 수 있는지조차 모른다고 말할

신체가 경이로운 작업을 해낸다는 것은, 정신이 신체와 구별되는 실체임을 주장하면서 데카르트 역시 역설한 대목이다. 정신이 신체의 형상이라는 스콜라 철학자들의 믿음이 신체가 정신의 의지로 움직이는 자발적 운동의 경험에서 비롯되는 이상, 데카르트는 "해부학과 역학에 대한 유년기의 무지"[50]에서 비롯되는 이런 착각을 신체 운동의 물리−생리적 메커니즘을 통해 보여 준다.[51] 비자발적 운동은 정신의 개입 없이 완벽하게 이루어지며, 심지어 자발적 운동도 주요하게는 신체 기관의 상태에 의존한다고 말이다.

(2) 하지만 경험에 기댄 스콜라 학자들의 유아기적 착각을 비판하는 데카르트, 그리고 신체 활동을 오직 자연의 '기계적 기예', 자연 법칙을 통해 설명하는 데카르트도 결국 의지와 '사유의 기예'라는 문제에서는 이 가짜 자명성으로 되돌아가고 만다. "우리가 의지의 자유를 가지고 있음은 너무나 자명하다. …… 왜냐하면 …… 우리는 우리가 아직 완벽히 잘 알지는 못하는 것들을 믿지 않게 할 수 있을 만큼 커다란 자유가 우리 안에 있음을 자각해 왔기 때문이다."[52] 여기에서 스피노자에 대한 가상의 반박자들이 내세우는 논거 또한 의지의 자유에 대한 내적 경험의 자명성이다.

이 내적 자명성을 깨뜨리기 위해 이제 동물이나 몽유병자가 아니라

때, 이 정식은 전쟁 선포나 마찬가지다."(질 들뢰즈, 『스피노자와 표현의 문제』(2003), 345쪽)라고 할 수 있다. 그러나 이후에는 이것이 신체가 정신보다 우월하다는 뜻은 아니라고 정확히 지적하며, 신체가 우리 인식을 초과하듯 사유 역시 우리 의식을 초과한다고 덧붙인다.(질 들뢰즈, 『스피노자의 철학』,(2003), 32쪽)

50   Georges Canguilhem, *La formation du concept de réflexe aux XVII et XVIII siècles*(1977), p. 27.

51   특히 데카르트의 『인간론』 전체와 「네 번째 반박에 대한 답변」 중 A. T. XI, p. 178 참조.

52   르네 데카르트, 『철학의 원리』(2002) 1부 39항.

더 가까운 경험, 곧 우리와 유사한 사람들의 사례가 이어진다. 우유를 찾는 아기, 복수하고 싶어 하는 화난 소년, 도망가고 싶어 하는 겁쟁이, 주정뱅이, 정신 착란자, 수다쟁이……. 이들은 한결같이 정념(수동)에 지배되고, 특히 "말하려는 충동을 억제할 수 없으면서도, 정신의 자유로운 명령에 의해 말한다고 믿는다."[53] 그러나 "경험은 인간에게 혀만큼 지배하지 못할 것도 없으며, 자기 자신의 정서만큼 통제할 수 없는 것도 없음을 충분히 가르쳐 준다."[54] 사실 이는 우리 자신 안에서도 늘상 경험하는 일이다. 우리 역시 후회할 일들을 더 많이(plura) 저지르며, 더 좋은 것을 보면서도 반대되는 정념 때문에 더 자주(saepe) 나쁜 것을 따른다. 그러니까 갈등은 정신의 의지와 신체의 운동 사이에서가 아니라 정신 내의 다양한 욕망들 사이에서 일어나는 것이다. 그리고 경험은 실상 이 모든 것을 이미 가르쳐 주었다.

(3) 그런데 반대 사례의 양적 풍부함이 믿음의 강도를 누르지 못할 수 있다. 실상 '자주'는 '항상'이 아닌 이상, 자유 의지가 발휘되는 영웅적인 순간, 그리고 드문 만큼 더 영웅적인 순간이 있을 수 있다. 자유 의지로 정념을 통제할 수 있다고 본 데카르트도 통제가 거저 얻어진다고 보진 않았다. 여기에는 막대한 노력(industrie)과 시간이 요구된다. 가령 정념에 따라 곧장 판단을 내리는 대신 사유를 다른 데로 돌려 이를 다른 사유들과 결합하는 습관,[55] 한마디로 말해 기억의 기예를 길러야 한다. 이제 세 번째로, 스피노자의 논증은 기억과 망각의 경험으로 옮겨 간다. 즉 정신이 무언가를 명령할 수 있으려면 우선 그것을 기억해야 한다. 가

---

53 G. II, pp. 27~29.
54 G. II, p. 143과 pp. 14~16.
55 「6성찰」(A. T. VII, p. 89)과 『정념론』 3부 211항을 참조하라.

령 "어떤 단어를 기억에 떠올리지 못한다면 우리는 그것을 말할 수 없다."[56] 그런데 기억과 망각 역시 정념과 마찬가지로 정신의 자유로운 지배력에 의존하지 않는다.

(4) 이제 남은 것은 의식 저편의 경험이다. 데카르트가 확고한 인식의 토대를 발견하고자 과장법적으로 꿈 논변을 동원했다면, 마지막으로 스피노자는 동일한 논변을 통해 이 내적 경험의 확실성을 결정적으로 반박한다. 정신의 결단, 가령 말하기나 침묵에 대한 결단은 꿈에서도 체험된다.[57] 더구나 꿈꾸는 자는 이 결단을 깨어 있을 때의 결단과 동일한 것으로 체험한다. 그런데 만일 이 결단을 우리 안에 일어나는 내적 운동의 측면에서 바라본다면, 꿈에서의 결단과 각성 시의 결단은 본성상 동일하다. 정신에 "두 종류의 명령, 곧 환상 속의(phantasticorum) 명령과 자유로운 명령"[58]이 있지 않은 이상 말이다. 이처럼 환각적인 결단과 의식적인 결단을 동일시한 후, 스피노자는 마지막으로 결단을 상상이나 기억으로, 그리고 이를 다시 "모든 관념이 관념으로서 함축하는 긍정"[59]으로 환원한다. 다시 말해 무언가를 생각한다는 것은 대개 상상한다는 것이며, 상상한다는 것은 그것을 긍정하는 것, 그러나 그 원인은 모른 채 긍정하는 것이다. 그리고 이런 긍정의 측면에서나 무지의 측면에서나 환각적 사유의 가치는 의식적 사유의 가치와 다르지 않다. 이런 의미에서 우리의 일상적 지각은 환각, 곧 "눈뜨고 꾸는 꿈"과 다를 바 없다.

---

56   G. II, p. 144와 pp. 11~12.
57   이는 2부 정리 49의 주석 내용과 동일하다. 자유 의지로 판단을 중지한다는 주장을 스피노자는 마찬가지로 꿈의 경험을 들어 반박한다. 꿈에서도 판단을 중지하는 경우가 있으니, 꿈꾸는 꿈을 꾸는 경우가 그렇다.
58   G. II, pp. 22~23.
59   G. II, pp. 26~27.

3) 상상의 활동성과 정신의 수동성(2부 정리 49의 주석)

경험을 통한 스피노자의 반박은 이렇게 상상 이론으로 마무리되며 그 자신의 이론은 논증의 마지막 단계에서야 나타난다. 곧 상상은 관념인 한에서의 관념이 함축하는 긍정과 다름없으며, 이 긍정은 필연적이다. 그 대상이 실제로 있든 없든, 심지어 순전한 공상물이든 상관없이. 2부 정리 49 주석에서 꿈을 꾸는 꿈의 경험과 더불어 제시되는 날개 달린 말에 대한 환각의 사례는 이를 구체적으로 예시해 준다. 이 사례 역시 우연히 채택된 것이 아니다. 「5성찰」에서 데카르트는 이것을 인위 관념의 사례로 든다.[60] 그러니까 우리가 필연적으로 동의할 수밖에 없는 신의 관념과 달리 우리는 그것을 자유롭게 긍정하거나 부정하거나 판단을 보류할 수 있다는 것이다. 반대로 여기에서는 이 동일한 사례가 바로 그러한 보류의 불가능성을 예시한다. 실상 아이가 날개 달린 말의 관념을 체험하는 이상, 더 정확히 말해 그가 곧 이 관념이며 이 관념으로 환원된 이상(그는 오직 날개 달린 말만을 지각한다고 가정되었으므로), 그는 그것을 긍정할 수밖에 없다.

그처럼 극단적으로 빈곤한 지각 환경이 아니라도 이런 일은 흔히 일어난다. 가령 여자나 돈, 명예에 사로잡힌 자들, 그래서 "한 대상에 변용되어 심지어 그것이 없을 때도 마치 눈앞에 있다고 믿는 자들"이 그렇다. 특히 돈이나 명예에 사로잡힌 자들을 우리가 정신병자로 여기지 않는다면, 이는 그들이 너무 고약해서 웃음보다는 미움의 대상이 되기 때문이

---

60 "날개가 달린 말을 상상하든 날개가 없는 말을 상상하든 간에 이는 내 자유지만, 현존이 없는 신을 ─ 즉 최고의 완전성이 없는 최고 완전한 존재자를 ─ 생각하는 것은 내 자의대로 되는 것이 아니다."(르네 데카르트, 「5성찰」, 『성찰』(1997), 96쪽; A. T. VII, p. 67)

다. 하지만 "실상 탐욕, 야망, 정욕 등등은 사람들이 병으로 꼽지 않는다 하더라도, 여하간 일종의 착란이다."[61] 나아가 상상적 관념의 이 고착성은 모든 1종의 인식, 그러니까 대부분의 일상적 지각 모두에 해당된다. 상상(imaginatio)은 보통 부재하는 것을 현전화하는 정신의 능력(상상력)을 의미하지만, 스피노자에게서는 개별 관념을 가리킨다. 그것은 또한 사물의 현전이나 부재와 무관하며, 감각이나 의견 등 이성적 관념을 제외한 모든 관념을 포괄한다. 따라서 날개 달린 말에 대한 환각은 우리에게서 200보 거리에 있는 듯 보이는 태양에 대한 지각과 본성상 다르지 않다.

그렇다면 상상은 왜 그냥은 사라지지 않을까? 우선 모든 관념은 그 자체 실재성을 지닌 하나의 사물이기 때문이다. 스피노자는 유명론적 관점에서 정신의 능력 이론을 비판하지만 이는 관념을 물리적 상으로 환원하기 위해서가 아니라, 관념이 관념으로서 함축하는 개별적인 의지 작용을 인정하기 위해서이다.[62] 모든 지각은 이미 판단, 곧 긍정이거나 부정이며, 모든 관념은 이미 의지 작용이다. 다음으로 모든 사물에는, 따라서 관념에도 역시 코나투스가 있다.[63] 즉 "어떤 것도 외부 원인에 의하지 않고서는 파괴되지 않고"[64] 자기 존재를 무한정 유지하고자 노력하며, "그것의 실존을 제거할 수 있는 모든 것에 대립"[65]한다.

따라서 관념의 긍정은 신체의 능동도 아니지만, 영혼의 능동도 아니다. 그것은 정신의 작용이라기보다는 이 관념의 작용이다. 혹은 이 관

---

61   『에티카』 4부 정리 44의 주석.
62   『에티카』 2부 정리 48~49와 3부 정리 2의 주석.
63   이에 대한 자세한 논증은 김은주, 「스피노자 철학에서 개체의 복합성과 코나투스」(《철학》, 2016)를 참조하라.
64   『에티카』 3부 정리 4.
65   『에티카』 3부 정리 6의 증명.

넘이 정신의 일부인 한에서만 정신의 작용이다. 날개 달린 말의 사례로 돌아가 보자. 이 아이는 "날개 달린 말에 대한 상상이 동일한 말의 실존을 제거하는 다른 관념과 결합될" 때까지 계속해서 동일한 것을 지각할 것이다. 혹은 "[그가] 상상하는 것의 현재적 실존을 배제하는, 더 강력한 관념이 나타날/경합할(occurare)" 때까지[66] 그럴 것이다. 관념들은 이처럼 서로 '경합하고', '배제하며', 결국 '더 강력한' 관념이 승리한다. 그러므로 오류를 피하려면, 오류를 피하기를 원하거나 판단을 중지하는 것이 아니라, 이 관념을 파괴할 수 있는 다른 적극적 관념이 정신에 현전해야 한다. 그리고 이 경우 관념을 파괴하는 것은 정신 자신이라기보다는 이 다른 관념이다.

그렇다고 정신이 관념들의 놀이를 지켜보는 관객은 아니다. 『데카르트의 철학의 원리』에서 스피노자는 코기토 명제가 전제와 결론을 갖는 추론이 아님을 강조하면서 그것을 "나는 생각한다, 고로 존재한다.(Cogito, ergo sum.)" 대신 "나는 생각하고 있다.(ego sum cogitans.)"로 재정식화한다.[67] 곧 증명되는 것은 "생각하는 나"의 존재가 아니라 "생각하는 내 활동"의 존재에 불과하다. 다음으로 그는 데카르트의 두 번째 후험적 신 존재 증명과 관련하여, 신의 연속 창조를 통해 보존되는 것, 곧 현행적으로 실존하는 것은 사유하는 나(코기토)라기보다 바로 이 사유하는 활동(코기타치오)임을 보여 준다.

우리 사유(nostra cogitatio)가 실존하기 시작했다고 하더라도, 그것

66　『에티카』 4부 정리 1의 주석.
67　『에티카』 1부 도입; G. I, p. 144, l. 19.

의 본성과 본질은 그것이 실존하기 전 이상으로 필연적 실존을 함축하진 않으며, 따라서 실존을 유지하는 데도(ut in existendo perseveret) 실존하기 시작하는 데 필요한 것과 동일한 힘이 필요하다. 그리고 우리가 사유에 대해 말하는 바는, 본질이 실존을 함축하지 않는 모든 것에 역시 해당된다.[68]

이는 사유들 각각의 코나투스를 보여 주는 동시에, 사유들이 주체로서의 정신이 수행하는 활동이라기보다는 정신 자체임을 보여 준다. 문제는 이렇게 특정 사유로 변용된 한에서의 정신이 여럿이고 서로 대립할 수 있다는 점이다. 정신 내부에 어떤 외재적 관계가 있을 수 있는 것이다.

물론 정신이 내적으로 겪는 외재성은 데카르트에게서도 나타난다. 알키에가 주목했듯이, 데카르트가 "감각의 기만"을 말할 때 감각은 "취약하고 불확실한 (정신의) 능력이 아니라 마치 적극적으로 불신해야 할 정신 외부의 다른 인물처럼"[69] 다뤄진다. 정신이 사유의 주체라 하더라도 감각적 지각에서 정신은 수동적이며 수동의 상관 항은 신체의 능동이다. 이런 의미에서 감각은 정신 내에 있는 정신의 타자라 할 수도 있다. 그러나 수동적인 상태에서도 정신은 여전히 절대적으로 분할 불가능한 하나의 전체이다. 다만 상이한 능력들에 따라 상이한 본성의 사유들이 이루어질 뿐이다. 데카르트는 능력의 다양성에서 정신의 분할이 아니라 오히려 정신의 전체성과 절대적인 분할 불가능성을 본다.[70] 정

---

68   『에티카』1부 공리 10의 주석; G. I, p. 157, l. 31, p. 158, l. 2.
69   Ferdinand Alquié, *La découverte métaphysique de l'homme chez Descartes*(1960), p. 18.
70   "의지 능력, 감각 능력, 이해 능력 등이 정신의 부분이라고 말해서도 안 된다. 하나의 동일한 정신이 의지하고, 감각하고, 이해하는 것이기 때문이다." 르네 데카르트, 앞의 책(1997), 117

신이 겪는 갈등은 결국 신체와의 외적 갈등에 불과하다.

반대로 스피노자에게서 긍정의 주도권은 관념들 자체에 있다. 따라서 이 관념들의 합성체인 정신은 대개 분열되고 파편적인 방식으로 욕망하고 느끼고 인식한다. 과도한 정념의 경우를 보자. 이는 "신체의 모든 부분들이 아니라 하나 혹은 몇몇 부분과 관련되는 기쁨이나 슬픔에서 생겨나는 욕망은 그 인간 전체의 유용성을 고려하지 않는"[71] 경우이다. 스피노자는 이를 다음과 같이 증명한다.

> 가령 신체의 한 부분 A가 다른 모든 부분들을 압도할 만큼 외적 원인에 의해 강화된다고 하자. 그 결과 이 부분이, 신체의 다른 부분들이 자기 직분을 수행할 수 있게끔, 자기 자신의 힘을 상실하고자 노력하지는 않을 것이다. 만일 그렇다면 이 부분은 자기 자신의 힘을 상실할 힘 혹은 역량을 가져야 할 텐데, 이는 (3부 정리 6[코나투스]에 의해) 불합리하다. 따라서 이 부분은, 그러므로 (3부 정리 7과 12에 의해) 정신 역시 이 상태를 보존하고자 노력할 것이다.[72]

이 증명에 따르면, 과도한 정념의 유지는 이 정념의 자기보존 노력(코나투스) 때문이다. 나아가 정신 전체의 코나투스가 부분의 코나투스를 규정하는 대신, 외적 원인에 의해 강화된 부분의 코나투스가 전체의 코나투스를 규정한다. 다시 말해 이 부분이 다른 부분들을 압도하면서 자기 존재를 유지하고자 노력하고, 이 노력이 다시 이 상태를 유지하려

쪽; A. T. VII, p. 86.
71   『에티카』 4부 정리 60.
72   같은 정리의 증명, 강조는 필자.

는 정신 전체의 노력으로 이어진다. 이렇게 해서 정신의 통일성은 유지되지만, 이 통일성은 역설적이다. 그것은 우리 안에 내면화된 "외계체"의 주도로 지탱되기 때문이다. 우선 이 정념은 다른 부분들과 무관한 독립된 개체인 양 자기 존재를 유지하기 때문에 '외적'이다. 그러나 전체 내부의 다른 부분들과 여하튼 특정 관계를 맺고 있는 한에서 이 정념은 이미 '내면화'된 것이기도 하다. 그러나 그것은 정념(수동)이라는 바로 그 이유 때문에 외부 정세에 의존적이다. 그 결과 정념에 사로잡힌 정신은 때로는 이 대상에, 때로는 다른 대상에 고착되고, 때로는 이 정념에 때로는 다른 정념에, 나아가 상반되는 정념들에 동시에 사로잡힌다. 이것이 바로 "영혼의 동요(fluctuatio animi)"이다.

4) 신으로부터 관념의 연역과 '어떤 신체'

그러나 이 상반된 관념들의 갈등은, 프로이트 이론에서 앎과 무지의 양가적 공존처럼 의식과 무의식의 모순적 병존의 형태로까지 이론화되진 않는다. 이는 해부학의 경험을 바탕으로 정신을 정신 장치에 비유하면서 동시성(공간적 질서)을 사유(시간적 계기의 질서)에 도입한 프로이트와 달리, 스피노자에겐 모순되는 두 사유의 병존을 이론화할 도구가 없었기 때문일 수도 있다. 그러나 더 근본적인 이유는 자기 완결적 정신 장치를 가정할 수 없게 하는 그의 형이상학에 있다.

우선 정신 자체가 하나의 관념이다. 정신은 관념들의 주체가 아니라 관념들을 부분으로 하는 개별 관념이며, 이 부분들과 정신 자체 사이에는 결정적인 존재론적 문턱이 없다. 다음으로 정신은 자기 신체의 관념이다. 물론 이 때문에 자기 신체의 모든 변용들이 정신에 지각되나, 오직 자기 신체의 변용들만이 지각되며 외부 사물도 자기 자신도 이것들을 통해서만 지각된다. 그러나 이 신체 역시 실체가 아니다.

『에티카』 2부의 서두에서 스피노자는 우리가 신체를 느낀다는 것을 자명한 공리로 설정한다. 그러나 이 신체가 누구의 신체인지는 명시하지 않는다. "우리는 어떤 신체(corpus quoddam)가 많은 방식으로 변용됨을 느낀다." 그는 왜 '우리 신체'나 '내 신체'라고 말하지 않았을까? '어떤 신체'가 우연한 표현이 아님은, 우리 정신이 합일되어 있는 이 무언가가 바로 우리 신체라는 사실이 연역의 대상이 된다는 것, 그것도 무려 열세 개의 정리를 거치고서야 도출된다는 데서 알 수 있다.[73] 데카르트에게서는 외부 물체들의 존재는 증명의 대상이 되지만, 내 신체의 존재만은 증명 대상에서 면제된다. 오히려 이것이 외부 물체의 존재를 증명하는 근거가 된다. 반대로 스피노자에게서는 연장으로서의 물체들이 아니라 우리 자신의 신체가 증명되어야 할 대상이 되는 것이다.

스피노자는 왜 이런 우회를 거쳐야만 했을까? 우선, 공리는 보편타당하며, 실제로 내 신체를 남의 것처럼 느끼는 사람도 있기 때문이다. 그러니까 이 공리는 데카르트의 사유하는 자아가 과장된 회의의 과정에서조차 배제해 버린 광인의 경우까지 포괄하는 셈이다.[74] 우리는 어

---

73 『에티카』 2부 정리 13의 따름 정리. 이에 대한 자세한 논증 과정은 김은주, 「"우리는 어떤 물체가 많은 방식으로 변용됨을 느낀다": 데카르트의 심신 합일 논증에 대한 스피노자의 대안」(《철학》, 2015)을 참조하라.

74 "도대체 이 손과 이 신체가 내 것임을 어떻게 부인할 수 있겠는가? 비장의 검은 증기로 두뇌가 너무 손상된 나머지, 가난뱅이이면서도 왕이라고, 벌거벗고 있으면서도 붉은 비단 옷을 입고 있다고, 머리가 항아리라고, 자신이 호박이라고, 혹은 유리로 되어 있다고 한결같이 단언하는 정신 나간 자들에 혹시 비유라도 한다면 모를까. 그런데 뭐? 이들은 미치광이들이고, 만일 내가 그런 자들을 표본으로 삼는다면 나 역시 도를 넘는 셈이다."(르네 데카르트, 「1성찰」, 앞의 책(1997), 35쪽(번역은 약간 수정); A. T. VII, pp. 18~19)

떤 신체가 변용됨을 느끼지만, 그것이 누구의 신체인지는 아직 모른다. 그러나 『에티카』 전체에 걸쳐 '나'도 '내 신체'도 결국 나타나지 않는다. 다만 '우리', '인간 정신', 이 정신의 신체만이 있다. 왜일까? 정신은 자기 신체의 관념이지만, 이 관념에는 연장의 본성을 비롯하여 모든 물체들의 공통의 본성이, 혹은 더 멀거나 가까운 물체들의 공통 본성이,[75] 그리고 외부 물체들의 본성까지[76] 함축되어 있기 때문이다. 이는 다른 무엇보다도 인간 정신이 사유하는 실체의 양태라는 규정의 존재론적 의미를 밝혀 준다. 곧 정신은 오직 자기 신체 변용들만을 지각하지만, 이를 통해 자연 안에 일어나는 모든 것을 다소간 지각하며, 따라서 얼마간 공통되고 얼마간 상반되는 다른 본성들을 함축한다.

5 결론: 사유 역학의 두 의미

정신을 복합체로 본다는 것은 그것이 여러 부분들로 구성되어 있다는 뜻뿐 아니라, 그것들 사이에 갈등적 역관계가 있다는 뜻이다. 스피노자와 프로이트에게서 공히 발견되는 관념들 간의 복합적이고 비단선적인 인과 관계, 곧 과잉 결정(surdétermination) 과정 역시 이런 관점에서 파악되어야 한다.[77] 의식적 경험의 언어는 이를 부분적으로만 포착하며

---

75   『에티카』 2부 정리 1과 2, 정리 13 주석 이하, 공리 2의 보조 정리 2, 정리 38의 따름 정리 등.
76   같은 곳, 정리 16과 정리 17, 3부 정리 27.
77   프로이트의 '과잉 결정' 개념에 대해서는 『히스테리 연구』(2004), 280~282, 373~376쪽, 『꿈의 해석』, 6장 꿈 작업 중 337~370쪽을 참조하라. 루 안드레아스살로메는 정신분석학을 스피노자주의에 접근시키는 가장 큰 요소가 과잉 결정 개념이라 보았다. Lou Andreas-Salomé, *Correspondance avec Sigmund Freud 1912~1936*, suivi du journal d'une Année(1970),

그런 의미에서 절단된 인식, 전제 없는 결론이다. 스피노자가 관념을 인간 주체로부터가 아니라 신으로부터 연역한 이유도, 프로이트가 정신 장치를 장소론(topique)을 차용하여 표상했던 이유도 여기에서 찾을 수 있다.

그러나 프로이트에게 관념들 간의 관계 이면에 정신이 있다면, 스피노자에게는 이 관계 자체가 정신이다. 관념들 이면의 심층이 없는 것이다. 이 차이는 인과 결정의 성격에도 직결된다. 프로이트는 정신적 과정의 그 어떤 것도 '원인 없이' 혹은 '무의미하게' 이루어지지 않는다고 했는데, 이는 결국 '목적 없이' 이루어지지 않음을 의미한다. 곧 표상들은 (의식적, 무의식적) 주체의 의미 작용의 결과이다. 반면 스피노자에게서 정신 현상은 대개 정신'의' 작용이라기보다는 개별 관념의 주도하에 이루어진다. 프로이트에게서 정신 과정이 결국 '위해'로 설명된다면,[78] 스피노자에게서 그것은 자연 안의 다른 현상과 같이 '때문에'로 설명되는 것이다. 이 차이는 현상을 법칙으로 환원하는 17세기 기계론적 인식 틀과 현상 이면에 심층을 설정하는 19세기적 인식 틀 사이의 간극에 결부할 수도 있을 것이다. 당대 다른 이론들과의 근본적 차이에도 불구하고 그들 역시 자기 시대의 인식 틀 속에서 작업한 것이다.

---

pp. 311~312를 참조하라.

78   이처럼 정신이 지향하는 전체적 목적성 때문에 프로이트에게 분석에서 산출된 의미의 고리를 닫는 것은 필수적이다. 여기에서 초개인적 차원의 상징이나 신화(가령 오이디푸스 신화)의 도입이 수행하는 기능에 대해서는 Michel Foucault, *Dits et Ecrits I(1954~1975)*(2001), pp. 97~102를 참조하라.

프로이트의 스피노자 연구 문헌

프로이트와 스피노자의 관계는 본문에서 보는 것처럼 흥미로운 논점이 많지만, 프로이트는 스피노자를 명시적으로 다룬 연구물은 남기지 않았다. 다만 그가 지나가면서 짤막하게 스피노자에 대해 언급한 적은 있다. 스피노자와의 관계를 묻는 지인들에 대한 편지를 제외하고 자신의 글에서 두 번, 그것도 이론적 측면보다는 주지주의적 삶의 유형과 관련해서이다.

하나는 「레오나르도 다 빈치의 유년기의 기억」이다. 그는 사랑에는 빈한했으나 이 에너지를 탐구와 인식에 쏟은 다 빈치를 스피노자에 비유한다. 누군가를 사랑하기 전에 먼저 인식해야 한다고 했던, 그리고 실제 삶에서도 사랑이나 증오와 같은 감정을 철저히 사고에 종속시켰던 다 빈치의 사고방식이 "스피노자의 사고방식"[79]과 유사하다는 것이다. 여기서 환기된 스피노자의 이미지는 다소

---

79   지그문트 프로이트, 「레오나르도 다 빈치의 유년기의 기억」, 『예술, 문학, 정신 분석』 (2003), 179쪽.

신화적이며 부정적인 면도 없지 않다. 그러나 저변에는 다 빈치, 스피노자, 그리고 프로이트 자신을 사랑보다는 인식을 추구한 자로 동일시하는 태도가 깔려 있다. 다른 하나는 종교적 가상(illusion)을 비판하는 「환상(가상)의 미래」의 마지막 부분이다. 프로이트는 가상 없이 (그리고 가상에서 해방된 에너지로) "정직한 농부로서" 살아가는 법을 배우는 것만이 문명에의 불만을 치유하는 유일한 길임을 역설하면서 "무신론자 형제(Unglaubensgenossen)"라는 이름으로 스피노자를 간접적으로 불러낸다. 이처럼 프로이트에게 스피노자는 이론가보다는 특정한 삶의 유형을 대표하는 자였다고 할 수 있다. 이 글에서는 다루지 않았지만, 프로이트와 스피노자 둘 다에서 발견되는 주지주의적 삶의 유형과 이 유형에 대한 프로이트의 양가적인 태도가 갖는 정신분석적 의미 역시 관심을 끌 만한 연구 주제이다.[80]

참고 문헌

1. 데카르트, 프로이트, 스피노자의 저작

데카르트, 르네, 이현복 옮김, 『성찰』, 문예출판사, 1997.

_____, 원석영 옮김, 『철학의 원리』, 아카넷, 2002.

Descartes, René, *Œuvres complètes*, publiées par Ch. Adam et P. Tannery, Librairie Philosophique J. Vrin(A. T.로 약칭), 1983.

_____, *Descartes: Correspondance avec Elisabeth et autres lettres*, trans. J. M.

---

80 대표적으로 모니크 슈나이더의 작업을 들 수 있다. Monique Schneider, "Le fini, l'Autre et le Savoir," *Cahiers Spinoza* 1(1977); *Freud et le plaisir*(1980); "L'amour, passion de la causalité," *Revue de métaphysique et de morale* 2(1998); *La cause amoureuse, Freud, Spinoza, Racine*(2008)을 참조하라.

Beyssade et M. Beyssade, GF-Flammarion, 1989.

프로이트, 지그문트, 김인순 옮김, 『꿈의 해석』, 열린책들, 2004.

＿＿＿＿＿＿, 임홍빈·홍혜경 옮김, 『정신분석 강의』, 열린책들, 2004.

＿＿＿＿＿＿, 박성수·한승완 옮김, 『정신분석학 개요』, 열린책들, 2003.

＿＿＿＿＿＿, 김석희 옮김, 『문명 속의 불만』, 열린책들, 2003.

＿＿＿＿＿＿, 정장진 옮김, 『예술, 문학, 정신분석』, 열린책들, 2003.

＿＿＿＿＿＿, 김미리혜 옮김, 『히스테리 연구』, 열린책들, 2004.

Freud, Sigmund, *Der Gesammelten Werke*, Frankfurt am Main S. Fischer Verlag(G. W.로 약칭), 1972.

＿＿＿＿＿＿, *La naissance de la psychanalyse*, ed. Anne Freud et al., PUF, 1973.

＿＿＿＿＿＿, Letter to Lothar Bickel(1931. 6. 28.); Letter to Hessing(1932. 7. 7; 1933. 3. 19.)[Hessing(1977), pp. 227~228에 수록].

＿＿＿＿＿＿, Letter to J. Favez-Boutonier(1930. 4. 11.)[Favez-Boutonier 1955에 수록].

Spinoza, Baruch, *Spinoza Opera*, ed. Carl Gebhardt, Carl Winter(G.로 약칭), 1925.

＿＿＿＿＿＿, *Œuvres I: Premiers écrits*, trans. M. Beyssade et J. Ganault, PUF, 2009.

＿＿＿＿＿＿, *Ethique*, trans. Pautrat, Seuil, 1988.

2. 그 밖의 참고 문헌

김은주, 「스피노자 철학에서 개체의 복합성과 코나투스」, 《철학》 127집, 2016.

＿＿＿＿＿＿, 「"우리는 어떤 물체가 많은 방식으로 변용됨을 느낀다": 데카르트의 심신 합일 논증에 대한 스피노자의 대안」, 《철학》 122집, 2015.

Alquié, Ferdinand, *La découverte métaphysique de l'homme chez Descartes*, PUF,

1960.

Andreas-Salomé, Lou, *Correspondance avec Sigmund Freud 1912~1936*, suivi du journal d'une Année, trans. Lily Jumel, Editions Gallimard, 1970.

Assoun, Paul-Laurent, *Introduction à l'épistémologie freudienne*, Payot, 1981.

_____, *Freud: la philosophie et les philosophes*, PUF, 2005.

Attal, José, *La non-excommunication de Jacques Lacan: quand la psychanalyse a perdu Spinoza*, Cahier de l'Unebévue, 2010.

Azouvi, François, "Le rôle du corps chez Descartes," *Revue de Métaphysique et de Morale* 83-1, 1979.

Bernfeld, Siegfried, "Freud's earliest theories and the school of Helmholtz," *The Psychoanalytic Quarterly* 13, 1944.

Canguilhem, Georges, "Qu'est-ce que la psychologie?", *Etudes d'histoire et de philosophie des sciences concernant les vivants et la vie*, J. Vrin, 1994.

_____, *La formation du concept de réflexe aux XVII et XVIII siècles*, J. Vrin, 1977.

Deleuze, Gilles, *Spinoza: Philosophie pratique*, Edition de minuit, 2001; 박기순 옮김, 『스피노자의 철학』, 민음사, 2003.

_____, *Spinoza et le problème de l'expression* (1968), Edition de minuit, 2003; 권순모·이진경 옮김, 『스피노자와 표현의 문제』, 인간사랑, 2003.

Dupéron, Isabelle, *G. T. Fechner, le parallélisme psychophysiologique*, PUF, 2000.

Favez-Boutonier, J., "Philosophie et la psychanalyse," *Bulletin de la société française de philosophie*, 1955.

Foucault, Michel, *Dits et Ecrits I (1954~1975)*, Editions Gallimard, 2001.

Gauchet, Marcel, *L'inconscient cérébral*, Seuil, 1992.

Hessing, Siegfried, *Speculum Spinozanum 1677~1977*, Routeledge & Kegan

Paul, 1977.

Jones, Ernest, *The life and work of Sigmund Freud*, vol. 1~3, Basic Books, 1953~1957.

Kris, Ernst, "Introduction," in Sigmund Freud, *La naissance de la psychanaly-selettres à Wilhelm Fließ, notes et plans*, 1887~1902, ed. Anne Freud, Marie Bonaparte et Ernst Kris, trans. Anne Berman, PUF, 1973, pp. 1~43.

Laplanche, Jean, "L'interprétation entre déterminisme et herméneutique: Une nouvelle position de la question," *La révolution copernicienne inachevée*, Aubier, 1992.

_____, *Problématiques VI: L'après-coup*, PUF, 2006.

Lewis, Geneviève R., *Le problème de l'inconscient et le cartésianisme*, PUF, 1950.

Moreau, Pierre-François, "'L'Ethique et la psychiatrie: Il y a trois siècles, Spinoza," in *Psychiatrie et éthique: le psychiatre face au malade, à la société et à lui-même*, sous la direction de Guy Maruani, Privat, 1979.

Ogilvie, Bertrand, "Spinoza dans la psychanalyse," in *Spinoza au XXe siècle*, sous la direction de Olivier Bloch, PUF, 1993.

Ricœur, Paul, *De l'interprétation. Essai sur Freud*, Edition du Seuil, 1965.

Schneider, Monique, "Le fini, l'Autre et le Savoir," *Cahiers Spinoza* 1, 1977.

_____, *Freud et le plaisir*, Edition Denoël, 1980.

_____, "L'amour, passion de la causalité," *Revue de métaphysique et de morale* 2, 1998.

_____, *La cause amoureuse, Freud, Spinoza, Racine*, Seuil, 2008.

Yovel, Yirmiyahu, "Spinoza and Freud: Self-Knowledge as Emancipation," *Spinoza and Other Heretics*, vol. 2, Princeton University Press, 1992.

스피노자와
하이데거

하이데거는 철학사 내에서 스피노자의 철학을 근대 체계 철학의 정점으로 간주한다. 스피노자 철학은 데카르트의 아류이자 독일 관념론의 출발점일 뿐이라는 것이다. 그러나 '실존론적 기분 이론'의 논의에서 하이데거는 정서가 오로지 정서에 의해서만 제어될 수 있다는 스피노자의 테제를 암묵적으로 원용한다. 하이데거는 스피노자에 대한 몰이해를 반복하는 가운데서도 특유의 철학적 감각으로 스피노자의 정서 이론에서 그 적극적인 면을 꿰뚫어 본 것이다. 하지만 이는 일회적인 것에 불과하며 또 그럴 수밖에 없다. 이 글에서는 두 철학자가 '정서를 통한 정서의 제압'이라는 발상을 활용해서 각각 어떻게 '사유 대 정서'라는 고전적인 이분법을 극복했는지를 살펴본다. 그리고 이러한 극복이 두 철학자에게 가지는 실존적-윤리적 함축을 밝힌다.

정서의 기하학과
실존론적 기분 이론

김문수

1 들어가며

하이데거는 철학사 연구를 한낱 과거 사유의 흔적들을 탐색하는 작업이 아니라 철학 본연의 작업으로 격상했다. 이 점에서 그와 비견될 수 있는 사람은 헤겔뿐일 것이다. 그러나 그의 철학사 목록에 '스피노자'라는 이름은 거의 빠져 있다. 하이데거는 여러 곳에서 다른 철학자들로 가기 위한 경유지로만 스피노자를 잠깐씩 지나쳐 갈 뿐이며[1] 대개는 침묵으로 일관한다. 그 이유는 무엇일까?

근래 들어 스피노자의 이례성에 비추어 스피노자와 하이데거의 심층적인 공모 관계를 확립하고, 이를 통해 하이데거의 침묵을 해석하려

---

1   하이데거가 스피노자를 언급한 목록은 Etienne Balibar, "Spinoza et Heidegger," *Spinoza au XX siècle*(1993), pp. 327~343에서 찾아볼 수 있다.

는 시도가 있었다. 이런 시도의 대변인이 장마리 베스인데, 그는 스피노자를 하이데거와 마찬가지로, 그러니까 하이데거보다 선구적으로 존재-신학적 전통에서 사유된 형이상학을 비판하는 철학자로 보고 있다. "스피노자가 가장 독단적인 형이상학의 언어로 형이상학을 해체한다면, 하이데거는 이 언어 자체에 물음을 제기함으로써 형이상학을 해체한다."[2] 구체적으로 스피노자의 존재론은 한편으로 실체로부터 출발하여 양태의 개체성을 정초하고, 다른 한편 신의 본질과 역량을 같은 것으로 파악한다. 이를 통해 존재-신학과 주체의 형이상학이 기대고 있는 목적론-의지-근거율의 삼각 동맹은 와해되고 일종의 '신학 없는 존재론'이 세워진다. 나아가 전통 형이상학에 대한 비판을 넘어서 스피노자와 하이데거는 새롭게 사유되어야 할 문제를 정초했다는 공통점도 있다. 이는 무엇보다도 스피노자의 존재론을 하이데거의 관점에 입각해서 해석해야 한다는 입장으로 귀결된다. 그 결과 스피노자 철학의 실체-양태 관계는 하이데거적인 존재론적 차이의 다른 이름이 되며, "하이데거가 존재를 현전의 왕국에서 구해 냈듯 스피노자 역시 실체를 근본적으로는 현전화의 기능인 상상의 왕국으로부터 구해 낸"[3] 것으로 받아들여지고, 나아가 둘 모두 철학사에 유례없는 '본질적 유한성'의 철학을 전개한 것으로 파악된다. 따라서 두 철학자의 이와 같은 심층적인 동질성이야말로 하이데거가 스피노자에 대해 침묵할 수밖에 없었던 이유라는 것이다.

이와 같은 연구가 프로그램으로서 갖는 적극성에도 불구하고, 하이데거의 침묵이 스피노자가 그를 앞질러 존재-신학을 비판하고 유한성

---

2   Jean-Marie Vaysse, "Ethique et ontologie fondamentale," *Spinoza: Puissance et Ontologie*(1994), p. 205.

3   Jean-Marie Vaysse, *Totalité et Finitude: Spinoza et Heidegger*(2004), p. 68.

의 철학을 세웠기 때문이라고 보는 것은 근거가 희박한 음모론처럼 보인다. 더구나 이 음모론을 뒷받침하기 위해 이질적인 두 철학자의 표층적인 유사성에만 과도하게 매달리고 있다는 인상을 피할 수 없다. 실상 두 철학자의 이질성은 이루 헤아릴 수 없다. 가령 하이데거는 인간 현존재가 사물에 기대서 자신을 이해하는 습관이 인간 현존재 자신에 대한 몰이해와 존재 물음의 망각을 초래했다고 보는 데 반해, 스피노자는 인간이 자신을 사물과 다른 것으로 상상하는 습관이 형이상학적 질병을 키웠다고 본다. 하이데거는 존재 일반의 의미를 밝히기 위해서는 인간 현존재의 존재 이해에 기댈 수밖에 없다고 보는 반면, 스피노자는 인간은 '국가 안의 국가'가 아니라는 반(反)인간 중심주의적 관점을 표방한다. 이런 차이는 하이데거적인 '세계'의 목적론과 스피노자적인 '자연'의 인과론으로 요약될 수 있을 것이다.[4] 나아가 존재를 지성을 통해 그 자체로 이해할 수 있다는 스피노자적인 '실정주의(positivisme)'와 존재가 존재자의 물러섬을 통해 부정적으로, 곧 무로서 경험될 수 있다는 하이데거적인 '부정주의(negativisme)'의 대비[5]에서 두 철학자의 심층적인 이질성을 읽어 낼 수 있다. 이런 이질성에 착안해서 보면, 하이데거가 침묵한 이유는 스피노자 철학이 자신과는 아무런 공통점도 없는 그야말로 근본적인 대안이기 때문이라는 가정 역시 성립할 수 있다.

이 글은 스피노자와 하이데거의 공통점보다는 차이점을 실마리로 삼을 것이다. 그리고 하이데거가 철학사 내부에서, 그러니까 존재—신학의 역사 속에서 스피노자를 참조하는 방식에 주목하는 대신, 하이데

---

4   Etienne Balibar, op. cit.(1993), pp. 341~343.
5   이는 피에르 마슈레의 표현이다. Pierre Macherey, "L'actualité philosophique de Spinoza(Heidegger, Adorno, Foucault)," *Avec Spinoza*(1992), pp. 228~229.

거가 철학사 외부에서, 그러니까 인간 현존재의 구조를 분석하면서 자신의 기분 이론을 전개하는 가운데 스피노자를 참조하는 방식에 주목해 보고자 한다. 먼저 하이데거 자신은 스피노자를 어떻게 평가하고 수용했는지를 살펴본 다음(2절), 두 사람이 각자의 기분 이론과 정서 이론을 어떻게 전개했는지 고찰하면서 두 이론의 차이점을 음미해 볼 것이다.(3절, 4절)

2 하이데거의 스피노자

하이데거가 스피노자를 어떻게 평가했는지는 그가 스피노자를 가장 상세하게 언급한 『셸링: 인간적 자유의 본질에 관한 1809년 논고』에서 분명하게 제시된다.

> (근대 과학의 탄생과 궤를 같이 하는 근대의 철학 체계들에서) 정초된 연쇄에 따라 철저하게 구축된 유일하게 완성된 체계는 바로 스피노자의 형이상학인데, 그는 『기하학적 방식으로 증명된 윤리학과 그것의 구별되는 부분들』을 출간했다. …… '기하학적 방식으로'라는 제목은 이미 앎에 대한 수학적 요구의 힘을 보여 준다. 이 형이상학, 즉 존재자 전체에 대한 학을 '윤리학'이라 특징짓는 것은, 인간의 행위와 태도가 앎의 한가운데서 진행되며 또한 이 앎을 정초하는 데 대단히 중요하다는 사실의 표현이다. 그렇지만 이 체계는 재론의 여지가 없는 독특한 일방성의 기초 위에서만 가능했다. 왜냐하면 중세 스콜라 철학의 형이상학적 개념들이 특이하게 무비판적인 방식으로 체계에 그냥 통합되었기 때문이다. 그리고 체계

의 작동을 위해 데카르트의 '방법'이기도 한 보편 수리학이 재연되었다. 하지만 스피노자의 체계가 여기에서 환기되어야 하는 이유는 그 체계가 18세기에도 여전히 중대한 역할을 하기 때문이다. 무엇보다 레싱, 야코비, 멘델스존, 헤르더, 괴테라는 이름과 연결되어 있고 셸링의 자유에 관한 논고에도 울려 퍼지고 있는 논쟁에서 말이다. 스피노자 체계에 대한 지극히 다양한 경향의 여러 해석에서, 협소하지만 완전히 규정된 이 '체계'와 비견될 만한 것을 '체계'라는 용어로 표상하는 습관이 철학에 생겨났다.[6]

여기에서 하이데거는 스피노자의 철학을 '유일하게 완성된 체계'로 칭송하면서도 그것의 독창성을 폄훼함으로써 자신이 침묵할 수밖에 없었던 이유를 간접적으로 제시한다. 스피노자의 철학을 지배하는 것은 두 가지다. 하나는 '기하학적 방식으로(more geometrico)'라는 제목에서 명시적으로 드러나는 수학적 요구이며, 다른 하나는 '윤리학(Ethica)'이라는 제목이 시사하는 것처럼 인식의 정초와 전개에서 인간이 차지하는 결정적 중요성이다. 수학주의와 인간 중심주의. 그러나 이는 스피노자 자신의 원리라기보다는 근대 철학의 일반적 원리이자 데카르트 철학이 확립한 원리이다. 따라서 스피노자의 철학은 데카르트 철학의 아류라는 암묵적인 관점이 형성된다. 그것도 그냥 아류가 아니라 일종의 타락한 아류이다. 왜냐하면 스피노자 철학은 '근대의 체계 철학'의 완성이라는 이름에 걸맞지 않은 비일관성을 지니고 있기 때문이다. 스피노자 철학을 관통하는 실체, 속성, 양태 등의 주요 용어들에서 알 수 있듯이, 그의 체계는 결정적으로 중세적 유산의 무비판적 수용을 바탕으로 하고

---

6   마르틴 하이데거, 『셸링』(1997), pp. 66~67.

있다. 근대 보편 수리학의 요구를 그대로 따르는 듯한 기하학적 방법도 하이데거가 보기에는 실은 이 낡은 유산을 가동하는 껍데기에 불과한 것이다. 결국 하이데거에게 스피노자는 사실상 일관된 '정신'을 결여한 데카르트의 아류에 지나지 않는다. 스피노자를 환기해야 할 이유가 있다면, 이는 그 철학의 독창성 때문이 아니라 그가 야코비의 저술을 통해 되살아 나와 튀빙겐 대학의 젊은 철학자들의 정신을 감염시킴으로써 이후 독일 관념론 형성에 일정한 가교 역할을 했기 때문일 것이다. 따라서 데카르트나 라이프니츠, 그리고 셸링을 비롯한 독일 관념론자들과 별도로 스피노자를 연구할 필요도 자연 없어지며, 하이데거 자신이 스피노자에 대해 침묵한 것도 이 때문이라는 것이다.

물론 하이데거도 스피노자 철학을 이처럼 단순화하기 곤란하다는 점은 어느 정도 알고 있었다. 하이데거 역시 인간이 자기 욕망을 의식하면서도 그 원인을 모른다는 지적을 담은 『에티카』 1부 부록, 우리 자신에 대한 관념이 필연적으로 부적합할 수밖에 없음을 보여 주는 2부의 정리들, 인간은 '국가 안의 국가'가 아니라는 3부의 서문 등을 통해 스피노자가 반주체성을 표방하고, 또 이 때문에 근대 철학의 지배적 조류에서 벗어나 보인다는 점에 주목한다. 하지만 결론은 스피노자가 인간과 주체에 사로잡힌 여느 근대 철학자 중 하나라는 것으로 돌아간다. 그리고 약간 우스꽝스럽기도 하며 다른 철학자를 주해할 때 돋보이는 하이데거의 섬세하고도 대가다운 솜씨에는 좀처럼 어울릴 법하지 않은 이유가 제시된다. 책의 제목이 '윤리학'이라는 이유 말이다. 그런데 스피노자에게 '윤리학'이란 인간이 보다 유덕해지고 완전해지며 나아가 지복에 도달하는 것을 겨냥하며, 또 이를 위해 정념의 지배를 벗어나서 이성적 삶을 따르는 프로그램이다. 이런 의미에서 윤리학의 일차적인 대상은 정념 내지 정서이다. 이렇게 볼 때 하이데거는 적어도 이 대목에서는 '윤리학'이라는 제목에 주목하면서도, 그 주요 대상에 대해서는 한마디 언급도 없이 지나치고 있는 셈이다.

그러나 이야기는 여기에서 끝나지 않는다. 스피노자는 하이데거가 『존재와 시간』에서 세계-내-존재로서의 인간 현존재를 그 일상적인 양상에서 분석할 때, 내-존재(안에-있음)의 한 계기인 처해 있음(Befind-lichkeit)과 기분(Stimmung)을 다루는 대목에서 '이름 없이' 등장하기 때문이다. "우리는 결코 기분에서 해방되어 기분을 지배할 수는 없고, 오히려 그때마다 어떤 반대 기분에 의해서 지배할 뿐"[7]이라고 하이데거는 말한다. 이 진술은 『에티카』의 한 유명한 정리를 환기한다. "정서는 속박되어야 할 그 정서보다 더 강하면서 그 정서와 반대되는 어떤 정서에 의하지 않고서는 제한될 수도 제거될 수도 없다.(Affectus nec coërci, nec potest, nisi per affectum contrarium et fortiorem affectu coërcendo.)"[8] 하이데거는 『존재와 시간』과 비슷한 시기에 행한 강연(『현상학의 근본 문제들』)에서 이 명제를 다시 한 번, 그러나 이번에는 스피노자라는 이름을 직접 언급하면서 환기한다. 이 사실로 미루어 볼 때, 위의 진술은 스피노자를 참조한 것으로 보는 편이 타당할 것이다. 물론 이번에도 스피노자의 정서 이론이 그 자체로 주제화되는 것은 아니다. 이성에서 야기된 감정인 칸트의 존경을 주해하는 대목이기 때문이다. 그는 순전히 이성의 법칙에 의해서만 규정되는 의지, 그리고 감정에 대한 거부도 그 자체 감정이라는 것, "이는 스피노자의 윤리학에 나오는 '감정은 언제나 오직 감정에 의해서

---

7   마르틴 하이데거, 『존재와 시간』(2003), p. 190.
8   스피노자, 『에티카』 4부 정리 7.(Pautrat(1988)의 라틴어-프랑스어 대역본 참조)

만 극복될 수 있을 뿐이다.'라는 유명한 정리를 상기"[9]시킨다고 말한다.

이것이 스피노자의 형이상학은 몰라도 정서 이론만은 하이데거가 적극적으로 원용했다고 볼 수 있는 근거가 될까? 그렇게 보기는 어렵다. 무엇보다도 스피노자의 정서 이론에 대한 하이데거의 언급이 일회적이며 단 하나의 정리에 국한되어 있기 때문이다. 또한 하이데거는 아리스토텔레스의 『수사학』이래 정서나 감정에 대한 이론은 단 한 발짝도 나아가지 못하다가 당대에 막스 셸러(Max Scheler)가 등장하면서부터 비로소 진전을 이루었다고 말하는데,[10] 이는 당연히 스피노자의 정서 이론에 대한 가치 절하를 함축한다. 더구나 하이데거와 스피노자가 이 명제를 사용하는 방식은 상이하다.

그럼에도 우리가 이 명제를 실마리로 삼아야 하는 이유가 있다. 두 철학자 모두 이 명제를 통해 기분 대 사유, 정념 대 이성이라는 전통적인 이분법을 극복하는 사고방식을 보여 주었기 때문이다. 하지만 극복 방식은 상이하다. 하이데거가 기분에 개시성을 부여함으로써, 그러니까 기분을 사유화하면서 기분 대 사유라는 이분법을 극복하고 있다면, 스피노자는 정서에 표상적 측면을 부여하는 것을 넘어서 이성에 정서적 힘을 부여함으로써 정서 대 이성이라는 이분법을 극복하고 있다. 그 결과 두 철학자에게서 기분 이론이나 정서 이론이 지니는 실존적−윤리적 함의는 상이해진다. 아래에서는 두 철학자의 기분 이론(3절)과 정서 이론(4절)을 다루는 가운데 이를 좀 더 상세하게 논의할 것이다.

---

9   마르틴 하이데거, 『현상학의 근본 문제들』(1994), p. 197. 1929~1930년의 강의록에도 비슷한 논의가 제시된다. "현존재는 현존재로서 언제나 이미 근본적으로 기분 잡혀 있다. 언제나 **기분들의 변화만이** 일어나고 있을 뿐이다."(강조는 필자, 마르틴 하이데거, 『형이상학의 근본 개념들: 세계−유한성−고독』(2003), p. 119.)
10   하이데거, 『존재와 시간』(2003), p. 213.

3 하이데거와 기분

1) 인간 현존재와 기분

하이데거의 평생의 과업이 존재의 의미를 밝히는 것이었음은 잘 알려진 사실이다. 『존재와 시간』 역시 마찬가지인데, 여기에서는 존재의 의미에 대한 물음을 우리가 통상 '인간'이라고 부르는 '현존재(Dasein, 아래에서 우리는 이를 '인간 현존재'라고 부를 것이다.)'에 대한 분석을 통해 도달하는 방식을 택한다. 왜냐하면 인간 현존재만이 자기 자신의 존재를 문제 제시하면서 암묵적으로나마 존재 일반을 이해하기 때문이다. 하이데거의 기분에 대한 논의는 그가 인간 현존재의 구조를 일상성의 양상에서 분석할 때 등장한다. 하이데거가 기분을 논의할 때, 그는 스피노자처럼 일차 정서로부터 출발해서 이것들의 합성과 파생으로부터 가능한 모든 정서들을 체계적이고 발생적으로 연역하는 대신, 공포와 불안, 그리고 권태라는 몇몇 기분만을 분석의 대상으로 삼는다.[11] 그에게는 기분 현상의 체계적인 고찰보다는 기분이라는 현상의 존재론적 의미를 밝히는 것, 기분이라는 현상이 현존재의 존재와 어떤 연관을 맺는지를 보여 주는 것, 그러니까 그의 어법대로 말하자면 기분의 '존재적' 측면이 아니라 기분의 '존재론적' 역할에 주목하는 것이 주된 관심사였던 탓이다.

---

11   하이데거는 「형이상학이란 무엇인가?」에서도 마찬가지로 공포와 불안을 언급하며, 『형이상학의 근본 개념들』에서는 권태를 분석하고 있다. 소위 전회(Kehre) 이후로 기분은 역사적인 것으로 다루어지며, 경이(thaumazein), 전율(Schrecken), 삼감(Verhaltenheit)과 같은 기분들이 분석의 중심 대상이 된다. 하이데거의 후기 기분 이론에 대해서는 Michel Haar, "Stimmung, époque et pensée," *La fracture de l'histoire: douze essais sur Heidegger*(1994), pp. 221~242.

하이데거가 스피노자의 테제를 이용하는 대목은 기분 분석을 처음으로 할 때이다. "우리는 결코 기분에서 해방되어 기분을 지배하게 될 수는 없고, 오히려 그때마다 어떤 반대 기분에 의해서 지배할 뿐이다." 이 테제의 의미는 단순해 보인다. 우리는 언제나, 심지어는 기분을 전혀 느끼지 못할 때조차 기분에 사로잡혀 있기에, 기분은 일시적이거나 제거할 수 있는 현상이 아니라 우리가 벗어날 수 없는 불가피하고도 근원적인 현상이라는 것이다. 하이데거는 이 테제를 통해 이중의 전선을 그린다. 한편에는 '심리주의'와의 전선이 있다. 심리주의란 기분을 내면적인 심리 현상으로, 주관에 종속되어 있으면서 주관으로부터 나와 바깥 세계를 물들이는 현상으로 보는 관점을 일컫는다. 다른 한편에는 '합리주의'와의 전선이 있다. 합리주의에 따르면, 기분은 사고나 의지와는 다른 별도의 능력에 속하는 것, 사고와는 달리 아무것도 밝혀 주거나 개시해 주지 않는 맹목적인 것이다. 그것은 이성이나 사고보다 열등하지만 이성적이고 냉철한 판단을 방해할 수 있기에 이성이나 사고에 의해 통제되어야 한다. 심리주의가 기분의 존재론적 기원이나 위치에 대한 입장이라면 합리주의는 기분의 존재론적 역할에 대한 입장이다.

하이데거는 심리주의에 대항하여 기분 체험의 특징을 제시한다. 먼저 기분은 불안정한 것으로 체험된다. 더욱이 우리를 '덮치고' '사로잡는다'. 심리주의는 이러한 체험을 해명하지 못한다. 만약 심리주의의 가정처럼 기분이 나에게서 비롯된 것이었다면, 기분은 보다 안정적으로 체험되며 나를 '덮치는' 것으로 체험되지 않았을 테니 말이다. 또한 기분은 때로 공공적인 것으로 체험된다. 우리 주위의 누군가가 슬픔에 빠져 우리와 그 사이에 어색함이 흐를 때, 혹은 어떤 유쾌한 사람 덕분에 모임이 흥겨워질 때, 심리주의라면 이를 슬퍼하거나 유쾌한 사람이 심적으로 가지고 있던 슬픔이나 유쾌함을 발산하여 주변을 물들이고 전염시키고 있다고 볼 것이다. 하지만 이미 '어색함'과 '흥'과 같은 기분이 있고, 우리는 다만 거기에 빠져들 뿐이다. 이때 변한 것은 슬픔에 빠진 사람과 우리가 함께하는 방식이며, 쾌활한 사람과 우리가 함께하는 방식이다.[12] 이와 같은 특성들은 기분이 한낱 주관적인 심적 현상이 아님을 보여 준다. 그렇다고 기분이 대상의 속성인 것은 더더욱 아니다. 기분이 대상의 속성이었다면, 사람에 따라 동일한 대상에 대해 상이한 기분을 갖는다는 것은 불가능했을 테니 말이다. 이를 근거로 하이데거는 기분이 주관의 심리 체험으로서 '안'으로부터 오는 것도 아니고 대상의 객관적 속성으로서 '밖'으로부터 오는 것도 아닌, 안과 밖의 '사이', 아니 안과 밖 내지 주관과 객관을 하나의 변양으로 가지는 '세계-내-존재'로부터 올라온다고 주장한다.[13]

보다 중요한 것은 합리주의와의 전선이다. 하이데거는 기분에 개시성(Erschlossenheit)을 부여함으로써, 좀 더 정확히 말해 기분을 개시성의 근본적인 한 양상으로 삼음으로써 합리주의와 단절한다. 기분의 개시성이란 기분이 우리가 어떤 것에 대해 반성적인 인식을 갖기 이전에 우리에게 개방의 공간을 마련하고 밝혀 줌을 뜻하며, 이렇게 밝혀진 개방의 공간 속에서 비로소 어떤 것과의 만남도 또 그것에 대한 반성적인 앎도 가능하다. 실상 "현존재는 모든 인식과 의욕 이전에 그리고 인식과 의욕의 개시 범위를 훨씬 넘어서 기분에 있어서…… 개시되어"[14] 있으며, 기분의 개시에 비하면 "인식의 개시 가능성은…… 그 범위가 너무 좁

12　이에 대한 언급은 하이데거, 『형이상학의 근본 개념들』(2003), pp. 116~118.
13　하이데거, 『존재와 시간』(2003), p. 190.
14　Ibid., pp. 189~190.

다."[15] 우리가 이런저런 기분을 느끼는 이유를 잘 알지 못하는 것도 이때문이다. 이처럼 기분은 인식보다 범위가 넓을 뿐만 아니라, 세계 내부의 존재자와의 만남도, 이 만남의 한 양상인 지각도 기분에 의해 미리 윤곽 지어짐으로써만 가능하다. 지각은 이미 기분에 젖은 인식이며 지각이나 인식의 개시성은 기분의 개시성 안에서만 가능한 것이다. 이처럼 기분의 개시성은 이를테면 사고나 인식의 질료 혹은 사고나 인식의 가능 조건이라고 볼 수 있다. 기분의 개시성을 통해 하이데거는 기분을 사고와 대립시키는 합리주의와 단절하는 것이다.

그렇다면 기분은 무엇을 개시하는가? 세 가지가 개시된다. 우선 기분은 무엇보다도 현존재를 현존재 자신에게 개시한다. 그것도 현존재의 '본성'이나 '본질' 따위를 개시하는 것이 아니라, 현존재의 '있음의 사실(Daß es ist)', 현존재의 '거기(Da)에 내던져져 있음(Geworfenheit)', 현존재의 '떠맡음의 현사실성(Faktizität)'을 개시한다. 다음으로 기분은 세계 전체를 개시한다. 이는 『존재와 시간』보다는 「형이상학이란 무엇인가」에 좀 더 극적으로 서술되어 있다. "우리가 사물 혹은 우리 자신에게 몰두하지 않았을 때에도, 아니 오히려 바로 그때야말로 존재자는 '전체적으로'——예를 들면, 본래적인 지루함(권태감) 속에서——우리에게 엄습한다. 이런 지루함은 이 책 혹은 저 연극, 이런 업무 혹은 저런 휴식이 단순히 우리를 지루하게 만드는 것과는 거리가 멀다……. 그 깊은 지루함이 현존재의 심연 속에서 말 없는 안개처럼 스멀스멀 몰아치면서, 모든 사물과 인간을, 그리고 그것들과 함께 자기 자신까지도 모조리 묘한 무관심 속으로 휘몰아 버린다. 이런 지루함은 존재자를 전체적으로 드러

15   Ibid., p. 187.

내 보인다."[16] 이와 같은 세계 전체의 개시라는 배경에서, 마지막으로 기분은 세계 내부의 어떤 존재자를 개시한다. 우리는 세계 내부의 존재 자를 중립적인 이론적 관찰을 통해서가 아니라 '배려하는 만남(das be-sorgende Begegen)'이라는 실천적 교섭을 통해 우선적으로 만난다. 그리고 이와 같은 실천적 교섭은 해당 존재자가 현존재의 이해 관심의 테두리 안에 있을 때나 현존재에게 문제가 될 때 이루어지는데, 이는 현존재 자 신이 기분에 사로잡혀 있을 때 가능하다. 기분 속에서 현존재는 세계 내 부의 존재자를 만나며, 세계 내부의 존재자는 자신의 존재를 드러낸다. 공포의 기분이 있을 때만 세계 내부의 어떤 존재자가 위협적인 것으로 드러나는 것처럼 말이다.

요컨대 하이데거는, 기분은 기분에 의해서만 억제될 수 있다는 스 피노자의 테제를 원용함으로써 기분의 근원적 성격과 개시적 성격이라 는 자기 고유의 테제로 나아가고, 이를 통해 기분에 대한 반주관주의적 이면서 반합리주의적 입장을 벼린다.

2) 일상적 기분과 본래적 기분

그런데 기분이 개시하는 방식이나 범위가 모두 같은 것은 아니며, 이 기준에 따라 기분은 일상적인 기분과 본래적인 기분으로 구별된다. 일상적인 기분에서는 세계 내부의 특정 대상이 개시되지만 세계-내-존재로서의 인간 현존재 자신은 은폐되는 반면, 본래적인 기분에서는 세계 전체와 세계-내-존재로서의 인간 현존재 자신이 개시된다. 나아

---

16   하이데거, 「형이상학이란 무엇인가」, 『이정표 1』(2005), p. 158.

가 일상적 기분에서는 기분의 대상과 기분의 이유가 불일치하며, 이 때문에 기분의 근본적인 이유가 은폐되지만, 본래적인 기분은 기분의 대상과 기분의 이유가 일치하며, 따라서 기분의 이유가 근본적으로 개시된다. 『존재와 시간』에서 공포와 불안은 각각 일상적인 기분과 본래적인 기분의 범례적인 사례로 제시된다. 공포의 경우, 그 대상(공포의 '그것 앞에서(Wovor)')은 세계 내부의 개별 존재자이며 공포의 원인(공포의 '그것 때문에(Worum)')과 구별된다. 공포의 원인은 자기 존재를 문제 삼는 인간 현존재 자신이기 때문이다. 나아가 우리는 공포를 느끼면서 공포의 대상에만 몰입하고 공포의 원인은 은폐된다. 하지만 불안의 경우, 그 대상은 무규정적이며 세계 내부의 개별 존재자들에 몰입한 인간 현존재에게서 친숙성을 깨뜨린다. 곧 불안은 그가 몰입해 있던 존재자들을 모두 낯설게 만들면서 이것들로 환원되지 않는 세계에, 세계의 전체성에 마주하게 한다. 불안은 무(無) 속에서 존재자의 전체성이 드러나는 계기, 우리가 몰입해 있던 일체의 사물들이 뒤로 물러서면서 "모든 것이 우리를 향하여 다가오는"[17] 계기인 것이다. 바로 이 때문에 불안에서 대상과 원인은 같아진다. 왜냐하면 불안의 대상이 이런저런 세계 내부의 존재자가 아니라 완전히 무규정적인 어떤 것, 곧 가능성으로서의 세계 자체라면, 이 전체로서의 세계는 이런저런 세계 내부의 존재자들이나 '그들'로부터 자신을 해석할 가능성을 박탈당한 세계-내-존재 자체이기도 하기 때문이다.[18] 그러므로 불안에서는 대상과 이유만 없는 것이 아

---

17   Ibid., p. 160.
18   "우리가 ~에 대해, 그리고 ~때문에 불안해하는 그것이 규정되어 있지 않다는 것은 결코 단지 규정성이 결여되어 있다는 것이 아니라, 본질적으로 규정이 불가능하다는 것을 말한다." (Ibid., p. 159)

니라 '그들'마저 사라진다. 바로 이 때문에 현존재는 단독화된 세계—내—존재로서의 자기 자신을 마주하게 된다.

이로부터 불안이라는 본래적 기분의 방법적인 역할이 도출된다. 불안의 중요한 기능은 낯설게 하기(에포케(Epoche)), 곧 가장 가까이 있는 것을 가장 멀리서 이해하고 있는 인간 현존재에게 그 자신의 존재로 도래하게끔 하는 것이다. 공포가 비본래적이라면 그것은 인간 현존재를 다시 세계 내부적 존재자에게 어느 정도 친숙하게 만들어 이 멂을 유지시키기 때문이다. 따라서 본래성을 이해하기 위해서는 기분으로부터 벗어나거나 기분을 극복할 게 아니라 오히려 기분, 특히 근본 기분에 사로잡혀야 한다.[19] 하이데거가 말하는 현상학적 에포케의 독특성은 그것이 이처럼 기분에서 벗어나는 결단이 아니라 기분에 사로잡힘을 요구한다는 점이다. 가령 불안을 회피할 것이 아니라 불안에 사로잡힘으로써 자신의 가능성 자체를 직시하고 이런 가능 존재의 상관자인 새로운 세계가 출현할 수 있다.

3) 본래적 기분과 결단

불안이라는 본래적 기분은 적어도 『존재와 시간』에서만큼은 방법적 역할에 국한되지 않고, 비본래성에서 본래성으로의 이행이라는 실존적 차원의 역할도 하는 것처럼 보인다. 문제는 불안이라는 본래적 기분

---

19   "근본 기분은 우리가 그것을 눈앞의 것으로 불러내고 그것을 하나의 확고한 것으로 갖다 세우기만 하면 되는 그런 어떤 것으로서 확인될 수 있는 것이 아니라, 오히려 일깨워져야 하는 것이며, 깨어 있도록 놓아줌이라는 의미에서 일깨워져야 하는 것이다."(하이데거, 『형이상학의 근본 개념들』(2003), p. 226)

만으로 이런 이행을 수행해 내기가 충분치 않다는 점이다. 불안은 언제든 공포로 다시 퇴락할 수 있으며 불안의 으스스함으로부터 친숙한 것으로 되돌아가려는 현존재의 성향은 전적으로 자연스러운 것이다. 그렇다면 이 자연스러운 성향을 멈추게 하는 무언가가 추가적으로 필요하다. 하이데거는 이를 '결단'이라 본다. 그런데 기분과 결단의 이런 구별은 전통적인 정념과 의지의 구별을 반복하고 있지는 않은가?

이에 대한 답변은 본래성과 비본래성의 구별을 해석하는 방식에 따라 달라진다. 이 구별은 우선 가치론적 구별이라기보다는 현존재의 실존 양상을 분석하기 위한 방법론적 구별로 볼 수 있다. 실상 사물이나 공동 존재에 빠져 있는 비본래적 실존은 지향성이라는 인간 실존의 근본 구조에 포함되어 있으며 따라서 현존재의 실존 방식 자체를 구성한다. 현존재는 사물에 빠져 자기를 망각하는 방식으로 자기를 염려하며, 자기를 궁극 목적으로 하면서 사물 속에 빠져 있기 때문이다. 빠져 있음 혹은 퇴락 자체가 이미 초월의 한 양상인 것이다. 그러므로 비본래적 실존은 가상적 혹은 가짜 실존이 아니며, 오히려 현사실적인 현존재의 본질에 속한다. 따라서 "본래성은 하나의 변형태일 뿐 비본래성의 완전한 제거가 아니다."[20] 이렇게 볼 때, 본래성과 비본래성을 '이행'이라는 문제 설정하에 바라보는 것은 타당하지 않을 것이다. 이럴 경우 일상성과 본래성 사이의 가치론적 위계는 존재하지 않는다. 그리고 하이데거가 『존재와 시간』에서 불안뿐 아니라 공포 역시 분석하는 이유는 어떤 윤리적 결단을 호소하기보다는 단지 본래성의 계기를 보여 주는 것이다. 이런 결론은 하이데거의 후기 철학에 비추어 볼 때 더 설득력 있다. 왜

---

20   하이데거, 『현상학의 근본 문제들』(2003), p. 250.

냐하면 후기 하이데거는 더 이상 일상적 기분을 분석하지 않고 존재에 대한 극단적 수동성만을 강변하기 때문이다. 이 경우 기분은 오직 부름의 상관자이며 우리 편에서 할 수 있는 것은 이 부름에 응답하는 것뿐이다. 이런 해석은 불안의 존재론적 성격과도 부합한다. 불안은 결국 존재와 존재자 사이의 존재론적 차이 자체, 곧 무가 드러나는 계기이다. 따라서 마치 무언가를 향해서인 양 불안 속에서 본래적 존재를 향해 태도를 변경한다는 발상은 불안이 갖는 존재론적 의미를 오히려 약화한다.

그러나 이 구별은 적어도 『존재와 시간』에 한해서만은 가치론적 규정을 담은 윤리적 성격을 강하게 함축하며, 하이데거는 본래적 존재와 비본래적 존재라는 두 가능성 앞에서 결단을 호소하는 듯 보인다. 더욱이 이 경우 앞의 해석에서는 해결되지 않은 문제 하나가 해명된다. 곧 근본 기분과 일상적 기분, 가령 불안과 공포의 차이가 어디에서 오느냐 하는 것이다. 공포가 불안의 일상적 변양이라면, 불안의 불안스러움이나 공포의 두려움은 섬뜩함이라는 동일한 유에 포함됨과 동시에, 불안은 발생적으로 공포보다 훨씬 더 근원적이다. 그렇다면 양자의 차이는 어디에서 비롯될까? 그것은 현존재의 태도일 수밖에 없다. 즉 불안은 존재론적인 것이고 그것이 낳는 섬뜩함을 피하기 위해서 현존재는 이 섬뜩함을 특정 존재자에서 비롯되는 섬뜩함으로, 즉 공포로 변형한다. 달리 말해, 근본 기분인 불안은 인간 현존재가 어떤 태도를 취함으로써 공포로 변양되는 것이다. 이렇게 해서 불안과 공포의 차이가 해명되며, 이는 『존재와 시간』에서 하이데거가 공포를 심지어 '비본래적 불안'으로 규정한다는 사실과도 맥이 닿는다.[21] 물론 이 경우 본래적 존재와 비

---

21   하이데거, 『존재와 시간』(2003), p. 259.

본래적 존재의 이원성은 윤리적 가치를 지니게 되고 따라서 이행의 문제가 성립한다. 그런데 이 해석의 문제는 앞서 말했듯이, 비본래성이 본래성의 변양일 뿐만 아니라 현존재의 우연적 속성이 아니라 본질에 속한다는 것을 해명할 수 없다는 점이다. 아울러 이는 이후 전개될 하이데거 철학 전체의 정신에도 부합하지 않는다. 셸링의 강연에서 하이데거가 스피노자의 '윤리학'이라는 제목에 대해 보인 비판적 반응이나, 「휴머니즘 서간」에 나타난 윤리학 비판에 비춰 보건대, 하이데거가 『존재와 시간』에서 실존적이고 주의주의적(主意主義的)인 이행을 역설하고 있다고 보기에는 간극이 너무 크다.

결론적으로, 우리가 보기에 『존재와 시간』은 방법론적 해석과 실존적-주의주의적 해석을 모두 허용한다. 이후 하이데거가 현존재의 태도 개입의 여지를 제거하고 수동성과 능동성의 이원성에서 완전한 수동성의 입장으로 가게 된다면, 그 계기는 『존재와 시간』 이후 하이데거가 실존주의 철학에서 이러한 해석이 낳는 폐해를 목격하기 때문이 아니었을까 생각된다. 가령 「휴머니즘 서간」에서 그는 실존적인 것과 실존론적인 것을 구별하지 않음으로써 생기는 폐해, 요컨대 방법론적 해석이 아닌 실존적 해석이 낳는 폐해를 비판하고 있다. 이렇게 볼 때, 두 실존의 구별을 방법론적인 것으로 이해하는 편이 하이데거 철학 전체와 더 부합한다고 할 수 있다. 그러나 적어도 『존재와 시간』에서 기분 외에, '앞질러 가 보는 결단'이라는 또 다른 심급이 있고, 본래성은 기분 자체보다는 결단과 결부되어 있다는 점은 부정할 수 없다. 하이데거는 현상학적 접근을 통해 정서의 고유한 힘을 더없이 잘 보여 주면서도, 이처럼 기분과 결단의 이원성, 따라서 전통적인 정념과 의지의 이원성으로 되돌아가고 있는 것이다. 하이데거가 본래성과 비본래성의 지위를 애매하

게 남겨 두었다면, 이것도 어쩌면 그가 이런 문제점을 의식하고 있었기 때문인지도 모른다.[22]

그렇다면 이러한 암묵적 회귀의 필연성은 어디에서 연유하는가? 이는 하이데거가 기분의 개시성을 인정하면서도, 기분 자체에 무언가를 일으킬 수 있는 어떤 실정적 역량을 인정하는 데 인색했기 때문이다. 따라서 무언가가 일어난다면, 그것은 주체의 결단에 의해서가 아니면 존재의 부름에 따라서라는 양자택일밖에 없을 것이다. 그리고 하이데거의 반(反)주체주의는 결국 후자로 귀착될 수밖에 없었을 것이다. 그런 의미에서 기분이 현존재의 고유한 존재 가능을 개시한다는 점, 그러나 오직 개시하는 역할만을 한다는 점은 『존재와 시간』에서부터 후기에 이르기까지 일관되게 이어지는 항수라 하겠다.

4 스피노자와 정서

앞서 우리는 하이데거가 기분에 개시적인 성격을 부여함으로써, 더 정확히 말해 기분을 개시성의 한 양상으로 간주함으로써 한편으로는 이성 대 정념 또는 사고 대 정서라는 전통적인 이분법을, 다른 한편으로

---

22 스탤러 역시 전기 하이데거에게서 기분 분석의 일면성을 지적하고 있다. 『존재와 시간』에서는 무(無)의 상관자인 '불안'이, 『형이상학의 근본 개념들』에서는 무와 존재 사이의 영역과 관련된 '권태'의 기분이 분석되지만, '경이'처럼 존재에 대한 기분, 시작에 대한 기분은 부재한다는 것이다. 만일 존재의 기분이 제시되었다면 "정서는 속박되어야 할 그 정서보다 더 강하면서 그 정서와 반대되는 어떤 정서에 의하지 않고서는 제한될 수도 제거될 수도 없다."라는 스피노자의 테제는 좀 더 충실히 전유될 수 있었을지 모르나, 그럼에도 정서와 결단의 이원론을 극복할 수 있는지는 여전히 의문이다.(Tanja Staehler, "How is a phenomenology of fundamental moods possible?", *International Journal of Philosophical Studies*, vol. 15(3), pp. 415~433)

는 주관과 객관이라는 근대적인 이분법을 벗어나고 있음을 보았다. 그런데 스피노자의 윤리학은 일견 이성을 통한 정서의 극복을 내세우며, 정서에 대한 관념의 우선성을 내세운다는 점에서 전통적인 것으로 보인다. 관념, 의지, 정서로 이어지는 스피노자의 논의 순서 역시 "감정과 느낌"을 "표상과 의지 곁에서 심리 현상의 세 번째 부류로 기능"하는 것으로 바라보고 감정과 느낌을 "수반 현상으로 격하"[23]한다는 혐의를 짙게 한다. 또한 정서를 선, 면, 입체처럼 다루겠다는 스피노자의 방법론은 정서라는 존재자를 '눈앞의 것'으로 다루는 파생적인 사유 양상의 전형처럼 보이며, 이는 다시 근대의 객관주의와 연결된다. 하이데거가 스피노자의 정서 이론을 언급하지 않고, 스피노자의 정서 이론에서 아리스토텔레스보다 진일보한 면을 발견하지 못했다면 그것은 바로 이 두 측면 때문일 것이다. 그러므로 스피노자의 정서에 대한 기하학적 방법, 관념과 정서에서 드러나는 '표상주의'의 문제를 논의할 필요가 있다. 이를 살펴보는 가운데, 하이데거가 원용했던 스피노자의 테제가 스피노자에게서는 어떻게 활용되고 있는지를 보게 될 것이다.

1) 정서와 기하학적 방법

스피노자의 철학은 일관되게 실천 지향적이며, 젊은 시절에 썼던 미완의 저작인 『지성 교정론』 역시 예외는 아니다. 이 책은 '나'의 경험으로부터 시작한다. '나'는 "일상에서 빈번히 일어나는 모든 것들이 덧없고 헛되다는 것을 경험이 나에게 알려 주고 난 이후" "마침내" 지고의

---

23   하이데거, 『존재와 시간』(2003), p. 193.

선과 새로운 삶의 기획을 찾아 나서기로 "결단한다." 탐욕과 육욕, 그리고 명예욕과 같은 정념에 의해 이 욕망의 대상들에 몰입되었던 '나'가 이를 마치 죽음에 이르는 병처럼 사뭇 비극적인 어조로 이야기할 때, 자연스레 우리는 그가 실존적 개종을 통해 이러한 몰입에서 벗어날 것을 기대한다. 기실 이 이야기는 덧없음의 경험에서 새 삶으로의 종교적 개종이라는 이야기 틀을 그대로 취하고 있다. 또 이 이야기만 보면 불안에 사로잡혀 사물에의 몰입으로부터 빠져나오고, 마침내 결단을 통해 본래적 삶으로 이행한다는 『존재와 시간』의 실존주의적 버전처럼 보일 정도다.

그러나 『에티카』의 정서 이론은 이것과 매우 다르다. 눈에 띄는 것은 '덧없음'과 같이 아무것도 지향하지 않는, 따라서 전체를 지향하는 정서에 대한 언급이 빠져 있다는 점, 필시 자유 의지에 호소할 수밖에 없는 '결단'이라는 정서 외부의 심급도 사라진다는 점, 그 대신 정서가 다른 정서에 의해 극복되는 내적인 정서 극복 프로그램이 제시된다는 점이다. 또 정서가 독자적인 연구 대상이 되는 것을 넘어서서 주요 주제가 된다. 예속으로부터 벗어나기 위해 정서의 제어가 필수적이며, 이를 위해서는 무엇보다도 정서의 본성을 밝혀야 하기 때문이다. 이런 변화는 서술 방식의 변화에 반영된다. 『지성 교정론』의 일인칭 체험적 서술이 수학적인 서술로 바뀐 것이다. 서술의 변화는, 정서의 본성을 밝히기 위해서 정서를 '마치 선, 면, 입체가 문제인 양' 다루겠다고 말하는 스피노자의 소위 '기하학적 방법'에 부응한 것이다.

정서에 대한 기하학적 방법은 정서를 발생적 순서에 따라 연역하는 것을 일컫는다. 이를 위해서는 우선 모든 정서의 본질과 공통적인 특성을 찾아내고, 이로부터 일련의 법칙에 따른 연쇄를 통해 여타의 모든 정서가 도출되게 해야 한다. 눈에 띄는 대표 정서 몇몇만을 논의하거나 정서에 대해 사람들이 이야기하는 바를 경험적으로 채집하여 주관의 임의적 선택에 따라 정서를 분류하는 대신, 정서 그 자체의 발생적 힘에 따라 최초의 정서로부터 다른 복합적인 정서가 연쇄되도록 하는 것이다. 스피노자는 '일차 정서'라고 부른 욕망, 기쁨, 슬픔으로부터 파생과 합성을 통해 이차적 정서를 발생시킨다. 대상 관계, 시간, 양상에 따라, 또는 연합, 전이, 동일시, 모방의 법칙에 따라 일차 정서들은 다양한 이차 정서들로 분화된다. 가령 사랑이나 미움은 외부 원인의 관념이 수반하는 기쁨이거나 슬픔이며, 희망이나 공포는 미래에 대한 관념이 수반하는 기쁨이거나 슬픔이고, 연민은 우리와 비슷하다고 우리가 상상하는 누군가에게 일어나는 악의 관념이 수반하는 슬픔이다 등등. 또한 '영혼의 동요'처럼 한 대상에 대해 사랑과 미움이라는 상반된 정서가 동시적으로 공존하기도 한다.

그렇다면 이와 같은 기하학적 방법은 어떤 효과가 있을까? 소극적인 의의는 분명하다. 기하학적 방법은 정서를 낯설게 함으로써 정서를 다룰 때 정서적 효과에 빠지는 것을 억제한다. 정서적 효과에 매몰된 채로 정서를 다루면 정서를 비자연적인 것, 규칙을 벗어난 것으로 보고, 정서의 지배를 받거나 정서를 제어하는 인간 역시 자연의 질서를 교란하는 '왕국 안의 왕국'으로 보게 된다. 그래서 정서를 이해하는 대신 저주나 슬픔, 환멸의 대상으로 대하게 된다. 그런데 이것이야말로 정서적 태도와 다름없으며, 정서의 본성에 대한 이해를 가로막는다.『에티카』3부 서문에서 스피노자가 신학자나 풍자가, 도덕론자를 비난한 이유도 그들이 정서에 매몰되어 정서 그 자체를 파악하지 못했기 때문이다. 이렇게 보면 기하학적 방법은 불안이 수행하는 것과 유사한 방법적 역할을 한다고 할 수 있다. 불안의 에포케는 일상적인 사물에의 몰입이나 '그들'에 의한 공공적 해석을 중지시키고 세계 전체와 이 세계를 가능케 하는 초월론적 토대로서의 인간 현존재 자신을 마주하게 한다. 기하학적 방법 역시 우선적으로는 세계나 정서에 대한 정서적 구축이나 체험을 중지시키는 역할을 하는 것이다. 이처럼 낯설게 하기를 통해 정서에 대한 정서적 태도를 물리친 연후, 기하학적 방법은 정서나 정서의 효과를 그것을 산출하는 원인, 곧 법칙 아래서 보게 한다. 그리고 이러한 산출의 원인 혹은 법칙 자체가 곧 자연이다. 이제 정서는 자연의 질서를 벗어나는 초자연적인 현상으로 왜곡되어 나타나는 것이 아니라 자연적 현상으로, 하나의 사물로 포착될 수 있다. 정서가 여느 사물처럼 자연법칙의 지배를 받으며, 정서의 힘 역시 자연법칙에서 비롯하는 것으로 파악되는 것이다. 그 결과, 이러한 정서의 지배를 받는 인간 역시 자연의 일부로 보게 된다. 요컨대 기하학적 방법은 스피노자의 자연주의를 구체화한다.

이렇게 보면 스피노자의 기하학적 방법은 근대의 객관주의, 그러니까 수학적 과학주의의 표상처럼 보인다. 이를 부인할 수는 없을 것이다. 정서에 대해 삼인칭적인 태도를 취할 때, 철저하게 자연주의적 태도에 입각하여 정서를 발생적이고 체계적으로 연쇄시킬 때, 정서의 본성은 그 자체로 드러나고 그에 대한 우리의 인식 역시 참이 된다고 본 것이다. 물론 이것은 스피노자만의 태도라기보다는 스피노자 당대의 철학자들이 공유한 태도라고 볼 수 있다. 데카르트 역시 스스로가 정념의 '자연학자'가 되겠다고 선언했고, 기하학적 연역의 본을 보여 준 것이 다름 아닌 홉스이니 말이다. 스피노자는 다만 '속성의 동일성'이라는 형이상학적 테제에 힘입어 마음의 정서를 신체의 작용으로부터 파악하는 이른바 '정념의 생리학'으로 구축하지 않고, 그렇다고 자유 의지와 같은 불가해한 성질에 의존하지 않고서도 마음의 정서를 순전히 심리학적 원리만으로 해명한다는 점에서 다를 뿐이다. 즉 그는 마음의 정서에 대한 기하학을 '물체의 기하학과 연속선상'에서가 아니라 '물체에 대한 자연학적 기하학의 맞은편'에서 '물체의 기하학을 모델로 해서' 구축하고자 했다.[24] 이처럼 스피노자는 수학적 자연학의 원리와 기계론을 마음의 영역까지 확장했다는 점에서 분명 근대 수학주의의 정점에 위치한다고 하겠다. 따라서 이 점에서 스피노자에 대한 하이데거의 평가는 타당하다.

그렇지만 여기에서 드러나는 스피노자와 하이데거의 철학적 지향의 차이를 짚어 두어야 한다. 앞서 우리는 하이데거와 스피노자의 차이가 '세계의 목적론'과 '자연의 인과론'으로 대비된다고 말했다. 하이데거에 따르면 '세계'의 의미는 이중적이다. 그것은 한편으론 존재하는 것들의 총체를, 한편으론 인간과 관련되는 한에서의 실재를 뜻한다. 전체성이 강조되는 그리스어 '우주(cosmos)'는 전자와, 기독교적 전통의 '세속(mundus)'은 후자에 관련된다. 하지만 후자는 물론이거니와 전자의 근원에도 인간적 표상이 자리하고 있다. 코스모스는 무엇보다도 '질서 있는' 전체이며, 이 질서란 인간을 중심으로 상상된 것일 수밖에 없기 때문이다. 하이데거는 이러한 전체성과 그 전체성의 근원으로서 인간 현존재의 지향적 의미 부여에 주목하면서 '세계'라는 단어를 사용한다.[25] 반면 스피노자는 「편지 64」에서 질문자의 질문을 다시 정식화할 때를 제외하고는 어떤 글에서도 '세계'라는 낱말을 사용하지 않으며, '전체로서의 우주를 가리킬 때(facies totius Universi)' 또한 연장의 매개적 무한 양태를 가리킬 뿐이다. 대신 스피노자는 '자연'을 말한다. 하이데거가 '세계'를 '자연'에 대립시킬 때 이해한 바대로, 스피노자가 말하는 '자연'

---

24   이는 각각 마슈레, 모로, 게루의 표현이다.
25   하이데거, 『이정표 2』(2005), pp 123~182.

의 두드러진 특징은 인간이 부여하는 제반 의미들의 탈색이라 하겠다. 곧 스피노자가 '자연'을 말할 때, 그 핵심은 인간적 의미나 목적과 무관하게 사건들을 산출하는 제반 법칙들의 필연성에 있다. 따라서 하이데거에게서는 오직 인간만이 '세계'를 가질 수 있는 특권적 존재자이지만, 스피노자에게 인간은 다른 모든 존재자와 마찬가지로 자연법칙에 의해 규정되는 '인과 연쇄'의 한 고리에 불과하다. 인간이 자신의 충동으로부터 세계 전체에 투사하는 의미는 오히려 가상이고 일종의 '병'이다. 이러한 상상적이고 정념적인 표상의 함정을 피하기 위해, 스피노자는 전기 하이데거처럼 인간 현존재의 일상성과 같은 가장 가까운 것을 출발점으로 삼는 대신, 오히려 '신'처럼 가장 낯선 것을 출발점으로 삼는다. 그리고 기하학적 방법을 취하는 것도 그럼으로써 인간의 삶의 '진리'가 드러나고, '의미 연관'에 동반되는 가상들을 물리칠 수 있다고 믿기 때문일 것이다.

2) 정서와 관념

그렇다면 스피노자는 '사유와 정서'의 관계, 좀 더 정확히 말해 '관념과 정서' 혹은 '표상과 정서'의 관계를 어떻게 파악하고 있는가?

『에티카』는 이에 대해 명시적으로는 두 가지를 제시한다. 먼저 '정서'라는 낱말이 처음으로 등장하는 2부 공리 3에서, 스피노자는 정서와 관념 사이에는 일종의 비대칭이 성립한다고 말한다. 사랑이나 욕망 같은 정서가 있기 위해서는 먼저 관념이 있어야 하지만, 그 반대는 성립하지 않는다고 말이다. 이 공리를 활용하는 2부 정리 11을 보면, 이런 비대칭적 관계는 '본성상의 선행 관계'를 의미한다. 그러니까 관념은 정서에 존재론적으로나 인식론적으로, 또는 스피노자에게서는 같은 말이지만, 인과적으로나 설명적으로 선행하며, 역으로 정서는 관념에 의존한다. 다음으로 '정서'를 명시적으로 정의하는 3부 정의 3과 3부 말미의 '정서에 대한 일반적 정의'에서, 정서는 신체의 활동 역량을 증가시키거나 감소시키는 신체의 변용이자 이에 대한 '관념'으로, 그것도 대개는 '혼동된 관념'으로 제시된다. 신체의 활동 역량에 조금도 변화를 낳지 않는 변용도 권리상 가능하기에, 정서와 관념 사이에는 범위상의 비대칭이 성립하는 것처럼 보인다. 모든 정서는 관념이지만 모든 관념이 정서인 것은 아니다. 그리고 이때 정서라는 '관념'을 여느 관념과 구별해 주는 종별적인 특성은, 정서가 '활동 역량의 변화' 내지는 '완전성으로의 이행'을 나타낸다는 점이다.

이에 대해서는 두 가지 입장이 가능해 보인다. 하나는 '본성상 선행 관계'를 강조하여 정서가 관념으로 환원될 수 있다고 보는 것이다. 이 입장에서 볼 때는 우리의 상식적 직관과 반대로 정서는 나름의 질적 특성을 가지고 있지 않으며 단지 표상적일 뿐이다. 그래서 정서는 여느 관념처럼 참이거나 거짓이라고 말해질 수 있으며, 여느 인식처럼 정당화의 대상이 된다.[26] 다른 하나는 '활동 역량의 변화' 혹은 '완전성으로의 이행'이라는 정서의 종별적인 특성을 강조하여, 정서가 관념과 이질적이기 때문에 환원 불가능하다고 보는 것이다. 물론 이런 입장을 취한다고 해서 관념이 정서를 규정한다는 공리를 부인할 수는 없다. 다만 관념과

---

26   이상은 델라 로카의 입장이다. 그는 스피노자에게 정서는 표상적이며 단지 표상적일 뿐이라고, 정서에는 질적 성질이 없다고 본다. 그리고 이런 해석이 『에티카』 2부 공리 3, 정리 11, 정리 49과 일관될 뿐만 아니라, 결정적으로 스피노자 철학의 기본 원리인 충족 이유율에 부합한다고 주장한다. 이 점에서 스피노자의 철학은 "과격한 합리주의(rationalism run amok)"이다.(Michael Della Rocca, "Rationalism run amok," *Interpreting Spinoza*(2008), pp. 26~52)

정서는 흡사 '창발(emergence)' 현상처럼 관념이 정서를 규정하고 발생시키지만, 그렇다고 정서가 관념으로 환원되지 않는 독특한 이질성을 지녔다는 것이다. 어떤 이질성인가? 정서는 관념에는 없는 '이행'을 담고 있으며, 이에 반해 관념은 '상태'만을 보여 준다. 비유적으로 말해, 관념 혹은 변용(affectio)이 정신이나 개체의 순간적인 절단면이자 외부 세계에 대한 순간적인 정지 화면이라면, 정서(affectus)는 정신의 체험된 지속이나 실존의 리듬을 보여 준다.[27] 그러나 앞의 입장은 관념과 상이한 정서적 종별성을 나타내는 '일차적 정서(욕망, 기쁨, 슬픔)'의 관념으로의 '환원'이 어떻게 이루어질 수 있는지를 보여야 하는 과제를 떠안게 되며, 뒤의 입장은 스피노자의 철학에서 'A가 B를 규정하지만 B는 A로 환원되지 않는' 관계가 성립할 수 있는지, 성립할 수 있다면 어떤 의미인지를 밝혀야 한다.

이 두 해석과 달리, 우리가 보기에 관념과 정서, 그러니까 표상적인 것과 정서적인 것은 동일한 사유 양태[28]의 두 측면이다. 즉 사유 양태는 한편으로 신체의 변용에 대한 표상으로 파악되기도 하고, 다른 한편으로 활동 역량의 변화, 그러니까 무언가를 산출하도록 하는 힘의 변화로 파악되기도 한다. 의지와 관념처럼[29] 이 사유 양태의 두 측면은 개념

27　이상은 들뢰즈의 입장이다. 그는 변용(affectio)과 정서(affectus)를 각각 순간과 지속으로 파악하고, 순간을 아무리 합쳐 봤자 지속이 나오지 않는다는 점에서 양자는 본성상 상이하다고 주장한다.(Gille Deleuze, 1981년 1월 13일 강의: http://archives.skafka.net/alice69/doc/Deleuze%20-%20cours_vincennes_1978-1981.pdf)

28　물론 모든 사유 양태가 그렇다는 것은 아니다. 스피노자는 『에티카』에서 '정서(affectus)'를 변용(관념)과 구별되는 좁은 의미로 사용하기도 하고, 변용을 포괄하는 넓은 의미로 사용하기도 한다. 관념적인 것과 정서적인 것을 모두 포괄하는 사유 양태, 그러니까 넓은 의미의 정서만이 이 두 측면을 갖는다. 『에티카』에서의 변용과 정서의 관계에 대해서는 진태원, 「스피노자에 대한 관계론적 해석」(2006), pp. 340~345를 참조하라.

29　『에티카』 2부 정리 48~49.

적으로 구별될 수 있을지언정 수적으로 구별되지는 않는다. 『에티카』의 여러 구절들, 가령 "정서는 물체를 지시하는 한에서는 상상"[30], "선과 악에 대한 참된 인식은, 그것이 참인 한에서는…… 다만 그것이 정서로 간주되는 한에서만……"[31] 등은 이를 뒷받침한다. 나아가 사유 양태의 이두 측면은 단순히 구별되는 데 머물지 않고 상호 구속적인 성격도 지닌다. 사유 양태의 표상적인 측면은 정서를 미분화된 에너지나 모호한 느낌에 머물지 않고 각각 독특한 정체성을 가지는 개체로 만든다. 2부 공리 3과 정리 11이 말하는 '정서에 대한 관념의 본성상의 선행 관계'는 이 점을 천명한 것이다. 그리고 이 점만을 고려한다면, 스피노자의 정서 이론은 오늘날 말하는 '인지주의(cognitivism)'와 흡사한 면이 있다. 또한 사유 양태의 정서적인 측면 때문에 각각의 표상이나 인지는 늘 역량의 증감에 따라 상이한 강도를 갖는다.

이처럼 관념과 정서를 동일한 사유 양태의 두 측면으로 보면, 이제 중요해지는 것은 관념과 정서의 구별이 아니라 관념의 상이한 종류를 그 내부에서 나누고, 이에 상응해 정서의 상이한 종류를 그 내부에서 나누는 것이다. 스피노자는 마음의 인과적 작동 방식에 따라 그렇게 했다. 마음이 자기 안에 생성된 사유 양태의 온전한 원인인지 부분적인 원인에 불과한지에 따라서 말이다. 그 결과 중 하나는 정서를 외부에서 비롯된 수동적인 것으로 국한하던 시각과 단절하고, 우리 자신이 온전한 원인이 되는 능동적인 정서도 있음을 인정한 것이다.[32] 역으로 관념이나 이성의 실천성도 새롭게 부각된다. 관념은 한낱 표상에 머무르지 않고

---

30   같은 책, 4부 정리 9의 증명.
31   같은 책, 4부 정리 14.
32   같은 책, 3부 정리 58~59.

정서적인 힘을 행사하며, 마찬가지로 이성은 관조하거나 추론하는 것에 머무르지 않고 그 자체가 어떤 활동을 산출하는 욕망의 정서가 된다.[33]

마찬가지로 정서들 각각의 힘을 측정하는 것도 중요해진다. 마음은 무수히 많은 관념으로 이루어진 복합체이며, 또 그만큼 많은 정서로 이루어진 복합체이기도 하다. 마음은 정서적 힘들이 서로 부딪치는 장이 된다. 하지만 이 장을 지배하는 것은 대개 외적 원인들이 우리에게 발휘하는 힘("우리의 역량과 비교된 외적 원인의 역량"[34])이다. 우리는 자연의 일부이기 때문이다. 이런 상황에서 마음을 이루는 정서의 힘을 측정하고 비교하며 힘들 간의 위계를 세우는 것은, 정념에의 예속이 발생한 이유를 이해하고 정념으로부터의 해방의 가능성을 타진하기 위함이다. 스피노자는 각 정서의 힘을 그것의 표상적인 측면에 따라 양적으로 세심하게 계산한다.[35] 현존과 부재에 따라, 과거-현재-미래라는 시간에 따라, 필연-가능-우연이라는 양상에 따라, 마지막으로 원인들의 수에 따라서 말이다.

3) 정서의 역학

정서의 힘을 계산하는 이 맥락에서 하이데거가 원용했던 스피노자의 테제, 즉 "정서는 속박되어야 할 그 정서보다 더 강하면서 그 정서와

---

33   이에 대해서는 Don Garrett, "Spinoza's Ethics," *Cambridge companion to Spinoza* (1991), pp. 295~297.

34   『에티카』 4부 정리 5.

35   이에 대한 더 자세한 논의로는 Pierre Macherey, "Descartes et Spinoza devant le problème de l'usage des passions," in *Spinoza: puissance et impuissance de la raison*, coordonné par Christian Lazzeri(1999), pp. 93~114를 참조하라.

반대되는 어떤 정서에 의하지 않고서는 제한될 수도 제거될 수도 없다."
라는 명제가 등장한다. 이 명제는 정서들의 역학 관계를 말하고 있으며,
이를 통해 '정념에 대한 예속'의 극한인 아크라시아(akrasia), 즉 "더 좋은
것을 보고 그것에 동의하지만, 그럼에도 더 나쁜 것을 행하는"[36] 일이
어떻게 일어나는지를 설명한다. 아크라시아는 통상 정서에 대한 인식
의 무력함, 의지의 나약함을 보여 주는 사례라고 해석되며, 갈등의 당사
자는 정서, 선악 판단을 하는 이성, 이성의 대리인으로서의 의지라고 간
주되었다. 그러나 실상 아크라시아는 현재나 미래의 선에 대한 참된 인
식에 결부되어 있는 정서적 힘이 여타의 정서적 힘에 압도되어, 그 결과
우리 자신의 이익에 반하는 행위를 하게 되는 경우이다. 이런 점에서 아
크라시아는 철저하게 정서의 역관계에 따른 자연적인 현상이다. 이성적
판단에 결부된 정서적 힘과 그것에 대립하는 정서적 힘 사이의 역관계
말이다. 이런 점에서 이 명제는 고전적인 윤리를 겨냥하고 있다. 고전적
인 윤리는 이성적 사유와 단호한 의지를 통한 정서적 힘의 제어를 주문
하고 정서를 제어하지 못한 우리 의지의 나약함을 한탄하지만, 이성과
정서의 대결이 결국 상이한 정서적 힘들 간에 일어나는 대결 현상의 형
식임을 보지 못했다. 나아가 사유와 정서의 관계를 잘못 파악하고 사유
에서 욕망과 같이 어떤 행위를 추동하는 정서적 힘을 박탈했기 때문에,
이 윤리는 의지와 같은 가상적인 것에 기댈 수밖에 없다.

정서의 힘이 측정되고 비교되는 대목에서 '정념으로부터의 해방'의
가능성과 한계가 새롭게 드러난다. 정념, 즉 수동적 정서가 특정 양의
힘을 갖는다는 바로 그 이유 때문에 이에 대한 지배가 가능해진다. 물론

---

36   『에티카』 4부 정리 17의 주석.

의지나 결단과 같은 별도의 심급을 요청하지 않고서도, 자연법칙에 따라서 말이다. 정서의 힘들 사이의 놀이가 예속을 낳았듯이 해방도 낳는 것이다. 가령 스피노자에게 이성이란 다름 아닌 공통 관념에 의한 인식인데, 공통 관념은 그 원인들이 항상 현재적이고 수가 많다. 따라서 공통 관념과 결부된 정서는 여느 상상적 표상과 결부된 정서보다 우세할 수 있다. 그러니 이성적 인식을 많이 할수록 정념으로부터 쉽게 해방될 수 있다. 물론 이 역시 이성에 결부되어 있는 정서적 힘 때문이다. 이런 점에서 스피노자는 낙관적이다. 그러나 공통 관념과 결부되는 정서가 이처럼 상상적 표상과 결부된 정서보다 우세하다면, 도대체 '정념에의 예속'이 어떻게 일어날 수 있는지 의아해할 수 있다. 이에 대한 대답은 단순할 수밖에 없는데, 그것은 우리가 자연의 일부이며 자연 안에는 우리를 무한정하게 압도하는 것들이 있기 때문이다. 그리고 이런 조건하에서는, 설사 '정념에 대한 제어'가 성공한다고 하더라도 이 제어는 상대적이고 부분적일 수밖에 없음을 고지한다.[37] 또한 이러한 승리는 점진적으로만 이루어진다는 것을 말해 준다.

5   나오며

"정서는 속박되어야 할 정서보다 강하면서 그 정서와 반대되는 어떤 정서에 의하지 않고서는 제한될 수도 제거될 수도 없다." 스피노자와 하이데거는 이 명제를 상이하게 읽었고, 상이한 기획을 추진했다. 스

---

37   같은 책, 5부 서문, 정리 3의 따름 정리, 정리 4의 주석.

피노자에게 이 명제는 우리의 실존을 구속하는 동시에 이런 구속으로부터의 해방 가능성도 열어 주는 정서 역학을 의미하며, 정서를 힘과 활동역량으로 바라보는 실정주의적 관점을 집약하고 있다. 반면 하이데거가 이 명제에서 주목하는 것은 정서의 실정적인 힘이나 정서 역학이 아니라 기분의 근본성과 불가피성이다. 그에게 기분의 근본성은 기분의 근원적 개시성에서 성립한다. 기분은 인간 현존재가 이런저런 세계 내부의 존재자를 만날 수 있게 하는 가능 조건인 동시에, 여기에 파묻혀 있는 인간 현존재를 개별화함으로써 자기 존재에 대한 책임성을 인수하도록 한다. 스피노자나 하이데거 모두 이 테제를 활용함으로써 기분(정서)과 사유(이성)를 대립적인 것으로 파악하는 전통적인 이원론을 극복하려 했다. 하지만 두 사람의 방식은 상이하다. 하이데거는 기분을 사유보다 근원적인 사유로 포섭함으로써 극복하려 한 반면, 스피노자는 이성에도 정서적 힘을 귀속함으로써 극복하고자 했다. 그 결과, 실존적 이행의 문제에서 하이데거에게는 기분 말고도 '결단'이라는 별도의 심급이 요구되나, 스피노자에게는 이행의 별다른 심급이 필요치 않게 된다.

하이데거의 스피노자 연구 문헌

본문에서 보았던 것처럼 하이데거 철학에는 스피노자가 남긴 흔적이 역력하지만, 하이데거가 스피노자를 직접적으로 다룬 적은 없다. 철학적 논의의 진행상 스피노자를 간략히 다룬 산발적인 언급이 있을 뿐이다.

참고 문헌

진태원, 『스피노자에 대한 관계론적 해석』, 서울대학교 박사학위논문, 2006.

Amann, Francis, "Erkenntnis und Affektivität bei Spinoza," *Affekte und Ethik: Spinoza Lehre im Kontext*, herausgegeben von Achim Engstler und Robert Schnepf, Georg Olms Verlag, 2002.

Balibar, Etienne, "Spinoza et Heidegger," *Spinoza au XX siècle*, ed. Olivier Bloch, PUF, 1993.

Deleuze, Gilles, Les cours de Gilles Deleuze(http://archives.skafka.net/alice69/

doc/Deleuze%20-%20cours_vincennes_1978-1981.pdf)

Della Rocca, Michael, "Rationalism run amok," *Interpreting Spinoza*, ed. Charlie Huenemann, Cambridge Univ. Press, 2008.

Garrett, Don, "Spinoza's Ethics," *The Cambridge companion to Spinoza*, ed. Don Garrett, Cambridge Univ. Press, 1991.

Haar, Michel, "Stimmung, époque et pensée," *La fracture de l'histoire: douze essais sur Heidegger*, J. Millon, 1994.

Heidegger, Martin, 이기상 옮김, 『존재와 시간』, 까치, 2003.

_____, 이기상·강태성 옮김, 『형이상학의 근본 개념들: 세계-유한성-고독』, 까치, 2003.

_____, 이기상 옮김, 『현상학의 근본 문제들』, 문예출판사, 1994.

_____, 이선일 옮김, 『이정표 1, 2』, 한길사, 2005.

_____, 최상욱 옮김, 『셸링』, 동문선, 1997.

Lin, Martin, "Spinoza's account of akrasia," *Journal of History of Philosophy*, vol. 44(no. 3), 2006.

Macherey, Pierre, "L'actualité philosophique de Spinoza(Heidegger, Adorno, Foucault)," *Avec Spinoza*, PUF, 1992.

_____, *Introduction à l'Ethique de Spinoza: la cinquième partie, les voies de la libération*, PUF, 1994.

_____, "Descartes et Spinoza devant le problème de l'usage des passions," *Spinoza: puissance et impuissance de la raison*, coordonné par Christian Lazzeri, PUF, 1999.

Marshall, Eugene, "Spinoza's cognitive affects and their feel," *British Journal for the History of Philosophy*, 16(1), 2008.

Matheron, Alexandre, 김문수·김은주 옮김, 『스피노자 철학에서 개인과 공동체』, 그린비, 2008.

Moreau, Pierre-François, "Les passions: Continuités et tournants," *Les Passions Antiques et Médiévales*, sous la direction de Bernard Besnier et al., PUF, 2003.

Pocai, Romano, "Emotionale Selbstbestimmung: Überlezungen zu Heidegger und Spinoza," *Affekte und Ethik: Spinoza Lehre im Kontext*, herausgegeben von Achim Engstler und Robert Schnepf, Georg Olms Verlag, 2002.

Ramond, Charles, "Impuissance relative et puissance absolue de la raison chez Spinoza," *Spinoza: puissance et impuissance de la raison*, coordonné par Christian Lazzeri, PUF, 1999.

Spinoza, Benedictus de, *The collected works of Spinoza*, ed. and trans. by Edwin Curley, Princeton University Press, 1985.

_____, *L'Ethique*, trans. Bernard Pautrat, Seuil, 1988.

Staehler, Tanja, "How is a phenomenology of fundamental moods possible?," *International Journal of Philosophical Studies*, vol. 15(3), 2007.

Vaysse, Jean-Marie, "Ethique et Ontologie fondamentale," *Spinoza : Puissance et Ontologie*, sous la direction de Myriam Revault D'allones et de Hadi Rizk, Editions Kimé, 1994.

_____, "Spinoza et le problème de la finitude," *KAIROS*, no. 11, Presses Universitaires du Mirail, 1998.

_____, *Totalité et finitude: Spinoza et Heidegger*, Vrin, 2004.

현대철학의 쇄신에
개입하는 스피노자

스피노자와
라캉

잘 알려지지 않았지만 라캉은 '프로이트로의 회귀' 이전부터
스피노자를 탐독한 스피노자의 오랜 독자였다. 이후 그는
스피노자의 윤리를 타자를 위한 '희생의 매혹'에서 벗어나는
유일한 입장으로 경의를 표하지만, 곧바로 '우리가 감당할 수
없는 것'으로 기각한다. 라캉은 스피노자 사상에서 정확히
무엇을 받아들였으며 또 정확히 어떤 지점에서 단절했을까?
이 글은 라캉 사상의 형성 과정을 독특한 본질로서의 '인격',
의식의 '자아', 무의식의 '주체'로 분절해 보고, 각 단계에서
스피노자의 철학이 어떤 식으로 준거 역할을 하는지, 그럼에도
왜 라캉이 결국 스피노자의 윤리를 감당할 수 없는 것으로
포기하는지 탐문한다.

욕망의 윤리

김은주

들어가며

스피노자와 라캉은 둘 다 인간의 본질을 욕망으로 보는[1] 이례적 입장을 취한다. 그러나 정작 그들이 생각하는 인간의 지위나 욕망의 본성은 완전히 다르다. 스피노자에게 인간은 자연의 일부이다. 인간은 '왕국 안의 왕국'이 아니며 인간과 다른 존재자들 사이에는 정도의 차이만 있다. 반면 라캉에게 인간은 '말하는 존재'이다. 인간은 '사물의 죽음', 곧 언어라는 상징적 차원에 들어섬으로써, 존재를 상실함으로써 인간이 된다. 욕망은 이러한 존재 상실로부터 생겨난다. 그것은 영원히 상실된 대상을 되찾고자 한 대상에서 다른 대상으로 미끄러진다. 반면 스피노자

---

1   B. Spinoza, *L'Ethique*, trans. B. Pautrat(1998)(이하 E), III, 정리 9의 주석; 자크 라캉, 『세미나 11』(2008), 414쪽; Jacques Lacan, *Le séminaire XI*(1964), p. 247.

에게 욕망은 충만한 존재와 생산의 지평에 있다. 그것은 적극적 원인으로부터 생산되고 적극적 결과를 산출한다.

그러나 라캉 자신이 스피노자를 내세운 적이 있다. 자신에 대한 국제정신분석학회(IPA)의 제재를 스피노자에 대한 유대교 공동체의 '대파문(kherem)'에 비견한 것이다. 스피노자의 이름은 국제정신분석학회를 비판하고 라캉 자신의 행적에 정당성을 부여하려는 정치적 구호에 불과한 것이었을까? 프로이트에게 스피노자가 학설과는 무관하고 다만 가상에서 위안을 구하지 않고 정직하게 살아갈 줄 아는 "무신론자 형제(Unglaubensgenossen)"[2]일 뿐이었듯이. 그러나 라캉에게 철학은 프로이트에게서와 같지 않다. 프로이트에게 철학은 과학과 달리 몇몇 근본 개념에서 세계 전체를 연역하려는 퇴행적 시도였고, 스피노자는 당시 '체계' 철학의 정점으로 통했다. 그러나 라캉은 정신분석학을 철학에서 분리하려 하지 않았다. '프로이트로의 회귀'는 오히려 철학에 대한 전유와 나란히 진행되었다. 무엇보다도 그는 프로이트에게 결여된 존재론을 '욕망의 존재론'으로 뒷받침하고자 했고, 이를 위해 헤겔과 하이데거, 구조주의 언어학 등에 의존했지만, 그 이전에 스피노자가 있었다. 스피노자는 라캉이 심취했던 최초의 철학자로, 그는 15세 때부터 스피노자를 탐독했다. 라캉의 박사학위논문 『인격과의 관련을 통해 본 편집증적 정신병에 대하여』(1932)에서도 스피노자는 중심적인 준거이다. 그 후 스피노자는 지평에서 사라진다. 그리고 '대파문'을 언급한 『세미나 11』(1963~1964)에서 짧게, 그러나 인상적인 방식으로 다시 언급된다. 스피

2   Sigmund Freud, "Die Zukunft einer Illusion," *Gesammelte Werke*, Chronologisch Geordnet, XIV(1948), p. 374; 「환상의 미래」, 『문명 속의 불만』(2003), 222쪽.

노자는 신의 장을 "기표들의 보편성"으로 환원했으며, 타자의 희생 요구에 압도되지 않을 수 있는 유일한 사랑이 스피노자적인 "신의 지적 사랑(Amor intelletualis Dei)"이라고.[3] 하지만 곧이어 라캉은 바로 이런 스피노자의 입장이 "우리로서는 감당할 만한 것이 아니다."라고 단정한다. 요컨대 스피노자는 애초에 라캉의 가장 중요한 철학적 준거였으나, 이후 방기되다가, 결국 수용할 수 없는 이질적인 입장으로 자리매김되는 것이다. 둘의 관계가 잘 알려져 있지 않은 것도 이런 이유 때문일 것이다. 라캉은 스피노자의 사상에서 정확히 무엇을 받아들였으며, 그와 단절했다면 정확히 어떤 지점에서 단절했을까?

여기에서 우리는 라캉 이론의 형성 과정을 시기별로 따라가면서 이 문제에 답해 보고자 한다. 라캉 사상의 진화 여부는 불문에 부치고 단지 탐구의 초점만을 중심으로 한다면 라캉 사상의 형성 과정은 다음 세 단계로 구분될 수 있다. 첫째, 상상계(자아)를 탐구하는 비판적 시기, 둘째, 상징계(욕망의 주체)가 강조되는 구조주의적 시기, 마지막으로 실재계(향유의 주체)가 강조되는 탈구조주의적 시기.[4] 우리는 여기에 '프로이트로의 회귀' 이전의 초기 사상을 덧붙이고 실재계 중심의 후기 사상은 대체로 제외하면서, 라캉의 사상을 아래 세 개념을 중심으로 고찰해 볼 것이다. 인격(personnalité, 『인격과의 관련을 통해 본 편집증적 정신병에 대하여』(1932년 박사학위논문)), 자아(moi, 「'나(Je)' 기능의 형성자로서의 거울 단계」(1936,

---

3   자크 라캉, 앞의 책(2008), 414쪽; Jacques Lacan, op. cit.(1964), p. 247.
4   라캉 사상의 시기 구분에 대해서는 논란이 많지만, 상징계로부터 실재계로 초점이 옮겨 가는 시기를 '후기 라캉'으로 보는 데는 거의 이견이 없다. 다만 이 경우에도 후기 라캉의 시작을 『세미나 11』로 보느냐, 『세미나 20』으로 보느냐는 여전히 논란거리이다. 시기 구분의 논점과 다양한 입장들에 대해서는 최원, 『라캉 또는 알튀세르』(2016)에서 114~118쪽과 117~118쪽의 주 7을 참조하라.

1949), 이하 「거울 단계」), 주체(sujet, 『세미나 11: 정신분석의 네 가지 근본 개념』
(1963~1964), 이하 『세미나 11』)가 그것이다.

1 환경에 대한 해석과 반응의 체계로서의 '인격'

라캉이 스피노자를 명시적이고 적극적으로 참조하는 텍스트로는
그의 박사학위논문 『인격과의 관련을 통해 본 편집증적 정신병에 대하
여』가 유일하다. 1932년에 발표한 이 논문은 초현실주의나 마르크스주
의 좌파 이론가들에게 뜻하지 않은 큰 환영을 받으면서 라캉의 이름을
알린 작품이기도 하다. 그러나 라캉 자신의 이론으로서는 별로 관심을
받지 못했다. '프로이트로의 회귀' 이전, 라캉이 정신의학자로 일할 때
의 작품이기 때문이다.[5] 그러나 또한 이 논문이야말로 정신의학자 라캉
과 정신분석학자 라캉을 잇는 경첩이라고 할 수 있다. 그는 정신의학의
대상이었던 정신병(psychose)에 정신분석학의 요소를 적용했고, 다음 절
에서 보겠지만 여기에서 얻은 통찰을 다시 정신분석학을 일신하는 데
사용하기 때문이다. 이 책 2부에 포함된 에메(Aimée)[6]의 사례는 이 점에

5   물론 프로이트가 인용되고 그에게 헌정되기도 했지만, 프로이트는 라캉이 참조하는 여러
학자 중 한 사람에 불과하다. 초현실주의(1930년대 후반)나 언어학과의 만남(1953년 이후)은
물론이고 철학적으로도 코제브의 헤겔 강의(1934~1936)나 레비스트로스와의 만남(1949), 그
리고 하이데거 사상과의 만남(1955년경)을 거쳐 라캉이 독자적 사상 체계를 갖추게 되는 것은
모두 박사학위논문 이후의 일이다.
6   본래 이름은 마르그리트 팡텐(Margerit Pantaine)이며 에메는 그녀가 쓴 소설 속 인물
의 이름인데, 라캉은 그녀의 개인 신상을 보호하기 위해 이 이름을 붙인다. 이 논문은 라캉이 정
신의학에서 정신분석으로 넘어가는 국면에 위치하며, 루디네스코의 표현대로 에메는 프로이트
의 안나 O. 양만큼이나 중요한 비중을 갖는다. 엘리자베트 루디네스코, 『자크 라캉 1』(2000),

서 특별히 중요하다.

1930년 4월 10일, 당시 38세였던 에메는 파리의 한 극장 입구에서 자기와 개인적으로 아무 관계가 없는 유명 여배우 위게트 뒤플로(Huguette Duflos)의 살해를 기도한다. 여배우가 에메의 아이를 유괴하려 했다는 이유에서이다. 여배우는 치명상을 면했고, 에메는 3개월간 수감되었다가 이후 생트안 병원으로 옮겨져 1년 반 동안 라캉의 관찰을 받는다. 라캉은 두 가지 망상에 주목한다. 하나는 박해 망상이다. 세상이 그녀에게 악을 자행하기 위해 음모를 꾸미고 그 일환으로 아이를 유괴하려 한다는 것이었다. 이로부터 그녀는 세계 안의 악과 무질서를 바로잡는 일을 사명으로 여기게 된다. 이는 두 번째 망상, 곧 과대망상과 이어져 있다. 에메는 지적인 성공과 명성에 대한 갈망이 강한 여성이었다. 우체국 직원으로 일하면서도 세 차례나 바칼로레아에 응시하고, 소설을 써서 출판사에 보내기도 했다. 여배우를 비롯한 그녀의 상상적 박해자들은 사회적 성공을 거둔 뛰어난 여성들이었는데, 이들은 애초에 에메의 동일시 대상이었다. 바칼로레아의 연이은 실패와 출판사 측의 거절을 겪으면서 에메는 이 모든 사건들을 그녀들이 주동하여 꾸민 음모로 보았고, 이들을 처단할 사명을 스스로에게 부여한다. 결국 에메의 편집증은 자아-이상의 형성 시기, 나르시시즘적 고착 및 이 고착의 사랑으로의 전환(동성애, 즉 나르시시즘적 대상 선택)과 더불어 발생했고, 가정, 학교, 직장 등의 사회적 관계에서 겪었던 긴장(특히 당시 같은 집에 살면서 자신의 아이를 돌봐 주었던 언니와의 긴장)과 더불어 진화해 갔다. 상상적인 박해의 주체는 가까운 인물에서 점점 먼 인물로 대체되었고, 드라마는 결

104~118쪽을 참조하라.

국 그 여배우에서 끝난 것이다.

라캉은 에메의 편집증을 '인격' 개념을 통해 해명하고자 한다. '인격'이란 개인이 환경(milieu)과 맺는 관계들의 종합으로, 환경과 어느 정도는 균형을 이루지만 또 어느 정도는 불일치(discordance)할 수밖에 없다. 정신병이란 이 불일치의 정도가 심해서 심리적 종합에 심각한 문제가 생기는 경우에 불과하다. 이와 같은 접근은 정신병에 대한 기질론, 신경학, 기관 장애설의 접근과 반대로, 한편으로는 개인의 삶을 규정하는 총체적 의미에, 다른 한편으로는 사회적 관계에 핵심 역할을 부여하는 것이다. 그래서 연구는 편집증의 병인론에 한정되지 않고 '인격' 개념 전반으로 확장된다.

이와 같은 이론은 1차 대전 이후 프랑스 정신의학계에 도입된 정신의학적 현상학[7]과 야스퍼스의 관점[8]을 독창적으로 소화한 결과이다. 그러나 스피노자 역시 결정적인 준거였고, 적어도 철학적으로는 가장 중요한 준거였던 것 같다.

첫째, 스피노자의 평행론이다. 정신 과정과 신체 과정이 동일하다는 스피노자의 심신 평행론은 19세기 이후 많은 경우 심리 현상을 신체 과정으로 환원하는 유물론의 원류로 원용되곤 했다. 당대를 지배하

---

7   대표적으로 후설(Edmund Husserl)과 빈스방어의 현상학적 개념들을 도입한 민코프스키(Eugène Minkowski)를 들 수 있다. 민코프스키는 1923년부터 우울증 같은 정신 질환을 인간이 사회와 맺는 역동적 관계의 측면에서 고찰하는 통합적 관점을 제창한 바 있다. 이에 대해서는 엘리자베트 루디네스코, 앞의 책(2000), 94~95쪽을 참조하라.

8   1913년 출판되고 1928년 프랑스어로 번역된 『일반 정신 병리학』에서 야스퍼스는 의미의 이해와 원인의 설명(Erklärung)을 구분하고, 정신 착란의 무의미한 이야기들을 후자에 귀속시킨다. 라캉은 후자에서 인과 연쇄의 '과정(processus)'이라는 개념을 가져오는데, 루디네스코에 따르면 이로써 라캉은 단순한 의미 이해를 벗어나는 인과 관계의 형식 논리에 우위를 부여하게 된다. 엘리자베트 루디네스코, 앞의 책(2000), 95~96쪽을 참조하라.

던 이 과학적 담론에 대항해 라캉은 스피노자 평행론의 정확한 의미를 다음과 같이 선언한다. "인격은 중추 신경계적 과정과도, 심지어 개체의 신체적 과정 전체와도 '평행적'이지 않다. 인격은 개체와 그 고유의 환경에 의해 구성된 전체와 평행적이다."[9] 라캉에 따르면 이것만이 '평행론'이라는 이름에 걸맞으며, 이것이야말로 스피노자의 학설로 표현된 평행론의 원초적 형태이다.

평행론의 의미를 이처럼 바로잡은 후, 그는 이런 의미의 평행론을 바탕으로 참된 인식과 착란적 인식을 새롭게 정의한다. 참된 인식이란 객관성을 지닌 것으로, 여기에는 각 집단 고유의 사회적 동의가 포함된다. 반면 착란적 인식이란 언어 형식들(이것은 한 집단 내의 이해 가능한 관계들을 위해 주조된 것이다.) 속에서 주체가 표현하는 구체적 경향성이 집단의 필요와 불일치하고, 그럼에도 주체가 이 불일치를 인지하지 못하는 경우를 가리킨다. 이런 의미에서 편집증의 증상들은 인식의 현상들(phénomènes de la connaissance)이며, 여기에는 사회적 관계에 대한 이해가 핵심을 차지한다.

그러므로 둘째, 각자가 갖는 정서, 편견, 심지어 정신병의 증상 역시 그들 각자가 살아온 역사와 그에 부여하는 의미, 각자가 생각하는 각자의 운명만큼 다르다. 논문 말미에서 라캉이 제사로 인용하는 스피노자 『에티카』 3부의 한 정리는 이 점을 잘 요약하고 있다. "주어진 한 개체의 본질이 다른 개체의 본질과 다른 만큼(quantum differt), 그 개체의 그 어떤 정서도 다른 개체의 정서와 불일치한다(tantum discrepat)."[10] 그러

---

9   Jacques Lacan, *De la psychose paranoïaque dans ses rapports avec la théorie de la personnalité*(1975), p. 337.
10   E III, 정리 57. 이후 오랫동안 공식 번역본이 될 아푄(Appuhn)의 판본에서 라틴어 differe

므로 이런저런 행위나 정서를 유형적으로 분류하는 것은 의미가 없다. 질투, 사랑 등의 모든 정서 그리고 망상 역시 각 개인의 실존적 의미 전체와 관련되어 있기 때문이다. 물론 편집증적 인격은 미리 기질적으로 주어져 있는 것이 아니라 환경의 압력에 대한 반응의 결과이다. 그렇다고 해서 행동주의에서 가정하듯 반응들이 외적 자극의 산물인 것만은 아니다. 반응들은 환경의 압력에 앞서 형성되어 있던 이전 인격 자체의 산물이기도 하며, 따라서 각자가 실존에 부여하는 총체적 의미와 관련된다. 라캉은 이 순환성을 '획득된 본유성(innéité acquise)'이라는 형용 모순으로 표현한다.

착란적 인식이 쉽게 사라지지 않는 것도 이 때문이다. 스피노자는 "잘못된 관념이 가진 적극적인 것 가운데 어떤 것도 참된 한에서의 참된 것의 현전에 의해 제거되지 않는다."[11]라고 하면서, 거짓된 믿음의 적극성에 대해 강조한 바 있다. 1946년 발표한 「정신 인과성에 대한 논의(Propos sur la causalité psychique)」[12]에서 라캉 역시 이 점을 다시 강조한다. 그는 기관 장애론의 관점에서 광기에 접근하는 앙리 에(Henri Ey)에 대해 그의 관점은 데카르트의 심신 이원론과 가깝다고 비판한다. 심신 이원론에 따르면 사유의 오류는 오직 혼동된 관념에 있을 뿐이며, 혼동된 관념은 신체의 정념들에 의해 규정된다.[13] 반대로 라캉에 따르면 "광

와 discrepare가 모두 différent으로 번역되는 것과 달리, 라캉은 discrepare를 discordant으로 번역하고 differe와의 차이를 보존하면서 더 정확한 번역을 기한다. 더구나 그는 plus…… d'autant plus라는 표현을 사용하여 스피노자의 quantum…… tantum에 내포된 정서의 양화 가능성을 잘 포착하고 있다.

11   E IV, 정리 1.
12   Jacques Lacan, *Ecrits I* (1999), pp. 150~192.
13   이런 평가는 앙리 에의 다음 진술로 뒷받침된다. "정신 질환은 자유에 대한 모욕이고 질곡이다. 정신 질환은 자유로운 활동에 의해, 즉 순전히 심리-발생적인 활동에 의해 야기되지는 않

기는 사유의 한 현상"이다.(이것이 그가 요약하는 박사학위논문의 요점이다.)[14] 오류의 경우는 물론이고 광기의 경우에도 문제는 신체의 병리가 아니라 믿음이다. 그리고 "믿음 자체는, 설령 그것이 잘못된 믿음이라 하더라도, 결손이라고 할 수 없다."[15] 착란적 믿음은 단지 일상적인 앎보다는 많은 것이면서(무언가를 긍정한다는 것은 연루된다는 것(s'engager)이므로.) 동시에 앎보다는 적은 것이다.(연루된다는 것은 확신한다는 것은 아니므로.)

라캉이 현상학을 경유하여 스피노자를 참조했는지,[16] 아니면 스피노자를 통해 현상학에 관심을 갖게 되었는지는[17] 분명치 않다. 어쨌든 정신 병리를 각 개인의 독특한 인격의 한 현상으로 보는 라캉의 관점은 스피노자의 본질 개념을 전유하고 있다. 사실 스피노자가 말하는 '개체적 본질', '현행적 본질'은 개별적인 것에 대한 학문이 존재하지 않는다는 아리스토텔레스 이래의 전통적 관점에 도전하는 것이다. 라캉이 '인격의 학(science de la personnalité)'을 표방할 때, 이는 개체적 본질이 있다는 스피노자의 입장에 가깝다. 다른 한편 스피노자는 이 본질을 '부분들의 운동과 정지의 관계'나 특정한 방식으로 이루어지는 '자기 존재 보존의 노력(코나투스)' 등으로 정의하지만, 이 형식만으로 내용을 짐작하기란 생각보다 쉽지 않다. 반면 라캉의 인격 개념은, 개체의 자기 동일성

는다."(Ibid., pp. 156~157에서 재인용)

14   Ibid., p. 161.

15   Ibid., p. 164.

16   이것이 미즈라이의 해석이다. Robert Misrahi, "Spinoza en épigraphe de Lacan," *Littoral 3~4, L'assertitude paranoïaque*(1982), pp. 73~85.

17   Elisabeth Roudinesco, "Lacan et Spinoza," in Bloch (ed.), *Spinoza au XXe siècle*(1993), pp. 577~588 중 p. 580. 그녀는 라캉이 15세부터 스피노자를 읽었다는 사실뿐만 아니라, 1946년에 발표된 논문 「정신 인과성에 대한 논의」를 근거 삼아, 라캉이 스피노자를 후설 현상학의 틀을 통해 읽었다고 보는 미즈라이의 해석에 반대한다.

에 대한 비형이상학적이고(기체로서의 본질이나 시공간을 떠난 어떤 초월적 본질의 부재) 경험적·역사적이면서(환경에 대한 개인의 반응 기제의 역사적 발달 과정) 인과적·동역학적인(내적 원인과 외적 원인의 합작) 접근 방식을 보여 준다. 이는 피에르프랑수아 모로가 스피노자에게서 새로이 조명하고 부각한 '기질(ingenium)' 개념[18]의 선취이기도 하다. 스피노자 철학에서 '기질'은 유전적인 것과는 무관하며, 경험적으로 형성된 의견과 정서의 복합체, 각자가 외부 세계를 판단하고 외적 자극에 반응하는 독특한 방식을 가리킨다.

그렇다면 라캉이 박사학위논문에서 출범시킨 인격에 대한 과학을 포기한 이유는 무엇일까? 거기에서 라캉은 인격 형성을 설명하기 위해 세 가지 요인을 꼽았다. 개인적 요인과 구조적 요인, 사회적 요인이 그것이다. 이 가운데 그가 가장 중시한 것은 사회적 요인이다. 그러나 사회적 요인은 무한하게 다양하다. 가정 환경이나 직업뿐 아니라 영향을 주고받은 수많은 인물들을 고려해야 한다. 라캉은 개별 경우마다 가능한 한 완결적인 정보 수집이 필요하다는 것도, 그러나 이런 기획이 이상적이고 유토피아적이라는 것도 인정한다. 그는 가능한 한 최대치의 완결성이 이 방법이 부과하는 '법'이며, 그 자신의 노력과 열성을 긍정하는 수밖에 없다는 다소 의지적인 결론으로 문제를 봉합한다. 이러한 난점은 스피노자가 『지성 교정론』에서 실재하는 독특한 사물들을 인식하

---

18   ingenium은 비베스(Vives)나 후아르테(Huarte) 등 르네상스 인문주의자들이 많이 사용한 용어로 정신들의 다양성 또는 탁월한 정신을 의미한다. 스피노자는 전자의 의미로 사용한다. 모로에 따르면 스피노자에게 '기질'은 "기하학이 위치를 가리키지만 그 형태(내용)는 지정할 수 없는, 환원 불가능한 정념적 매듭"이다. 즉 개체를 원인으로부터 연역하는 대신(이는 불가능하다.) 후험적으로 특징짓게 하는 개념이다. Pierre-François Moreau, *Spinoza: L'expérience et l'éternité*(1994), pp. 395~404를 참조하라.

려면 무한한 인과 연쇄를 따라가야 하며, 이는 인간 지성으로는 거의 불가능한 작업이라 말한 대목[19]을 환기한다. 다만 라캉의 작업에서 과제의 무한성을 덜어 주는 요소가 하나 있다면 "반응의 방향과 의미는 단순하다."라는 것이다. 그러나 박사논문에는 이러한 방향과 의미를 밝혀 줄 도구가 아직 없다. 자신의 박사논문에 대한, 그리고 부수적으로는 스피노자에 대한 라캉의 단절은 바로 이 방향과 의미를 밝혀 줄 구조의 발견과 더불어 이루어지는 것처럼 보인다. 그 출발이 「거울 단계」 논문이다.

2 거울 구조와 '자아'

에메의 사례에서 우리는 정신병의 원인으로 개인의 자기 인식(믿음) 및 환경과의 관계를 중시하는 라캉의 독특한 접근 방법에 스피노자가 일정한 영향을 미쳤음을 보았다. 그러나 다른 노선도 있다. 프로이트의 노선으로, 편집증을 나르시시즘적 대상 선택의 문제 및 나르시시즘이 수반하는 공격성과 관련지어 바라보는 것이다. 이를 바탕으로 라캉은 「거울 단계」 논문[20]에서 '자아' 자체가 편집증적 구조를 지니고 있다

---

19 B. Spinoza, *Spinoza Opera*(1925)(이하 G), II, 36(1925).
20 이 논문이 최초로 발표된 것은 1936년 마리엔바트에서 열린 IPA 국제회의이다. 그러나 발표는 10분 만에 의장 어니스트 존스에 의해 중단되며 그 정확한 내용은 알 수 없다. 라캉은 그 회의에 자신의 논문을 제출하지 않았고, 1937년 IPA 학회지에 실린 회의 진행의 개요에 파리에서 온 J. 라캉 박사가 '거울 국면(The Looking-Glass Phase)'에 관해 발표한다는 언급만이 흔적으로 남아 있다. 라캉 자신의 요약은 앙리 왈롱의 제안으로 맡게 된 『백과사전』 '가족' 편에 실리지만, 이 역시 전부는 아니다. 오늘날 우리가 알고 있는 거울 단계 논문은 그 후 무려 13년이 지난 1949년에야 《국제정신분석학회지(*International Journal of Psychoanalysis*)》에 발표된다. 이

는 이론을 발달시키게 된다. 이러한 점에서 이 논문은 라캉이 정신분석학에 입성하면서 내미는 자격증인 동시에[21] 당대 정신분석학의 지배적 조류인 '자아 심리학'에 던지는 도전장이기도 하다. 자아 심리학은 프로이트의 두 번째 지형학(자아-이드-초자아) 위에서 자아를 이드에 맞세워 마치 정신의 비이성적 부분과 대립하는 이성적 부분인 양 취급하고, 자아의 강화와 외부 세계에 대한 적응을 지향한다. 반면 라캉에 따르면 자아는 이성적이기는커녕 정신병의 '증상'이다. 더 나아가 자아가 진정한 주체가 아니라고 말하는 것만으로도 불충분하다. 자아는 (진짜든 거짓이든) 주체가 아니라 오히려 '대상'이기 때문이다. 여기에는 의식 철학 전통에 대한 비판도 함축되어 있다.[22] 의식 또는 자아는 인식의 주체나 자기 운명을 결정하는 자유의 주체이기는커녕, 실제 사물을 비추는 거울(의식)이나 이 거울에 비친 가상(자아)에 불과하다. 덧붙여, 그렇다고 해서 라캉이 의식의 특권을 박탈하는 행동주의에 동의하는 것도 아니다. 행동주의는 무엇보다도 인간 경험의 중핵을 구성하는 것, 곧 인간 상호 관계의 차원을 거세해 버리기 때문이다.

이 대차 대조표에서 스피노자는 어디에 위치할까? 얼핏 생각할 때 라캉은 스피노자와의 연대를 이어 갈 법하다. 스피노자는 평행론에 따

논문의 내용은 그 후에도 계속 새롭게 보완된다. 1954년 *Le séminaire I*의 "두 개의 거울 도식", *Le séminaire II*(1954년 12월 8일), *Le séminaire X*(1962년 11월 28일)의 진술이 그것이다. 이에 대한 보다 자세한 논의는 대니 노부스, 「거울 속의 삶과 죽음: 거울 단계 새로 보기」, 『라캉 정신분석의 핵심 개념들』(2013), pp. 138~170을 참조하라.

21   이 점에 대해서는 Philippe Julien, *Pour lire Jacques Lacan*(1990), pp. 53~56 참조.

22   "자아는 '나'(주체)가 아니며, 고전적 학설에 따르면 부분적 진리일 오류가 아니다. 자아는 다른 것이다. ── 주체 경험 내부의 특별한 대상이다. 말 그대로 자아는 대상이다. ── 우리가 여기에서 상상적 기능이라고 부르는 특별한 기능을 수행하는 대상이다."(Jacques Lacan, *Le séminaire II*(1978), p. 67)

라 사유 질서의 자율성을 강조하지만 이것이 의식의 자율성을 의미하지는 않는다. 오히려 의식은 거짓의 장소이다. 인간은 자신의 욕망을 의식하지만 그 원인을 모르기 때문에 스스로를 자유롭다고 착각하고, 원인과 결과의 순서를 전도해 갖가지 가상의 희생양이 된다. 연역의 질서에서도 "나는 사유한다"라는 명제는 제1진리의 자리를 박탈당할 뿐만 아니라, "인간은 사유한다(Homo cogitat)"[23]라는 평범한 공리로 대체된다. 그러니까 사유한다는 사실이 있을 뿐이며, 사유 생산의 참된 질서를 보여 주는 것은 의식이 이끌어 가는 자기 발견의 내러티브가 아니라 주체 없는 기하학적 증명들의 연쇄인 것이다. 그러나 이상하게도 라캉은 이 시기 스피노자에 대해, 우리가 아는 한 단 한 차례도 언급하지 않는다. 이 시기 스피노자와의 단절이 일어났다면 정확히 어느 지점에서일까? 먼저 논문의 내용을 좀 더 구체적으로 살펴보자.

'거울 단계'라는 표현이나 '유아'가 환기하는 것과 다르게, 이 논문은 '발달'에 대한 것이 아니다. 「거울 단계」는 동물 아닌 인간 아이 특유의 미성숙이 구조적으로 남기는 영원한 효과에 대한 것이다.

첫째, 프로이트가 에른스트 헤켈(Ernst Haeckel)의 계통 발생론(개체 발생은 계통 발생을 되풀이한다.)의 진화적 요소를 강조했던 것과 반대로, 라캉은 인간이 때 이르게 태어난다는 루이스 볼크(Louis Bolk)의 '태아화(fœtalization)' 이론을 수용해서 인간이 아이 상태를 영원히 벗어날 수 없다는 점을 강조한다. 왈롱이 제안한 『백과사전』의 '가족' 항목에 라캉 자신이 썼듯이, 이 때문에 모든 인간은 결정적으로 어린아이에서 벗어나지 못하며, 가족은 인간의 운명을 구조화하는 요소가 된다.

---

23 E II, 공리 2.

둘째, 통일된 신체 관념의 형성은 '발달'의 결과라기보다는 '소외'를 대가로 한 상실이다. 인간의 조산성은 아이가 자기 신체를 조각난 것으로 느낀다는 사실로 표현된다. 이 파편성은 아이가 거울에서 발견하는 '게슈탈트(Gestalt)', 곧 통일된 신체상과 대조를 이룬다. 아이는 이 게슈탈트에 매혹되어 "불충분성으로부터 [아직 자기 것이 아닌 이미지의] 선취(anticipation)로 달려들며(se précipiter),"[24] 이 선취된 이미지를 통해, 즉 오인(méconnaissance)을 통해, 스스로를 인지한다(se reconnaître).[25]

셋째, 거울상으로부터 실물과 마찬가지의 성적 자극을 받는 다른 동물들과 달리, 거울 관계(거울 이미지와 실물 사이 혹은 두 유사자 사이의 2자 관계)에서 아이는 매혹됨과 동시에 공격성을 띤다.[26] 통일되고 정적인 외부 이미지는, 조각나고 헛되이 버둥거리는 아이 자신에 비해 완벽하기 때문에 원초적 질투를 불러일으킨다. 이 잠재적 공격성은 제3자(언어, 법, 대타자)의 개입을 통해서만 극복된다. 사실 거울상에 대한 상상적 동일시는 아이를 떠받치고 있는 타자의 상징적 입사(introjection)를 전제로 한다.[27] 자아는 이렇게 동일시된 이상적 이미지들의 침전물로, "이 이미

---

24   Jacques Lacan, op. cit.(1999), p. 96.

25   오질비가 지적하듯, 라캉의 관심은 다른 이들의 관심이 끝나는 곳에서 시작된다.(Bertrand Ogilvie, *Lacan: La formation du concept du sujet (1932~1949)*(1987), p. 104) 곧 그들의 관심이 동물이나 아이가 거울 이미지가 허상임을 언제 어떻게 발견하느냐이고 또 거기에서 끝난다면, 라캉은 인간 아이의 경우 거울 이미지가 허상임을 발견하고 난 후에도 계속해서 행위를 실험해 보고 거울에 비친 행위들과 자신의 실재 행위를 비교하면서 '자아에 대한 탐구'를 이어 간다는 점이다. 실험자는 외부 관찰자가 아니라 아이 자신이며, 실험은 유아기로 한정되지 않는다.

26   바로 이 때문에 자아 대 자아의 대면, 그리고 정신분석가의 자아에 대한 동일시를 통해 분석자의 자아를 강화하려는 자아 심리학은 위험하다.

27   *Le séminaire X: L'angoisse*의 한 세미나(1962년 11월 28일, pp. 43~44)에서 라캉은 거울 관계와 기표의 관계 문제를 다루면서 아이의 상상적 동일시에 대타자에 대한 상징적 동일시의 계기, 곧 이 아이가 뒤에서 그를 떠받치고 있는 타자를 돌아보며 그의 동의를 구하는 순간, 그래서 그가 이 이미지의 가치를 인가하는 순간을 덧붙인다.

지는 부모와 같은 타자가 아이를 '보는' 방식에서 유래하며 따라서 언어적으로 구조화되어 있다."[28]

　이처럼 인간의 자기-인식(오인)은 (1) 태아화라는 실재적 조건과, (2) 외적 이미지의 현전이라는 상상적 조건, 그리고 (3) 대타자의 담론이라는 상징적 조건 속에서 이루어진다.[29] 이로써 우리는 인격의 탐구에 요구되었던 수많은 사회적 요인들에 대한 조사가 어떻게 '구조'에 대한 탐구로 대체되는지 알 수 있다.

　라캉은 여기에서 다양한 이론들을 명시적으로 또는 암묵적으로 참조하고 있다. 앙리 왈롱의 심리학(자기 신체 관념은 원초적 소여가 아니라 변증법적 발달의 산물이다.),[30] 동물 행태학(동종의 다른 개체의 이미지만으로도 성적 반응을 일으키는 동물들이 있으며, 이는 이미지의 물질적 효과를 시사한다.), 코제브의 헤겔 철학(인간의 욕망은 타인의 욕망에 대한 욕망이며, 그래서 인정을 위한 투쟁이 불가피하다.), 그리고 레비스트로스의 무의식적 상징계 이론(공격성을 극복하고 교환을 가능하게 하는 상징계의 무의식적 규칙이 있다.) 등이 그것이다. 이 많은 참조점 가운데 스피노자의 이름은 없다. 그러나 '이마고(imago)', '모방(mimétisme)', '불일치(discordance)', 심지어 '유아'를 뜻하는 라틴어 infans와 같은 표현들은 스피노자의 『에티카』를 상기시킨다. 나아가 어휘가 시사하는 것 이상의 중요한 연관이 있다.

　(1) 우선 인간의 조산성이라는 실재적 조건을 보자. 이는 스피노자에게 인간이 실체가 아니라 다른 것 안에 있고 다른 것에 의해 인식되

28　브루스 핑크, 『라캉의 주체: 언어와 향유 사이에서』(2010), 82쪽.
29　이 세 측면의 요약은 대니 노부스, 앞의 책(2013), 150, 159쪽을 참조했다.
30　Henri Wallon, "Comment se développe chez l'enfant la notion du corps propre," *Journal de Psychologie*(1931), pp. 121~150.

는 '양태'이며, 게다가 실체로부터 직접 연역되는 무한 양태가 아니라는 존재론적 조건에 대응할 것이다. 더 주목할 것은 흔히 '유한 양태'라 불리는 개별 인간의 연역이 완결되지 않는다는 것이다. 앞서 보았듯 라캉은 조각난 신체와 상상적 이미지를 통해 자아의 발생을 설명한다. 스피노자 역시 우리가 느끼는 이 신체를 연역의 대상으로 삼고 "어떤 신체(corpus quoddam)"로부터 우리 신체를 연역한다. 곧 "우리는 어떤 신체가 많은 방식으로 변용됨을 느낀다."[31]를 공리로 설정한 후, 신의 속성과 신의 관념, 관념들의 질서와 연관 등을 에둘러 무려 열세 개의 정리를 거치고서야 우리가 느끼는 이 신체가 정신이라는 관념의 대상이 되는 바로 그 신체임을 증명한다.[32] 그러고도 이 증명은 만족스럽게 이루어지지 않는다.[33] 증명은 위의 공리 4, 곧 우리가 '어떤 신체'의 변용을 느낀다는 것을 근거로 하기 때문이다. 라캉의 논의에 비춰 보면, 이 미완결성은 어쩌면 결코 통일된 자기 신체 관념에 이르지 못하는, 그래서 자기 자신에 이르지 못하는 인간 개체의 근원적 한계를 가리키는 것일지도 모른다.

(2) 다음으로 거울 안의 게슈탈트의 현전이라는 상상적 조건을 보자. 거울 구조는 단순히 거울 이미지와의 관계만을 가리키는 것이 아니다. 동류의 어떤 개체도 거울 이미지의 역할을 할 수 있다. 스피노자는 이를 역시 어린아이의 사례를 통해 보여 준다.

---

31   E II, 공리 4.
32   E II, 정리 13.
33   이에 대한 자세한 논의는 김은주, 「"우리는 어떤 물체가 많은 방식으로 변용됨을 느낀다": 데카르트의 심신 합일 논증에 대한 스피노자의 대안」(《철학》, 2015)을 참조하라.

아이들의 신체는 마치 계속 평형 속에 있는 것과 같아서, 아이들은 다른 사람들이 웃거나 우는 것을 보는 것만으로도 웃거나 운다. 그리고 그들은 다른 사람들이 하는 것을 보면 곧바로 그것을 모두 따라 하려고 하며, 마지막으로 그들은 자신들이 생각하기에 다른 사람들이 즐거워할 만한 모든 것을 스스로 욕망한다.[34]

스피노자가 '정서 모방(imitatio affectuum)'이라 부르는 이 메커니즘은 시기상 유아기에만 적용되는 것도 아니고, 범위상 정서적 애착을 가질 특별한 관계를 전제하는 것도 아니다. 유사성, 더 정확히 말해 유사성에 대한 상상만으로도 정서 모방은 일어난다.[35] 정서 모방은 스피노자 정서론에서 코나투스와 더불어 두 근본 원리를 이룬다고 할 만큼[36] 중요한 지위를 차지한다. 동정이나 호의, 칭찬, 명예심 같은 긍정적 정서뿐만 아니라 분개, 경쟁심, 비난, 수치심, 시기심, 질투, 배은망덕의 감정까지 실로 인간이 느끼는 대부분의 정서, 특히 고유한 의미의 인간적 정서는 정서 모방의 결과이다. 나아가 정서 모방은 이기주의와 이타주의의 대립을 넘어, 우리 각자의 코나투스를 가깝거나 먼 타인의 코나투스와 묶어 주는 사회적 원리이다. 타인의 불행은 나를 슬프게 하기에(동정), 나는 그를 불행에서 구출하고자 노력할 것이다. 또 타인의 기쁨은 나의

---

34   E III, 정리 32의 주석.

35   "우리가 우리와 유사한 어떤 사물이 어떤 정서로 변용된다고 상상하면, 우리가 그것에 대해 아무런 정서도 갖지 않았음에도, 바로 이 상상만으로도 우리는 유사한 정서로 변용된다."(E III, 정리 27)

36   모로는 정서 모방을 "정념 발생의 두 번째 원천(foyer)"이라 부른다. Pierre-François Moreau, "La place de la politique dans l'Ethique," *Fortitude et Servitude: Lectures de l'Ethique*(2003), p. 127.

기쁨이므로 타인의 마음에 드는 행동은 하고자 하고 타인이 싫어하는 행동은 피하고자 노력할 것이다.(야심(ambitio)) 정서 모방은 우리에게 이렇게 사회적 규범을 받아들이게 만들지만, 또한 내 요구를 타인에 부과하고 타인이 내 기질대로 살도록 강요하게끔 추동하기도 한다. 나 자신의 정서와 타인의 정서가 상반될 경우, 내 안에 서로 양립할 수 없는 두 정서가 충돌하고('영혼의 동요') 이것이야말로 가장 견디기 어려운 상태이기 때문이다. 인간은 이처럼 모방된 정서를 매개로(그러므로 이 정서에 함축된 타인의 시선을 매개로) 자기 자신을 인식한다.[37]

그러나 스피노자는 홉스처럼, 그리고 흄이나 애덤 스미스와 달리 공감의 긍정적 역할보다는 파괴적 역할을 더 강조한다. 정서 모방은 편집증적인 태도를 불러일으킨다. "정신은 자신의 역량을 정립하는 것만 상상하고자 하고,"[38] "자신의 무능력을 상상할 때 슬퍼한다."[39] 그런데 나와 유사한 자들의 무력함은 전자를 촉진하고, 그들의 탁월함은 후자를 촉진한다.[40] 그래서 나는 가능한 한 나의 공적은 반복해서 늘어놓고 싶어 하고 이편이 여의치 않을 때는 남을 깎아내려서라도 나의 역량을 정립하려 한다. 그래서 사람들은 "서로 간에 끔찍해진다(molesti)."[41] 물론 모방을 통해 동일한 것을 욕망하는 한에서, 인간은 서로 합치한다. 그러나 대개 공유할 수 없는 것을 욕망하므로(궁극적으로 공유 가능한 것은

---

37   정서(affectus)는 신체 변용(affectio)의 한 종류이며, 인간은 오직 자기 신체의 변용만을 직접적으로 지각하고, 이 변용들을 매개로 해서만 외부 사물들은 물론(E II, 정리 26) 자기 신체(E II, 정리 27), 그리고 정신 자신(E II, 정리 29)을 인식하며, 이 변용들은 대개 타인의 변용에 대한 모방을 통해 일어나기 때문이다.

38   E III, 정리 54.

39   E III, 정리 55.

40   E III, 정리 55의 주석.

41   Ibid.

인식뿐이다.) 정서 모방은 배려와 조화보다는 경쟁과 시기, 질투를 더 낳는다. 실제로 모방 구조 안에서의 정서 교환은 동물 세계나 동물과의 관계에서는 찾아볼 수 없는 격렬한 공격성의 원천이기도 하다. 가령 누군가가 홀로 무언가(어떤 물건일 수도 있고 어떤 능력일 수도 있다.)를 향유한다고 상상할 때 우리는 그를 시기한다. 이 향유자가 우리와 유사한 자나 유사하다고 상상하는 자가 아니라면, 가령 개나 소라면 그렇지 않을 것이다. 동물만이 아니라 영웅이나 백만장자와 같은 인간에 대해서도 우리와 유사하다고 상상하지 않는 한, 시기하지 않는다. 시기심의 출발은 우리가 유사하다고 상상하는 자의 기쁨에 대한 동일시다. 이 기쁨이 (가령 공유할 수 없는 사물에 대한 관념과의 연합으로) 가로막혀 슬픔으로 전복되면서 형성되는 기쁨-슬픔의 복합체가 시기심이다. 그러므로 라캉이 말하는 2자 관계에 고유한 공격성은, 그것이 유사자들 사이의 공격성인 한에서, 헤겔의 인정 투쟁이나 프로이트의 죽음 충동보다도 스피노자의 정서 모방 원리를 통해 쉽게 설명될 것 같다. 그러나 라캉은 스피노자를 언급하지 않는다.[42] 그리고 대타자의 담론이라는 세 번째 조건에서 스피노자와의 분기를 확인할 수 있다.

(3) 앞서 말했듯이, 라캉의 거울 구조는 상상계의 2자 구조만으로 성립되지 않으며, 제3자(언어나 부모)에 의해 이미 매개되어 있다. 우선, 이미지와 나의 2자적 대면 구조에서는 '나'를 발화할 수 없다. 실물인 '나'는 조각나 있고, 통일된 것은 이미지에 불과하다. 오직 언어의 매개

---

42 이 논문이나 다른 데서 2자 관계에 고유한 질투를 말할 때도 라캉은 심리학적 개념이나 헤겔만을 참조하는 듯 보인다. 가령 「거울 단계」 논문에서 샤를로트 뷜러(Charlotte Bühler) 학파의 유아적 증상 전가(transitivisme enfantin)에 대한 언급(*Ecrits I*, p. 97). 이는 자신의 행위나 느낌을 타인의 그것과 혼동하는 것이다. Jacques Lacan, op. cit.(1978) 중 1954년 12월 8일 강의, p. 76에서 "질투-공감의 변증법", "의식들의 양립 불가능성" 등의 표현이 그렇다.

를 통해, 그러니까 이미지를 '나'라고 말할 수 있을 때, 두 항의 동일시가 가능하다.[43] 한편 앞서 말했듯 2자 관계에 내재하는 공격성은 3자 관계로 덧쓰이면서 억제된다. 상징적 아버지("아버지-의-이름")는 주체의 욕망에 한계를 지어 줌으로써 얼마간 자율성을 부여한다. 즉 근본 욕망(어머니와의 성관계)을 금지하는 대신 여타의 "욕망들을 눈감아 줌으로써" "욕망을 법에 (대립시키는 것이 아니라) 통합한다."[44] 이렇게 해서 어머니와 아이 사이의 2자 관계에 필요한 거리가 확보되고, 욕망과 법이 결합하여 욕망은 통제되며, 문화의 상징적 질서가 자연의 상상적 질서와 구별된다. 레비스트로스에게 근친상간 금지가 여자들의 교환을 가능하게 하는 친족 관계 전체의 무의식적 법칙으로 작용하듯이 말이다.

이를 염두에 둘 때, 「거울 단계」와 같은 시기(1936)에 쓰인 한 논문[45]에서 라캉이 모방과 동일시의 차이를 거듭해서 강조한 점은 의미심장하다. 모방이 파편적이고 불안정한 반면, 동일시는 구조의 '전체적 동화(assimilation globale)', 심지어 아직 미분화된 상태에서도 이 구조가 함축하는 발달 과정의 '잠재적 동화(assimilation virtuelle)', 요컨대 인간 정신에 형상을 불어넣는(informatrice) 과정이다. '이마고(imago)'[46]를 매개로 한 이런

---

43 Jacques Lacan, op. cit.(1978), pp. 76~77을 참조하라. 「거울 단계」 이후에 발표된 또 다른 설명에 따르면 상상계의 대상 자체가, 욕망의 대상(혹은 그 표상)이 전치(déplacement) 가능해지는 공통의 장으로서의 상징계를 전제한다. 욕망의 대상이 된다는 것은 표상에 리비도가 투자된다는 것이며, 이런 에너지 관념은 등가성의 관념을 함축한다. Jacques Lacan, "Symbolique, imaginaire et réel," *Des noms-du-père*(2005), pp. 19~24를 참조하라.
44 Jacques Lacan, "Subversion du sujet et dialectique du désir dans l'inconscient freudien," *Ecrits II*(1999), p. 305.
45 Jacques Lacan, "Au-delà du 'Principe de réalité'", *Ecrits I*(1999), pp. 72~91.
46 '이미지'의 라틴어로 주로 신들의 상을 의미했다. 융이 정신분석 이론에 도입한 이래로는 '이미지'에 비해 개인의 심리에 미치는 느낌이 더 강조된다. 특히 그것은 주체가 다른 사람들과 관계를 맺는 방식에 영향을 미치는 고정관념으로 작용한다.(딜런 에반스, 『라캉 정신분석 사전』

동일시는 자기 이미지와의 거울 놀이에서 생겨나는 상상적 동일시뿐 아니라, 아버지의 이름을 매개로 한 상징적 동일시와도 겹쳐 있다. 반면 스피노자가 말하는 동일시란 자아 이상과 같은 어떤 관점이나 이상적 자아와 같은 상상적 인물에 대한 동일시라기보다는 근본적으로 '정서'에 대한 동일시에 불과하다. 그러므로 라캉의 지적대로, 정서 모방은 상대적으로 안정적인 정체성은 물론, 이 정체성 진화의 방향성을 결정해 주지 못한다.

사실 스피노자의 체계에는 자연과 결정적으로 단절하고 회복 불가능한 존재의 소외를 체험하게 할 상징계와 같은 질서가 없다. 법, 심지어 언어조차 상상적 방식으로 작동하고, 그러면서도 자연의 일부로 남는다.

우선 언어는 데카르트에서처럼 인간 이성의 표지도 아니요, 홉스에서처럼 인간 이성의 산파도 아니다. 언어는 각자의 신체가 변용되는 방식에 의존한다. 스피노자는 언어 기호의 자의성에서 더 나아가 한 단어가 활성화할 수 있는 변용들의 연쇄가 각자마다 다르다는 점을 강조한다. 이 점은 pomum(라틴어로 '사과')이라는 낱말 같은 규약적 기호에서나, 모래 위에 남겨진 말 발자국 같은 자연적 기호에서나 마찬가지다.[47] 요컨대 언어는 넓게는 인간 신체를 지배하는 물리적 법칙에 의존하며, 좁게는 각자의 신체 변용의 방식에 의존한다.

법 역시 마찬가지이다. 자연의 필연성에 의존하는 법(곧 자연 법칙)과 인간의 의지에 의존하는 법(실정법이나 도덕법)은 작동 방식이 달라 보인다. 하나는 원인과 결과의 형식으로, 다른 하나는 명령이나 당위의 형식

(1996), 316쪽 참조) 이 단어는 스피노자의 『에티카』에도 자주 등장한다. 그러나 복수형 imagines가 사용된다는 점, 그리고 신체적 변용을 가리킨다는 점(상상으로 번역되는 imaginationes가 그 정신적 상관항이다.)에서 라캉의 용법과 차이가 있다.

47   E II, 정리 18의 주석.

으로 작동하는 듯하다. 그러나 절대적 의미의 법은 하나이며 궁극적으로는 규모의 차이만이 있을 뿐이다. "법이라는 이름은 절대적 의미에서는 그것에 따라 각 개체, 또는 전체, 또는 같은 종에 속한 몇몇 사물들이 정확하고 규정된 동일한 근거에서 활동하게 되는 것을 의미한다."[48] 인간의 법을 명령으로 받아들이는 것은 전제에서 분리된 결론만을 인지하기 때문이다.

결국 언어가 각자의 신체 변용에 의존하는 한에서, 법이 명령으로 받아들여지는 한에서, 양자는 상상에 속하고, 그러면서도 둘 다 인간 본성의 법칙에 의존하는 한에서 자연 질서의 일부로 남는다. 『세미나 11』에서 라캉이 스피노자의 포기를 선언한 것은 넓은 맥락에서 이런 이유 때문일 것 같다. 좀 더 정확한 이유를 찾아 『세미나 11』로 들어가 보자.

3 욕망의 원인과 '주체'

「거울 단계」의 거울상이 자아의 유사자(소타자 a)였다면, 이것은 이후 신체에서 분리될 수 있는 상상적 부분 대상(part-objet)(1957), 다시 타자 속에서 욕망이 추구하는 대상(objet a)(1960~1961)으로 정식화된다.[49] 이제 『세미나 11』(1963~1964)에서 그것은 결코 획득될 수 없는 대상으로, 그 부정성으로 인해 욕망을 끊임없이 불러일으키는 욕망의 원인으로 자리매김한다.[50] 인간은 욕망의 주체이지만 종속된 주체, 불가능한 대상

48   B. Spinoza, *Traité théologico-politique*(1999), chapter 4, p. 181 ; G III, 57(1925).
49   딜런 에반스, 앞의 책(1996), 400~402쪽을 참조하라.
50   "욕망은 대상에 의해 끌어당겨지는 것이 아니라 원인으로부터 떠밀리는 것이다. 물론 어떤 순간엔 대상이 원인을 '보유한' 것처럼 보일 수도 있다. ……하지만 원인이 대상으로부터 갑작스럽게 떨어져 나오면, 그 대상은 그 즉시 폐기되어 버린다."(브루스 핑크, 『라캉과 정신의학』

(부재하는 원인)에 종속된 주체이다.

이 불가능한 대상(타자의 결여)과 관련하여 주체가 욕망을 추구하는 길은 두 가지다. 하나는 환상을 통해 타자의 결여를 충족하려는 길이다. 가령 타자의 수수께끼("그는 도대체 무엇을 원하는가?")에 나 자신의 죽음이라는 환상("그는 과연 나를 잃을 수 있을까?")으로 답하는 길이다. 이것이 희생을 요구하는 '어둠의 신(le Dieu obscur)'이 이끄는 길이다. 다른 하나는 환상을 통해 타자의 결여를 메우려 하기보다 욕망의 환유적 성격 자체(욕망의 대상 a)를 인정하는 길이다.[51] 딜런 에반스의 표현을 따르면, "자신의 존재를 상징적으로 결정하는 요소에 대한 '실존적 인식', 다시 말해 '너는 이것이다.'(너는 이러한 상징적 연쇄이지 그 이상은 아니다.)라는 사실을 인식하는 것"[52] 말이다. 이것이 곧 (상상계의) 쾌(le Wohl)에 종속된 사랑의 대상 자체를 폐기하고, 따라서 정념 자체를 폐기하는 칸트적 길이다. 이것은 법의 수준(상징계)에서 순수 욕망에 마주하는 것이다.

그런데 희생의 매혹에서 벗어나는 길은 또 있다. '신의 지적 사랑'이라는 스피노자의 길이 그것이다. 라캉에 따르면, 오직 이 사랑만이 우리를 '희생의 매혹', 곧 '타자의 욕망의 현존에 대한 증거를 찾으려는 노력'에서 벗어나게 한다. 아주 짧지만 인상적인 이런 진술은 이 책 서두의 스피노자 파문이 단지 정치적인 의도 때문에 언급된 것은 아님을 시사한다. 국제정신분석학회의 처분을 '파문'으로 비방하고 라캉 자신의 독립을 정당화하기 위한 제스처 이상의 심층적인 경의가 있었던 것 같

(2002), 95쪽)

51   이에 대해서는 최원, 「1957~1958년에서의 라캉의 이중 전선: 욕망의 그래프 구축의 쟁점들」(《진보평론》 58, 2013, 224~251쪽)의 입장을 따랐다.
52   딜런 에반스, 앞의 책(1996), 315쪽. 단 이는 대상 a와 관련해서가 아니라 "Wo Es war, soll Ich werden(그것이 있었던 곳에, 내가 있어야 한다)"에 대한 주해에 포함되어 있다.

다. 라캉은 왜 이 사랑을 그토록 높이 평가했고, 그러면서 또한 인간으로서는 감당하기 힘든 것으로 기각했을까? 결론부터 말하자면 스피노자의 윤리는 희생의 매혹에서 피해 갈 수 있는 유일한 윤리이며, 이것이 라캉이 스피노자에 경의를 표한 이유이다. 반면 스피노자는 희생의 매혹을 설명하지는 못하며, 이것이 라캉이 스피노자를 포기한 이유로 보인다.

이를 해명하기 위해 라캉이 『세미나 7: 정신분석의 윤리』(1959~1960)에서 제시한 "자기 욕망에서 물러서지(céder sur son désir)" 말기라는 다소 수수께끼 같은 윤리적 모토를 실마리로 삼아 보자.[53] 이 모토는 흔히 생각하듯 자기 하고 싶은 대로 살라는 뜻일 수 없다. 욕망은 쾌락과 달리 부재하는 대상을 좇고, 따라서 정의상 충족될 수 없기 때문이다.[54] 그래서 이 모토는 수수께끼이다. 그 의미를 알려면 라캉이 욕망의 윤리의 반대편에 놓는 좋음의 윤리의 문제점을 짚어 보아야 한다.

쾌락이든 행복이든, 선(善)을 추구하는 윤리가 갖는 문제는 선이 항상 '누구의 선'일 수밖에 없다는 점이다.[55] 누구의 선이어야 하는가? 통상적인 대답은 개인이 포함된 더 큰 전체의 선이다. 최대 다수의 최대 행복이라는 공리주의 원리뿐만 아니라 아리스토텔레스의 덕 윤리도 마찬

---

53   아래 내용은 김은주, 「라캉 주체 개념의 형성과 스피노자의 철학: 인간 경험의 상상적 구조와 욕망의 윤리」(《철학》 130집(2017) 중 114~122쪽)의 요약이다.

54   "욕망은, 엄밀히 말해서, 대상을 가지지 않는다. …… 욕망은 근본적으로 하나의 기표에서 그다음 기표로의 변증법적 운동에 붙잡혀 있으며, 고착과는 정반대되는 것이다. 그것은 만족을 찾지 않으며, 오히려 그것 자체의 지속이거나 전진이다."(핑크, 앞의 책(2010), 171쪽)

55   "주체는 자주 선한 동기에서, 그리고 심지어 최선의 동기에서, 자기 욕망에서 물러섰다. …… 죄의식이 존재한 이래, 선한 동기, 선한 의도의 문제는 …… 사람들을 그리 멀리 나아가게 해 주지 않았다. …… 그리고 바로 이 때문에 가장 공통적인 계율을 지키는 기독교인들도 결코 조용했던 적이 없다. 왜냐하면 선을 위해 무언가를 해야 한다면, 실천상 사람들은 누구의 선을 위한 것인지 늘 물어야 하기 때문이다."(Jacques Lacan, Le séminaire VII: L'éthique de la psychanalyse(1986), p. 368)

가지이다. 각자의 덕(탁월성)과 행복은 정치 공동체의 존재를 전제로 하기 때문이다. 공리주의나 공동체주의는 필요할 경우 개인의 선을 희생하도록 요구할 수 있다.[56] 그래서 라캉은 선의 윤리가 결국 아리스토텔레스적 고대 국가에서나 합당할 주인의 윤리라고 비판한다.[57]

그러나 라캉이 지적하는 문제는 전체를 위한 개인의 희생만은 아니다. 사실 '누구의 선'은 궁극적으로 나의 선일 수밖에 없다. 내가 자발적으로 타자의 선을 위하고자 한다면, 이는 타자의 선이 바로 나 자신의 선의 거울상이기 때문이다. 그런데 바로 동일한 이유에서 나는 타자의 선을 빼앗고 싶어 한다. 이 문제는 「문명 속의 불만」에서 프로이트가 "네 이웃을 너 자신처럼 사랑하라."라는 기독교 윤리를 비판하면서 건드린 적이 있다. 프로이트의 항변은 이렇다. 내 사랑은 소중해서 아무에게나 줄 수 없다. 또 모든 이웃이 다 사랑받을 자격이 있는 것은 아니다. 아무나 사랑하는 것은 오히려 위험하다. 이웃은 사악할 수 있기 때문이다. 그런데 '이웃의 사악함'에 대한 프로이트의 서술은 애매하다. 이웃이 지닌 사악함이 문제인가? 이웃이 자극하는 내 안의 사악함이 문제인가? 부지불식간 프로이트는 나에 대한 이웃의 사악함에서 이웃에 대한 나 자신의 사악함으로 미끄러진다. 이웃이 부당하게 나를 해칠 수 있지 않느냐는 항변에서, 이웃이 나의 공격 본능을 자극한다는 사실[58]로 옮

---

56   "욕망과 관련해서는 권력의 입장은 늘 동일했다. 알렉산더나 히틀러나. '나는 당신을 이것이나 저것으로부터 해방시키려고 왔다.' 핵심은 이것이다.── '계속 일하라. 일이 멈추지 말도록.' 이는 다음을 의미한다.── '아주 작은 욕망이라도 발현되는 기회가 결코 되지 않도록 하라.── '욕망에 대해서는 (나중에) 다시 보자(repasserez). 기다려야 한다.'"(Ibid., p. 323)

57   "아리스토텔레스의 도덕은 아마도 정돈되고, 이상적인 질서에 전적으로 토대를 두겠지만, 그것은 그럼에도 당대 정치에, 도시 국가의 구조에 부응한다. 그의 도덕은 주인의 도덕이다." (Ibid., p. 323)

58   "인간은 강력한 공격 본능을 타고난 것으로 추정되는 동물이다. 따라서 이웃은 그들에게

겨 가는 것이다. 라캉은 이 지점을 주시한다. 내 이웃의 사악한 향유(jouissance), 그리고 그것이 내 안에도 거주한다는 것.[59] 그런데 어떻게 '이웃의 향유'가 '이웃의 사악한 향유'로 옮겨 가는지는 아직 분명치 않다.

스피노자의 정서 모방은 이를 적어도 부분적으로나마 해명해 준다. 이에 따르면 사악함은 내 안에도, 타인 안에도 있지 않으며 우리 둘의 관계에, 우리 둘이 '이웃'이라는 사실 자체에서 온다. 나와 개의 본질이 다른 만큼 나와 개의 정서도 다르며[60] 그런 만큼 나는 개가 느끼는 정서를 알 수 없다. 나와 유사한 자('이웃')일지라도 이 점은 마찬가지이다. 개체적 본질만이 있는 만큼, 그의 본질과 나의 본질은 어쨌든 다르기 때문이다. 그러므로 내가 상상하는 내 이웃의 향유는 내가 잘 알지 못하는 것이기도 하다. 그러므로 내 이웃의 향유라는 관념에는 나 자신은 잘 모르는 선의 관념, 따라서 나의 배제를 함축하는 관념이 포함되어 있고, 이는 나를 슬프게 한다. 이 슬픔에 원인으로서의 타인의 관념이 결합되면 증오와 시기가 된다. 라캉이 말하는 질투, 곧 "주체가 타자와 맺는 관계 때문에 주체 안에 생겨나는 질투"[61]는 이렇게 해명될 수 있다. 라캉에 따르면 이 질투는 타자가 "주체 자신은 어떤 정서 운동으로도 파악하지 못하는 모종의 향유에, 대단한 풍요로움(surabondance vitale)에 참여한다고 간주되기"[62]

잠재적 협력자나 성적 대상일 뿐만 아니라 그들의 공격 본능을 자극하는 존재이기도 하다. 인간은 이웃을 상대로 자신의 공격 본능을 만족시키고 …… 이웃을 고문하고 죽이고 싶은 유혹을 느낀다."(지그문트 프로이트, 「문명 속의 불만」, 『문명 속의 불만』(2003), 289쪽)

59   "프로이트가 이웃 사랑이라는 명령의 결과 앞에서 끔찍해하며 멈출 때마다 솟아오르는 것, 그것은 이 이웃 안에 거주하는 이 깊은 사악함의 현전이다. 하지만 그러므로 그것은 또한 내 안에도 거주하고 있다."(Jacques Lacan, op. cit.(1986), p. 219)

60   E III, 정리 57.

61   Ibid., p. 278.

62   Ibid.

때문에 생겨난다. 그러므로 이웃 사랑의 기독교 윤리만이 아니라 정서 모방(가령 공감)을 바탕으로 한 선의 윤리는 취약하고 위험하다. 그래서 스피노자도[63] 라캉도[64] 인간에게 인간이라는 환경이 본질적임을 강조하면서도, 다른 인간과의 정서 모방의 사이클에 말려드는 데 대해 경계한다.

이것이 문제의 전부가 아니다. '이웃의 사악함'에도 불구하고 왜 우리는 선을 베푸는가? 이타주의는 왜 존재하는가? 왜 우리는 심지어 희생을, 자기 파괴를 무릅쓰면서까지 남에게 선을 베푸는가? 사실 모든 선행의 관념에는 희생의 관념이 함축되어 있다. "오른손이 하는 것을 왼손이 모르게 하라."라는 말처럼, 대가가 없는 것이 선행이다. 설령 대가가 있다 하더라도 어쨌든 내가 손해를 보지 않고서는 선행일 수 없다. 그러므로 왜 남에게 선을 베푸는가라는 물음은 단적으로 왜 남을 위해 희생하는가라는 물음이 된다. 이렇게 해서 우리는 처음 제기했던 희생의 매혹이라는 물음에 도달한다.

라캉에 따르면, 선의 윤리는 희생의 매혹을 추동력으로 하며, 희생의 매혹 아래에는 죽음 충동이 있다. 앞서 언급했듯 대타자의 결여를 발견한 주체는 "그는 나에게 무엇을 원하는가(케 보이(Che vuoi))?"라는 물음에 직면하고, 이에 대해 "그가 나를 잃을 수 있을까?"라는, "나 자신의 사라짐"이라는 환상으로 응답한다.[65] 나를 그의 욕망의 유일한 대상

---

63 "이성의 인도하에 살아가는 자에게 동정은 그 자체로는 나쁘며"(E IV, 정리 50), "무지자들 사이에서 살아가는 자유로운 인간은, 할 수 있는 한, 그들의 호의(beneficia)를 거절하려고 애쓴다."(E IV, 정리 70)

64 "욕망에 접근하려면 일체의 공포만이 아니라 일체의 연민 역시 넘어가야 한다. 영웅의 목소리는 무엇 앞에서도 떨지 않으며, 특히 타인의 선 앞에서 떨지 않는다."(Jacques Lacan, op. cit.(1986), p. 372)

65 "대상을 알 수 없는 부모의 욕망에 대해 주체가 내미는 첫 번째 대상은 바로 자기 자신의 상실이지요. '그가 나를 잃기를 바랄까?'"(자크 라캉, 앞의 책(2008), 325쪽)

으로 고정하려는 것이다. 이것이 프로이트가 제기한 초자아의 혹독함의 문제,[66] 곧 자아가 초자아의 명령을 받아들인 이후에도, 아니 이후에 더욱 초자아가 자아에 혹독해지는 이유, 다시 말해 선한 행위를 할수록 죄의식이 더 커지는 이유에 대한 라캉의 해명이기도 하다. 그래서 "선의 이름으로, 더욱이 타인의 선의 이름으로 무언가를 행하는 것. 이는 우리가 죄의식은 물론이고 모든 종류의 내적 재앙을 면하지 못하게 한다."[67] 그 바탕에는 죽음 충동이 자리하고 있기 때문이다.

이 외설적 형태의 타율에 대항하는 것이 바로 칸트의 형식 윤리(사랑이나 증오와 같은 정념에서 벗어난 순수 실천 이성의 명령을 따르기), 그러나 사드를 가지고 재해석된 윤리(이성의 명령이라기보다는 순수 욕망의 명령을 따르기)이다. 이 윤리를 압축한 것이 '자기 욕망에서 물러서지 말기'이다. 죽음 충동을 무의식적 지지대로 하는 '타인의 선' 자리에 '자기 욕망'을 놓되, 라캉적인 '욕망'의 의미대로 적극적 의미보다는 부정적 의미로 읽어야 한다. 칸트의 도덕적 주체가 "네 행위의 준칙이 보편 법칙이 되기를 의욕할 수 있느냐"를 묻듯이, 라캉의 윤리적 주체는 이렇게 물을 것이다. 나는 내 욕망 외에 다른 것을, 가령 타인의 선이나 공동체의 선을 내 행위의 알리바이로 삼는 것은 아닌가?[68] 혹은 자기 역사에 대한 사후적 인수의 의미로도 읽을 수 있다. 네 행위는 바로 너 자신을 위한 것 아니었던가? 이것이 '환상을 가로질러' 욕망의 원인(대상 a)의 자리에 자기가 있었음을 인수하는 라캉 윤리의 궁극적 지향점으로 보인다.[69]

66 지그문트 프로이트, 앞의 책(2003), 309쪽을 참조하라.
67 Jacques Lacan, op. cit.(1986), p. 368.
68 "유일하게 죄가 되는(coupable) 것은 자기 욕망에서 물러섰다는 것이다."(Ibid.)
69 이는 주체가 '자기 원인'이 된다는 것이 아니다. 핑크의 해석에 따르면, 이는 "그런 일이 어쩌다 내게 일어났어.", "그들이 내게 이런 일을 했어.", 혹은 "그 일은 운명처럼 내게 닥쳐왔어."

신의 지적 사랑까지 가지 않더라도 스피노자가 표방하는 코나투스의 윤리는 이와 같은 칸트-사드 윤리를 잘 구현하고 있는 듯 보인다. 스피노자에 따르면 "코나투스는 덕의 일차적이고도 유일한 토대"[70]이다. 나아가 "아무도 다른 것을 위해 자기 존재를 보존하고자 노력하지 않는다."[71] 이 선언은 의미는 단순하지만 겨냥하는 바는 다소 모호한데, 선의 윤리에 맞세울 때 의도가 분명해진다. 타자의 선을 알리바이로 내세우는 대신 그 자리에 자기 욕망을 놓으라는 것이다. 물론 이것은 윤리적 작업의 출발에 불과하다. 더 유덕해지거나 (같은 말이지만) 더 강한 역량을 가지려면 자기에 대한, 특히 자신에게 일어나는 정념에 대한 새로운 해석 작업이 필요하다. 라캉의 경우처럼 여기에서도 작업의 핵심에는 '욕망의 원인'에 대한 새로운 영유가 있다. 인간은 자신이 욕망한다는 사실을 의식할 뿐, 그 원인을 모르며 꿈에도 생각하지 않는다. 그러나 이 '모름'은 단순한 무지가 아니다. 대상 관계에서 생겨나는 모든 정서는 "원인에 대한 관념"과 더불어 산출되기 때문이다. 가령 사랑이란 "외적 원인의 관념에 동반되는(concomitante idea causae externae)" 기쁨이며, 증오는 "외적 원인의 관념에 동반되는 슬픔"이다.[72] 원인에 대한 이 관념은 대개 상상적인 것이다. 자연 안의 어떤 사물도 어떤 사건의 단독 원인일 수 없고, 그 자체가 무수한 다른 원인들의 결과에 불과한데, 그것을 원인들의 연쇄에서 상상적으로 떼어 내어 그를 사랑하거나 증오하기 때문이다. 이렇게 해서 우리는 정념의 주체가 된다. 더 정확히는 정념의

가 아니라, "내가 했어."라고 말할 수 있는 경우를 의미한다.(핑크, 앞의 책(2010), 126쪽) 이로써 과거는 사후적으로 새롭게 해석된다.

70   E IV, 정리 22의 따름 정리.

71   E IV, 정리 25.

72   E III, 정리 13의 주석.

주체로 보이는 정념의 노예가 된다.

그러나 스피노자는 '원인의 관념'이 부적합하다고 말한 적도 없고, 원인을 두고 '거짓된' 원인이라고 부른 적도 없으며, '참된' 원인이 무엇인지 밝힌 적도 없다. 원인 대신 원인'의 관념'을 정서들의 정의항에 놓고 이 관념의 참-거짓에 괄호를 치면서 스피노자는 원인에 대한 인식을 인식론적 지평뿐 아니라 윤리적 지평에도 위치시킨다. 원인 관념을 다르게 영유함으로써(이는 원인에 대한 참된 인식과는 구별된다.) 우리는 적어도 정념에 덜 예속되고 따라서 덜 예속적인 삶을 살 수 있다. "만일 우리가 영혼의 격동, 곧 정서를 외적 원인에 대한 사유로부터 떼어 내고 그것을 다른 사유들과 결합한다면, 외적 원인에 대한 사랑이나 증오, 그리고 이 정서들에서 생겨나는 영혼의 동요들은 파괴될 것이다."[73] 라캉이 언급한 '신의 지적 사랑'은 이 과정의 최고 단계이다. 이것은 '원인으로서의(tanquam causa) 신의 관념'을 동반하는 지적 기쁨이다. 원인에 대한 사유를 해체하여 정념을 '파괴'하는 데서 더 나아가, 이제 다시 원인의 관념과 더불어 사랑의 정서를 향유한다. 이 사랑은 여러 모로 파격적이고 신비적인 감마저 없지 않다. 우선 이 사랑은 우리가 신에 대해 느끼는 사랑인 동시에 신이 우리 사랑을 통해 스스로에 대해 느끼는 사랑이므로, 사랑의 주체와 대상이 다르지 않다.[74] 다음으로 사랑은 본래 기쁨의 파생 정서이고 기쁨은 정의상 역량의 증가이지만, 이 사랑에서는

---

73   E V, 정리 2.
74   일반적 의미의 나르시시즘과는 구별되어야 한다. 나르시시즘은 대상으로서의 자아에 대한 사랑인 반면, 이 사랑은 대상으로서의 자아 관념과 무관하기 때문이다. 이 때문에 모니크 슈나이더는 신의 지적 사랑을 일반적인 나르시시즘과 구별하여 "근본적 나르시시즘(narcissisme radical)"이라 부른다.(Monique Schneider, *La cause amoureuse: Freud, Spinoza, Racine*(2008), p. 169)

역량의 이행이 없다. 마지막으로 사랑은 정의상 '외적 원인의 관념'에 동반되는 기쁨인데, 여기에는 외부가 없다. 그러나 이 사랑이 3종의 인식에 수반되는 사랑이며, 2종의 인식과 3종의 인식이 연속적이라는 사실[75]에 주안점을 두어 좀 더 현실적으로 해석해 볼 수 있다. 우리가 어떤 의미에서는 우리 자신보다 더 소중히 여기는 정념이나 상상은 외적 원인이 없어지면 사라지겠지만, 누구의 것도 아닐 것 같은 공통 개념들만이 우리 정신의 영원한 부분이자 신의 일부로 남는다.[76] 신의 지적 사랑은 정념으로 가득 찬 상상적 자아에 집착하기보다는, 어떤 독특한 본질도 구성하지 않는 공통 개념들 자체를 자기화하는 일종의 태도 변환으로 생각할 수 있다. 그리고 이런 태도 변환은 존재의 비가역적인 상실을 받아들이는 가운데, 욕망의 원인이라는 자리에 내가 있었음을 인수하는 라캉적 의미의 '환상 횡단'과 그리 다르지 않은 것 같다.

스피노자 윤리는 이처럼 타자의 윤리로서의 선의 윤리는 물론 자아 중심의 윤리와도 대척점에 있다. 이 윤리는 희생의 매혹에 빠지지 않도록 우리를 인도할 것이다. 그러나 왜 사람들이 희생의 매혹에 빠지는가에 대한 납득할 만한 답변을 주지는 못하는 것 같다. 스피노자가 이런 현상에 당대 누구보다 비상한 관심을 보인 것[77]과는 별개로 말이다. 『세미나 7』에서 라캉이 스피노자의 신을 '아버지의 신'에 대비되는 '메시지

75   E II, 정리 41과 42를 참조하라.
76   스피노자가 신의 장을 '기표들의 보편성'으로 환원했다는 『세미나 11』에서의 라캉의 기술은 이 점에 정확히 부합한다.
77   "마치 자신의 구원을 위해서인 양 자신의 예속을 위해 싸우고 단 한 사람의 허영을 위해 자신의 피와 삶을 버리는 것을 치욕이 아니라 최고의 영예로 여기는"것이나(B. Spinoza, op. cit. (1999), Préface, p. 63; G III, 7(1925)), "부모의 꾸중을 참지 못해 군복무로 도피하여 전쟁의 불편과 폭군의 권위를 집안의 편의와 부모의 훈계보다 선호하고, 부모에게 복수하기만 한다면 자기에게 지워지는 어떤 부담도 견디는 청소년"(E IV, 부록 13장) 등을 참조하라.

의 신'이라 규정하면서 후자의 한계를 시사했던 것도 이 점 때문으로 보인다.[78] 프로이트의 「모세와 일신교」를 다루는 부분에서 라캉은 합리주의자인 이집트인 모세와 영감에 고취된 반계몽주의자(obscurantiste) 미디안인 모세를 대립시키고, 이에 상응하여 메시지를 가진 아케나톤의 신과 쾌락 금지의 도덕적 명령(그래서 향유의 지속을 가능케 하는)을 내리는 살해된 아버지 신을 대비한다. 메시지의 신은 '고독한 자(solitaire)', 스피노자와 프로이트의 신이며, 아버지 신은 일반 신도들의 신이다. 하지만 프로이트는 '아버지-의-이름'도, 현실적인 좋은 아버지의 필요성도 무시하지 않았다. 반면 스피노자는 메시지의 신만을 고려한다. 스피노자가 말하는 신의 지적 사랑은 일반 신도들, 즉 "기독교인이든 유대인이든 스피노자에게 어김없이 곤란만을 초래했던"[79] 무지자들과는 거리가 멀다. 이 진술은 스피노자의 주지주의 윤리의 한계를 지적하고 있는 듯 보인다. 무엇이 문제일까? 스피노자 역시 자신이 제안하는 길을 "드문 만큼 어렵다"[80]라고 인정하지만, 단지 엘리트주의가 문제는 아닌 것 같다. 스피노자 윤리의 문제는 희생의 매혹, 대부분의 인간이 빠져들기 마련인 희생의 매혹을 설명할 수 없다는 점이다.

물론 정서 모방은 이기주의 관점에서는 납득할 수 없는 헌신이나 극기, 심지어 희생까지 어느 정도 해명해 준다. 그러나 희생의 매혹 자체는 설명할 수 없어 보인다. 앞서 보았듯이 라캉은 이 매혹을 주체 자신의 죽음에 대한 환상으로 설명한다. 반면 스피노자 철학에 따르면, 우

---

78   Jacques Lacan, op. cit.(1986), 1960년 3월 16일 중 pp. 200~209; 1960년 3월 23일, pp. 211~214를 참조하라.
79   Ibid., p. 212.
80   E V, 정리 42의 주석.

리는 정서 모방에 의해 타인의 선을 원할 수는 있어도 우리 자신의 죽음을 원할 수는 없다. "자유로운 인간은 조금도 죽음을 생각하지 않아"[81]서만은 아니다. 자기 자신의 죽음에 대한 관념은 스피노자의 체계상 존재론적으로 불가능하다. 우리 정신은 관념들의 주체가 아니라 관념들의 합성체인 하나의 관념이다. 이 관념들 가운데 우리의 상상적 자아를 구성하는 부분(상상과 정념)은 외적 원인의 소멸과 더불어 사라지는 반면, 공통 개념은 우리 정신의 영원한 부분으로 남는다. 라캉 자신이 의식했든 아니든, 스피노자 이론에 대한 라캉의 거리 두기의 궁극적 이유도 이 것이 아닐까 생각된다.

결론

지금까지 라캉 사상의 형성 과정을 '인격', '자아', '주체' 개념으로 분절해 보고, 여기에서 스피노자의 철학이 명시적으로나 암묵적으로 준거의 역할을 했음을 보였다. 그러나 우리는 스피노자가 라캉의 선구자였음을 보이고자 한 것은 아니었으며, 오히려 라캉의 분기점을 정확히 짚어 내고자 했다. 우리는 그것을 스피노자 체계에 유사자로서의 타자(상상계) 개념이 존재하는 반면 대타자 개념(상징계), 그리고 그 상관항인 존재 상실이라는 문제 설정이 부재한다는 사실에서 찾았다. 이 존재론적 분기는 라캉이 간략하고도 인상적인 방식으로 천명한 윤리적 입장의 분기로 이어진다. 존재 상실의 문제 설정이 부재하기에 스피노자 윤리

---

81   E IV, 정리 67.

는 희생의 매혹에서 벗어날지 몰라도, 그것을 설명할 수는 없는 것이다.

끝으로 라캉에 대한 참조가 스피노자의 사상에서 무엇을 조명해 주는지를 짚어 두기로 하자. 사실 스피노자의 정신 이론은 한편으로는 난해한 형이상학적 언어에, 다른 한편으로는 신체를 모델로 한 물리적 언어에 치우쳐 연구되어 왔다. 이 때문에 그가 당대 어느 철학자보다 예리하게 포착해 낸 지극히 미묘하고 때로는 도착적인 인간 심리는 별로 소개되거나 조명된 바가 없다. 라캉에 대한 참조는 바로 이 측면들을 가시화한다.

우선 라캉의 '인격' 개념을 통해 우리는 스피노자가 말하는 각 개체의 '독특한 본질'이 주위 환경(milieu/Umwelt)의 산물이면서도 그와 다소간 불일치할 수밖에 없기에 내적 긴장을 면할 수 없음을 알 수 있었다. 다음으로 '자아' 개념은 우리 자신에 대한 관념이 동류 인간의 이미지 하에 만들어 낸 가상일 뿐만 아니라 편집증적 성격을 갖는다는 점을 알 수 있었다. 마지막으로 '욕망의 원인'과 그 상관항으로서의 '주체' 개념은 욕망의 원인에 대한 무지/몰인식(욕망을 의식하면서도 욕망의 원인을 모르고 꿈에도 생각지 않는다.)으로 인해 우리가 어떻게 외부 대상들을 우리 욕망의 원인으로 착각하면서 그것들에 예속되는지를 밝혀 준다. 그러나 이 예속으로부터의 해방은 라캉에게서나 스피노자에게서나 가상적 원인 관념을 단순히 참된 인식으로 대체하는 것이 아니라 새롭게 살아 내는 데 있다. 라캉과 스피노자 모두 인식보다는, 아니 인식과 더불어 사랑의 문제에 심혈을 기울인 이유일 것이다.

라캉의 스피노자 연구 문헌

스피노자와 정신분석학의 관계를 연구할 때 부딪히는 가장 큰 문제는 양자의 대조를 가능케 하는 공통의 장이 쉽게 마련되지 않는다는 점이다. 양자가 고려하는 사태상의 유사성에도 불구하고 무의식, 성욕, 죽음 충동 같은 정신분석학의 핵심 개념은 스피노자 철학의 전 체계에 부합하지 않는다. 이 문제는 스피노자와 프로이트의 관계에 대한 연구 경향에서도 드러난다. 아래 방향은 종종 단일 연구에서 함께 나타나기도 하지만, 크게 네 가지로 대별된다. 먼저, 프로이트의 '이드'와 스피노자의 '실체', 프로이트의 '리비도'와 스피노자의 '역량'과 같이 유사한 개념들을 일대일로 대응시켜 비교하는 접근이 있다. 두 번째로, 피에르 마슈레의 『『에티카』 입문』(1995)처럼, 비교의 의도 없이 전이, 양가감정 등 프로이트의 주요 개념을 스피노자의 이론을 설명하기 위해 차용하는 방식이 있다. 세 번째로, 스피노자의 자기보존 경향(혹은 긍정성)과 총체적 가지성, 프로이트의 죽음 충동(혹은 부정성)과 무의식의 비가지성처럼 근본 테제의 대립을 강조하는 방향이 있다. 마지막으로, 정신 현상에서의 결정론이나 치유로서의 인식 등 커다란 원칙상에서의 유사성을 강조하는 경우가 있다. 처음 두 경우는 한 개념이 체계 전체와 연관되어 있음이 간과된다는 문제점이 있다. 세 번째 경우, 무의식이나 부정성이 스피노자에게 아예 없는 양 구도가 단순화된다는 문제점이 있다. 마지막 경우가 오류의 위험이 가장 없고 그 자체로 가치 있는 통찰이긴 하나, 학설들 자체에 대해서는 크게 알려 주는 바가 없다.

이런 문제가 무엇보다도 서로 다른 시대에 속하고, 서로 간에 실질적인 교환도 거의 일어나지 않은 두 이론을 대조한다는 사실 때문에 생겨난다면, 라캉의 경우 분명 상황이 더 낫다. 그는 스피노자를 명시적으로 참조했고, 적어도 이것이 비교의 근거를 제공하기 때문이다. 다만 문제는 본문에서 다룬 그의 박사학위논문이나 『세미나 7』, 그리고 『세미나 11』에서의 짤막한 언급을 제외하고는 스피노자에 대한 언급을 찾아보기 힘들다는 점이다. 스피노자와 라캉의 관계에 대한 연구가 매우 드문 이유는 이 때문일 것이다. 더구나 대부분의 관심은 라캉이 『세미나 11』에서 스피노자의 파문을 원용했다는 점에만 집중되어 있다.[82] 설령 학설상의 관련을 연구한다 하더라도, 엄밀성을 결여한 자의적인 해석에 머문다.[83] 한편 스피노자 연구가 미즈라이는 라캉의 박사학위논문 제사에서의 스피노자의 정리 인용에 대해 최초로 주목한 바 있지만,[84] 라캉에 대한 공정한 평가가 부족해 보인다. 이와 같은 선행 연구 부족은 라캉 연구사가 짧고 라캉 이론이 난해하다는 이유 때문이기도 하지만, 라캉 이론의 본격적 전개 시기가 스피노자라는 준거를 떠나는 시기라는 점 때문이기도 할 것이다. 이 점에서 라캉의 박사학위논문부터 「거울 단계」 논문까지의 시기를 중심으로 라캉의 초기 사

---

82 Elisabeth Roudinesco, op. cit.(1993); José Attal, *La non-excommunication de Jacques Lacan: quand la psychanalyse a perdu Spinoza*(2010).

83 Kiarina A. Kordela, *Surplus: Spinoza, Lacan*(2007).

84 Misrahi, op. cit.(1982)

상에 주목하여 라캉 주체 개념의 형성사를 보여 주는 베르트랑 오질비의 책[85]은 라캉과 스피노자의 관계에 대한 가치 있는 정보를 담고 있는 중요한 참고 문헌이다. 다만 범위가 라캉의 초기 사상에만 한정되어 있고, 목적이 라캉 사상의 형성에 초점이 맞춰져 있다. 이후 라캉과 스피노자의 관계, 특히 라캉이 스피노자에 대해 결정적 거리를 두었다는 사실과 그 이유는 오질비의 연구 범위에 들어오지 않았다.

참고 문헌

1. 스피노자의 저작

Spinoza, Baruch, *Spinoza Opera*, im Auftrag der Heidelberger Akademie der Wissenschaften herausgegeben von Carl Gebhardt, Carl Winter, Heidelberg, 1925, 4 vols.(G로 약칭)

_____, *Spinoza, Œuvres I*, trans. and ed. C. Appuhn, GF Flammarion, 1966.

_____, *L'Ethique*, trans. B. Pautrat, Seuil, 1998.

_____, *Traité théologico-politique*, établit par Fokke Akkerman, trans. J. Lagrée & P.-F. Moreau, PUF, 1999.

_____, "Traité de la réforme de l'entendement," in *Spinoza: Œuvres I, Premiers écrits*, établit par Filippo Mignini, trans. Michelle Beyssade, PUF, 2009.

---

85 Bertrand Ogilvie, op. cit.(1987).

2. 라캉의 저작

Lacan, Jacques, *Le séminaire: Les quatre concepts fondamentaux de la psychanalyse*, Jacques-Alain Miller (ed.), Seuil, 1964; 맹정현·이수련 옮김, 『세미나 11: 정신분석의 네 가지 근본 개념』, 새물결, 2008.

_____, *Le séminaire: Les écrits techniques de Freud*, Jacques-Alain Miller (ed.), Seuil, 1964; 맹정현 옮김, 『세미나 1: 프로이트의 기술론』, 새물결, 2016.

_____, *De la psychose paranoïaque dans ses rapports avec la théorie de la personnalité*, Seuil, 1975.

_____, *Le séminaire, Livre II: Le moi dans la théorie de Freud et dans la technique de la psychanalyse(1954~1955)*, Jacques-Alain Miller (ed.), Seuil, 1978.

_____, "Au-delà du 'principe de réalité'", "Le stade du miroir comme formateur de la fonction du Je," *Ecrits I*, nouvelle éd., Seuil, 1999[1966].

_____, *Le séminaire, Livre VII: L'éthique de la psychanalyse*, Jacques-Alain Miller (ed.), vol. 11, Seuil, 1986.

_____, *Le séminaire, Livre X: L'angoisse(1962~1963)*, Jacques-Alain Miller (ed.), Seuil, 2004.

_____, *Des Noms-du-Pères*, Jacques-Alain Miller (ed.), vol. 11, Seuil, 2005.

3. 그 밖의 참고 문헌

김은주, 「라캉, 스피노자의 독자: '심신 평행론'에서 신의 지적 사랑까지」, 《철학》 120집, 2014.

_____, 「"우리는 어떤 물체가 많은 방식으로 변용됨을 느낀다": 데카르트의

심신 합일 논증에 대한 스피노자의 대안」,《철학》122집, 2015.

_____,「라캉 주체 개념의 형성과 스피노자의 철학: 인간 경험의 상상적 구조와 욕망의 윤리」,《철학》130집, 2017.

노부스, 대니 엮음, 문심정연 옮김,『라캉 정신분석의 핵심 개념들』, 문학과지성사, 2013.

도르, 조엘, 홍준기·강응섭 옮김,『라캉 세미나, 에크리 독해 1』, 아난케, 2009.

루디네스코, 엘리자베트, 양녕자 옮김,『자크 라캉 1』, 새물결, 2000.

에반스, 딜런, 김종주 외 옮김,『라캉 정신분석 사전』, 인간사랑, 1996.

주판치치, 알렌카, 이성민 옮김,『실재의 윤리: 칸트와 라캉』, 도서출판b, 2004.

최원,『라캉 또는 알튀세르: 이데올로기적 반역과 반폭력의 정치를 위하여』, 난장, 2016.

_____,「1957~1958년에서의 라캉의 이중 전선: 욕망의 그래프 구축의 쟁점들」,《진보평론》58, 2013.

핑크, 브루스, 맹정현 옮김,『라캉과 정신의학: 라캉 이론과 임상 분석』, 민음사, 2002.

_____, 이성민 옮김,『라캉의 주체: 언어와 향유 사이에서』, 도서출판b, 2010.

Attal, José, *La non-excommunication de Jacques Lacan: quand la psychanalyse a perdu Spinoza*, Cahier de l'Unebévue, 2010.

Bloch, Olivier (ed.), *Spinoza au XXe siècle*, PUF, 1993.

Freud, Sigmund, "Die Zukunft einer Illusion," *Gesammelte Werke*, Chronologisch Geordnet, XIV, Fischer Verlag, 1948; 김석희 옮김,「환상의 미래」,『문명 속의 불만』, 열린책들, 2003.

Hessing, Siegfried (ed.), *Speculum Spinozanum 1677~1977*, Routeledge & Keg-
an Paul, 1977.

Julien, Philippe, *Pour lire Jacques Lacan*, E. P. E. L., 1990.

Kordela, Kiarina A., *Surplus: Spinoza, Lacan*, State University of New York Press,
2007.

Macherey, Pierre, *Introduction à L'éthique de Spinoza: La troisième partie, La vie
affective*, PUF, 1995.

Misrahi, Robert. "Spinoza en épigraphe de Lacan," *Littoral 3~4, L'assertitude
paranoïaque*, 1982.

Moreau, Pierre-François, *Spinoza: L'expérience et l'éternité*, PUF, 1994.

_____, "La place de la politique dans L'éthique," *Fortitude et Servitude:
Lectures de L'éthique IV de Spinoza*, in C. Jaquet & P. Sévérac & A. Suamy
(ed.), Kimé. 2003.

Ogilvie, Bertrand, *Lacan: La formation du concept du sujet(1932~1949)*, 2e ed.,
PUF, 1987.

Roudinesco, Elisabeth, "Lacan et Spinoza," in Bloch (ed.), *Spinoza au XXe siècle*,
PUF, 1993.

Schneider, Monique, *La cause amoureuse: Freud, Spinoza, Racine*, Seuil, 2008.

Wallon, Henri, "Comment se développe chez l'enfant la notion du corps propre,"
Journal de Psychologie, 1931.

스피노자와
들뢰즈

사람들은 오래도록 초월적 섭리를 믿어 왔다. 현세 저편의
세계가 진정한 것, 우월한 것이고 차안의 세계는 그보다
열등한 것, 진정한 것의 그림자에 불과하다는 것이 이 믿음
안에 자리잡고 있다. 이런 믿음은 피와 살을 가지고 숨 쉬는
삶 자체에 죽음을 선고하고, 오히려 현세의 육신을 가지고는
갈 수 없는 죽음의 땅을 생명의 땅으로 오인하는 일 아닌가?
들뢰즈는 이런 오랜 사상의 역사에 종지부를 찍는다. 그
종지부를 찍기 위해 잉크와 펜의 역할을 하는 것이 스피노자의
'존재의 일의성'이다.

일의성은 존재가 한 가지 의미로 말해진다는 뜻이다. 즉
유한자에 대해서 탁월한 의미를 지니는 전능한 존재는
없다는 것, 자연 전체 그리고 개별자들은 모두 연장(延長)과
관념 등의 공통된 형식 속에서만 존재한다는 것이다. 이런
존재의 일의성을 바탕으로 들뢰즈는 초월적인 기제의 등장이
불러오는 모든 억압을 비판하는 프로그램을 가동한다. 그런
의미에서 존재의 일의성을 해명하는 일은 들뢰즈 사상에서
가장 중요한 일이다. 그런데 들뢰즈는 바로 스피노자에
대한 공부를 통해 존재의 일의성이라는 자기 사유의 터전을
마련하고 있다. 이 글에서는 스피노자가 어떻게 일의성의
존재론을 들뢰즈에게 건네주었는지를 탐색한다.

일의성의 존재론

서동욱

1 스피노자에게 배우기

현대철학자들이 고전 철학으로부터 영감을 얻는 것은 당연하며 또 흔한 일이다. 이 가운데 스피노자의 대지에 뿌리를 내리고 다양한 사상적 열매를 수확하는 들뢰즈는 가장 두드러진 경우 가운데 하나라 할 것이다. 약간 과장을 섞어 보자면, 들뢰즈는 어떤 주제를 이야기하든 한번은 스피노자를 통해서 그 이야기를 반복한다. 도무지 스피노자와 관련이 없어 보이는 저자들을 다룰 때마저 그들 작품의 핵심에서 스피노자의 목소리가 울려 퍼지게 만드는 것이다.

들뢰즈는 스피노자의 대지에 어떻게 밀착하는가? 지식의 문제, 존재의 문제, 행위의 문제 등등 들뢰즈 철학의 거의 모든 영역에서 스피노자의 목소리가 등장해 들뢰즈의 이론들을 승인한다.

가령 지식의 문제를 보자. 지식에 관한 들뢰즈의 사상은, 명제의 정당화(justification)와 구별해서 지식을 어떻게 발생적으로 획득하는가를 다루는 '배움(apprentissage)'이라는 주제로 특징지어진다. 그는 이 배움을 프루스트의 작품 분석을 통해 이론화하며 이렇게 말한다. "이 책[프루스트의 작품]은 어떤 배움의 이야기다. ……배운다는 것은 필연적으로 '기호들'과 관계한다. 기호는 시간이 흐르는 동안 배워 나가는 대상이지 추상적인 지식의 대상이 아니다."[1] 여기에서 배움이 '시간의 흐름'에 따라 이루어진다는 것은 배움이란 '형성(formation)'의 문제, '수련'의 문제라는 말이다. 그런데 그는 스피노자에 있어서 인식의 형성(2종 인식인 '공통 개념'의 획득) 역시 이런 배움, 형성의 관점에서 이해하고 있다. 다음 두 문장이 잘 알려 주듯이 말이다. "공통 개념들에 대한, 또는 '능동적으로-되기'에 대한 배움이 있다. 스피노자주의에서 형성[수련] 과정 문제의 중요성이 소홀하게 취급되어서는 안 된다."[2] "스피노자에게서 이성, 힘 또는 자유는 생성, 형성, 문화와 분리될 수 없다."[3] 요컨대 들뢰즈의 정신세계 안에서는 스피노자 철학이 말하고 있는 배움의 발생적 형성 문제가 프루스트의 소설을 통해 반복되고 있는 셈이다.[4]

---

1   질 들뢰즈, 『프루스트와 기호들』(2004), 22~23쪽. 이 글의 모든 인용에서 〔 〕 안의 말은 대체 가능한 번역어이거나 뜻을 잘 통하게 하기 위해 인용자가 임의로 집어넣은 것이며, 인용문 안의 고딕체는 인용자의 강조이다. 반복해서 인용하는 저작은 최초 인용에서 문헌과 약호를 제시한 후 그다음 인용들에서는 인용문 뒤 괄호 안에 약호 표시와 쪽수를 병행해 적는다.

2   G. Deleuze, *Spinoza et le problème de l'expression*(1968), p. 267.(이하 SPE)

3   Ibid., p. 241.

4   이와 관련해 들뢰즈의 스피노자 해석에서 가장 독특한 점 하나를 말하지 않을 수 없다. 바로 스피노자의 기호 개념에 대한 긍정적 해석이 그것이다. 스피노자에게 기호란 1종의 지식을 이루는 부적합 관념이다. 그런데 지식의 '발생(배움)'이란 무엇이겠는가? 바로 부적합 관념들로 이루어진 경험적 환경(사회)에서 출발해 참된 것에 도달하는 것과 다르지 않다. 이미 스피노자 자신이 『정치론』 초두에서 '경험'의 중요성을 매우 강조하기도 했지만, 들뢰즈 철학의 개성 가운데 하나는 스피노자를 합리론자로 머물게 하지 않는다는 점이다. 즉 경험론자로서 스피노자가 어떻게 비진리라는 경험적 환경에서 출발하여 진리에 이르는지 그 도정을 발생적으로 기록하려 한다.

또 존재론의 영역으로 와서, 가령 들뢰즈 철학에서 매우 핵심적인 지위를 차지하면서도 가장 문제적이기도 한 주제인 '개체화(individua-tion)'를 보자. 들뢰즈는 『차이와 반복』에서 개체의 생성과 그것이 현실화하는 과정에 대해 이렇게 말한다. "우리는 이념의 잠재적 내용이 규정됨을 가리켜 미분화(différentiation)라 부른다. 우리는 이 잠재성이 서로 구별되는 종들이나 부분들 안에서 현실화됨을 가리켜 분화(différenciation)라 부른다."[5] "개체화는 권리상 분화에 선행하고, 모든 분화는 그에 앞서는 어떤 강도적 개체화의 장을 전제한다."[6] 여기에서 미분화라 불리는, 차이의 이념에 따른 잠재적 내용의 규정이란 강도적 크기로서의 개체이며, 이는 전통적으로 '내포량(intensive Größe)'이라 일컫는 것이다. 그리고 분화란 이 강도적 크기를 전제로 하는 외연적 부분들의 결합을 가리키며, 전통적으로 '외연량(extensive Größen)'에 해당한다. 그런데 들뢰즈는, 양(量)의 문제를 다루는 스피노자의 「마이어에게 보낸 편지」(편지 12)에 착안하여, 스피노자에서의 개체화도 이와 동일한 개념쌍(미분화/분화, 강도/외연, 내포량/외연량)을 통해 해석한다. 다음 문장들이 보여 주듯이 말이다. "표현은 다음의 두 가지 형식을 갖는다. 양태들의 본질에서는 강도적 형식을, 양태들이 실존으로 나아갈 때는 외연적 형식을 갖는다."[7]

발생의 관점에서 보자면, 기호와의 조우란 배움이 시작되기 위한 필연적인 경험적 환경이다. 기호는 적합한 원인을 봉인(enveloppement)하고 있지만 펼쳐 보여 주는 일(développement)은 하지 않는다. 배우는 자, 곧 인생의 '견습생'이 수행해야 하는 과제는 기호 안에 잠들어 있는 저 적합한 원인을 펼쳐서, '표현'에 상응하는 적합 관념을 얻는 일이다. 이 주제에 관한 자세한 논의는 필자의 글, 「인식의 획득에서 상상력의 역할」(《철학연구》(2013))의 3절 "들뢰즈에서 상상력: 이미지를 통해 이성적인 것으로" 참조.

5   G. Deleuze, *Différence et répétition*(1968), p. 267.(이하 DR)

6   Ibid., p. 318.

7   SPE, p. 168.

"양태의 본질은 강도의 일정 정도, 환원 불가능한 힘의 정도이다. 양태는 그의 본질 또는 힘의 정도에 대응하는 매우 많은 외연적 부분들을 현실적으로 소유할 때 실존한다."[8] 이 인용에서 '외연적 부분들'은 앞서 『차이와 반복』에서와 마찬가지로 분화라는 개념을 통해 기술된다. "진실로 양태들의 생산은 분화에 의해서 이루어진다."[9]

들뢰즈가 스피노자를 통해 사유한 바를 표현하는 일은 이러한 인식론적 문제와 개체화라는 존재론적 문제에만 국한되지 않는다. 가령 실천 철학적인 저서 『안티 오이디푸스』에서 그의 욕망 이론을 구성하는 개념들(기관들 없는 신체, 부분 대상들)은 스피노자의 개념들(실체, 속성)에 입각하고 있다. "기관들 없는 신체는 실체 자체요, 부분 대상들은 실체의 속성들, 즉 궁극적 요소들이다."[10] 이렇게 들뢰즈가 자신의 철학의 주제들을 전개하는 터전에는 언제나 스피노자가 먼저 와 있다. 지금껏 우리가 짧게 들여다본 지식, 개체화, 실천 이론(또는 욕망 이론)의 예들 모두에서 들뢰즈는 스피노자라는 청사진 위에 자기 생각의 건축물을 쌓고 있는 것이다. 그야말로 스피노자는 들뢰즈의 사유가 서식하는 '환경'이다.

그런데 저러한 이론들의 바탕을 이루는 들뢰즈 철학의 핵심 영역은 존재론이며, 들뢰즈는 스피노자의 '존재론적 일의성(존재는 한 가지 의미로 말해진다)'을 통해 자신의 존재론을 구축하고 있다. 스피노자적인 존재론적 일의성은 유일 실체(신)와 개체들은 양자에게 공통적인 연장과 사유 등의 속성을 형식으로 삼아서만 존재한다는 것이다. 즉 존재론적

---

8   Ibid., p. 184.
9   Ibid., p. 166.
10   G. Deleuze(& F. Guattari), *L'anti-Œdipe: Capitalisme et schizophrénie*(1972), p. 369.(이하 A) 들뢰즈 욕망 이론의 스피노자적 배경에 관한 자세한 논의는 필자의 책, 『들뢰즈의 철학: 사상과 그 원천』(2002)의 4장 참조.

일의성은 개체들 상위의, 개체들과 별도의 형식으로 존재하는 존재자(가령 유대-기독교의 초월적 신)는 없다는 주장을 함축한다. 우리가 살펴보았던 지식의 차원에서, 기호 해독이라는 배움은 억견으로 가득 찬 경험적 조건으로부터 시작해서 '표현'이라 불리는 존재의 일의적인 질서에 대한 앎으로 나아가는 것이다. 개체화란 플라톤적인 초월적 '형상' 같은 것에 의존하지 않고, 일의적인 속성의 힘으로부터 이루어진다. 욕망이란 정신분석학에서 말하는 아버지라는 초월적 법에 의존해서, 가족 형태 안에서 인격적 모습으로 정체성을 띠지 않는다. 그것은 인격 이전적인 자연적 힘의 양태이다. 요컨대 모든 이론은 일의성의 존재론을 바탕으로 구성되고 있는 것이다. 따라서 들뢰즈와 스피노자의 관계를 규명할 때 가장 먼저 해야 하는 작업이자 가장 중요한 작업은, 스피노자 독해를 통해 어떻게 들뢰즈가 일의성의 존재론을 구성했는가를 해명하는 일이다. 그래서 당연하게도 이 글은 들뢰즈가 어떻게 스피노자를 통해 존재론적 일의성을 확보하는가라는 문제를 해명하는 데 전념할 것이다. 이런 작업을 통해 들뢰즈의 사상에서 스피노자가 차지하는 절대적 위치가 드러날 것이며, 어떤 점에서 일의성이 들뢰즈 철학의 가장 중요한 논제가 되는지 역시 밝혀질 것이다.

2 구별 이론

스피노자 철학으로부터 존재의 일의성 개념을 확보하는 들뢰즈의 작업은, 데카르트의 구별 이론에 대한 스피노자의 비판을 부각하는 일로부터 출발한다. 흔히 들뢰즈의 존재론을 차이의 철학이라고 일컫는

데, 이러한 명칭은 "존재는 차이 자체를 통해 언명된다."[11]라는 들뢰즈 자신의 말을 통해 직접 표현된다. 차이를 개념상에서의 동일성이나 술어상에서의 대립, 또는 지각에서의 유사성, 그리고 판단에서의 유비 등등에 매개하는 일 없이 직접 존재를 규정하는 개념으로 제시하려는 것이 들뢰즈가 목적으로 삼는 바다.

이미 밝혔듯이 이러한 과제의 해결책을 들뢰즈는 스피노자 철학에 대한 이해로부터 찾으려 한다. 그는 스피노자와 관련하여 존재가 차이와 관계하는 두 가지 방식에 대해서 이렇게 말한다. "형상적 구별(distinction formelle)과 양태적 구별(distinction modale)은 일의적 존재가 스스로 차이와 관계하는 두 가지 유형이다."[12] 여기에서 양태적 구별이란, 양태의 본질의 발생을 가능케 하는 강도적 차이, 즉 강도의 '도(度)'를 수립하는 차이를 가리킨다. 형상적 구별은 속성들의 차이를 가리킨다. 개체화의 문제와 관련된 '강도적 차이'의 문제는 접어 두고 속성들 사이의 형상적 구별(차이)이 어떻게 존재를 차이를 통해서 표현하는가 보도록 하자. 미리 말하면 그럴 수 있는 있는 까닭은, 여기에서 존재는 실체의 존재인데 정의상 스스로 존재하는, 즉 자기 원인인 실체는 실존을 필연적으로 포함하며 속성은 실체를 직접 표현하기 때문이다.

스피노자의 구별(차이) 이론은 데카르트의 구별 이론을 교정하는 작업을 계기로 삼고 있으므로 우리는 데카르트와의 차별성을 가늠하는 방식으로 스피노자의 이론을 펼쳐 보여야 한다. 들뢰즈가 보기에 구별 이론에서 데카르트와 스피노자 사이에 자리한 차이의 핵심은, 실재적

---

11   DR, p. 53.
12   Ibid., p. 58.

구별이 수적 구별인가, 아니면 형식적 구별인가 하는 것이다. 구별 이론이 '대립이 아닌 다양성(non opposita sed diversa)'에서 출발한다는 점에서 데카르트와 스피노자는 공통점을 갖는다. "대립이 아닌 다양성, 그것은 새로운 논리학의 공식이었다. 실재적 구별(distinction réelle)은 대립도 결핍도 없는 새로운 부정 개념을, 게다가 탁월성(éminence)도 유비(analogie)도 없는 새로운 긍정 개념을 알려 오는 것처럼 보였다."[13] 이 실재적 구별은 두 사물의 상호 '배제'를 통해 성립한다. 이것이 뜻하는 바는 한 사물의 본성은 다른 사물에 의존하지 않고 그 자체로 '긍정'되며 그 자체로 성립한다는 것이다. "두 사물은, 그것들 각각이 그 자체로, 즉 '다른 편의 도움 없이' '생각되고', 그런 식으로 우리가 한 사물을 다른 사물의 '개념'에 속하는 모든 것을 부정함으로써 사고할 때 실재적으로 구별된다."[14] 이러한 생각은 스피노자의 대척지에 서서 사물의 본성을 '내적 부정성'을 통해 특징짓고자 했던 헤겔의 시도와 전혀 다르다. 가령 헤겔은 『정신현상학』에서 실재적 구별과는 정반대의 방식으로 사물의 성립에 대해 이야기한다. "타자에 대해 존재하는 한에서 독자적으로 존재하고 독자적으로 존재하는 한에서 타자에 대해서도 존재하는 것이다. ……사물의 순수한 성질은 그대로 사물의 본질을 표현하는 듯이 보이지만 실로 그의 본질은 타자에 대한 존재와 한데 어우러진 자립성에 있다."[15] 이 문장이 잘 알려 주듯 헤겔에서 한 사물의 본질은 그 자체로 성립되지 않고 다른 사물을 경유해서만 얻어진다.

그런데 데카르트 철학은 왜 '대립이 아닌 다양성'이라는 새로운 논

---

13   SPE, p. 51.
14   Ibid., p. 28.
15   G. W. F. 헤겔, 『정신현상학』 1(2005), 165쪽.

리를 알면서도 다시 탁월성 같은 고전적인 형이상학적 개념으로 돌아갔을까? 들뢰즈는 이렇게 말한다. "우리는 '탁월성, 유비, 심지어 어떤 다의성조차 데카르트의 사유에 거의 자생적인 범주로 남아 있다'는 것을 볼 것이다."[16] 탁월성은 존재에 일의성 대신 다의성과 위계를 도입하는 개념이다. 당연하게도 존재(자)들 사이의 탁월함을 이야기하려면, 존재자들의 의미는 서로 달라야 하며, 위계상 열등하고 우월해야 하니까 말이다. "데카르트는 '우리가 신 안에, 그리고 우리 안에 있다고 생각하는 것들' 가운데 어느 것도 '일의적'이지 않다는 것을 환기한다. ……데카르트는 신을 정의하면서 다음과 같은 특성들[고유성들]의 목록을 제공한다. '신이라는 이름으로 내가 이해하는 바는 무한하고 영원하고 불변적이고 독립적이고 전지하고 전능한…… 실체이다.' 한꺼번에 고려된 이 특성들이 하나의 단순한 본성과 동일화될 수 있는 것처럼 보이는 것은 바로 그것들의 탁월성이라는 안개 속에 있을 때다."[17] 전지전능함은 피조물의 지성과 능력을 넘어서는 탁월성을 지닌다. 이러한 신의 탁월성은 데카르트에게서 '무한하게 완전함'으로 표현되는데, 사실 이 "무한하게 완전함은 그것이 속하는 존재의 본성에 대해서 우리에게 아무것도 인식시켜 주지 않는다."[18] 무한과 완전함은 속성이 아니라 양상이므로 최고 존재의 본성에 대해 말해 주는 바가 없으며, 그러므로 신의 지성과 능력이 탁월하다는 언명은 그 탁월한 것의 내용에 대해서는 이야기하지 않는다. 이것이 바로 앞에서 "탁월성이라는 안개"라는 표현이 뜻하는 바다.

데카르트가 대립이 아닌 다양성이라는 새로운 논리를 구현하지 못

---

16   SPE, p. 52.
17   Ibid., p. 62.
18   Ibid., p. 62.

하고 탁월성과 같은 종래의 형이상학적 개념에 머무르게 된 까닭은 무 엇인가? 우리가 탁월성과 새로운 논리라 일컫는 것을 맞세우는 까닭은 무엇인가? 바로 저 논리가 몰아내고 있는 '대립'이 탁월성 안에 도사리 고 있기 때문이다.

데카르트의 완전성으로부터 신 존재의 증명이 보여 주는 것처럼, 피조물의 유한성은 신의 무한성을 드러낸다. 즉 피조물을 유한하게 하 는, 그리고 불완전하게 하는 '결여'가 대립적인 지점에 무한한 자로서, 그리고 완전한 자로서 신을 등장하게 하는 것이다. "데카르트에서는 사 물이 본성상 요구하는 한계들이 있고…… 무언가 결여된(manque) 본성 들이 있다."[19] 존재의 차원에서 이는 존재자들 사이의 수적 구별이 곧 실재적 구별임을 뜻한다. 그리고 "만일 새로운 논리의 길이 데카르트 주의에서 성공하지 못한다면, 이는 우리가 앞에서 본 한 가지 이유, 즉 데카르트는 여전히 실재적 구별에 수적인 가치를, 자연과 사물들을 실 체적으로 분할하는 기능을 부여했기 때문이다."[20] 즉 데카르트는 실재 적 구별을 수적 구별과 동일시했다. 이 점은 데카르트에 대한 레비나스 의 다음과 같은 언명에서도 읽어 낼 수 있다. "데카르트의 첫 번째 증거 ['나는 생각한다.']의 애매함은 자아와 신을 합체시키지 않고 차례로 드 러낸다. 그리고 양자를 상호적으로 의존하는 별개의 두 순간으로 드러 내면서 분리의 의미 자체를 특징짓는다. ……자아와 신 사이의 간격은 근본적이고도 필연적으로 존재 자체 안에 생긴다."[21] 여기에서 피조물 (자아)과 신은 합체되지 않는다는 것, 즉 양자 사이에는 분리가 있으며

---

19   Ibid., p. 51.
20   Ibid., p. 51.
21   E. Levinas, *Totalité et infini* (1961), p. 19.

그 분리는 바로 '존재 자체 안에' 생긴다는 것은, 데카르트 존재론에서의 구별이 실재적이며 수적이라는 것을 함축한다.

이러한 구별을 통해 다수의 실체적 존재와 함께 존재의 '다의성'이 성립하며, 존재의 다의성은 탁월성과 유비 개념을 필연적으로 요구한다. 다음 인용을 보자. "'다의성'(신은 자기 원인이지만, 자신이 창조한 사물들의 작용 원인이라는 것과는 다른 의미에서 그렇다. 그렇기 때문에 존재는 존재하는 모든 것, 즉 신적 실체와 창조된 실체들, 실체와 양태들 등에 대해 동일한 의미로 이야기되지 않는다.), '탁월성'(그러므로 신은 실재성 전체를 담고 있지만 탁월하게, 즉 그가 창조한 사물들의 형식과는 다른 형식 속에 담고 있다.), '유비'(따라서 자기 원인으로서의 신에게는 그 자체로 도달하는 것이 아니라 유비에 의해 도달하게 된다. 신이 자기 원인이라고, 또는 원인에 의함과 '같은 뜻으로' 자신에 의함이라고 이야기될 수 있는 것은 바로 작용 원인과의 유비를 통해서이다)."[22] 실체적 존재들이 서로 다른 의미를 갖고 있다는 것은 신적 존재의 의미에 탁월성을 부여할 수 있는 전제가 된다. 이 탁월성이란, 우리가 인식 가능한 피조물에 붙을 수 있는 술어들을 신은 초월하고 있다는 뜻이다. 따라서 초월적인 신적 존재에 직접 도달할 수 있는 길은 없으며 경험적 사물들과의 유비를 통해서만 도달할 수 있다. 이것이 뜻하는 바는, 자기 원인으로서의 신은, 경험적 사물들 속에서 인식 가능한 작용 원인의 유비 이상이 아니라는 것이다.(인식 가능한 경험적 작용 원인과의 유비를 통해 얻어진 이 신 개념에 대한 비판은 놀랍게도, '변증적 월권의 전체 소굴을 감추고 있는' 우주론적 신 존재 증명에 대한 칸트의 비판을 어떤 의미에서는 멀리서 예고하고 있지 않은가?) 이와 달리 스피노자는 초월적 차원이 필요치 않은 내재성, 유비가 필요치

---

22   SPE, p. 148.

않은 일의성의 관점에서 신적 존재를 사유하려 한다.

3 형식적 구별로서의 실재적 구별

다시 구별 이론으로 돌아와 보자. 실재적 구별과 수적 구별은 데카르트가 생각하는 바와 달리 왜 서로 같은 것이 될 수 없으며, 왜 실재적 구별은 한 존재의 형식적 구별일 수밖에 없는가? 데카르트에게 있어 실재적 구별은 소여된 표상에 대해 이루어진다. 하나의 표상 A로부터 다른 표상 B를 '배제'하고서 A라는 표상을 명석판명하게 사고할 수 있을 때 A와 B는 실재적으로 구별된다. 그러므로 실재적 구별은 일단 관념의 차원에서 이루어진다. 그런데 이 관념상의 실재적 구별이 어떻게 사물 차원의 실재적 구별까지 보증하는가? 데카르트에 따르면 (내가 가진 표상과 그것이 가리키는 대상이 서로 불일치하도록 하지 않는) 신의 선성(善性) 때문에 가능하다. 그러나 신의 선성에 의존하는 실체들 간의 실재적 구별은 실체의 정의와 모순된다. 정의상 실체는 자기 스스로 존재하는 것이기 때문이다. 실체가 신의 선성이라는 외재적 요인에 의존할 경우 '그 자신에 의한 실존'이라는 실체의 면모는 "그 자신에 있어서 단순한 가능성"에 불과한 것이 되는데 이는 모순이다.[23] 이런 점에서 일단 실재적 구별에 대한 데카르트의 설명 방식 자체가 문제점을 안고 있는 것으로 보인다.

이러한 지적에 이어 들뢰즈는 우선, 스피노자가 데카르트에 반대

---

23 Ibid., pp. 24~25 참조.

해 어떻게 동일 속성의 여러 실체가 없다는 주장을 구성하는지 보여 준다. 첫 번째 비판은 귀류법에 의한 비판이다.(『에티카』 1권, 명제 5 참조)[24] 동일 속성의 실체가 다수라면, 그 실체들은 속성들에 의해서가 아니라 양태들에 의해서 구별된다. 이는 부당한데, 본성상 실체는 양태에 앞서며 양태들을 함축하지 않기 때문이다.[25] 이어지는 두 번째 비판은 다음과 같다.(『에티카』 1권, 명제 8, 주석) 동일한 속성의 여러 실체들은 수적 다수성을 가능케 하는 외부 원인을 필요로 한다. 왜냐하면 실체의 정의(그 자체에 의해 실존하는 것)에는 '다수적' 실존이 포함되지 않기 때문이다. 실체의 정의에는 수에 대한 언급이 아예 없는 것이다. 그런데 (다수적) 실존을 위해 외부 원인을 필요로 한다는 것은 자기 스스로 존재하는 것이라는 실체의 정의와 모순된다. 따라서 동일 속성의 실체는 수적으로 구별되지 않는다. 결론적으로 "동일한 속성의 실체는 오직 하나만 존재한다."(『에티카』 1권, 명제 8, 주석 2) 외부 원인을 필요로 하는 것은 정의상 스스로 실존할 수 없는 양태들뿐이다. 양태들은 외부 원인에, 다른 양태들에 의존한다. 따라서 수적 구별은 양태들의 경우에만 타당하다.[26] 이로부터 우리는 일단 다음과 같은 결론을 얻을 수 있다. 동일 속성의 실체들이 없으므로 실체는 다른 실체로부터 산출될 수도 제한될 수도 없다.("서로 아무런 공통점이 없는 사물들은 그것들 가운데 하나가 다른 하나의 원인이 될 수 없다."(『에티카』 1부, 명제 3)) 따라서 다른 것에 의한 제한이 없으므로 "모든 실체는 필연적으로 무한하다."(『에티카』 1부, 명제 8)

---

24 스피노자의 『에티카』에서 직간접 인용은 컬리판을 기준으로 한다.(B. Spinoza, *The Collected Works of Spinoza*(1985)) 인용 시 분문 중 괄호 안에 작품명, 권수, 명제 번호, 주석 번호 등을 차례로 쓰며, 컬리판 자체의 쪽수는 별도 표기하지 않는다.

25 SPE, p. 25 참조.

26 Ibid., p. 25 참조.

이와 같이 어떻게 동일한 속성을 가진 다수의 실체가 불가능한지를 보인 후, 들뢰즈는 스피노자에서 상이한 속성의 여러 실체들도 존재하지 않으며, 모든 상이한 속성들에 대해 하나의 실체, 하나의 존재만이 있다는 것을 보이는 방향으로 나아간다. 사실 이 점은 전칭 부정 명제의 환위(conversion)에 의존해서도 쉽게 보일 수 있다. 우리가 앞서 보인 것은 모든 수적 구별이 양태적일 뿐 실재적 구별은 아니라는 것이었다. 명제를 정리해 보자. "모든 수적 구별은 실재적이지 않다." 환위하면, "모든 실재적 구별은 수적이지 않다." 따라서 실재적으로 구별되는 속성들은, 실재적 구별은 수적 구별이 아니기에, 하나의 실체에만 대응한다.[27]

또 다른 비판을 보자. 실체가 속성에 따라 수적으로 분할된다면, 실체는 유, 속성은 종차, 분할된 실체는 종으로 취급해야 한다.(이는 데카르트를 옹호했던 레지(Régis)의 입장에서 찾아볼 수 있다.[28]) 이 경우 문제는 분할된 실체가 단지 '가능한' 실존만 가지게 된다는 점이다. 왜 그런가? 문제는 실체와 속성의 구별은 '이성에 의한 구별'이며, '추상'이 이 구별의 원리라는 데 있다. 한 실체의 속성이 그 실체로부터 구별되는 방식은 추상화 외에는 없는 것이다. 그런데 추상화라는 것은 필연적인 것이 아니라 가능한 것만을 보여 준다. 따라서 "속성과 동일한 '종'의 한 실체에게는 실존할 필연성이 있을 수 없다."[29] 심지어 종차로 고려된 속성은 상상을 통해 파악된 것일 수 있다는 점에서, 1종의 인식 대상인 '기호'에 지나지 않는다고도 말할 수 있다.("속성은 그러한 단순한 실존 가능성의 '표

---

27   Ibid., p. 27 참조.
28   Ibid., p. 30 참조.
29   Ibid., p. 29.

시', '기호'에 불과하다."[30])

　　따라서 실재적 구별에 대응하는 수적 구별은 없다. 실재적 구별은 하나의 존재가 취할 수 있는 여러 형식일 뿐 수적으로 여럿인 존재의 구별이 아니다. 즉 실재적 구별은 형식적 구별이다. 그리고 이런 방식으로 하나의 존재는 다른 어떤 매개 없이 차이(구별)를 통해 언명되는 것이다. 이런 스피노자의 구별 이론을 결론지으면서 들뢰즈는 『스피노자와 표현의 문제』에서 "실재적 구별은 존재에 있어서의 차이를 표현할 수 있게 되었다."[31]라고 말하는데, 이는 "존재는 차이 자체를 통해 언명된다."라는 『차이와 반복』의 존재론을 스피노자적 맥락에서 똑같이 표현한 것이기도 하다.

4　내재성 또는 일의성

　　이렇게 들뢰즈는 실재적 구별이 곧 형식적 구별임을 보이는 방식으로 스피노자에서 실체의 존재는 유일하다는 것을 확인한다. 이러한 작업은 존재의 일의성을 이야기하기 위해서 필수적인데, 왜냐하면 당연하게도 수적으로 구별되는 존재들은, 실체로서의 신과 실체로서의 피조물에서 보듯 서로 다른 존재의 의미를 가질 것이고 이 의미는 위계적인 질서를 가질 것이기 때문이다. 그렇다면 들뢰즈의 스피노자 이해에서 '일의성', 그리고 '내재성'은 어떻게 구현되는가? 사실 이 두 가지 개념에

30　Ibid., p. 29.
31　Ibid., p. 32. 이하 인용문에서 강조는 인용자.

대한 물음은 서로 다른 물음이 아니라 같은 물음이다. 왜냐하면 존재가 일의적일 경우 탁월성을 통해 보이는 상위적인 존재의 의미는 없을 것이며, 이는 어떤 하위 존재에 대해 '외재적인' 상위의 원리가 없다는 것, 즉 존재의 원리는 내재적이라는 것을 뜻하기 때문이다.

그렇다면 존재의 일의성(그리고 내재성)을 어떻게 이야기할 수 있을까? 들뢰즈는 스피노자에서 속성이 실체의 본질(essence)이나 실재성(réalité) 같은 실체의 내용적 면모뿐 아니라, 실체적 현존의 양상인 무한성(infinité)과 필연성(nécessité)을 표현(expression)한다고 말한다.[32] 즉 실체와 속성은 내용과 양상에 있어서 서로 다르게 존재하지 않는다는 것이 표현 개념의 첫 번째 면모이다. 두 번째 표현은 속성 및 양태에 관계한다. "양태도 표현적이다. ……속성들은 그들에게 의존하는 양태들 속에 스스로를 표현한다."[33] 속성 역시 양태와 별도로 존재하는 것이 아니다. "양태들은 그들이 의존하는 속성을 감싸고 펼친다."[34]

이러한 실체, 속성, 양태의 관계 속에서 우리는 일의성의 의미를 찾아볼 수 있다. 먼저 그 의미란 무한자(실체)와 유한자(양태)의 존재가 '동일한 형식'을 갖는다는 것을 뜻한다. 이 형식이 속성들이다. "스피노자에 따르면 속성들은 '주어'가 바뀌더라도, 다시 말해 그것들이 무한한 존재와 유한한 존재, 실체와 양태, 신과 피조물 중 어느 것의 술어가 되더라도, 그것의 본성이 바뀌지 않는 일의적인 존재의 형식들이다."[35] "속성은 〔실체와 양태, 신과 피조물에〕 공통적인 형식이다."[36] 이 말을

---

32   Ibid., p. 9 참조.
33   Ibid., pp. 9~10.
34   Ibid., p. 13.
35   Ibid., p. 40.
36   Ibid., p. 38.

좀 더 쉽게 이해해 보자. 자연 안에는 우리 신체나 다른 사물들에서 확인할 수 있는 바와 같이 공간을 차지하는 사물들의 질서가 있다. 그리고 자연 안에는 우리가 하는 생각에서 확인할 수 있는 것처럼, 그 사물들의 질서에 대응하는 관념들의 질서가 있다. 요컨대 자연에는 사물들의 질서가 담겨 있는 '연장(延長)'이라는 형식이 있고, 관념들의 질서가 담겨 있는 '사유'라는 형식이 있는 것이다. 그러므로 자연(실체, 능산적 자연)과 그로부터 생산되어 나온 개별자들(양태, 소산적 자연)은 '공통적으로' 연장과 사유라는 형식을 통해서 존재한다. 이를 '초월한' 모습으로 존재하는 무한자는 한낱 우리 상상력의 소산에 불과하며, 상상력이 묘사하는 무한자의 다양한 모습들, 즉 지혜로운 신, 권세를 지닌 신 등등은 모두 스피노자에서 속성이 아니라 일종의 부적합 관념으로서 '고유성(propria)'으로 분류된다.(이 고유성이 상상력이 만들어 낸 비진리에 불과하다는 스피노자의 폭로를, 이후 들뢰즈가 정신분석학의 오이디푸스는 가상적인 것에 불과하다는 비판으로 변형한 것이 『안티 오이디푸스』의 기본 골격이다.)

그런데 속성을 두고 단지 유한자와 무한자의 존재가 가지는 공통의 형식이라고 말하는 것은 존재의 일의성에 대한 충분한 언급으로 보이지 않는다. '정적인(statique) 관점'에서 유한자와 무한자의 존재가 공통의 형식 속에 있다는 것을 말하는 데 그칠 것이 아니라, '발생적인(génétique) 관점'에서 신의 존재함과 피조물의 존재함의 동일성이, 즉 신의 존재 원인과 피조물의 존재 원인의 동일성이 명시되어야 할 것이다. 들뢰즈는 바로 일의성의 의미를 이 '원인의 동일성'에서 탐색하는데, 다음 문장은 그런 탐구의 핵심을 보여 준다. "〔신의〕 자기 원인은 더 이상 〔피조물에 대한〕 작용 원인과 '다른 의미로' 이야기되지 않는다. 반대로 이 작용 원인은 자기 원인과 동일한 의미로 이야기된다. 따라서 신은 그가 실존하는 대로 생산한다. ······스피노자의 내재성 개념에 다른 뜻이 있는 것은 아니다. 그것은 원인과 속성의 이중적 일의성을, 다시 말해 작용 원인과 형상적 원인 사이의 통일성, 실체의 본질을 구성하는 속성과 피조물들의 본질이 함축하는 속성 사이의 동일성을 표현한다."[37] 스피노자에게 있어 일의성은 속성들의 일의성이다. 속성들은 신(실체)의 본질과 피조물(양태)의 본질에 공통적인 형식의 자격을 가지고, 양자에 대해 일의적이라 일컬어진다. 실체와 양태에 공통적인 형식인 속성들을 가리켜 들뢰즈는 '내재성의 구도'라 일컬으며, 그의 철학의 다양한 주제들을 취급하기 위한 근본 개념으로 사용한다. 왜 속성들은 내재성의 구도인가? 이미 보았듯이 속성들은 실체의 본질이 표현되는 유일한 형식이며, 이것이 뜻하는 바는 속성과 다른, 속성 상위의, 탁월한 존재나 원리가 독립적으로 있지 않다는 것이다. 이런 점에서 속성은 상위의 차원, 부가적인 차원을 가지지 않는 내재성이다. 또한 속성(가령 연장과 사유)은 양태의 본질이 갖는 유일한 형식이며, 그런 의미에서 양태들이 그 위에서 존립하는 평면(구도, plan) 또는 지평이다. 이런 까닭에 "무엇보다도 내재성은 '속성들의 일의성'을 의미한다."[38] "실체와 양태는 내재성 속에 있다."[39] 그러니 우리는 내재성의 장으로서 속성의 의미를 이렇게 정리해서 표현할 수 있다. "내재성이 스피노자의 실체와 양태로부터 비롯되는 것이 아니라, 반대로 실체와 양태라는 스피노자의 개념들이 그것들의 전제로서 내재성의 구도로부터 비롯되는 것이다. 이 구도는 우리에게 연장과 사유라는 그것의 두 측면, 혹은 더 정확하게는 그것의 두

---

37   Ibid., p. 150.
38   G. Deleuze, *Spinoza: Philosophie pratique*(1981), p. 74.
39   G. Deleuze, "L'immanence: une vie," *Philosophie*(1995), p. 4.

힘, 즉 존재하는 힘과 사유하는 힘을 제시한다."[40] 여기에서 연장과 사유를 두 측면으로 가진다고 일컬어지는 내재성의 구도가 속성을 가리킨다는 것은 두말할 나위가 없다.

그러나 스피노자에 대한 이러한 방식의 분석을 통해 일의성의 존재론은 완결을 보게 된 것일까? 아마도 신과 피조물 각각의 '실존(existence)'과 관련된, 들뢰즈 스스로가 제기하는 문제가 해명되어야 할 것이다. 들뢰즈는 이렇게 말한다. "신과 피조물은 실존에서만큼이나 본질에서도 다르지만, 동일한 형식들이 신과 피조물에 대해 긍정된다."[41] 이 구절은 스피노자의 일의성에 대한 들뢰즈의 최종적 확언은 아닐 것이나, 스피노자에서 신과 피조물은, 실존은 다르며 존재의 형식만 동일하다고 이해될 여지가 있음을 보여 주고 있다. 이러한 쟁점, 즉 스피노자에서 신과 피조물의 '실존'은 서로 다르다는 점과 관련하여 들뢰즈는 『차이와 반복』앞부분에서 한 번, 그리고 결론에 이르러 한 번 다음과 같이 문제를 제기한다. "실체와 양태 사이에는 어떤 무관심이 존재한다. 즉 스피노자의 실체는 양태에 대해 독립적으로 나타나는 반면, 양태는 실체에 의존적이다. 그런데 양태들은 자신들과 다른 어떤 것에 대해 의존하고 있듯이 실체에 의존하고 있다. 실체 그 자체는 양태에 '대해서' 그리고 오로지 양태들에 '대해서만' 말해져야 한다. 그런 조건은 보다 일반적이고 단호한 전복을 대가로 해서만 충족될 수 있다."[42] 『차이와 반복』 1장의 한 구절이다. 실체가 양태로부터 독립할 수 있다면, 실체는 양태로부터 분리되어 실존할 수 있을 것이고 이는 결국 일의성의

---

40 G. Deleuze(& F. Guattari), *Qu'est-ce que la philosophie?*(1991), p. 50.(이하 QP)
41 SPE, p. 39.
42 DR, p. 59.

파괴를 뜻할 것이다. 그러므로 그는 저 인용에서 "단호한 전복"이라 부른 것을 『차이와 반복』의 결론에서 다음과 같이 요구한다. "스피노자주의는, 일의적인 것이 순수 긍정의 대상이 되는 데 필요한 것 중 단 한 가지만을 결여하고 있다. 그것은 실체로 하여금 양태들의 주위를 돌게 만드는 것이다. '다시 말해 그것은 영원 회귀 안의 반복에 해당하는 일의성을 실현하는 것이다.'"[43]

어떻게 "단호한 전복", 즉 실체로 하여금 양태의 주위를 돌게 만드는 일이 가능할까? 앞의 인용에서 보듯 『차이와 반복』에서는 존재론적 일의성을 완성하는 개념으로서 니체의 '영원회귀' 개념을 제시하는 방식으로 해결책을 찾는다. 이 생각의 핵심을 설명하자면, 양태적인 것들의 생성 자체가 근원적이며, '원리(아르케)로서의 존재'인 반복(영원회귀)은 이에 대해 이차적으로 출현한다는 것이다. 이럴 경우 원리(존재)가 개별적인 존재자들(스피노자의 양태에 해당하는 것)과 별도로 존립할 가능성은 사라진다. 이런 맥락에서 들뢰즈는 니체의, 원리로서의 영원회귀에 대해 이렇게 말한다. "동일성은 일차적이지 않다는 것, 동일성은 원리로서 실존하지만 이차적 원리로서, '산출된' 원리로서 실존한다는 것이다."[44] 이것은 존재의 일의성을 완성하기 위한 들뢰즈의 시도 중 하나이다. 들뢰즈는 이렇게 『차이와 반복』에서는 니체의 영원회귀 개념을 도입하는 방식을 취하지만, 『스피노자와 표현의 문제』에서는 스피노자 자체 안에서 실체와 양태 양자 사이의 분리(또는 무관심성)를 해소함으로써 일의성 개념을 완성하려 한다. 다음 문장에서 잘 목격할 수 있듯이

43   Ibid., p. 388.
44   Ibid., p. 59.

말이다. "신의 본질이 역량(puissance)이라는 것은, 신이 실존하는 바로 그 역량 덕택에 신이 사물들을 무한하게 생산한다는 것이다. '그러므로 신은 그가 실존하는 대로 사물들을 생산한다.' ……실체는, 절대적으로 무한한 실존 역량에 상응하는 변용 능력을 무한히 많은 사물들을 통해 무한히 많은 양태로 실현하지 않고는 그 절대적으로 무한한 실존 역량을 갖지 못한다."[45] 이 문장에서 거론되는 핵심 개념은 '실존'이다. 여기에서 들뢰즈는 앞서 우리가 '발생적인 관점'에서 언급했던, '신은 모든 사물들의 원인인 한에서 자기 원인이다.'라는, 자기 원인에 대한 논의를 실존의 차원에서 재론하고 있다. 스스로 실존하는 신의 역량은 무한히 변용하는 역량, 즉 양태들의 실존을 생산하는 힘과 다르지 않을 뿐 아니라, 그것과 떼어서 별도로 생각할 수 없다는 것이다. 그 역량을 양태들의 실존과 별도로 생각할 경우 신은 "절대적으로 무한한 실존 역량을 갖지 못한다."라고 들뢰즈는 말한다. 요컨대 원인으로서의 원리(실체)의 실존은 생산된 결과(양태)의 실존 없이는 불가능하다. 그리고 이러한 스피노자 해석을 배경으로 우리는 들뢰즈 후기에 쓰인 『천의 고원』에 나오는 다음과 같은 구절도 이해할 수 있을 것이다. "내재성의 구도 또는 일의성의 구도는 유비와 대립한다. 일자(실체)는 모든 다수(양태들)에 대해 유일하고 동일한 의미로 말해진다.…… 우리는 여기에서 실체의 통일체에 대해 말하는 것이 아니라, 삶의 유일하고도 동일한 구도(속성들의 내재성의 구도) 위에서 서로 부분을 이루는 변화들(양태들의 변화들)의 무한성에 대해 말하는 것이다."[46] 자연(실체)은 양태와 별도로 실존하는

---

45   SPE, pp. 83~84.
46   G. Deleuze(& F. Guattari), *Mille Plateaux: Capitalisme et schizophrénie*(1980), p. 311.

것이 아니라, 오로지 다수적인 개별자들인 양태들의 실존 방식(서로 결합하고, 서로 원인과 결과를 이루는 등등 변화하는 것) 속에서 실존한다. 결국 존재함이란 늘 하나의 평면(plan) 위에서 한 가지 의미만을 지니는 것이다.

5 맺으면서: 일의성의 관점에서 이루어지는 전통 존재론에 대한 평가

들뢰즈 철학은 전통적인 철학의 문제들인 지식이나 존재 등을 뛰어넘어 매우 다양한 현대 학문 영역을 대상으로 할 뿐만 아니라, 우리 시대의 여러 문제들에 용이하게 접근할 수 있도록 하는 수많은 개념들을 제공한다. 그러나 이 모든 풍성한 열매를 맺게끔 한 들뢰즈의 철학적 뿌리는 과거에, 17세기에 자리하고 있다. 바디우가 말하듯 들뢰즈 철학은 "칸트의 비판적인 명령들에 복종하지 않는 철학"[47], 즉 비판 철학 출현 이전의 스피노자와 라이프니츠의 영감으로부터 학문을 쇄신하려는 철학이다. 이 가운데 스피노자로부터의 영감은, 들뢰즈가 스피노자를 일컫는 표현 "철학자들의 그리스도"[48]에서도 쉽게 짐작할 수 있듯이 절대적이며, 특히 그의 철학의 핵심 사상인 존재의 일의성을 완성하는 과제 앞에서는 더욱 그렇다.

우리가 살펴본 것처럼, 들뢰즈가 일의성의 존재론을 달성하기 위해 스피노자 해석을 통해 부각하는 주요 논제는 대략 두 가지로 정리되는 듯하다. 첫째, 속성은 실체와 양태의 본질을 표현하는 공통의 형식

---

47   알랭 바디우, 『들뢰즈: 존재의 함성』(2001), 111쪽.
48   QP, p. 59.

이다. 둘째, 자기 원인으로서의 실체는 오로지 양태들의 실존함을 통해서만 실존한다. 이러한 논의들을 통해 들뢰즈는 연장(延長) 사이의 관계 및 그에 대응하는 관념들 사이의 관계를 넘어서 있는 원리들(가령 목적론)의 개입을 배제하는 존재론을 달성한다. 이렇게 수립된 존재론적 일의성은 기존의 사상사를 통해 등장한 중요한 개념들을 평가하고 비판에 부칠 수 있는 관점을 마련하고 있다. 그렇다면, 들뢰즈의 존재의 일의성이 철학사를 통해 출현한 종래의 존재론에 대해 어떤 비판적 거리를 가지는지 구체적으로 살핌으로써, 존재론의 역사에서 이 개념이 차지하는 독특한 자리를 가늠해 보아야 할 것이다.

들뢰즈는 늘 "일자가 무한자 자체 위에서 통치 군림"[49]하는 사태를 비판해 왔다. 이는 스피노자적인 무한한 속성들의 세계에 탁월한 초월적 원리가 개입하는 것, 내재성에 대해 외재적인 원인, 상위 원인, 부가적 차원이 끼어드는 것에 대한 비판이다. 이 비판은 가령 플로티노스와 관련해서는 '내재인(cause immanente)'에 대해 '유출인(cause émanative)'이 가지는 탁월성을 비판하는 작업으로 표출된다. "플로티노스와 그 계승자들에 있어서 이 내재인은 유출인에 종속된 채로 남아 있다. 존재 혹은 지성이 '스스로 펼쳐지는' 것은 사실이다. 그러나 이미 다자이며, 제1원리가 아닌 것만이 스스로 펼쳐진다."[50]

---

49 DR, p. 339.
50 SPE, p. 160. 내재인을 초월하는 원인은 그리스 정신에 속하는 플로티노스에게만 국한된 것이 아니다. 탁월성이나 초월성은 유대 신의 근본적인 특성이기도 하다. 유대 신의 초월성에 대해 중요한 성찰을 제공하는 이가 토마스 만인데, 그의 소설에서 유일신 사상에 대해 파라오와 이집트의 요셉이 나누는 흥미로운 대화가 이 성찰을 기록하고 있다. 이집트 종교에 유일신을 들여온 아멘호테프가 자연 내재적인 태양신을 유일신으로 제시할 때 요셉은 이 태양까지도 초월하는 외재성을 통해 신에 접근한다. 파라오가 먼저 묻는다. "너희의 신은 대관절 누구냐? ……그대 아버지의 선조[아브라함]가 그를 발견했다 했더냐? 마치 참된 신을, 유일한 신을 찾았다는 말처럼 들리는군.

무엇보다 들뢰즈의 존재의 일의성은 근대의 칸트와 관련하여 신의 여러 가지 명칭들을 비판적으로 숙고하는 시금석으로 역할한다. 칸트는 신을 '실재의 총체(omnitudo realitatis)'로 정의하는데, 이는 사물(피조물)이 가질 수 있는 모든 술어가 담긴, 말하자면 재료 전체의 저장고와 같은 것이다. 이는 바로 스피노자에서 '무수한 속성들 전체'에 해당하는 개념이다. 이런 맥락을 염두에 두고 들뢰즈는 스피노자에서 신(속성들 전체)에 해당하는 자신의 개념 '기관들 없는 신체'를 칸트의 '실재의 총체'와 동일한 것으로 취급하고 있다.[51] 그러나 신이 사물이 가질 수 있는 술어의 저장고에 불과하다면, 그 신은 스피노자적인 내재적 신에 머물 수밖에 없다는 것을 칸트 역시 잘 알고 있었을 것이다. 이럴 경우 "근원 존재자(ens originarium)는 파생적 존재자들의 순전한 집합물로 보일 것인데"(A579/B607)[52] 자연적 인과론의 영역으로 철학을 제한하지 못하는 칸트의 관점에서 이는 '신'에 대한 사고로 충분치 못하다. 왜냐하면 "최고 실재성은 모든 사물들의 가능성의 기초에 '근거'로서 놓여

짐으로부터 그렇게 멀리 떨어진 곳에서, 그리고 짐보다 훨씬 오래전에 한 남자가, 진정한 유일신이 둥근 태양이며 바라보는 자와 그 시선을 받는 모든 것을 창조하신 분이며 하늘에 계신 나의 영원한 아버지라는 사실을 알았다는 것인가?' 그러자 요셉이 싱긋 웃었다. '아닙니다, 파라오. 그는 둥근 태양 곁에 머무르지 않았습니다. 그는 나그네였습니다. 그리고 그에게는 태양조차도 힘겨운 여행길에서 잠깐 쉬어 가는 정거장에 불과했습니다. 그는 늘 불안했고 채워지지 않았습니다. ……그래서 그는 태양까지도 넘어섰습니다.'"(토마스 만, 장지연 옮김, 『요셉과 그 형제들』 5권(살림, 2001), 297쪽) 여기에서 보듯 '채워지지 않음'이 외재적 신을 향하도록 하는 추동력이다. 그러나 내재성의 존재론에서는 저와 같은 '결여'를 매개로 한 외재적 신은 1종의 지식에 불과한 상상적인 것, 부적합 관념에 불과하다. 그것은 철학이 아니라 신화에나 등장할 수 있는 것이다. "결여는 순수하게 신화적인 것이다. 그것은 부정 신학(否定神學)의 일자(一者)와 같은 것이다."(A, p. 70)

51   A, p. 19 참조.

52   이후 계속되는 『순수 이성 비판』에서의 인용은 다음 문헌을 따르며, 본문 중 괄호 안에 칸트 인용 관례에 따라 초판과 재판의 면수만을 쓴다. 임마누엘 칸트, 『순수 이성 비판』 2권 (2006).

있지 총괄로서 놓여 있는 것이 아니"(같은 곳)기 때문이다. 흥미롭게도 이는 근본 원리(아르케)를 근거가 아닌 파생적인 것으로, 즉 출현한 존재자들의 총괄로 보는 들뢰즈의 관점과 상반된다. 궁극적으로 칸트는 신과 피조물의 관계를, 술어 전체의 저장고로서의 신(실재의 총체)에 제한을 가함으로써, 제한된 술어가 부여된 사물이 출현하는 것 정도로만 이해한 것이 아니다. 이럴 경우에 신은 피조물에 대해서 어떤 목적론적 원리도 되지 못한다. 오히려 이와 달리 칸트에서 신은 피조물과 분리된 원인, 즉 감성계 안의 피조물 안에서 신에 속한 것이 인식될 수 없는 그런 원인이다. 설령 칸트의 비판 철학의 '비형이상학적 특수성'으로 인해, "[원인으로서의 신과 관련된] 이 모든 것은 한 현실적인 대상의 여타 사물들과의 객관적 관계를 의미하는 것이 아니라, '이념의 개념들에 대한' 관계를 의미"(같은 곳)하는 것일지라도 말이다. "모든 사물의 잡다함은 근원 존재자 자신을 제한함에 의거하는 것이 아니라, 근원 존재자의 완벽한 결과에 의거한다. 그렇다면 우리의 전체 감성도 현상에서의 모든 실재와 더불어 이 결과에 속하지만, 이 결과가 최고 존재자[ens summum]의 이념에 한 성분으로서 속할 수는 없다."(같은 곳) 따라서 신은 '실재의 총체'라는 개념에만 그치지 않는다. 내재적 원인으로서의 신과 다른, 감성계적 존재자에 대하여 탁월한 원리인 이 '최고 존재자'는 '최고 실재 존재자(ens realissimum)'로 불리기도 한다.(A576/B604 참조)

결국 들뢰즈의 존재의 일의성의 지평에서 볼 때 칸트의 신은 한 가지 모습으로 나타나는 것이 아니다. 두 신이 출현한다. 앞서 말했듯이 스피노자의 그것과 비견될 만한 무수한 속성들의 집합이라는 점에서 들뢰즈는 칸트가 제시하는 '실재의 총체'로서의 신을 긍정하고 '기관들 없

는 신체'와 동일시하지만,[53] 다른 한편 '탁월한' 원리인 이 '최고 존재자'
는 '탁월한' 원리인 한에서 철학에 침입한 용납할 수 없는 '불순물', 즉
'신학적' 원리이며, 그런 까닭에 비판에 부친다.[54] 요컨대, 들뢰즈의 일
의성의 존재론을 비판적 기준으로 세웠을 때, 칸트의 신은 실재의 총체
라는 개념과 최고 존재자(내지는 최고 실재 존재자)라는 두 개의 개념으로
나뉘어 서로 상반되게 평가되는 것이다.

　　이렇게 사상사를 통해 철학자들이 제시해 온 근본 원리를 비판적으
로 평가하는 일은 들뢰즈의 철학사 연구라 일컬어지는 방대한 저작물로
결실을 보았고, 또 그의 철학이 지닌 파괴적인 힘을 시험해 보는 작업이
기도 했다. 그런데 그런 철학사를 대상으로 한 비판을 수립하는 초점은,
쟁점이 되는 어떤 근본 원리가 그 원리의 지배를 받는 존재자들과 별도
의 탁월한 원리인지, 아니면 그 존재자들에 내재적인 원리인지를 구별
하는 데 맞추어져 있다. 그리고 이 구별을 위한 입각점은 바로 스피노자
의 존재론 해석을 통해 형성한 존재의 일의성 개념으로부터 주어지는
것이다. 이런 점에서 스피노자를 통해 일의성의 개념을 달성하는 일은
들뢰즈 철학의 시작과 끝, 바로 모든 것이다.

53　A, p. 19 참조.
54　DR, p. 65 참조.

들뢰즈의 스피노자 연구 문헌

어떤 점에서는 들뢰즈의 모든 저작이 스피노자에 대한 연구이거나 스피노자에
기반을 둔 창조적 사유의 발현이라고 해야 할 것이다. 들뢰즈의 저작들 전부가
스피노자의, 실체가 지닌 두 개의 힘, 즉 존재하는 힘과 사유의 힘의 장(場)인
'내재성의 장'에 관한 연구라고 해도 과언이 아니다. 『차이와 반복』(1968)은 일
의성의 존재론을 정립하고 책의 후반부에서는 내재성의 장('존재의 일의적 장'
이라 불러도 좋겠다.)으로부터 어떻게 개별자들이 출현하는지를 다룬다. 『안티
오이디푸스』(1972)는 '생산하는 힘'으로서의 속성에 착안하여 '생산하는 욕망'
개념을 내세우고 이를 바탕으로 오이디푸스 같은 초월적인 요소에 매개되지 않
는 자유로운 욕망의 본성을 다룬다. 『안티 오이디푸스』의 후속편인 『천의 고
원』(1980)은 "어느 스피노자주의자의 기억"이라는 소제목이 종종 출현할 정도
로 명시적으로 스피노자를 참조하면서, 현대의 여러 철학적, 과학적 성과들을
스피노자적 틀 안에서 읽어 낸다. '수많은 고원들(Mille Plateaux)'이란 연장적
존재와 사유 두 가지 힘으로 이루어진 내재성의 장으로부터 이 힘의 다양한 '강

도(intensité)'에 따라 출현하는 수많은 개별자들을 가리킨다.

들뢰즈가 명시적으로 스피노자의 이름을 내걸고 작성한 연구서는 아래 두 가지
이다.

1. 『스피노자와 표현의 문제(*Spinoza et le problème de l'expression*)』(이진경·
권순모 옮김, 인간사랑, 2003)

들뢰즈는 자신의 존재론을 주요 저작을 통해 동시적으로 두 번 보여 준다. 1968
년 출간된 국가 박사학위 주논문인 『차이와 반복』과 부논문인 『스피노자의 표
현의 문제』가 그 두 저작이다. 『스피노자와 표현의 문제』는 현상학과 실존주
의 시대를 마감하고 프랑스에서 스피노자 르네상스가 펼쳐지던 1960년대 스
피노자 연구를 대표하는 저작 가운데 하나이다. 이 저작의 핵심 개념인 '표현
(expression)'은 일의성의 존재론을 정초하는 개념이다. 가령 표현 개념은 다음
과 같이 쓰인다. "실체는 속성들로 펼쳐지는(explication) 동시에 속성들 안에 함
축(implication)되어 있다." 이것이 뜻하는 바는 실체는 별도로서가 아니라 오로
지 속성 속에서만 존립한다는 것이다. 즉 속성들에 대해 외재적인, 초월적인 존
재로서의 실체는 없다. 실체나 속성에 대해 존재는 오로지 한 가지 의미일 뿐
이다. 이 저작의 후반부는 개별자(양태)의 생산 문제를 심도 깊게 다룬다. 헤겔
로 대표되는 독일 관념론의 스피노자 해석에서 비판적 논점 가운데 하나는, 스
피노자의 철학에는 역동성(dynamism)이 없다는 것이다. 즉 절대자로부터 개별
자의 생산을 설명하지 못한다는 것이다. 이 저작은 독일 관념론의 해석에 맞서
스피노자의 기하학적 방법이 절대자를 정적인 차원에서 묘사하는 데 그치는 것
이 아니라 개별자의 생산이라는 발생적 또는 역동적 주제를 설명해 내고 있음
을 보인다. 이 과정에서, 개별자의 본성의 형성을 힘의 '강도'로 설명하는 들뢰
즈의 독특한 강도 이론이 등장한다. 이 책이 담고 있는 스피노자의 존재론적 주

제들이 『차이와 반복』에서는 들뢰즈 자신의 존재론적 성찰 속에서 반복되는 만큼, 이 책은 들뢰즈 존재론의 밑그림으로서 스피노자가 차지하는 위상을 잘 알려 준다.

2. 『스피노자의 철학(*Spinoza: Philosophie pratique*)』(박기순 옮김, 민음사, 1999)

『스피노자의 철학』(원제는 『스피노자: 실천 철학』)은 스피노자에 대해 들뢰즈가 쓴 다양한 글을 모은 책이다. 이 책은 일단 들뢰즈 자신의 스피노자 해석을 독자들이 보다 용이하게 접할 수 있도록 하고자 한 교육적 목적이 두드러진다. 왜냐하면 이 책의 반 이상을 차지하는 4장은 바로 스피노자의 주요 개념을 사전식으로 정리하고 있기 때문이다. 이 소사전은 스피노자에 대한 접근을 손쉽게 해 주기도 하지만, 들뢰즈의 개성적인 스피노자 독해가 배어들어 있다는 점 역시 염두에 두고 읽어야 할 문헌이다. 이 책의 다른 부분들은 들뢰즈가 스피노자 해석에서 중요성을 부여했던 주제들을 확대한 개별 논문들을 포함한다. 인상적인 장은 첫 장과 마지막 장인데, 첫 장 「스피노자의 삶」은 스피노자에 대해 쓴 짧은 전기이다. 짧지만 스피노자의 삶과 철학에 대해 매우 인상 깊은 통찰을 담고 있으며, 철학자의 삶과 학문이 어떻게 모범적으로 일치하고 있는지를 훌륭하게 보여 주고 있다. 마지막 장 「스피노자와 우리」는 들뢰즈 철학이 스피노자로부터 읽어 내고 있는 핵심이 무엇인지를 알려 준다.

참고 문헌

박기순, 「들뢰즈와 스피노자: 무한의 사유」, 《진보평론》 31호, 2007.
서동욱, 『차이와 타자: 현대철학과 비표상적 사유의 모험』, 문학과지성사, 2000.

_____, 「인식의 획득에서 상상력의 역할」,《철학연구》100호, 2013.

_____,『들뢰즈의 철학: 사상과 그 원천』, 민음사, 2002.

진태원, 「스피노자 철학에 대한 관계론적 해석」, 서울대학교 박사학위논문, 2006.

알랭 바디우, 박정태 옮김,『들뢰즈: 존재의 함성』, 이학사, 2001.

임마누엘 칸트, 백종현 옮김,『순수 이성 비판』2권, 아카넷, 2006.

질 들뢰즈, 서동욱 외 옮김,『프루스트와 기호들』, 민음사, 2004.

G. W. F. 헤겔, 임석진 옮김,『정신현상학』1권, 한길사, 2005.

Deleuze, G., *Spinoza et le problème de l'expression*, Ed. de Minuit, 1968.

_____, *Différence et répétition*, PUF, 1968.

_____, (& F. Guattari), *L'anti-Œdipe: Capitalisme et schizophrénie*, t. 1, Ed. de Minuit, 1972.

_____, (& F. Guattari), *Mille Plateaux: Capitalisme et schizophrénie*, t. 2, Ed. de Minuit, 1980.

_____, *Spinoza: Philosophie pratique*, Ed. de Minuit, 1981.

_____, (& F. Guattari), *Qu'est-ce que la philosophie?*, Ed. de Minuit, 1991.

_____, "L'immanence: une vie," *Philosophie*, no. 47, Ed. de Minuit, 1995.

Levinas, E., *Totalité et infini*, Martinus Nijhoff, 1961.

Spinoza, B., (Ed. & Tr. by E. Curley) *The Collected Works of Spinoza*, Princeton Univ. Press, 1985.

스피노자와
푸코

스피노자와 푸코 사이에는 300년의 간극이 있으며, 푸코
자신이 스피노자에 관해 글을 단 한 편도 남기지 않았다는
점에서 서로 비교하기 어려운 철학자들인 듯 보인다. 하지만
스피노자와 푸코는 일관성 있는 관계론의 철학자들이라는
점에서 중요한 공통점을 지니고 있으며, 이에 입각하여 비교
가능하다. 이 글에서는 먼저 두 철학이 어떤 점에서 관계론의
철학이라고 할 수 있는지 해명한 뒤에, 두 사람의 정치 철학을
법적 권력론을 대체하는 구성적 권력론으로 규정한다.
마지막 절에서는 '주체화'의 문제 설정에서 두 사람의
차이점을 비교한다. 푸코가 신체를 중시하는 권력의 미시
물리학을 추구했다면 스피노자는 평행론에 입각한 정서의
자연학에 기반을 두고 있다. 그리고 푸코가 사회적 갈등을
니체적 가설에 따라 지배의 논리와 통치술의 접합이라는
관점에서 설명한다면, 스피노자는 정서 모방의 단일한 논리로
분석한다는 점에서 양자의 차이를 찾을 수 있을 것이다.

관계론의 철학(들)

진태원

스피노자와 푸코, 불가능한 만남?

스피노자 철학이 현대 프랑스 철학, 특히 지난 1960년대 이후 구조주의 운동에 관여했던 철학자들에게 큰 영향을 미쳤고, 또 그 철학자들에 의해 새로운 모습을 띠고 현대 사상의 무대에 다시 등장하고 있다는 점은 이제는 별도의 논증이 필요한 사실이 아니다.[1] 가령 스피노자에 관해 빼어난 두 권의 연구서를 남긴 질 들뢰즈나, 스피노자에 관해 독자적인 저서를 남기지는 않았지만 그의 철학을 탁월하게 응용해 마르크스주의를 재해석함으로써 현대 마르크스주의에 큰 영향을 미친 루이 알튀세르 같은 사람이 이를 입증하는 대표적인 사례이다. 더 나아가 알튀세르

---

1 스피노자가 프랑스의 구조주의 운동에 미친 영향에 대해서는 진태원, 「스피노자의 현재성: 하나의 소개」, 《모색》(2001)과 「범신론의 주박에서 벗어나기: 프랑스에서 스피노자 연구 동향」, 《근대철학》(2007) 참조.

의 제자였다가 그의 사후 각자 독자적인 사상의 세계를 개척하고 있는 에티엔 발리바르와 피에르 마슈레의 작업에서도 스피노자의 깊은 영향이 드러나며, '다중(multitude)' 개념을 토대로 현대 스피노자 연구의 새로운 방향을 열었고 또한 현대 사회 분석에서도 독창적인 업적을 남긴 안토니오 네그리(그리고 마이클 하트)도 현대 스피노자 연구의 주요 인물로 꼽을 수 있다.

하지만 우리가 관심을 갖는 사상가가 미셸 푸코라면 이야기가 달라진다. 자신들의 작업에서 지속적으로 스피노자 철학에 준거했던 알튀세르나 들뢰즈 및 다른 사상가들과 달리 푸코는 스피노자에 대하여 거의 언급하지 않았으며, 오히려 자신의 이론 작업에 결정적인 영향을 끼친 사람으로 직접 하이데거나 니체를 거론하고 있기 때문이다.[2] 따라서 국내뿐 아니라 외국에서도 이 두 사람을 비교하는 연구는 매우 적은 편이다.[3] 이런 측면에서 본다면 양자를 비교, 고찰하려는 시도는 매우 특이할 뿐만 아니라, 어떤 점에서는 불가능한 작업처럼 보일 수 있다.

우리는 그러나 다음과 같은 점들 때문에 두 사람의 사상에 대한 비교, 고찰이 가능할 뿐만 아니라 꽤 생산적이고 풍요로운 결과를 낳을 수

---

2   하이데거와 니체가 푸코의 사상에 미친 영향에 대해서는 Michel Foucault, "Le retour de la morale"(1984), *Dits et écrits*(이하 DE), IV 중 특히 p. 703을 보라.

3   특히 주목할 만한 논의로는 Pierre Macherey, "Pour une histoire naturelle des normes," *Michel Foucault Philosophe*(1988); Olivier Remaud, "Ethique et politique: Foucault et Spinoza," *Lectures de Michel Foucault*(2003); Aurélie Pfauwadel & Pascal Sévérac, "Connaissance du politique par les gouffres: Spinoza et Foucault," *Spinoza et les sciences sociales*(2008) 그리고 직접 양자 사이의 관계를 주제로 삼지는 않지만 두 사람(및 알튀세르)의 사상에서 흥미로운 평행성을 발견하는 Warren Montag, "'The Soul is the Prison of the Body': Althusser and Foucault, 1970~1975," *Yale French Studies*(1995)를 들 수 있다. Gilles Deleuze, *Foucault*(1986)는 스피노자와 푸코를 비교하는 대신, 스피노자적인 관점에서 푸코를 재해석하는 책(적어도 그중 몇 부분은 그렇다.)으로 읽을 수 있다.

있다고 생각한다. 우선 두 사람은 매우 일관된 관계론적 관점을 견지한 사상가였다. 뒤에서 좀 더 상세히 살펴보겠지만, 푸코는 여러 저작에서 명시적으로 관계론을 자신의 권력 분석의 근본 원칙으로 천명하고 있으며, 스피노자는 범신론자라거나 실체의 철학자라는 세간의 평가에도 불구하고 매우 일관된 관계론의 철학자라는 것이 우리의 생각이다. 더욱이 두 사람의 이러한 관계론적 입장은 알튀세르의 용어를 빌리자면 급진적인 이론적 반(反)인간주의의 형태로 표출되었다. 푸코의 경우 이는 개인은 권력의 원초적 담지자가 아니라 오히려 권력의 산물이라는 주장으로 나타난다. 스피노자의 경우에는 인간은 "자연의 일부"이며, 따라서 인간이 자유 의지를 가지고 있다는 생각은 인간의 자생적인 가상에 불과하다는 주장이 그에 해당한다.[4] 더욱이 이러한 가상은 초월적인 자연의 주재자에 대한 미신 및 신학자들의 권력과 결부되어 있기에[5] 스피노자에게 자유로운 주체의 가상은 정치적 예속의 표현과 다르지 않다.[6]

따라서 스피노자와 푸코 두 사람 모두에게 자유롭고 독립적인 개인이라는 관념은 예속화하는 권력이 산출하는 가상에 불과하며, 이러한 가상을 극복하는 길은 사회 계약론에 함축된 부정적인 권력 개념 대신

---

4   E I 부록 및 E III P2s, E V 서문 참조.
이 글에서는 스피노자의 저작들에 대해 다음과 같은 약어들을 사용한다.
『신학 정치론』→ TTP, 『정치론』→ TP, 『에티카』→ E. 정의(D) 공리(A) 정리(P) 증명(d) 따름 정리(c) 주석(s) 보조 정리(l). 예) 『에티카』4부 정리 37의 주석 2 → E IV P37s2.
스피노자의 고증본 전집(Spinoza 1925)은 G라는 약어 아래 권수는 로마자로, 쪽수는 아라비아 숫자로 표기한다. 『신학 정치론』과 『정치론』은 각각 1999년과 2005년에 출간된 새로운 고증본 전집(Spinoza 1999b; Spinoza 2005)을 사용하며, 인용의 경우는 해당 쪽수를 표시한다.
5   TTP 서문.
6   이 점에 대한 좀 더 자세한 논의는 Lauren Bove, *La stratégie du conatus: Affirmation et résistance chez Spinoza*, 6장 및 진태원, 『스피노자 또는 관계론의 철학』(근간) 중 5장 참조.

긍정적이고 생산적인 권력 개념(또는 스피노자에게는 '역량(potentia)' 개념)을 바탕으로 기존의 예속화와 다른 주체화의 양식을 모색하는 길이었다. 푸코는 이를 '통치성(gouvernementalité)' 또는 '통치(gouvernement)'라는 일반적인 문제 설정에 따라 새로운 자기의 구성이라는 문제로 인식했으며, 스피노자는 한편으로는 균형 잡힌 정치체의 통치라는 의미에서 정치적 안전의 문제로, 다른 한편으로는 윤리적 능동화의 모색으로 인식했다. 이처럼 두 사람은 각각의 상이한 스타일에 따라 독자적인 해결 방식을 추구했지만, 관계론을 자신들의 일관된 이론적, 방법론적 원리로 삼았다는 점에서는 심원한 공통점을 지녔다고 할 수 있다. 바로 이 때문에 우리는 시대적인 차이에도, 또한 푸코가 스피노자를 거의 언급하지 않음에도, 두 사람 사이에서 어떤 공통적이고 비교 가능한 요소들을 이끌어 낼 수 있다고 생각한다.

우리가 이 글에서 다루려는 논점은 다음과 같은 물음들로 집약될 수 있다. 스피노자와 푸코 두 사람에게 관계론적인 철학은 어떻게 표현되는가? 이러한 관계론은 어떤 의미에서 사회 계약론에 대한 비판과 더불어 권력 분석에서 이론적 반인간주의의 입장을 낳게 되는가? 이러한 이론적 반인간주의는 정치적, 윤리적 실천의 규범적인 기초나 방향을 제시해 주는 데 한계가 있는 것 아닌가? 스피노자와 푸코가 이처럼 공통적으로 관계론에 입각한 권력 분석과 정치적, 윤리적 실천을 제시한다면, 그들의 입장은 동일한 것인가? 아니면 양자 사이에는 어떤 차이점이 존재하는 것인가? 그렇다면 그러한 차이점이 시사하는 바는 무엇인가?

2 푸코와 스피노자에서 관계론의 문제 설정

스피노자 철학과 푸코 철학의 공통점은 일차적으로 관계론적인 입장에서 찾을 수 있다. 푸코는 그 스스로 여러 차례에 걸쳐 자신이 관계론적인 관점을 채택하고 있음을 밝혔기 때문에 푸코의 철학, 특히 그의 권력 이론과 윤리학을 관계론적인 입장으로 이해하는 데 큰 무리가 없었다. 하지만 스피노자가 관계론의 철학자라는 주장은 매우 놀랍게 여겨질 수 있으며 어떤 사람들에게는 거의 용어 모순적인 주장으로 들릴수도 있다. 스피노자는 서양 철학에서도 대표적인 실체의 철학자이며, 실체의 철학은 관계론의 철학과 거의 정반대되는 입장에 놓이기 때문이다. 따라서 어떤 의미에서 스피노자를 관계론의 철학자로 부를 수 있는지 설명하기 위해서는 상당한 이론적 정당화가 필요하다. 하지만 한 편의 글에서 이러한 정당화의 논변을 온전히 전개하기는 어렵기 때문에, 여기에서는 우선 푸코가 채택하는 관계론적 입장이 어떤 것인지 살펴본다음, 스피노자의 철학 역시 푸코와 마찬가지로 관계론적인 관점에 따라 이해될 수 있다는 점을 보여 주기로 하겠다.

1) 푸코와 관계론적 전회

푸코는 『감시와 처벌』, 『성의 역사 1권: 앎의 의지』, 『"사회를 보호해야 한다"』 등에서 몇 차례에 걸쳐 권력 분석에서 일종의 관계론적 전회를 제안하고 있다. 특히 다음 구절은 이를 매우 잘 보여 준다.

권력을 관계의 원초적 항들로부터 출발해서 연구할 게 아니라, 관계

야말로 자신이 향하고 있는 요소들을 규정하는 것인 한에서, 관계 자체로
부터 출발해서 연구해야 한다. 이상적 주체들에게 그들이 스스로 예속될
(assujettir) 수 있도록 그들 자신으로부터 혹은 그들의 권력으로부터 양도
할 수 있었던 것은 무엇인가를 묻기보다는, 어떻게 예속 관계들(relations
d'assujettissement)이 주체들을 만들(fabriquer) 수 있는지 탐구해야 한다.
마찬가지로, 모든 권력 형태들이 그 결과로 또는 그 전개로 파생되어 나올
유일한 형태나 중심점을 찾기보다는 우선 이 형태들이 지닌 다양성, 차이,
종별성, 가역성을 부각해야 한다. 따라서 이것들을, 서로 교차하고 서로에
게 준거하고 서로 수렴하거나 반대로 서로 대립하고 서로를 소멸시키는
경향을 지닌 세력 관계들로 연구해야 한다. 마지막으로 법에 대해 권력의
발현으로서 특권을 부여하기보다는 권력이 작동시키는 상이한 강제의 기
술들을 표시해 두는 것이 좋다.[7]

여기에서 푸코는 네 가지 측면에서 자신의 연구 방법론으로서 관계
론을 정식화하고 있다.[8]

(1) 관계 항들에 대한 관계의 우위
이러한 원칙으로 푸코가 강조하고자 하는 바는 권력이나 정치에 대
한 분석에서 독립적인 개인이나 주체를 출발점으로 간주하는 입장 및

---

[7]   Michel Foucault, *"Il faut défendre la société": Cours au Collège de France*(*1977~
1978)(1997); 『"사회를 보호해야 한다"』(1998), 305~306쪽.(번역은 수정) 푸코의 저작에서
인용할 때 한국어판이 있을 경우에는 한국어판 쪽수를 중심으로 했으며, 함께 병기할 필요가 있
다고 생각할 때에는 원문 페이지를 달아 두었다.
[8]   이 단락은 진태원, 「푸코와 민주주의: 바깥의 정치, 신자유주의, 대항 품행」, 《철학논집》
(2012) 중 164~168쪽의 논의를 축약한 것이다.

또한 그것에 전제되어 있는 방법론적 개체론에서 벗어나야 한다는 점이다. 하지만 그렇다고 해서 푸코가 방법론적 전체론을 옹호하는 것은 아니다. 만약 그랬다면, 푸코는 권력의 중심을 가정하거나 권력을 동질적인 전체로 이해했을 것이다. 푸코의 입장은 오히려 권력 관계 이전에 미리 존재하는 개인들이 소유하는 속성이나 대상으로 권력을 이해하는 대신, 권력을 개인들을 형성하고 재생산하고 변형하는 관계로 파악하려한 것으로 이해할 수 있다.

(2) 사회 계약론이 아니라 예속 관계

관계론의 두 번째 원칙은 사회 계약론을 예속 관계에 대한 분석으로 대체하는 것이다. 사회 계약론이 문제가 되는 것은 권력 관계 이전에 미리 존재하는 개인들이 사회 계약론의 기본적인 이론적 전제 조건 중 하나이기 때문이다. 더 나아가 그것은 다수 개인들의 자발적인 의지로부터 어떻게 하나의 국가, 하나의 주권이 구성되는지 해명하려고 하지만, 이는 권력과 지배의 실질적인 메커니즘을 은폐하고 호도할 뿐이다. 따라서 통일적인 주권에 기초를 둔 인공적 권력 구조에 관한 리바이어던 모델 대신 "지배의 기술과 전술"[9]로부터 권력을 이해해야 한다. 이것은 주권 개념에 기초를 둔 법적인 권력 개념 대신 '지배 관계 또는 그 작동 장치들'을 부각하려는 푸코의 이론적 관점의 표현이다.

(3) 중심이 아니라 다양성, 차이, 종별성, 가역성

여기에서 푸코가 겨냥하는 것은 모든 권력의 통일체이자 중심으로

---

9   미셸 푸코, 『"사회를 보호해야 한다"』(1998), 53쪽.

서 국가를 분석의 주요 대상으로 삼는 권력 이론이다. 자유주의와 마르크스주의를 비롯한 근대의 거의 모든 정치 이론은 긍정적인 것으로 보든 부정적인 것으로 보든 항상 국가를 중심으로 권력을 분석해 왔지만, 푸코에 따르면 이는 권력의 실제 메커니즘을 분석하는 데서나 저항의 가능성을 사고하는 데서나 부적절한 관점이다. 권력이 어떤 단일한 중심에 따라 구조화되어 있다고 보는 것은 사실 "오랫동안 정치적 사유를 현혹한 주권-법 체계"[10]에서 기인하는 것으로, 권력의 다면적이고 구체적인 작동을 분석하기 어렵게 만든다. 더 나아가 이 관점은 "권력에 대한 커다란 거부의 '한' 장소"[11]를 가정하지만, 이는 결국 억압 가설이나 소외론으로 귀착된다.

반대로 푸코에게 권력 관계는 "작용 영역에 내재하고 조직을 구성하는 다수의 세력 관계, 끊임없는 투쟁과 대결을 통해 다수의 세력 관계를 변화시키고 강화하며 뒤집는 게임, 그러한 세력 관계들이 연쇄나 체계를 형성하게끔 서로에게서 찾아내는 거점, 반대로 그러한 세력 관계들을 서로 분리하는 괴리나 모순, 끝으로 세력 관계들이 효력을 발생시키고 국가 기구, 법의 표명, 헤게모니에서 일반적 구상이나 제도적 결정화가 구체화되는 전략"[12]으로 이루어진 것이다. 따라서 푸코가 『감시와 처벌』이나 『성의 역사』 등에서 보여 주었듯 권력 분석에서는 항상 구체적인 대상에 대해 구체적인 분석이 요구된다.

더 나아가 권력 관계는 항상 가역성을 포함한다. 다시 말해 권력이

10   Michel Foucault, *Histoire de la sexualité I: La volonté de savoir*(1976); 『성의 역사 1: 앎의 의지』(2004), 115쪽.(번역은 다소 수정)
11   같은 곳.
12   같은 책, 112쪽.

있는 곳에 바로 저항이 존재하며, "권력 관계는 다수의 저항 지점에 따라서만 존재할 수 있을 뿐이다."[13] 권력이 다양하고 구체적으로, 미시적으로 도처에 편재하는 것처럼 저항 역시 권력망의 도처에 현존하며, 따라서 때로는 서로 모순과 갈등을 빚기도 하는 다양한 저항의 형태들이 존재한다.

(4) 법에 부여된 특권 박탈하기

푸코는 또한 법에 대해 부여된 특권을 박탈하고 그 대신 다양한 강제의 기술들을 분석하는 것을 관계론의 주요 요소로 포함한다. 왜 법에 부여된 특권을 박탈하는 것이 이처럼 중요한 일일까? 그것은 푸코에게 법이 사실 지금까지의 원칙들에서 비판과 거부의 대상이 되었던 특징들을 집약하는 것이기 때문이다.[14] 곧 법은 초월적인 심급(곧 주권)을 가정함으로써 관계 항들 사이에 넘어설 수 없는 비대칭성을 도입하며, 더 나아가 이러한 초월적인 심급을 중심으로 권력을 사고하게 만든다. 그리고 이 때문에 법은 다양하고 상이한 권력의 기술들을 하나의 중심을 갖는 통일체로 환원하는 결과를 낳는다. 더 나아가 법은 보편성과 필연성의 상징으로서, 그것의 기원의 우연성이나 그 역사적 변화의 가능성을 사고 불가능하게 만든다.

또한 법은 권력을 금기로 간주하게 만든다는 점에서, 곧 권력을 금지하고 부정하고 제한하는 것으로 간주하게 만든다는 점에서 푸코(및 뒤에서 보게 될 것처럼 스피노자)가 항상 강조하는 권력의 생산적 또는 긍정적 성격을 파악하지 못하게 만든다. 이러한 관점에 따르면 법으로서의 권

---

13   같은 책, 115쪽.
14   특히 같은 책, 102쪽 이하 참조.

력은 "거의 '금지(non)'의 힘밖에 없"[15]다. 곧 법으로서의 권력은 자신에게 복종하는 주체에게 자신이 금지하는 것은 하지 말고 허가하는 것만을 하도록 강제하는 것 외에는 아무것도 할 수 없다. 하지만 이는 동시에 무한한 힘이기도 한데, 왜냐하면 법은 바로 그 금지에 의해 산출된 욕망을 통해 자신의 주체들을 무한한 원환 속으로 끌어들이기 때문이다. 법으로서의 권력은 금기와 위반의 무한한 되풀이와 다르지 않다.

요컨대 푸코에게 관계론이란, 개인을 분석의 출발점으로 삼아서는 안 되며, 권력이 단일한 중심을 갖는다고 간주해서도 안 되고, 오히려 순환적으로 작동하는 연관망으로 이해해야 한다는 것이다. 더 나아가 관계론적 원칙에 따를 경우 계약론이 아니라 예속 관계에 대한 분석을 대상으로 삼아야 하며, 이는 다시 법적, 주권적인 관계가 아니라 세력 관계들을 연구하는 것과 긴밀히 연관되어 있다.

그런데 이렇게 될 경우 당장 제기되는 반론이 있다. 바로 그렇기 때문에 푸코에게는 능동적인 주체, 자율적인 주체에 대한 관점이 부재하며, 따라서 정치적 분석에서 아무런 적극적인 규범적 기초나 실천 방향도 제시해 주지 못하는 것이 아닌가?[16] 우리는 스피노자에 대해서도 같

---

15 같은 책, 106쪽.
16 낸시 프레이저가 처음으로 정식화한 이래(Nancy Fraser, "Foucault on Modern Power: Empirical Insights and Normative Confusions," *Praxis International*(1981)) 이러한 비판은 하버마스나 찰스 테일러 같은 저명한 철학자뿐 아니라 숱한 주석가들에 의해, 또 대중 매체에 의해 널리 유포되었다. 또한 이러한 비판에 대해 숱한 반비판들이 제시된 바 있다. 특히 Amy Allen, "Foucault and the Politics of Our Selves," *History of the Human Sciences*(2011); David Campbell, "Why Fight: Humanitarianism, Principles, and Post-structuralism," *Millennium: Journal of International Studies*(1998); Tom Keenan, "The 'Paradox' of Knowledge and Power: Reading Foucault on a Bias," *Political Theory*(1987); Thomas Lemke, "Foucault, Governmentality, and Critique," *Rethinking Marxism*(2002); Thomas Lemke, "Foucault's Hypothesis: From the Critique of the Juridico-Discursive Concept of Power

은 질문이 제기되었음을 알고 있다. 특히 헤겔이 자신의 여러 저작에서 스피노자를 범신론(pantheism)으로 규정하고, 범신론이 내포할 수밖에 없는 필연적인 한계로 '인격' 내지 '주체성'의 부재를 제시한 후 스피노자는 서양 철학사에서 항상 '범신론=주체성의 부재'를 대표적으로 구현하는 인물로 간주되어 왔다. 따라서 우리가 스피노자와 푸코를 각각 관계론의 철학자로 이해하려 한다면, 일차적으로 해명해야 할 문제가 바로 이 문제라고 할 수 있다.

2) 관계론의 철학자 스피노자

푸코가 명시적으로 자신의 이론적 입장을 관계론으로 규정한다면 스피노자의 철학을 관계론으로 파악하는 것은 그리 명확한 일이 아니며, 오히려 우리가 스피노자 철학에 대해 갖고 있는 철학적 상식과 꽤 어긋난다. 따라서 간단하게나마 어떤 의미에서 스피노자의 철학이 관계론적인 철학인지 설명해 둘 필요가 있다.[17]

(1) 범신론과 주체성의 부재
스피노자 철학을 관계론의 철학으로 이해한다는 것은 일차적으로 스피노자 철학에 대한 전통적인 규정, 특히 '스피노자 철학=범신론'이라는 규정에 대한 비판을 함축한다.
헤겔 철학을 통해 철학사적인 영향력을 획득한 범신론적 해석에 따

---

to an Analytics of Government," *Parrhesia*(2010) 참조.
17   스피노자 철학을 관계론적인 철학으로 보는 좀 더 상세한 논의로는 진태원, 『스피노자 또는 관계론의 철학』(근간) 참조.

르면 스피노자의 실체는 철학사에서 보기 드문 절대자에 대한 사변적 표현이다. 곧 자신과 다른 타자들을 갖지 않으며 다른 어떤 것으로부터 생산되지 않고 자기 자신에 의해 산출되는 자기 원인으로서 스피노자의 실체는 순수한 실정성(positivity)의 개념 그 자체라는 것이다. 그러나 그는 이처럼 실체를 절대적으로 실정적인 존재자로 제시함으로써 동시에 실체를 아무런 운동도, 인과 작용도 수행하지 않는 정태적 존재자로 제시하는 대가를 치르게 된다. 운동은 변화를 상정하며 변화는 타자성과 부정성을 전제하는 데 반해, 이러한 실체는 절대적으로 실정적이라는 그 이유 때문에 아무런 타자성과 부정성도 지니지 않으며, 이는 결국 실체를 정태적인 것으로 만들기 때문이다. 따라서 실체는 절대적으로 실정적이면서도 아무런 운동, 아무런 변화도 수행할 수 없는 부동적이고 불활성적인 존재자라는 자기모순에 빠진다.

범신론적 해석은 이처럼 실체가 태초에 정립된 부동적인 절대자이기 때문에 스피노자 철학은 또한 유출론적 성격을 지닌다고 간주한다. 이미 절대적으로 완성되고 충만한 실체가 존재하므로 남은 것은 이러한 실체로부터 내려오는 존재론적 하강 운동뿐이다. 가령 헤겔은 『에티카』 서두에 나오는 실체(자기 원인), 속성, 양태들에 대한 정의는 이러한 하강의 운동이 이루어지는 순서를 가리킨다고 주장한다. 곧 자기 원인인 실체가 절대적으로 충만한 존재자를 가리킨다면, 속성은 실체의 본질을 표현하는 주관적 관점(따라서 이미 실체에 대해 외재적이고 부차적 관점)을 지칭하고, 양태는 다시 이것들보다 훨씬 더 존재론적인 실재성을 결여한, 사실은 거의 아무런 실재성도 지니지 않는 존재자들을 나타낸다.

결국 범신론적 해석에 따르면 이처럼 양태들이 존재론적 실재성을 지니지 않기 때문에 스피노자 철학에는 어떠한 주체성의 여지도 존재하지 않으며, 인간을 비롯한 개별 존재자들은 자유는커녕 실재성을 박탈당하고 만다. 스피노자 철학에는 이중적인 측면에서 주체성이 부재한다. 우선 실체는 내적 부정성의 계기를 결여한 부동적인 존재자이기 때문에 주체로 간주될 수 없다. 또한 인간은 자연의 필연적 질서의 일부에 불과하므로 자유의 가능성을 부정당하고 주체성도 결여하게 된다. 따라서 스피노자 철학은 데카르트의 사유와 연장, 정신과 신체의 이원론을 실체의 일원론을 통해 극복하려는 이론적 시도의 산물이지만, 데카르트가 확립해 놓은 주관성의 철학을 거부한 대가로 능동성과 자유의 여지를 전혀 포함할 수 없게 된다.

(2) 해방의 철학자 스피노자: 역량론적 해석의 난점

이런 관점에서 본다면 지난 1960년대 이후 프랑스와 이탈리아를 중심으로 전개된 새로운 스피노자 연구 경향, 역량론적 해석[18]이라고 부를 수 있는 새로운 흐름은 하나의 사상사적 사건이라고 할 만하다. 이 해석은 스피노자를 범신론의 질곡에서 빼내어 근원적인 해방의 철학자로 복원시켰기 때문이다. 1968년의 반역은 역량론적 해석의 동력이었으며, 들뢰즈, 마트롱 또는 네그리를 비롯한 여러 주석가들에 의해 스피노자는 어떤 의미에서는 마르크스보다 더 탁월한 해방의 철학자로 부활했다.[19]

---

18 '역량론(puissantialisme)'이라는 명칭은 프랑스의 스피노자 연구가인 앙드레 토젤(André Tosel)의 "Quel devenir pour Spinoza? Rationalité et finitude," *Quel avenir pour Spinoza? Enquête sur les spinozismes à venir*(2001)에서 빌려온 것이다. 토젤은 역량론을 스피노자 자신의 철학적 입장으로 간주하지만, 이는 사실 1960년대 말 이후 전개된 새로운 스피노자 연구의 관점을 반영하는 것이다.

19 1960년대 이후 프랑스에서 스피노자 수용의 양상에 대해서는 진태원, 「범신론의 주박에서 벗어나기: 프랑스에서 스피노자 연구 동향」《근대철학》(2007)을 참조하고, 알튀세르, 들뢰즈, 네그리, 발리바르의 스피노자론에 관한 소개는 진태원, 「스피노자의 현재성: 하나의 소개」, 『모

역량론적 해석은 그 명칭에서 드러나듯 '역량(potentia)'이라는 개념을 스피노자 철학의 중심에 놓는다. 스피노자의 자연은 무엇보다도 끊임없이 생성과 소멸, 변화가 이루어지는 역동적인 자연이며, 신은 절대적으로 무한한 역량에 따라 무한하게 많은 실재들을 생산하는[20] 내재적인 원인, 자기 원인이다. 하지만 신이 이처럼 절대적인 역량을 지니기 때문에 유한한 실재들, 개체들에게는 자유의 여지가 조금도 남아 있지 않은 게 아닌가? 이러한 반문에 대해 역량론자들은 다음과 같이 답한다. 신 또는 실체의 절대적 역량이 양태들의 자유를 불가능하게 한다고, 실체와 유한한 실재들이 서로 대립 관계에 있다고 생각하는 것은 실체와 양태들 사이의 관계를 외재적 관계로 사고한다는 의미이다. 반대로 실체는 양태의 타동적 원인이 아니라 내재적 원인[21]이다. 곧 실체의 역량은 양태들의 자유를 배제하기는커녕 오히려 양태들 자신이 원인으로 작용할 수 있는 근거가 된다. 신의 절대적 역량의 유한한(또는 스피노자자신의 용어법대로 하면, "일정하게 규정된(certa et determinata)") 표현으로서 코나투스 개념은 유한한 실재들이 스스로 어떤 결과들을 산출할 수 있는 원인이라는 점을 잘 보여 준다.[22]

하지만 역량론적 해석은 스피노자 철학의 독창성, 그 이론적 진면목을 충분히 보여 주고 있을까? 게루, 들뢰즈, 마트롱 또는 마슈레와 같은 대가들의 업적에도 불구하고 역량론적 해석은 여전히 몇 가지 모호함을 드러낸다. 다음과 같은 질문을 던져 보자. 그렇다면 원인으로서의

색』(2001)을 보라.
20   E I P11, P16.
21   E I P18.
22   E I P36, E III P7, P54 참조.

역량을 지니고 있음에도 왜 대부분의 사람들은 무지와 수동성에 빠져 있는가? 이러한 예속은 어디에서 유래하며 어떻게 개조될 수 있는가?

이를 설명하기 위해, 가령 들뢰즈는 "수동력과 능동력이라는 별개의 힘"을 가정한다. "우리의 수동력은 불완전성 또는 우리의 능동적 힘 자체의 유한성이나 제한에 불과하다."[23] 이 수동력은 어디에서 유래하는가? 이는 "우리 자신과 구별되는 외부 실재로부터 작용을 받아들이는"데서 비롯한다. 다시 말해 본질의 차원에서 우리는 능동적인 원인이지만, 실존의 차원에서, 우리와 구별되는 다른 존재자들과의 마주침 차원에서 우리는 수동적이며 이것이 예속의 뿌리를 이룬다. 그렇다면 어떻게 이러한 불완전성, 유한성, 제한을 극복할 수 있을까? 들뢰즈는 공통 통념(notio communis)의 이론을 해법으로 제시한다. 곧 여러 가지 마주침들 중에서 '좋은 마주침', 우리의 본성과 합치하는 존재자들과의 마주침을 선별하고 이를 통해 공통 통념들을 형성함으로써, 우리는 수동성에서 능동성으로 이행할 수 있다.

하지만 실존의 차원에서 인간은 상상과 수동성에 빠져 있는데 어떻게 이러한 선별이 가능하겠는가? 더 나아가 인간의 외부 실재들에 의해 변용되지 않고서는 실존할 수 없는데, 수동력이 유한성이나 제한에 불과하고 '아무것도 표현하지 않는다'면, 들뢰즈 또는 역량론적 해석가들이 추구하는 능동성은 외부 실재들과의 관계에서 벗어남, 곧 해탈함을 의미하는 것 아닌가? 또는 원초적으로 주어진 능동적인 본질의 회복을 의미하는 것 아닌가? 그렇다면 이는 목적론과 어떻게 다른가?[24]

---

23   Gilles Deleuze, *Spinoza et le problème de l'expression*, Minuit(1969);『스피노자와 표현의 문제』(2003), 204쪽.
24   이는 스피노자 철학에서 능동과 수동 및 변용이라는 범주의 의미를 어떻게 이해할 것인가

(3) 관계론으로서 스피노자 철학

이러한 해석들 대신에 우리는 스피노자 철학을 관계론으로, 그것도 가장 일관되고 근원적인 관계론 철학 중 하나로 읽을 것을 제안한다. 이는 역량론을 배제하기 위해서가 아니라 그것이 열어 놓은 스피노자 연구의 새로운 차원을 좀 더 풍부하게 개척하고 확장하기 위해서다. 이 제안이 당혹스럽게 들릴 수 있다는 것을 안다. 스피노자는 대표적인 실체의 철학자이며, 따라서 관계론 철학과는 가장 거리가 먼 사람 아닌가? 더 나아가 이는 매우 통속적으로 이해될 위험도 있다. 하지만 우리가 제안하는 관계론을, 모든 것은 서로 관계를 맺고 있으며, 세상에 고립되어 존재하는 것은 아무것도 없다는 식의 주장으로 이해해서는 안 된다. 스피노자의 철학을 관계론으로 해석하자는 것은 무엇보다 스피노자 철학의 대상과 목표를 좀 더 정확히 이해해야 한다는 뜻이다. 관계론에 따르면 스피노자 철학의 대상은 개체화, 또는 같은 말이지만 사회적 관계에 대한 분석이다. 그리고 스피노자 철학의 목표는 인간의 원초적인 삶의 조건을 이루는 예속적 관계(왜냐하면 인간의 본질을 이루는 욕망으로부터 이러한 예속 내지 수동성이 생겨나기 때문이다.)를 개조할 수 있는 길을 보여 주는 것이다.

(a) 관계들의 체계로서 실체 또는 자연

스피노자에게 실체는 하나의 개체 또는 하나의 실재를 의미하지 않는다. 실체는 자연 전체를 가리키기 때문이다. 실체는 오히려 무한하게 많은 인과 연관들의 집합 또는 (현대적인 용어를 사용한다면) 체계와 다르지 않다. 실체가 지닌 절대적인 역량, 무한하게 많은 실재들을 무한하게 생

를 둘러싼 쟁점이다. 상세한 논의는 진태원, 『스피노자 또는 관계론의 철학』(근간), 7장 참조.

산해 내는 역량은 자의적이거나 우연적으로 실행되지 않는다. 그것은 엄밀하게 규정된 인과 관계에 따라 필연적으로 전개된다. 그리고 이 때문에 자연에 대한 합리적 인식과 실천적 지향이 가능해진다.

또한 스피노자에서 인과 관계는 내재적 인과 관계다.[25] 이러한 내재적 인과성은 자연에 대한 신의 초월성을 부정할 뿐만 아니라, 자연 내부에서의 초월성도 부정한다. 다시 말하면 역량론적 주석가들이 가정하는 것과 달리 스피노자에게 인과 관계는 이중적 인과 관계로, 곧 신과 개별 양태들 사이의 수직적 인과 관계와 개별 양태들 상호 간의 수평적 인과 관계로 이중화되지 않는다. 『에티카』 1부 정리 28이 보여 주듯, 스피노자에게 인과 관계는 미리 존재하는 개별적인 항들 사이의 타동적이고 선형적인 관계가 아니라, 이미 다수의 항들이 관련되어 있는 복합적이고 비선형적인 인과 관계, 곧 연관의 인과 관계라고 할 수 있다. 그리고 이러한 인과 관계 속에서 개체들이 형성되며, 또한 상호 작용하게 된다. 스피노자의 '존재론'에 대한 인식은 인과 연관의 질서에 대한 정확한 인식과 다른 내용을 갖지 않는다.[26]

(b) 변용의 연관으로서 인과 관계

그러나 이러한 인과 관계를 결정론적인 관계로, 또는 좀 더 정확히 말하면 선형적인 관계로 이해해서는 안 된다. 스피노자는 실체와 다른 존재자, 따라서 사실은 존재하는 모든 것들을 '양태' 또는 '변용(affectio)'

---

25   "신은 만물의 내재적 원인이지 타동적 원인이 아니다."(E I P18)
26   E I P18, P25, P28 및 E II P7 참조. 스피노자의 존재론에 대한 관계론적 해석으로는 특히 에티엔 발리바르, 『스피노자와 정치』(2014) 중 2부 2장; Françoise Barbaras, "Spinoza et Démocrite," *Studia Spinozana*(1996); 진태원, 앞의 책(근간) 중 2~4장 참조.

이라고 부른다. '양태'라는 명칭은 실체와 존재하는 모든 것들 사이의 관계가 내재적이라는 것을 잘 드러내며, '변용'이라는 명칭은 존재하는 것들의 본질과 실존의 양상이 어떤 것인지 잘 보여 준다.

변용으로서 존재하는 실재들은 명칭대로 늘 변화하며, 변화를 통해서만 존립한다. 우선 변용들은 다른 실재들에 의해 '변용됨(affici)'으로써 성립하고 실존한다. 외부 환경, 외부 실재들과 교섭하고 이를 통해 변용되지 않는 실재는 단 한순간도 존립할 수 없다. 하지만 이러한 변용되기는 들뢰즈가 말하는 '수동력'이 아니다. 변용되기는 역량의 제한이나 우리의 불완전성의 징표가 아니라 우리의 역량이 성립하고 축적되기 위한 조건 자체이기 때문이다.[27] 그리고 변용들로서 실재들은 또한 '변용함(afficere)'으로써 존립한다. 곧 변용되기를 통해 성립한 역량을 바탕으로, 규정된 조건에서 규정된 방식으로 어떤 결과를 산출하면서 실재들은 실존한다. 변용되기와 변용하기는 상관적인 작용 또는 하나의 동일한 과정의 두 측면이다.[28]

따라서 개체로서 실재의 본질을 규정하는 것은 바로 이러한 변용되기와 변용하기의 관계다.(스피노자가 "운동과 정지의 관계"라고 부르는 것의 '존재론적' 함의는 여기에서 찾을 수 있다.) 스피노자의 개체들은 일종의 원자 내지는 원초적인 존재론적 단위가 아니라, 변용의 인과 연관을 통해서 전개되는 개체화 과정의 결과다. 따라서 스피노자의 '존재론'은 개체 내지 유한한 실재들이 생성, 변화, 소멸하는 과정과 메커니즘에 대한 탐구를 의미한다.

---

27   E II P13 이하의 「자연학 소론」 참조.

28   스피노자 철학에서 '변용'의 문제는 Lorenzo Vinciguerra, *Spinoza et le signe: La genèse de l'imagination*(2005) 중 1부 "Sentire sive percipere" 참조.

(c) 예속과 능동화

하지만『에티카』라는 제목이 가리키듯, 또한 스피노자가 1660년대 중반 이후 사상의 성숙기에『신학 정치론』과『정치론』이라는 두 권의 정치적 저술을 집필한 데서 알 수 있듯이 스피노자의 진정한 관심사는 존재론 그 자체 또는 과학적 표현으로서 자연학 그 자체의 탐구에 있지 않았다. 그의 철학의 대상은 항상 이미 사회적 관계 속에서 살아가는 인간의 삶이었으며, 그의 철학의 목표는 대개는 수동적이고 예속적인 인간의 삶, 이 삶을 규정하는 예속적 관계를 합리적이고 호혜적인 관계로 개조하는 데 있었다.

스피노자 철학의 출발점은『에티카』1부「부록」및『신학 정치론』「서문」이 보여 주듯 목적론적 가상과 미신, 곧 예속 상태에 사로잡혀 있는 인간들의 삶이다. 먼저 스피노자는『에티카』1부「부록」에서 인간의 모든 가상, 모든 편견의 뿌리는 목적론적 관점에서 비롯한다는 점을 지적한다. "모든 편견은 오직 다음과 같은 점에서 생겨난다. 곧 사람들은 모든 자연 사물들이, 그들과 마찬가지로, 어떤 목적으로 인해 행위한다고 공통적으로 가정하며, 신 자신이 어떤 일정한 목적을 위해 모든 것을 인도한다고 굳게 믿는다."[29]

그에 따르면 이러한 목적론적 편견은 두 가지 인간학적 사실에서 비롯한다. 첫째, 모든 유한한 사물의 현행적 본질이 코나투스, 곧 존재 속에서 존속하려는 노력[30]이듯이 인간의 본질은 욕망이다.[31] 이에 따라 "우리는 어떤 것이 좋다고 판단하기 때문에 그것을 추구하려고 노력하

---

29   B. Spinoza, *L'Ethique*(1999):『에티카』(2007), 80~81쪽.
30   E III P6, P7.
31   E III P9s.

고 의지하고 원하고 욕망하는 것이 아니며, 반대로 만약 우리가 어떤 것이 좋다고 판단한다면, 이는 우리가 그것을 추구하려고 노력하고 의지하고 원하고 욕망하기 때문이다."[32] 그런데 둘째, "사람들은 자신들의 의욕(volitio)과 욕구는 의식하지만, 그들로 하여금 욕구나 의욕에 사로잡히게 만든 원인은 모르기 때문에 그것에 관해서는 꿈에도 생각하지 않"는다.[33]

욕망의 대상에 대한 의식과 욕망의 원인에 대한 무지 사이의 이러한 불일치, 또는 좀 더 일반적으로는 가상과 적합한 인식 사이의 괴리 때문에 인간은 자신의 욕망과 행동이 자율적인 의지에 따라 이루어진다고 가상하게 되며, 자신의 의지의 지배력을 넘어서는 모든 자연 활동 역시 초월적 존재의 의지에 따라 이루어진다고 가상하게 된다. 이런 가상은 '자연을 완전히 전도'할 뿐만 아니라, 자연을 주재하는 초월적 신에 대한 각종 의례와 관습을 만들어 냄으로써 편견을 미신으로 전환한다. 그리고 이런 미신적 관습은 전제 군주에 의해 예속화의 근본 지주로 활용된다. "전제 정치의 근본적인 신비, 그 지주와 버팀목은, 사람들을 기만의 상태 속에 묶어 두고, 종교라는 허울 좋은 명목으로 …… 공포를 은폐하여, 사람들이 마치 구원인 양 자기 자신의 예속을 위해 싸우게 만들고, 한 사람의 영예를 위해 피를 흘리고 목숨을 바치는 것을 수치가 아니라 최고의 명예인 것처럼 간주하게 만드는 것이라는 점"이다.[34]

이렇게 해서 자연의 전도가 실천적으로 완성된다. 왜냐하면 인간을 포함한 모든 실재의 본질은 코나투스, 곧 자신의 존재 속에서 존속하려

32 Ibid.
33 E I 부록.
34 TTP 서문, pp. 61~63.

는 욕구인 데 반해, 위와 같은 경우 인간은 다른 존재자를 위해 자발적으로 자신의 존재를 희생하며, 이를 큰 명예로 간주하기 때문이다. 사람들의 이런 도착적 행동은 단지 스피노자 철학의 이론적 전제에 대한 심각한 문제 제기에 그치는 것이 아니라 자유와 해방을 불가능하게 만들기 때문에 실천적으로도 중대한 과제를 제기한다. 『신학 정치론』을 집필하게 된 스피노자의 근원적인 동기, 더 나아가 『에티카』 후반부 및 『정치론』의 전개 방향을 결정짓게 된 계기는 바로 이러한 반(反)자연적, 반(反)본성적인 도착이 가능하게 된 이유, 그리고 이러한 도착을 방지할 수 있는 해결책에 대한 모색이었다.

정치학에서 스피노자의 관계론적인 관점은 무엇보다 근대의 자연권 이론 및 사회 계약론과 단절한다는 점에서 잘 표현된다.[35] 근대 자연권론 및 사회 계약론은 권리의 주체로서 독립적인 개인을 가정하고 이러한 개인들의 자발적인 계약을 통한 주권의 구성에서 국가의 형성 및 정당성의 근거를 찾는다. 반면 스피노자는 홉스와 달리 자연 상태와 사회 상태의 단절을 거부하며,[36] 인간을 포함한 자연적 실재들의 자연권을 그 실재들이 지닌 역량과 동일한 것으로 간주한다.[37] 따라서 고전적인 사회 계약론에서 간주하는 것과 달리 전면적인 자연권의 양도란 존재하지 않는다. 오히려 스피노자에게 사회의 형성은 사람들이 지닌 '공통의 정서'에 기초를 두며, 사회의 존립과 유지 역시 궁극적으로는 이러

---

35   이 점에 관한 좀 더 자세한 논의는 진태원, 「『신학 정치론』에서 홉스 사회 계약론의 수용과 변용: 스피노자 정치학에서 사회 계약론의 해체 1」, 《철학사상》(2004) 및 「대중들의 역량이란 무엇인가?: 스피노자 정치학에서 사회 계약론의 해체 2」, 《트랜스토리아》(2005) 참조.
36   쉰 번째 편지.
37   TTP 16장; TP 2장.

한 공통의 정서에 의존한다.[38] 더 나아가 스피노자는 주권자의 권한 역시 그가 지닌 역량에 따라 규정된다고 주장하며, 특히『정치론』에서는 주권이 아니라 대중의 역량을 사회의 궁극적인 토대로 간주한다.

이런 의미에서 스피노자의 철학은 존재론에서부터 인간학 및 윤리학과 정치학에 이르기까지 관계론적인 관점에 따라 파악될 수 있고, 또 그렇게 파악되어야 좀 더 충실하게 이해될 것이다.

(d) 우연과 가능성

그렇다고 하더라도 스피노자와 푸코 사이에는 근본적인 차이, 심지어 대립이 존재하지 않을까? 이는 무엇보다도 푸코가 제안하는 계보학적 방법론이 우연과 새로운 가능성을 강조하기 때문이다.[39] 하지만 스피노자는 무엇보다도 필연의 철학자가 아닌가?

이러한 반론은 일리는 있을지 몰라도 근본적인 반론은 되지 못한다. 스피노자가 존재론의 영역에서 우연과 가능성을 비판하고 이 범주들이 낳는 가상과 신비화의 측면을 분석한 것은 사실이지만, 다른 한편으로 윤리의 영역에서는 우연과 가능성이라는 범주를 긍정하며, 더욱이 양자를 세심하게 구별하고 있다.

정의 3. 나는, 우리가 그것들의 본질에만 주목할 때, 그것들의 실존을 필연적으로 정립하거나 그것들의 실존을 필연적으로 배제하는 것을 아무것도 발견하지 못하는 그런 독특한 실재들을 우연적인 것들이라고 부른다.

---

38   TP 6장 1절.
39   이 점에 대해서는 특히 M. Foucault, "Nietzsche, généalogie, histoire," DE I 및 "Qu'est-ce que les Lumières?", DE II 참조.

정의 4. 나는, 우리가 그것들을 생산해야 하는 원인들에만 주목할 때, 이 원인들이 그 실재들을 생산하도록 규정되어 있는 것인지 알지 못하는 경우, 이 똑같은 실재들을 가능한 것들이라고 부른다.[40]

이 두 정의의 공통점은 우연과 가능성 모두 일종의 무지와 연루되어 있다는 점이다.(우연의 경우에는 '발견하지 못하는(nihil invenimus)', 가능성의 경우에는 '알지 못하는(nescimus)'.) 이는 우연과 가능성이라는 범주가 자연 인식의 일반적인 원리와 관련된 것이 아니라, 인간학적이고 실천적인 조건과 결부된 것임을 말해 준다. 곧 우연이나 가능성은 우리 자신에 대한 범주, 그것도 실천적인 행동과 관련된 범주이며, 이러한 범주에 대한 긍정이 스피노자가 『에티카』 1부에서 확립해 놓은 자연 인식의 원리 일반에 대한 부정이나 포기를 함축하는 것은 아니다.[41]

하지만 두 범주 사이에는 중요한 차이점도 존재한다. 두 경우에 우연은 독특한 실재의 본질과 관련해 정의되고, 가능성은 독특한 실재의 원인과 관련해 정의된다. 우연이 실재들의 본질과 관련해 '우리가' 그 실재들의 실존을 필연적으로 정립하거나 배제하는 것을 아무것도 '발견하지 못하는' 경우로 규정되는 것은, 그것이 절대적인 우연, 곧 필연과 대립하는 우연이 아니라 그것의 본질로부터 실존이 필연적으로 따라 나오거나(필연적인 존재) 필연적으로 배제되지(불가능한 존재) 않는 존재자, 하지만 그것이 어떤 원인들에 의해 생겨났는지 알지 못하는 존재자에

40　E IV D3, D4.
41　Bernard Rousset, "Conséquences éthiques et politiques de l'apparition d'une distinction significative entre le possible et le contingent dans l'Ethique IV," *L'immanence et le salut: Regards spinozistes*(2001) 참조.

대해 적용되는 범주라는 것을 뜻한다. 반면 가능성의 경우 이 범주는 어떤 실재들을 산출하는 원인이 어떻게 그 실재들을 산출하게 되는지 알지 못하는 경우에 적용된다.

3 법적 권력론에서 구성적 권력론으로

이처럼 스피노자와 푸코가 공통적으로, 하지만 또한 각자의 고유한 방식대로 관계론적인 입장을 보여 준다면, 그들의 관계론은 각자의 정치 이론에서 어떻게 표현되고 관철되고 있을까? 또 여기에서 나타나는 두 사람의 공통점은 어떤 것일까? 우리가 보기에 이 질문에 대한 답변은 일차적으로 사회 계약론에 대한 두 사람의 비판에서 찾을 수 있다. 스피노자는 근대 정치 철학자 중에서는 매우 드물게도 사회 계약론에 의거하지 않은 정치 철학을 제시했으며, 더 나아가 사회 계약론의 핵심 요소들을 비판하고 그것들을 자신의 고유한 이론적 요소들로 대체하려고 했다. 그리고 푸코 역시 자신의 계보학 저작들, 특히 『감시와 처벌』과 『성의 역사』 1권에서, 그리고 최근 출간된 그의 강의록들에서도 권력에 대한 법적 관점과 아울러 그것의 이론적 구현물로서 사회 계약론에 대한 비판을 전개한다. 법적인 권력론에서 구성적 권력론으로의 이행으로 규정될 수 있는 이러한 비판은 관계론적 사상에서 두 사람의 공통점과 더불어 또한 차이점을 발견하게 해 주는 실마리이다.

1) 푸코의 사회 계약론 비판

사회 계약론에 대한 푸코의 비판이 가장 명시적으로 드러나는 곳은 『감시와 처벌』 중에서도 특히 3부다. 3부에서 푸코는 고전주의 시기에 어떻게 규율 권력의 메커니즘이 정착되었는지 분석한 뒤, 각 장 끝머리에서 규율 권력에 대한 분석이 갖는 이론적 의미를 사회 계약론 비판을 통해 해명한다. 푸코가 사회 계약론에 대해 제기하는 비판의 논점은 세 가지로 집약된다. 첫째는 사회 계약이 이데올로기적 기만이라는 것, 둘째는 사회 계약론이 부정적인 권력 개념을 함축하며, 따라서 권력의 생산성 및 긍정성을 인식하지 못하게 한다는 점, 셋째는 서양 역사의 특수한 시기에 이루어진 권력 행사의 한 형식을 영속화한다는 점이다.

(1) 이데올로기적 허구로서의 사회 계약

푸코는 『감시와 처벌』 2부 2장에서 한 가지 의문을 제기한다. 감금은 18세기 말까지 개인의 자유 침해(유괴 따위)나 자유의 남용(난행, 폭력 등)과 같은 경범죄에 대한 특수한 징벌 방법으로 간주되었으며, 더 나아가 "범죄의 개별성에 대응할 수 없고", "일반 대중에 대한 효과를 결여"하고 있으며, "비용이 드는 데다 수형자를 나태하게 만들 수 있"고, "피감금자를 간수의 전횡에 방치해 둘 위험이 있기"[42] 때문에 부적절한 것으로 비판받았다. 요컨대 감금은 군주의 전횡 및 권력 남용의 상징이었는데, 갑자기 19세기 초부터 일반적인 형벌 제도로 정착되었다는 사실에서 유래하는 의문이다. 왜 이러한 일이 발생했을까?

---

42   Michel Foucault, *Surveiller et punir*(1975); 『감시와 처벌』(2004), 181~182쪽.

푸코는 감옥 제도의 등장을 18세기에 처벌 권력을 조직하는 세 가지 방법의 경합으로 설명한다. 첫 번째 방법은 군주권에 기반을 둔 처벌 방법으로, 여기에서 처벌은 군주 통치권에 따른 하나의 의례로 간주되었으며, 수형자의 신체에 대한 보복과 군중에게 야기하는 공포의 효과가 강조되었다. 두 번째로 개혁 법학자들의 처벌 방법은 개인을 법의 주체로 재규정하기 위한 절차다. 그것은 외형적 낙인이 아니라 기호를 이용하고, 표상의 총체적 기호 체계를 이용하는 것이었다. 마지막으로 감옥 제도의 계획안에서 드러나는 처벌 방법은 개인에 대한 강제권의 기술, 규율의 기술이었다.

푸코는 첫 번째 주권자의 권력에 대항하는 후자의 두 가지 방법 사이의 경합을 사회 계약론과 규율 권력 사이의 경합, 곧 개인을 법적 주체로 재구성하려는 방법과 복종 주체로 형성하는 방법 사이의 경합으로 간주하며, 19세기 이래 서양 사회에서 구체적으로 사회 곳곳으로 확산된 것은 바로 규율의 기술에 의거한 권력 메커니즘이었다고 주장한다. "이 교정 기술 속에서 사람들이 재구성하려고 애쓰는 것은 사회 계약의 근본 이익에 사로잡혀 있는 법적 주체가 아니다. 그것은 복종하는 주체(sujet obéissant)이자 습관이나 규칙, 그리고 명령에 대해 복종을 강요당하는 개인이며, 그 개인 주위에서 개인에 대해 부단히 영향력을 행사하는, 또한 개인으로서는 자기 내부에서 자동적으로 작용하게끔 내버려 둘 수밖에 없는 어떤 권위이다."[43]

이런 의미에서 사회 계약은 이데올로기적으로 기만적인 표상이라고 할 수 있다. 왜냐하면 사회 계약이 전제하는 독립적인 개인은 규율 권력에 의해 생산되고 '제작된(fabriqué)' 존재자임에도, 사회 계약은 그

---

43 같은 책, 196쪽. 강조는 인용자.

들을 원초적인 존재자 또는 자연적인 존재자로 간주하기 때문이다.

(2) 권력의 긍정성에 대한 몰인식

이는 두 번째 비판, 곧 권력의 긍정적 성격에 대한 오도라는 비판과 연결된다.

> 우리는 흔히 개개인을 구성 요소로 하는 사회의 모델이 계약과 교환이라는 추상적인 법률 형식에 의거해 있다고 말한다. 그러나 그와 같은 시대에 개인을 권력과 지식의 상관적 구성 요소로 만들기 위한 기술이 실제로 존재했다는 것을 잊어서는 안 된다. 개인은 사회에 대한 '이데올로기적' 표상의 허구적 원자일 수 있겠지만, 그것은 또한 '규율', '훈련'이라고 명명되는 권력의 특유한 기술에 의해 제조되는 현실의 모습인 것이다. ⋯⋯ 사실상 권력은 생산한다. 현실적인 것을 생산하고 객체의 영역과 진실에 관한 의식을 생산하는 것이다. 개인과 개인에 대해 얻을 수 있는 지식은 이러한 생산의 영역에 속한다.[44]

실제로 푸코가 『감시와 처벌』을 비롯한 1970년대 중반의 저술들에서 일관되게 강조하는 것은 권력은 부정적인 것이 아니라 긍정적인 것이며, 금지하고 억압하는 것이 아니라 생산하는 것이라는 테제다. 반면에 사회 계약론은 네 가지 측면에서 이러한 권력의 긍정성을 이해 불가능하게 만든다. 첫째, 사회 계약론은 권력을 양도의 대상으로 간주함으로써, 권력을 일종의 소유물로 인식하게 만든다. 둘째, 사회 계약론

---

44   같은 책, 288쪽.

에 따르면 자연 상태에서 사람들이 각자 지니고 있던 권리, 곧 자연권은 계약을 통해 사회가 형성되면서 시민권으로 변화되는데, 이러한 시민권은 주권자 및 법에 대한 복종의 의무를 대가로 한다. 따라서 사회 계약론에서 권력은 금지와 허가, 의무와 권리의 법적 체계에 따라 인식되며, 이는 권력이 지닌 생산적 성격을 파악하기 어렵게 만든다. 셋째, 권력 관계는 획일적이지 않고 다수의 대결점을 규정하거나 불안정성의 근원을 규정하는 것으로서, 그 근원의 하나하나에는 갈등이나 싸움, 세력 관계의 일시적 전도 등의 위험이 포함되어 있다. 하지만 사회 계약론에서 권력은 유일한 중심, 곧 주권자를 중심으로 조직되고 전개되는 것으로 인식된다. 마지막으로 사회 계약론은 독립적인 개인을 자연적인 소여로 간주함으로써 근대 권력의 주요 목표는 예속적인 개인의 생산(과 재생산)임을 보지 못하게 만든다. "사람들이 말하는 인간, 그리고 사람들이 해방하고자 노력하고 있는 그 인간의 모습이야말로 이미 그 자체에서 그 인간보다도 훨씬 깊은 곳에서 행해지는 예속화의 성과인 것이다. 한 영혼이 인간 속에 들어가 살면서 인간을 생존하게 만드는 것이고, 그것은 권력이 신체에 대해 행사하는 지배력 안의 한 부품인 것이다. 영혼은 정치적 해부술의 성과이자 도구이며, 또한 신체의 감옥이다."[45]

(3) 주권적 권력에 대한 모델로서의 사회 계약

그러나 푸코도 인정하듯이 "주권자-법 체계는 오랫동안 정치적 사유를 현혹"[46]해 왔으며, 권력에 대한 법적인 이해 방식은 서양 사회(및

---

45 같은 책, 60쪽. 강조는 인용자.
46 같은 책, 116쪽.

근대화된 사회 일반)에서 폭넓게 수용되고 있다. 어떻게 이런 일이 가능한지, 왜 법적인 권력관이 아직도 그렇게 막강한 영향력을 발휘하는지 질문해 봐야 하는데, 푸코는 이에 대해 다음과 같이 답변한다.

> 자명한 듯이 보이는 일반적이고 전술적인 이유, 즉 권력은 바로 권력 자체의 중요한 부분을 감추는 조건 아래에서 용인될 수 있는 것이다. 권력의 성공은 권력 메커니즘들 중에서 은폐되기에 이르는 것과 비례한다. 권력이 전적으로 뻔뻔스럽다면 받아들여질 수 있을까? 권력의 영역에서 비밀은 아무리 많아도 지나치지 않을뿐더러, 권력의 작동에 불가결하기조차 하다. 그것도 권력에 복종하는 사람들에게 권력이 비밀을 강요하기 때문일 뿐만 아니라, 어쩌면 비밀이 그들에게도 불가결하기 때문일 것이다.[47]

곧 이데올로기적 체계로서 주권자–법 체계 또는 법적인 권력 모델은 권력이 실제로 작동하는 메커니즘을 은폐함으로써 기능하는, 그러한 은폐를 자신의 메커니즘의 일부로 지닌 체계이다. 더 나아가 여기에는 역사적인 뿌리가 있다. 우리는 보통 절대 왕정의 권력을 "불법 쪽에, 즉 전횡, 남용, 변덕, 선의, 특권과 예외, 비공인 상태의 전통적 계승 쪽에 위치시키는 데 익숙"[48]하지만, 사실 "단일한 전체로 구성되고 자체의 의지를 법과 동일시하며 금지와 제재 메커니즘을 통해 행사된다는 삼중의 특징"[49]을 지닌 법적인 권력 모델은 그 초월적 특성 때문에 "군주에 의해 교묘하게 사용된 무기였을 뿐만 아니라, 군주제의 발현 형태였고 군

---

47 같은 책, 107쪽.
48 같은 책, 108쪽.
49 같은 책, 107쪽.

주제가 받아들여질 가능성의 형태였다."[50]

따라서 18세기와 19세기 초에 전개된 프랑스의 군주제에 대한 맹렬한 비판, 법률 개혁가들 및 철학자들의 비판은, 왕에 의한 권력의 남용과 자의적인 행사에 초점을 맞추었을 뿐 법적인 모델 그 자체를 비판하는 데까지는 이르지 못했다. 또한 19세기 중반 이후 청년 마르크스를 비롯한 급진적 이론가들이 법에 대해 제기한 비판, 곧 "실제의 권력이 법의 규칙을 벗어날 뿐만 아니라 법의 체계 자체가 폭력을 행사하고 …… 일반적인 법의 겉모습 아래 지배의 불균형과 불의를 작용하게 하는 방식일 뿐"임을 폭로하는 비판은 철학자들의 비판보다 훨씬 급진적이기는 하지만, 여전히 "권력은 본질적으로 기본법에 따라 행사되는 것이 이상적"[51]이라는 전제에서 벗어나지 못했다. 이처럼 시대와 목적의 차이에도 불구하고 권력의 표상이 군주제에 사로잡혀 있기 때문에, 이제 사유와 정치 분석에서 왕의 목을 자르는 것이 중요한 과제다. "법 없이 성(性)을 사유하고 동시에 왕 없이 권력을 사유하기."[52]

2) 스피노자: 사회 계약론에서 대중들의 역량으로

사회 계약론에 대한 스피노자의 비판은 『신학 정치론』(1670)과 『정치론』(1677)에서 다소 상이한 양상을 띤다. 『신학 정치론』에서 스피노자는 홉스의 사회 계약론의 핵심 전제 중 하나인 자연 상태와 사회 상태의 단절이라는 관점을 받아들이지 않는다. 그에게 사회 상태는 자연 상

---

50 같은 책, 108쪽.
51 같은 책, 109쪽.
52 같은 책, 111쪽.

태와 마찬가지로 자연권이 지배하는 곳, 곧 갈등과 투쟁이 지속되는 곳이었다. 그리하여 사회 계약은 홉스와 달리 '국가 속의 국가(imperium in imperio)', 곧 인공적 질서로서 국가를 정초하는 기능을 갖지 않는다. 스피노자에게 있어 권리는 '역량'에 의해 조건 지어지며, 권리의 범위는 역량의 정도에 비례한다. 따라서 주권자의 권리 역시 법적으로 확보되고 규범적으로 인정받는 것이 아니라 주권자 자신의 역량, 곧 '자연권'에 근거를 둔다. 또한 홉스와 달리 스피노자에서 계약은 역사적 계약으로 나타나며, 더욱이 정치적 계약과 이를 보충하는 종교적 계약으로 이중화된다. 이때 종교적 계약은 사회 상태 속에서 지속되는 개인들의 자연권, 곧 정념을 순화하거나 규율하기 위한 장치로 도입된다. 스피노자는 히브리 신정 국가에 관한 고찰을 통해 이러한 이중적 계약의 기능을 설명한다.[53] 권력에 대한 스피노자의 관계론적 관점이 더 뚜렷하게, 그리고 이론적으로 훨씬 성숙하게 드러난 곳은 『정치론』인데, 『신학 정치론』과 달리 이 책에서 스피노자는 사회 계약론의 어휘 및 문제 설정을 전혀 사용하지 않는 가운데 국가의 형성 및 유지에 관해 설명한다. 스피노자의 설명은 크게 세 가지 논점으로 구성된다.[54]

(1) 인간의 자연적 사회성

『신학 정치론』과 마찬가지로 『정치론』에서도 인간의 사회적 삶은 정서적 관계로 특징지어진다. 단 전자에서는 아직 스피노자가 역량의

53   이 점에 관해서는 Etienne Balibar, "Jus, Pactum, Lex: Sur la constitution du sujet dans le Traité théologico-politique," *Studia Spinozana*(1985) 및 진태원, 앞의 글(2004) 참조.
54   이하의 세 가지 논점은 진태원, 「대중들의 역량이란 무엇인가?: 스피노자 정치학에서 사회 계약론의 해체 2」, 《트랜스토리아》(2005)의 몇몇 논증을 요약한 것이다.

관점에서 정서들을 체계적으로 연역하지 못한 결과 주로 부정적인 정서들이 제시되며, 어떻게 정서들이 사회적 관계의 형성에 기여하는지 제대로 설명되지 않는다.[55] 반면 『에티카』 이후에 쓰인 『정치론』에서는 처음부터 정서들이 사회적 관계의 기초로 제시된다.

스피노자의 설명은 두 가지로 집약된다. 우선 그는 『정치론』 서두에서부터 인간의 자연권이 지니고 있는 공동적 성격, 따라서 사회적 성격을 강조한다. "국가의 자연적 원인들 및 기초들은 이성의 가르침에서 이끌어 내서는 안 되며 인간의 공통 본성 내지는 조건에서 연역해야 한다."[56] 이는 근대 자연권에 함축되어 있는 원자론적 관점에 대한 비판으로 이어진다. "자연 상태에 있는 각각의 사람은 그가 다른 사람에게 억압당하지 않을 수 있는 동안에만 자신의 권리 아래 있기(sui juris sit) 때문에, 그리고 한 사람 혼자서 모든 사람으로부터 자신을 보호하려 하는 것은 부질없는 일이기 때문에, 사람들의 자연권은 각자의 역량에 의해 규정되고 각자의 것으로 남아 있는 한에서는 아무것도 아니라는 사실이 따라 나온다."[57] 따라서 스피노자에게 자연권이란 원초적으로 독립해 있는 개인들의 권리가 아니라 항상 이미 다른 사람들, 타자들과의 관계를 통해서만 비로소 성립할 수 있는 권리이며, 이러한 관계를 통해서만 각자는 독립적인 개체로서 존립할 수 있고, 각자의 권리를 유지할 수 있다.

둘째, 스피노자는 이로부터 사회적 관계의 해체 불가능성이라는 테제를 도출한다. "사람들 모두는 고립을 두려워하고 누구도 고립 속에서

<hr />

55   이는 『신학 정치론』이 철학의 자유를 옹호하려는 실천적 목표에 따라 저술된 저작이라는 점과도 연결된다.

56   TP 1장 7절.

57   TP 2장 15절. 강조는 인용자.

는 자신을 방어하고 생활에 필요한 것들을 스스로 조달할 수 없기 때문에, 사람들은 본성적으로 사회 상태를 욕구하며(statum civilem homines natura appetere), 그들이 사회 상태를 완전히 해체하는 것은 불가능하다는 점이 따라 나온다."[58] 『신학 정치론』 이래 스피노자의 일관된 테제는 자연권은 사회 상태 속에서도 지속된다는 점이었다. 그런데 사회 상태 속에서 자연권이 지속된다는 것은, 사회 상태 속에서 갈등과 분열, 반목이 그치지 않고 지속된다는 것, 다시 말해 사회 속에는 근본적인 반사회화 경향이 존재한다는 것을 의미한다. 반면 사회 상태의 완전한 해체가 존재할 수 없다면, 이는 인간의 본성 안에 항상 이미 사회성의 경향이 내재해 있음을 의미한다. 하지만 이러한 사회성의 경향이란 어떤 신비한 속성을 가리키는 것이 아니라, 인간 본성을 구성하는 요소들로서의, 또는 인간 본성의 다양한 표현 방식들로서의 정서들이 항상 이미 사회적 관계, 상호 개인적 관계를 통해 매개되어 있다는 것, 따라서 인간들이 실존하고 행위하는 이상 인간들은 항상 이미 이러한 관계망 속에 들어 있다는 것을 의미한다. 이런 의미에서 "사회 상태를 완전히 해체하는 것은 불가능하다."라는 테제는 『신학 정치론』 이래 지속되어 온 "자연권은 사회 상태 속에서도 지속된다."라는 테제를 보완하면서 스피노자 정치학의 인간학적 기초를 완결하는 테제라고 할 수 있다.

(2) 원초적 계약의 불가능성

스피노자는 사람들의 자연적 사회성이라는 주장에서 원초적 계약의 불가능성이라는 결론을 도출하는데, 여기에서 중요한 역할을 수행하

---

58   TP 6장 1절. 강조는 인용자.

는 것이 '정서 모방(imitatio affectuum)' 개념이다. 『에티카』 3부 정리 27에 따르면 정서 모방은 다음과 같다. "우리와 유사하고 우리가 아무런 정서도 갖지 않았던 어떤 실재(res)가 어떤 정서에 의해 변용된다고 우리가 상상함에 따라 우리는 그와 유사한 정서에 의해 똑같이 변용된다."

이 개념은 정치학에 대해 세 가지 의미를 지닌다. 첫째, 이 개념은 고전적인 사회 계약론자들(특히 홉스)의 가정과 달리 인간들은 원초적인 개인으로서 존재하지 않을 뿐만 아니라, 인간들 사이의 관계가 인간의 동일성에 대해 외재적이지 않고 내재적이라는 점, 곧 인간들 사이의 관계는 (발리바르의 표현을 빌리자면) 관개체적(貫個體的, transindividual)이라는 점을 잘 보여 준다.[59] 둘째, 이처럼 개인은 다른 사람들과의 정서적 관계, 특히 정서들의 모방 관계를 통해 비로소 자신의 정체와 자연권을 형성하고 유지하기 때문에, 원자적인 개인의 우선성을 존재론적으로 가정하는 사회 계약론은 스피노자 정치학에서 더 이상 이론적인 자리를 차지할 수 없다. 그 대신 스피노자 정치학은 새로운 대상을 갖게 된다. 『정치론』에서 스피노자가 제시하는 새로운 대상은 바로 대중(multitudo)이다.[60] 『시민론(De Cive)』에서 볼 수 있듯이 자신의 정치학을 구성하기 위해 대중을 먼저 배제하고서 논의를 시작해야 했던 홉스와 반대로 스피노자는 대중을 원초적인 정치적 실재로서 인정한다. 이는 정서와 관념의 연관망으로 이루어진 인간들 사이의 관계가 개인에 선행하고 개인의 정체를 형성하는 역할을 수행할뿐더러, 이러한 관계가 국가, 따라서 정

59　관개체성 개념에 기초한 발리바르의 스피노자 해석으로는 특히 에티엔 발리바르, 『스피노자와 정치』(2014) 중 2부 참조.

60　스피노자 정치학의 핵심 개념으로 등장한 '대중' 또는 '다중'의 의미에 대해서는 Antonio Negri, L'anomalie sauvage(1982)와 에티엔 발리바르, 『스피노자와 정치』(2014) 2부 1장을 각각 참조.

치의 기초에 놓여 있기 때문이다. 다시 말하면 대중은 개인을 결합하고 대립시키는 이러한 정서와 관념의 연관망과 다르지 않다.

셋째, 이처럼 대중이 스피노자 정치학의 새로운 대상으로 등장함에 따라 스피노자 정치학의 과제 역시 『신학 정치론』과 달라진다. 『신학 정치론』에서 스피노자는 국가에 내재적인 적대 상태를 해결하기 위해 국가의 주요한 위험을 이루는 내부의 적, 곧 시민 또는 우중(愚衆, vulgus)을 규율하려 하지만, 『정치론』에서는 더 이상 대중 바깥에서, 곧 어떤 초월(론)적 준거에 따라 이 문제를 해결하려 하지 않으며, 그럴 수 있다고 믿지도 않는다. 사실 대중이 사회적 관계의 존재론적 기초를 이룬다면, 대중 바깥에서 정치학의 기초를 찾는 것은 유토피아적 환상에 빠지거나[61] 참주정으로 귀결될 수밖에 없다.[62] 그런데 이처럼 대중이 사회적 관계의 기초로 설정되어 더 이상 통치의 대상으로만 간주될 수 없다면, 대중이 정치의 영역에서 차지하는 위치는 어떤 것이며, 이들에게 항상 수반되는 정서적 동요를 어떻게 조절할 수 있는가 하는 문제가 제기된다.

(3) 대중의 역량과 주권

『신학 정치론』과 『정치론』의 또 다른 차이 중 하나는 전자에서는 물티투도(multitudo)라는 용어가 매우 드물게 등장하고 이론적으로 미미한 위치를 차지하는 반면, 후자에서는 빈번히 등장할뿐더러 이론적으로도 매우 중요하다는 점이다. 이를 잘 보여 주는 것이 대중의 역량(potentia multitudinis)이라는 개념이다. 이 개념은 『정치론』에서 총 네 차례 사용된

---

61 TP 1장 1~2절 참조.
62 TTP 「서문」 외 여러 곳.

다. 특히 중요한 것은 다음 두 대목이다.

대중의 역량에 의해 정의되는 권리를 보통 통치권〔주권〕(imperium)[63]
이라 부른다. 공동의 동의에 따라 국정의 책임을 맡은 이가 이 통치권을
절대적으로 보유한다.[64]

그다음 3장 2절에서는 대중의 역량이 이러한 식으로 사용된다.

국가의 권리 또는 주권자의 권리는 자연의 권리와 다르지 않으며, 각
개인의 역량이 아니라 마치 하나의 정신에 의해 인도되는 듯한 대중의 역
량에 의해 규정된다.[65]

두 인용문에서 알 수 있듯이 대중의 역량이라는 개념은 통치권 또
는 주권을 정의하는 근본적인 기능을 수행한다.『신학 정치론』에서 주
권을 주권자의 역량에 의해 규정하는 것과 비교해 볼 때,『정치론』의 이
두 구절에는 몇 가지 의미가 있다. 우선 이 구절들은 각 개인의 역량이
아니라 대중의 역량이라는 개념을 통치권의 기초로 명시함으로써 스피
노자가『에티카』에서 전개한 '역량의 존재론'에 좀 더 부합하는 정치학
의 원리를 제공한다.

둘째, 하지만 이는 스피노자가 대중 자체를 일종의 '정치적 주체'로

---

63   『정치론』에서 imperium의 번역 문제에 관한 좋은 논의로는 "Charles Ramond, La sou-
veraineté chez Spinoza," *Penser la souveraineté à l'époque moderne et contemporaine*
(2002) 참조.
64   TP 2장 17절.
65   TP 3장 2절.

간주했으며(이는 네그리의 입장이다.) 민주주의를 대중이 직접 통치하는 체제로 간주했음을 의미하지는 않는다.[66] 대중의 역량이라는 개념은 일차적으로는 지배 권력에 맞선 인민대중의 비판적인 힘을 의미하기보다는, 사회적 관계의 존재론적 기초라는 좀 더 근원적인, 그리고 좀 더 중립적인 의미를 지닌다. 더 나아가 정서적, 관념적 연관망들의 집합으로서 대중은 항상 능동성과 수동성의 갈등적인 경향 속에 있으며 정서적 동요를 겪기 때문에, 대중의 역량은 항상 제도적인 매개를 요구한다.

　　법적, 제도적 매개는 스피노자 정치학의 관점에서 볼 때 결코 부정적인 것이 아니라 오히려 긍정적이고 필수적인 성격을 띤다. 법적, 제도적인 매개가 수행하는 기능은 자생적으로는 정념적이고 갈등적인 존재들로 남아 있는 개인 및 대중이 마치 이성적인 존재자들이 행위하듯 국가의 보존을 위해 행위하도록 인도하는 데 있으며, 스피노자는 이를 3장 7절에서 '마치 ~듯한(veluti)'이라는 매우 의미심장한 표현으로 지적한다. 이 표현이 가리키는 것은, 대중은 본성적으로 이성적인 존재가 아니기 때문에 하나의 정신에 의해 실제로 인도되지는 않지만, 그 역량이 국가의 보존과 안전을 위해 적절하게 활용되기 위해서는 마치 하나의 정신에 의해 인도되는 것처럼, 법적, 제도적 매개에 따라 규제되어야 한다는 점이다.[67] 스피노자가 『정치론』에서 국가의 근본 과제를 '국가의 평화와 안전'으로 규정하고 있는 것은 이런 관점에서 이해될 수 있다. 스피노자에게 국가의 평화와 안전은 "국가 형태의 보존(imperii formam conservan-

---

66　네그리와 하트의 다중의 정치학에 관한 비판으로는 진태원, 「대중의 정치란 무엇인가? 다중의 정치학에 대한 스피노자주의적 비판」,《철학논집》19집 참조.

67　이 점에 관해서는 Etienne Balibar, "Potentia multitudinis, quae una veluti mente ducitur," *Ethik, Recht und Politik bei Spinoza*(2001) 참조.

dam)"[68]의 문제였으며, 국가 형태의 보존을 위해서는 대중들의 (정념적) 동요가 낳는 불안정성을 어떻게 조절하느냐가 중요했기 때문이다.

4 주체화

지금까지 우리는 스피노자와 푸코가 어떤 의미에서 관계론의 사상가라고 할 수 있는지를, 그들의 철학적, 방법론적 지향과 정치 철학적 관점을 평행적으로 비교함으로써 살펴보았다. 이제는 주체화(subjectivation)의 문제를 간략하게 검토해 봄으로써, 이러한 공통점과 평행성에도 불구하고 이 17세기 네덜란드의 유대인 철학자와 20세기 프랑스의 계보학 사상가 사이에 어떤 차이점과 분기점이 존재하는지를 살피려 한다.

스피노자 사상과 푸코 사상에서 발견되는 또 하나의 공통점은 이 두 철학자가 용어의 넓은 의미에서 주체화를 자신들의 실천 철학의 핵심 주제로 삼았다는 점이다. '용어의 넓은 의미에서'라고 표현한 것은, 주체화라는 개념 속에 주체와 관련된 두 가지 과정 또는 오히려 한 가지 과정의 두 가지 양상을 모두 포함하기 위해서다. 다시 말하면 우리가 말하는 주체화는 지배 권력에 예속되어 있는 주체들의 생산을 의미하는 예속화에 한정된 것도 아니고, 또 단순히 자율적이고 주권적인 주체들의 존재를 표현하는 것도 아니다.

푸코에 관한 가장 흔한 통념 중 하나는 고고학적 푸코와 계보학적 푸코를 구분하고, 또 계보학적 푸코 중에서도 『감시와 처벌』이나 『성의

---

68   TP 6장 2절.

역사 1: 앎의 의지』의 푸코와『성의 역사 2, 3』의 푸코를 구별하는 것이다. 이런 구별법에 따르면, 푸코는『감시와 처벌』이나『성의 역사 1: 앎의 의지』에서는 예속된 주체를 만들어 내는 주체의 예속화 과정을 고찰한 반면, 뒤의 두 책에서는 이러한 예속화와 구별되는 자유로운 주체의 윤리적 구성의 문제를 탐구한 것이 된다. 이 때문에 비판가들은 푸코 사상이 비일관적이며, 푸코의 권력의 계보학은 이론적으로(또는 적어도 규범적으로) 실패한 기획이라고 비판하기도 했다. 그러나 콜레주 드 프랑스 강의록이 출간되면서 좀 더 분명해졌듯이, 푸코가 후기 저술들에서 탐구했던 자기에 대한 자기의 관계는 결코 전통적인 '주체로의 회귀'가 아니며, 좁은 의미의 도덕적 관계나 실존의 미학으로 축소되는 것도 아니다.[69] 오히려 푸코는 '통치' 또는 '통치성'이라는 일반적인 문제 설정에 따라 예속적 주체화에 관한 권력의 계보학과 자유의 주체화에 관한 윤리적 계보학을 연결할 수 있는 길을 모색했다고 보는 것이 옳다. 앞에서 우리가, 주체화는 '한 가지 과정의 두 가지 양상'을 포함하고 있다고 말한 것도 이런 의미이다.

이는 스피노자의 경우도 마찬가지다. 17세기의 맥락에서 볼 때 스피노자 인간학의 중요한 특징 중 하나는 인간의 본질을 욕구 또는 욕망으로 정의했다는 점이다. 여기에서 말하는 욕망은 이성과 대립하는 비이성적이고 맹목적인 충동이 아니라, 코나투스라는 이름으로 표현되는 실존과 행위의 역량을 나타낸다. 인간은 무지하든 학식이 뛰어나든, 귀족이든 평민이든, 아니면 어린아이이든 나이 든 노인이든 자신의 존재

---

69   이 점에 관해서는 Guillaume Le Blanc, *La pensée Foucault*(2006); Thomas Lemke, "Foucault, Governmentality, and Critique," *Rethinking Marxism*(2010); 심세광,「미셸 푸코에 있어서 주체화와 실존의 미학」,《프랑스학 연구》(2005) 등 참조.

를 보존하기 위해 노력하며, 이를 위해 어떤 것을 욕망한다. 하지만 모든 사람이 다 본성상 존재를 보존하기 위해 노력하고 무언가를 욕망한다고 해도 그 방식이 동일한 것은 아니며, 또 그러한 노력과 욕망이 반드시 그의 존재를 보존하는 데 도움이 되거나 이로운 결과를 낳는 것은 아니다. 오히려 스피노자가 보기에 대부분의 사람들은 "사람들은 자신들의 의욕과 욕구는 의식하지만, 그들로 하여금 욕구나 의욕에 사로잡히게 만든 원인은 모르기 때문에 그것에 관해서는 꿈에도 생각하지 않"는다. 따라서 (오비디우스를 인용하여 말하듯) "더 좋은 것을 보면서도, 더 나쁜 것을 행하"기도 하고[70], 더 나아가 "마치 구원인 양 자기 자신의 예속을 위해 싸우고, 한 사람의 영예를 위해 피를 흘리고 목숨을 바치는 것을 수치가 아니라 최고의 명예인 듯 간주하"기도 하는 것이다.[71] 따라서 스피노자에게 수동성에서 능동성으로, 예속적 주체화에서 해방적 주체화로의 이행은 중요한 실천적 주제였다.

이러한 주체화의 문제에서 푸코와 스피노자는 행위의 문제를 말하자면 이차적인 관계로 이해했다는 점에서도 공통점이 있다. 푸코는 콜레주 드 프랑스 강의록이나 말년의 몇몇 글과 인터뷰에서 통치의 문제를 "행위 인도(conduire de la conduite)"[72]의 관점에서 규정한다. 겉보기에는 간단하지만, 통치 및 행위-인도라는 개념은 권력 및 주체화와 관련된 깊은 함의를 지닌다. 이 개념은 주체의 타율적 조건이라는 (포스트) 구조

---

70 E IV P17s.
71 TTP 서문.
72 푸코 강의록의 역자인 오트르망(심세광 외)은 conduite라는 푸코의 개념을 '품행'으로 옮기는데, 이 번역은 condire라는 푸코의 개념이 지닌 함의를 충분히 전달하지 못하는 것으로 보인다. 따라서 이 글에서는 conuite가 단독으로 쓰일 때는 '행위'로, conduire라는 단어와 함께 쓰일 때는 '행위-인도'라고 옮겨서 사용하겠다.

주의의 문제 설정을 포기하지 않는 가운데 이러한 난점을 해결하려는 주목할 만한 시도이다. 통치의 관점에 따르면 권력은 실체의 문제가 아니라 관계의 문제다. 더 나아가 관계로서의 권력은 "단순히 개인적이거나 집단적인 '파트너들' 사이의 관계가 아니라, 어떤 이가 타인들에 대해 행위하는 방식이다."[73] 곧 권력은 "타인들에게 직접적이거나 무매개적으로 작용하지 않는 행위 양식", "타인들의 행위에 대한 행위"[74]를 의미한다. 권력은 '가능태들의 장' 위에서 작동한다. 다시 말해 권력은 "가능한 행위들에 대한 일련의 행위들이다. 그것은 고무하고 유발하고 유혹하며 더 쉽게, 또는 더 어렵게 만든다."[75] 따라서 권력은 일련의 주어진 가능성들 사이에서 선택할 수 있는 행위자들의 능력, 곧 행위자들의 자유를 전제한다.

그렇다면 푸코가 말하는 예속이란, 비판가들이 주장하듯이 행위자들을 억압하거나 구속하는 것 또는 어떤 행위들을 직접 금지하거나 부정하는 것이라기보다, 행위자들의 행위의 가능성을 제한하고 그것을 특정한 방향으로 한정하는 것을 뜻한다. 따라서 푸코가 콩뒤르(conduire)라는 개념을 "권력 관계의 특수성을 다루는 데 가장 좋은 보조물 중 하나"로 간주하는 것은 자연스러운 일이다. 콩뒤르라는 개념은 "타인을 인도한다는 의미……와 함께 다소간 개방된 가능성의 장내에서 행위하는 방식"[76]을 가리키기 때문이다. 권력의 행사는 '행위 인도'이며 '가능성들의 관리'이다. 그리고 통치한다는 것은 "가능성의 장 또는 타인들의 행

---

73   Michel Foucault, "Subject and Power," in Hubert L. Dreyfus & Paul Rabinow eds., *Michel Foucault: Beyond Structuralism and Hermeneutics*(1983), p. 136.
74   같은 글, 137쪽. 강조는 인용자.
75   같은 곳.
76   같은 글, 138쪽.

위를 구조화하는 것"[77]을 의미한다.

또는 『감시와 처벌』의 용어법으로 말한다면, 규율 권력을 통해 이루어지는 예속적 주체화의 핵심은 다음과 같다.

> 규율은 복종되고 훈련된 신체, '순종하는' 신체를 만들어 낸다. 규율은 (효용이라는 경제적 관계에서 보았을 때는) 신체의 힘(force)을 증대하고 (복종이라는 정치적 관계에서 보았을 때는) 동일한 그 힘을 감소한다. 간단히 말하면 규율은 신체와 능력〔권력〕(le pouvoir)을 분리한다. 그것은 한편으로는 신체를 '소질(aptitude)', '능력(capacité)'으로 만들고 그 힘을 증대하려 하는 반면, 다른 한편으로는 '에너지'와 그로부터 생길 수 있는 '역량(puissance)'을 역전해, 그것들을 엄격한 복종 관계(sujétion)로 만든다. 경제적 착취가 노동력과 노동 생산물을 분리한다면, 규율에 의한 강제는 증가되는 소질과 확대되는 지배 사이의 결속 관계를 신체를 통해 확립해 둔다.[78]

이처럼 예속적 주체화가 "신체와 능력〔권력〕을 분리"하고, "증가되는 소질과 확대되는 지배 사이의 결속 관계를 신체를 통해 확립"하는 것으로 이루어진다면, 자유의 주체화는 반대로 "어떻게 능력의 신장이 권력 관계의 강화와 분리될 수 있는가?"[79]라는 질문을 따라 탐색되어야 할 것이다. 푸코가 어떤 통치성의 인도에 따라 행위하는 대신, 그러한 통치성이 원하는 것과 다른 식으로 행위하는 것을 뜻하는 '대항 행위-인도

---

77   같은 곳.
78   Michel Foucault, op. cit.(1975) 번역은 수정.
79   Michel Foucault, DE II, p. 1595.

(contre-conduite)'[80] 또는 대항 통치성이라는 개념을 제안한 것은 이런 맥락에서 이해할 수 있다.

스피노자에게 행위가 이차적 관계로 이해된다는 것은, 무엇보다 그가 제안하는 능동과 수동에 대한 정의에서 살펴볼 수 있다. 스피노자는 『에티카』 3부 정의 2에서 능동과 수동을 다음과 같이 정의한다.

> 우리가 그것의 적합한 원인인 어떤 것이 우리 안에서나 우리 밖에서 생겨날 때, 곧 (앞의 정의 1에 따라) 우리의 본성으로부터, 우리 안에서나 우리 밖에서 우리의 본성만으로 명석판명하게 인식될 수 있는 어떤 것이 따라 나올 때, 나는 우리가 능동적이라고 말한다. 그리고 반대로 우리 안에서 어떤 것이 생겨날 때, 또는 우리의 본성으로부터, 우리가 그것의 부분적인 원인에 불과한 어떤 것이 따라 나올 때, 나는 우리가 수동적이라고 말한다.

이 정의는 얼핏 보기에는 별로 색다른 점이 없어 보이지만, 사실은 데카르트 철학과 관련하여 매우 중요한 차이점을 함축하고 있다. 데카르트는 그의 마지막 저서 『정념론』에서 능동과 수동을 다음과 같이 정의한다.

> 1항: 한 기체/주체에 대해 수동인 것은 다른 시각에서 보면 항상 능동이라는 점.
> 논의를 시작하기 위해 다음과 같은 점을 고려해 보겠다. 곧 철학자들

---

80   오트르망은 이 개념을 "대항 품행"으로 옮기고 있다.

은 일반적으로 새롭게 이루어지는 또는 새롭게 일어나는 모든 것에 대해, 그것이 일어나는 기체(sujet)는 수동(passion)으로, 그것을 일어나게 만드는 것은 능동(action)으로 부른다는 점이다. 따라서 능동체와 수동체가 종종 아주 상이하긴 하지만 능동과 수동은 항상 하나의 동일한 것이며, 이것은 사람들이 그것을 관계시킬 수 있는 두 가지 상이한 기체에 따라 두 가지 이름을 갖게 된다.[81]

또한 레기우스에게 보내는 편지에서는 능동과 수동을 이렇게 정의한다.

물질적 사물 안에서 수동과 능동은 모두 단 하나의 장소 이동 운동에 놓여 있습니다. 그리고 이러한 운동이 운동하게 하는 사물[기동체] 안에서(in movente) 고려될 때 우리는 이를 능동이라고 부르고, 운동하게 되는 사물[운동체] 안에서(in moto) 고려될 때는 수동이라고 부릅니다. 이로부터, 이러한 이름들이 비물질적 사물들에 적용될 때는 이러한 사물들 안에서 운동과 유비적인 어떤 것을 파악해야 하고, 영혼 안의 의지 작용처럼 기동체 편에 있는 것은 능동이라 부르고, 동일한 영혼 안에 있는 지적 작용과 시각처럼 운동체 편에 있는 것은 수동이라 부른다는 점이 따라 나옵니다.[82]

이 두 텍스트에서 공통적으로 드러나는 관점은 첫째, 능동과 수동

---

81   René Descartes, *Œuvres philosophiques de Descartes*(1973)(이하 Alquié) III, p. 952.
82   Alquié II, p. 899.

을 존재론적으로 동일하게 간주한다는 것이다. "능동과 수동은 항상 하나의 동일한 것"이며, "수동과 능동 모두는 단 하나의 장소 이동 운동에 놓여 있다."라는 말에 이런 관점이 잘 드러난다. 둘째, 두 텍스트는 공통적으로 능동과 수동의 차이를 관점의 차이로, 곧 우리가 존재론적으로 동일한 이것을 어떤 것과 관계시키느냐에 따라 성립하는 것으로 본다. 우리가 이를 기동체 또는 운동하게 하는 것과 관련시키면 능동이고, 운동하게 되는 것과 관련시키면 수동이 되기 때문이다. 다시 말해 데카르트에게 능동은 어떤 운동을 개시하는 것, 따라서 그 운동의 원인을 의미하고, 반대로 수동은 어떤 운동을 받아들이는 것, 따라서 그 결과를 의미한다는 것이다.

이러한 관점과 비교해 볼 때 앞에서 인용한 『에티카』의 능동과 수동에 대한 정의는 몇 가지 측면에서 차이가 있다. 우선 스피노자는 능동과 수동을 원인과 결과로 구분하지 않고, 원인의 두 가지 종류 내지 두 가지 양상으로 구분한다. 곧 "우리가 그것의 적합한 원인인 어떤 것이 우리 안에서나 우리 밖에서 생겨날 때" 우리는 능동적이며, 반대로 "우리의 본성으로부터, 우리가 그것의 부분적인 원인에 불과한 어떤 것이 따라 나올 때" 우리는 수동적이다. 따라서 스피노자의 정의는 수동을 하나의 원인으로 간주한다는 점에서 데카르트와 차이가 있다. 수동을 결과로 간주하는 데카르트의 관점에서는 수동은 어떤 운동을 받아들이는 것 또는 어떤 운동을 겪는 것이 되지만, 스피노자의 관점에서 이는 수동이 아니라 변용되기일 뿐이다. 마찬가지로 데카르트가 말하는 능동 역시 스피노자의 관점에서는 능동이 아니라 변용하기일 뿐이다. 따라서 데카르트에게 변용되기와 변용하기의 구분은 수동과 능동의 구분과 일치하는 반면, 스피노자에게는 두 가지 구분이 서로 일치하지 않는다. 오히려 스피노자에게 변용은 인간을 포함한 모든 유한 양태들이 다른 유한 양태들과 맺고 있는 관계의 가장 일반적인 형태이며, 능동과 수동은 이 관계 형태의 두 가지 양상을 가리킨다. 능동은 변용이 그 개인의 본성으로부터 명석판명하게 설명될 수 있을 때를 가리키며, 수동은 그 개인이 이러한 변용의 부분적 원인에 불과할 때를 가리킨다. 따라서 변용의 적합한(또는 전체적인) 원인이냐, 아니면 부적합한(또는 부분적인) 원인이냐에 따라 능동적이냐 수동적이냐가 구별된다.[83]

　푸코 식의 용어법대로 하면, 어떤 실재와 그 능력을 분리해서 그 실재의 소질과 능력을 증대하는 동시에 그것을 타자의 권력 아래 위치시키는 것, 따라서 그 실재로 하여금 그의 역량 및 그로부터 생산된 결과에 대한 부분적인 원인이 되도록 만드는 것이 스피노자가 말하는 수동성이다. 그리고 그 실재가 자신의 역량 및 그 결과에 대해 전체적인 원인이 될 때, 그 실재는 능동적인 존재자가 된다. 이 실재는 가령 생산력을 착취당하는 프롤레타리아가 될 수도 있고 정치적 능력을 제한당하는 시민이 될 수도 있으며, 랑시에르가 말하는 몫 없는 이들이 될 수도 있다.

　그렇다 해도 푸코와 스피노자 사이에는 중요한 차이점이 존재한다. 그것은 푸코의 계보학은 늘 신체를 분석 대상으로 하고, 신체의 차원에서 전개되는 권력과 행위 인도에 주목하는 반면("영혼, …… 신체의 감옥") 스피노자는 이른바 '평행론', 또는 좀 더 정확히 말하면 정신과 신체의 동일성 이론으로 인해 정신과 신체 사이에 일체의 위계적 관계를 설정하지 않으며(신체에 대한 정신의 우위이든, 정신에 대한 신체의 우위이든 간에)

83　데카르트와 스피노자의 능동-수동 개념의 차이점에 관한 좀 더 상세한 논의는 진태원, 『스피노자 또는 관계론의 철학』 중 7장 참조.

정신의 능동과 수동 및 신체의 능동과 수동 사이에 평행성이 존재한다고 주장한다는 점이다.[84] 따라서 스피노자에게는 역량의 변이를 나타내는 정서들의 자연학(더 작은 역량에서 더 큰 역량으로의 이행을 나타내는 기쁨의 정서들과 더 큰 역량에서 더 작은 역량으로의 이행을 나타내는 슬픔의 정서들 사이의 분화를 중심으로 하는)이 실천 철학의 중심을 이루는 반면, 푸코의 경우에는 신체의 차원에서 이루어지는 권력의 미시 물리학 또는 통치성이 정치와 윤리학의 주축이 된다.

또한 이 때문에 푸코와 스피노자 양자는 모두 갈등을 사회적 관계의 중심에 놓고 있음에도, 푸코의 경우 "니체의 가설"[85], 곧 전쟁의 논리에 기반을 두고 사회를 분석하는 권력의 계보학(또는 지배의 기술)을 통치술로서의 자기의 기술과 접합하는 것이 통치성 분석의 화두를 이루는 반면,[86] 스피노자의 경우에는 정서 모방이라는 단일한 메커니즘에 따라 사회적 갈등과 호혜성을 해명한다. 이런 점에서는 아마도 스피노자가 푸코보다 좀 더 일관된 관계론의 사상가라고 할 수 있을 것이다. 하지만 이 문제에 대한 상세한 토론은 또 다른 화두로 남겨 두기로 하자.

---

84   진태원, 「정신적 자동장치란 무엇인가? 데카르트, 스피노자, 들뢰즈」, 《철학논집》(2012).
85   Michel Foucault, *"Il faut défendre la société": Cours au Collège de France(1977~1978)*(1997); 『"사회를 보호해야 한다"』(1998).
86   이런 점에서 보면 Pfauwadel & Sévérac(2008)은 매우 풍부한 논의를 담고 있음에도, 일방적인 전쟁의 논리라는 관점에서 푸코 계보학을 평가한다는 점에서 다소 문제가 있다.

푸코의 스피노자 연구 문헌

푸코와 스피노자의 관계는 본문에서 보는 것처럼 많은 흥미로운 논점을 지니지만, 푸코는 소수의 언급 외에 스피노자를 명시적으로 다루고 있는 연구물은 남기지 않았다.

참고 문헌

1. 스피노자의 저작

Spinoza, Benedictus de., *Spinoza opera*, vol. 1~4, ed., Carl Gebhardt, Carl Winter, 1925.(G로 약칭)

_____, *L'Ethique*, trans. Bernard Pautrat(Seuil, 1999);『에티카』, 강영계 옮김(서광사, 2007).

_____, *Traité théologique-politique*, ed. Fokke Akkerman, trans. Pierre-François Moreau & Jacqueline Lagrée(PUF, 1999);『신학 정치론』, 황태연 옮김

(신아출판사, 2010).

_____, *Traité politique*, ed. Omero Proietti, trans. Charles Ramond(PUF, 2005);『정치론』, 황태연 옮김(비홍출판사, 2013).

2. 푸코의 저작

Foucault, Michel, *Surveiller et punir*(Gallimard, 1975);『감시와 처벌』, 오생근 옮김(나남, 2004).

_____, *Histoire de la sexualité I: La volonté de savoir*(Gallimard, 1976);『성의 역사 1: 앎의 의지』, 이규현 옮김(나남, 2004).

_____, "Subject and Power," in Dreyfus & Rabinow eds., 1983.

_____, *Histoire de la sexualité II: Le souci de soi*(Gallimard, 1984);『성의 역사 2: 자기에의 배려』, 문경자·신은영 옮김(나남, 2004).

_____, *Histoire de la sexualité III: L'usage des plaisirs*(Gallimard, 1984);『성의 역사 3: 쾌락의 활용』, 이혜숙·이영목 옮김(나남, 2004).

_____, "Le retour de la morale," *Dits et écrits*(DE로 약칭), IV, 1984;「도덕의 회귀」, 정일준 옮김(1999).

_____, "Qu'est-ce que la critique?(Critique et Aufklärung)", *Bulletin de la Société Française de Philosophie*, vol. 84, no. 2, 1990;「비판이란 무엇인가?」, 정일준 옮김(1999).

_____, *"Il faut défendre la société": Cours au Collège de France(1975~1976)*(Seuil, 1997);『"사회를 보호해야 한다"』, 박정자 옮김(동문선, 1998).

_____, *Dits et écrits*, vol. I~II(Gallimard, 2001).

_____, *Sécurité, territoire, population: Cours au Collège de France(1977~1978)*(Gallimard/Seuil, 2004);『안전, 영토, 인구』, 오트르망 옮김(난장,

2011).

_____, *Naissance de la biopolitique: Cours au Collège de France(1978~1979)* (Gallimard/Seuil, 2004);『생명 관리 정치의 탄생』, 오트르망 옮김(난장, 2012).

3. 국내 및 국외 연구물

심세광,「미셸 푸코에 있어서 주체화와 실존의 미학」,《프랑스학 연구》제32권 (2005).

정일준 엮음,『미셸 푸코의 권력 이론』(새물결, 1994).

_____ 엮음.『자유를 향한 참을 수 없는 열망』(새물결, 1999).

진태원,「스피노자의 현재성: 하나의 소개」,《모색》제2호(2001).

_____,「『신학 정치론』에서 홉스 사회 계약론의 수용과 변용: 스피노자 정치학에서 사회 계약론의 해체 1」, 서울대학교 철학사상연구소 엮음,《철학사상》제19집(2004).

_____,「대중들의 역량이란 무엇인가?: 스피노자 정치학에서 사회 계약론의 해체 2」,《트랜스토리아》제5호(2005).

_____,「범신론의 주박에서 벗어나기: 프랑스에서 스피노자 연구 동향」, 서양근대철학회 엮음,《근대철학》제2권 제2호(2007).

_____,「대중의 정치란 무엇인가? 다중의 정치학에 대한 스피노자주의적 비판」, 서강대학교 철학연구소 엮음,《철학논집》제19집(2009).

_____,「정신적 자동장치란 무엇인가? 데카르트, 스피노자, 들뢰즈」, 서강대학교 철학연구소 엮음,《철학논집》제28집(2012).

_____,「푸코와 민주주의: 바깥의 정치, 신자유주의, 대항 품행」, 서강대학교 철학연구소 엮음,《철학논집》제29집(2012).

_____, 『스피노자 또는 관계론의 철학』(길, 근간).

Allen, Amy, "Foucault and the Politics of Our Selves," *History of the Human Sciences*, vol. 24, no. 4, 2011.

Balibar, Etienne, "Jus, Pactum, Lex: Sur la constitution du sujet dans le Traité théologico-politique," *Studia Spinozana*, no. 1, 1985.

_____, "Potentia multitudinis, quae una veluti mente ducitur," in Marcel Senn & Manfred Walther eds., *Ethik, Recht und Politik bei Spinoza* (Schulthess, 2001).

_____, 『스피노자와 정치』, 진태원 옮김(그린비, 2014(2판)).

Barbaras, Françoise, "Spinoza et Démocrite," *Studia Spinozana*, no. 12, 1996.

Bove, Laurent, *La stratégie du conatus: Affirmation et résistance chez Spinoza*(Vrin, 1996).

Campbell, David, "Why Fight: Humanitarianism, Principles, and Poststructuralism," *Millennium-Journal of International Studies*, vol. 27, no. 3, 1998.

Deleuze, Gilles, *Nietzsche et la philosophie*(PUF, 1962).

_____, *Spinoza et le problème de l'expression*(Minuit, 1969); 『스피노자와 표현의 문제』, 권순모·이진경 옮김(인간사랑, 2003).

_____, *Spinoza: Philosophie pratique*(Minuit, 1981): 『스피노자의 철학』, 박기순 옮김(민음사, 1999).

_____, *Foucault*(Minuit, 1986): 『푸코』, 허경 옮김(동문선, 2004).

Descartes, René, *Œuvres philosophiques de Descartes* vol. 1~3, ed. & trans. Ferdinand Alquié(Garnier, 1973).(약칭: Alquié)

Dews, Peter, "The Return of the Subject in Late Foucault," *Radical Philosophy* no. 51, 1989.

Dreyfus, Hubert L. & Rabinow, Paul, *Michel Foucault: Beyond Structuralism and Hermeneutics*(The University of Chicago Press, 1983).

Fraser, Nancy, "Foucault on Modern Power: Empirical Insights and Normative Confusions," *Praxis International*, vol. 1, no. 3, 1981;「푸코의 권력론에 대한 비판적 고찰: 경험적 통찰과 규범적 혼란」, 정일준 옮김(1994).

Karsenti, Bruno, "Pouvoir, assujettissement, subjectivation," *Futur Antérieur* 10, 1992.

_____, "La politique du dehors," *Multitudes*, no. 22, 2005.

Keenan, Tom, "The 'Paradox' of Knowledge and Power: Reading Foucault on a Bias," *Political Theory*, vol. 15, no. 1, 1987.

Le Blanc, Guillaume, *La pensée Foucault* (Ellipses, 2006).

Lemke, Thomas, "Foucault, Governmentality, and Critique," *Rethinking Marxism*, vol. 14, no. 3, 2002.

_____, "Foucault's Hypothesis: From the Critique of the Juridico-Discursive Concept of Power to an Analytics of Government," *Parrhesia*, no. 9, 2010.

Lazzeri, Christian, *Droit, pouvoir et liberté: Spinoza critique de Hobbes*(PUF, 1998).

Macherey, Pierre, "Pour une histoire naturelle des normes," in collectif, *Michel Foucault Philosophe*(Seuil, 1988).

_____,『헤겔 또는 스피노자』, 진태원 옮김(그린비, 2010(2판)).

Matheron, Alexandre, *Individu et communauté chez Spinoza*(Minuit, 1969, 1988);『스피노자 철학에서 개인과 공동체』, 김문수·김은주 옮김(그린비, 2008).

Montag, Warren, "'The Soul is the Prison of the Body': Althusser and Foucault,

1970~1975," *Yale French Studies* 88, 1995.

_____, *Bodies, Masses, Power: Spinoza and His Contemporaries*(Verso, 1999).

Moreau, Pierre-François, *Spinoza: L'expérience et éternité*(PUF, 1994).

_____, "La place de la politique dans l'Ethique," in Jaquet et al., *Fortitude et servitude: Lectures de l'Ethique IV de Spinoza*(Kimé, 2003).

Negri, Antonio, *L'anomalie sauvage*, trans. François Matheron(PUF, 1982).

_____ & Hardt, Michael, 『다중』, 조정환 외 옮김(세종서적, 2008).

Pfauwadel, Aurélie & Sévérac, Pascal, "Connaissance du politique par les gouffres: Spinoza et Foucault," in Yves Citton & Frédéric Lordon eds., *Spinoza et les sciences sociales*(Amsterdam, 2008).

Ramond, Charles, "La souveraineté chez Spinoza," in Yves Charles Zarka ed., *Penser la souveraineté à l'époque moderne et contemporaine*, 2 vols.(Vrin, 2002).

Remaud, Olivier, "Ethique et politique: Foucault et Spinoza," in Emmanuel da Silva ed., *Lectures de Michel Foucault*, vol. 2(ENS Editions, 2003).

Rousset, Bernard, "Conséquences éthiques et politiques de l'apparition d'une distinction significative entre le possible et le contingent dans l'Ethique IV," *L'immanence et le salut: Regards spinozistes*(Kimé, 2001).

Tosel, André, "Quel devenir pour Spinoza? Rationalité et finitude," in Lorenzo Vinciguerra ed., *Quel avenir pour Spinoza? Enquête sur les spinozismes à venir*(Kimé, 2001).

Vinciguerra, Lorenzo, *Spinoza et le signe: La genèse de l'imagination*(Vrin, 2005).

스피노자와
바디우

스피노자는 현대 프랑스 철학의 두 거장 들뢰즈와 바디우가
유일하게 만나는 공통의 장소이다. 그러나 두 철학자가
스피노자를 만나고 이해하는 방식은 상이하다. 들뢰즈와 달리
바디우는 스피노자 철학에 대한 비판자로 등장한다. 바디우의
비판은 단순한 거부를 의미하지 않는다. 바디우는 스피노자가
명시적으로 말한 것을 배반하면서 그가 말하지 않은 것을
스피노자의 철학 체계 안에서 찾아내 스피노자를 구원하고자
한다. 이렇게 스피노자를 배반하는 것, 그것이 바디우에게는
스피노자를 충실히 따르는 길이 된다.

이러한 바디우를 다시 배반하는 이 글에서는 바디우가
스피노자와 명확한 분리의 선을 긋는 지점에 오히려 둘 사이
이론적 친화성이 존재하며, 반대로 바디우가 스피노자를
자신과 근접시키는 지점에 둘 사이의 화해할 수 없는 이론적
간격이 있음을 보여 준다. 이 과정을 통해 바디우 철학을
이끄는 진리와 주체의 문제에 관한 두 철학자의 복합적 관계가
드러나게 된다.

진리와 주체를 사유하는
두 가지 길

박기순

1 무엇이 스피노자를 충실히 따르는 것인가?

많은 논란을 불러일으켰던 한 책에서 바디우는 자신과 들뢰즈가
서로 완전히 이질적인 전통에 속해 있음을 확인시키기 위해, 자신들이
다루고 있는 저자들이 얼마나 다른가를 보여 준 바 있다.[1] 그러나 그는

1   Alain Badiou, *Deleuze: La clameur de l'Etre*(1997), pp. 7~8. 그는 여기에서, 자신에
게 주요 준거가 되었던 것은 플라톤, 헤겔, 후설이었던 반면, 들뢰즈에게 그것은 스토아학파,
흄, 니체, 베르그송이었음을 밝히고 있다. 바디우는 현대 프랑스 철학의 기원과 계보를 설명하
는 또 다른 논문에서도 두 이질적인 전통을 언급하고 자신과 들뢰즈를 각각 이 서로 다른 두 전
통에 속하는 철학자로 제시한다. 들뢰즈를 비롯해 푸코, 사르트르를 포괄하는 실존적 생기론
(vitalisme existentiel)의 전통은 베르그송을 그 직접적 기원으로 삼으며, 바디우가 속한 개념
적 형식주의(formalisme conceptuel) 전통은 브룅슈비크(L. Brunschvicg)를 기원으로 하고 라
캉, 알튀세르 등을 포괄한다. 그런데 바디우에 따르면, 생명과 개념으로 대표되는 두 전통의 차
이가 궁극적으로 드러나는 것은 주체의 문제를 중심으로 한 논쟁을 통해서다. 이 점과 관련해서
바디우는 데카르트로 돌아가 새로운 주체 개념을 만들어 내는 라캉과 데카르트를 비판하는 들
뢰즈를 대조한다. 뒤에서 보겠지만 이러한 관점은 그의 스피노자 해석을 이끌고 있기도 하다.

여기에 하나의 예외를 두고 있다. 스피노자가 바로 그 예외의 경우이다. 그는 자신이 들뢰즈와 유일하게 만나는 곳이 스피노자라는 점을 인정한다. 그러나 그에 따르면 이 만남은 사실 대화 없는 만남이다. 들뢰즈가 말하는 스피노자는 그가 전혀 이해할 수 없는 스피노자이기 때문이다.

물론 바디우의 이러한 평가는 들뢰즈의 스피노자 읽기가 자의적이라는 의미로 읽힐 수 있다. 그러나 문제의 핵심은 거기에 있지 않다. 주지하다시피 들뢰즈는 스스로를 주석가로 간주하지 않는다. 그에게 한 철학자와의 만남은 잠재적으로 있지만 아직 현실화되지 않은 무엇을 이끌어 내는 창조적 작업으로 이해된다. 이러한 이유로, 그가 행하는 그 수많은 독해들은 때로는 창조적이라는 찬사를 받기도 하고, 때로는 자의적이라는 비판을 받기도 한다. 따라서 들뢰즈의 스피노자에 대한 바디우의 비판은 전혀 새로운 것이 아니다. 오히려 그러한 비판(정당하든 그렇지 않든)은 들뢰즈 철학 자체의 성격으로부터 연원한다. 즉 우리가 들뢰즈의 독해들을 그의 철학 바깥에서 평가하게 된다면 '자의적이다' 혹은 '근거 없다'라는 비판에 필연적으로 노출될 수밖에 없지만, 들뢰즈 철학의 내부에서 보면 텍스트 혹은 저자에 대한 충실성(fidélité)의 표현으로 이해될 수 있다.

따라서 여기에서 우리가 관심을 갖는 것은 바디우의 이러한 비판이 옳고 그른가가 아니라, 무엇이 그에게서 그러한 비판을 가능케 하는가라는 질문이다. 다시 말하면 들뢰즈와 달리 그는 어떤 충실성을 요구하

Cf. Alain Badiou, "Panorama de la philosophie française contemporaine," Conférence à la Bibliothèque Nationale de Buenos Aires, 1 juin 2004, published in english in *New Left Review* 35, september–october 2005.

고 있고,[2] 그것이 그의 스피노자 독해에서 어떻게 나타나는가 하는 점이다. 바디우의 말대로, 그와 들뢰즈가 스피노자에 대해서 갖는 충실성의 모습은 확연히 다르게 나타난다. 들뢰즈가 명시적으로 스스로를 스피노자주의자로 천명한다면, 바디우는 스피노자 철학에 대해 다소 비판적인 입장이라고 할 수 있다. 그러나 어떤 의미에서 그의 이러한 비판은 스피노자 철학에 대한 충실성의 표현으로 이해될 수 있다. 스피노자가 자신의 철학을 통해서 하고 있는 시도가 결국은 실패로 귀결되고 있음을 보여 줌으로써, 바디우는 역설적으로 스피노자 철학을 '구원'하고자 한다. 들뢰즈와 달리, 바디우는 스피노자를 배반함으로써 그에게 충실하고자한 것이다.

2 총체성의 철학 대 공백의 철학

스피노자 철학에 대한 바디우의 비판적 관점은, 일찍이 스피노자가 1960년대의 알튀세르에게 미친 영향을 검토하는 작업에서 이미 나타나고 있다. 그에 따르면, 알튀세르가 스피노자로부터 창조적으로 발전시키고 있는 구조적 인과성 개념은 전체주의적 총체성의 흔적을 지니고 있으며, 알튀세르는 스피노자에게 의존하는 한 그것으로부터 벗어날 가

---

2   바디우는 '충실성'을 다음과 같이 정의한다. "어떤 상황 속에서······ 어떤 사건적 다수체의 순환을 통해 존재하는 다수체들을 식별해 내는 절차들 전체를 나는 충실성이라고 부른다." (*L'être et l'événement*(1988), p. 257) 요컨대 바디우가 부르는 사건이 하나의 이름을 갖게 되고 그럼으로써 어떤 결과들을 산출해 낼 때, 사건과 연결되어 있는 그 결과들을 식별해서 그것을 통해 하나의 진리를 구성해 가는 절차를 충실성이라고 부르는 것이다. 따라서 바디우에게 스피노자에 대한 충실성은, 스피노자 철학이 만들어 내는 귀결들 혹은 징후들을 찾아내는 것이다.

능성은 없다.[3] 이 글에서 바디우는 스피노자 철학을 총체성의 철학으로 규정하고 있는데, 이러한 관점은 이후의 글들에서 반복적으로 나타난다. 이에 대한 직접적이고 체계적인 서술을 우리는 그의 주저 『존재와 사건』에서 발견하게 된다.

바디우는 『존재와 사건』의 한 장 전체를 스피노자를 다루는 데 할애한다. 그는 "스피노자"라는 제목을 달고 있는 열 번째 성찰을 자신의 수학적 존재론을 요약하고 있는 1~2부의 마지막 부분에 위치시키고 있다. 요컨대 자신의 존재론을 떠받치는 주요 개념들을 설명한 뒤, 그 개념들을 잣대로 스피노자의 존재론을 재해석하는 것이다. 신의 속성들을 특정한 방식으로 표현하는 개별 사물들(res singulares)은 바디우가 말하는 다수체에 상응한다. 즉 개별 사물들은 실제로는 다수의 개체들로 구성된 사물이다. 그 다수의 것이 '하나'로 셈해짐으로써 그것은 하나가 된다. 그런데 스피노자에게서 이 '하나로 셈하기(compte-pour-un)'는 인과성의 원리에 근거해 이루어진다. 즉 여러 개체들이 서로 함께 작용해서 '하나'의 결과를 만들어 내면 그 여러 개체들은 하나의 개별 사물로 셈해진다.[4] 바디우에 따르면 스피노자의 이 설명에는 하나의 난점이 존재

---

3   Cf. Alain Badiou, Le (re)commencement du matérialisme dialectique, *Critique*, N. 240, mai 1967, pp. 438~467. 이와 관련된 논의는 Pierre-François Moreau, "Alain Badiou lecteur de Spinoza," in *Alain Badiou: Penser le multiple*(2002), pp. 392~395를 참조할 것.
4   E, II, def. VII. 이후에 스피노자 저작들을 인용할 때는 다음과 같은 약호를 사용한다. 『에티카』→ E, 『신학 정치론』→ TTP, 『지성 교정론』→ TIE, 『편지들』→ Ep. 『에티카』는 각 부를 지시하는 로마자 숫자를 표기한 후 praef.(서문), def.(정의), pr.(정리), sc.(주석) 등을 아라비아 숫자와 함께 제시할 것이다. 『신학 정치론』은 프랑스 PUF 출판사에서 출간된 새로운 판본 제3권(표기는 P III)을 인용한다. 그리고 『편지들』의 인용은 Gebhardt 판본, 4권(표기는 G IV)을 따른다. 데카르트 저작들에 대한 인용은 표준 판본인 AT판(édition d'Adam et de Tannery)을 따른다.

한다. 스피노자는 여기에서 원인의 단일성을 결과의 단일성에 의거해 설정한다. 그렇다면 결과의 단일성은 어디에서 주어지는가? 그것 또한 인과성에 의해서 주어질 수밖에 없다. 즉 그 결과의 결과의 단일성으로부터 설명되어야 한다. 그리고 그 결과의 결과의 단일성은 마찬가지로 인과의 원리에 따라 그것의 결과의 단일성에 의존하게 될 것이다. 이러한 방식으로 인과적 의존 관계는 무한히 소급될 것이고, 결국 결과의 단일성에 기초해서 원인의 단일성을 정초하고자 하는 시도는 성공하지 못할 것이다.[5]

그런데 바디우가 보여 주고자 하는 것은, 그 스스로가 밝혔듯이 스피노자 철학의 어떤 논리적 난점이 아니다. 오히려 그의 의도는 스피노자에게 그것이 전혀 난점으로서 나타나지 않는 이유를 밝히는 데 있다. 그 이유는 다음과 같이 말한다. "문제의 핵심은, 그의 근본적 논리에서는 하나로 셈하기가 궁극적으로 메타 구조(métastructure)에 의해, 즉 그가 신 또는 실체라고 부르는 상황 상태(état de situation)에 의해 보장된다는 사실이다. 스피노자는 구조와 메타 구조를 동일화하고, 하나라는 결과를 직접적으로 상태에 귀속시키며, 귀속과 포함을 구별하지 않으려는, 결코 시도된 적 없었던 가장 급진적인 존재론적 시도이다. 동시에 우리는 그의 철학이 특별히 공백을 배제하는 철학이라는 사실을 이해하게 될 것이다."[6]

---

5   Alain Badiou, *L'être et l'événement*(1988), pp. 129~130. 바디우가 『에티카』 2부, 정의 7에서 발견하는 난점이 진정으로 난점을 구성하는지의 여부는 별도의 검토가 필요하다. 여기에서 자세한 논변을 제시할 수는 없지만, 우리는 그 난점을 벗어날 가능성이 스피노자에게 존재한다고 생각한다. 결과의 단일성이 가설적인(hypothétique) 탐구 절차에 의해 확보될 가능성이 존재하며, 그러한 탐구 절차는 스피노자의 철학 속에서 온전하게 설명될 수 있기 때문이다.
6   Ibid., p. 130. 강조는 저자.

바디우의 이러한 평가를 이해하기 위해서는 매우 간략하게나마 바디우의 집합론적 존재론의 기본 골격을 이해할 필요가 있다. 주지하다시피 바디우는 존재의 다수성을 긍정하는 철학자이다. 그에게 하나는 존재하지 않는다(l'un n'est pas). 하나는 오직 셈으로서만 존재한다(il n'y a que le compte-pour-un). 다수체(un multiple)는 다수체로서 현시되지 않으며, 그것은 오직 하나로 셈해져 현시된다. 그런데 실제로 이 '하나로 셈하기'를 통해서 하나로 간주된 것이 실제로는 다수체라는 점, 보다 정확히 말하면 비정합적이고 무한한 다수체(le multiple inconsistant ou infini)라는 점이 사후에 드러나게 된다. 즉 모든 다수체에 보편적인 비정합성은, 바디우가 의지하는 집합론의 용어로 말하자면, 귀속(appartenance)과 포함(inclusion)의 구별을 통해서 필연적으로 나타날 수밖에 없다. 과잉점의 정리(le théorème du point d'éxcès)에 의하면, 주어진 어떤 집합의 멱집합, 즉 부분 집합들의 집합은 그 최초의 집합에 귀속되지 않는 다수체를 적어도 하나 이상은 가지고 있다. 어떤 집합 β가 집합 a에 포함된다고 하더라도, 집합 β가 집합 a에 반드시 귀속하지는 않는다는 것, 따라서 귀속과 포함은 구별되어야 한다는 것이다. 우리가 바디우를 따라 멱집합을 메타 구조 혹은 상황 상태라고 한다면, 그것은 구조 혹은 상황에 고유한 '하나로 셈하기'와 구별되는 '셈에 대한 셈하기(le compte du compte)'에 의해 구성된다. 다른 말로 하면, 그것은 현시된 다수체(présentation du multiple)에 대비되는 재현(représentation)에 상응하는 것이다. 재현은 현시된 것의 특정한 분류이자 법칙이다. 다시 말하면 그것은 주어진 상황에서의 '하나로 셈하기'를 보증하는 기능을 한다. 그런데 과잉점의 정리에 의하면 재현에는 과잉이 존재한다. 주어진 상황에 귀속하지 않는 어떤 것에 대한 셈이 있기 때문이다. 달리 말하면 재현된 것들 가운데는 주어진 상황에 현시되지 않는 것들이 반드시 존재한다. 이 과잉은 주어진 상황에서의 하나로 셈하기는 하나의 셈하기일 뿐이며, 존재론적으로 그것은 하나가 아니라는 것을 입증해 준다. 상황에 귀속해 있지는 않지만 포함되어 있는 것 혹은 과잉은, "구조[상황]를 파괴하게 될 다음과 같은 사태의 가능적 담지체이다. 하나는 어디엔가 존재하지 않는다, 부정합성은 존재의 법칙이다, 구조의 본질은 공백이다."[7] 요컨대 바디우에 따르면 구조와 메타 구조, 상황과 상황 상태, 현시와 재현 사이에 존재하는 거리는 필연적이며, 그리고 그 거리는 존재하는 모든 것의 다수성을 입증해 주는 것이다. 하나를 존재론적으로 긍정하는 것은, 그것으로부터 나오는 모든 것들 혹은 규정성들이 그 하나에 모두 귀속된다는 것을 함축한다. 즉 재현된 것들이 모두 현시된다는 것을 의미한다. 그러나 과잉이 존재한다. 따라서 그것은 반대로 정합적 하나가 아니라 부정합적 다수성을 긍정하게 된다. 바디우는 특정한 상황에 주어져 있는 이 존재의 부정합성을 공백이라는 이름으로 부른다. 이 공백은 아무것도 아니지만 모든 존재자들에 포함되어 있다.[8]

바디우에 따르면 스피노자는 이 공백을 배제하려고 하는 충만함의 철학이다. 그의 용어로 말하자면, 스피노자는 그것을 포함과 귀속을 동일시함으로써 확립하고자 한다. 스피노자에게 주어진 상황에서 일어나는 모든 것은 그 상황에 속한다. 왜냐하면 존재하는 모든 것은 신의 본성으로부터 나오는 필연적 법칙들에 따라 발생하며, 신 '안'에 존재하기 때문이다. 신과 자연을 구별하고 신의 초월성을 긍정하는 모든 신학적

---

7 Ibid., p. 113.
8 Cf. Ibid., pp. 31~128.

시도에 반대하면서 신과 자연을 동일시한 스피노자의 철학은 결국 바디우의 용어로 말하자면 상황과 상황 상태, 구조와 상부 구조를 동일시하는 매우 '특이한' 철학이 된다. 스피노자를 다른 철학자들과 구분했던 바로 그 지점, 스피노자에 대한 온갖 비난과 찬사가 향하는 바로 그곳, 스피노자의 가장 독창적이며 급진적인 철학적 원리인 내재론(immanen-tisme)을 바디우는 다시 한 번 문제 삼는다. 왜냐하면, 스피노자의 내재론은 공백의 존재를 부정하기 때문이다.

그러나 바디우는 이렇게 공백을 배제하려는 스피노자의 시도가 실패하고 있다고 주장한다. 그에 따르면, 실패의 징후는 스피노자 철학 체계에 내재하는 난점 속에서 나타난다. 이 난점은 스피노자가 존재하지 않으며 사유할 수도 없다고 생각했던 공백이 그의 철학 체계 속에 하나의 흔적으로 존재한다는 것을 증명해 준다고 바디우는 믿는다. 이 난점은 '무한 양태'의 존재론적 지위와 연관되어 있다. 왜 무한 양태가 문제가 되는가? 그것은 바디우가 보기에, 스피노자 철학 체계에서 무한과 유한의 관계, 혹은 무한에서 유한으로의 이행[9]이 설명되지 않기 때문, 보다 정확히 말하면 설명될 수 없기 때문이다. 이 논리적 공백은 스피노자주의적 시도의 실패를 의미하며, 더 나아가서 존재론적 공백의 존재를 증거하고 있다.

바디우에 따르면 스피노자에게 무한에서 유한으로의 이행은 해결될 수 없는 문제로 남아 있다. 하나로 셈하기가 궁극적으로 신에 의해 보장된다면, 어떻게 절대적으로 무한한 신이 유한한 사물들의 셈의 원

---

9   바디우가 말하는 이 이행의 난점이 실제로 스피노자에게 있는지는 의문이다. 왜냐하면 스피노자에게 이 이행의 문제는 제기되지 않기 때문이다. 스피노자에게 무한과 유한의 관계에 대해 제기되는 문제는 이행이 아니라 유한 속에서의 무한의 존재 방식에 관한 것이다.

리가 될 수 있겠느냐고 바디우는 묻는다. 무한과 유한 사이의 어떤 척도가 존재하지 않는 한 그것은 불가능한 것이 된다는 주장이다. 어떻게 무한으로부터 유한이 나올 수 있는가? 무한과 유한, 원인과 결과 사이에 공백이 존재하지 않는가? 그런 한에서 무한은 유한한 사물들에 대해 일종의 과잉으로 나타나지 않는가? 바디우는, 스피노자가 이 공백의 위협을 방지하기 위해 무한 양태라는 것을 매개항으로 개입시키고 있다고 생각한다. 그러나 그에 따르면 이 무한 양태라는 개념은 그러한 공백을 메워 줄 수 없다.『에티카』1부, 정리 21~22에서 스피노자는 직접적 무한 양태와 간접적 무한 양태의 존재를 이끌어 내면서, 무한으로부터는 무한한 것만 나올 수 있다는 것을 논증한다. 다른 한편 정리 28은 유한한 사물은 다른 유한 사물로부터만 작용받는다는 점을 밝힌다. 따라서 무한 양태는 무한으로부터 유한으로의 이행을 보증하지 못한다. 더 나아가 바디우의 해석에 따르면 필연적으로 존재하는 실체와 경험을 통해서 그 존재가 밝혀지는 유한 사물들과는 다르게, 무한 양태는 선험적으로도 후험적으로도 그 존재가 입증될 수 없다. 만약 그것이 존재한다 하더라도 접근 불가능하거나, 아니면 존재하지 않는다는 것이다.[10]

3 존재론적 공백과 주체의 문제

「스피노자의 폐쇄된 존재론」이라는 논문[11]에서 바디우는 『존재와

---

10   Cf. Ibid., pp. 129~137.

11   Alain Badiou, *Court traité d'ontologie transitoire*(1998), pp. 73~93. 이 논문은 1993년 소르본 대학에서 개최된 "Spinoza: puissance et ontologie"라는 제하의 학술대회

사건』에 제시된 입장을 그대로 견지하면서, 그것이 스피노자 철학 내에서 갖는 의미를 발전적으로 전개한다.

『존재와 사건』에서 바디우는 스피노자에게서 무한 양태는 공백에 붙여진 이름이라는 것을 주장한 바 있다. 그런데 그는 그 무한 양태들 가운데 특별히 사유 속성의 직접적 무한 양태인 무한 지성에 주목한다. 왜냐하면 스피노자 철학 체계에서 인과성의 원리로서 설명될 수 없는 것들이 바로 무한 지성을 통해서 정초되고 있기 때문이다. 특히 바디우가 무한 지성이라는 무한 양태에 주목하는 이유는, 그것이 신의 역량에 척도를 제공하기 때문이다. 즉 신이 생산할 수 있는 것은 무한 지성이 사유할 수 있는 것들이다.[12] 이 점과 관련해서 사유 속성의 무한 양태는 특권적 지위를 갖게 된다.[13]

에서 "L'ontologie implicite de Spinoza"라는 제목으로 발표되었고, *Spinoza: puissance et ontologie*(1994)에 수록되어 출간되었다.

12   E, I, pr. 16. "신의 본성의 필연성으로부터 무한히 많은 방식들로 무한히 많은 것들(즉, 무한 지성에 일어날 수 있는 모든 것)이 따라 나올 수밖에 없다."

13   이 점과 관련해서는 논의의 여지가 있다. 무한 지성이 신의 역량에 척도를 제공한다는 것이 결국 신은 무한 지성이 제시하는 것들을 생산한다는 것을 의미한다면, 그것은 신이 자신의 외부에 어떤 규범이나 강제를 갖는다는 것을 의미하게 될 것이다. 그러나 이러한 해석은 스피노자에게서 불가능하다. 무엇보다도 무한 지성은 신의 행위의 생산물이기 때문에, 즉 양태이기 때문에 그것은 그러한 척도의 역할을 할 수 없다. 이러한 관점에서 『에티카』1부, 정리 16에서 언급되는 무한 지성은 바디우와 다른 방식으로 읽혀야 한다. 스피노자에게서 모든 것은 신의 본성의 필연성으로부터 나온다. 스피노자는 정리 16에서, "신의 본성의 필연성으로부터 나오는 모든 것"과 "무한 지성에 나타나는 모든 것"을 동일시하고 있다. 이것이 함축하는 바는 무한 지성이 신의 생산의 외적인 척도 혹은 규범이라는 것이 아니라, 신에 의한 생산이 필연적 법칙들에 따라 일어난다는 것, 따라서 그것은 이해 가능한 것에 속한다는 사실이다. 여기에서 스피노자는 이중의 비판을 수행하고 있다. 한편으로는 신의 행위는 신의 자의적 의지에 따른 것이 아니라는 것을 보여 줌으로써 신학적 주의주의에 반대하고, 다른 한편으로 신의 지성에 따른다는 것은 스피노자가 말하듯 신의 무한 지성이 자신의 외부에 어떤 범례들을 갖는다는 것을 의미하지 않기 때문에 신학적 주지주의와도 갈라선다. 이러한 관점에서 보면 바디우의 판단과 달리, 우리는 적어도 이 점과 관련해서 사유 속성의 특권을 인정할 이유가 없다고 생각한다.

지성은 먼저 관념과 그 대상의 관계를 정초한다. 둘 사이에는 인과의 관계가 존재하지 않는다. 바디우는 이 관계를 결합(couplage)의 관계로 정의한다. 그런데 이 결합 관계는 어떻게 정초되는가? 다시 말하면 하나의 관념과 그 대상인 신체 사이의 결합 관계는 어디에서 주어지는가? 그것이 결국 지성에 의해서 파악될 수밖에 없는 한에서, 그것은 지성에서 주어진다.

그렇다면 참된 관념들로서의 이 지성은 무엇에 의해 정초되는가? 그것은 이 지성이 무한 지성의 한 부분이라는 사실에 의해서이다. "우리의 정신이 사물을 참되게 지각하는 한에서 그것은 (2부, 정리 11, 따름정리에 의해) 신의 지성의 부분이다. 따라서 인간 정신의 명석하고 판명한 관념들은 신의 관념들과 마찬가지로 참이다."[14] 다시 말하면, 무한 지성과 유한 지성 사이의 포함(inclusion) 관계가 참된 관념들의 존재를 보증한다. 그리고 바로 이 보증에 의해 관념과 그 대상의 합치가 보증된다.

스피노자는 신의 인과적 작용에 의해서 모든 것이 정초되고 이해될 수 있음을 주장한다. 그러나 바디우에 따르면, 이러한 주장은 스피노자 철학 도처에서 이 인과 관계로 환원되지 않는 관계들의 존재에 의해 무너진다. 실체와 속성들의 관계(무한히 많은 속성들의 존재, 무한히 많은 상황들의 존재), 신의 작용 자체, 관념과 대상의 합치, 참된 관념들의 존재 등은 모두 지성에 의존해 있다. 그런데 무한 지성은 그 존재를 결정할 수 없는 것이다. 모든 것이 그것에 의존해 있지만, 그것의 존재는 결정 불가능한 것으로 남아 있다.

바디우는 무한 양태로서의 무한 지성에 스피노자 철학 체계가 얼마

---

14   E, II, pr. 43, sc, Cf. E, V, pr. 40, sc.

나 의존하고 있는지, 그런데 그 무한 양태의 존재가 얼마나 문제적인지를 보여 주는 데서 그치지 않는다. 더 나아가 그는 무한 양태로서의 무한 지성이 공백의 다른 이름일 뿐만 아니라, 그곳에서 스피노자에서의 주체를 사유할 수 있다는 가능성을 찾아낸다. 유한 지성인 인간의 지성은 무한 지성의 국지적 지점으로 제시된다.(무한 지성의 부분) 그런데 그것은 또한 국지화된 주체의 어떤 결과로 제시된다. 다시 말하면 일반적 진리(vérité générique)를 산출하는 어떤 지점으로 제시되는 것이다. 바디우에 따르면 스피노자 존재론의 '암묵적(implicite)' 의미는 바로 여기에 있다. 그러나 그것은 암묵적일 뿐이다. 따라서 그것은 충분히 전개되지 못하고 있다. 이것이 그가 스피노자에서 플라톤으로 넘어가고자 하는 이유이다.

결론적으로, 스피노자에게서 공백의 자리를 찾아내는 바디우가 결국 이르는 것은 주체 혹은 주체화 이론이라고 할 수 있다. 주체화는, 발생하는 모든 것이 신의 필연성의 법칙에 따라 일어나고, 필연적으로 신에 귀속된다는 존재론적 논제로부터는 사유될 수 없다고 바디우는 생각한다. 공백의 이름은 존재론적 과잉, 비결정성, 그리고 궁극적으로 주체적 개입을 가능케 하는 이름이기 때문이다.

물론 이러한 관점은 공백과 사건의 철학자 바디우에 의해 해석되고 평가되는 스피노자이다. 그러나 우리가 보기에 공백을 배제하는 스피노자의 철학에는 다른 진리 개념, 다른 주체 개념이 있다. 이제 그것을 스피노자의 텍스트로 돌아가서 살펴보도록 하자. 무엇보다도 먼저 물어야 할 것은 그에게 공백의 부재가 의미하는 것이 무엇인가 하는 것이다.

4   진리와 지식: 스피노자에서 공백의 부정이 의미하는 것

우리는 이 문제를 해결하기 위해서 먼저 스피노자에게서 공백의 문제를 살펴보는 것으로부터 출발하고자 한다. 주지하다시피 스피노자는 이 문제에 관한 한 전통적인 입장을 견지한다. 즉 그는 공백은 존재하지 않는다고 단언한다. 그러나 스피노자에 의한 공백의 부정은, '공백에 대한 공포(horror vacui)'를 표현하고 있지도 않으며, 데카르트의 그것과도 동일한 함축을 갖지 않는다. 스피노자의 지적 환경이었던 17세기에 공백의 문제는 어떤 형이상학적 혹은 자연학적 문제와 연결되어 있었으며, 스피노자가 그 안에서 어떤 철학적 입장을 취하고 있었는지를 살펴봄으로써 우리는 스피노자에게 공백의 부정이 무엇을 의미하는지를 이해하게 될 것이다.

공백의 존재와 관련된 스피노자의 논의는 세 곳에서 나타난다. 『데카르트의 철학의 원리』 2부, 「편지 13, 올덴부르크에게」, 그리고 『에티카』 1부, 정리 15의 주석이 그것들이다. 흥미로운 것은, 공백 부재의 근거에 대한 스피노자의 생각이 이 텍스트들에서 동일하지 않다는 점이다. 이제 이 텍스트들을 하나씩 살펴보면서, 스피노자가 어떻게 이 문제를 자신의 철학 속에 개입시키고 해결하고 있는지를 검토해 보자.

『데카르트의 철학의 원리』 2부, 정리 3에 따르면 "공백이 존재한다는 것은 모순적이다." 그 이유를 스피노자는 다음과 같이 설명한다. "(정의 5에 의해) 우리는 공백을 물질 실체가 없는 연장, 즉 (2부의 정리 2에 의해) 물체 없는 물체로 이해한다. 그런데 이것은 불합리하다." 스피노자가 뒤이어 밝히듯이 이 증명은 데카르트의 논증을 그대로 따르고 있다. 실제로 데카르트는 『철학의 원리』 2부, 16항에서 연장과 물체의 동일성에 근거해 공백의 존재를 반박한다. 그런데 데카르트에게 물체의 연장으로의 환원은 기하학적 자연학의 구성을 위한 토대이다. 따라서 데카르트에게서 공백의 부재가 갖는 기능은, 자연에 대한 기하학적 설명 즉 데카르트적 의미의 학문(scientia)의 가능성의 토대를 정립하는 데 있다. 적어도 이 점에서 『데카르트의 철학의 원리』의 스피노자는 데카르트와 구별되지 않는다.

이러한 사정은 다른 텍스트들에서도 마찬가지이다. 『데카르트의 철학의 원리』2부, 정리 8의 주석에서 "공백이 존재하지 않도록 물체가 움직이는 것이 아니라 다른 물체로부터의 충격에 의해 움직이는 것"이라고 말하면서 '공백에 대한 공포'라는 오래된 논제를 거부할 때도, 그리고 「편지 13, 올덴부르크에게」에서 공백의 부재를 '무는 어떤 성질도 갖지 않는다'라는 사실로부터 연역할 때도[15] 공백의 부재의 근거에 대한 설명에서 스피노자는 데카르트를 떠나지 않는다.

그러나 『에티카』에서 스피노자의 논변은 다른 모습으로 나타난다. 스피노자가 공백의 부재를 논하는 1부, 정리 15의 주석은 연장 실체를 신의 본질을 구성하고 있는 것으로 파악하지 않고, 단지 신의 창조물로 보는 입장을 비판하는 내용으로 구성되어 있다. 이러한 견해를 비판하기 위해 그는 반대자들이 가지고 있는 전제, 즉 물질 실체는 부분들로 구성되어 있고, 따라서 분할 가능하다는 관점을 검토하고 반박한다. 공백의 부재에 관한 논의는 바로 이렇게 실체의 분할 불가능성이 논증되는 맥락 속에서 도입되고 있다. 스피노자는 공백의 문제와 관련하여 다음과 같이 쓰고 있다. "……물질 실체가 이렇게 분할되어 그 부분들이

15   Cf. Ep, XIII, G IV, p. 65.

실제로 구별된다면, 왜 어떤 한 부분은 나머지 부분들이 여전히 이전처럼 서로 결합되어 있는 경우에 소멸될 수 없게 되는가? 그리고 왜 그 모든 부분들은 공백이 주어지지 않게 서로 들어맞을(aptari) 수밖에 없는가? 확실히, 서로 실제로 구별되는 사물들의 경우, 한 사물은 다른 사물 없이 존재할 수도 자신의 상태에 머무를 수도 있다. 따라서 자연에는 공백이 주어져 있지 않고, (이에 대해서는 다른 곳에서 〔설명한 바 있다.〕) 공백이 주어지지 않게 모든 부분들은 필연적으로 협력하기(concurrere) 때문에, 이것으로부터도 마찬가지로 그 부분들은 실제로 구별될 수 없다는 것, 즉 물질 실체는 실체인 한에서 분할될 수 없다는 것이 따라 나온다."

　　여기에서 스피노자의 비판이 직접 겨냥하고 있는 것은 데카르트이다. 데카르트는 물질 실체의 분할 가능성을 인정한다. 그에 따르면, 이것은 물질 실체가 사유 실체와 구별되는 중요한 차이이다.[16] 그러나 앞에서 언급한 것처럼, 그는 공백의 존재 또한 부정한다. 스피노자가 비판하는 것은, 공백이 존재하지 않는다는 것과 연장 실체가 분할 가능하다는 두 입장은 모순 없이 함께 주장될 수 없다는 점이다.[17] 우리의 주목을 끄는 것은 이것을 논증하기 위해 스피노자가 끌어들이는 논변이다.

16　"신체는 그 본성상 항상 분할 가능한 반면에 정신은 결코 분할 가능하지 않다는 점에서, 정신과 신체 사이에는 큰 차이가 존재한다."(René Descartes, *Meditationes*, VI, AT VII, pp. 85~86).

17　데카르트에게 이 모순은 물체가 두 가지 방식으로 사유되고 있다는 것과 연결된다. 즉 한편으로 물질 실체는 분할 불가능한 보편적 연장 실체로서, 다른 한편으로 물체들은 서로 독립적이고 구별되는 실체들로서 운동에 의해 분할되는 것으로 파악된다. 이러한 관점에서 보면, 게루가 지적하는 것처럼, 스피노자가 이 주석에서 요약하는 데카르트의 입장은 다소 단순화되어 있다. 그러나 스피노자의 엄밀한 기하학적 방법의 관점에서 보면, 이와 관련해 데카르트 철학이 보여주는 애매성은 양립할 수 없는 모순으로 나타날 수밖에 없다는 점에서, 단순화는 데카르트 철학에 대한 오해의 산물이기보다는 오히려 그것의 본질을 드러내는 해석적 관점으로 이해되어야 한다. 이에 관한 논의는 Martial Gueroult, *Spinoza: I-Dieu*(1968), pp. 529~566을 참조하라.

이 논변은 그에게 공백의 부재가 정확하게 무엇을 의미하는지를 가르쳐 준다.

스피노자는 여기에서 "서로 결합되어 있는(inter se connexis)", "서로 들어맞다(aptari)", "협력한다(concurrere)" 등의 표현을 통해서 공백이 존재하지 않는다는 것은 사물이 특정한 질서 속에 서로 결합되어 있다는 것, 독립적인 존재가 아니라 다른 것들에 의존해 있다는 것을 의미한다는 점을 분명히 한다. 따라서 한 사물은 다른 사물들 없이는 존재할 수도 사유될 수도 없다. 그런데 이 의존 관계는 바로 인과 관계이며, 이 인과 관계는 스피노자가 "자연 법칙들(leges naturae)"이라고 부르는 것에 의해서 표현된다. 이러한 관점에서 볼 때, 스피노자에게 공백의 부재를 증명하는 일은 모든 사물이 자연 법칙의 필연성에 따라 존재하고 작용한다는 것을 논증하는 것과 동일하다.

그러나 이것만으로는 공백의 부재가 갖는 고유하게 스피노자주의적인 의미를 충분히 밝히기 어렵다. 왜냐하면 데카르트는 물체들을 실체로 간주함으로써 모순에 빠지지만, 다른 한편으로 보편적 연장 실체 개념을 통해서 물체들이 필연적이고 영원한 법칙들에 따라 운동한다는 것을 보여 주기 때문이다. 데카르트에게서 속성(연장)은, 인간 지성이 물질 실체에 대해서 그것의 본질로서 파악하는 것, 즉 우리 지성에 의해서 인식 가능한 것을 지시한다.[18] 그러한 한에서 연장 속성은 자연 법칙의 존재와 그 항구성의 보증자라고 할 수 있다.[19]

물론 실체의 연장으로의 이 환원은 데카르트에게서 자연에 대한 기

---

18   Cf. René Descartes, *Meditationes*, II, AT VII, pp. 30~31.
19   Cf. René Descartes, *Principia*, II, art. 36, AT VIII, pp. 61~62.

하학적 인식의 요구로부터 나온 것이다. 그러나 이로부터 스피노자에서 공백의 부재가 갖는 의미가 데카르트의 그것과 크게 다르지 않거나 혹은 데카르트에서 나타나는 모호함이나 모순을 해소하는 이상의 의미를 갖지 않는다고 섣불리 결론을 내려서는 안 된다. 왜냐하면 스피노자에서의 기하학적 인식은 데카르트에서의 그것과 다르기 때문이다.

자연에 대한 기하학적 탐구를 제시하는 두 철학자의 차이는 실체, 속성, 지성의 관계를 설정하는 방식의 차이에서 나타난다. 현상적으로 데카르트와 스피노자는 모두 속성을 사유에 의해서 파악된 실체로 이해한다.[20] 그러나 이때 두 사람이 지성에 부여하는 위상은 다르며, 그에 따라 속성과 실체 사이의 관계도 달라진다. 데카르트의 경우, 지성은 창조된 것이다. 따라서 창조된 지성에게는 다음과 같은 물음이 던져진다. 그것은 신이 창조한 사물들을 어느 한계까지 인식할 수 있으며, 그 인식은 어떤 이유에서 참일 수 있는가? 인식의 한계에 대한 답은 속성으로서의 연장 개념에 의해서 주어지며, 지성에 의한 인식의 확실성은 신의 진정성에 의해서 보증된다. 여기에서 주목해야 할 것은, 창조된 지성은 신에 대하여 외재적 관계를 맺고 있다는 점이다. 바로 그러한 이유 때문에 지성에 의한 인식은 첫째, 제한적이며, 둘째, 보증이라는 절차를 반드시 필요로 한다.[21] 우리는 이것을 데카르트의 '제한적 합리주의(rationalisme

---

20 E, I, def. 4. "나는 속성을, 한 실체에 대해서 지성이 그것의 본질을 구성하는 것으로서 지각하는 것으로 이해한다."

21 데카르트에 따르면, 창조된 지성은 '적합한 인식(cognitio adaequata)'을 가질 수 없다. 왜냐하면 "인식이 적합하기 위해서는, 인식된 사물 안에 있는 모든 성질들 전체가 그 인식 안에 함유되어 있어야" 하기 때문이다. 따라서 "오직 신만이 자신이 모든 사물들에 대한 적합한 인식을 가지고 있다는 것을 안다."(Quartae responsiones, AT, VII, p. 220) 또한 인식이 적합하다는 것은, 자신의 인식이 적합하다는 것을 안다는 의미를 함축한다. 즉 적합성에 대한 적합한 인식을 요구한다. 따라서 인간의 지성처럼 자신이 명석하고 판명하게 인식한 것이 참된 인식이라는 보증

limité)'라고 부를 수 있다. 요컨대 인간의 지성은 창조된 유한한 지성이기 때문에 특정한 척도(mensura) 혹은 계산 가능한 양의 한도 내에서만 사물들을 인식할 수 있다는 것이다. 데카르트가 『정신 지도를 위한 규칙들』에서 제시한 질서와 척도의 학으로서의 보편학(mathesis universalis)은 바로 이 제한적 합리주의 이념을 표현하고 있다. 대부분의 근대적 합리주의 체계들은 그 다양성에도 불구하고 모두 이 '제한적 합리주의'로 환원될 수 있다.

이 점과 관련하여 스피노자 철학은 다른 모든 근대 철학 체계들과 구별된다. 이 차이는 무엇보다도 지성의 위상과 관련해 나타난다. 스피노자에게서 신에 의해 생산된 지성은 신의 외부에 놓이는 것이 아니라 신의 내부에 존재한다. 왜냐하면 신은 자신의 생산물의 내재적 원인이기 때문이다.[22] 따라서 생산물로서의 지성은, 창조된 사물들의 외재적 관찰자가 아니라, 물체가 신을 특정한 방식으로 표현하듯이, 신을 특정한 방식으로 표현하고 있는 것이다. 지성의 인식은 어떤 제한이나 보증을 요청하지 않는다. 이 지성에 의해서 실체의 본성을 구성하는 것으로 파악되는 속성은 지성이 실체를 파악하기 위해서 외부에서 부여하는 형식이 아니다. 오히려 그것은 실체와 동일한 것으로 정립된다.

앞에서 인용한 텍스트에서 스피노자가 연장 실체를 창조된 것이 아니라 신의 본성을 구성하고 있는 것으로 이해하기를 요구할 때, 그리고 이를 확립하기 위해 공백을 부정했을 때 그가 겨냥한 것은 데카르트적인 '제한적 합리주의'를 벗어나는 것이었다. 공백의 부정은 자연 법칙들

을 필요로 하지 않는다. 이 점에서 인간 지성은 신의 능력과 동등할 수 없다.

22   E, I, pr. 18.

에 대한 긍정만을 함축하지 않는다. 스피노자에게서 그것은, 연장 실체를 창조된 것으로 보지 않고 신의 본성을 구성하고 있는 것으로 파악하는 것이며, 따라서 어떤 의미에서는 실체 자체와 구별되지 않는 것으로 이해하는 것이다. 그리고 이것은 스피노자를 제한적 합리주의를 넘어서는 '절대적 합리주의(rationalisme absolu)', 즉 신에 대한 인식 가능성 혹은 존재하는 것에 대한 포괄적 이해 가능성으로 인도한다.

양과 척도에 의한 인식인 제한적 합리주의와 다르게, 스피노자의 절대적 합리주의는 사물들을 신의 본성으로부터 인식하는 것을 의미한다. 연장 실체를 신의 창조물이 아니라 신의 본질을 구성하는 것으로 이해함으로써 스피노자는 지성이 연장을 이해한다는 것의 의미를 지성이 사물들을 신으로부터 이해한다는 의미로 전환한다. 이것이 바로 스피노자가 말하는 제3종의 인식이다. 스피노자에 따르면 제3종의 인식은 "신의 어떤 속성들의 형상적 본질에 대한 적합한 관념으로부터 사물들의 본질에 대한 적합한 인식으로 나아간다."[23] 그런데 여기에서 신의 속성들의 형상적 본질에 대한 적합한 인식이란 그 속성으로부터 직접적으로 따라 나오는 무한 양태에 대한 인식, 즉 자연의 질서, 자연의 법칙들의 체계에 대한 인식을 지시한다. 그러나 문제는 이러한 인식이 우리에게 처음부터 주어지지 않는다는 것이다. 따라서 그것은 우리에게 이성에 의해서 탐구되고 발견되어야 한다. 스피노자는 그것에 '공통 관념(notiones communes)', '이성', '제2종의 인식(secundi generis cognitio)'이라는 이름을 붙였다. 우리는 아마도 그것에 '과학(science)' 혹은 '지식(savoir)'이라는 이름을 붙일 수도 있을 것이다. 데카르트의 오류는 자신 혹은 자

---

23   E, II, pr. 40, sc. 2.

신의 시대가 다다른 과학을 인간 지성에게 허용된 유일한 과학으로 절대화했다는 것이다. 데카르트와 반대로, 스피노자의 절대적 합리주의는 어떤 시대의 과학이든 그것은 부분적이고 제한적인 것일 수밖에 없다는 것을 긍정한다. 인간이 자연 속에서 발견한 지식들은 자연의 질서에 대한 우리의 인식을 풍부하게 할 것이고, 그것을 통하여 우리는 점점 더 개별 사물에 대한 인식에 접근할 것이다. 그러나 지식 혹은 과학을 절대화할 때 제3종의 인식은 봉쇄된다.

이상의 논의 결과로부터, 스피노자의 철학을 폐쇄된 존재론으로 규정하면서 그를 절대적 지식 체계의 옹호자로 그리는 바디우의 관점은 다시 고려될 필요가 있다. 스피노자에게 공백의 부재는 오히려 제한적 합리주의에 대한 비판, 지식의 절대화에 대한 거부로 읽어야 하기 때문이다. 역설적으로, 바디우가 공백의 존재론을 통해 확립하고 있는 지식과 진리의 개념적 구별은[24] 비록 동일한 방식으로는 아니지만, 공백을 부정하는 스피노자에서도 발견될 수 있기 때문이다. 제2종의 인식과 제3종의 인식의 구별이 그것이다. 앞에서 인용된 텍스트에서 나타나는 것처럼, 제3종 인식의 요체는 사물들의 본질에 대한 인식으로 '나아가는' 것에 있다. 이러한 의미에서 그것은 자연에 대한 인식에서의 제2종 인식의 절대화를 거부한다.[25] 물론 바디우에게서 지식과 진리는 완전히

24   바디우의 지식(savoir)-진리(vérité)의 구별은 하이데거에서 연원한다. 하이데거는 지식과 진리, 인식과 사유를 분리하면서 전자는 전수되고 반복되는 것으로, 후자는 새로운 것, 시작으로 정의한다. 그리고 그는 시적 사유를 진리의 특권적 장소로 이해한다. 바디우는 하이데거의 지식-진리 개념을 수용하지만, 진리를 시적 사유에 봉합하는 것에는 반대하면서 그와 갈라선다. 바디우에게 지식은 사물들의 구별(discernement)과 분류(classement)의 체계이다. 반면 진리는 이 지식 체계에 구멍을 내고 가로지르면서 새롭게 구성되는 것이다.
25   바디우의 지식-진리 개념 쌍에 스피노자의 제2종의 인식-제3종의 인식의 개념 쌍을 대응시키는 것은 제한적으로만 타당할 수 있다는 점을 잊어서는 안 된다. 왜냐하면 엄격히 스피노자

이질적인 관계에 있는 반면 스피노자에게서 그것들은 상보적 관계 속에 있다는 중요한 차이는 간과될 수 없을 것이다. 그러나 두 철학자는 지식 혹은 과학의 절대화를 거부한다는 점에서는 서로 만나고 있다.[26] 이러한 의미에서, 바디우의 비판은 스피노자에서보다는 데카르트적 합리주의에서 보다 큰 적절성을 가질 것으로 보인다.

5 기적과 사건

이러한 유사성에도 불구하고 스피노자의 절대적 합리주의가 공백을, 따라서 사건을 부정한다는 것은 의심할 수 없는 없는 사실이다. 그리고 이 점에서 두 철학자는 확실히 만날 수 없는 다른 길을 가고 있다. 우리는 이 차이를 보다 극명하게 드러내기 위해, 스피노자의 급진적인 기획의 귀결로 나타나는 한 논점을 다루고자 한다. 이 논점은 스피노자 철학이 당시에 가장 격렬하게 부딪혀야만 했던 비판과 관련이 있다. 바로 '기적(miraculum)'이라는 신학적 문제이다. 모든 것이 자연의 필연적 법칙에 따라 발생하고 존재한다고 주장하는 스피노자 철학은, 자연의

적인 의미에서 제2종의 인식과 제3종의 인식은 모두 참된 인식, 즉 진리이기 때문이다. 뒤에서 우리가 진리를 상상과의 대비 속에서 말할 때는 참된 인식으로서의 진리를 지시한다.

26   우리의 이러한 관점은 공백을 부정하는 스피노자와 그것을 긍정하는 파스칼을 단순히 대립시키는 것을 넘어, 두 철학자를 데카르트가 정초한 합리성의 모델을 전화하고자 한 시도로 이해하는 마슈레의 해석과 만난다. 마슈레에 따르면, 파스칼이 공백의 긍정을 통해서 사유하고자 했던 것은 결국 무한의 문제였고, 또한 스피노자가 연장 속성을 실체의 본성을 구성하는 것으로 제시함으로써 긍정하고자 했던 것도 그것의 무한성이었다. 요컨대 그들은 서로 다른 길을 통해 동일한 것을 긍정하고 있는 것이다. Cf. Pierre Macherey, "Entre Pascal et Spinoza: le vide," in *Avec Spinoza: Etudes sur la doctrine et l'histoire du spinozisme*(1992), pp. 152~167.

질서에 벗어나서 발생하기 때문에 그 원인을 알 수 없는 '사건(eventus)'을 부정한다. 왜냐하면 모든 것에는 원인이 있고, 따라서 이해 가능하기 때문이다. 우리가 '사건' 혹은 '우연(esse contingens)'이라는 것을 유의미하게 말할 수 있는 것은, 비록 그 원인은 존재하지만 우리가 그 원인을 알지 못하는 것에 한해서이다. 따라서 사건이란, 바디우에서처럼 존재 자체의 구조에 귀속되는 어떤 것이 아니라, 단지 원인에 대한 적합한 인식의 부재에 붙여진 이름이다. 이 무지 때문에 우리는 어떤 것이 발생할 것인지 아닌지를 알지 못하기 때문이다.[27]

실제로 스피노자는 『신학 정치론』의 한 장 전체를 기적의 문제에 할애하면서 그것을 비판한다. 여기에서 그는 다음과 같은 점들을 분명히 한다. 첫째, 자연에는 자연의 질서에 대립되는 그 어떤 것도 일어나지 않는다. 둘째, 신의 본질, 존재, 섭리는 기적이 아니라 자연의 질서에 의해서 알려진다. 이것은 성서가 확인하고 있는 사실이다. 셋째, 성서가 신의 법령 혹은 의지에 대해서 말할 때, 그것이 의미하는 것은 자연의 질서이다. 넷째, 실제로 성서에서 서술되는 기적들은 모두 자연의 법칙으로 설명될 수 있다. 결국 스피노자는 이를 통해 기적은 새롭고 신비로운 것에 매혹되고, 그 속에서 신적인 것을 찾으려는 무지한 사람들의 견해일 뿐임을 논증하고 있다.

---

27 스피노자는 '우연'을 다음과 같이 정의한다. "우리가 어떤 개별 사물들의 본질만을 고려하고, 그것의 존재를 필연적으로 정립하거나 혹은 그 존재를 필연적으로 배제하는 어떤 것도 발견하지 못하는 한에서, 나는 그 개별 사물들을 우연적이라고 부른다."(E, IV, def. 3) 다른 한편 스피노자의 저작에서 제한적으로 사용되는 eventus 혹은 동사 evenio 또한 '뜻하지 않은 어떤 것의 발생'이라는 의미로 사용된다. 이러한 이유 때문에 『에티카』에서 eventus는 '희망'과 '공포' 개념을 설명하는 맥락에서만 나타난다. 예를 들어 스피노자에 따르면 "희망(spes)은, 우리가 그 발생(eventus)에 대해 잘 알지 못하는 미래 혹은 과거의 어떤 것에 대한 관념으로부터 생겨나는 불안정한 기쁨이다."(E, III, affectuum definitiones, 12)

그런데 사건 혹은 우연적인 것의 부정은 매우 급진적일 뿐만 아니라 위험한 주장이었다. 그것은 신학과 종교의 토대를 이루었던 '기적'에 대한 부정을 의미했기 때문이다. 예를 들어 스피노자의 주장대로라면 죽음으로부터 예수가 부활한 것은 적어도 문자 그대로 받아들일 수 없는 것이 된다.

이러한 이유 때문에 스피노자와 오랫동안 학문적 교신을 해 왔던 올덴부르크는 바로 이 문제에 관련해 스피노자에게 질문을 제기하고, 3개월간의 논쟁 끝에 그와 결별하게 된다.[28] 올덴부르크의 비판의 요점은, 스피노자가 신의 계시의 확실성을 정초하는 기적을 부정함으로써 종교의 토대를 무너뜨린다는 것이다.[29] 그에 따르면 스피노자처럼 모든 존재하는 것의 필연성을 주장하는 것은 인간에게 책임과 처벌을 물을 수 있는 근거를 제거하는 것이다.[30] 또한 기적을 부정하는 것, 즉 인간의 이해 범위를 넘어서는 어떤 것을 부정하는 것은 인간의 유한성을 부정하는 것이다.[31] 요컨대 스피노자는 기적을 부정함으로써 첫째, 책임과 처벌의 전제인 주체를 삭제하고, 둘째, 무한한 신 앞에서의 인간의 유한성을 부정한다는 것이다.

올덴부르크의 논변이 흥미로운 것은, 그것이 스피노자와 바디우 사이에 존재하는 논점이 무엇인지를 간접적으로 드러내기 때문이다. 앞에서 우리는 바디우의 비판이 결국 향하는 것은 주체의 문제라는 점을 밝

---

28 기적, 그리고 예수의 부활을 중심으로 한 스피노자와 올덴부르크의 논쟁은 일곱 차례의 서신 교환으로 이어진다. Cf. Ep, 71, 73~75, 77~79. 올덴부르크 외에 뷔르흐(Albert Burgh)도 동일한 문제를 제기한 바 있다.(「편지 67」 참조)
29 Cf. Ep, 71, G IV, p. 304.
30 Cf. Ep, 74, G IV, p. 310.
31 Cf. Ibid.

힌 바 있다. 즉 스피노자가 공백을 배제함으로써 사유하지 못하는 것, 그리고 바디우가 스피노자를 배반하면서 스피노자 철학 체계 속에서 찾으려고 했던 것은 이 주체의 사유 가능성이었다. 이 논점을 우리는 사건으로서의 기적이 존재하는가의 문제에 관련한 스피노자-올덴부르크 논쟁에서 다시 만나게 된다. 실제로 올덴부르크는 행위의 책임과 관련한 문제가 논쟁의 핵심임을 지적하면서,[32] 스피노자와의 서신의 후반부를 이 문제에 집중한다.

올덴부르크의 논리에 따르면, 도덕적 책임의 주체는 어떤 인식에서 주어지는 것이 아니라 자신의 인식 범위를 벗어나 있는 것에 대한 믿음과 그것에 대한 충실성에 기초한다. 이러한 의미에서 주체화의 토대와 종교의 토대는 동일하다고 할 수 있다. 여기에서 우리가 바디우의 논리를 재발견할 수 있다고 말한다면 과장일까? 실제로, 바디우에게 주체는 사건에 의존해 있다. 그러나 그 사건이 상황에 속하는지의 여부는 결정될 수 없다.[33] 따라서 사건의 존재는 비결정성 속에서의 결정, 근거 없는 결정, 즉 믿음에 의존해 있다. 바로 이 결정 혹은 믿음이 주체화의 시작이다. 주체화의 과정은 사건이 존재함을 선언하고, 그 사건에 충실하면서 사건의 귀결들을 탐색해서 진리를 구성하는 과정의 계기들이기 때문이다.[34] 사건이 주체를 정초하지만, 그 사건은 주체에 의해서 인정되고, 주체에 의해서 그 진리가 구성된다.

---

32   "내가 모든 사물들의 운명적 필연성이 대중에게 알려지는 것을 원치 않은 이유가, 덕의 실천이 그로 인해 구속받거나, 보상과 노고가 쓸모없게 되는 것은 아닌가라는 나의 두려움 때문이라는 것을 당신이 이해했을 때, 당신은 사태를 정확하게 파악하였습니다."(Ep, 77, G IV, pp. 324~325)

33   Cf. Alain Badiou, *L'être et l'événement*(1988), pp. 202~204.

34   Cf. Ibid., méditation 20 et 22.

기적과 사건 사이의 이러한 개념적 동일성은 바디우 스스로가 인정하고 있는 점이다. 바디우는『성 바울: 보편주의의 정초』라는 책에서 사도 바울의 예를 사건, 주체, 진리에 관한 자신의 철학적 논제의 한 전형적인 경우로 분석하기 때문이다. "나에게 바울은 사건의 사상가-시인이면서 동시에 우리가 전투적 인물이라고 부를 수 있는 것의 본질적 특징들을 실천하고 표명하고 있는 사상가이다."[35] 사도 바울은 예수의 부활이라는 기적 혹은 사건의 존재를 언명하고, 그것에 충실하면서 그리스도의 가르침을 보편 종교로 구성해 냈다. 그리고 바디우는 이것을 자신의 철학적 개념들을 동원해서 분석한다. 스스로를 무신론자로 천명하는 바디우[36]가 바울이라는 종교적 인물에 준거하고 있다는 점은 역설처럼 보이지만, 사실 그것은 바디우에게 전혀 문제가 되지 않는다. 왜냐하면 그에게 중요한 것은 형식적인 개념적 동일성이기 때문이다. "바울의 단절은 실제로는 어떤 순수 사건에 뿌리박고 있는 진리-의식의 형식적 조건들과 불가피한 그 귀결들에 관련되어 있다."[37] 무신론자 바디우는 물론 예수의 부활을 믿지 않는다. 따라서 바울의 보편주의가 갖는 내용은 그에게 중요하지 않다. 그가 바울에게서 보는 것은 진리 구성의 형식적 조건들, 주체화 과정과 그것을 통한 보편적 진리의 구성이다.

---

35   Alain Badiou, *Saint Paul: La fondation de l'universalisme*(1997), p. 2.
36   Cf. Alain Badiou, "Prologue: Dieu est mort," *Court traité d'ontologie transitoire*, pp. 9~24.
37   Alain Badiou, op. cit.,(1997), p. 115.

6 성 바울: 두 해석

이렇게 기적과 사건, 사도 바울과 주체화의 개념적 동일성이 입증된다면, 스피노자와 바디우에게는 하나의 공통된 사유 대상이 존재하는 셈이다. 그렇다면 사도 바울에 대한 스피노자의 해석은 어떠한가? 이 물음에 대한 답은, 사건 혹은 기적을 대하는 두 철학자의 차이가 갖는 함의를 보다 구체적으로 드러낼 것이다.

바디우 못지않게 스피노자에게도 사도 바울은 매우 중요한 인물로 등장한다. 보다 정확히 말하면 사도 바울은 스피노자에게 준거적인 인물, 자신이 생각하는 주체로서의 이성적 인간의 한 예를 보여 주는 전형적인 인물이다. 바울은, 성서의 가르침은 자연의 빛인 이성의 가르침과 결코 대립되지 않는다는 것을 성서 자체를 통해 논증하는 『신학 정치론』에서 스피노자의 논제를 가장 명증하게 입증해 주는 전거로 등장한다.

바울에 따르면 신의 가르침은 두 가지 방식으로 말해진다. 하나는 계시를 통해서이고, 다른 하나는 인식을 통해서이다.[38] 스피노자는 예언(prophetia)에 대한 분석을 통해 선지자들의 예언적 능력은 그들의 지성이 아니라 상상에 있음을 논증한 바 있다. 그들은 자연의 법칙에 대한 적합한 인식을 가지고 있지 않다. 그들의 덕목은 역설적으로 무지에 있다. 그들은 신을 지성이 아니라 상상을 통해 인식한다. 그런데 신을 상상한다는 것은 신의 도덕화와 다름없다. 그들에게 고유한 덕은 인식이

---

38   TTP, cap. XI, P III, p. 410. 이 언급의 전거는 「고린도 전서」 14장 6절이다. 그런데 정확히 여기에는 다음과 같이 쓰여 있다. "내가 당신에게 계시(revelatio) 혹은 인식(cognitio) 혹은 예언(prophetia) 혹은 원리(doctrina)를 통해 말하지 않는다면……." 스피노자는 계시와 예언, 인식과 원리를 각각 동일한 것으로 간주하고 있다.

아니라 신에 대한 믿음, 정확히 말하면 도덕적 원리에 대한 믿음에 있다. 그들은 무지하지만, 그러나 그들은 도덕적 가르침을 준다.[39]

사도들은 이 점에서 선지자들과 구별된다. 스피노자는 그 차이를 이렇게 설명한다. "사도들은 모든 곳에서 추론하며, 따라서 그들은 예언을 한다기보다는 토론하는 것처럼 보인다. 반대로 예언들은 오직 단순한 교의나 법령만을 함유한다. 왜냐하면 거기에는 추론하는 것이 아니라 자신의 본성에서 나오는 절대적 권력에 따라 결정하는 신, 마치 말이라도 하는 것과 같은 신이 제시되기 때문이다."[40] 선지자들은 상상을 통해서 신을 이해하지만, 사도들은 자연의 빛을 통해서 신을 인식한다.

그런데 바울은 사도 중의 사도, 사도의 전형이다. 그래서 '사도 바울'이라고 하지 않는가?[41] 사도 바울은 누구보다도 "각자가 자연의 빛에 의하여 신의 덕(virtus)과 영원한 신성(divinitas)을 명료하게 이해할 수 있다."[42]라고 가르친 사람이었다. 즉 그는 그렇게 말함으로써, 신성은 인간이 이해할 수 없는 것 속에 있는 것이라기보다 인간이 이해할 수 있는 자연의 섭리 속에 있음을 긍정했다. 바로 이 점에서, 스피노자가 이해하는 바울은 신성을 자연의 빛에 대립시키고 인식보다는 믿음을 통해 그것을 이해하는 선지자와 구별되며, 바로 같은 이유에서 바디우가 이해

---

39 선지자들과 예언에 대한 스피노자의 분석은, 그들의 고유한 영역은 삶의 실천적 측면에서의 가르침에 있지 사변적 인식에 있지 않다는 것을 보여 주는 데 목적이 있다. 이에 대해서는 『신학 정치론』 1장 참조.

40 TTP, cap. XI, P III, p. 412.

41 "〔히브리어〕 티은…… 강한 자(potens) 외에 다른 것을 의미하지 않으며, 잘 알려져 있는 것처럼, 오직 신에게만 탁월하게 적합한 말이다. 이것은 마치 우리가 바울을 〔대문자〕사도(Apostulus)라고 부를 때와 같은 것이다."(TTP, cap. XIII, P III, p. 454)

42 TTP, cap. IV, P III, p. 204. 「로마서」 1장 20절 참조. "세계의 정초 이래로 숨겨진 신의 속성들은, 신의 영원한 덕과 신성과 마찬가지로 그 창조물 속에서 지성에 의해 이해된다."

하고 있는 바울과도 구별된다.

그러나 스피노자와 바디우가 바울에 대해서 의견의 일치를 보이는 것이 있다. 그들은 바울이 신의 가르침의 보편성, 즉 신의 진리는 모두에 관계된다는 점을 긍정하고, 그렇게 함으로써 그는 유대인들의 종교를 모두의 종교로 전화하고 있다는 점에 동의한다. 스피노자에 따르면, 바울은 "할례를 받은 사람이 [신]법으로부터 멀어지면, 그의 할례는 하지 않은 상태가 될 것이고, 반대로 할례를 하지 않은 사람이 [신]법의 명령을 따르면, 그의 상태는 할례로 간주될 것이다."[43]라고 말함으로써, 중요한 것은 각 민족의 특수한 문화나 법이 아니라 보편적 신의 진리 혹은 가르침이라는 것을 보여 주었다.[44] 동일한 긍정이 바디우에서도 나타난다. 오직 하나의 신이 있다는 것, 유대인의 신과 이교도의 신이 다르지 않다는 것을 긍정함으로써, 바울은 신의 진리를 보편적인 것으로 만든다. 이러한 관점에서 바디우는 유일신은 어떤 형이상학적 논제가 아니라, 보편주의 요구와 다름없음을 강조한다.[45]

그런데 문제는 바울의 보편주의의 발생 토대가 무엇인가 하는 것이다. 바디우는 여기에서 보편성과 사건의 본질적 연관성을 확립한다. 요컨대 보편성은 오직 사건으로부터만, 그리고 사건에 대한 주체적 개입과 해석을 통해서만 성립된다는 것이다. 왜 그러한가? 보편성이 사건으로부터 나온다고 긍정할 때, 그가 사건에 대립시키고 있는 것은 법이다.[46] 바디우에게 법은 항상 특수한 법이면서 통제의 법이다. 따라서 이

---

43   「로마서」 2장 25~26절.
44   TTP, cap. III, P III, pp. 170~172.
45   Alain Badiou, op. cit.,(1997), pp. 81~82.
46   "정리 1. 오직 모두에게만 하나(l'Un)가 있다. 그리고 그것은 법이 아니라 사건으로부터 나온다."(Ibid., p. 85)

법은 금지와 명령으로 나타날 수밖에 없다. 그런데 이 금지는 금지하는 것에 대한 욕망을 불러일으키고, 그리하여 결국 인간을 죄악으로 이끈다. 권리와 의무에 기초한 법은 인간을 선으로 인도한다고 말하지만, 결국 그것이 이끄는 것은 악이다. 따라서 법과 단절해야 한다. 그 단절로부터 특수성과 금지를 배제하는 보편성의 형성이 가능해진다.[47]

스피노자 또한 바울의 보편주의를 설명하기 위해 바디우가 준거했던 바울의 주장으로부터 출발한다. 즉 유대인이나 이교도나 모두 죄악 아래 있으며, 명령과 법이 없다면 죄악도 없다는 주장이 그것이다.[48] 그런데 이로부터 스피노자는 바디우와 달리 다음과 같은 결론을 이끌어 낸다. "이로부터 법은 모두에게 절대적으로 계시되었으며…… 모두는 그 법 아래서 살아왔다는 것이 아주 명백하게 확립된다. 그런데 이때 법은 개별적인 각 국가의 구성과 관련하여 확립된 법, 그리고 한 민족의 기질에 맞춰진 법이 아니라, 오직 진정한 덕에 관련된 법이다."[49] 스피노자는 모두가 죄를 범했다는 사실은 역설적으로 모두에게 법이 계시되었다는 것을 입증한다고 생각한다.

그렇다면 왜 보편적인 신법은 명령과 금지로 나타나는가? 그리고 그것은 왜 각 국가나 민족에 따라 특수한 것이 되는가? 스피노자에 따르면, 그것은 바디우가 말한 것처럼 그 법이 본성상 특수하고 또한 금지를 내포하고 있어서가 아니다. 오히려 그것은 무지, 인식의 부재 때문이다. 아담의 경우가 그러하다. 신이 아담에게 선악과나무의 열매를 먹지 말도록 했을 때, 아담은 그것을 자신의 신체와 그 열매의 관계에 관

---

47   Ibid., pp. 84~85. 바디우의 이러한 주장은, 「로마서」 7장 7~23절에 대한 해석에 기초한다.
48   TTP, cap. III, P III, p. 170. 여기에서 스피노자는 「로마서」 3장 9절과 4장 15절에 준거한다.
49   TTP, cap. III, P III, pp. 170~172.

한 진리, 즉 어떤 행위와 그 귀결 사이의 필연적 법칙을 제시하는 진리로 이해하지 않고, 하나의 법으로, 즉 군주의 명령을 통해 설립된 규칙으로 간주했다.[50] 그리하여 그는 그 금지에 의해 유혹에 빠졌고 죄를 지을 수밖에 없었다. 유대인들이 십계명을 법으로 받아들인 것도 마찬가지로 그들의 무지 때문이며, 신의 법령을 영원한 진리로 이해하지 못하고 신의 이름으로 법을 제정한 선지자들도 마찬가지이다. 앞에서 설명한 것처럼 선지자들은 상상을 통해 신을 이해하고, 그리하여 신을 군주처럼, 그리고 도덕적 원리로 간주한다.[51]

신의 법을 모두에게 관련된 것이 아니라 특수한 민족과 사회에 관련된 것으로 이해하는 것 또한 신을 지성이 아니라 상상에 의해 파악하는 방식 중의 하나이다. 유대인들이 자신의 민족을 신에 의해 선택된 민족으로 간주할 때, 그들은 자신들의 운(fortuna)을 특별한 신의 은총으로, 기적으로 간주했다. 또한 모세가 신의 이름으로 포고한 법은 그가 유대 국가를 세우고 통치하기 위해 제정한 특수한 법이자 오직 유대 국가에게만 그리고 그것이 지속되는 한에서만 적용되는 법일 뿐, 지성에 의해 이해될 수 있는 신의 보편적 법과는 무관한 것이었다.[52] 실제로 성서는 다른 민족들도 운에 의하여 국가와 자신들의 고유한 법을 가지고 있었고, 그것들을 신의 이름으로 제정한 선지자들이 있었다는 점을 입증해 주고 있다.[53]

요컨대 스피노자에 따르면 유대인이나 이교도가 모두 죄악 아래 있다는 사실은 첫째, 그들이 모두 신의 진정한 덕을 표현하는 법 아래 있

---

50   Cf. TTP, cap. IV, P III, pp. 192~194; Ep, 19, G IV, pp. 93~94.
51   신의 진리, 즉 자연의 법칙들을 법으로 이해함으로써, 선지자들은 자신들이 신을 "창조주, 입법자, 왕, 인자한 자, 정의로운 자"(TTP, cap. IV, P III, p. 196)로 이해하고 있음을 드러낸다.
52   Cf. TTP, cap. III, P III, pp. 154~158.
53   Cf. TTP, cap. III, P III, pp. 158~168.

다는 것을 함축하고, 둘째, 그럼에도 불구하고 그들이 죄악 아래 있는 것은 그들이 신을 마치 군주처럼 상상하고, 그리하여 한갓 우연적이고 특수적인 것일 뿐인 자신들의 법을 신의 영원한 진리에 의해서 설립된 것으로 간주하며, 더욱이 그것을 금지와 명령으로 받아들이기 때문이다. 따라서 스피노자가 볼 때 금지와 특수성을 함축하고 있는 이러한 법으로부터 단절하고 진정한 보편성을 구성하기 위해서는 신을 상상하지 않아야 한다. 즉 신을 군주로 찾거나, 신의 진정한 덕을 기적 속에서 찾지 않아야 한다. 달리 말하면 그것은 영원하고 보편적인 진리를 이해함으로써 이루어진다.

스피노자는 그 전형을 예수에서 확인한다. 예수 그리스도는 선지자들과 마찬가지로 신의 이름으로 법을 명령하는 것처럼 보이지만, 그는 사물들을 참되고 적합하게 지각했다.[54] 이러한 의미에서 그는 신을 상상한 것이 아니라 이해한 사람이었다.[55] 그렇기 때문에 그리스도의 목소리는 신의 목소리로 불릴 수 있으며, 신의 지혜는 바로 그리스도 속에서 인간 본성의 모습으로 나타난다.[56] 요컨대 그리스도는 인간 본성의 모델[57]이며, 그러한 한에서 구원의 길이다. 그 구원은 신의 보편적 진리를 가르치는 것이며, 그렇게 함으로써 법과 죄악 아래 놓인 모든 사람을

---

54 TTP, cap. IV, P III, p. 196.
55 성서에 따르면, 신은 선지자들에게 이미지들과 말을 통해 계시하였지만 예수에게는 정신과 정신으로 소통하였다. Cf. TTP, cap. I, P III, pp. 82~92.
56 TTP, cap. I, P III, p. 93.
57 스피노자는 좁은 의미의 '윤리학'을 다루게 될 『에티카』 4~5부를 시작하면서, 1부에서 비판했던 선악 개념을 특정한 조건하에서 재도입한다.(cf. E, IV, praef) 그 조건은 인간 본성의 모델이다. 자연 그 자체에는 선도 악도 없지만, 우리가 세우는 인간 본성의 모델에 따라 선악 개념을 사용할 수 있다는 것이다. 『에티카』에서 말하는 인간 본성의 모델, 즉 '자유로운 인간(homo liber)'을 스피노자는 예수에게서 발견하고 있다.

그 법의 예속으로부터 벗어나게 하는 것이다. 요컨대 그것은, 신법을 어떤 권위에 의해 외부로부터 부여된 강제와 명령으로 간주하는 대신, 사물들의 보편적 법칙으로 이해하고 그 진리에 따라 행위하도록 가르치는 것이다. 바울은 예수의 의미를 이렇게 해석함으로써 신을 진정한 보편성의 토대로 확립했다. 바울이 해석한 예수의 가르침, 예수 부활의 의미는 누구나 각자 신의 역량과 그 영원한 신성을 자연의 빛에 의해서 이해할 수 있다는 가르침이고, 바로 거기에 구원의 길이 있다는 가르침이다. 이것이 예수가 유대인만이 아니라 인류 전체를 가르치기 위해 보내졌다는 말의 의미이다.

이상에서 살펴본 바와 같이 바울에 대한 스피노자와 바디우의 해석은 서로 대립한다. 스피노자에게 사건 속에서 보편적 진리 구성의 형식적 조건을 찾는 것은, 기적에 대한 믿음 속에서 신의 진리를 구성하려는 선지자들의 논리와 다르지 않다. 물론 낭만주의적 주체인 예술가를 선지자와 동일시하면서 낭만주의를 감성 종교라고 비판하고 있는 바디우에게 그의 주체 개념의 전형적인 예를 선지자에서 찾을 수 있다고 말하는 것은 부당할 수도 있다. 바디우에게 선지자는 신의 진리와 대중을 매개하는 자이며, 그러한 의미에서 낭만주의가 그리고 있는 천재로서의 예술가와 동일한 개념적 기능을 갖고 있다.[58] 그러나 매우 역설적으로 스피노자가 설명하고 있는 선지자는 바디우의 주체와 닮아 있다. 스피노자에게 선지자는 정확하게 이해하는 자가 아니라 무지와 믿음을 덕목으로 하는 자이며, 바로 그 믿음으로 기적의 존재를 선언하고 명명하며, 그와 더불어 진리를 구성하는 자이기 때문이다. 스피노자는 여기에 사

---

58   Cf. Alain Badiou, *Le siècle*(2005), pp. 216~217.

도들, 특히 사도 바울을 선지자에 대립시킨다. 그에게 사도 바울은 자연의 빛에 따라 신을 이해할 수 있고, 그렇게 이해된 진리에 따라 행위할 때 진정한 자유에 이를 수 있다고 가르치는 자이다. 자유는, 따라서 주체화는 이해 속에서 이루어진다. 바울이 말했듯이 무지가 변명이 될 수는 없다. 왜냐하면 죄악은 무지에서 나오기 때문이다.[59]

7 투사로서의 주체 혹은 충실성의 정치

스피노자와 바디우의 두 철학 사이에는 이렇게 건널 수 없는 심연이 자리하고 있다. 필연성의 철학과 사건의 철학의 대립. 그러나 두 철학 체계의 극명한 대립 뒤에는 유사성 또한 존재한다는 것을 놓쳐서는 안 된다. 왜냐하면 스피노자의 필연성의 철학은 '우연' 혹은 '사건'을 단순히 배제하고 있지 않기 때문이다.

우리는 앞에서 바디우의 사건−주체 개념을 선지자의 논리와 동일시하면서, 스피노자는 그것을 신과 그 생산물인 사물들을 상상하는 하나의 방식으로 규정하고 있다는 점을 보여 주었다. 그러나 상상은 스피노자에게서 단순히 참과 거짓의 논리 속에서만 사유되지 않는다. 모든 것이 자

---

59 「로마서」 1장 20절에서 각자는 신의 창조물 속에서 신의 진리들을 이해할 수 있다는 것을 주장한 후, 바울은 "따라서 사람들은 핑계를 댈 수 없다."라고 말한다. 스피노자에 따르면, 이어서 바울은 "무지로부터 나오는 타락들(vitia)을 기술하고, 그것들을 무지의 고통들로 그리고 있다."(TTP, cap. IV, P III, pp. 204~206) '사람들은 변명의 여지가 없다'는 논제는 스피노자가 서신을 통해 가졌던 올덴부르크와의 마지막 논쟁의 중요한 주제였다.(cf. Ep, 75, 77~79) 스피노자는 여기에서 인간들은 신의 권능 안에 있다는 바로 그 이유 때문에 신 앞에서 변명의 여지가 없다는 주장을 제기한다. 이것의 의미는 누구도 신이 자신에게 유약한 영혼을 주었다고 신에게 비난이나 불평을 할 수 없다는 것이다.(Ep, 78, G IV, p. 326)

연의 필연적 법칙들로 설명되는 한에서 상상도 예외일 수는 없다. 스피노자의 바로 그 필연성의 형이상학은 상상 또한 필연적인 것임을 정초한다.

상상은 우리에게 일어나는 것들을 우연적인 것으로 표상한다. 우리는 사물들과 외재적 인과 관계 속에 있는데, 이 무한한 인과 계열들을 파악할 수 없기 때문이다. 우리는 무한한 외재적 계열들의 한가운데(au milieu) 있으며, 그러한 한에서 우리는 그것들에 의해 과잉 결정된다. 우리가 앞에서 '무한의 한가운데'라고 말했을 때, 그것은 중심을 의미하지 않는다. 오히려 그것은 외부 세계에 대한 통일적 관점을 줄 장소의 부재(non-lieu), 곧 공백을 의미한다. 우리가 다른 사물들을 조망하기 위해 위치한 장소는 이미 그 다른 것들에 의해 결정된 장소이고, 그것들에 이미 속해 있는 장소이다. 요컨대 우리는 자연에 특정한 질서를 부여하지만, 그 질서를 부여하는 우리의 관점은 이미 그 자연의 한 산물에 불과하다. 사물들 사이의 외재적 관계성, 그리고 그것에 의해 표상되는 스피노자의 세계는 이렇게 휴식도 없고 중심도 없는 표류하는 세계이다. 따라서 그것은 근본적으로 불투명한(opaque) 세계이다. 상상에 의해서 표상된 이 세계는 한낱 거짓으로 간주될 수 없다. 그것은 우리가 놓여 있는 어떤 존재론적인 원초적 상황을 증거하기 때문이다. 스피노자가 우리 인간은 무지하게 태어난다고 말할 때, 그것은 바로 우리가 우연이 지배하는 세계, 따라서 근본적으로 불투명한 세계 속에 놓여 있음을 긍정하는 것이다.

바로 이러한 이유에서 스피노자는 역사를 사유할 때 운(fortuna) 개념에 의지한다.[60] 인간이 통제할 수 없는, 인간의 역량을 벗어나는 외부

---

60 스피노자는 『신학 정치론』에서 운을 '신의 외적 원조(Dei auxilium externum)'와 동일

사물들이 반드시 존재하기 때문에[61] 인간사의 흐름을 이끄는 것은 운이다. 즉 사물들은 우리에게 마치 우연처럼, 예기치 않게 일어난다. 인간들은 자신들에게 일어나는 것들의 이유를 찾지만, 그들은 종종 그것이 없는 곳에서, 즉 신의 알지 못하는 의도나 이성의 간지에서 그것을 찾는다. 스피노자의 운 이론은 이러한 종류의 역사적 목적론과 단절한다. 그에 따르면, 역사의 흐름을 결정짓는 것은 우연이다.

적어도 이 점에서 스피노자는 바디우와 조우한다. 우연 혹은 사건이 우리의 삶을 지배한다고 보는 점에서 그러하다. 그러나 둘의 유사성은 여기까지이다. 바디우는 이 우연적 사건 속에서 진리 형성의 조건을 보지만, 스피노자는 우연이 주는 긍정성에 분명한 한계를 둔다. 우연적 사건은 우리의 일상적인 습성에 의해서 형성된 지식 체계를 회의하게 하고 무너뜨린다는 점에서 긍정성을 가질 수 있지만,[62] 그 자체가 우리를 참되고 적합한 인식으로 인도하는 것은 아니라는 점에서, 그리고 종종 그러한 회의는 또 다른 상상적 세계관으로 다시 우리를 인도한다는 점에서 한계 또한 분명하기 때문이다. 오히려 인간은 운의 변덕이 만들어 내는 이러한 부정성을 통제해야 한다. 스피노자는 여기에서 운에 덕(virtus)을 대립시킨다. 덕은 인간이 자신의 본성의 법칙들에 따라 행위할 수 있는 능력, 즉 자연의 법칙들에 대한 이해에 근거해서 행위할 수 있

시하며, 그것을 다음과 같이 정의한다. "나는 운을, 신이 인간사를 외재적이고 예기치 않은 원인들로 이끌어 가는 한에서의 신의 통치에 다름 아니라고 이해한다."(TTP, cap. III, P III, p. 152) 스피노자 역사 이론에서의 운 개념의 역할에 대해서는 Pierre-François Moreau, *Spinoza: L'expérience et l'éternité*(1994), p. 483; "Fortune et théorie de l'histoire," in *Spinoza: Issues and Directions*(1990), pp. 298~304를 참조하라.

61   E, IV, ax.

62   스피노자는 『에티카』 2부, 정리 44, 주석에서 우연이 만들어 내는 상상의 동요(fluctuatio imaginationis), 즉 회의에 대해서 말하고 있다.

는 능력을 말한다.[63] 따라서 스피노자에게 최고의 덕은 신을 인식하는 것이다.[64] 스피노자에게 이 덕은 역사의 또 다른 요소로 제시된다. 그것은 역사의 흐름에 개입해서 운의 힘을 중화한다. 여기에서 우리는 '역사 = 덕 + 운'이라는 마키아벨리의 도식을 재발견하게 된다.[65]

그런데 덕은 습성화되지 않으면 실질적인 힘이 될 수 없다. 즉 덕은 '덕의 습성(habitus virtus)'[66]이 되어야 한다. 사람들은 상반된 감정에 사로잡혀 있는 경우에 어떤 것이 좋은 것이고 어떤 것이 나쁜 것인지를 구별할 줄 알지만, 대부분의 경우 최악의 것을 행한다. 스피노자는 『에티카』에서 오비디우스(Ovidius)를 여러 번 인용하면서 이 점을 강조한다. "나는 최선의 것을 보고, 그것을 긍정하지만, 최악의 것을 추구한다."[67] 우리가 선악에 대한 참된 인식을 가졌다고 해서, 그것이 참된 인식이라는 이유만으로 우리의 감정들을 제어할 수 있는 것은 아니다. 그러한 참된 인식으로부터 나오는 감정들이 힘에 있어서 다른 감정들에 우위에 있지 않으면, 그것들은 무기력하기 때문이다.[68] 요컨대 이성적 인식은 그 자체만으로는 우리의 삶을 이끄는 지배적 원칙이 될 수 없다.

---

63   E, IV, def. 8.
64   E, IV, pr. 28. "정신의 최고선은 신에 대한 인식이며, 정신의 최고의 덕은 신을 인식하는 것이다."; V, pr. 25. "정신의 최고의 코나투스와 그것의 최고의 덕은 사물들을 제3종의 인식으로 이해하는 것이다."
65   모르피노는 이러한 관점에서 다음과 같이 말하고 있다. "'신의 인도=[내적 원조+(외적 원조=운)]'이라는 스피노자의 도식은 '역사=덕+운'이라는 마키아벨리의 정치적 도식을 존재론적 지평에서 번역한 것으로서 나타난다."(Vittorio Morfino, *Il tempo e l'occasione: L'incontro Spinoza Machiavelli*(2002), p. 71)
66   Cf. TTP, cap. III, P III, p. 154; cap. V, p. 210; cap. XV, p. 502; cap. XVI, p. 506.
67   E, IV, pr. 17, sc. Cf. E, III, pr. 2, sc.; IV, praef.
68   E, IV, pr. 14. "선악에 대한 참된 인식은, 참이라는 이유만으로는 어떤 감정도 제어할 수 없고, 그것을 하나의 감정으로 고려하는 한에서만 그렇게 할 수 있다."; E, IV, pr. 7. "감정은 제어할 감정보다 더 강한 상반된 감정에 의해서만 제어되고 제거될 수 있다."

따라서 진정으로 이성적인 인간은 이성의 진리가 자신의 삶과 국가 속에서 지배적인 원칙이 될 수 있도록, 즉 그것이 습성과 일상적 실천이 될 수 있도록 노력하는 자이다. 이러한 관점에서 볼 때, 습성은 그 자체가 또 하나의 덕이라고 할 수 있다.[69] 왜냐하면 습성이 된 덕은 단순한 진리가 아니라, 지속되고 많은 사람들에 의해 공유된 진리이기 때문이다. 지속(duratio)으로서의 습성은 여기에서 진리를 보존하고 강화하는 힘으로 나타난다. 그런데 진리가 습성이 되기 위해서는 그것을 위협하는 상상적 관념들과의 경쟁과 싸움 속에서 살아남아야 한다. 예를 들면 근대인들이 발견한, 모든 인간은 권리에 있어서 평등하다는 진리는 오랜 투쟁과 패배의 역사적 과정을 거쳐 획득되었다. 그리고 그 이후에도 그것은 지속적인 위협과 위반 속에 존재한다. 진정으로 이성적인 인간은 이 진리를 모든 위협으로부터 지켜 내고, 그것을 강화하기 위해 노력한다. 우리는 이것을 '진리에의 충실성(fidélité aux vérités)'이라고 부를 수 있으며, 그리고 바로 이러한 의미에서 스피노자의 '충실성의 정치(politique de la fidélité)'를 말할 수 있다.

스피노자는 우리가 아무것도 알지 못한다고 말하는 회의주의자도 아니며, 모든 것을 알고 있고 그것을 통해 이상 사회를 구성할 수 있다고 믿는 유토피아주의자도 아니다. 그는 있는 그대로의 사실, 즉 우리는 어떤 것은 알고 이해하고 있다는 것을 긍정한다. 그러나 그에게 더욱 중요한 것은, 그 진리를 모든 위협으로부터 지켜 내는 것이다. 우리가 진

---

69   스피노자는 습성을 의미하는 두 용어 habitus와 consuetudo를 구별한다. 전자는 참된 인식과 덕에 관련된 것이고, 후자는 동사 solere와 함께 주로 상상의 습성을 의미한다. Consuetudo는 스피노자 철학에서 다음과 특징들을 갖는다. 첫째, 그것은 상상 속에서 표현되는 외재성의 질서를 지시한다. 둘째, 집단적 차원을 갖는다. 셋째, 안정성의 관념을 함축한다. 넷째, 유익한 것의 추구라는 논리에 의해서 형성된다.

리의 인식에서 진보할 수 있다면, 그것은 바로 이 진리에 대한 충실성을 통해서이다. 왜냐하면 새로운 진리에 대한 인식은 획득한 진리로부터만 나오기 때문이다.[70] 바로 이러한 의미에서, 스피노자에게 이성의 인도에 따라 살아가는 자유로운 인간은 '전투적 합리주의자(rationaliste militant)'[71]여야만 한다. 스피노자에게 주체는 바로 이 자유로운 인간, 전투적 합리주의자에 다름 아니다.

우리는 여기에서 다시 한 번 바디우의 주요 개념들을 다시 만난다. 투사(militant)로서의 주체, 그리고 충실성의 개념이 그것들이다. 주지하다시피 바디우에게 충실성은 사건으로부터 진리를 구성해 가는 절차를 말한다. 따라서 충실성은 사건에 대한 충실성이며, 그러한 한에서 그것은 인식과 이해가 아니라 사건의 존재에 대한 믿음에 기초해 있다. 바로 이러한 이유에서 그는 진리를 구성하는 주체의 작업이 전투적인 것으로 규정될 수 있다고 말한다. 진리를 구성하는 작업은 이미 존재하는 지식 체계의 규범에 근거한 '학문적 작업(travail savant)'이 아니기 때문이다. 오히려 그것은 존재하는 지식 체계에서는 그 이유와 근거를 가질 수 없는 한에서 '전투적 작업(travail militant)'이라고 불려야 한다.[72] 이 점에서 바디우의 전투성은 스피노자의 그것과 다르지 않다. 스피노자에게서 상상

---

70   스피노자는 『지성 교정론』에서 진리 생산의 방법론을 도구 생산의 경우와 비유하면서 다음과 같이 말한다. "마찬가지로 지성은 자신의 타고난 역량에 의해 지적 도구들을 형성하고, 그 도구들을 통해 다른 힘들을 획득하여 또 다른 지적 작업들을 수행한다. 그리고 이 지적 작업들로부터 다른 도구들, 즉 이후의 탐구를 위한 능력들을 형성한다."(TIE, §34) Cf. E, V, pr. 28. "사물들을 제3종의 인식에 의해서 인식하려는 노력 혹은 욕망은 제1종의 인식이 아니라 당연히 제2종의 인식으로부터만 나올 수 있다."

71   '전투적 합리주의(rationalisme militant)'라는 표현은 모로의 책 『스피노자와 스피노자주의(Spinoza et le spinozisme)』(2003)에서 빌려 온 것이다.

72   Alain Badiou, op. cit.(1988), p. 363.

의 논리와 지성의 논리가 화해할 수 없는 것이듯, 바디우에서도 진리는 지식 체계와는 전혀 다른 근거에 기초한 것이기 때문이다. 따라서 둘 모두에게 충실성은 전투적인 것으로 나타날 수밖에 없다.

물론 앞에서도 강조했듯 진리 구성의 전제에 대한 두 철학자의 입장에는 분명한 차이가 있다. 스피노자에게 진리는 진리로부터만 형성될 수 있다. 물론 풍부하고 균형적인 지각들은 진리 형성에 우호적인 조건을 제공할 수 있다. 그리고 이것은 스피노자 철학이 우리에게 주는 또 다른 중요한 교훈이다. 그러나 스피노자도 분명하게 말하듯, 참되고 적합한 인식은 상상의 논리와는 근본적으로 구별되며, 따라서 엄격히 말해 상상으로부터 나올 수 없다. 반면 바디우에게 진리는 사건으로부터 구성된다. 그렇게 말함으로써, 구성된 진리들 사이의 관계는 사유되지 않는다. 오히려 바디우의 철학은 그것을 배제한다. 즉 예술의 영역에서 형성된 그리스 비극과 과학의 영역에서 구성된 근대 자연학 사이의 관계는 물론, 동일한 영역에서 구성된 진리들의 관계, 즉 프랑스 혁명으로부터 구성된 정치적 진리와 68 혁명으로부터 구성된 정치적 진리의 관계 문제는 바디우에게서는 제기되지도, 제기될 수도 없다.

이러한 차이를 논외로 한다면, 스피노자의 '진리에의 충실성'과 바디우의 '사건에의 충실성' 사이에 존재하는 차이는 좁혀질 수 있다. 먼저 스피노자의 경우 진리에의 충실성은 바로 진리 구성에의 충실성과 다르지 않다. 왜냐하면 앞에서 언급한 것처럼 진리의 구성은 진리로부터 오기 때문에, 진리에 충실하다는 것은 진리 구성에의 충실성이기 때문이다. 반대로 바디우가 사건에의 충실성을 말할 때 사건은 주체가 그것을 명명함으로써만 존재하며, 그 명명 자체는 이미 진리 구성의 시작을 의미하기 때문에, 사건의 귀결들을 구성해 가는 과정으로서의 충실성은 진리에 대한 충실성과 다르지 않다. 더욱이 바디우에게서 사건의 귀결들에 대한 탐색은 무한한 과정, 결코 완수될 수 없는 과정이다. 왜냐하면 사건의 귀결들은 무한하기 때문이다. 따라서 바디우가 말하는 진리, 예를 들면 갈릴레이, 데카르트, 뉴턴이라는 주체들에 의해 구성된 근대의 '합리적 자연학'이라는 진리, 쇤베르크에 의해 개시된 '현대 음악'이라는 진리, 그리고 프랑스 혁명과 68 혁명의 주체들에 의해 구성된 정치적 진리의 구성은 아직 완수되지 않았다. 그 진리들은, 그 사건들 그리고 그 진리에 충실한 새로운 주체들에 의해 계속해서 구성될 것이다. 마치 그리스 비극을 재해석해 냈던 니체처럼 말이다. 이렇게 주체가 진리 구성의 무한한 과정의 유한한 계기로 이해되는 한에서 충실성은 실제로는 스피노자에서처럼 진리들에 대한 충실성과 크게 다르지 않다.

요컨대 스피노자와 바디우는 존재론적 전제에서의 첨예한 대립에도 불구하고 적어도 '진리에의 충실성'이라는 지점에서 다시 만나고 있다고 할 수 있다. 그리고 그들은 모두 그 충실성이 전투적일 수밖에 없다는 것에도 동의한다.

8 결론: 다시 충실성의 문제로

우리는 이 글을 시작하면서 무엇이 '스피노자에게 충실한 것'이 될 수 있는가라는 문제를 제기한 바 있다. 물론 엄격하게 바디우적인 의미로 말한다면, '스피노자에게 충실함'의 문제는 진리 구성의 문제와 직접적으로는 관련이 없다. 왜냐하면 바디우에게 철학은 진리 생산의 네 가지 영역 혹은 진리 절차에 속하지 않기 때문이다. 그러나 철학이 정치,

과학, 예술, 사랑의 네 영역에 존재하는 진리 절차들을 종합적으로 사유하고, 그로부터 진리 개념을 재규정하는 작업으로 이해되는 한에서, 철학은 진리 개념과 관계한다. 바디우는 바로 이 '진리 개념'을 구성하기 위해 칸토어(G. Cantor)와 코언(P. J. Cohen)으로 명명된 수학적 사건들에 의지한다. 그는 이것을 '수학은 존재론이다'라는 논제로 정당화한다. 바디우는 더 나아가 자신의 수학적 존재론, 즉 공백의 존재론과 진리 개념을 철학자들 속에서 확인하고자 한다. 그래서 그는 플라톤주의의 추종자가 되고, 라캉주의자 또는 바울주의자가 된다. 그리고 어떤 의미에서는 스피노자주의자가 된다. 그러나 앞에서도 말한 바와 같이, 그가 스피노자에게 충실한 방식은 스피노자의 의식을 배반하는 것, 그리고 그가 원하지 않았지만 그럼에도 불구하고 보여 줄 수밖에 없었던 체계 내부에서의 공백을 찾는 것이었다. 그것이 얼마나 신뢰할 만한 것인가를 논외로 한다면, 그것이 충실성의 한 방식일 수 있다는 점은 인정될 수 있다. 들뢰즈적인 방식이 그럴 수 있는 것처럼 말이다.

그러나 우리는 이 글에서 스피노자에 충실한 또 다른 방식을 보이고자 했다. 그것은 스피노자가 써 놓은 말들을 문자 그대로 충실히 따르는 것이었다. 스피노자의 텍스트를 강요해서 그것이 말하고 있지 않은 바를 받아들이게 하지 않은 것. 이것이 우리가 스피노자를 논하면서 보여 주려고 한 바였다. 그리고 우리는 그렇게 이해된 스피노자를 바디우와 대면시키고자 했다. 그것은 한편으로는 명확한 차이를 드러내는 것이었고, 다른 한편으로 그러한 화해할 수 없는 차이에도 불구하고 두 철학자가 만날 수 있는 공통의 지반은 어디에 있을 수 있는지를 모색하는 것이었다.

스피노자와 바디우의 중요한 차이는, 바울에 대한 해석에서 드러나

듯 스피노자에게 진리-상상이라는 개념 쌍이 있다면 바디우에게는 진리-지식이라는 개념 쌍이 존재한다는 것이다. 스피노자의 개념적 틀에서는 바디우의 진리 구성의 논리는 상상의 논리이다. 우리는 이것을 바디우적 주체와 스피노자가 말하는 선지자 사이에 존재하는 개념적 유사성을 통해서 보여 주려고 하였다. 반대로, 바디우에게 스피노자가 말하는 진리는 절대적 지식의 체계로 이해된다. 따라서 바디우는 스피노자 철학을 사건을 부정하고 진리의 구성을 봉쇄하는 총체성의 철학으로 비판한다. 이렇게 두 철학은 만날 수 없는 평행선을 긋는다.

그러나 이러한 차이에도 불구하고 두 철학은 '진리에의 충실성'이라는 논제 속에서 서로 만나고 있다. 우리가 스피노자에 따라 '상상'이라는 이름으로 부르든, 아니면 바디우에 따라 '지식'으로 부르든 진리는 그것의 위협 속에 놓여 있으며, 따라서 진리에 충실한 것은 아마도 가장 전투적인 정치를 구성할 것이라는 공통의 인식이 두 철학자에게는 있다. 이러한 의미에서 진리의 존재를 회의하고 있는 소피스트들의 시대에 다시 진리의 존재를 주장하는 바디우는 현대의 플라톤주의자일 뿐만 아니라 스피노자주의자일 수도 있을 것이다.

바디우의 스피노자 연구 문헌

1. Alain Badiou, "Le (re)commencement du matérialisme dialectique(변증법적 유물론의 (재)시작)", *Critique*, N. 240, mai 1967.

1960년대 중반 루이 알튀세르는 『마르크스를 위하여(*Pour Marx*)』, 『『자본』 읽기』 등 마르크스주의에 대한 새로운 해석을 담은 일련의 저술들을 출간했다. 바디우는 위 논문에서 당시의 마르크스주의의 상황을 요약하고, 알튀세르의 기획을 평가하고 있다. 바디우에 따르면, 헤겔적 마르크스주의에 대한 비판을 통한 과학적 마르크스주의의 재구성이라는 알튀세르의 기획에서 스피노자는 이중적인 모습으로 나타난다. 한편으로 스피노자는 알튀세르에게 당시의 마르크스주의를 물들이고 있었던 '부정성(négativité)', '목적성(finalité)' 등과 같은 헤겔적 개념에 대한 해독제로서 나타난다. 그러나 바디우는 알튀세르가 구조와 구조화되는 것의 관계, 즉 구조적 인과성의 모델을 스피노자에서 신과 양태들의 내재적 관계에서 찾음으로써, 총체성의 철학으로부터 벗어날 가능성을 놓쳤다고 주장한다. 이 논문에서 제시되는 스피노자 철학에 대한 바디우의 이러한 관점은 이후에 나타나는 그의 스피노자 해석의 원형을 제시한다.

2. Alain Badiou, "Méditation 10: Spinoza," *L'être et l'événement*(존재와 사건), Seuil, 1988.

바디우는 자신의 주저인 이 책의 10장을 앞에서 제시되었던 자신의 존재론적 입장에 근거해서 평가하는 데 할애하고 있다. 그의 기본 관점은 앞의 논문에서와 다르지 않다. 다만 그것을 설명하는 방식이 달라졌을 뿐이다. 바디우에 따르면, 스피노자가 자신의 철학 체계에서 유일한 설명의 원리로 내세우고 있는 인과성의 원리는 스피노자 철학 안에서 난점을 가지고 있다. 그런데 스피노자가 이러한 난점을 난점으로 여기지 않는 이유는, 스피노자가 바디우 자신이 구별하고 있는 구조와 메타 구조, 귀속과 포함을 구별하지 않는, 철학사에 전무후무한 시도를 하고 있기 때문이다. 요컨대 모든 것의 존재와 발생을 신의 본성의 필연성에 의해 설명하고자 함으로써 존재의 과잉, 즉 사건을 사유할 수 있는 길을 봉쇄하고 있는 스피노자 철학은 여기에서도 다시 한 번 공백을 부정하는 총체성의 철학으로 규정된다.

3. Alain Badiou, "L'ontologie implicite de Spinoza," in *Spinoza: puissance et ontologie*(「스피노자의 암묵적 존재론」, 『스피노자: 역량과 존재론』에 수록), sous la direction de M. Revault d'Allonnes et H. Rizk, Editions Kimé, 1994.("L'ontologie fermée de Spinoza(스피노자의 닫힌 존재론)"라는 제목으로 *Court traité d'ontologie transitoire*(과도적 존재론에 대한 소고), Seuil, 1998에 재수록)

이 글에서 바디우는 스피노자 철학에 대한 이전의 기본적인 관점을 그대로 유지하면서도, 스피노자에 대한 비판적 시각에 머무르지 않고 스피노자를 자신의 철학으로 전유할 수 있는 길을 모색한다. 바디우에 따르면, 스피노자의 철학 체계에는 공백이 존재한다. 그것은 무한에서 유한으로의 이행 사이에 존재하는 공백이다. 이 공백을 메우기 위해 스피노자는 무한 양태 개념을 설정하지만, 무한 양태는 스피노자 철학 체계에서 설명되지 않은 채로 존재한다. 그런데 흥미로운 것은 무한 양태로서의 무한 지성, 보다 정확히 말하면 무한 지성의 부분을 구성하는 유한한 인간 지성이 진리가 생산되는 자리라는 점이다. 이것은 진리 생산의 담지체인 주체가 근본적으로 공백의 자리에 위치한다는 것을 의미한다. 결국 바디우가 스피노자 철학 체계 안에서 스피노자를 배반하고 공백을 찾아내면서 하고 있는 것은, 스피노자 철학 안에서 주체를 사유할 수 있는 가능성을 열어 두는 일이다.

참고 문헌

Badiou, Alain, "Le (re)commencement du matérialisme dialectique," *Critique* no. 240, mai 1967.

_____, *L'être et l'événement*, Seuil, 1988.

_____, *Deleuze: La clameur de l'Etre*, Hachette, 1997.

_____, *Saint Paul: La fondation de l'universalisme*, Collège international de philosophie, 1997.

_____, *Court traité d'ontologie transitoire*, Seuil, 1998.

_____, "Panorama de la philosophie française contemporaine," Conférence à la Bibliothèque Nationale de Buenos Aires, 1 juin 2004(published in english in *New Left Review* 35, september-october 2005).

_____, *Le siècle*, Seuil, 2005.

Descartes, René, *Œuvres*, publiées par Charles Adam et Paul Tannery, nouvelle

présentation, 11 vols., Vrin-CNRS, 1964~1974.

Gueroult, Martial, *Spinoza: I-Dieu*, Aubier, 1968.

Macherey, Pierre, "Entre Pascal et Spinoza: le vide," in *Avec Spinoza: Etudes sur*

la doctrine et l'histoire du spinozisme, PUF, 1992.

Moreau, Pierre-François, "Fortune et théorie de l'histoire," in *Spinoza: Issues and*

Directions, The Proceedings of the Chicago Spinoza Conference, edited by

E. Curley and P.-F. Moreau, E. J. Brill, 1990.

_____, *Spinoza: L'expérience et l'éternité*, PUF, 1994.

_____, "Alain Badiou lecteur de Spinoza," in *Alain Badiou: Penser le multiple*,

éd. par Charles Ramond, L'Harmattan, 2002.

_____, *Spinoza et le spinozisme*, PUF, 2003.

Morfino, Vittorio, *Il tempo e l'occasione: L'incontro Spinoza Machiavelli*, Edizioni

Universitarie di Lettere Economia Diritto, 2002.

Spinoza, Baruch De, *Opera*, hsg. von Carl Gebhardt, Heidelberg: Carl Winters

Universitäts-buchhandlung, 1925.

_____, *Œuvres*, sous la direction de Pierre-François Moreau, t. III, *Tractatus*

theologico-politicus, éd. par Fokke Akkerman, traduit par Jacquelin Lagrée et

Pierre-François Moreau, PUF, 1999.

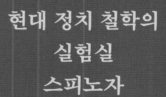

현대 정치 철학의
실험실
스피노자

스피노자와
알튀세르

알튀세르의 이데올로기론은 대개 라캉주의적
이데올로기론으로, 그것도 실패한 라캉주의 이론으로
비판받아 왔다. 슬라보예 지젝은 최근 저작들에서 이러한
실패의 이유를 알튀세르와 스피노자주의의 연관성에서
찾으며, 라캉 정신분석학의 관점에서 양자의 공통적인 한계를
비판한다. 이 글의 핵심은 지젝이 스피노자와 알튀세르의
본질적인 이론적 연관성을 지적한다는 점에서는 옳지만,
그 연관성의 실제 내용과 의미를 이해하는 데는 완전히
실패했다는 사실을 지적하는 것이다. 문제의 실마리는
스피노자 철학의 '상상계'라는 개념의 의미를 밝히는 데서 찾을
수 있다. 상상계 개념은 스피노자의 인간학을 정확히 이해하기
위해서도 중요하지만, 알튀세르의 이데올로기론을 새롭게
해명하기 위해서도 중요하다. 지젝의 이데올로기론에 담긴
난점들은 스피노자와 알튀세르가 공유하는 유물론적 상상계의
의미를 제대로 이해하지 못한 데서 생겨난 것이다.

상상계와 이데올로기

진태원

> 읽기라는 문제, 따라서 글쓰기/기록하기라는 문제를
> 처음으로 제기한 인물인 스피노자는 또한 역사 이론과 동시에
> 직접적인 것의 불투명성에 관한 철학을 처음으로 제시한 사람이다.
> ── 루이 알튀세르, 『『자본』을 읽자』

> 스피노자주의 또는 후기 자본주의의 이데올로기
> ── 슬라보예 지젝, 『부정적인 것과 함께 머물기』

1 이데올로기의 유령들

　지난 40여 년 동안 서양의 인문·사회 과학계에서 단일한 논문으로 과연 알튀세르의 「이데올로기와 이데올로기 국가 장치들」[1]보다 지속적이고 광범위한 영향력을 행사한 논문이 있을까? 1980년대 말 이후 현실 사회주의 국가들이 붕괴하고 마르크스주의가 퇴조하면서 알튀세르의 저작들은 점차 인문·사회 과학 논의에서 찾아보기 어렵게 되었지만[2] 이 논문만큼은 오늘날까지도 여전히 다양한 분야에서 활발한 토론과 응용 및 변용의 대상이 되고 있다. 어쩌면 이 논문은 바로 알튀세르의 저작들이 퇴조하기 시작한 그 무렵부터 본격적인(또는 적어도 그 이전보다 더

1　이하에서는 편의상 「이데올로기」 논문이라고 줄여 부르겠다.
2　여기에는 물론 주지하듯 지난 1980년에 발생한 알튀세르의 개인적 비극도 영향을 미쳤다.

역동적인) 이론적 생명력을 얻었다고 할 수 있다. 슬라보예 지젝이 『이데올로기의 숭고한 대상』(1989)을 필두로 여러 저작에서 알튀세르에 대한 비판적인 고찰을 통해 이데올로기의 문제를 다시 한 번 인문·사회 과학의 핵심 쟁점으로 부각한 것이 바로 1990년대이며, 그 뒤에 주디스 버틀러(Judith Butler)가 젠더 이론 및 주체의 예속화(subjection) 이론을 전개하면서 「이데올로기」 논문을 주요한 이론적 지주로 활용하기 시작한 것[3] 역시 1990년대의 일이다. 또 그의 제자였던 에티엔 발리바르가 호명 이론을 변용하여 "국민 형태(forme nation)"에 관한 독창적인 문제 설정을 전개하기 시작한 것 역시 1990년대 이후의 일이다.[4] 한 가지 놀라운 점은 이처럼 다양한 비판적 논의의 대상이 되고 또 광범위한 영향력을 미쳤음에도 이 논문이 아직도 많은 이론적 잠재력과 풀리지 않는 수수께끼들을 내포하고 있다는 점이다. 이는 우리가 고전이라고 부르는 텍스트들의 공통적인 특징으로, 아마도 바로 이 점이야말로 알튀세르의 저작, 특히 「이데올로기」 논문을 현대의 고전이라고 부를 수 있게 해 주는 듯하다.

알튀세르의 이론적 작업 전체를 고려해 봤을 때 「이데올로기」 논문에 관한 다양한 논의에서 주목할 점 중 하나는, 이 논문에 미친 스피노자 철학의 영향이 거의 주목받지 못하고 있다는 점이다. 알튀세르는 여러 차례에 걸쳐 스피노자에 대해 예외적인 찬사를 보냈으며, 1960년대 자신의 이론적 작업에 대한 일종의 자기비판을 담은 소책자에서는 자

---

3   Judith Butler, *The Psychic Life of Power: Theories in Subjection*(1997), 「서론」과 4장 참조.
4   특히 Etienne Balibar, *Race, Nation, Classe: Les identités ambiguës*(1988) 및 『우리, 유럽의 시민들?』(2010), 1장 참조.

신이 '스피노자주의자'였음을 명시적으로 고백한 바 있지만,[5] 정작 가장 중요한 글 중 하나인 「이데올로기」 논문에 담긴 스피노자주의에 대해서는 거의 논의를 하지 않았다.[6] 반대로 많은 주석가들은 「이데올로기」 논문 및 그의 이데올로기론 전체를 라캉주의적인 이데올로기론으로 특징 짓는다.[7] 이들에 따르면 알튀세르는 라캉의 정신분석학을 수용하거나 그것을 준거로 삼아 마르크스주의 이데올로기론을 개조하려고 했지만, 라캉의 이론을 제대로 이해하지 못해 기능주의에 빠지게 되었다. 이들

5   Louis Althusser, *Eléments d'autocritique*(1974) in *Solitude de Machiavel et autres textes, ed. Yves Sintomer*(PUF, 1997), pp. 181~189.

6   알튀세르의 이론 작업과 스피노자 철학의 관계 일반에 대해서는 피에르프랑수아 모로, 「알튀세르와 스피노자」, 『알튀세르 효과』(2011), 앙드레 토젤, 「스피노자라는 거울에 비추어 본 마르크스주의」(2005) 등을 참조하고, 국내의 논의로는 진태원, 「스피노자의 현재성: 하나의 소개」, 《모색》(2001); 「라캉과 알튀세르: '또는' 알튀세르의 유령들 1」, 김상환·홍준기 옮김, 『라캉의 재탄생』(2002); 「대중들의 역량이란 무엇인가: 스피노자 정치학에서 사회계약론의 해체」(2005) 등을 보라. 외국의 주석가들 중 알튀세르 이데올로기론의 스피노자주의적 성격에 주목하고 있는 글은 Warren Montag, "The Soul is the Prison of the Body"(1995); "Beyond Force and Consent: Althusser, Spinoza, Hobbes"(1996); Robert Pfaller, "Negation and its Reliabilities: An Empty Subject for Ideology"(1998) 정도에 불과하다. 몬태그는 「이데올로기」 논문이 알튀세르의 저작 중에서도 "매우 스피노자주의적인 글"(1995, p. 65)이라고 지적하지만 간략한 논의로 끝낸다. 몬태그(1996)는 홉스의 정치학과 대비되는 스피노자의 정치학과 연결해 알튀세르 이데올로기론에 대한 흥미 있는 논의를 제시한다. 팔러(1998)는 지젝의 알튀세르 비판이 지닌 관념론적인 측면을 지적하면서 스피노자 상상계의 무한성을 강조한다. 로크(1996)는 스피노자와의 연관성에 주목하지는 않지만, 알튀세르의 이데올로기론이 비(非)라캉주의적인 성격을 띤다는 점을 주장한다.

7   너무 많은 주석가들이 이런 견해를 제시하기 때문에 일일이 전거를 밝힐 필요는 없을 것 같다. 대표적인 경우로는 Barrett, "Althusser's Marx, Althusser's Lacan"(1993); Eagleton, *Ideology: An Introduction*(1991) 등을 참조하고, 국내에서는 양석원이나 홍준기 등을 들 수 있다. 이 주석가들의 특징은 구체적인 문헌학적 논거를 제시하지 않을뿐더러, 지난 1993년 이래 발표된 알튀세르의 유고들을 거의 언급하지 않는다는 점이다. 하지만 알튀세르의 이데올로기론을 해명하는 데 이 유고들은 매우 중요하며, 그의 이데올로기론을 일방적인 라캉주의 이론으로 간주할 수 없다는 점을 입증하는 데도 중요한 의미를 지닌다. 이 점에 대해서는 진태원, 「라캉과 알튀세르: '또는' 알튀세르의 유령들 1」(2002) 및 최원, 「인섭선인가, 호명인가?」(2011), 파스칼 질로 「알튀세르와 정신분석학: 주체 구성의 문제」(2011) 등을 참조하라.

은 「이데올로기」 논문이나 알튀세르의 몇몇 글들(특히 「프로이트와 라캉」 같은 글)에 나타난 라캉에 대한 단편적인 언급에 의지하여 「이데올로기」 논문 전체, 특히 그 논문의 후반부를 이루는 「이데올로기에 관하여」라는 절을 라캉주의적 이데올로기론으로 특징짓는다.

이들의 견해를 하나하나 논박하는 것은 별로 의미도 없을뿐더러 지면의 한계상 불가능하기 때문에, 여기에서는 그중 한 사람, 아마도 가장 대표적인 인물로 꼽힐 만한 지젝의 논의를 살펴보려 한다. 이는 이 글 전체의 구도와 관련해서도 상당히 중요한 의미가 있는데, 알튀세르의 이데올로기론을 향한 지젝의 비판은 우리가 서두에 인용한 제사가 시사하듯 스피노자의 철학에 대한 비판과 밀접한 관계가 있기 때문이다. 따라서 지젝의 논의는 알튀세르의 이데올로기론과 스피노자 철학의 관련성을 검토해 보려는 이 글의 반면교사로 간주될 수 있다.

2 지젝의 알튀세르 비판

슬라보예 지젝은 출세작인 『이데올로기의 숭고한 대상』(1989)에서부터 『부정적인 것과 함께 머물기』(1993), 「이데올로기의 유령」(1994), 『나누어질 수 없는 잔여』(1996)나 『까다로운 주체』(1999) 등에 이르기까지 지속적으로 알튀세르의 이데올로기론을 비판하면서 라캉주의적인 관점에서 이를 개조하거나 변형하려고 시도해 왔다. 이처럼 여러 저작에서 알튀세르를 비판했음에도 그의 논점은 매우 간략하게 요약될 수 있으며, 그의 다양한 논의들은 이러한 논점의 변주에 불과하다.

(1) 지젝이 보기에 알튀세르 이데올로기론의 핵심은 호명 이론이

다. 곧 이데올로기는 개인들을 주체들로 호명하며, 이를 통해 자본주의 생산 관계의 재생산 또는 좀 더 일반적으로 말하면 지배 체계의 재생산에 기여한다는 것이 그의 이데올로기론의 근본적 전언이다.[8]

(2) 하지만 호명 이론은 알튀세르 이데올로기론의 가장 독창적인 부분이면서 또한 근본적인 한계이기도 하다. 왜냐하면 호명 이론은 어떻게 지배에 대한 저항이나 지배 체계를 넘어서는 것이 가능한지 보여 주지 못하며, 모든 주체는 결국 지배 체계의 재생산 메커니즘에 예속될 수밖에 없다는 숙명론으로 귀결되기 때문이다.[9]

(3) 알튀세르가 이런 한계에 부딪히는 이유는, 라캉의 욕망의 그래프 상에서 보면 그가 첫 번째 수준에 머물러 있기 때문이다. 다시 말해 그의 이데올로기론과 호명 이론은 부유하는 기표들의 의미를 고정하는 이데올로기적 누빔점(point de capiton)에 불과한 것이다. 이러한 도식 속에서는 모든 호명이 항상 성공하기 마련이며, 모든 주체는 항상 주인 기표를 통해 호명된다.[10]

(4) 반면 라캉의 이론은 알튀세르의 한계를 넘어서는 길을 제공하는데, 그 핵심은 "환상을 가로지르기"라는 개념에서 찾을 수 있다.[11] 욕망의 그래프 상에서 보면 세 번째 그래프("케 보이(Che vuoi, 네가 원하는 것

---

8   Slavoy Zizek, *The Sublime Object of Ideology*(Verso, 1989) 및 *Tarrying with the Negative: Kant, Hegel, and the Critique of Ideology*(1993).

9   Slavoy Zizek, op. cit.(1989, 1993); Mladen Dolar, "Beyond Interpellation," *Qui Parle*(1993).

10   "누빔점은 주체가 기표에 '꿰매어지는' 지점이다. 그리고 동시에 어떤 주인 기표('공산주의', '신', '자유', '미국')의 호출과 함께 개인에게 말을 걸면서 개인을 주체로서 호명하는 지점이다. 한마디로 그것은 기표 연쇄를 주체화하는 지점이다."(Slavoy Zizek, op. cit.(1989), p. 179)

11   Slavoy Zizek, op. cit.(1989), 2부 3장; op. cit.(1993), 1부 1장; *The Indivisible Remainder*(Verso, 1996), p. 165 이하 및 2003 중 「재판 서문」 등 참조.

은 무엇인가)?")는 상징적 질서인 대타자(Autre)가 부여한 자신의 역할에 대해 회의하는 주체, 곧 히스테리에 걸린 주체를 나타낸다. 이처럼 자신의 정체성에 대해 회의한다는 것은 주체에게 전달된 호명이 실패하고 있음을 의미한다. 여기에서 한 걸음 더 나아가 네 번째 그래프는 그 이전까지 일관된 것, 아무런 공백이나 균열도 없는 충만하고 전능한 것으로 간주되었던 타자 자체 내에 공백이 존재한다는 것을 드러낸다. 이러한 의미에서 욕망의 그래프의 두 번째 수준 전체(세 번째와 네 번째 그래프)는 "호명 너머의 차원을 지칭한다고 해석할 수 있다."[12]

그러나 타자 속에 존재하는 이러한 공백 내지 균열이 그보다 아래 수준의 그래프에 위치한 주체들에게 은폐되어 있는 것은 바로 '환상 (phantasy)' 때문이다. 곧 환상은 '케 보이?'라는 질문에 대한 답변이며, 정상적인 주체들은 이러한 환상을 통해 욕망하는 법을 배운다. 환상의 차원이 존재하지 않는다면 일관된 의미의 질서, 상징적 질서는 불가능하며, 주체들 각자가 이러한 상징적 질서 속에서 자신들의 정체성을 획득하는 것 역시 불가능하다.(욕망의 그래프 상에서 환상의 도식이 빗금 쳐진 주체와 대상 a의 조우로 표시되는 것($◇a)은 이를 가리킨다.) 따라서 환상이 수행하는 기능은 이중적이다. 그것은 한편으로 주체가 향락을 경험하고 자신의 일관성을 유지하게 하며, 다른 한편으로는 대타자의 공백을 메우면서 상징적 질서를 유지시켜 준다.

라캉에 따르면 정신분석적인 치료는 피분석자 또는 분석 주체가 분석가(타자)와의 동일시를 넘어서 분석가의 수수께끼 같은 욕망("x로 남

---

12   Slavoy Zizek, op. cit.(1989), p. 216. 이하 인용문의 번역은 한국어판이 있는 경우에도 대개 필자가 다소 수정했지만 일일이 밝히지는 않았다. 그리고 별도의 지적이 없는 한 인용문에 나오는 강조 표시는 모두 원문의 것이다.

아 있는 분석가의 욕망"[13])을 대면하고 이로써 자신의 욕망을 발견할 경우에 종결된다. 이는 다른 식으로 말하면 주체가 타자로부터 배제된 대상 a가 주체 자신의 "결핍(destitution)"을 메우고 있음을 발견하고, 이러한 대상 a와 분리되어 자신의 결핍을 경험하게 되는 것이라고 말할 수 있다. 이렇게 함으로써 주체는 자신이 충만한 주체, 아무런 공백을 지니지 않은 자율적 주체가 아니라 자기 내부에 공백을 지닌 주체라는 것을 발견한다. 이것이 바로 정신분석 임상의 차원에서 "환상을 가로지르기"가 뜻하는 바다.

지젝은 이러한 임상적인 차원의 개념을 사회적 차원에 적용하려고 시도한다. 이 경우 "환상을 가로지르기"가 의미하는 것은 상징적 질서에 의해 부여된 정체성을 거부하는 것, 다시 말해 그가 "행위(act)" 또는 "본래적 행위"[14]라고 부르는 것이다. 요컨대 알튀세르는 호명 이론을 통해 어떻게 각각의 주체가 이데올로기 장치들 내지 (라캉 식으로 표현하면) 상징적 질서를 통해 상징적 정체성을 부여받는지 해명했다. 하지만 그는 이러한 상징적 정체화를 넘어 그것을 가능케 하는 환상의 차원, 곧 타자 자체의 공백을 메우는 차원에 대해서는 간과하고 있으며, 이 때문에 어떻게 주체가 상징적 정체화로서의 호명을 넘어설 수 있는지 설명하는 데 실패했다. 라캉의 정신분석학이 중요한 이유는, 이데올로기적인 상징적 정체화의 배후에서 작동하는 이러한 환상의 차원을 밝히게 하고, 더 나아가 환상을 가로지르는 길을 보여 주었기 때문이다. 그것은 일체

---

13   Jacques Lacan, *Le séminaire XI: Les quatre concepts fondamentaux de la psy-chanalyse*(1973), p. 246.
14   Slavoy Zizek, *The Ticklish Subject*(Verso, 1999), p. 266; 슬라보예 지젝, 『까다로운 주체』(1999), 428쪽.

의 상징적 정체화를 거부하는 "본래적 행위"에서 찾아야 한다.

흥미롭게도 알튀세르에 대한 지젝의 이러한 비판은 스피노자 철학에 대한 비판과 긴밀히 결부되어 있다. 이는 스피노자주의가 후기 자본주의의 이데올로기라는 점을 입증함으로써 제시되는데, 우리가 제사로 인용한 책 『부정적인 것과 함께 머물기』에서 지젝은 두 단계의 논의를 통해 이를 시도한다. 우선 그는 라캉의 열한 번째 세미나인 『정신분석학의 네 가지 기본 개념』에 나오는 언급에서 출발하여 스피노자 철학의 기본 성격을 개괄한다.

> 라캉의 용어로 말하면 스피노자는 기표 사슬의 평준화와 같은 것을 성취한다. 그는 지식의 사슬인 S2를 명령의 기표, 금지의 기표, '아니오!' 의 기표인 S1과 분리하는 간극을 제거한다. 스피노자의 실체는 주인 기표 속에서 아무런 지주도 필요로 하지 않는 것으로, 곧 아버지의 은유의 부정화하는 절단의 개입 이전에 존재하는 '순수 실정성'의 환유적 우주로서의 보편적 지식을 가리킨다. 따라서 스피노자적인 '지혜'의 태도는 의무론을 존재론으로, 명령을 합리적 지식으로 환원하는 것에 의해, 언어 행위론의 관점에서 말하면 수행문을 서술문으로 환원하는 것에 의해 정의된다.[15]

곧 지젝에 따르면, 스피노자는 "유한성의 간극"은 소거 불가능하다는 점을 깨닫지 못한 채 "순수 실정성"의 보편적 우주에 대한 관조적 인식을 추구한 셈이다. 그 결과 스피노자는 존재와 당위, 존재론과 의무

---

15   Slavoy Zizek, op. cit.(1993), p. 217; 슬라보예 지젝, 『부정적인 것과 함께 머물기』
(1993), 417쪽.

론, 사실과 가치, 서술문과 수행문의 차이를 인지하지 못한 채 후자의 항들을 각각 전자의 항들로 환원했다.

> 그렇다면 영원의 관점에서 현상들을 관찰하다 보면 궁극적으로 다음과 같은 결론에 이르게 된다. 우리의 유한성의 간극을 극복하는 것을 통해 우리는 현상들을 보편적인 상징적 네트워크의 요소들로 인식한다. …… 세계에 자신의 목적을 부과하는 초월적 주권자로 이해된 '신'은 내재적인 필연성 속에서 세계를 파악하지 못하는 우리의 무능력을 입증한다. 반대로 칸트는 이론 이성에 대한 실천 이성의 우위를 긍정하는데, 이것이 의미하는 바는 명령의 사실은 환원 불가능하다는 점이다. 유한한 주체들로서 우리는 우리로 하여금 명령을 서술문으로 환원할 수 있게 해 줄 만한 관조적 위치에 이를 수 없다.[16]

지젝의 두 번째 논의는 이러한 범신론적인 스피노자 철학이 후기 자본주의의 이데올로기적인 환상 속에서 어떻게 재현되는지, 또는 그것의 철학적 모체를 나타내는지 보여 주는 것이다. 그것은 스피노자주의에서는 주체의 책임이라는 것을 사고할 수 없다는 점에서 찾을 수 있다. 스피노자는 명령이나 의무의 요소를 자신의 철학 속에서 완전히 배제해 버리고 세계를 인과적 사슬의 연쇄로 환원해 버렸기 때문에, 세계에서 발생하는 사건에 대해 주체는 아무런 책임을 지지 않는다. 주체에게 책임이 있다면, 인과 연쇄에 대해 무지했다는 점뿐이다. "'죄'는 나를 파괴적 행동으로 내몬 원인들에 대한 나의 무지를 가리키는 낡은 용어에 불

---

16   Ibid.; 같은 곳.

과하다."[17] 그런데 이러한 책임의 부재는 곧바로 타자들에게 악에 대한 책임이 모두 전가되는 것으로 변모된다. 왜냐하면

〔스피노자주의에서는〕주체가 이러한 과정의 자율적인 담지자가 되기는 커녕 부분적–측면적 연계의 연결망을 위한 하나의 자리, 수동적 근거이기 때문이다. 소통은 주체들 사이에서 발생하는 것이 아니라 직접 정서들 사이에서 발생한다. '나'는 정확히 말하면, 나를 규정하면서 나의 자기 정체성의 경계들을 가로지르는 이러한 부분적인 객체적 정체화–모방의 연결망을 간과하는 한에서만 나 자신을 자율적이고 자족적인 주체(/)로 인지한다.[18]

이러한 메커니즘은 우리가 "탈산업적인 소비 사회"라고 부르는 것에서 발생하는 바로 그것이다. 곧 "이른바 '탈근대적 주체'는 이 메커니즘에 대한 통제력을 발휘하지 못한 채 자신의 '정념들'을 규제하는 이미지들에 반응하면서 부분적인 정서들의 연결 고리들에 의해 횡단되는 수동적 기반이 아닌가?"[19]

정리하자면 알튀세르에게 주체들이 상징적 기표들의 연결망 속에서 부과된 정체성에 수동적으로 호명되는 개인들인 것처럼, 스피노자주의에서도 주체들은 정서적 모방–동일시의 연결망 속에서 자신들에게 전달되는 이미지들에 수동적으로 반응하는 정념적인 주체들이다. 이런 의미에서 스피노자주의는 후기 자본주의의 이데올로기로 기능한다고 할 수 있다. 지젝 자신은 알튀세르 이데올로기론과 스피노자 철학의

17   Ibid., p. 218; 같은 책, 420쪽.
18   Ibid.; 같은 곳.
19   Ibid.; 같은 곳.

긴밀한 상호 연관성이라는 명확한 테제를 제시하는데, 그의 논변이 과연 얼마나 설득력이 있는 것인지, 그가 과연 "독서의 마스터"[20]라고 불릴 자격이 있는지 한번 살펴보자.

3 알튀세르와 스피노자에서 이데올로기: 상상계라는 쟁점

그렇다면 알튀세르의 이데올로기론과 스피노자 철학 사이에는 그처럼 긴밀한 연관성이 존재하는가? 분명 양자 사이에는 매우 밀접한 관계가 존재한다. 하지만 이러한 연관성은 지젝이 생각하는 것과는 상당히 다른 양상을 띠고 있다. 우리가 보기에 이데올로기론에 관한 문제에서 알튀세르와 스피노자 사이의 연관성을 해명하기 위해서는 "상상(imagination)" 또는 "상상계(imaginaire)"라는 개념에 주목해야 한다.[21] 어떤 의미에서 알튀세르 이데올로기론은 스피노자의 상상 이론을 현대적인 용어들로 다시 표현한 것이라고 할 수도 있다. 아니, 이렇게 말하는 것이 좀 더 정확할 것이다. 곧 우리가 알튀세르 이데올로기론의 관점에서

20　뒤에서 보겠지만, 스피노자주의에 대한 지젝의 언급은 지극히 상투적이며, 우리가 보기에 프랑스의 현대철학자들(푸코, 데리다, 들뢰즈, 발리바르 등)에 대한 그의 비판들 역시 대개 상투적이고 피상적이다. 좀 특이한 것은 지젝의 여러 저서들을 번역한 이성민은 지젝을 "독서의 마스터"라고 부르면서 지젝은 "무엇보다도 먼저 정교한 독서를 통해 대결한다."(Slavoy Zizek, op. cit.(1999), p. 642)라고 찬양한다는 점이다.

21　스피노자의 저작에서 '상상(imaginatio)'이나 '상상하다(imaginari)' 또는 '이미지(imago)' 같은 용어들은 매우 체계적이고 빈번하게 사용되지만, 프랑스어의 imaginaire에 해당하는 imaginarius라는 용어는 매우 드물게 나타난다. 이 용어는 『에티카』에서는 세 번, 『신학 정치론』에서는 여섯 번만 등장한다. 더욱이 그 용법 자체도 현대적인 의미의 '상상계'라는 뜻을 담고 있지는 않다. 하지만 스피노자의 상상 이론은 근본적으로 '상상계'에 관한 이론이라는 것이 필자의 생각이다.

스피노자의 상상 이론을 살펴보면, 그동안 거의 주목받지 못했던 이 상상 이론[22]이 스피노자 철학에서 체계적인 중요성을 지니고 있다는 점이 분명히 드러나며, 반대로 스피노자 상상 이론의 관점에서 알튀세르 이데올로기론을 조명하면 라캉주의의 선입견에 가려 있던 알튀세르의 논의들이 새로운 면모를 드러낸다.

우선 알튀세르 자신이 스피노자 철학, 특히 그의 이데올로기론에 대해 한 언급에서 출발해 보자. 알튀세르는 『자기비판의 요소들』(1974)에서 1960년대에 수행된 자신의 이론적 작업이 스피노자 철학에 준거하고 있었음을 고백하면서 자신이 스피노자 철학을 어떻게 활용했는지 구체적으로 보여 주기 위해 몇 가지 사례를 드는데, 그중 하나가 바로 『에티카』 1부 「부록」이다.[23] 특히 그가 「이데올로기」 논문에서 전개한 이데올로기론은 『에티카』 1부 「부록」 및 『신학 정치론』에서 소묘된 상상 이론에 근거를 두고 있다. 그는 스피노자의 상상 이론의 요점을 세 가지로 제시한다. "『에티카』 1부 「부록」 및 『신학 정치론』에서 우리는 분명 지금까지 사고된 최초의 이데올로기론을 찾을 수 있다. 그것은 이

---

22   Michèle Bertrand, *Spinoza et l'imaginaire*(1983)는 최초로 스피노자의 상상 이론을 체계적으로 재구성한 바 있는데, 알튀세르의 관점과는 약간 상이한 입장을 보인다. 특히 그녀는 『에티카』 1부 「부록」과 『신학 정치론』 「서문」 및 17장에서 볼 수 있는 스피노자의 상상계 이론에 대해서는 거의 언급하지 않는다. 이는 그녀가 좀 더 전문적인 주석가의 관점에서 스피노자의 상상계 이론을 체계적으로 재구성하려는 데 비해, 알튀세르는 상상계 이론과 정치 이론 사이의 연관성에 주목하는 데서 생겨나는 차이점이다. 스피노자의 상상계 이론에 관한 최근의 탁월한 업적으로는 김은주의 박사논문을 꼽을 수 있다. Eunju Kim, *La causalité imaginaire chez Spinoza*(2013) 참조.

23   나머지는 스피노자의 철학 전략으로서 "신으로부터의 출발"이라는 사례, 스피노자의 반(反)변증법적 입장, 인식의 문제에서 반(反)초월론적 관점을 보여 주는 "왜냐하면 우리는 〔이미〕참된 관념을 갖고 있기 때문이다.(habemus enim veram ideam.)"라는 『지성 교정론』의 명제 등이다.

데올로기의 세 가지 특징을 담고 있다. (1) 이데올로기의 상상적 "실재성", (2) 이데올로기의 내적 전도, (3) 이데올로기의 "중심", 곧 주체라는 가상.[24] 매우 간략하긴 하지만 이 세 가지 논점은 『에티카』1부 「부록」과 『신학 정치론』을 분석하기 위한 좋은 지침을 제시해 주며, 더 나아가 「이데올로기」 논문이 스피노자 상상 이론과 어떻게 이론적으로 연관되어 있는지 좀 더 정확히 이해할 수 있게 해 준다. 알튀세르가 지적한 세 가지 논점은 다음과 같은 점을 의미한다.

1) 이데올로기의 상상적 "실재성"

이 테제는 스피노자에게 상상이 감각 및 이성과 구별되는 하나의 인식 '능력(facultas)'이 아니라 세계 그 자체임을 뜻한다. 여기에서 세계라는 것은 인간의 삶의 공간 그 자체를 의미한다. 알튀세르는 이미 1963년 고등사범학교에서 했던 강의에서 스피노자의 상상 개념에 대해 이런 식의 해석을 제시한 바 있고,[25] 1964년에 발표되고 1년 뒤인 1965년에 『마르크스를 위하여』에 수록된 「마르크스주의와 '인간주의'」

---

24 Louis Althusser, op. cit.(1974), p. 184. 그 외에 『에티카』 1부 「부록」에 관한 상세한 연구는 Pierre Macherey, *Introduction à l'Ethique de Spinoza*, vol. 1 및 Pascal Sévérac, *Ethique*, Spinoza(1997)를 참조. 이 두 사람은 『에티카』, 1부 「부록」 텍스트를 매우 꼼꼼하게 분석하고 있어서 텍스트의 논의를 파악하는 데 많은 도움이 된다. 우리와 분석 방식이 약간 상이하고 관점에도 다소 차이가 있지만, 『에티카』, 1부 「부록」을 정확하게 읽기 위해서는 반드시 참조해야 할 연구들이다.

25 "(스피노자에게서) 상상계는 데카르트에게서처럼 심리학적 범주로 인식되지 않고, 세계가 그것을 통해 사고되는 범주로 인식된다. 스피노자에게 상상계는 더 이상 심리학적 기능이 아니며, 헤겔 식의 의미에서 한 요소, 곧 심리학적 기능들이 삽입되어 있고, 이 기능들이 그로부터 구성되는 하나의 전체. …… 상상은 마음의 능력, 심리학적 주체의 한 능력이 아니며, 하나의 세계다." (Louis Althusser, *Psychanalyse et sciences humaines: Deux conférences*(1996), p. 114.)

에서는 이러한 관점을 좀 더 상세하게 제시하고 있다. "데카르트주의자가 200걸음 떨어져 있는 달을 '보았'듯이 또는——그들이 이에 집중하지 않았다면——보지 못했듯이, 사람들은 결코 의식의 한 형태로서가 아니라 자기 '세계'의 한 대상처럼, 자기 '세계' 자체처럼, 그렇게 자신들의 이데올로기를 '살아간다.'"[26] 매우 도발적인 이 테제는 스피노자의 철학, 특히 『에티카』나 『신학 정치론』의 원문을 통해 정확히 입증될 수 있으며, 여기에서 언급된 "200걸음 떨어져 있는 달을 '보았'듯이"라는 표현 자체가 이미 『에티카』 2부 정리 35의 주석에 나오는 사례를 가리킨다.

> 태양을 볼 때 우리는 이것이 우리로부터 200걸음 정도 떨어져 있다고 상상한다. (하지만) 오류는 단순히 이런 상상에 있는 것이 아니라, 이런 식으로 상상하는 중에 우리가 태양의 진정한 거리 및 이러한 상상의 원인에 대해 무지하다는 사실에 있다. 왜냐하면 나중에 태양이 지구 지름의 600배 이상 멀리 떨어져 있다는 것을 알게 된다 하더라도, 우리는 여전히 이를 가까이 있는 것으로 상상할 것이기 때문이다. 우리가 태양을 이처럼 가까이 있는 것으로 상상하는 것은 우리가 그것의 진짜 거리를 모르기 때문이 아니라, 우리 신체의 변용은 우리의 신체가 태양에 의해 변용되는 한에서 태양의 본질을 함축하기 때문이다.[27]

이데올로기가 상상적 실재성을 지닌다는 것, 또 스피노자에서 상상

---

26 Louis Althusser, *Pour Marx*(1996), p. 240; 『마르크스를 위하여』, 280쪽.
27 강조는 인용자. 이 사례에 대한 좀 더 상세한 분석은 진태원, 『스피노자 또는 관계론의 철학』(근간), 5장 참조.

은 인식의 한 가지 '능력'이 아니라 인간의 삶의 조건 자체, 인간학적 장 그 자체라는 것은 2절에서 살펴본 스피노자주의에 대한 지젝의 언급이 얼마나 허술한 주장인지를 잘 보여 준다. 지젝은 멘델스존과 야코비의 논쟁 이래 독일 관념론의 기본 신조처럼 전승되어 온 "스피노자주의 = 범신론"이라는 도식을 그대로 되풀이하면서 스피노자가 "유한성의 간극"은 소거 불가능하다는 것을 깨닫지 못한 채 순수 실정성의 보편적 우주의 인과 연쇄에 대한 관조적 인식을 추구한다고 비난한다. 하지만 이는 스피노자 철학에 대한 가장 상투적인 비난 중 하나다. 『에티카』 1부 「부록」이나 『신학 정치론』이 보여 주듯이 스피노자가 제시하는 인간의 삶, 인간 사회의 삶은 상상으로 가득 차 있으며, 더욱이 지젝이 주장하듯이 이러한 상상은 단순히 무지의 표현이자 인식의 진전에 따라 소멸해 버릴 수 있는 것이 아니다. 앞의 인용문이 보여 주듯이 우리가 인간이라는 종의 고유한 변용에 따라 세계를 체험하고 살아가는 한에서 우리가 자연에 대해 얼마나 진전된 인식을 얻든 간에 우리는 여전히 세계를 "인간 신체의 변용의 질서와 연관(ordinem et concatenationem affectionum corporis humani)"[28]에 따라 체험하고 상상하기 때문이다. 곧 스피노자에서 자연이 "사물들의 질서와 연관(ordo et concatenatio rerum)"으로 이루어진 것이라면, "자연의 일부"로서 인간은 이를 "변용의 질서와 연관"에 따라 경험하고 인식하는 것이다. 지젝의 표현을 따른다면 이는 "유한성의 간극"에 대한 스피노자 식의 표현에 다르지 않다.

28   『에티카』, 2부 정리 18의 주석.

2) 이데올로기의 내적 전도

이것은 목적론이 어떻게 자연을 전도하는가에 관한 스피노자의 분석을 가리킨다. 스피노자는 『에티카』 1부 「부록」에서 목적론이 모든 편견의 뿌리임을 지적한다.

> 내가 여기에서 밝혀 보려고 하는 모든 편견은 오직 다음과 같은 점에서 생겨난다. 곧 사람들은 모든 자연 사물들이, 그들과 마찬가지로, 어떤 목적으로 인해 행위한다고 공통적으로 가정하며, 신 자신이 어떤 일정한 목적을 위해 모든 것을 인도한다고 굳게 믿는다. 왜냐하면 사람들은 신이 인간을 위해 모든 것을 만들었으며, 자신을 숭배하게 하기 위해 인간을 만들었다고 믿기 때문이다.(deum omnia propter hominem fecisse, hominem autem, ut ipsum coleret.)[29]

여기에서 목적론은 정신분석학의 용어를 사용하자면 상상적 투사(投射, projection)의 형태를 띤다. 스피노자는 사람들이 어떤 목적을 위해 행위하는 것을 그 자체로는 해로울 것이 없는 자연적 사실로 간주한다. 문제는 사람들이 인간의 고유한(또는 특정한 생물들에게 고유한) 목적 지향적 행위 방식을 다른 모든 자연 실재들에게도 그대로 적용한다는 점이다. 하지만 자연 실재들은 어떤 목적에 따라 운동하는 것이 아니라 관성의 법칙에 따라 작용하고 반작용할 뿐이다. 스피노자의 관점에서는 자연에는 작용인(물론 동역학적 관점에서 파악된)만이 작용할 뿐 목적인이란

---

29   같은 책, 1부 「부록」. 강조는 인용자.

존재할 수 없으며, 자연 실재들에 대해 이를 가정하는 것은 인간의 행위 방식을 자연에 투사하는 것에 불과하다. 그리고 이러한 투사가 신에게 적용될 때, 목적론은 완결된 형태를 띠게 된다. 왜냐하면 모든 자연 실재들이 어떤 목적에 따라 행위한다면, 자연 전체를 목적론적 관점에 따라 계획하고 질서 지은 어떤 존재자, 초월적이고 인격적인 존재자가 있어야 하기 때문이다. 자연에 대한 목적론은 필연적으로 목적론적 질서의 주재자인 어떤 신을 가정할 수밖에 없다. 하지만 이는 스피노자 자신이 말하듯이 "자연을 완전히 전도하는 것"이다.

이 점은 우리가 위에서 제시한 "변용의 질서와 연관"이라는 관점에 따라 달리 표현해 볼 수 있다. 변용의 질서와 연관, 곧 상상계가 인간의 경험과 인식의 원초적인 인간학적 조건을 이룬다면, 이러한 상상계가 낳는 가상성은 무엇보다도 이러한 변용의 질서와 연관을 사물 그 자체의 질서와 연관으로 착각한다는 것이다. 곧 어떤 실재들의 변용 내지 이미지와 그 실재들 자체를 혼동하는 것, 다시 말해 실재들의 변용이나 이미지, 실재들의 변용의 질서와 연관을 그 실재들 자체의 질서와 연관이라고 착각하는 것에 바로 가상의 근본적인 뿌리가 존재한다. 스피노자의 고유한 용어법대로 하면, 결과를 원인으로 착각하는 것, 또는 결과만을 사고할 뿐, 그러한 결과를 낳은 원인에 대해서는 무지할 뿐만 아니라 그것을 배제하는 것, 바로 여기에 가상이 존재하는 것이다. 따라서 상상의 고유한 효과 중 하나는 자신을 산출한 원인을 배제하는 것이다.

알튀세르의 경우는 어떨까? 이 점에 관해서도 양자 사이에는 놀라운 유사성, 아니 동일성이라고 할 만한 것이 존재한다. 「이데올로기」논문의 이론적인 의의는 마르크스주의적인 이데올로기론에서 하나의 단절을 이룩하고 있다는 점인데, 그것은 그 논문이 정확히 이데올로기를 기만이나 조작, 허위의식으로 간주하는 관점, 또는 포이어바흐 식으로 이데올로기의 발생 원인을 인간의 존재 조건 자체의 소외 속에서 찾는 관점과 단절하며, 더 나아가 그것을 "이데올로기에 관한 이데올로기적 관점"으로 비판하기 때문이다.

그러므로 이 모든 해석들은, 그것들이 전제하고 의존하는 테제, 곧 이 데올로기에서 세계에 대한 상상적 표상 속에 반영되는 것은 인간들의 존재 조 건, 따라서 실재 세계라는 테제를 글자 그대로 채택하는 것이다.[30]

더욱이 이는『독일 이데올로기』에 나타난 이데올로기에 대한 관점, 곧 "완전히 실증주의적인 맥락"에서 이데올로기를 "순수한 환상으로, 순수한 꿈으로, 다시 말하면 무로 이해"[31]하는 관점과도 단절하는 것이다. 그 대신 알튀세르는 다음과 같이 주장한다. "'인간들'이 이데올로기 안에서 '서로 표상/재현/상연하는(se représentent)'[32] 것은 인간들의 현실적 인 실존 조건들, 현실적 세계가 아니며, 이데올로기에서 그들에게 표상/재현/상연되는 것은 그들이 이 실존 조건들과 맺고 있는 (상상적) 관계다. 실재 세계에 대한 모든 이데올로기적, 따라서 상상적 표상/재현/상 연의 중심에 있는 것이 바로 이 관계다."[33] représenter라는 단어의 독창

---

30 Louis Althusser, Sur la reproduction(1995), p. 296; 루이 알튀세르,『아미엥에서의 주 장』(1991), 109쪽. 강조는 인용자.

31 Ibid., p. 297; 같은 책, 104쪽.

32 알튀세르는 여기에서 représenter라는 동사에 담긴 다양한 의미를 복합적으로 표현하고 있다. 이 단어의 의미에 대한 좀 더 상세한 논평은 진태원, 「라캉과 알튀세르」,『라캉의 재탄생』 (2002), 379쪽 참조.

33 Louis Althusser, op. cit.(1995), p. 297; 루이 알튀세르, 앞의 책(1991), 109쪽.

적인 용법은 논외로 한다면, 스피노자의 상상에 대한 논의와 알튀세르 주장의 이론적 연관성은 더할 나위 없이 명백하다.

3) 이데올로기의 '중심': 주체라는 가상

이 테제에 따르면 목적론적 가상의 중심에는 자기 자신을 세계의 중심, 자연의 중심으로 간주하는 인간들의 착각이 자리한다. 이 문제와 관련해『에티카』1부「부록」의 분석은 크게 두 가지 논점으로 구성된다.

첫째, 스피노자는 신이 목적론적으로 행위한다는 가정의 밑바탕에는 좀 더 근본적인 상상적 투사가 존재한다고 지적한다. 그것은 신과 인간의 특별한 상호 의존 관계에 관한 투사다. 앞에 나온『에티카』1부「부록」인용문의 강조 부분에서 드러나듯이 이러한 상호 의존 관계는 이중적인 형태를 띤다. 첫째는 "신이 인간을 위해 모든 것을 만들었"다는 점이다. 신은 모든 피조물 가운데 인간을 특별히 총애하며, 인간을 위해 모든 것, 모든 자연 실재들을 창조했다. 이는 곧 신이 인간에게 자연 만물을 자신을 보존하기 위한 수단으로 사용할 수 있는 권리를 부여했음을 의미한다. "이로부터 그들은 모든 자연물을 자신들의 이익을 위한 수단으로 간주하게 되었다. 그리고 그들은 이러한 수단들을 자기 스스로 마련한 것이 아니라 발견했다는 것을 알고 있기 때문에, 그들이 이것들을 사용하도록 마련해 준 다른 누군가가 존재했다고 믿을 만한 이유를 갖게 되었다."[34]

그러나 그렇다면 신은 왜 이처럼 인간을 총애하는가? 무엇 때문에

---

34   『에티카』, 1부「부록」.

인간에게 모든 것을 자신의 수단으로 사용할 수 있는 특권을 부여했는가? 그 이유는 두 번째 의존 관계를 통해 해명된다. 그것은 인간이 "자신을 숭배하게 하기 위해서"다. 다시 말해 신은 인간으로부터 숭배를 받기 위해 자연 만물을 창조했으며, 또 인간에게 그것들을 수단으로 사용할 수 있는 권리를 부여했다. 당연히 다음과 같은 의문이 들 수밖에 없다. 그런데 왜 신에게 인간의 숭배가 필요할까? 왜 무한한 신, 지고하게 완전한 신에게 유한하고 불완전한 인간의 숭배, 인간의 도움이 필요할까? 스피노자는 『에티카』 1부 「부록」에서 이 질문에 답변하지 않을 뿐만 아니라, 아예 질문 자체를 제기하지 않는다. 왜냐하면 목적론을 가상으로 간주하는 스피노자에게, 이 목적론을 타당한 것으로 전제했을 때에만 의미 있게 주고받을 수 있는 이러한 질문과 답변은 불필요한 것이며, 신학자들의 가상, 심지어 "착란(delirare)"에 불과하기 때문이다.[35]

둘째, 그 대신 그는 관점을 바꿔서 목적론적 가상을 낳게 만든 원인이 무엇인지 질문하며, 이런 관점에서 신과 인간의 특별한 상호 의존 관계를 설명하려 한다. 이를 위해 먼저 스피노자는 목적론을 낳는 본질적인 인간학적 특성을 지적한다.

여기에서는 모든 사람이 인정해야 하는 것, 곧 모든 인간은 실재의 원인에 대해 모르고서 태어난다는 것, 그리고 모든 인간은 자신의 이익을 추구하려는 욕구(appetitio)를 지니고 있으며 이러한 욕구를 의식한다는 것

---

35 이는 스피노자가 이러한 목적론적 가상이 지닌 효력을 무시했다는 뜻은 아니다. 여기에서 스피노자의 목표는 이러한 가상의 효력을 부각시키는 것이 아니라, 가상을 낳는 인간학적 원인을 분석하는 것이다. 사실 스피노자는 『신학 정치론』 5장과 17장, 특히 17장에서 히브리 백성들이 모세의 중개를 통해 야훼와 맺는 계약, 다시 말해 우리가 방금 말한 신과 인간의 특별한 상호 의존 관계의 원형을 이루는 신과의 계약에 대한 분석을 제시한다.

을 기초로 삼는 것으로 충분하다.[36]

스피노자는 두 가지 본질적인 점을 대비한다. 하나는 인간은 실재의 원인에 대해 모르고 태어난다는 것, 따라서 본유 관념 같은 것은 존재하지 않는다는 점이며, 다른 하나는 인간은 본성적으로 자신의 이익을 추구하려는 욕구를 지니고 있고, 또 이러한 욕구를 의식한다는 점이다. 사실 첫 번째 논점은 상상 개념 자체에서 따라 나온다고 할 수 있다. 왜냐하면 스피노자에게 모든 인식은 항상 신체의 변용의 질서와 연관을 통해서 이루어지며, 단지 외부 실재만이 아니라 더 나아가 인간 자신의 신체 및 인간 자신의 정신에 대한 인식까지도 이러한 변용의 질서와 연관에 의해 가능하기 때문이다.[37] 그런데 이러한 신체 변용의 질서와 연관은 고정된 것이 아니라 신체의 역량의 정도에 따라 달라질 수밖에 없으며,[38] 신체의 변용들을 인식하는 정신의 소질, 능력도 그에 따라 변화한다. 하지만 스피노자에게 아이 또는 유년 시절은 신체적으로나 정신적으로 매우 취약한 상태를 가리키기 때문에[39] 인간이 탄생의 시점에 가까이 있으면 있을수록 인간의 신체적, 정신적 능력은 취약할 수밖에

---

36   "satis hic erit, si pro fundamento id capiam, quod apud omnes debet esse in confesso; nempe hoc, quod omnes homines rerum causarum ignari nascuntur, et quod omnes appetitum habent suum utile quaerendi, cujus rei sunt conscii."

37   『에티카』, 2부 정리 19와 정리 23 참조.

38   같은 책, 2부 정리 14.

39   이를 가장 잘 보여 주는 것은 아마도 『에티카』, 5부 정리 39의 주석일 것이다. 스피노자의 인식론 및 윤리학을 이해하는 데서 매우 중요한 문제임에도 스피노자의 유년 시절 문제에 대해 다루는 연구는 매우 드물다. 정리 39의 주석에 대한 논평은 Pierre Macherey, *Introduction à l'Ethique de Spinoza*, vol. 5, pp. 184~185를 참조하고, 유년 시절의 문제에 관한 최근의 좋은 논의는 François Zourabichvili, *Le Conservatisme paradoxal de Spinoza: Enfance et royauté*(2002), 2부 참조.

없다. 따라서 본유 관념 같은 것은 생각할 수 없으며, 인간은 "실재의 원인에 대해 모르고서 태어난다."[40] 반대로 스피노자에게 인간의 본질은 욕구 내지 욕망이기 때문에, 인간은 무지한 채로 태어나지만 본성적으로 어떤 욕구를 지니고 있으며, 또 이 욕구를 의식한다. 그러므로 인간의 인간학적 조건에서 비롯한 이 양자의 괴리가 좁혀지지 않는 상태에서는(이는 인간이 신체적, 정신적 능력을 향상함으로써만 가능하다.) 인간은 목적론적 가상에 사로잡힐 수밖에 없고, 이를 자연 현상들에 대해 투사할 수밖에 없다. 이런 의미에서 목적론적 가상을 비롯한 인간의 모든 가상은 한편으로 원인에 대한 무지와 다른 한편으로 결과(욕구)에 대한 의식의 괴리에서 유래한다고 할 수 있다.

알튀세르에게서 이데올로기의 중심, 곧 주체라는 가상은 주지하다시피 "호명" 테제를 통해 제시된다. 지젝을 비롯한 많은 라캉주의 주석가들은 적어도 호명 테제에서만큼은 알튀세르가 라캉에게 분명한 이론적 빚을 지고 있으며, 더 나아가 라캉의 이론을 잘못 해석해서 활용한다고 생각한다. 어떤 점에서는 그들의 이야기에도 일리가 있다. 왜냐하면 호명 테제에 나오는 몇몇 표현들, 특히 대문자 주체와 작은 주체들 사이의 "거울 관계" 내지 "거울 구조"라는 표현은 라캉의 용어법에서 기원한다고 볼 수 있기 때문이다.[41] 하지만 용어법 자체는 라캉에서 유래했다고 하더라도 그 내용 자체는 라캉적이라기보다는 스피노자적이라는 것이 우리의 생각이다. 이는 우선 알튀세르가 호명 테제를 예시하기 위

---

40 이 점에서 스피노자는 경험론자들, 특히 홉스와 유사하다.
41 가령 알튀세르의 표현법은 라캉의 열한 번째 세미나에 나오는 다음과 같은 문장을 차용했다고 볼 수도 있다. "주체는 대타자(Autre)의 장에 예속됨으로써만 주체일 뿐이다."(Jacques Lacan, *Le séminaire XI: Les quatre concepts fondamentaux de la psychanalyse*(1973), p. 172) 단 라캉은 대문자 주체 대신 대문자 타자라는 표현을 쓰고 있다.

해 드는 사례가 다름 아닌 모세가 신과의 계약을 맺고 이를 바탕으로 히브리 국가를 구성하는 사례라는 점에서 알 수 있다. "따라서 신은 '주체(Subject)'이고 모세 및 신의 백성인 수많은 주체들은 신의 대화자—피호명자, 곧 그의 거울들이고 반영들이다. 인간은 신의 형상에 따라 창조되지 않았던가? 모든 신학적인 성찰이 증명하듯이 신이 인간 없이 완벽하게 지낼 '수 있다'고 하더라도 …… 인간이 신을 필요로 하고 주체들이 '주체(Subject)'를 필요로 하듯이 신은 인간을 필요로 하고 '주체'는 주체들을 필요로 한다."[42] 이는 스피노자가 『신학 정치론』 17장에서 히브리 신정 국가의 형성을 설명하기 위해 제시하는 이중적 계약의 사례 바로 그것이다.

이 점을 이론적, 정치적 측면에서 좀 더 부연하기 위해서는 약간의 우회를 해 볼 필요가 있다. 우리가 제사로 인용한 『『자본』을 읽자』의 한 구절에서 알튀세르는 스피노자에 관해 다음과 같이 언급한다.[43]

읽기라는 문제, 따라서 글쓰기/기록하기라는 문제를 처음으로 제기한 인물인 스피노자는 또한 역사 이론과 동시에 직접적인 것의 불투명성에 관한 철학을 처음으로 제시한 사람이기도 하다.[44]

스피노자에 관한 알튀세르의 논의 중에서 가장 주목은 받지 못했지만, 또한 가장 놀라운 사례 중 하나로 꼽힐 만한 이 주장은 매우 당혹스

---

42   Louis Althusser, *Sur la reproduction*(1995), p. 317; 루이 알튀세르, 『아미엥에서의 주장』(1991), 124쪽.
43   이하 3절의 내용은 발리바르의 『스피노자와 정치』 「역자 해제」 중에서 270~276쪽의 내용을 다소 수정해서 전재한 것이다.
44   Louis Althusser, *Lire le Capital*(1996), p. 8. 강조는 알튀세르.

러운 내용을 담고 있다. 사실 스피노자의 저작에서 역사에 관한 언급을 거의 찾아볼 수 없고, 또 역사에 대한 고찰이 전혀 스피노자 철학의 중심 주제가 아니었다는 점을 감안한다면 이는 엉뚱한 소리로 들릴 수 있다. 더 나아가 역사 철학이 18세기 말 계몽주의 이후, 특히 독일 관념론에서 하나의 철학적 주제로 등장했다는 점을 고려하면, 시대착오적인 주장이라는 비난까지 받을 만하다.

그런데 여기에서 알튀세르는 스피노자의 역사 이론은 그것 혼자서만 따로 존재하는 게 아니라, "동시에" "직접적인 것의 불투명성에 관한 철학"과 결부되어 있음을 지적한다. 마치 후자가 없이는 전자도 존재할 수 없다는 듯이, 그리고 이 양자를 결부한 것이야말로 스피노자의 고유한 철학적 업적이었다는 듯이 말이다. 그리고 또한 그는 "읽기"라는 문제, "글쓰기/기록하기"라는 문제와도 결부한다. 왜 알튀세르는 스피노자가 거의 언급하지도 않은 그의 "역사 이론"에 주목하는 걸까? 그리고 이 역사 이론은 "직접적인 것의 불투명성"과 어떤 관계에 있을까? 더 나아가 이는 "읽기"나 "글쓰기/기록하기"의 문제와 어떤 관련이 있을까? 이처럼 의문들은 끊임없이 생겨나지만, 알튀세르는 스피노자에 관한 다른 언급들과 마찬가지로, 대담한 주장을 한마디 던져 놓은 다음, 마치 아무말도 하지 않았다는 듯이 다른 논의로 성큼 건너뛴다.

바로 이 문제들과 관련하여 발리바르는 『스피노자와 정치』에서 흥미 있는 통찰을 제공하는데, 왜냐하면 그가 『신학 정치론』에서 하나의 역사 이론('역사 철학'이 아니라)을 발견하기 때문이다. 곧 그는 성서에 나타난 히브리 신정 국가의 구성 및 전개 과정을 분석하는 『신학 정치론』 17장뿐 아니라 성서에 대한 역사적 비평을 시도하는 전반부(곧 1장~15장)의 분석 역시 하나의 역사 이론을 함축한다고 본다.

먼저 발리바르는 스피노자의 성서 비평이 "이차 수준의 역사"(스피노자의 표현대로라면 "비판적 역사")를 구성한다고 주장한다. 이는 성서가 히브리 백성들의 상상에 기초를 둔 하나의 역사적 담론이며, 스피노자의 성서 비평은 이러한 역사적 담론에 대한 이차적 담론, 곧 비판적 역사라는 것을 뜻한다. 더 나아가 그는 성서는 바로 서사(敍事)로 이루어져 있으며, 이러한 서사는 히브리 민족의 고유한 역사적 기록/글쓰기의 관행에 기초를 두고 있음을 지적한다. 따라서 스피노자는 알튀세르의 표현대로 "글쓰기/기록"이라는 문제, 그리고 이에 대한 "읽기/독해"의 문제를 역사의 문제이자 철학의 문제로 처음 제기한 인물인 셈이다. 발리바르는 이러한 스피노자의 역사 이론을, "직접적인 것의 불투명성", 곧 대중의 상상이라는 문제와 결부한다. 발리바르의 분석에서 직접적인 것의 불투명성 또는 상상계는 두 가지 측면에서 제시된다.

우선, 대중은 자신들의 역사에 대해 무지하다. "이러한 2차 수준의 서사는 재구성될 수 있는 한에서 사건들의 필연적인 연쇄 과정 및 자신들을 움직이는 원인들 대부분을 알지 못하는 역사적 행위자들이 자신들의 역사의 '의미'를 상상하는 방식을 대상으로 한다."[45] 대중의 상상은 비판적 역사의 필연적인 구성 요소인데, 왜냐하면 이러한 비판적 역사의 소재를 이루는 성서 내지 히브리 인민의 삶 자체가 상상의 요소에 따라 이루어지기 때문이다. 대중의 삶이 상상으로 이루어지는 것은 대부분의 인간이 자기 삶의 조건을 구성하는 실제 원인을 알지 못하고, 그것을 상상에 따라 재구성하기 때문이다. 이는 우리가 앞서 논의한 대로 스피노자의 일반적인 인간학적 테제, 곧 "사람들은 자신들의 의욕(volitio)과 욕

---

45   에티엔 발리바르, 『스피노자와 정치』(2014), 152쪽.

구는 의식하지만, 그들로 하여금 욕구나 의욕에 사로잡히게 만든 원인은 모르기 때문에 그것에 관해서는 꿈에도 생각하지 않기 때문이다."[46]라는 테제에서 나온다.

그다음 히브리 신정 국가 구성의 기초가 되었던 정치적 상상의 요소가 있다. 스피노자는 『신학 정치론』 17장에서 성경에 나오는 히브리 신정 국가의 구성을 분석하는데, 그가 주목하는 것은 히브리 국가가 일종의 계약에 따라 구성되었다는 점이다. 그런데 이 계약은 단순한 계약이 아니라 이중적인 계약의 형식을 띠고 있다. 곧 이는 주권자와 신민들 사이에 맺어지는 정치적 계약이면서, 동시에 야훼라는 신에 대한 개개의 신자들(곧 개개의 히브리인들) 사이에 맺어진 종교적 계약이기도 한 것이다.[47] 따라서 히브리 백성들에게 신은 종교적인 경배의 대상이면서 또한 정치적 주권자이며, 신의 계율에 대한 위반은 동시에 국법의 위반을 의미했다. "요컨대 국법과 종교는 서로 엄격하게 구별되지 않았다. 이 때문에 이 국가는 신정 국가라 불릴 수 있었다."[48]

스피노자 자신이 말하고("이 모든 것은 사실이라기보다는 의견(opinione magis quam re)에 속한다."[49]) 발리바르가 지적하듯이 이러한 이중적 계약은 허구다. 하지만 이러한 허구는 매우 실제적인 효과를 낳는데, 왜냐하면 이러한 허구를 통해 하나의 국가가 구성될 수 있었고, 적어도 모세가 살아 있는 동안에는 놀랄 만한 안정과 번영을 이룩했기 때문이다. 이러

---

46   『에티카』, 1부 「부록」. 강조 표시는 필자의 추가.
47   이 점에 관한 좀 더 상세한 논의는 Etienne Balibar, "Jus-Pactum-Lex: Sur la constitu-tion du sujet dans le TTP"(1985); 진태원, 「『신학 정치론』에서 홉스 사회계약론의 수용과 변용: 스피노자 정치학에서 사회계약론의 해체 1」(2004), 참조.
48   B. Spinoza, *Traité théologique-politique*(1999), 17장 7~8절, p. 546.
49   Ibid., 17장 8절, p. 546.

한 허구가 이처럼 중요한 결과를 낳을 수 있었던 이유는 신을 각 개인의 신으로서뿐 아니라 또한 히브리 민족 전체의 신으로, 따라서 히브리 국가의 유일한 주권자로 만듦으로써, 각자가 신에게 바치는 절대적 헌신과 복종이 동시에 국가에 대한 헌신과 복종이 되도록 만들었기 때문이다.

여기에서 이런 질문을 해 볼 수 있다. 왜 이러한 이중적 계약이 필요했을까? 이는 무엇보다 오랜 노예 생활 때문에 스스로 국가를 구성할 만한 역량을 갖추지 못한 히브리 인민들의 "미개인 같은(rudis)"[50] 심성 때문이다. 그렇다면 하나의 허구에 기초한 히브리 신정 국가는 역사적으로 유일한 국가이며, 일반적인 설명적 가치를 갖지 못하는 것처럼 보인다. 하지만 이는 발리바르가 보여 준 것처럼 좀 더 일반적인 함의를 갖는다. 히브리 신정 국가에 대한 스피노자의 분석은 민주주의(또는 국가 일반)에 대한 법적 관점의 한계를 보여 준다는 점에서 그렇다.

이 점을 이해하기 위해서는 신정의 이중적 측면에 주목할 필요가 있다. 신정은 한편으로 민주정과 등가적인 것으로 볼 수 있다. 왜냐하면 신과의 계약을 통해 신에게 모든 권력을 부여하고 자신들을 신의 백성으로 재인지함으로써, 히브리인들 모두는 신 앞에서 동등한 신의 백성들, 신의 시민들이 되었기 때문이다. 하지만 다른 한편으로 이러한 '상상적 민주정'은 민주정의 핵심인 집합적 권리, 집합적 주권을 '다른 무대'로 옮겨 놓는 것을 조건으로 한다. 곧 신정에서 인민 자신이 동등하게 집합적 주권을 행사할 수 있다면, 이는 신이라는 진정한 주권자가 초월적인 자리를 차지하는 한에서다.(곧 신의 거주지로서 신전이 특별한 경배와 존경의 대상이 되는 한에서.) 따라서 신정은 집합적인 주권이 초월적인 신의 자리,

---

50   Ibid., 5장 10절, p. 222.

비어 있는 상징적 자리의 매개를 통해서만 실행될 수 있는 국가라고 할 수 있다.

여기에서 다음과 같은 발리바르의 질문이 나온다.

> 그렇다면 이제 고유한 의미의 민주정으로 돌아가 보자. 개인이 신과의 동맹이라는 허구(곧 주권의 상상적인 자리 이동) 없이도 명시적인 '사회 계약'에 따라 직접 집합적 주권을 행사할 수 있다고 판명되면, 문제는 완전히 사라진다고 말할 수 있는가? 대중들의 미신은 차치한다 해도, 이는 분명히 그렇지 않다. 권리의 동등성과 의무의 상호성 위에 구성된 민주 국가는 개인적 의견의 결과인 다수결 법칙에 따라 통치된다. 그러나 다수결 법칙이 효과적으로 작용하기 위해서는 주권자가 공적인 이익과 관련된 활동을 명령할 수 있고 또한 그것을 존중받을 수 있게 만드는 절대적 권리를 지니는 것만으로는 충분하지 않다. 이것 외에도 또한 야심보다는 이웃에 대한 사랑을 선호하는 것, 곧 '이웃을 자기 자신처럼 사랑하는' 것의 필요성에 대한 합의가 지배하고 있어야 한다.[51]

따라서 히브리 신정 국가는 얼핏 보기에는 일회적인 사례에 불과한 것 같지만, 사실은 정치에 대해, 민주주의에 대해 중요한 보편적 교훈을 제공한다.

그것은 첫째, 법적 제도만으로는 민주주의(또는 국가 일반)가 충분한 안정성을 확보할 수 없으며, 대중들의 정념적 삶을 조절할 수 있는 별도의 메커니즘 또는 장치가 필요하다는 점이다.

---

51   에티엔 발리바르, 『스피노자와 정치』(2014), 77쪽.

둘째, 하지만 정념적 삶을 조절하는 메커니즘으로서 종교에는 근본적인 한계가 있다. 히브리 신정 국가가 개인의 종교적 삶과 정치적 삶을 일체화함으로써 상당한 기간 동안 정치적 통합을 이뤄 내긴 했지만, 이러한 국가의 통합, 일체화는 그 자체가 정념적인 양가성에 지배를 받고 있다. 왜냐하면 신자끼리의, 곧 국민끼리의 놀라운 유대는 신과의 동일시를 매개로 한 서로에 대한 정념적 사랑에 기초를 두지만, 이러한 사랑의 이면에는 초월적인 신의 감시와 처벌에 대한 공포 및 잠재적인 적으로서 이웃에 대한 일반화된 증오가 존재하기 때문이다. 다른 한편 예수는 이처럼 종교적 삶과 정치적 삶을 일체화하는 것이 아니라, 종교적 삶을 정치적, 교권적 권위로부터 분리해 이를 각자의 믿음과 판단에 따른 윤리적 실천으로 전환했다는 점에서 하나의 문화 혁명을 이룩했다. 하지만 이는 신자로서의 개인을 정치적 권위뿐 아니라 사회적 관계 자체로부터 분리했으며, 또 그에 비례해서 이웃에 대한 사랑을 핵심으로 하는 신의 말씀을 내면화된 도덕법으로 전환했다는 점에서 또 다른 한계를 지닌다.

셋째, 상상계가 개인의 삶 및 사회적 삶에서 구성적인 요소로 존재하는 한 대중은 '자기 자신'(이렇게 말할 수 있다면)과 합치할 수 없다는 점, 곧 대중은 온전한 자율적 주체로 성립할 수 없다는 점이다. 이렇게도 표현해 볼 수 있다. 상상계가 인간의 삶의 장소 그 자체, 다시 말해 환원 불가능한 인간의 유한성의 조건 그 자체인 한에서, 민주주의의 근본 원리로 전제되어 있는 대중의 자기 통치는 존재할 수 없다. 이것은 전적으로 부정적인 점인가? 겉보기와 달리 반드시 그렇다고는 할 수 없다. 왜냐하면 대중의 자기 통치가 존재할 수 없다는 것은 민주주의가 전적으로 불가능하다는 뜻이 아니라 민주주의는 항상 경향적으로만, 갈등적인 운동으로서만 존재한다는 뜻이기 때문이다. 이는 법적 형식이나 이

넘적 원칙으로서의 민주주의보다 민주화의 운동으로서 민주주의를 사고하는 것이 필요하다는 뜻이다. 민주주의는 정의상 늘 민주화의 운동 속에서만 존재할 수 있고 사고될 수 있는 것이다.

이제 다시 알튀세르의 호명 이론의 문제로 돌아가 보자. 지금까지의 분석은 알튀세르가 「이데올로기」 논문에서 제시한 호명 이론이 외양에도 불구하고, 또는 그것이 채택하는 몇몇 용어법에도 불구하고 사실은 스피노자가 『신학 정치론』에서 전개한 이론적 분석과 놀랄 만한 이론적 연관성을 지니고 있음을 잘 보여 준다.

(1) 이는 우선 스피노자의 상상계 이론 및 그것에 기반을 둔 히브리 신정 국가에 대한 분석이 알튀세르의 「이데올로기」 논문과 마찬가지로 직접적으로 정치적인 분석, 국가의 형성과 재생산에 대한 분석이라는 점에서 그렇다.

(2) 더 나아가 알튀세르가 대주체와 작은 주체들(및 그 매개자로서 정치 지도자) 사이에 존재하는 호명 관계라고 부른 것은 스피노자가 히브리 신정 국가의 구성 및 그것의 놀랄 만한 지속성을 설명하기 위해 제시한 이중적인 계약 관계와 합치한다.

(3) 히브리 신정 국가에 대한 스피노자의 분석은, 수많은 오해와 달리 알튀세르의 호명 이론이 상상계 내부의 관점을 표현하는 것임을 시사해 준다. 알튀세르의 이데올로기론, 특히 그의 호명 이론은 기능주의적인 관점을 대변하는 것으로 널리 비판받아 왔다. 다시 말해 알튀세르는 각각의 "개인"이 "주체"로 존재하기 위해서는 항상 이미 이데올로기에 의해 호명되어야 한다고 주장함으로써, 지배 체계에 대한 저항의 가능성을 사고할 수 없게 만든다고 비판받아 왔다.(이런 측면에서 보면 지젝의 비판은 종래에 제기되던 비판을 라캉의 정신분석학 관점에서 좀 더 세련되게 표현한 것에 불과하

다.) 그러나 그가 「이데올로기」 논문이 불러일으킨 논쟁(및 오해)에 대해 해명하는 「AIE에 대한 노트」에서 지적하듯이 이데올로기 내부에는 항상 계급 투쟁이 존재한다. "이데올로기 국가 장치들의 기능이 지배적 이데올로기를 주입하는 것이라면 그 이유는 저항이 있고, 저항이 있는 것은 투쟁이 있기 때문이며, 이 투쟁은 결국 계급 투쟁에, 때로는 가까이에서, 그러나 대개는 멀리서 응답하는 직접적이거나 간접적인 반응이다."[52] 그런데 계급 투쟁에 대해 말하는 것은 항상 집단에 대해, 또는 더 나아가 대중에 대해 말하는 것이다. 반면 호명 이론에서는 집단이나 대중이 아니라 항상 개인이나 주체(또는 복수로 개인들이나 주체들)가 문제가 된다. 이는 알튀세르가 말하는 호명의 메커니즘은, 항상 사회적 투쟁의 현실적 장이 추상된 가운데, 집단이나 대중이 이미 개인들이나 주체들로 해체된 가운데 사고되는(또는 '상연되는(représenté)') 것임을 말해 준다. 물론 이는 이러한 추상이나 해체가 완전히 허구적이라는 의미는 아니다. 왜냐하면 신과의 계약에 대한 상상계가 히브리인들에게 지극히 실재적이었듯이, 이데올로기의 상상계 내부에서 이데올로기는 지극히 실재적이기 때문이다.

바로 이러한 의미에서 알튀세르의 주체는 상상계에 속하는 것이지 결코 라캉적인 의미에서 상징적인 차원이나 실재적인 차원에 있는 것이 아니다. 지젝은 알튀세르를 비판하면서 지속적으로 "상징적 정체성"이라는 표현을 사용하지만, 알튀세르에게 이는 용어 모순과 같다. 그에게 주체가 지닌 정체성은 상상의 차원에 있는 것이며, "동일시(identification)" 역시 상상적인 것이다.[53] 하지만 여기에서 주의할 점은 알튀세르에

---

52   루이 알튀세르, 『재생산에 대하여』(2007), 332쪽.
53   이 점에 관해서는 특히 『마르크스를 위하여』에 수록된 「"피콜로 극단": 베르톨라치와 브레히트(유물론적 연극에 대한 노트)」 참조. 이 글은 『마르크스를 위하여』에서 가장 주목받지 못한

게 상상계란 라캉적인 의미의 상상계, 또는 지젝의 의미에서의 상상계를 뜻하는 것이 아니라는 점이다. 따라서 알튀세르에게는 무의식의 주체라는 차원이 없으며, 그가 호명 이전에 존재하는 주체를 사고하지 못한다고 말하는 것은 그의 이데올로기론의 논점을 전혀 이해하지 못하고 라캉적인 도식이나 최근에는 지젝 식의 해석을 그에 덧씌우는 것에 불과하다. 알튀세르에게 주체는 상상적인 주체, 하지만 삶의 기반으로서 상상계 속에서 자신에게 부여된 정체성을 갖고 살아가는 주체다.

스피노자와 알튀세르의 차이라면, 전자에게는 역사적으로 특수한 형식(히브리 신정)으로 나타났던 것이 후자에게는 보편적인 초역사적 메커니즘으로 제시된다는 점이다. 히브리 신정이 보편적인 함의를 지닌다는 점을 감안하면 알튀세르가 이를 호명 이론으로 발전시킨 것도 무리는 아니다. 하지만 이 경우 제기되는 또 다른 문제는 알튀세르가 호명의 메커니즘을 부정적인 것으로만, 곧 지배 계급의 예속의 메커니즘으로만 사고했다는 점이다. 히브리 신정에서 호명이 대중의 무능력을 전제한 가운데 이루어졌다는 점을 감안하면 호명에 가상적이고 부정적인 측면이 존재하지 않는 것은 아니나, 그것이 히브리 인민들의 집단적인 생존 전략(무의식적인?)이었으며 또 놀라운 성공을 거두었다는 점을 감안하면 반드시 부정적인 것으로만 치부될 수는 없다. 발리바르 식으로 표현하면[54] 히브리 신정 국가에 고유한 이데올로기적 호명은 대중들의 해방에 대한 열망의(얼마간 가상적인) 표현이었다고 할 수 있으며, 스피노자 식으로 표현한다면,

글이라 할 수 있지만, 알튀세르의 이데올로기론을 이해하는 데 매우 중요한 글이다. 발리바르는 『마르크스를 위하여』, 「1996년 서문」에서 의미심장하게도 이 글이 일종의 "도둑맞은 편지"일 것이라고 쓰고 있다.(Etienne Balibar, "Avant-propos pour la réédition de 1996"(1996) 참조.)
54 Etienne Balibar, *Ecrits pour Althusser*(La Découverte, 1991).

그것은 그 나름대로 민주주의적인 경향의 표현이었다고 말할 수 있다. 알튀세르가 스피노자의 상상계 이론에 대한 놀라운 통찰력과 응용의 능력을 보여 주었음에도 간파하지 못한 점이 있다면 바로 이 점일 것이다.

　물론 이는 지젝(및 다른 비판가들)이 주장하듯 알튀세르에게 호명의 메커니즘이 "기능주의적인" 관점에서만 사고되었다는 뜻은 아니다. 알튀세르는 이미 「이데올로기」 논문 말미의 "보론"에서 이데올로기 내부에서는 항상 계급 투쟁이 진행된다는 것, 곧 지배 계급의 이데올로기에 대한 대중적인 저항이 항상 이미 존재한다는 것을 지적한 바 있고, 「이데올로기」 논문이 불러일으킨 논란에 대해 답변하는 글[55]에서는 이 점을 좀 더 명시적으로 주장하고 있다. 따라서 알튀세르의 이데올로기론이 기능주의적이라거나 저항의 가능성을 보여 주지 못한다는 비판은 적절하지 않다. 다만 알튀세르는 호명이 개인 및 대중의 실존과 행동의 지주이면서 동시에 장애물을 이룬다는 것, 따라서 호명 그 자체가 계급 투쟁 및 지배와 저항의 쟁점이 된다는 것을 충분히 해명하지 못했다고 할 수 있다.

4　지젝의 난점

　지젝의 작업은 라캉의 정신분석학, 특히 그의 후기 작업의 요소들을 도입함으로써 현대 이데올로기론의 새로운 장을 열었다. 지젝 이전까지 이데올로기론에서 라캉의 정신분석학은 주로 상상계-상징계라는 쌍을 통해 논의되었는데, 이는 라캉의 작업이 (옳든 그르든 간에) 대개 알

55　루이 알튀세르, 「이데올로기적 국가 장치에 대한 노트」(1976), 『재생산에 대하여』 참조.

튀세르의 이데올로기론, 특히 그의 호명 이론을 통해 소개되고 전유되었기 때문이다. 반면 지젝은 이전까지 거의 주목받지 못했던 "실재계"의 차원을 이데올로기론으로 끌어들이면서 이데올로기론 및 알튀세르와 라캉의 관계에 대해 새로운 해석을 제시했다. 사실 라캉의 후기 작업이 RSI론[56]으로 통칭되는 삼원성(특히 실재계를 중심으로 한)에 따라 구조화되어 있다는 점을 고려할 때, 영미권에서 지젝 이전의 라캉 수용은 불완전하고 다소 왜곡된 것이라고 할 수 있다. 하지만 지젝의 진정한 독창성은 라캉의 이론(및 독일 관념론 철학)을 이데올로기론 및 사회 이론으로 번역했다는 점이다. 몇몇 드문 예외를 제외한다면,[57] 그 이전까지는 누구도 실재계를 포함한 라캉의 RSI론 전체를 이데올로기론과 사회 이론으로 표현할 수 있다고 생각하지 않았으며, 또 그것이 현대 사회의 여러 현상을 설득력 있게 설명할 수 있다고도 기대하지 않았다. 반면 지젝은 다수의 저작을 통해 라캉의 정신분석학 이론이 이데올로기론 및 문화 분석론으로 기능할 수 있다는 점을 잘 보여 주었다.

하지만 지젝의 이론적 작업에 난점이 존재하지 않는 것은 아니다. 이는 특히 그가 시도하는 이데올로기론에 대한 개조에서 잘 나타난다. 가령 그는 위에서 말했듯이 알튀세르의 이론에 대해 라캉의 정신분석학이 우월한 이유를 라캉이 호명을 넘어서는 길을 보여 준다는 점에서 찾는다. 왜냐하면 지젝에 따를 경우 알튀세르는 호명이 반드시 성공한다고 이론화함으로써, 의도와 달리 자본주의적인 재생산에서 벗어날 수

---

56   이는 각각 le Réel, le Symbolique, l'Imaginaire, 곧 '실재계', '상징계', '상상계'의 약자 표시다.
57   드문 예외들 중 특히 장클로드 밀네르의 작업을 들 수 있다. Jean-Claude Milner, *Les noms indistincts*(1983).

있는 길을 제시하지 못한 채 기능주의에 빠져드는 반면, 라캉은 욕망의 그래프나 "무의식의 주체"라는 개념을 통해 상징적 질서의 공백을 드러내고 호명을 넘어설 수 있는 길을 열기 때문이다.

문제는 지젝이 주장하듯이 라캉의 이론이 이러한 역할을 하기 위해서는 우선 "환상을 가로지르기"가 단지 정신분석학의 임상적 차원이 아니라 사회적인 차원에서 가능해야 한다는 점이다. 지젝은 다음과 같이 말한다. "그러나 우리는 '환상을 가로지르'면서 동시에 증상과의 동일시를 완수해야 한다. 우리는 '유대인'에게 전가된 속성들 속에서 우리의 사회 체계 자체의 필연적인 산물을 확인해야 한다. 우리는 유대인에게 귀속된 '과잉분' 속에서 우리 자신에 대한 진실을 확인해야 한다."[58] 반복되는 '해야 한다'의 명령형 표현에서 볼 수 있듯이 지젝에게 "환상을 가로지르기"는 궁극적으로 윤리적 문제다. 윤리는 물론 비판적인 지식인들이나 대중이 갖추어야 할 중요한 덕목이며, 올바른 정치적 행위를 위한 규범적 조건이기도 하다. 하지만 이데올로기론의 차원에서 윤리적 명령이 어떤 의미에서 중요할까? 이것이 "우리는 이데올로기에서 벗어나야 한다." 내지 "우리는 호명에서 벗어나야 한다."는 식의 당위적 명령과 다른 의미를 지닐 수 있을까?

하지만 "환상을 가로지르기"라는 해결책이 제기하는 좀 더 중대한 문제는 다른 데 있다. 이렇게 질문해 보자. 환상을 가로지르기는 어떻게 가능한가? 우리가 "'환상을 가로지르'면서 동시에 증상과의 동일시를 완수"하는 일은 어떻게 가능한가? 지젝은 다음과 같이 말한다. "사회엔 항상 상징적 질서로 통합될 수 없는 어떤 적대적인 갈등이 가로지르고 있

---

58   Slavoy Zizek, *The Sublime Object of Ideology*(1989), p. 223.

다. 사회적이고 이데올로기적인 환상의 목적은 바로 진정으로 존재하는 사회에 대한 하나의 비전을 구축하는 것이다. 다시 말해 적대 관계에 의해 분할되지 않으며, 각 부분들 사이의 관계가 유기적이고 상보적인 사회에 대한 하나의 비전을 구축하는 것이다."[59] 우선 이데올로기적인 환상의 핵심이 "유기적이고 상보적인 사회에 대한 하나의 비전을 구축하는 것"이라는 주장은 다소 안이한 것으로 보인다. 이러한 이데올로기가 존재한다고 해도 그것이 오늘날의 이데올로기의 핵심 요소를 구성한다고 보기는 어렵다.

더욱 심각한 것은 이데올로기적 환상에 대한 지젝의 관점이다. 그에 따르면 이데올로기적 환상은 "하나의 비전을 구축하는 것"이다. 그는 이를 설명하기 위해 반유대주의 이데올로기에서 유대인을 하나의 물신으로 제시하는 방식을 예로 든다. 곧 유대인은 "이 통합주의적인 비전과 적대적인 갈등에 의해 분열된 실제 사회 간의 거리"를 메우기 위한 물신, "건전한 사회 조직을 부패시키는 이질적인 신체, 외부적인 요소"이다. 따라서 "사회적인 환상이라는 개념은 적대라는 개념에 대한 필수적인 대응물이다. 환상은 정확히 적대적인 균열을 은폐하는 방식이다. 바꿔 말해서 환상은 이데올로기가 자기 자신의 균열을 미리 고려해 넣는 방식이다."[60]

두 가지 질문이 제기될 수 있다. 첫째, 지젝이 말하는 사회적인 환상 또는 이데올로기적인 환상이 비전을 구축하는 것이라면, 결국 환상이란 기만적인 조작 및 그것이 산출하는 허위의식과 같은 것이 아닌가?

59   Ibid., p. 220.
60   Ibid., p. 221.

하지만 아마도 지젝이나 지젝주의자들은 전혀 그렇지 않다고 답변할 것이다. 왜냐하면 환상이 작동하는 것은 의식이나 담론의 수준이 아니며, 이데올로기적 효과의 최종적인 버팀목으로서 향락의 수준이기 때문이다. 곧 이데올로기적 환상은 우리의 향락 자체를 구조화하는 방식이다. 유대인의 예를 들어 보면, 우리가 유대인을 증오하고 배척하는 것은 이런저런 구체적이고 합리적인 근거들 때문이 아니라, 그가 바로 유대인이기 때문이다.

둘째, 그렇다면 우리가 앞서 제기한 질문이 다시 제시된다. 이러한 사회적 환상을 가로지르는 것은 어떻게 가능한가? 사회적 환상이 기만이나 허위의식의 문제라면 환상을 가로지르는 것은 원칙적으로 어려운 일이 아니다.(사실상으로는 매우 힘들지 몰라도.) 비판적인 분석과 대중적인 계몽으로 충분하기 때문이다. 그러나 사회적 환상이 의식이나 담론의 차원이 아니라 향락의 수준에 위치하고 있다면, 곧 우리 욕망의 가장 집요하게 내밀한 차원의 문제라면, 이것을 어떻게 가로지를 것인가 하는 문제는 심각한 것이 된다. 어제까지 그토록 증오했던 유대인들을 더 이상 증오하지 않는 것이 어떻게 가능할까? 유대인은 우리 사회의 타락의 원인이 아니라 사실은 가장 큰 피해자라고 일깨우면 될까? 유대인이 실제로 우리 사회가 직면한 문제들과 무관하다는 경험적인 자료들을 축적해서 입증하면 될까? 하지만 스피노자주의에 대한 비판에서 볼 수 있듯이 정서와 인식, 욕망과 지식을 철저하게 분리하는 지젝의 관점에서 과연 이것이 가능할지 의문이다.

지젝의 작업에서 핵심적인 문제가 바로 이것일 텐데, 지젝은 이 문제에 대해 줄곧 사회의 근본적인 변혁의 가능성을 믿고 또 그것을 추구하려는 윤리적 태도(그의 표현대로 하면 "행위")가 중요함을 역설하는 데 그친다. 가령 다음과 같은 구절이 그렇다. "버틀러와 대조하여, 라캉이 내기에 걸고 있는 것은, 심지어/또한 정치에서도, 바로 그 근본적인 환상을 '횡단'하는 좀 더 근본적인 제스처를 성취하는 것이 가능하다는 것이다. 이런 환상적 중핵을 교란하는 그와 같은 제스처만이 본래적 행위인 것이다."[61] 좋은 이야기다. 그런데 대중의 저항 없이 어떻게 사회의 근본적인 변혁 가능성을 이야기할 수 있을까? 그리고 환상을 가로지르는 것이 어떻게 가능한지 보여 주지 않고서 어떻게 대중의 윤리적 각성 및 저항을 기대할 수 있을까?[62] 아니 그 이전에 지젝에게는 수동적인 대

---

61   Slavoy Zizek, *The Ticklish Subject*(1999), p. 266, 428.

62   지젝에 대한 좌파 이론가들, 특히 숀 호머의 비판을 반비판하면서 토니 마이어스는 다음과 같이 대꾸한다. "다른 한편으로, 호머는 지젝이 강조한 '행위'를 '세계를 바꾸기 위한 진실한 방법'으로 확대 해석하고 있음을 알 수 있다. 행위가 우리의 인식 지평을 바꾼다고 할 때, 행위의 출현 이후 어떤 세계가 나타날지 안다는 것은 불가능하다. 그래서 지젝은 진술 불가능한 것을 말하기보다는 행위의 가능성 자체를 지속시키는 데 관심을 둔다. 지젝이 지적하듯이 '오늘날 정치적 공간이 구조화되는 방식은 점점 더 행위의 출현을 힘들게 한다.' 그래서 지젝은 자본주의적 삶의 지평을 끊임없이 이론화함으로써 행위를 위한 장소를 규명하는 데 자신의 에너지를 집중한다." (토니 마이어스, 『누가 슬라보예 지젝을 미워하는가?』(2004), 225쪽) 마이어스는 몇 가지 측면에서 기본적인 혼동을 보여 준다. 우선 문제가 되는 것은 행위의 출현 이후 어떤 세계가 나타날지 아는 것이라기보다는 행위 자체가 어떻게 가능한지 아는 것이다. 지젝 혼자만의 행위가 아니라 대중의 행위가. 둘째, 혁명 이후의 세계가 어떻게 될지는 누구도 모른다는 말과 변혁의 가능성을 위해 현재 존재하는 세계의 구조를 분석하는 것은 전혀 다른 문제다. 마이어스는 지젝이 "자본주의적 삶의 지평을 끊임없이 이론화한다."라고 말하지만, 사실 지젝이 하는 것은 라캉의 정신분석학을 대중문화적인 현상 및 부시의 이라크 침공과 같은 정치적 현상들에 적용해 그 현상들을 해석하는 것이 아닐까? 라캉의 정신분석학의 진리를 입증하기 위해 현상들을 예시하는 것, 좀 더 후하게 말해 라캉을 원용해서 **현상들을 분석**하는 것(이때의 분석은 아마도 정신분석학적인 의미의 분석에 더 가까울 것이다.)은 **세계의 구조에 대한 분석**과는 전혀 다르다. 그러나 구조적인 분석이 없이 어떻게 자본주의적 세계의 근본적인 변혁을 꿈꿀 수 있겠는가? 셋째, 마이어스는 지젝이 행위를 위한 장소를 규명하는 데 에너지를 집중한다고 말하면서 지젝 자신은 진보 정치를 위해 수동성으로 물러날 필요성을 강조한다. 이것도 근본적인 변혁을 위한 윤리적 행위 중 하나일 것이다. 그러나 좀 냉소적으로 말하자면, 오늘날 지배 계급 중 누가 지젝의 근본적인 변혁을 위한 윤리적 행위를 두려워하겠는가? 《조선일보》를 비롯한 수구 신문들의 환대를 받고, 네그리나 우카이 사토시 같은 학자들은 입국을 거부당하는 미국을 제집처럼 드나드는 것이 지젝 아닌가?

중과 다른 대중들(multitudo)에 대한 관점이 존재하기는 하는 것일까? 더욱이 환상의 물질적인 지주로 기능하는 각종 물질적 장치들은 어떻게 할 것인가?[63]

지젝이 최근의 작업[64]에서 집요하게 근본적인 변혁에 대한 전망, "본래적인 행위"의 필요성에 대해 주장하면서도, 정작 실천적인 측면에서는 윤리적 명령을 반복하는 데 그치는 것은 사실상 이데올로기론에서의 퇴보를 나타내는 징표가 아닐까? 이를 좀 더 부연하자면 다음과 같이 말할 수 있다.

(1) 지젝에게 상상계 또는 그가 좀 더 강조하는 용어대로 하자면 환상은 스피노자나 알튀세르와 달리 그것이 지닌 가상성에만 초점이 맞춰져 있다. 상상적인 것은 사회적 적대를 봉합하고 왜곡하고 기만적으로 쟁점을 전위시키는 것일 뿐, 개인들의 삶의 기반, 장소 그 자체로 나타나지 않는다. 더욱이 스피노자나 알튀세르에서 이데올로기적 상상은 정치적 행위의 바탕을 이루는 데 반해, 지젝에게는 지배 계급의 조작의 소재가 될 뿐이다.

(2) 이데올로기론에서 알튀세르의 업적 중 하나는 이데올로기적인 물질성에 대한 주장이었다. 이를 통해 알튀세르는 마르크스와 엥겔스가 『독일 이데올로기』에서 제시한 고전적인 테제, 곧 이데올로기는 사회적 의식의 문제이며 물질적인 역사와 달리 아무런 독자적인 실재성도, 역사성도 갖지 않는다는 테제와 단절할 수 있었다. 또한 이 테제는 이데올

---

63 지젝의 이데올로기론의 관념론적 성격에 대한 비판으로는 요시유키 사토, 『권력과 저항: 푸코, 들뢰즈, 데리다, 알튀세르』(2012) 중 5장을 참조.
64 특히 Slavoy Zizek, 『그들은 자신이 하는 일을 모르나이다』(2003), 「재판 서문」; 『까다로운 주체』(2005) 및 여러 저작.

로기 국가 장치 개념으로 이어져, 어떻게 이데올로기가 사람들의 의식에 직접 작용하는 것이 아니라 항상 물질적인 장치를 통해, 관습적인 의례와 규율 장치를 통해 작동하는지 보여 줄 수 있었다. 따라서 이데올로기의 물질성에 관한 테제는 이데올로기가 역사적으로 규정된 물질적 장치들을 통해 제도화되고 변화하는 과정을 설명할 수 있는 근거를 제공하며, 이는 정치적 투쟁의 쟁점을 구체적으로 명시할 수 있는 장점을 지니고 있다. 스피노자에서도 상상계는 항상 물질적인 장치들이나 제도 및 의례들과 관련해서 사고되고 있다. 반면 지젝에게는 국가 장치나 자본주의적 생산관계 같은 물질적인 장치들이나 제도들에 대한 분석이 거의 나타나지 않으며, 사회적·문화적 현상들에 대한 분석들이 라캉의 정신분석학의 유효성을 입증하는 사례들로 제시될 뿐이다.[65]

5 결론

지젝은 자신의 여러 저작에서 라캉의 정신분석학에 기반을 두고 알튀세르의 호명 이론의 한계를 비판해 왔다. 또 『부정적인 것과 함께 머물기』에서는 이러한 한계가 스피노자주의의 한계 또는 후기 자본주의의 이데올로기로서 스피노자주의와 긴밀하게 연결되어 있다고 주장한바 있다. 알튀세르의 이데올로기론이 스피노자 철학과 긴밀한 관계를

---

[65] 주목할 만한 예외가 있다면, 그것은 지젝이 처음 제시하고(Slavoy Zizek, *The Sublime Object of Ideology*(1989)) 지젝 자신(Slavoy Zizek, *The Plague of Fantasies*(1997), 3장) 및 로베르트 팔러(Robert Pfaller, *Die Illusionen der anderen: Über das Lustprinzip in der Kultur*(2002))가 좀 더 정교하게 발전시킨 '상호 수동성(interpassivity)'이라는 개념이다. 이 개념은 이데올로기적 장치 및 제도들을 분석하는 데 매우 효과적으로 활용될 수 있다.

맺고 있다는 점에서 보면 지젝의 주장이 일리가 있다고 할 수 있으며, 이 점에서 그는 라캉주의자들 대부분의 맹목적인 비판보다 훨씬 뛰어난 통찰력을 지니고 있다.

하지만 '스피노자주의＝범신론'이라는 상투적인 도식에 입각한 그의 비판은 초보적인 수준의 비판일 뿐만 아니라 스피노자의 상상 이론이 지닌 중요성과 독창성을 제대로 평가하지 못한다는 한계를 안고 있다. 알튀세르의 이데올로기론 비판도 마찬가지다. 지젝의 생각과 달리 알튀세르의 이데올로기론은 라캉의 정신분석학과는 다른 기반, 특히 스피노자의 상상계 이론에 입각하여 구성되고 발전되었으며, 라캉의 이론이 얼마간 알튀세르에게 영향을 미쳤다면 그것은 오히려 전자의 토대 위에서 변형되고 재구성된 상태로 이루어진 것이다.[66] 이 점을 정확히 파악하지 못하는 한 알튀세르의 이데올로기론의 특성 및 그것의 정확한 강점과 난점을 이해하는 것은 매우 어려운 일일 수밖에 없다.

---

66   최근의 연구들은 필자의 이 주장을 입증하는 것으로 보인다. 가령 파스칼 질로, 앞의 책 (2011) 참조.

알튀세르의 스피노자 연구 문헌

알튀세르는 생전에 스피노자에 관한 연구 논문을 한 편도 남기지 않았지만, 그의 주요 저작은 어떤 의미에서 스피노자 철학의 관점에서 마르크스 사상을 재해석하고자 한 시도라고 할 수 있을 만큼, 그의 작업에 미친 스피노자 철학의 영향은 지대하다. 특히 다음과 같은 저작에서 스피노자 철학의 영향을 읽을 수 있다.

1. 「유물 변증법에 대하여」, 『마르크스를 위하여』(이종영 옮김, 백의, 1997)
이 글에서 알튀세르는 스피노자의 인식 이론을 원용한 세 가지 일반성 개념을 제안하며, 이를 통해 마르크스주의 인식론을 구성하려고 시도한다. 스피노자는 『에티카』에서 1종의 인식(상상)과 2종의 인식(이성), 3종의 인식(직관)을 구별한다. 그리고 알튀세르는 이 세 가지 종류의 인식에 각각 상응하는 일반성 1, 일반성 2, 일반성 3을 구별한다. 일반성 1은 과학적 인식의 재료가 되는 이런저런 이데올로기적 표상 및 통념들을 가리키며, 일반성 2는 이러한 상상적 표상이나 통념들을 가공하여 과학적 인식을 구성하기 위해 필수적인 과학 개념들을 가리킨다. 마르크스의 경우 이 개념들은 잉여 가치와 이데올로기 같은 개념들이다. 이 개념들을 형성함으로써 마르크스는 이전까지의 이데올로기적인 역사 철학과 절단하고 진정한 역사 과학(역사)을 구성하기 위한 토대를 마련한다. 하지만 마르크스는 나머지 여러 개념들은 미완의 '실천적인' 상태로 남겨 놓았으며, 알튀세르가 볼 때 마르크스주의를 개조하기 위한 근본 과제는 일반성 2를 통해 실천적인 상태에 있는 미완의 개념들을 일반성 3, 곧 새로운 과학 개념들로 형성해 내는 것이다. 이런 의미에서 스피노자 철학은 알튀세르의 이론적 작업의 핵심을 이룬다고 할 수 있다.

2. 『『자본』을 읽자(*Lire le Capital*)』(PUF, 1996(3판), 1965(초판))

알튀세르가 에티엔 발리바르, 피에르 마슈레, 자크 랑시에르 등과 공동으로 저술한 이 책에는 알튀세르의 논문 두 편이 실려 있다. 「『자본』에서 마르크스주의 철학으로」라는 글에서 알튀세르는 스피노자 인식론을 원용해 '현실 대상'과 '사고 대상'을 구별한다. 스피노자는 『지성 교정론』에서 "개라는 관념은 짖지 않는다."라고 말한 바 있다. 이것은 대상으로서의 개와 그것에 대한 관념은 서로 상호 작용하지 않는 두 개의 독립적인 인과 계열, 곧 물체들의 계열과 관념들의 계열에 속해 있음을 가리키는 말이다. 이러한 구별에서 시사받은 알튀세르는 마르크스 인식론의 핵심을 '현실 대상'과 '사고 대상'의 구별에서 찾는다. 그에 따르면 이러한 구별을 통해 마르크스는 경험론의 한계를 넘어서는 유물론적 인식 이론을 사고할 수 있게 해 주었다. 이러한 구별은 사회적 전체를 헤겔식의 표현주의적 전체성으로 파악하지 않고, 유물론적 입장에서 복수의 심급들(경제, 법, 이데올로기, 인식) 및 실천들로 구성된 것으로 이해하려는 시도와 직결된 것이다. 그리고 이 후자의 시도는 「『자본』의 대상」이라는 글에서 스피노자를 원용하는 또 다른 이유가 된다. 두 번째 글에서 알튀세르는 스피노자 존재론 및 인과론을 준거로 삼아 "구조 인과성(causalité structurale)"이라는 개념을 고안해 낸다. 이 개념은 전통적인 마르크스주의에 특징적인 조야한 경제 환원주의 및 최종 심급 이론에서 벗어나 사회적 전체를 복합적인 전체로 파악하기 위한 알 튀세르의 이론 작업의 근간을 이루는 개념이다. 실제로 그는 이 개념을 바탕으로 마르크스의 『자본』에 대한 혁신적인 재독해를 수행하고 마르크스주의 역사의 새로운 장을 열어 놓는다. 이런 점에서도 스피노자는 알튀세르 철학 작업의 근간을 이룬다고 할 수 있다.

3. 「스피노자에 대하여」, 『마키아벨리의 고독』(김석민 옮김, 새길, 1992)
이 글은 원래 1974년 알튀세르가 출판했던 『자기비판의 요소들(Eléments d'autocritique)』(Hachette, 1974)에 수록된 글이다. 이 책은 알튀세르가 1960년 대에 시도했던 자신의 이론적 작업을 비판적으로 재고찰하기 위해 저술된 책으로, 여기에서 알튀세르는 자신이 스피노자주의자였음을 명시적으로 천명한다. 그러면서 그는 특히 스피노자의 저작이 반(反)헤겔주의적 변증법과 자신의 이데올로기론을 가공하기 위한 주요 원천이었음을 설명하고 있다. 스피노자가 유물 변증법을 사고하는 데 중요한 이유는 그가 급진적인 반목적론 및 반기원론의 철학자였기 때문이다. 또한 스피노자는 헤겔 식의 표현적 총체성 이론과 달리 부분들 간의 관계 이외의 다른 것이 아닌 어떤 전체라는 사상, 따라서 "경계 없는 전체"라는 개념을 제시함으로써 알튀세르가 유물론적 토픽(Topik) 개념을 사고하는 데도 중요한 기여를 했다. 그리고 알튀세르는 스피노자 철학에는 (1) 이데올로기의 상상적 '실재성' (2) 이데올로기의 내적 전도 (3) 이데올로기의 중심으로서 주체라는 미망(illusion)이라는 요소들이 담겨 있으며, 이것은 이데올로기론을 쇄신하는 데 결정적인 요소들이었다고 주장한다.

4. 「독특한 유물론적 전통: 스피노자와 마키아벨리」, 『철학과 마르크스주의』(서관모·백승욱 옮김, 1994; "L'unique tradition matérialiste," *Lignes*, n. 18, 1993)

알튀세르가 자신의 부인을 살해하고 공적 무대에서 퇴장한 뒤 쓴 이 유고는 그가 생전에 출판했던 저작에 담긴 사상과 매우 다른 "불확실성의 유물론" 내지 "마주침의 유물론"을 담고 있다고 해서 크게 화제가 된 바 있다. 스피노자 철학에 대한 새로운 평가를 담고 있다는 점에서도 주목할 만하다. 그는 이 글에서 스피노자의 철학을 독단적이지만 이상하게도 해방적인 효과를 산출하는 철학이었다고 주장한다. 그것은 철학이란 실제의 대상들에 대해 사고하는 것이 아니라 그것들과 떨어진 자유로운 공간 속에서 그것이 (입증 불가능하다는 의미에서) 독단적으로 제시하는 테제들 및 그러한 테제들이 산출해 내는 효과들과 다르지 않기 때문이다. 스피노자 철학은 이러한 철학의 특성을 가장 잘 보여 주는 철학자 중 한 사람이다. 또한 알튀세르는 세 개의 일반성에 관해 자신이 이전에 제시했던 이론을 수정하면서 스피노자의 『신학 정치론』에는 3종의 인식의 사례들이 담겨 있다는 놀라운 주장을 제시한다. 그에 따르면 3종의 인식은 개별적이면서 보편적인 인식이며, 스피노자는 『신학 정치론』에서 히브리 민족이라는 개별적인 민족의 역사를 제시하면서 바로 이데올로기에 관한 보편적인 인식, 따라서 3종의 인식의 사례를 제공하고 있다.

참고 문헌

마이어스, 토니, 박정수 옮김, 『누가 슬라보예 지젝을 미워하는가?』(앨피, 2004).

모로, 피에르프랑수아, 진태원 엮음, 「알튀세르와 스피노자」, 『알튀세르 효과』

(그린비, 2011).

사토 요시유키, 김상운 옮김, 『권력과 저항: 푸코, 들뢰즈, 데리다, 알튀세르』(난장, 2012).

진태원, 「스피노자의 현재성: 하나의 소개」, 《모색》 제2호(2001).

_____, 「라캉과 알튀세르: '또는' 알튀세르의 유령들 1」, 김상환·홍준기 엮음, 『라캉의 재탄생』(창비, 2002).

_____, 「『신학 정치론』에서 홉스 사회계약론의 수용과 변용: 스피노자 정치학에서 사회계약론의 해체 1」, 《철학사상》 제19집(서울대학교철학사상연구소, 2004).

_____, 「대중들의 역량이란 무엇인가?: 스피노자 정치학에서 사회계약론의 해체 2」, 《트랜스토리아》 제5호(2005).

_____, 『스피노자 또는 관계론의 철학』(길, 근간).

질로, 파스칼, 「알튀세르와 정신분석학: 주체 구성의 문제」, 『알튀세르 효과』(그린비, 2011).

최원, 「인셉션인가, 호명인가?」, 『알튀세르 효과』(그린비, 2011).

Althusser, Louis. *Eléments d'autocritique*(Hachette, 1974); *Solitude de Machiavel et autres textes*, ed. Yves Sintomer(PUF, 1997)에 재수록(인용문 쪽수는 이 후자의 책에 의거).

_____, 김동수 옮김, 『아미엥에서의 주장』(솔, 1991).

_____, *Ecrits sur la psychanalyse: Freud et Lacan*, ed. Olivier Corpet & François Matheron(Stock/IMEC., 1993).

_____, *Sur la reproduction*(PUF, 1995).

_____, *Pour Marx*(La Découverte, 1965(초판), 1996); 이종영 옮김, 『마르크스를 위하여』(백의, 1997).

_____, *Lire le Capital*(PUF, 1965(초판), 1996).

_____, *Psychanalyse et sciences humaines: Deux conférences(1963~1964)*, eds. Olivier Corpet & François Matheron(Le Livre de Poche, 1996).

_____, 김웅권 옮김, 『재생산에 대하여』(동문선, 2007).

Balibar, Etienne, "Jus-Pactum-Lex: Sur la constitution du sujet dans le TTP," *Studia Spinozana* 1, 1985.

_____, "La forme nation: histoire et idéologie," E. Balibar et I. Wallerstein, *Race, nation, classe: les identités ambiguës*(La Découverte, 1988).

_____, "Non-contemporanéité: Politique et idéologie," in *Ecrits pour Althusser*(La Découverte, 1991); 윤소영 옮김, 「비동시대성: 정치와 이데올로기」, 『알튀세르와 마르크스주의의 전화』(이론, 1992).

_____, "Avant-propos pour la réédition de 1996," in Althusser, 1996.

_____, 진태원 옮김, 『스피노자와 정치』(그린비, 2014(수정 2판)).

_____, 진태원 옮김, 『우리, 유럽의 시민들?』(후마니타스, 2010).

Barrett, Michèle, "Althusser's Marx, Althusser's Lacan," in E. Ann Kaplan & Michael Sprinker eds., *The Althusserian Legacy*(Verso, 1993).

Bertrand, Michèle, *Spinoza et l'imaginaire*(PUF, 1983).

Butler, Judith, *The Psychic Life of Power: Theories in Subjection*(Stanford University Press, 1997).

Callari, Antonio & Ruccio, David F., ed. *Postmodern Materialism and the Future of Marxist Theory: Essays in the Althusserian Tradition*(University Press of New England, 1996).

Dolar, Mladen, "Beyond Interpellation," *Qui Parle* 6.2, 1993.

Eagleton, Terry, *Ideology: An Introduction*(Verso, 1991).

Kim, Eunju, *La causalité imaginaire chez Spinoza*, Thèse soutenue à Lyon, Ecole normale supérieure, dans le cadre de Ecole doctorale de philosophie, 2013.

Lacan, Jacques, *Ecrits*(Seuil, 1966).

_____, *Le séminaire XI: Les quatre concepts fondamentaux de la psychanalyse* (Seuil, 1973); 맹정현·이수련 옮김, 『정신분석의 네 가지 근본 개념』(새물결, 2008).

_____, *Autres écrits*(Seuil, 2001).

Lock, Grahame, "Subject, Interpellation, and Ideology," in Antonio Callari & David F. Ruccio, 1996.

Macherey, Pierre, *Introduction à l'Ethique de Spinoza*, vol. 1~5(PUF, 1994~1998).

Milner, Jean-Claude, *Les noms indistincts*(Seuil, 1983).

Montag, Warren, "The Soul is the Prison of the Body": Althusser and Foucault, 1970~1975," *Yale French Studies 88: Depositions*, 1995.

_____, "Beyond Force and Consent: Althusser, Spinoza, Hobbes," in Antonio Callari & David F. Ruccio, 1996.

Pfaller, Robert, "Negation and its Reliabilities: An Empty Subject for Ideology," in Zizek, 1998.

_____, *Die Illusionen der anderen. Über das Lustprinzip in der Kultur* (Suhrkamp, 2002).

Sévérac, Pascal, *Ethique, Spinoza*(Ellipses, 1999).

Spinoza, Benedictus de, *Spinoza Opera*, vol. 1~4, ed., Carl Gebhardt, Carl Winter, 1925.(G로 약칭)

_____, *Ethique*, trans. Bernard Pautrat(Seuil, 1999).

_____, *Traité théologique-politique*, ed., Fokke Akkerman, trans., Pierre-François Moreau & Jacqueline Lagrée(PUF, 1999).

Tosel, André, 「스피노자라는 거울에 비추어 본 마르크스주의」, 《트랜스토리아》 제5호(2005).

Zizek, Slavoy, *The Sublime Object of Ideology*(Verso, 1989); 이수련 옮김, 『이데올로기라는 숭고한 대상』(인간사랑, 2001).

_____, *For They Know not What They Do*(Verso, 1992); 박정수 옮김, 『그들은 자신들이 하는 일을 모르나이다』(인간사랑, 2003).

_____, *Tarrying with the Negative: Kant, Hegel, and the Critique of Ideology* (Duke University Press, 1993); 이성민 옮김, 『부정적인 것과 함께 머물기』 (도서출판b, 2007).

_____, "The Spectre of Ideology," in Idem ed., *Mapping Ideology*(Verso, 1994).

_____, *The Indivisible Remainder*(Verso, 1996); 이재환 옮김, 『나눌 수 없는 잔여』(도서출판b, 2010).

_____, *The Plague of Fantasies*(Verso, 1997).

_____, *Cogito and the Unconscious*(Duke UP, 1998).

_____, *The Ticklish Subject*(Verso, 1999); 이성민 옮김, 『까다로운 주체』(도서출판b, 2005).

Zourabichvili, François, *Le Conservatisme paradoxal de Spinoza: Enfance et royauté*(PUF, 2002).

스피노자와
네그리

안토니오 네그리는 스피노자를 어떻게 전유했는가? 네그리의
해석은 기존의 스피노자 해석과 어떤 차이를 가지며, 어떤
진전을 이루었는가? 스피노자 해석을 거쳐 네그리는 세계의
변형을 이룰 어떤 경로를 제시했는가? 네그리가 보기에
스피노자는 다른 철학자들이 생성이나 무(無) 속에서
완성하고자 했던 시간의 개념을 긍정적으로 열려 있고
구성적인 것으로 역전시킨다. 이 점에서 스피노자는 근대성
속에 들어간 적이 없는 상태에서 근대성으로부터 빠져나오는
특이한 철학자로서, 근대성에서의 '야만적 별종'으로 규정될
수 있다. 스피노자에 대한 이러한 독해를 통해 네그리는
근대성 속에서 반근대성을 향해 열려 있는 철학자 하이데거의
개념 부품을 '오래된 새것'으로 교체한다. 예컨대 염려를
기쁨으로, 둘러봄을 정신으로, 결의를 욕망으로, 지금-있음을
코나투스로, 배려를 욕동으로, 가능성을 활력으로, 무를
향하는 철학을 충만함의 사유로 대신하는 것이다. 이렇게
네그리는 스피노자의 충만, 완전화, 절대의 사유가 갖는
현재성을 부각함으로써 척도-시간이 아닌 삶-시간을, 업적이
아닌 업을, 유토피아가 아닌 디스토피아를, 명령이 아닌
협력을, 제정 권력이 아닌 제헌 권력을, 구조가 아닌 주체성을
시대적 요청으로 제기한다.

활력의 존재론과
절대 민주주의 정치학

조정환

1 머리말

마르크스(『자본론』)와 들뢰즈(『천 개의 고원』)의 현대적 혁신을 의도한 『제국』 3 + 1부작[1]이 21세기를 스피노자의 시대로 만들고 있다는 사실은 의외로 잘 주목되지 않고 있다. 그렇지만 이 책들은 분명히 스피노자의 문제의식을 현재적인 것으로 부활시켰고 스피노자를 재해석하는 문제를 긴급한 정치 철학적 과제로 제기한다.[2] 무엇보다도 네그리(와

---

1   안토니오 네그리·마이클 하트, 『제국』(2000)(한국어판 2001)과 『다중』(2004)(한국어판 2009), 『공통체』(2009)(한국어판 2013), 그리고 『선언』(2012)(한국어판 2012)으로 구성되어 있다.

2   『귀환』에서 네그리는, 특이성들의 집합인 다중이 플라톤과 아리스토텔레스 이래의 철학사에서 통일성의 모습인 민중으로 변형되어 지배당해 왔다고 하면서, 마키아벨리와 스피노자가 다시 다중에 얼굴을 부여하려고, 다중의 정치학을 발명하려고, 공통의 결정의 문제를 해결하려고 하였기 때문에, 오늘날 마키아벨리와 스피노자를 재독해하는 것은 긴급한 정치철학적 과제가 되었다고 말한다.(안토니오 네그리, 『귀환』(2006), 94쪽)

하트)의 『제국』이 제국을 군주제, 귀족제, 민주제의 혼합 정체로 제시할 때 그것은 명백히 스피노자의 『정치론』[3]을 다시 쓰는 것이었다. 그리고 『다중』이 『제국』에서 제시된 생산의 우선성을 저항의 우선성으로 발전시킬 때, 그것은 potestas(권력)에 대한 potentia(활력)[4]의 우선성이라는 『에티카』에 잠재된 테제를 발전시키는 것이었다. 또 『공통체』가 다중의 절대 민주주의에 기초한 대안 근대성의 제도 형태를 '공통체'에서 찾을 때, 그리고 『선언』이 공통체를 구성할 '공통인'의 사건을 예상할 때 네그리는 분명히 '스피노자를 넘어서는 스피노자'[5]를 추구하고 있다고 말할 수 있기 때문이다.

여기에서 '넘어선다'는 것은 무엇을 의미하는가? 우리는 스피노자와 네그리 사이에 네덜란드와 이탈리아라는 공간적 거리 외에 400년이라는 시간적 거리가 있음을 고려해야 한다.[6] 스피노자는 비트 형제의 참혹한 학살을 가져온 오라녀(Oranje)가의 과두제와 비트 형제의 공화주의 간의 첨예한 대립에서 비트 형제의 공화주의를 분명하게 옹호했다. 스페인과 오스트리아 제국에서 중앙 기구가 강화되었고, 이탈리아 코뮌들의 자유 연계망이 붕괴되었으며, 독일에서 30년 전쟁이 전개되고, 프랑

---

3   『국가론』(서문당, 2001)으로 번역되었던 이 책은 『정치론』(갈무리, 2008)으로 재번역되어 출간되었다.

4   이 글에서 potentia는 potestas(권력)와 대비하여 '활력(活力)'이라고 새긴다. 저울추 '권(權)'을 사용하여 경중에 대한 지배력을 뜻하는 권력과 달리 '살다' 혹은 '물이 콸콸 흐르다'를 뜻하는 '활(活)'을 쓴 활력은 물질적, 정신적 동력과 생명력을 의미하기 때문이다. 능력, 역능, 잠재력, 힘 등의 번역어 역시 가능할 것이다.

5   이 표현은 에릭 알리에(Eric Alliez)가 『야만적 별종』 서평에 붙인 제목이기도 하다. 마슈레도 「네그리의 스피노자: 매개에서 구성으로」에서 같은 표현을 사용하고 있다.(Timothy Murphy et al., ed., *The Philosophy of Antonio Negri*, 2007, p. 7.)

6   스피노자는 1632년 네덜란드 암스테르담에서 태어났고 네그리는 401년 뒤인 1933년 이탈리아의 파도바에서 태어났다.

스와 영국에서 절대주의로의 이행이 나타나던 상황, 즉 전근대성의 극복이 문제로 되고 있는 상황이 스피노자가 속한 역사적 상황이자 하나의 공위기(interregnum)[7]였다. 스피노자와는 다른 시간 맥락이지만, 네그리도 근대의 철저한 극복이 문제가 되고 있는 새로운 공위기에 속해 있었다는 점에서는 스피노자와 유사한 입장에 있었다. 네그리가 직면한 문제는 엄혹했다. 기독민주당이 지배하는 정치 현실에서 1963년 사회당이 역사적 대타협이라는 이름으로 부르주아 독재의 협력자 혹은 대리인으로 전화하고, 1973년부터는 공산당까지 같은 길을 밟아 가는 상황 속에서 이러한 현실 전개가 무엇을 의미하는지를 파악하고 이런 상황에서 어떻게 자본주의를 넘어서는 것이 가능한가를 탐구하는 것이 네그리에게 제시된 문제였다. 네그리는, 비록 과제는 다르지만, 자신이 400여 년 전의 스피노자와 동질적인 문제에 직면한 것으로 받아들인다. 안느 뒤푸르망텔과의 대담집 『귀환』은 바로 스피노자 시대와 자신의 시대가 직면한 문제의 동질성에 대한 확인에서 시작한다.

뒤푸르망텔: A를 무기(Arms)에서 시작해야 할 것 같군요. 무장 투쟁은 어떻게 시작되었습니까?

네그리: 그건 해방을 향한 욕망이었습니다. 하지만 이러한 욕망은 폭탄을 설치하고 사람들을 죽이고 탄압을 자행하는 체계적인 국가 테러리즘에 직면했습니다. 지금은 잘 알려져 있듯이 최초의 테러리스트적 행동은 국가가 계획한 것이었습니다. 국가의 테러리즘, 그것은 공포였습니다. 그리고 공포의 구축은, 곧 정부가 대중에 대해 갖고 있던 공포이자 정부가

---

7   흔히 이행기로 이해되는 시기를 네그리는 정치 공백기, 휴지와 단절의 시기로 이해한다.

대중이 꿈틀거리는 것을 막기 위해 대중에게 부과했던 공포였습니다. 이
것은 스피노자가 『정치론』에서 말했던 것과 아주 똑같습니다.[8]

그러므로 네그리가 가톨릭 운동을 하던 청년기부터 스피노자를 읽
기 시작했던 것은 우연이 아니었고, 또 그의 스피노자 독해는 결코 일시
적인 것이 아니었다. 1979년 4월에 알도 모로 수상 납치 살해의 배후 주
모자로 몰려 구속되었을 때 그가 트라니 감옥에서, 그것도 지극히 열악
한 조건에서[9] 처음 한 작업이 스피노자 연구서인 『야만적 별종』(1981)
의 집필이었다는 것은, 스피노자에 대한 정치 철학적 재독해를 얼마나
절박한 것으로 받아들이고 있었는가를 보여 준다. 이 책이 네그리의 스
피노자 독해가 도달한 최종 결산이었던 것도 아니다. 주로 1980년대에
쓴 논문을 묶어 1992년에 출간된 『전복적 스피노자』[10]는 1980년대 내
내 네그리의 스피노자 연구가 지속되었음을 보여 준다. 그리고 프랑스

8   안토니오 네그리, 『귀환』(2006), 11쪽.
9   네그리는, "이 저작은 감옥에서 썼다. 그리고 대부분 감옥에서 착상한 것이다. 물론 나는
스피노자를 잘 알고 있었다. 말하자면 학교에 다닌 이래로, 나는 항상 『에티카』를 사랑해 왔다.
나는 『에티카』에 대한 접촉을 끊지 않고 독해의 기회를 피하지 않았다. 그러나 작업을 하기에는
시간이 부족했다. 감옥에 갇히자 나는 완전히 처음부터 시작했다. 책을 보내 달라고 동료들을 재
촉하면서 읽고 노트를 만들었다."라고 쓴 후, "나는 이 지독한 독방의 고독이 광학 실험실 속의
스피노자의 고독만큼이나 유익했다고 믿기를 바란다."라고 덧붙였다.(안토니오 네그리, 『야만적
별종』(1997), 55~56쪽) 네그리의 독방은 고독뿐 아니라 고통과 파괴도 동반되는 공간이었다.
집필 당시 트라니 감옥에서는 수감자들의 반란이 일어났고 그에 대한 가혹한 보복이 뒤따랐는데,
그것이 자신의 스피노자 연구 작업을 얼마나 방해했는지는 그가 가타리에게 보낸 편지에서 확인
할 수 있다.(안토니오 네그리, 『혁명의 만회』(2005), 459쪽)
10   이 책의 이탈리아어판(*Spinoza Sovversivo*)은 1992년에 출간되었고, 1994년에 프랑스
어판(*Spinoza subversif*)이, 그리고 2004년에 영어판(*subversive Spinoza*)이 출간되었으며 한
국어판은 2005년(『전복적 스피노자』)에 출간되었다. 또 이와 같은 네그리의 스피노자 연구는
Antonio Negri, *Spinoza et nous*(2010)로 이어진다.

망명 시절인 1991년에 집필을 시작하여 1997년 자진 귀국 후 옥중에서 완성해서 출판한『제국』과, 구속과 연금 생활에서 풀려 자유를 얻은 후 2차 이라크 전쟁기에 쓴『다중』, 그리고 2008년의 위기와 2011년의 봉기 속에서 쓴『공통체』와『선언』은, 앞서도 언급했다시피, 스피노자에 대한 연구와 도제 수업을 넘어 미완성으로 끝난『정치론』을 400년도 더 지난 새로운 상황에서 다시 서술한 것으로 읽을 수 있다.[11] 나는 이 글에서 스피노자에 대한 네그리의 저 장기간에 걸친 지속적 재독해가 갖는 독특함이 무엇인지를 살핌으로써, 스피노자가 현대철학에 미치는 영향을, 아니 동시대인으로서의 스피노자가 우리 시대를 살아가면서 새로운 세계를 열어 가는 방식을 드러내고자 한다.

2 쟁점과 문제

1968년은 스피노자 연구가 본격적으로 재개된 중요한 해이다. 마트롱의『스피노자에게서 개인과 공동체』(1968)[12], 들뢰즈의『스피노자와 표현의 문제』(1969)[13], 마슈레의『헤겔 또는 스피노자』(1979)[14], 네그리의『야만적 별종』(1981),[15] 발리바르의『스피노자와 정치』(1985)[16] 등

---

11 『제국』3 + 1부작은 때로는 '21세기의「공산당 선언」'으로, 때로는 '21세기의『자본론』'으로 평가되는데, 우리의 문맥에서는 '21세기의『정치론』'인 셈이다.
12 한국어판:『스피노자 철학에서 개인과 공동체』(2008).
13 한국어판:『스피노자와 표현의 문제』(2002).
14 한국어판:『헤겔 또는 스피노자 』(2004).
15 한국어판:『야만적 별종』(1997).
16 한국어판:『스피노자와 정치』(2005).

스피노자 연구의 주요 걸작들의 출판 시기와 그것들이 공유하는 경향성
이 그것을 말해 준다. 68 혁명을 통해서 읽힌 스피노자. 이것은 초기 형
이상학과 윤리학을 중심으로 이루어졌던 스피노자 독해에 중대한 전환
을 가져왔다. 이 전환의 한쪽 극단에 네그리의 독해가 있다. 그것은 스
피노자를 정치적으로 독해하는 것, 이를 통해 정치적 스피노자, 전복적
스피노자의 상을 그려 내는 일이다. 네그리는 스피노자와 그의 철학의
진화를 17세기 네덜란드 사회의 갈등적 상황 속에서 철학이 수행하는
작용이라는 측면에서 조명했고, 스피노자의 유물론과 현대 마르크스주
의와의 연관성을 분명한 주제로 제시했다.[17]

   이탈리아어판에 이어 바로 출간된 『야만적 별종』의 프랑스어판에
는 들뢰즈, 마트롱, 마슈레 등 주요 스피노자 연구가들의 서문들이 실려
있다. 이것들은 네그리 작업의 성과를 요약함과 동시에 스피노자 전유
에서의 주요한 쟁점들을 제기했다는 점에서 주목할 필요가 있다.

   들뢰즈는 이 책이 네그리가 마르크스에 대해 심도 있게 수행한 작
업[18]을 스피노자에 대해 수행한 것이라고 보면서, 네그리가 "진보적 유
토피아에서 혁명적 유물론으로라는 스피노자의 진전"을 명확히 제시했
다고 평가한다. 들뢰즈는 네그리가 밝힌 미래 철학으로서의 스피노자
철학의 고유성은 "철학에서 정치적인 것의 정초적 역할"[19]에 있다고 본
다. 그는 네그리 테제들의 중요성을 평가하고 정말로 스피노자적인 것을
이해해야 할 우선적 과제를 위해 조급한 반론이나 동의를 유보한다.[20]

---

17   Eugene Holland, *Spinoza and Marx*, http://eserver.org/clogic/2-1/holland.html.
18   마르크스의 『정치경제학 비판 요강』을 분석한 『마르크스를 넘어선 마르크스』(한국어판: 윤
수종 옮김, 새길, 1994)를 말한다.
19   안토니오 네그리, 『야만적 별종』(1997), 18쪽.
20   같은 책, 18쪽.

마트롱은 네그리가 스피노자주의의 궁극 상태를 생산 능력의 형이상학으로 특징짓는다고 요약한 후 네그리의 작업 성과를 다음과 같이 요약한다.

네그리는『에티카』의 후반 세 부의 선을 따라, 어떻게 인간이라는 아주 복잡한 자연적 존재 속에 주체성이 점진적으로 구성되어 가는가, 어떻게 욕망이 된 인간적인 코나투스가 상상의 구성적(그리고 더 이상 단순히 부정적이지 않은) 역할에 힘입어 진정으로 '2차적 자연'인 인간 세계를 주위에 펼쳐 나가는가, 어떻게 개인적인 욕망들이 상상에 힘입어 '2차적 자연' 속에 인간 상호적인 차원을 끌어들이기 위해 그들 사이에서 구성되는가, 어떻게 인간적이고 상호 인간적인 세계의 동일한 생산에 의해 상상에 부여된 풍부함에 힘입어 우리의 코나투스가 점점 더 자기 생산적이 되고, 즉 점점 더 자유로워지고 이성과 합리적인 욕망을 만들고, 더 나아가서 세 번째 종류의 인식과 지복을 인식하게 되는가를 우리에게 보여 준다.[21]

이렇게 간결하게『야만적 별종』의 핵심을 요약한 후, 마트롱은,『에티카』의 1, 2부와 3, 4, 5부를 5년간의 시간적 공백과 단절이자 범신론적 유출론에서 유물론적 존재론으로의 사상적 단절 및 이행으로 읽는 네그리의 관점에 대해 두 가지 문제를 제기한다. 그 하나는『에티카』속에 참여(participation)의 어휘층과 활력의 어휘층이라고 부를 수 있는 두 개의 어휘층이 각 부에 공존하며 하나의 층에서 다른 층으로의 이행은 철저히 내재주의적이라는 것이다. 이렇게 볼 때 1, 2부는 참여의 어휘층

---

21   같은 책, 28~29쪽.

쪽에서, 3, 4, 5부는 활력의 어휘층 쪽에서 두 개의 어휘층의 만남을 보여 주는 것일 뿐, 시간적 단절을 보여 주는 것은 아니라는 비판이다. 또 하나는, 네그리가 주로 1, 2부에서 나타나는 이성의 질서를 진지하게 고려하지 않고 있으며 그것을 그 시대에 스피노자가 치른 대가로, 즉 역사적 이데올로기로 파악한다는 것이다. 마트롱은 1, 2부에서 나타나는 실체와 속성의 형이상학이 3부 이하에서 시작되는 코나투스[22]의 존재론과 단절되기는커녕 그것을 입증하도록 되어 있다고, 즉 사유하면서 연장된 자연 전체가 무한히 그리고 끊이지 않고 생산적이며 자기 생산적이라는 것을 입증하도록 되어 있다고, 다시 말해 네그리가 말하는 '첫 번째 근거'가 '두 번째 근거'와 단절되는 것이 아니라 오히려 그것을 근거 짓는다고 비판한다. 따라서 5부의 "영원한 삶"에 대한 스피노자의 서술은 초기 스피노자 유토피아주의로의 퇴행을 표현하는 게 아니라 엄밀한 의미에서 영원한 것으로 나타날 수 있다는 것이다.[23]

마슈레는 『신학 정치론』을 『에티카』에 비추어 읽는 네그리의 스피노자 해석이 "정치 이론이 어떻게 형이상학적 작업자의 역할을 수행할 것인가를 보여 준다."[24]라고 평가한다. 하지만 스피노자가 『에티카』 3부에서부터 비로소 코나투스의 혁신적 역할을 강조한다는 네그리의 해석이 "학설의 위기 상황에서 불균형을 통해 필연적 미래로 투사되는 스피노자"라는 상을 제시함으로써, 진실의 내재적 목적론의 환상을, 즉 이론은 실천과의 통일 속에서 늘 진실을 생산한다는 환상을 불러일으키

---

22   코나투스는 "실존 속에서 (자기를) 보존하려는, 그리고 무한정한 지속을 발전시키려는 본질의 노력과 경향(effort et tendance de l'essence à persévérer dans l'existence et à envelopper une durée indéfinie)"을 지칭한다.
23   안토니오 네그리, 앞의 책(1997), 34쪽.
24   같은 책, 22쪽.

는 것은 아닌지 질문한다.[25] 이후에 마슈레는 「매개에서 구성으로: 사변적 여행에 대한 서술(De la mediation à la constitution: description d'un parcours spéculatif)」[26]에서 네그리의 스피노자론을 좀 더 상세히 해석하면서, 네그리가 매개를 폐기하고 그것을 구성으로 대체하려는 반변증법적 방법을 추구했지만 결국 모순과 매개의 게임을 도입할 수밖에 없게 된다고 비판한다. 그에 따르면 이러한 결과는 속성들의 구축적 기능을 인정하기를 거부하고 속성이 필연적으로 사멸한다는 입장을 채택함으로써 발생한 것이다. 속성의 원리야말로 정신과 신체를, 첫 번째 근거와 두 번째 근거를 (대립시키지 않고) 합치시킬 원리였는데, 속성의 원리를 거부함으로써 네그리는 스피노자가 어떤 모순이나 대립의 가능성도 제거했던 두 개의 상호 보완적 정식들을 분리하고 대립시켜, 결국 매개를 요청하게 되기 때문이라는 것이다.[27]

이상의 평가들은 네그리가 스피노자를 정치적으로 독해함으로써 스피노자 독해의 새로운 장을 열었다는 사실을 인정하면서도, 그러한 독해가 정치학 없는 존재론의 형이상학성과 신비주의를 비판하고 존재론과 정치학을 통일하는 것(그러니까 정치 철학)을 넘어서, 존재론을 정치학으로 치환하는 효과를 가져온 것이 아닌가 하는 물음을 제기하는 것으로 요약될 수 있을 것이다. 이 물음에 대한 네그리의 생각은 무엇일까?

---

25   같은 책, 24~25쪽.
26   Pierre Macherey, "Negri's Spinoza: From Mediation to Constitution"(in Timothy S. Murphy and Abdul-Karim Mustapha), *The Philosophy of Antonio Negri* 2(2007), pp. 7~27.
27   그렇다고 마슈레가 변증법에 대한 철저한 부정을 의도하는 것은 결코 아니다. 오히려 그는 스피노자의 철학이 모든 종류의 변증법을 무효화하려는 것이 아니라 종말 목적론적(finalist) 변증법 개념으로부터 변증법을 구출하려 한다고 본다. 이후 쓰인 네그리의 글 「『에티카』에서 '매개'와 '구성'」은 명백히 이에 대한 응답을 목표로 하고 있는데, 이에 대해서는 뒤에서 다룰 것이다.

3 네그리의 스피노자 혹은 네그리 방법의 고유성

네그리는 17세기 전후의 공위기에 제시된 대안 노선들을 두 개의 노선으로 나누고, 홉스-루소-헤겔로 이어지는 노선에 마키아벨리-스피노자-마르크스로 이어지는 노선을 대립시키면서 후자의 노선을 해방 철학과 미래 철학의 노선으로 제시한다. 철학사는 존재하지 않고 오직 사상적 통제의 역사만이 존재한다고 보는 네그리의 입장에서 볼 때, 전자의 노선은 곧 사상적 지배로서의 철학사였으며 후자의 노선은 그것에서 벗어나거나 그것을 해체하는 해방 운동의 표현에 다름없었다. 네그리의 관점에서 후자의 노선은 (들뢰즈가 표현한 바의) 혁명적 유물론, 즉 구성적 유물론의 노선을 가리킨다. 그리고 그의 스피노자 연구는 두 가지 작업을 통해 이 철학 노선을 명확하게 드러내기 위한 것이다. 그 하나는 혁명적 유물론의 관점에서 스피노자의 텍스트들을 하나의 대상으로 독해하는 것이다. 또 하나는 스피노자의 텍스트 속에서 구성적 유물론을 하나의 관점으로 읽어 내는 것이다. 네그리의 연구에서 이 두 과제는 실제로는 하나의 과제처럼 얽혀 있다.

혁명적 유물론

네그리는 다음과 같은 단호한 명제에서 시작한다. "고전 관념론이 스피노자를 취했을 때, 실제로 그것은 스피노자주의, 즉 자본주의 시장이라는 부르주아 혁명의 르네상스 철학을 취할 뿐이다."[28] 우리는 이 주

---

28 안토니오 네그리, 앞의 책(1997), 435쪽.

장이 제기된 상황에 주목해야 한다. 당시는 변증법적 유물론이 해방 철학이 아니라 권력의 담론으로 이용되고(구사회주의권의 마르크스·레닌주의를 생각하자.) 그럼에도 여전히 비사회주의권의 좌파들이 변증법적 유물론을 불가침한 것으로 받아들여, 그리하여 다중들의 혁명적 열정이 권력을 쇄신하는 동력으로 부단히 흡수되는 상황이었다. 주지하다시피 네그리는 스피노자를 독해하기에 앞서 (마르크스 독해의 다른 방법이 필요하고 다른 마르크스가 필요하다는 판단에 따라) 마르크스의 가려진 텍스트(『정치경제학 비판 요강』)에 대한 독해를 수행했다. 1977년 파리고등사범학교에서 알튀세르의 초청으로 이루어진 강의 「마르크스를 넘어선 마르크스」가 그것이다. 『야만적 별종』에 집약된, 스피노자의 가려진 텍스트(『신학정치론』)에 대한 독해는 그로부터 3년 뒤에 시작된다. 우리는 네그리가 마르크스와 스피노자의 텍스트를 다시 독해해야 하는 상황을 스피노자가 성서를 다시 독해해야 했던 상황과 유비할 수 있다. 그렇다면 스피노자는 당시에 어떤 상황에 놓여 있었던 것일까? 다소 길지만 『신학 정치론』으로부터의 인용을 통해 스피노자가 직면했던 상황과 그의 문제의식을 읽어 보자.

모든 사람이 성서는 사람들에게 진실한 복이나 구원의 길을 가르치는 신의 말씀이라고 말한다. 그러나 실제로 사람들은 전혀 다르게 생각한다. 성서의 가르침에 따라 살 때 평범한 사람들은 적지 않은 근심에 빠지는 듯하기 때문이다. 그리고 우리는 신의 말씀이라는 것은 대부분 사람들의 환상이며, 자신들의 주장을 따르도록 다른 사람들을 종교적 명목으로 강요하는 것이라고 생각한다. 대부분의 신학자들의 관심이 성서에서 그들의 거짓말과 얼토당토않은 이야기를 끄집어내고 신의 권위로 그것을 뒷받침하는 데 있다고 생각한다. 성서를 해석하거나 거룩한 영을 생각할 때, 그들은 다른 어떤 일을 할 때보다 더 주저 없이 경박하게 그러한 일을 꾸민다. 그때 그들이 염려하는 것은 거룩한 영에게 잘못을 전가하게 되거나 구원의 길을 벗어나게 되거나 하는 것이 아니다. 그들은 다른 사람들이 자기들의 잘못을 들춰내어 권위를 떨어뜨리고 그로 인해 다른 사람들의 경멸을 받을까 하는 것만을 염려한다. 사람들이 성서의 말씀으로 증언하려는 것에 솔직하게 응답했다면 그들은 전혀 다른 삶을 살았을 것이다. 그랬다면 이렇게 많은 갈등이 그들을 혼란스럽게 하지 않았을 것이고, 그들이 그러한 미움과 싸우지 않았을 것이고, 성서를 해석하고 종교에서 새로운 것을 날조하기 위한 맹목적이고 분별없는 열정이 그들을 지배하지 않았을 것이다. 이와 달리 성서 자체가 분명하게 가르치지도 않는 내용을 성서의 가르침으로 받아들이는 모험을 하지도 않았을 것이다. 결국 다양한 구절에서 성서 위조를 망설이지 않았던 모든 파렴치함이 이러한 비행을 감싸 주었고 무법자의 손을 들어 주었다. 그들의 공명심과 극악무도함은 거룩한 영의 가르침에 순종하는 것이 아니라 종교라는 인간적 환상을 옹호하게 만들었다. 즉 종교는 더 이상 사랑이 아니고, 불화의 뿌리이며 매우 열광적인 증오의 대변자로 남아 있으면서 그것을 거룩한 열정과 헌신적 희생이라는 거짓된 이름으로 속이는 것이다. 이러한 해악과 더불어 미신이 따라오는데, 미신은 사람들에게 이성과 본성을 경멸하고, 이것들과 싸우는 것을 찬양하고 숭배하도록 가르친다. 성서를 더욱 놀랍고 영적인 것으로 만들기 위해 이성과 본성에 대단히 모순되는 것으로 보이도록 성서를 해석하는 것, 성서 속에 숨겨져 있는 매우 깊은 비밀을 가정하려고 하는 것은 놀라운 일이 아니다. 이러한 일들은 비합리적인 것을 해명하고 다른 유용한 것을 비하하는 방식으로 이루어진다. 이를 통해 사람들은 그들이 광기

속에서 만들어 낸 모든 것을 거룩한 영의 역사로 돌리고 힘과 열심을 다해 그것을 변호하고자 한다.[29]

여기에서 성서를 스피노자나 마르크스의 텍스트로, 신학자들을 기존의 스피노자주의자들이나 마르크스주의자들 혹은 구조주의자들[30]로 읽는다면, 기존의 성서 해석에 대한 스피노자의 비판으로부터 마르크스나 스피노자에 대한 기존 독해들에 대한 네그리의 비판의 입장과 방향을 유추할 수 있을 것이다.

야욕을 유지하려는 군주제적 통치의 최고 비밀은 사람들을 미혹시키는 것과 그들을 억압하는 두려움을 종교라는 아름다운 이름 속에 숨기는 것이다. 그 결과 사람들은 마치 자신들의 구원을 위해 싸우듯 자신들의 예속을 위해 싸웠고 인류의 명예를 위해 피와 생명을 내어 주는 것을 오명이 아니라 최고의 명예로 생각했다.[31]

스피노자가 보기에 성서에 대한 신비주의적 해석은 군주제를 지킨다. 그래서 스피노자는 『신학 정치론』을 군주제적 절대주의에 반대하고 공화주의적 자유를 옹호하고 확장하기 위한 사상적 무기로 다듬어 낸다.[32] 네

---

29 스피노자, 『신학 정치론』(2002), 31~32쪽.
30 네그리는 구조주의에서 인식, 윤리적인 것, 정치적인 것이 끊임없이 회귀하는 돌림놀이를 한다는 점에서 구조주의는 변증법의 극단적이고 전도된 형식이라고 본다. Toni Negri, "Spinozisti gioiosi: préface à l'édition italienne du livre de Laurent Bove, La stratégie du conatus," Multitude(2004), p. 194.
31 스피노자, 앞의 책(2002), 17쪽.
32 안토니오 네그리, 앞의 책(1997), 271쪽.

그리가 보기에 스피노자에 대한 신비주의적 해석, 마르크스에 대한 변증법적 해석은 후기 자본주의 시장을, 신자유주의와 탈근대 주권을, 다중의 활력을 흡수하여 재구성하는 권력의 경직된 지속을 직접적으로 혹은 간접적으로 보장한다. 그래서 네그리는 『마르크스를 넘어선 마르크스』뿐만 아니라 『야만적 별종』을, 아니 자신의 모든 저작을 통합된 세계 자본주의에 반대하고 삶과 코뮤니즘을 발전시킬 무기로 배치한다. 이를 위해 다른 마르크스가 필요하듯 다른 스피노자가 필요한 것이다. 그렇다면 다른 스피노자가 실제로 가능할까? 네그리는 즉각 '그렇다'고 말한다. 그러나 다른 스피노자가 항상 가능했던 것은 아니다. 다른 스피노자는 "후기 자본주의의 위기에 대한 성숙한 탐구의 수준에서만 일정한 의미를 획득하는, 유물론적 전환을 철학에 부여"[33]하면서만 비로소 구성될 수 있다.

그 전환의 핵심은 무엇인가? 그것은 권력(pouvoir)으로부터 활력(puissance)을 분리 정립하고 활력의 우선성과 권력의 파생성을 고려하는 것이다.

우리는 스피노자적 유물론이 지닌 철학적 활력을 가지고 있는데, 이에 따르면 물질은 신체로서 드러나며, 신체는 내재성의 평면을 그것이 신적이라고 선언할 수 있을 정도까지 높은 수준으로 끌어올리는 활력으로서 드러납니다. 모든 목적론은 물질을 무시하기 때문에 실패합니다. 그리고 물질은 인간의 자유에 관한 인간의 긍정의 심층(depth)이기 때문입니다. 그 결과, 미래의 모델과 척도를 예시하는 선형적이거나 변증법적인 목적론은 사라

---

33   같은 책, 430쪽. 강조는 인용자.

집니다. 유물론은 이론적인 신비화도 정치적인 권위도 없는, 삶의 긍정입니다. 유물론은 항상 혁명적입니다. 물질 역시 혁명적이기 때문입니다.[34]

모든 목적론에서 자유로워져서 철저히 내재적인 활력에 입각하여 물질과 삶의 혁명성을 긍정하는 유물론.[35] 이것이 네그리가 스피노자의 텍스트로부터 끌어내고자 하는 '다른' 스피노자, 즉 구성적 유물론의 스피노자이다. 혁명적 관점으로 무장한 스피노자는 신성을 물질로, 주체를 신체로, 국가 내에서의 활동을 저항으로 이해한 철학자이다. 이러한 스피노자에게는 더 이상 순수 자연이 존재하지 않는다. 오직 2차적 자연만이 존재할 뿐이다. 자연은 곧 세계이며 세계는 활력의 자기 생산이기 때문이다. 네그리는 자신의 방법론이 다시 변증법으로 환원되며 매개에 의존한다는 마슈레의 비판에 대한 반비판으로, 자신의 활력의 유

---

34   안토니오 네그리, 『귀환』(2006), 151~152쪽.

35   이에 따르면 활력은 우리의 외부에 있어서는 안 되고 철저히 우리 내부에 있는 것이어야 한다. 『귀환』에서 네그리는 "'신에 대한 사랑', 이것은 당신에게 어떤 의미를 갖습니까?"라는 안느의 질문에 이렇게 답한다. "우리가 신 안에 있다고 말하는 것은 근본적으로 아주 스피노자적입니다. 우리는 신의 실체 안에 있습니다. 하지만 가장 고귀한 것은 매일매일 우리가 신을 창조한다는 것입니다. 우리가 행하는 모든 것이 신의 창조입니다. 새로운 존재를 창조한다는 것은 우리와 같지 않은, 결코 죽지 않는 어떤 것을 창조한다는 것입니다. 우리가 행하는 모든 것은 영원성으로 진입합니다. 스피노자 사유의 아름다움은 바로 이 점에 있습니다. 신적인 것은 우리의 외부에 있지 않다는 거죠. 스피노자의 역량은 베르그송의 역량과 똑같지 않습니다. 베르그송의 역량은 우리의 외부에 존재합니다. 스피노자의 역량은 물리적 과정의 힘이 아닙니다. 바로 그것이 근대 유물론과 고대 유물론의 전적인 차이, 스피노자적 유물론과 데모크리토스적이거나 에피쿠로스적인 유물론의 차이입니다. 또 다른 위대한 인물, 즉 루크레티우스를 생각한다면, 또 다른 개념을 발견할 수도 있습니다. 루크레티우스는 존재가 혁신되는 순간을 우주 속에서 일어나는 어떤 것으로 인식합니다. [이와 대조적으로] 스피노자주의자라는 것은 이러한 혁신의 순간을 경험하고 영원에 직접 응하는 것은 우리에게 달려 있다고 생각하는 것을 의미합니다. 우리가 바로 클리나멘인 것입니다. 우리가 바로, 원자들이 우주로 떨어지는 특수한 편위인 것입니다. 이 모든 것을 결정하는 것은 바로 우리들입니다. 우리에게 이러한 자유의 유물론을 가르치는 것은 철학이 아니라 오히려 사회적 투쟁, 위대한 운동, 삶의 실천이라고 저는 확신합니다."(같은 책, 192~193쪽)

물론이 구성에 대한 이해에서 변증법의 구성 개념과 보이는 차이를 다음과 같이 요약한다.

첫째, 실제성(effectivité, 주어진 세계의 실제적 현실성)의 원칙에서. 변증법적 매개적 사고는 세계가 합리적으로 주어져 있고 오직 총체성만이 모든 것을 결정한다고 본다. 반면 스피노자의 유물론에서 세계는 실효성(effectualité)의 조건 속에 주어져 있고 합리성은 결정에 종속되며 총체성이 아니라 차이성(altérité)이 결정을 조건 짓는다.

둘째, 발생의 원칙에서. 변증법에서는 결정의 원칙보다 관계 원칙이 상위에 있어서 발생적 과정(processus)이 실행 절차들(procès)에 대립하는 총체성으로 정의된다. 반면 스피노자에게 발생은 세계의 생산성, 노력, 시간의 철학 위에 정립되어 있다.

셋째, 내재성의 원칙에서. 변증법에서는 내재성이 합리적으로 주어진 세계에 내부적인 궁극 목적성에 의해 결정되고 목적론화된다. 반면 스피노자에게 내재성은 생산성과 물질성에 의거하여 절대성으로 된다. 즉 물질적 상태가 순수한 능력으로, 활력으로 형상화된다. 진리에 대한 인식론적 논제는 구성적 논제로 대체된다. 구성은 목적론적이지 않고 주체적 입장으로 전환된다.

넷째, 필연성의 원칙에서. 변증법에서 필연성은 사건적 진행 자체에서 총체성의 필연성이다. 세계는 자신의 법칙에 따라 총체성으로 항상 돌려보내지는 관계에 근거를 두는 내적인 규정에 따라 전개된다는 의미에서, 일종의 닫힌 총체성이다. 반면 스피노자에게 필연성은 열려 있으며, 존재하는 모든 것은 필연적이다. 세계는 활력에 의해 창조되면서 이 활력의 메커니즘 너머에서의 어떠한 발생도 인정하지 않는다는 점에서 절대적으로 열린 필연성이다.

다섯째, 자유의 원칙에서. 변증법에서는 자유가 과정의 외부에 놓이거나, 내부에 있되 희생당한다. 반면 스피노자에서는 공간이 열린 공간이기 때문에 총체성이 자유를 압도하지 않고 오히려 절대적으로 열린 필연성의 자유로운 구성이 펼쳐진다.[36]

요컨대 스피노자의 구성적 유물론은 활력의 절대적 열림을 물질성, 차이성, 생산성, 시간성, 내재성, 필연성과 자유에 따라 연구하고 서술하는 비총체적, 비목적론적, 비폐쇄적, 비변증법적 철학이다. 이 구성적 유물론은 독자적인 그 자체의 활력에 근거하고 있지만 그것의 필연적 운동은 항상 이성이 아닌 미신, 자유가 아닌 공포, 삶이 아닌 죽음을 그것의 한계로서 대면한다. 활력의 시간적 한계인 미신, 공포, 죽음을 체계적으로 조직하고 그것을 우월한 것으로 제시하며 강제로 부과하는 것이 바로 권력이다. 그래서 권력과 활력은 절대적 적대로 제시된다. 그러나 활력은 독자적이다. 오히려 권력이 활력에 종속된다고 해야 한다. 활력은 스스로를 집단적으로 구성함으로써 권력에 대립한다.[37] 스피노자는 대립하는 이 두 힘 중에서 단호하게 활력을 옹호한다. 왜냐하면 그것만이 존재이며 권력은 비존재이기 때문이다. 스피노자가 "자유인은 결코 죽음을 생각하지 않으며 그의 지혜는 죽음이 아니라 삶에 대한 성찰이다."[38]라고 말할 때, 네그리는 이것을 비존재에 대한 존재의 절대적 우선성, 죽음에 대한 삶의 절대적 우선성, 생산 관계에 대한 생산력의 절대적 우선성, 지배에 대한 저항의 절대적 우선성, 반복(répétition)에 대

---

36   안토니오 네그리, 앞의 책(2005), 205~209쪽.
37   안토니오 네그리, 앞의 책(1997), 447쪽.
38   스피노자, 『에티카』(1990), 4부 명제 67.(한국어판에서 '정리'로 번역된 것을 모두 '명제'로 옮긴다.)

한 차이(différence)의 절대적 우선성, 요컨대 권력에 대한 활력의 절대적 우선성으로 이해한다. 네그리는 이것을 절대적으로 정치적인 것으로 받아들이면서, 이러한 생각을 "스피노자의 진정한 정치학은 그의 형이상학이다."[39]라는 말로 압축한다.

진화의 관점

이처럼 네그리의 구성적 유물론은 활력의 시간적 생산성을 중시하며 대상을 총체성으로서보다는 내재적 차이성의 관점에서 이해한다. 이러한 관점은 스피노자의 텍스트를 분석할 때에도 일관되게 나타난다. 네그리는 스피노자 철학을 그것의 통일성이 아니라 그 내부의 차이성, 시간 속에서의 변화, 새로움을 향한 사상적 열림 등을 통해 독해하려 한다. 요컨대 네그리는 스피노자 사유의 전개를 주어진 통일성이 아니라 주체적 진화로 파악한다. 물론 그 주체적 진화란 목적론적 발달을 일컫는 것이 아니라[40] 스피노자 사유 내부에서의 운동을 부각하는 것이다. 스피노자의 사상을 하나의 진화로서 독해하는 것, 이것이 네그리 방법론의 두 번째 고유성이다.

홀랜드는 네그리의 스피노자 독해가 마르크스에 대한 알튀세르의 독해를 반영한다고 말하면서, 알튀세르와 네그리 두 사람이 모두 문헌학적으로는 상당한 난점이 있음에도 불구하고 자신들의 분석 대상 내부

---

39   안토니오 네그리, 앞의 책(1997), 432쪽.
40   네그리의 제자이자 동료인 마이클 하트는 "진화라는 말로써, 나는 단선적이거나 목적론적인 발달을 일컫고자 하는 것이 아니라 이론적인 집대성의 과정을 일컫고자 한다."라고 표현한다.(마이클 하트, 『들뢰즈 사상의 진화』(2004), 40쪽)

의 '단절(break)'을 확립하려 했다고 말한다.[41] 단절의 관점도 절대성 내부의 차이성을 인식하는 한 방법일 수 있다. 하지만 단절의 관점과 진화의 관점은 다르다. 단절의 관점이 구조적 차이를 강조함에 반해 진화는 구성적 차이를 강조하기 때문이다.[42]

진화의 관점에서 스피노자 철학을 파악하면서 네그리는 『에티카』 내부에 두 개의 근거가 공존한다고 분석했다. 1, 2부가 딛고 있는 첫 번째 근거와 3, 4, 5부가 딛고 있는 두 번째 근거가 그것이다. 첫 번째 근거는 『신, 인간, 그리고 인간의 행복에 관한 소론』과 『지성 교정론』에서 표현된 범신론, 유출론 그리고 신플라톤주의적 연역법을 연장하고 있으며, 자연/신성, 인간/사회의 직접성과 초연함, 인과 관계의 결정론을 유지한다. 이것은 실체와 속성의 쌍에 의해 전개되는 근거이다. 이와 달리 두 번째 근거는 세계를 생산하려는 충동에 의해 지배되며, 개인의 자유가 구성적 활력으로 등장하는 비결정성의 근거이다. 여기에서 활력은 코나투스(자기보존의 노력)를 받쳐 주면서, 코나투스에서 욕망(cupiditas)으로의, 다시 욕망에서 덕(virtus)으로의 이행을 구성한다.[43] 이것은 활력과 실존 양태의 쌍에 의해 전개되는 근거이다.

---

41   Eugine Holland, 앞의 글.
42   네그리는 자신의 스피노자 해석과 알튀세르의 스피노자 해석을 구별하면서 말한다. "알튀세르도 스피노자를 유물론자로 보고 있지만 구조주의적 관점이 지배적입니다. 그의 해석은 대단히 정적인 것이었습니다. 내가 스피노자 해석에 도입한 활력 개념은 사태를 근본적으로 변화시켰습니다. 그것은 알튀세르와 연속성을 맺고 있는 연구들을 약화했습니다. 발리바르와 마슈레의 연구가 그것입니다. 최근 저작 『대중의 공포』에서 잘 설명되는 발리바르의 입장은 공동체의 역동적인 재구성이라는 시각에서 보면 너무 신중해 보입니다. 이제 그에게는 개체성, 국가의 권리 보장, 인권, 전통적 민주주의 일부 계몽적 전통 등이 정치적 과정에 대한 (유물론적 혹은 스피노자주의적) 해석에서 매우 중요한 것들로서 고려되고 있습니다. 이것은 나의 입장과는 다른 것입니다."(안토니오 네그리, 앞의 책(1997), 5쪽에서 재인용)
43   코나투스와 그것의 진화에 대해서는 『에티카』 3부의 명제 6, 7, 8, 9 참조.

첫 번째 근거에서 두 번째 근거로 이행하면서 실체는 활력으로 나타나고 속성 범주는 사라지며 양태의 표면이 유일무이한 세계의 평면으로 펼쳐진다. 이 이행의 과정에서 첫 번째 근거에서 나타났던 궁극원인에 대한 모든 관념은 해체된다. 궁극 원인이 아니라 유효한 원인(efficient cause)이 윤리적 존재를 구성한다. 코나투스-욕동(appetitus)-욕망은 본질에서 실존으로 긴장이 전개되는 중간 매개자들을 구성한다. 두 번째 근거에서 욕망은 해방의 기제로, 인간적 실천(구성적 실천, 해방의 실천)은 완전화의 경로로 정립된다.[44] 이 지점에서부터 양태적 현실의 구성이라는 지평과 그것의 절대적 운명이 스피노자의 지평으로 등장한다.[45] 소산적 자연이 능산적 자연에 대해 총체적 헤게모니를 획득하며 체계는 통시적 윤리적 구성으로 선회한다.[46] 네그리는 첫 번째 체계의 중단과 두 번째 체계로의 이행을 범신론에서 유물론으로의 진화로 파악한다.[47] 이 두 근거와 체계 사이에 1665~1670년이라는 5년의 시간이 놓여 있다. 네그리는 『에티카』 1, 2부가 1660~1665년에, 3, 4, 5부가 1670~1675년에 집필된 것으로 추정하고, 그사이에 『신학 정치론』이 쓰인 것으로 추정한다. 『신학 정치론』은 진보적 유토피아론에 기초한 첫 번째 근거가 위기에 직면한 상황에서, 그것의 한계를 열면서 새로운 근거(정치적 물리학, 혁명적 구성적 유물론)를 확립하는 기능을 수행한다. 그러므로 네그리가 보기에 『신학 정치론』은 통념과는 달리, 부차적이고 주변

---

44 안토니오 네그리, 앞의 책(1997), 335쪽.
45 같은 책, 216쪽.
46 같은 책, 287쪽.
47 "네그리의 혁신적 스피노자 독해의 관건은 초기의 열등한 범신론과 (그가 마르크스의 선구자로 간주한) 좀 더 성숙한 유물론의 구분이다."(Eugine Holland, 앞의 글)

적인 삽화가 아니라 바로 스피노자 형이상학이 변형되는 분기점이다.[48]

상상의 긍정적 구성 기획

『신학 정치론』의 전환적 역할은 코나투스, 쿠피디타스(cupiditas), 멘스(mens), 비르투스(virtus)의 계열을 따라 전개되는 활력 개념의 정립 외에 스피노자가 상상 개념에 부여한 새로운 의미에서 주어진다. 『에티카』 1, 2부에서 상상은 제1종 인식으로 분류되었다.

> 우리는 많은 것을 지각하여 보편 개념을 형성한다는 것이 분명해진다. (1) 감각을 통하여 손상되고 혼란스럽고 무질서하게 지성에 나타나는 개물들로부터.(제2부의 명제 29의 보충 참조.) 그러므로 나는 이러한 지각을 막연한 경험에 의한 인식이라고 부르고자 한다. (2) 기호들로부터. 예를 들어 우리가 어떤 낱말을 듣거나 읽거나 하는 것과 함께 사물을 상기하며 그것에 대하여 사물 자체가 우리에게 부여하는 관념과 유사한 관념을 형성하는 것으로부터.(제2부의 명제 18의 주석 참조.) 사물을 관찰하는 이 두 방식을 나는 앞으로 제1종의 인식, 의견 또는 상상이라고 부를 것이다.[49]

보편 개념을 형성하는 원천은 이것만이 아니다. 우리는 사물의 성질에 대한 공통 관념과 적실한 관념을 소유하는 것으로부터도 보편 개념을 형성한다. 스피노자는 이것을 이성으로 부르고 제2종의 인식으로

---

48 안토니오 네그리, 앞의 책(1997), 231쪽.
49 스피노자, 『에티카』(1990), 108쪽. 2부 명제 40 주석 2.

분류한다. 나아가 스피노자는 세 번째 종류의 인식을 제시하는 바, 직관 지가 그것이다. 직관지는 신의 속성인 형상적 본질에 대한 적실한 관념 에서 사물의 본질에 대한 적실한 관념으로 나아간다.[50] 그러므로『에티 카』1, 2부에서 상상은 3종 인식인 직관지는 물론이고 2종 인식인 이성 에도 못 미치는 감각적 기호적 인식에 불과한 것으로 간주되었던 셈이 다. 들뢰즈도 1종 인식으로서의 상상은 온갖 부적실한 관념들에 의해, 수 동적 변용들과 그것들의 연쇄에 의해 구성된다고 주장한다.[51] 이는『에 티카』의 2부 명제 41, 즉 "첫 번째 종류의 인식은 오류의 유일한 원천이 다."라는 주장을 뒷받침한다. 참다운 것과 거짓된 것을 구분하도록 가르 치는 것은 1종 인식이 아니라 2종 인식과 3종 인식이다.(2부 명제 42)

그렇다면 스피노자는 왜 상상을 부당하고 혼란스러운 관념들의 장 소로 지목했는가? 2부 명제 18의 증명은 이에 대해 이렇게 답한다.

인간 신체의 일부가 외부 물체 자체에서 자극받은 것과 같은 영향을, 외부 물체가 만든 인상에서 인간의 신체가 받기 때문에, 정신은 (제2부의 명제 17의 보충에 의하여) 어떤 물체를 상상한다. 그러나 (가정에 의하면) 신체는 한때 정신이 동시에 두 물체를 상상하는 그런 상태였다. 그러므로 정신은 지금도 역시 두 가지를 동시에 상상할 것이다. 그리고 정신은 그중 의 하나를 상상할 때, 곧바로 다른 것을 상기할 것이다.

이어지는 주석에서 상상의 메커니즘은 조금 더 분명하게 서술된다.

---

50 같은 책, 108쪽. 2부 명제 40 주석 2.
51 질 들뢰즈, 『스피노자와 표현의 문제』(2002), 391쪽.

"모든 사람은 각자가 사물의 상을 다양한 방식으로 결합하고 연결하도록 습관화된 것에 의해서 하나의 사유에서 이러저러한 사유로 옮겨 갈 것이다."[52]

그런데 3부에서는 이와 다른 역할과 이미지가 상상에 부여된다. 왜 그럴까? 여기에서 우리는 들뢰즈의 해석에서 도움을 얻을 수 있다. 그에 따르면 상상은 1종 인식으로서 오류의 원천에 머무는 것이 아니라 2종 인식인 공통 관념을 형성하는 조건이 된다. 공통 관념은 상상될 수 있는 것들에만 적용될 수 있는 것이다.[53] 『에티카』 3부와 4부는 정념이 상상 특유의 어떤 법칙 아래서는 더 강렬해지고 어떤 법칙 아래서는 그렇지 않다는 것을 보여 준다. 상상은 사물의 현전(présence)을 긍정하는 데 반해 이성은 사물을 필연적인 것으로 이해하려 한다. 필연성에 따른 이해는 현전의 필요성을 약화한다. 즉 이성의 힘이 커지면 상상의 강도는 낮아진다. 이성이 사물의 연결이라는 상상의 요구를 상상이 할 수 있는 것보다 더 잘 충족하기 때문이다. 그래서 시간과 관계해서 본다면 이성 혹은 공통 관념에서 싹트는 능동적 감정은 그 자체로 상상에서 싹트는 수동적 감정보다 더 강하다. 하지만 상상은 더 많은 것들과 관계하면서 그만큼 강해지는 능력이기 때문에(5부 명제 11) 공통 관념이 이제 상상의 운동에 끼어들어 더 많은 사물과 관계하는 상상의 능력과 조화를 이룬다. 여기에서 "상상과 이성의 자유로운 조화에 대해 말하는 것은 과도한 일이 아니다."라고 들뢰즈가 말하는 것은 이 때문일 것이다.[54]

『에티카』 2부에서 오류의 원천으로 파악된 바의 상상, 즉 상상에

---

52   스피노자, 앞의 책(1990), 92쪽.
53   질 들뢰즈, 앞의 책(2002), 398쪽.
54   같은 책, 401쪽.

주어진 저 소극적 해석이 어떻게 3부에서 공통 관념 형성의 필수 조건으로서의 상상이라는 적극적 해석으로 전환되었을까? 이것이야말로 네그리가 주목하고자 하는 진화적 사건이며 스피노자 철학의 절대적 열림이다. 네그리가 보기에 1670년에서 1675년 사이에 스피노자는 『에티카』 3, 4, 5부를 집필하면서 정념(passion, 수동 변용) 이론을 구체화한다. 정념이라는 문제 설정을 통해 스피노자는 형이상학적 결정에서 실천적 결정으로 한층 다가간다. 윤리학이 실체와 속성의 존재론에 대한 유출론적 이해를 넘어, 그 자신을 세계의 재구축이 지닌 물질적이고 구성적인 힘으로 만들기 위해서는 상상과 정념의 세계를 뚫고 나아가지 않으면 안 된다. 『에티카』의 첫 번째 단계에서 중요하게 전개되는 존재론적 지평은 이제 자기 자신의 활력을 전개할 역동적 물질성을 찾는다. 그 결과 존재는 세계를 향해 열리며 양태의 평면에서 전개된다. 유토피아론에서 디스토피아론으로의 전환이 이루어진다. 들뢰즈는 『야만적 별종』에 부친 서문에서 네그리가 그려 내는 스피노자의 이 진전을 다음처럼 여실하게 서술한다.

존재의 지평은 더 이상 이상적이고 실체적인 구성의 유토피아로서가 아니라 정치적 구성의 장소로서 직접적으로 존속한다. 신체(그리고 정신)는 힘이다. 그 자체로서 신체는 우연적인 조우와 충돌(위기의 상태)에 의해서만 정의되지 않는다. 각 신체를 구성하고 그것을 이미 '다중'으로 특징 짓는 무한한 부분들 사이의 관계로 정의된다. 그러므로 그것들의 특징적 관계가 (신체에) 적합하거나 적합하지 않음에 따라 신체의 조성과 해체의 과정이 존재한다. 둘 또는 몇몇 신체가 하나의 전체, 즉 구체적인 상황 속에서 그들 상호 간의 관계를 구성하는 세 번째 신체를 형성한다. 바로 이것이 상상의 최고도의 실행, 즉 신체(그리고 정신)가 조성 가능한 관계에 따라 만나도록 지성(entendement)을 불러일으키는 지점이다. 『에티카』 2부에서 5부까지의 주요 부분을 이루는 공통 관념이 지닌 스피노자 이론의 중요성이 바로 거기에 있다. 구체적인 상상은 존재의 지평 안에서 신체의 물리적 조성과 인간의 정치적 구성을 동시에 굳건히 하면서 지성과 자신의 동맹을 공고히 한다.[55]

상상의 역할과 관련하여 여기에서 주목해야 할 것은, 제3의 인식에 도달하는 것보다 제3의 신체에 도달하는 것이 스피노자를 정치적으로 독해하는 길을 걷는 네그리의 주요 관심사라는 점이다. 그가 보기에 스피노자는 3부에서부터 상상을 세계의 구성을 위한 지렛대로 제시한다. 상상은 지성을 획득하는 신체성이며 정신 속에서 구축되는 신체이다. 상상은 사유와 연장의 병행론이 주요하지 않다는 선언이자 그에 대한 대체안이다. 결국 상상은 구성적 존재론의 핵심이다. 그것은 존재의 질서가 지닌 절대적 단성성(univocality)과 그 지속성의 표시이다. 그것은 존재의 역동적 모터이다.[56] 사회의 구성 과정과의 직접적인 관계 속에서 구체적인 것을 향해 다듬어지고 지도되는 인식의 사회적 형태로서의 공통관념은 오직 상상을 조건으로 해서만 구축된다.[57]

상상에 대한 이러한 새로운 가치 부여는, 1653년에 창건되어 1672년 오라녀 공 윌리엄 3세의 반혁명에 의해 전복될 때까지 장 드 비트 공화국이 벗어나지 못했던 위기에 의해 촉진된다. 군주제의 목은 잘랐으

---

55   안토니오 네그리, 앞의 책(1997), 17~18쪽.
56   같은 책, 445쪽.
57   같은 책, 342쪽.

나 제도는 새롭게 재구성되지 않았다. "네덜란드 사람들은 자신들의 자유를 유지하기 위해서 그들의 백작을 포기하고 그들 국가의 목을 참수하는 것으로 충분하다고 생각했으며 국가를 개조할 생각을 하지 않았기 때문에 국가가 처음 설립되었을 당시의 사지(四肢)를 남겨 두었다. 그러므로 네덜란드의 주(州)는 목 없는 몸과 같이 백작 없이 존속했고 실제적인 국가는 무엇이라 이름 붙일 수 없는 상태로 지속되었다."[58] 이러한 상황에서 시작된 경제 침체는 1660년에서 1680년까지 계속된다. 이러한 상황을 고려하면 스피노자가 사회의 필요성, 공동체의 필요성, 정치적인 것의 필요성을 역설하게 되는 것은 자연스럽다. 사회는 사람들로 하여금 적으로부터 안전하게 살게 할 뿐만 아니라 최소의 노력으로 번영을 이루게 할 수 있다. 이러한 목적을 위해서 사람들은 집단을 이루고 공동체를 구성해야 한다.[59] 그런데 다수의 사람들이 집단을 이루고 공동체를 구성함에 있어서 필요한 능력은 상상력이다. 네그리는『신학 정치론』11~15장에서 비로소 상상의 긍정성이 지닌 기획이 나타난다고 본다. 이것은 존재론을 실천적 구성으로, 해방의 집단적 조건의 구축으로 전화하는 기획이다.[60] 『신학 정치론』의 성과에 힘입어 그 뒤에 집필된『에티카』의 3, 4, 5부는 상상을 더 이상 오류의 원천이 아니라 신체적, 물질적, 집단적 구성의 힘으로 서술할 수 있게 되었다는 것이 네그리의 독해 방식이다.

신비주의적으로 혹은 구조주의적으로 구부러져 있는 스피노자 독해를 이렇게 사회의 정치적 구성이라는 정치적 유물론의 방향으로 구부

58   스피노자, 『정치론』(2008), 230쪽.
59   B. Spinoza, *Traité Théologico-Politique*, pp. 50~58.
60   안토니오 네그리, 앞의 책(1997), 242쪽.

리면서, 네그리는 5부에 서술된 일부의 테마들이 1부와 2부를 지배했던 첫 번째 근거로 퇴행하는 것으로 보인다고 말한다. 제3종 인식, 구원, 지복, 영원성 등의 테마가 그것들이다. 스피노자가 "세 번째 종류의 인식에 따라서 사물을 인식하려는 노력이나 욕망은 첫 번째 종류의 인식에서는 생길 수 없지만 두 번째 종류의 인식에서는 생길 수 있다."(5부 명제 28)라고 말한 것에 대해, 그리고 "정신은, 영원의 상 아래에서 인식하는 모든 것을, 신체의 현재의 현실적 존재를 파악하는 것에 의해서가 아니라, 신체의 본질을 영원의 상 아래에서 파악하는 것에 의해서 인식한다."(5부 명제 29)라고 말한 것에 대해 네그리는 다음과 같이 쓴다. "이 페이지들의 모호성은 정말 극단적이다. 이러한 모호성은, 이 과정의 중심에서 금욕적 개념화와 구성적 개념화 간의 모순 및 이들의 공존 불가능성이 너무 강해서, 이 둘이 더 이상 서로 결합될 수 없다는 사실을 궁극적으로 명확하게 증명한다."[61] 나아가 네그리는,

> 세 번째 종류의 인식을 가정함으로써 모순이 금욕주의를 위해 파괴되는 것처럼 보인다. 스피노자 서클이 지닌 유토피아적 신비주의의 재등장? 실천의 장에 대한 그것의 금욕적 반성? 그렇다. 하지만 그럼에도 불구하고 그것은, 매개적 구축적 차원에서 스스로를 조절할 수 없는 과정이다. 이것들은 그 안에 많은 내용을 지니지 않은 명제들, 『지성 교정론』 또는 심지어 『소론』의 단순한 반복이다. 이것은 체계의 진전을 다루기보다 욕망 및 희망을 다시 다루는 것이다.[62]

---

61   같은 책, 365쪽.
62   같은 책, 361~362쪽.

라고 정리한다. 이것은 3종 인식과 영원성에 대한 스피노자의 생각을 전진이 아니라 퇴행으로 읽고, 그것들에 대한 거부를 표현하는 방식이다. 다만 이러한 퇴행은 새로운 근거를 크게 침식하거나 근본적으로 전복할 정도로까지 이루어지지는 않는다. 그것은 잔재의 발현에 지나지 않기 때문이다. 그래서 네그리는 5부에서 3종 인식, 지복, 구원을 다루는 부분은 3부나 4부보다 먼저 쓰였을 것으로 추정하기도 한다. 그러므로 네그리가 보기에, 『에티카』가 이룬 최종적 전진은 3종 인식에 있는 것이 아니라 2종 인식에, 상상에 기초하고 이성에 의해 인도되는 공통 관념의 구축과 활력의 구성적 유물론에 있다. 공통 관념은 기쁘고 수동적인 변용들이 능동적 변용으로 탈바꿈하는 가속기의 역할을 한다. 능동적으로 되기, 기쁘게 되기는 정치적인 것의 고유한 과정으로 인식된다. 스피노자가 윤리학을 구체화하고 나서 모든 것을 중단하고 서둘러 『정치론』의 집필에 착수하게 된 것은, 이 정치적 가속의 필연적 귀결이라는 것이 네그리의 생각이다.[63]

영원한-되기

그런데 시간 속에서 진화한 것은 스피노자만이 아니다. 1994년에 네그리는 국제철학대학 주최의 세미나에서 「민주주의와 영원성」을 발표한다. 주목할 것은, 이 글에 대한 네그리의 설명이다. 그는 이 글이 『에티카』 5부를 대상으로 한 이전의 독해에 대한 자기비판이자 자신의 정정된 탐구 방향을 표현하기 위한 글임을 밝힌다. 무엇보다도 이것은,

---

63   같은 책, 208쪽.

네그리가 이성의 질서를 심각하게 고려하지 않고 있고 영원한 삶을 부인한다는 마트롱의 반론을 염두에 두고 쓰인 것으로 보인다.

> 오늘날 나는 여전히 『에티카』 5부에 두 개의 상이한 사고 구조가 공존하고 있음을 확신하며, 그것은 필경 스피노자의 사고 과정 속에 있는 일종의 단층으로부터, 따라서 『에티카』의 완성을 위한 노력 속에 존재하는 상이한 시간성으로부터 연유하는 것이라고 생각한다. 그럼에도 불구하고, 내가 이것을 다시 숙독했을 때 발견한 것은 상이한 두 노선이 결코 정면으로 대립하지 않고 오히려 서로를 풍부하게 만들어 주고 있으며, 『정치론』으로의 이행이야말로 이런 수렴을 보여 준다는 점이다. 현실을 구성하고 도덕을 정치로 전환하는 데 있어 이런 두 개의 토대와 구조는 서로 갈라서는 것이 아니라 함께 접합되어 가고 있는 것이다. 민주주의의 관념과 영원성의 관념은 서로 접촉되고 있으며 각각의 비중은 상호 연관되어 규정되고 있고 다중과 신체들의 변신(métamorphose) 속에서 서로 교차하고 있다. 유물론은 '영원한−되기(devenir-éternel)의 체험'이라는 일종의 어울리지 않는 논제를 중심으로 스스로를 시험하고 있는 것이다.[64]

만약 5부에 공존하는 두 개의 노선이 서로 대립하지 않고 서로를 풍부하게 하며 서로 수렴한다면 『에티카』 전체를 통해 1, 2부에 나타난 실체−속성의 형이상학과 3, 4부에 나타난 활력−정동의 존재론도 서로 그렇다고 해야 하지 않을까? 그렇다면 유토피아에서 디스토피아로, 진보주의에서 혁명주의로, 신비주의에서 유물론으로의 체계의 중단과 이

---

64 안토니오 네그리, 앞의 책(2005), 184쪽.

행도 없었다고 해야 하지 않을까? 오히려 『에티카』는 하나의 통일된 전체라고 말해야 하지 않을까?

이러한 물음들에 대해 네그리는 이미 1991년에 발표한 「『에티카』에서 바라본 매개와 구성」에서 답한 바 있다. 그는 순수 문헌학적 관점에서 보면 첫 번째 토대와 두 번째 토대 사이 단절의 계기에 대한 정확한 시기 설정과 성격 규명을 할 수 없다는 반론이 타당하다면서, 실제로 그런 단절들을 확정 지을 수 있도록 해 주는 문헌학적 증거가 없다는 것을 인정한다. 그러면서도 그는 그러한 사실이 "스피노자 사고의 발전 과정 및 체계에 있어서 일종의 완벽한 지속성과 내적 일관성을 재구성하는 방향으로 돌아서게 만들 수 있는 것은 아닐 것이다."[65]라고 반박한다. 네그리는 "실제로 스피노자의 사고는 지속적으로 절단면들을 확실하게 보여 주고 있으며, 만일 내가 『야만적 별종』을 다시 써야 한다면, 필경 나는 다양하고 복합적인 절단들, 훨씬 더 생생한 갱신의 계기들, 그리고 단절의 추이들이 한층 더 강화되는 모습들에 대해 강력하게 주장하게 될 것이다."라고 말한 후, 두 개에 불과한 것이 아닌 네다섯 개의 단절들에 대한 설명을 덧붙인다.[66] 요컨대 스피노자 사상 속에서의 차이, 단절, 불연속, 진화에 대한 네그리의 관심은 논쟁 과정에서 약화되기는커녕 오히려 강화되었던 것이다.

그렇다면 5부에 공존하는 두 노선의 상보성과 수렴성에 대한 인정이라는 3년 뒤의 자기비판은 무엇을 말하는 것인가? 네그리는 단도직입적으로 말한다. "『야만적 별종』에서 제시했던 『에티카』 제5부에 대한

---

65 같은 책, 209쪽.
66 이에 대해서는 같은 책, 210쪽 이하 참조.

해석이 부정확한 것이 되는데, 왜냐하면 그 해석은 영원성이 구성적 실천에 내재되어 있다는 것을 주장하지 못하기 때문이다."[67] 이러한 재사유의 계기는 우선 『신학 정치론』과 『정치론』에 대한 독해를 통해 주어진다. 즉 자기비판도 네그리의 일관된 독해 지평 위에서 이루어진다. 그는 『요강』을 통해 『자본론』(과 여타의 마르크스의 저작들)을 읽듯이, 무엇보다도 『신학 정치론』(과 『정치론』)을 통해 『에티카』를 읽는다. 요컨대 정치학을 통해 형이상학을 읽고 양자의 불가분성을 확증한다. 이러한 독해의 중심에 영원성의 문제, 그리고 영원성과 민주주의의 관계 문제가 놓여 있다. 주지하다시피 영원성과 민주주의의 관계에 대한 고찰은 네그리로 하여금 절대성과 절대 민주주의에 대한 성찰로 나아가도록 만드는 발견적 사건으로 작용한다.

전적으로 절대적인 통치[68]로서의 민주주의란 무엇인가? 요컨대 절대 민주주의란 무엇인가? 『정치론』과 『신학 정치론』은 여기에 이중의 답을 한다. 첫째는 양적 차원이다. "만약 이러한 책임이 일반 다중으로 구성된 평의회에 속한다면, 이러한 통치를 민주정이라 부른다."[69] 즉 민주주의는 양적 전체로서의 다중(integra multitudo)의 지배를 의미한다. 둘째는 질적 차원이다. 정치 체제는 인간을 두려움으로 사로잡아 타인에게 귀속하기 위해 제정된 것이 아니고, 개인을 두려움으로부터 해방시키고 안전하게 하며 존재하고 행동할 수 있는 개인의 권리를 가능한 보존하기 위해서 제정된다. 그러므로 정치 체제의 최종 목표는 자유이다. 이러한 자유를 보장할 수 있는 정치 체제는 마치 단일한 정신에 의해서 인

---

67   같은 책, 199쪽.
68   스피노자, 『정치론』(2008), 249~250쪽(11장 1절).
69   같은 책, 53~54쪽(2장 17절).

도되는 것 같은 자유로운 다중의 지배로서의, 즉 '절대적으로 절대적인 지배'[70]로서의 민주주의뿐이다. 이렇게 두 차원을 갖는 민주주의가 영원성과 어떤 상관이 있는 것일까? 네그리는 이 두 가지 의미를 떠받치는 형이상학적 역동성에서 바로 절대성의 세 번째 차원, 즉 영원성의 차원을 발견한다. 이 차원에서 절대는 분리된 존재이기를 거부하며 모든 법에서 벗어난 의지의 생산물이기를 거부하는 어떤 것으로 정의된다. 그것은 오히려 역동적 총체성, 자유로운 되기, 따라서 정치적 실존(exis-tence)을 횡단하는 존재(l'être)의 활력의 확장이다.[71] 절대적으로 덕에 따라 행한다는 것이 우리에게 적합한 것, 유용한 것을 추구하는 원리에 따라 행동하고 살고 자신의 존재를 보존하는 것이라면,[72] 바로 정치적 존재를 횡단하는 활력의 확장은 곧 덕의 지배를 말하고, 이 집단적 덕이 곧 민주주의로 정의될 수 있는 것이다.[73] 존재론적 활력의 역동적 총체성, 그것의 자유로운 되기와 확장이 민주주의의 영원성의 차원이다.

절대성과 민주주의의 영원성 차원을 발견함으로써 비로소 네그리는 2부에서 직관지로 명명되었고 5부에서 제3종 인식이라는 이름으로 재등장하는 개념을 (『야만적 별종』에서와는 달리) 신비주의의 재등장으로 거부하지 않게 된다.[74] 오히려 그는 "자연의 법칙(이것은 민주주의가 그토록 풍부하게 해석되고 있는 법칙과 동일한 것이다.)은 우리에 의해서 일정한 영

---

70   안토니오 네그리, 앞의 책(2005), 186쪽.
71   같은 책, 187~190쪽.
72   스피노자, 앞의 책(1990), 229쪽(4부 명제 24).
73   안토니오 네그리, 앞의 책(2005), 188쪽.
74   그렇다고 해서 네그리가, 상상의 문제 틀의 도입이 『에티카』에 부여한 활기라는 애초의 관점을 폐기하고 상상=1종 인식, 이성=2종 인식, 직관=3종 인식이라는 낡은 해석 틀로 복귀하는 것은 결코 아니다. 3종 인식에 대한 그의 승인은, 상상은 1종 인식이 아니라 오히려 3종 인식이라는 정식화로 나아간다.(안토니오 네그리, 앞의 책(2005), 143쪽)

원의 상 아래에서 파악되고 있으며 …… 우리에게 신의 무한성, 영원성, 불변성을 어떤 방식으로 보여 주고 있다."라는『신학 정치론』 4장의 명제에 따라서, "사물을 일정한 영원의 상 아래에서 파악하는 것이야말로 이성의 본성이다."(2부 명제 44 보충 2)라고 정리한『에티카』 2부의 명제를 재조명한다. "영원성이 '신의 권능'에 의거해서 개념을 보장해 주는 초월적 반성이 되지 않고 오히려 민주주의의 힘이 긍정적으로 확인되는, 바로 그런 영역이 될 수 있을 지반을 식별하는 것이 가능할 것인가?"[75]라는 물음은 이제 필연적이다. 그것은 영원성을 인식에 대한 어떤 보장의 지평으로 읽는 고루한 생각을 넘어서는 것이다. 구성적 실천의 지평 속에서 영원성을 읽을 때, 그것은 사전에 주어지는 것이 아니라 욕망의 한계, 즉 비영원인 죽음과의 대면 속에서 생성된다. 영원성은 욕망의 한계를 넘어서는 새로운 열림이다. 따라서 죽음이 아니라 삶에 대해서 숙고할 수 있는 사람으로서의 자유로운 사람은, 정신의 명확하고 분명한 인식이 더욱 커져서 더욱더 많이 신을 사랑하는 사람일 뿐만 아니라,[76] 아주 다양하고 많은 것들을 행할 수 있는 신체를 가진 사람이다.[77] 즉 죽음으로부터 빠져나와 영원하게 될 수 있는 가능성은 정신과 신체의 부단한 활동과 완전화라는 구성적 실천에서부터 주어지는 것이다. 이것은 결코 개체의 수준에 국한되는 소승적 원리가 아니다. 정신과 신체의 활동과 완전화는 복수성 속에서, 사회 속에서 펼쳐질 때 그 크기가 증대되기 때문이다. 도의심과 신앙심, 용기와 관용은 때로는 개인의 쾌락 추구를 억제하면서 신적 명령의 법칙에 따라서 살 수 있게

75　같은 책, 190쪽.
76　스피노자, 앞의 책(1990), 316~317쪽(5부 명제 38 주석).
77　같은 책, 316~317쪽(5부, 명제 39).

하는 집단적 덕이며,[78] 이 덕은 쾌락의 억제에서 주어지는 보상이 아니라 지복 그 자체이다.[79] 요컨대 영원성은 변신의 과정이며 영원하게 되기의 체험이다.

『에티카』5부를 이러한 과정의 서술로 읽은 후 네그리는 "이런 변전 속에서 영원성 개념의 신비적인(혹은 관념론적인) 면모들은 구성적 실천의 금욕적인(혹은 유물론적인) 열림 속에서 상쇄되면서 지워져 버린다."[80]라고 말한다. 네그리가 보기에 이제 유물론적 영원성 개념은 "구성적 실천이 힘의 특이성에서 물질적 요소가 되고 동시에 영원성의 전제가 되는 존재론적 노동에 대한 직관"[81]이다. 다시 말해 영원성은 민주주의에 내재하는 평면이다. 민주주의는 더 많은 시민들, 다중들의 양적 총화의 과정일 뿐만 아니라 사회화의 과정 그 자체인 공동체를 향한 개인의 변신, 완전히 자연적이기에 더욱 강력한 변신을 함축한다. 이렇게 영원의 상 아래에서 보아진 민주주의는 더 이상 어떠한 통치일 수 없는 비통치(비정부(le non-gouvernement)), 즉 활력의 정치적 자기 생산이다. 이제 네그리에게 더욱더 완전해질수록 더욱더 활동적이 되며 더욱더 활동적일수록 더욱 더 완전해지는 이 민주주의, 절대 민주주의는 공포와 죽음을 타파하는 실제적 운동으로서, 변혁의 사회적 행위로서, 영원하게 되기로서의 제헌 권력(pouvoir constituant)과 동의어가 된다.[82]

---

78   같은 책, 319쪽(5부 명제 41).
79   같은 책, 320쪽(5부 명제 42).
80   안토니오 네그리, 앞의 책(2005), 199쪽.
81   같은 책, 200쪽.
82   같은 책, 203쪽. 이것은 후에 '아우토노미아(자율)의 영원성'으로 정식화된다. 이에 대해서는 조정환, 『아우토노미아』(2003), 419~437쪽 참조.

4 네그리의 전진과 21세기 스피노자

지금까지 우리는 주로 『야만적 별종』과 『전복적 스피노자』를 중심으로, 네그리가 스피노자를 어떻게 읽었는가, 그의 독해의 고유성은 어디에 있는가에 대해 서술했다. 네그리의 도제 수업은 스피노자의 사유 역량으로부터 배움과 동시에 그것이 직면한 위기와 한계를 돌파하려는 노력으로 나타났다. 이 노력이 스피노자 전문 연구자가 되는 것에 있지 않았다는 것은 말할 필요가 없을 것이다. 그는 스피노자의 시각에서 현재를 통찰하는 한편 현재의 시각에서 스피노자를 혁신하기를 멈추지 않았다. 『디오니소스의 노동』[83], 『제국』, 『다중』, 『공통체』, 『선언』 등 마이클 하트와의 공동 저작을 통해, 그리고 『제헌 권력』, 『혁명의 시간』[84] 등과 같은 단독 저작을 통해 네그리의 독자적 사유의 지평이 상당한 정도로 펼쳐진 지금 우리는 그 속에서 스피노자의 역사적 변신을 목격한다. 근대로의 변형기에 공포와 미신의 주권과 맞서 싸우면서 다중의 절대적 통치를 상상했던 고독한 스피노자가, 21세기의 통합된 세계 자본주의와 제국의 주권에 맞서는 일반화된 대항 지구화 운동 속에서 전 지구적 다중의 절대적 민주주의를 주장하는 열정의 스피노자로 재탄생하고 있음을 발견하게 되는 것이다. 이제 이 21세기 스피노자의 모습을 네그리의 정치 철학적 저작들을 중심으로 살펴보도록 하자.

---

83 안토니오 네그리·마이클 하트, 『디오니소스의 노동』(1996~97).
84 안토니오 네그리, 『혁명의 시간』(2004).

제헌 권력

네그리가 스피노자를 넘어서는 지점은 노동의 문제에서이다. 네그리가 보기에 스피노자는 노동의 문제를, 즉 생산을 통한 다중의 구성이라는 문제를 깊이 고려하는 데 이르지는 못했다. 달리 말해 네그리는 스피노자가 인간과 부, 역사의 세계를 구성하는 생산적 노동의 형태 속에서 역사적 유물론을 심사숙고하는 데까지는 이르지 못했다고 보았다. 스피노자의 여러 철학적 시기가 종합되어 있는 『에티카』는 크게 보면 1부와 2부가 지성(intellect)의 관점에서 본 존재를, 3부가 정동(affect)을, 4부가 예속을, 5부가 자유를 다루고 있다.[85] 300년 후 마르크스가 이룬 정치 철학적 혁신을 고려할 때, 우리는 3부에서 4부 사이에 노동의 분석이, 4부와 5부 사이에 투쟁의 분석이 누락되어 있다고 혹은 불충분하게 전개되어 있다고 말할 수 있다. 마르크스에 기대어, 네그리는 시간에 의한 사물들의 형성이자 살아 있는 형식 부여적 불로서의 '산 노동(living labor)'을 세계 구성적 활력으로 불러낸다. 이어 그는 마르크스를 넘어서, 그것을 확장한다. 다시 말해 노동 개념을 마르크스가 비노동의 지평이라고 부른 생산 영역들까지 포함하여 사회적 생산의 모든 스펙트럼을 가로지르는 활동으로 확장한다.[86] 공장 울타리를 넘는 확장된 노동으로서의 사회적 노동,[87] 물질 노동을 넘어 지식, 정보, 소통, 정동 등

---

85   참고로 들뢰즈는 『에티카』의 대부분, 정확히 5부 명제 21까지는 2종 인식의 관점에서 쓰였고 그 이후 부분만이 제3종 인식의 관점에서 쓰였다고 말한다.(질 들뢰즈, 『스피노자와 표현의 문제』, 401쪽)

86   안토니오 네그리·마이클 하트, 『디오니소스의 노동 1』(1996), 35쪽.

87   안토니오 네그리, 『혁명의 만회』(2005), 353~400쪽 참조.

을 포함하는 비물질 노동[88] 등의 개념은 이러한 개념 확장의 산물이다.

여기에서 네그리는, 현상적으로는 마르크스를 통해 스피노자를 혁신하는 것으로 보인다. 하지만 그것만은 아니다. "노동 개념의 이러한 개방은 단지 마르크스주의 전통 속에서 사용되는 이 개념의 용법을 참조하는 것을 통해서는 달성될 수 없다."[89] 노동 개념의 개방과 확장이 노동을 존재론적 활력의 표현으로 파악함으로써만 가능하다면, 여기에서 마르크스(주의)를 혁신하고 있는 것은 오히려 스피노자이다. 스피노자의 코나투스야말로 존재의 활력, 사물의 현동적 본질, 무한한 지속 시간이면서 이 모든 것을 의식하는 것이기 때문이다.[90] 그것은 의지, 욕동, 욕망 등으로 표현되는데, 정신에만 관계될 때에는 의지로, 정신과 신체에 동시에 관계될 때에는 욕동(appetitus)으로, 그리고 의식을 수반하는 욕동일 때는 욕망(cupiditas)으로 나타난다. 선의 개념조차 코나투스에 종속된다. 우리는 어떤 것을 선이라고 판단하기 때문에 그것을 향하여 노력하고 의지하며 욕동하고 욕망하는 것이 아니라, 반대로 노력하고 의지하며 욕동하고 욕망하기 때문에 그것을 선이라고 판단하는 것이다.[91] 욕망은 신체적 코나투스와 정신의 활력의 종합이다.[92] 그것은 관계, 가능성, 함축이 아니라 오로지 활력이다. 따라서 스피노자에게 인간 본질의 실질적 성장은, 스스로를 주체로 규정하는 자생성의 긴장 속에서, 존재가 수축하고 팽창하는 법칙으로 나타난다.[93] 스피노자를 통해서 마르

---

88 안토니오 네그리 외, 『비물질 노동과 다중』(2005)에 수록된 여러 논문 참조.
89 안토니오 네그리·마이클 하트, 앞의 책(1996), 35쪽.
90 스피노자, 앞의 책(1990), 139~140쪽(3부 명제 6, 7, 8, 9).
91 같은 책, 141쪽(3부 명제 9 주석).
92 안토니오 네그리, 앞의 책(1997), 332쪽.
93 같은 책, 333쪽.

크스를 읽으면, 노동은 분명히 활력에서 출발하여 코나투스에 의해 추진되고 욕망으로 표현되며 정신에 의해 인식 판별되면서 세계를 구성하는 과정의 어떤 지점들에 놓여 있는 활동들, 혹은 이 구성적 활동들 전체를 일컫는 말이다.[94] 결코 그것은 신체에만 국한되는 것일 수 없다. 왜냐하면 우리 신체의 활동력을 증대하거나 감소하거나 촉진하거나 방해하는 모든 것에 대한 관념은 우리 정신의 사유력을 증대하거나 감소하거나 촉진하거나 방해하기 때문이다.[95] 그러므로 우리는 여기에서, 스피노자의 존재가 마르크스의 물질과, 스피노자의 삶(vita)이 마르크스의 삶(Leben)과, 스피노자의 활력(potentia)이 마르크스의 활동성(Tätigkeit)과, 스피노자의 코나투스가 마르크스의 노동력(Arbeitskraft)과 겹쳐지는 지평을 만난다. 마르크스는 '산 노동'의 개념을 통해, 활력이 자신의 구성 활동을 전개하는 물질적이고 감각적이며 구체적인 양태를 정확히 포착했다. 그러나 이 물질적 구부림은 의식(Bewusstsein)을 단지 의식된−존재(Bewusst-sein)로만 읽으면서 그것의 능동성을 평가 절하하는 대가를 치렀다. 이후 마르크스·레닌주의의 전 역사를 지배하게 되는 반영론적 인식론은 이 기울어짐의 극단화일 것이다. 이 방향의 역사에서 노동은 점차 그것의 존재론적 기반에서 분리되고 협애화되어 공장에서 이루어지는 산업 노동과 점차 등치되어 갔다. 네그리에게서 스피노자는 이를 반대 방향으로 구부릴 성찰 기계로 등장한다. 노동은 존재론적 차원에서부터 다시 사고되어야 한다. 그래야만 우리는 공장 울타리 바깥에서 벌어지는 수많은 인간적 활동을, 그리고 후기 자본주의에서 급격히 부상하

---

94 같은 책, 318쪽.
95 같은 책, 318쪽.

고 있는 지성적, 정보적, 정동적, 소통적 활동을 역사적 노동 형태의 하나로 파악할 수 있고 그것에 정당한 역사적 의미를 부여할 수 있다.

노동 능력은 세계를 생산하는 능력이다. 그것은 존재의 생산 능력의 일부이며 사회에서는 가장 핵심적인 생산력이다. 생산력은 존재의 무한함에서 발산되며 생산력의 독특한 조직화는 무한자의 운동 속에서만 이루어진다. 생산력은 직접적으로 구성이며, 구성은 생산력이 존재를 드러내는 형식이다. 물질 생산, 정치 조직, 그리고 윤리적·인식적 해방은 모두 생산력과 세계의 긍정적 구성 간의 교차 지점에 서 있다.[96] 스피노자에게서 생산력은 단지 그 자신에게만 종속될 뿐이며 지배는 생산 관계에서 나온다. 생산력은 자신의 고유한 활력을 통해서 자기 자신의 관점에서 생산 관계를 지배하고자 한다.[97] 문제는 생산력이 자신을 착취하고 지배하는 사회적 관계로서의 생산 관계와 지배 권력에 맞서서, 스스로를 새롭게 조직할 가능성이 있는가 하는 것이다.[98]

이 문제 속에서 스피노자의 코나투스는 다시 제헌하는 권력(제헌 권력, pouvoir constituant)의 형상으로 등장한다. 사법 이론에서 제헌 권력은 정치권력의 변화나 행사와 관련된 근본적 규칙을 설립하는 권력을 의미한다. 그것은 주어진 국가의 새로운 헌법을 창출하는 행위이다. 이 헌법으로부터 파생되는 권력이 제정된 권력(제정 권력, pouvoir constitué)인데, 이것은 헌법에 기초하여 주어진 권력을 행사할 수 있고 또 주어진 헌법의 틀 내에서 헌법의 필요한 개정을 행할 수 있는 권력이다. 네그리는 제헌 권력이라는 사법적 개념을 기존의 질서 속에서, 또 그것에 대항하

---

96   같은 책, 443쪽.
97   같은 책, 443쪽.
98   안토니오 네그리, 앞의 책(2005), 222쪽.

면서 새로운 제도를 창안할 수 있는 다중의 활력을 지칭하는 용어로 전용한다. 네그리에게서 그것은 낡은 질서를 뒤집어엎고 새로운 법적 규약들과 새로운 삶의 형식들을 부과하는 권력으로 이해된다. 일반적 사법 이론에서는 제헌 권력이 권력의 공백기에 나타나지만 네그리의 제헌 권력은 기존 권력이 온존하고 있을 때에도 작동한다. 또 사법 이론에서 constituant는 헌법이라는 형식과의 관련하에서만 '제헌적＝헌법 제정적'이라는 의미를 갖지만 네그리에게서 이것은 협의의 헌법 제정을 포괄하면서도 그것을 넘어서는 의미를 갖는다. 즉 그것은 사회적 노동의 협력적이고 소통적인 네트워크들의 창조적인 능력까지 포괄하는 개념이며 근본적으로는 존재론적 활력의 움직임 자체를 지칭하는 개념이다. 네그리는 전자를 형식적 제헌으로, 후자를 물질적 제헌으로 불러 구분한다.[99] 그의 제헌 권력 개념은, 바디우가 말하는 사건(event) 개념을 초과한다. 왜냐하면 사건은 단명하지만 제헌 권력은 영구 혁명의 힘이기 때문이다.[100] 그렇기 때문에 혁명을 말하는 것은 제헌 권력을 말하는 것이며 제헌 권력을 말하는 것은 혁명을 말하는 것이 된다. 역사를 만드는 인간 능력의 팽창 과정이 혁명이며 혁명은 곧 제헌 권력의 실현이다. 그것은 낡은 생산 관계를 전복하며 주어진 제정 권력을 넘어 큰 자유, 더 큰 완전화, 자연과 인간과 기계의 더 많은 유대를 상상하고 실현하는 운동이다. 다르게 말해, 제헌 권력은 무한한 지적 사랑에 의하여 자기 자신을 사랑하는 신의 사랑 자체이다.[101] 스피노자를 따라 우리가, 정신이 더 작은 완전화로 이행하는 정념을 슬픔으로 부르고, 반대로 정신이 더

---

99   안토니오 네그리, 『디오니소스의 노동 2』(1997), 85쪽 참조.
100   Antonio Negri, *Le Pouvoir Constituant*(1997) 참조.
101   스피노자, 앞의 책(1990), 313~314쪽(5부 명제 35, 36).

큰 완전화로 이행하는 정념을 기쁨으로 부른다면[102] 제헌 권력은 기쁨의 활력, 기쁨의 활동, 기쁨의 실천 자체이다.[103]

다중 지성

기쁨의 생산이자 실천으로서의 제헌 권력은 존재론적으로 무한하고 영원하지만, 시간 속에서 그것은 항상 자신의 한계와 대면한다. 오늘날 그 한계는 사회의 모든 측면들을 생산하고 재생산하면서 동시에 삶을 지배하는 삶권력(biopower)에 의해 주어진다. 삶권력은 시간 속에서 나타나는 제헌의 경계에서 작용하는 주권적 권위로, 사회 위에 초월적으로 군림하며 사회에 자신의 질서를 부과한다. 하지만 그것은 제정된 삶, 소산적 자연에 관계할 수 있을 뿐 구성적 삶, 능산적 자연에 관계할 능력은 갖고 있지 않다. 다시 한 번 제헌 권력은 사회에 내재적이며 협동적인 노동 형태들을 통해, 삶권력의 지배하에 있는 사회관계들과 사회 형식들을 새롭게 창조하는 운동을 개시한다. 이 운동의 동력은 국가를 둘러싼 영역에 한정되거나 집중되지 않는다. 그것은 삶을 생산하고 재생산하는 다양한 행위들로 확산된다. 그것은 산업 공장에서 물질적 재화를 생산하는 활동들을 포함하게 될 뿐만 아니라 현대에는 생각, 지식, 소통 형식, 관계와 같은 비물질적 재화를 만들어 내는 활동들, 즉 비물질적 노동 속에서 생산의 헤게모니적 형태를 발견한다. 이 노동 형태 속에서 생산은 전통적 의미의 경제의 경계들 너머로 흘러넘친다. 또

---

102   같은 책, 142~143쪽(3부, 명제11 주석).
103   기쁨의 실천에 대해서는 마이클 하트, 『들뢰즈 사상의 진화』(2004), 307쪽 이하 참조.

노동이 산업을 넘어 문화나 사회와 관계할 뿐만 아니라 그 자체가 직접적으로 정치적인 것으로 나타난다.[104] 이제 생산되는 것은 물질적이거나 비물질적인 재화만이 아니며 현실적인 사회적 관계와 삶 형태 자체이다. 네그리는 『다중』에 이르러서 "우리는 이러한 생산물이 얼마나 보편적이며 또 그것이 얼마나 직접적으로 사회적 삶 자체에 관여하는지를 조명하기 위해 이런 종류의 생산을 삶정치적 생산(biopolitical production)이라고 부를 것"[105]이라고 말한다.

삶정치적 생산은 점점 더 많은 사물들, 사람들, 기계들을 전 지구적 수준에서 공통의 관계 속으로 끌어들인다. 마치 그것은 무한한 활력들이 양태성의 세계가 지닌 인과성의 무한한 운동 속에서 동시적으로 결정되면서 하나의 구성적이고 역동적인 종합에 도달하는 것처럼 보인다. 이 거대한 종합은 신체의 활동 능력을 증대하거나 감소하고 촉진하거나 저해하는 정념들의 교차를 포함하며, 수동적 욕망들과 능동적 욕망들의 혼성을 포함한다. 네그리가 삶권력 대 삶정치적 생산의 쌍을 통해 제시하고자 하는 것은, 어떻게 수동과 능동이, 슬픔과 기쁨이 혼재하는 이 세계에서 공통 관념을 구축할 것인가, 그리하여 신체의 기쁜 변용을 영속시킬 수 있을 것인가 하는 문제에 다름 아니다.

네그리에게서 비물질 노동 개념의 기원은 대중 지성(mass intellect) 개념에 있었고 그것은 마르크스의 일반 지성(general intellect) 개념을 재구성한 것이었다. 과학 기술이라는 외화된 지식 형태와 고정 자본이라는 물화된 지성 형태에 초점을 맞추었던 일반 지성 개념을 넘어서려는

---

104 아렌트는 이러한 사태를 네그리와는 정반대되는 방향에서, 즉 정치의 노동으로의 환원으로 읽는다. 한나 아렌트, 『인간의 조건』(1996) 참조.
105 안토니오 네그리·마이클 하트, 『다중』(2008), 131쪽.

네그리의 시도는 주체성과 몸에 의지하는 것이었다. 그럼에도 불구하고 대중 지성은 많은 경우에 두뇌를 중심으로 해석되는 경향이 있었다.[106] 하지만 『에티카』 3부의 정동론에 대한 독해는 네그리로 하여금 비물질 노동에서 정동의 중요성을 강조하도록 만들었고, 더 많은 것들과 관계하면서 더욱 강해지는 정동과 상상의 능력을 표현하기 위해 대중 지성 개념은 점차 다중 지성(multitude intelligence), 떼지성(swarm intelligence), 삶정치적 지성(biopolitical intelligence) 등으로 유동화된다. 이 모든 지적 기획과 탐험은 자유의 유대, 사회적 주체성, 집단성, 공동체를 생산하는 것을 통해, 삶권력이 가하는 삶능력의 현재적 한계를 극복하면서 안전과 기쁨을 키우려는 윤리적 노력과 다름없다.[107]

다중

스피노자는 『에티카』에서 모든 것에 공통적이며 부분에도 그리고 전체에도 똑같이 있는 것은 타당하게 파악될 수밖에 없다고 말한다.[108] 그는 이로부터 모든 인간에게 공통적인 어떤 관념이나 개념이 존재한다는 결론을 도출한다.[109] 이것이 공통 관념인 바 『에티카』의 근본적인 발견들 중의 하나이다.[110] 공통 관념의 개념을 통해 스피노자는 사변에서

---

106 인터넷을 중심으로 집단 지성을 정의하는 피에르 레비의 '집단 지성' 개념은 그 예의 하나이다.
107 안토니오 네그리, 앞의 책(2005), 215쪽.
108 스피노자, 앞의 책(1990), 104~105쪽(2부 명제 38).
109 같은 곳(2부 명제 38 보충).
110 질 들뢰즈, 앞의 책(2002), 395쪽(Gilles Deleuze, *Expressionism in Philosophy: Spinoza*, p. 292).

실천으로 나아간다. 네그리는『신학 정치론』에 공통 관념의 개념이 없고 그 대신 보편자라는 개념이 사용되고 있는 것에 주목한다. 공통 관념이 『에티카』의 2부에 등장한 개념임을 고려하면 이것은 일종의 퇴행이라고도 간주될 수 있는 지점이다.[111] 그러나 반면에『신학 정치론』은 상상에 대한 긍정적 가치 부여를 통해 공통 관념을 인식론적 지평을 넘어 존재론적 지평에서 구체화할 계기를 제공한다. 그리하여 윤리학은 상상의 형이상학으로, 현실 세계의 인간적 구성의 형이상학으로 발전한다. 이제 진리는 상상의 세계 안에서, 정념과 욕동과 욕망의 세계 속에서, 양태성의 세계에서 살아간다. 상상의 능력은 현실에 열려 있고 현실을 구성하는 철저하게 참된 타당한 관념들을 갖는 것으로서의 공통 관념의 개념을 가능케 한다.

이러한 공통 관념의 전제는 다양한 사물들, 다양한 정동들, 다양한 정신들, 요컨대 차이들이다.[112] 이성은 다양한 사물들을 영원의 상 아래에서 고찰함으로써, 개체의 본질이 아니라 모든 사물에 공통적인 어떤 것을 설명한다.[113] 그런데 이성에는 앞으로 나아가려는 욕망이 부족하다. 반면 상상은 새롭고 더욱 강력한 관계, 새롭고 더욱 강력한 신체를 창조할 수 있는 두 개의 합성 가능한 관계성들의 존재론적 배치를 향해 투사된다. 여기에서 들뢰즈가 이성과 상상의 '조화'라고 불렀던 것이 필요해진다. 네그리가 "이성은 상상을 횡단하고 상상이 포함하고 있는 진

---

111   안토니오 네그리, 앞의 책(1997), 249쪽.
112   물리적 다수성은 물리적 엮임과 조합, 결합과 분리, 불안정한 요동과 형체화로 나타난다.(Conatus) 동물적 다수성은 폭력, 전쟁 등에 수반되는 공포, 희망, 사랑 등의 정념들과 행위들이다.(Cupiditas) 이성적 다수성은 새로운 위치 이동을 통해서 적실한 제도들을 구성하는 이성과 의지의 축적이다.(Mens)
113   스피노자, 앞의 책(1990), 113~114쪽(2부 명제 44 보충 2 증명).

리를 해방시키며 상상은 실존의 긍정성, 따라서 이성 그 자체의 긍정성을 구축한다.”[114]라고 했을 때 그는 이 두 능력의 협력을 단언하고 있는 것으로 보인다. 만약 이성이 상상으로부터 분리되었다고 가정한다면, 이러한 이성에 따라 인도되는 인간이, 오직 자기에만 복종하는 고독에서보다 공통된 결정에 따라 생활하는 국가〔정치 체제〕에서 훨씬 더 큰 자유로움을 느끼기란 쉽지 않을 것이다.[115]

다수의 공통된 결정에 따라 생활하는 것에서, 즉 필연성에서 훨씬 더 큰 자유를 느끼는 주체성은 누구일까? 네그리는 그러한 주체성에 스피노자로부터 가져온 다중(multitudo)이라는 이름을 붙인다. 네그리에 따르면, 『신학 정치론』에서 다중이라는 용어는 겨우 여섯 번 등장한다. 거기에서 다중의 민주주의는 기원적 본질로서 간주되고 근본적 정치 체제로 남아 있으며 계약론적 정의에 의해 정태화되어 있다.[116] 다중의 민주주의가 구성적이고 역동적인 관점 속에서 포착되는 것은, 다중의 개념이 근본적 역할을 수행하는 『정치론』에서다. 이곳에서 다중은 군주제의 고독, 귀족 정치의 선택, 민주주의의 절대성에 이르기까지 정치적 이성이 지향해 나아가는 것의 한계를 구성한다. 『에티카』에서 다중은 단 한 번, 그것도 정치적 사고와 전혀 상관이 없는 in multitudine causarum이라는 표현 속에 녹아서 등장한다.[117] 그러나 '원인들의 다수성'이라는 이 단 한 번의 표현은 중요하다. 정동들의 동요와 변용이 무한히 펼쳐지는 바로 그 지점에서, 정신이 활력의 전망 속에서 그것들을 조절하고 조

---

114   안토니오 네그리, 앞의 책(1997), 245쪽.
115   스피노자, 앞의 책(1990), 217쪽(4부 명제 73).
116   안토니오 네그리, 앞의 책(2005), 83쪽.
117   스피노자, 앞의 책(1990), 303~304쪽(5부 명제 20의 주석).

직화할 필요성을 제기하기 때문이다.[118] 그러므로『에티카』의 3부는, 비록 다중이라는 용어의 부재 속에서이지만, 다중 주체성이 생산되는 공장을 보여 준다. 다중은 구성이며 집단적 융합인데, 공통 관념의 형성에 의거한 3종 인식으로의 이행 속에서 더 많은 원인들과 관계하면서 더 큰 힘을 얻게 되는 일종의 다중 신체, 다중 정신의 구축이 역동적으로 서술되는 곳이 바로 3부이기 때문이다.

네그리는『다중』의 첫 문장을 "오늘날 사실상 처음으로, 전 지구적 규모에서 민주주의의 가능성이 나타나고 있다."[119]라는 말로 시작한다. 이 민주주의는 곧 다중이라는 주체성에 기초한 정치적 기획이다. 평등하고 자유로운 세계에 대한 욕망들, 개방적이고 포괄적인 전 지구적 민주주의 사회에 대한 요구들 속에서 다중은 이 욕망을 충족하고 요구를 실현할 수단을 제공하는 실제적 힘이다. 다중은 농민 세계가 저물고 노동들이 공통되어 가는 과정 속에서 형성된다. 그것은 동일성의 민중과는 달리 다양성에 의해 횡단되며, 무차별성의 대중과 달리 특이성에 의해 각인된다. 다중 개념은 사회적 다양체가 내부적으로 다르게 남아 있으면서도 공동으로 소통하고 공동으로 활동할 수 있는가 없는가를 내기로 걸고 있다.[120]

절대 민주주의

하지만 전 지구적 민주주의의 가능성은 오늘날 제국이라는 한계에

118　안토니오 네그리, 앞의 책(2005), 88쪽.
119　안토니오 네그리·마이클 하트,『다중』(2009), 15쪽.
120　같은 책, 19쪽.

직면해 있다. 제국적 주권은 전 지구적 민주주의의 가능성을 전 지구적 시장으로 제한하면서 미신과 공포, 그리고 전쟁의 체제를 발전시킨다. 스피노자가 『정치론』에서 서술한 "상상 가능한 모든 종류의 국가"[121]의 형태들이 제국에 대한 네그리의 개념에서는 3층으로 구조화된 전 지구적 헌법(정치 체제, constitution)의 피라미드로 나타난다. 최하층의 민주제에서 국민 국가나 미디어, 비정부 기구 등은 대의의 방식을 통해 다중의 삶을 선택적으로 흡수한다. 중간층의 귀족제에서 국민 국가들은 서로 연합하고, 열강과의 관계에서는 정치적으로 매개되며, 초국적 기업들과는 거래 관계를 형성하고 자국 내에서는 삶권력의 요구에 따라 소득을 재분배함으로써 흡수된 다중의 힘을 절합한다. 마지막으로 최상층의 군주제에서는 전 지구적 수준에서 문화 권력과 삶권력을 행사하는 이질적인 단체들, 통화 수단을 통제하면서 국제 거래를 조절하는 소수의 국민 국가들과 이들의 연합체들(G8, 파리와 런던 클럽, 다보스 등)이 움직이며 그것이 군사적 헤게모니를 지닌 미국의 최강 권력의 명령에 종속됨으로써 제국의 네트워크 권력 전체를 통합한다.[122]

다중의 삶능력이 이렇게 제국의 덫에 포착되고, 자유를 향한 개개인들의 노력은 점점 더 깊고 넓은 예속을 생산하는 역설의 상황이 나날이 전개되고 있다. 그런데 제국의 정복이 깊어질수록 우리 시대는 더욱더 스피노자의 시대와 가까워진다. 즉 사람들이 희망보다 두려움에 이끌리고, 삶을 확장하려 하기보다 죽음을 면하는 데 목표를 두며, 자신의 욕망에 따라 삶을 추구하는 것이 아니라 정복자에게 예속되어 목숨을 부지하

---

121 스피노자, 앞의 책(2008), 22쪽.
122 이에 대해서는 안토니오 네그리·마이클 하트, 『제국』(2001), 403~409쪽.

는 것에 목표를 두는 강제된 선택을 하는 경우가 더 많아지는 것이다.[123]

하지만 영원성의 관점에서 볼 때, 다중의 능력의 한계에서 주권이 발생함에도 불구하고 모든 주권의 한계는 다중이 결정한다. 그리고 다중은 자유로워질수록 두려움보다는 희망에 이끌린다.[124] 네그리는 제국 속에서 제국에 대항하며 제국을 넘어서는 다중의 운동들을 실제적 양태 속에서 있는 그대로 읽어 냄으로써 가능한 삶의 밑그림을 그려 내고자 한다.『다중』3부 2장에 서술된 민주주의에 대한 전 지구적 요구들이 그것이다. 대의의 불만들, 권리와 사법의 불만들, 경제적 불만들, 삶정치적 불만들은 1999년 시애틀에서 시작된 대항지구화 운동에서 합류하여 다양한 개혁들을 강제하는 동력으로 작용했다. 이 광범한 민주주의적 요구들과 운동들은 18세기에 시작되어 끝나지 않은 민주주의 기획을 계속하는 것이며 19~20세기의 사회주의 운동들이 약속했으나 실현하지 못한 민주주의를 실현하는 구성적 과정의 일부이다.

그러나 그 민주주의란 무엇인가? 여기에서 네그리는 다시 한 번 스피노자를 불러온다. 전적으로 절대적인 민주주의가 그것이다. 여기에서 '전적으로 절대적인'이라는 규정은 무엇을 의미하는가? 그것은 자신을 구성하는 힘이 증가함에 따라 더욱더 복잡해지는 열린 현실 자체이다. 절대는 고유한 본질로서의 활력이며 활력의 실현 결과로서의 실존이다.[125] 그것은 스스로 발전하고 스스로 유지되는 힘, 즉 자기 생산으로서의 자율이다.[126]

---

123 스피노자, 앞의 책(2008), 96~98쪽(5장 6절).
124 같은 책, 96~98쪽(5장 6절).
125 안토니오 네그리, 앞의 책(2005), 74~75쪽.
126 같은 책, 77쪽.

영원의 상에서 볼 때 실제적 주권자는 권력자가 아니라 다중이다. 다중은 매 순간 자신의 이익과 의지를 추구하고 또 표현한다. 절대성은 다중의 정념, 욕동, 욕망과의 관계 속에서 펼쳐지는 실제적인 물질적 요소들이다. 그러므로 민주주의는 양적으로는 다중 전체, 유대로서의 다중인 절대 전체[127]와 적합하며, 질적으로는 두려움에서의 해방, 안전한 삶, 충만한 자유를 추구하는 오직 다중의 존재론적 자기 결정과 적합하다.[128] "국가의 진실한 목적은 자유다."[129]라는 스피노자의 경구는 민주주의의 질적 측면을 명시적으로 표현한다. 민주주의는 더 큰 완전함을 추구하면서 물리적 능력을 접합하는 절대적 노력이며 이런 한에서 절대적으로 영원한 운동이다. 절대적 운동으로서의 이 민주주의 속에서 다중의 욕망은 영원성을 향해 열리고 죽음과 충돌한다. 다중의 자유는 영원한-되기이다. 그런 한에서 다중은 절대 주체이다.

절대적인 통치로서의 민주주의는 권력의 양도나 소외를 정당화하지 않는다. 그것은 만인의 자유를 조직화하는 일반적인 노력 속에서 모든 사회적 활력을 해방시킨다.[130] 그것은 『다중』에서 "다수에 의한 소수의 통치"를 넘어서는, "모두에 의한 모두의 통치"[131]로 재정의된다. 이것은 주체들이 스스로를 공통체로 구성함으로써 가능해지는 통치(엄밀하

---

127 『신학 정치론』에서 민주주의를, 자신이 할 수 있는 모든 것을 할 수 있는 집단적인 최상의 권리를 지닌 모든 사람들의 연합으로 정의한 바 있는 스피노자는, 『정치론』에서는 절대적 권위란 그것이 존재할 수 있다면 다중 전체에 의해 점유되는 바의 것이라고 말한다.(스피노자, 앞의 책(2008), 173쪽)
128 안토니오 네그리, 앞의 책(1997), 455쪽.
129 같은 책, 270쪽에서 재인용.
130 안토니오 네그리, 앞의 책(2005), 77쪽.
131 안토니오 네그리·마이클 하트, 앞의 책(2009), 321쪽.

게는 비통치)의 형태이다.[132] 이런 의미에서는 네그리 속에서 스피노자와 마르크스는 서로 협력하고 있다. 절대적 통치로서의 이 전적으로 절대적인 민주주의는 '현실의 모순을 타파하는 부단한 운동으로서의 코뮤니즘'이라는 마르크스의 코뮤니즘 정의와 정확하게 일치하기 때문이다.[133]

5 맺음말

지금까지 우리는 네그리가 스피노자를 어떻게 전유했는지, 그것이 기존의 스피노자 해석과 어떤 차이가 있으며 그것이 이룬 진전이 무엇인지, 그것을 통해 그가 우리 세계를 어떻게 해석하고 그것의 변형을 이룰 어떤 경로를 제시했는지 등에 대해 비교적 상세하게 살펴보았다. 그것은 스피노자를 근대성에서의 '야만적 별종(l'anomalia selvaggia)'으로 위치 짓는 것이었다. 네그리가 보기에 스피노자는 (다른 이들이 생성이나 무 속에서 완성시키고자 했던) 시간의 개념을 긍정적으로 열려 있고 구성적인 것으로 역전시킴으로써, 근대성 속에 들어간 적 없는 상태에서 근대성으로부터 빠져나오는 사상가다. 그는 근대성 속에서 반근대성을 향해 열려 있는 철학자 하이데거의 개념 부품을 오래된 새것으로 교체한다. 그는 염려(Sorge)의 자리에 기쁨을 놓고, 둘러봄(Umsicht)에 정신(mens)을, 결의(Entschlossenheit)에 욕망(cupiditas)을, 지금-있음(Anwesenheit)에 코나투스를, 배려(Besorge)에 욕동을, 가능성(Möglichkeit)에 활력을 대치

132 이것이 안토니오 네그리·마이클 하트, 『공통체』(2013)의 주제이다.
133 이에 대해서는 조정환, 「오늘날의 코뮤니즘과 삶정치」(2005) 참조.

시킨다. 이런 방식으로 그는 무를 향하는 모든 철학에 충만함의 사유를 대립시킨다.[134] 죽음이 지배하고 있는 시대에, 그리고 사유들조차 무와 부정의 근본성을 주장하며 이 죽음의 지배를 정당화하고 그럼으로써 죽음의 세력과 직접적으로 혹은 간접적으로 연합하고 있는 시대에 스피노자의 이 충만, 완전화, 절대의 사유는 참으로 야만적이고 별종적이며 파격적이다. 그것은 형이상학 속으로 직접 정치학을 끌어들임으로써 형이상학이 정치학이 되도록 만드는 사유, 곧 정치−철학이다. 이러한 사유에서 예속은 독자성을 갖지 않는다. 예속은 자유가 시간 속에서 직면하는, 그러나 노력과 싸움을 통해 넘어설 수 있는 실천적 한계로만 나타난다. 네그리가 근대를 자본주의가 아니라 자유화(liberation)로 이해하자고 제안하는 것은 이 때문이다. 이렇게 해서 우리의 삶과 사유를 척도−시간이 아닌 삶−시간이, 업적(rerum gestarum)이 아닌 업(res gestae)이[135], 유토피아가 아닌 디스토피아가, 명령이 아닌 협력이, 제정 권력이 아닌 제헌 권력이, 구조가 아닌 주체성이, 요컨대 덕(德)이 이끌도록 하자는 것이다.[136] 이러한 네그리적 사유는 낙관주의에 지나지 않는다는 이론적 기소(起訴)가 현대철학, 아니 현대적 정치 철학이라는 이름으로 21세기에 횡행할 것을 미리 예상이라도 했다는 듯이, 400년 전에 스피노자가 네그리를 위해 준비해 둔 변론이 여기에 있다.

무지한 자는 외적 원인에 따라 여러 가지 방식으로 동요되어 결코 영

---

134 안토니오 네그리, 앞의 책(2005), 160쪽.
135 안토니오 네그리·마이클 하트,『제국』4부 1장 잠재성 참조. 여기에서 네그리는 업적(業績)의 역사가 끝날 때, 업(業)의 역사가 출현하여 자본에 의해 지배된 존재를 해방시킨다고 말하는데, 이 업은 네그리에게서 스피노자의 활력의 시간적 이름이다.
136 덕의 윤리 정치학에 대해서는 조정환,『제국 기계 비판』(2005) 16장 참조.

혼의 참다운 만족을 갖지 못할 뿐만 아니라 자신과 신과 사물을 거의 의식하지 않고 살며, 작용받는 것을 멈추자마자 존재하는 것도 멈추기 때문이다. 이에 반하여 현자는 현재로서 고찰되는 한에서 거의 영혼이 흔들리지 않고 자신과 신과 사물을 어떤 영원한 필연성에 의해서 인식하며, 존재하는 것을 결코 멈추지 않고 언제나 영혼의 참다운 만족을 소유한다. 이제 여기에 이르는 것으로서 내가 제시한 길은 매우 어렵게 보일지라도 발견될 수는 있다. 또한 이처럼 드물게 발견되는 것은 물론 험준한 일임이 분명하다. 만일 행복이 눈앞에 있다면, 그리고 큰 노력 없이도 찾을 수 있다면, 그것이 모든 사람에게 등한시되는 일이 도대체 어떻게 있을 수 있을까? 그러나 모든 고귀한 것은 힘들 뿐만 아니라 드물다.[137]

---

137 스피노자, 앞의 책(1990), 321쪽(5부 명제 42 증명).

네그리의 스피노자 연구 문헌

네그리는 고등학교 재학 시절에 스피노자의 저작을 읽기 시작했고 40대 후반부터 다음 세 권의 스피노자 연구서를 펴냈다.

1. 『야만적 별종』

네그리가 1979년 4월 대탄압으로 수감되었을 때 옥중에서 집필한 책이다. 스피노자에 있어서 권력과 잠재력에 관한 연구를 주요 주제로 삼고 있는 이 책은 데카르트의 형이상학과 홉스의 정치사상이 위세를 떨쳤던 17세기의 군주정과 종교적 위계 체제 속에서 민주주의적이며 사회적인 권위의 구성을 지향했던 스피노자 사상의 독특성이 무엇인지를 탐구한다. 『에티카』의 1, 2부와 3, 4, 5부 사이에 시간적 거리만이 아니라 사유의 도약이 있다는 판단 아래, 인간이 신학적, 정치적 권위에 의해 통치되는 대상이 아니라 사회를 자유롭게 창조하는 구성력=제헌 권력을 지닌 존재라는 생각을 스피노자로부터 이끌어 낸다. 『제헌 권력』을 비롯한 이후의 모든 저작의 철학적 근간을 이루는 책이다.

2.『전복적 스피노자』

『전복적 스피노자』의 한국어판은 1983년부터 2004년 사이에 발표된 네그리의 스피노자 연구 논문 모음으로, 스피노자의 내재적 유물론, 구성론, 민주주의론 등을 코뮤니즘의 관점에서 조명함으로써 그 현재성을 규명하는 데 초점을 맞추고 있다. 네그리는 스피노자의 철학에서 초월적 권위나 목적을 거부하고 우리 자신의 역량들의 결합을 통해 구성되는 세계라는 이념을 읽어 낸다. 그는 포스트모더니스트들도 초월적인 것을 거부하지만 우리 자신의 구성적 역량이라는 지평을 상실함으로써 냉소주의에 함몰하고 말았다고 비판한다. 이러한 비판 위에서 네그리는 민주주의와 코뮤니즘은 다중의 활력을 기반으로 삼으면서 전개되는 현재의 영원한 혁신, 스피노자적 의미의 영원한-되기임을 밝힌다.

3.『스피노자와 우리(Spinoza et nous)』

아직 한국어로 번역되지 않은 이 책은 스피노자가 세계화된 우리 시대에 지속적으로 갖는 잠재적 타당성을 설명한다. 2005년에서 2009년 사이에 쓰인 스피노자 연구 성과를 모은 이 책은 스피노자의 사상이 자유주의적이고 개인주의적인 정치사상의 경계 바깥에서 발본적으로 전복적인 사유를 전개하고 있음을 밝힌다. 네그리는 스피노자의 사유를, 주권의 신학적 일자 개념에 대한 거부로, 다중을 구성하는 주체적인 특이성에 체화된 자연적인 공통 욕망의 생명력에 대한 긍정으로, 또 그 생명력이 전개하는 저항과 혁신의 내재적 창조력의 정치적 존재론을 제공하는 것으로 독해한다. 네그리는 68 혁명에 영향을 받은 자신의 스피노자 독해를 발전시키면서 특이성이 비개인적이고 간개인적인 관계에 의해 자기 변형하는 영원한 실체로 정의될 수 있다고 주장한다. 이러한 생각 위에서 그는 민주주의를 모든 사람을 위해 다중에 의해 창조적으로 구성되는 전복적 힘으로서의 사랑의 행동으로 규정한다.

이외에도 마이클 하트와 함께 쓴 『제국』(이학사, 2001), 『다중』(세종서적, 2009), 『공통체』(사월의책, 2015) 3부작은 스피노자 사유의 현대적 응용에 해당한다. 『제국』은 현대의 전 지구적 주권 체제인 제국이 스피노자가 『정치론』에서 서술한 군주제, 귀족제, 민주제의 혼합 정체로 나타남을 밝히며 『다중』은 스피노자의 다중 개념을 제국에 대항하는 현대적 주체성으로 재정의하고 『공통체』는 스피노자의 '공통 관념' 개념을 절대적 민주주의의 제도적 구성에 대한 풍부한 사유와 결합한다.

참고 문헌

스피노자, 김호경 옮김, 『신학 정치론』, 책세상, 2002.

_____, 강영계 옮김, 『에티카』, 서광사, 1990.

_____, 김호경 해설 및 번역, 『정치론』, 갈무리, 2008.

안토니오 네그리, 윤수종 옮김, 『마르크스를 넘어선 마르크스』, 새길, 1994.

_____, 윤수종 옮김, 『야만적 별종』, 푸른숲, 1997.

_____, 정남영 옮김, 『혁명의 시간』, 갈무리, 2004.

_____, 영광 옮김, 『혁명의 만회』, 갈무리, 2005

_____, 윤수종 옮김, 『귀환』, 이학사, 2006.

_____, 이기웅 옮김, 『전복적 스피노자』, 그린비, 2005.

안토니오 네그리·마이클 하트, 조정환(이원영) 옮김, 『디오니소스의 노동』, 갈무리, 1996~1997.

_____, 윤수종 옮김, 『제국』, 이학사, 2001.

_____, 조정환·정남영·서창현 옮김, 『다중』, 세종서적, 2009.

_____, 조정환 옮김, 유충현·김정연 협동번역, 『선언』, 갈무리, 2012.

_____, 정남영·윤영광 옮김, 『공통체』, 사월의책, 2013.

안토니오 네그리 외, 자율평론 기획, 『비물질노동과 다중』, 갈무리, 2005.

마이클 하트, 김상운·양창렬 옮김, 『들뢰즈 사상의 진화』, 갈무리, 2004.

알렉상드르 마트롱, 김문수·김은주 옮김, 『스피노자 철학에서 개인과 공동체』, 그린비, 2005.

에티엔 발리바르, 진태원 옮김, 『스피노자와 정치』, 이제이북스, 2005.

조정환, 『아우토노미아』, 갈무리, 2003.

_____, 「오늘날의 코뮤니즘과 삶정치」(마르크스코뮤날레 조직위원회, 『마르크스, 왜 희망인가』, 메이데이, 2005.

_____, 『제국기계 비판』, 갈무리, 2005.

질 들뢰즈, 이진경·권순모 옮김, 『스피노자와 표현의 문제』, 인간사랑, 2002.

피에르 마슈레, 진태원 옮김, 『헤겔 또는 스피노자』, 이제이북스, 2004.

한나 아렌트, 『인간의 조건』, 이진우·태정호 옮김, 한길사, 1996.

Antonio Negri, *Le Pouvoir Constituant*, Paris, PUF, 1997.

_____, *Spinoza et nous*, Editions Galliée, 2010.

B. Spinoza, *Traité Théologico-Politique*, Texte numérisé par Serge Schoeffert et David Bosman, édition H. Diaz, http://www.spinozaetnous.org.

Eugene Holland, *Spinoza and Marx*, http://eserver.org/clogic/2-1/holland.html.

Pierre Macherey, "Negri's Spinoza: From Mediation to Constitution," in Timothy S. Murphy and Abdul-Karim Mustapha, *The Philosophy of Antonio Negri 2*, Pluto Press, 2007.

Toni Negri, "Spinozisti gioiosi: préface à l'édition italienne du livre de Laurent Bove, La stratégie du conatus," *Multitude* n. 17, Ete, 2004.

스피노자와
발리바르

발리바르는 스피노자의 철학에서 적어도 두 가지 아포리아에
주목한다. 하나는 자연학 구성의 아포리아이고, 다른 하나는
정치학에서 민주주의의 아포리아이다. 존재론으로부터
자연학을 일관되게, 불연속 없이 구성하는 데에서 스피노자가
만나는 아포리아는 개체화 또는 능동과 수동의 차이를
어떻게 실체의 기원적 통일성과 모순되지 않게 설명할 수
있는가의 문제에서 비롯된다. 민주주의의 아포리아는 권력이
전체 인민에 의해 소유된 민주주의야말로 절대 권력으로
정의될 수 있지만, 동시에 그것은 권력이 대중에게로 완전히
복귀한 무권력의 상황이기도 하다는 점에서 비롯된다. 이
두 아포리아는 『에티카』를 통해 접합되면서 그 의미가 서로
긍정적으로 전환된다는 것이 이 글의 주장이다.

미완의 스피노자

최원

에티엔 발리바르는 《급진 철학(*Radical Philosophy*)》을 통한 피터 오스본(Peter Osborne)과의 인터뷰에서 "모든 진정한 철학자에게는 아포리아적인 요소가 존재"하며, 이것이 "왜 철학 역사상 그렇게 수많은 결정적인 책들이 완성되지 않는지, 완성될 수 없는지"를 설명한다고 말한다.[1] 철학자들은 '체계'를 건설하기 위해 노력하지만, 오히려 그들의 위대함은 그들이 이 일에서 "실패하는 방식" 안에 놓여 있다는 것이다. 본디 아포리아(ἀπορία)란 문자 그대로 '길이 없다', '통로가 없다'라는 뜻으로, '불가능성', '논리적 궁지', '수가 없음'과 같은 객관적 상황뿐 아니라 '당혹감'과 같은 주관적 상황을 지시하는 말이다. 철학을 아포리아와 관련시킨 것은 플라톤이라고 볼 수 있는데, 플라톤은 대화편 「테아이테토

---

1 Peter Osborne, "Interview Etienne Balibar: Conjectures and Conjunctures," *Radical Philosophy* 97 (1999. 9~10).

스」에서 소크라테스의 입을 빌려 "철학은 경이와 함께 시작한다."라고 말한 바 있다. 여기에서 '경이'란 타우마(θαῦμα, thauma)의 번역어이지만, 많은 주석가들이 밝히듯이 그 뜻은 아포리아에 가깝다. 그런데 발리바르는 플라톤의 이러한 생각을 일정하게 전도하면서, 철학이 아포리아에서 시작하여 그것을 해결하는 행위로 나아가는 것이 아니라, 반대로 아포리아로 귀결된다는 것, 정확히 그렇게 마무리되지 못한다는 점을 강조한다. 이 때문에 위대한 철학자들의 진면목은 역설적으로 자신의 철학을 '미완성'하는 데서 드러난다. 발리바르가 철학에서 아포리아의 이러한 결정적 역할에 주목하기 시작한 것은, 동일한 인터뷰에서 밝히듯 스피노자에 대한 저술을 시작하면서부터이다. 그가 보기에 스피노자야말로 자신의 고유한 아포리아를 향해 나아갔던 철학자이자, 자신의 미완성된 저작을 통해 그 어떠한 완성된 저작도 전해 주지 못한 긍정적인 교훈을 우리에게 전해 준 철학자의 범례(範例)를 이루기 때문이다.

정확히 어떤 저작이 문제인가? 물론 무엇보다도 스피노자가 최후에 집필한 『정치론』[2]이 눈에 띈다. 주지하다시피 이 저작은 정치를 사유하기 위한 기초적이고 일반적인 의념(意念)들(notions)을 정의하는 몇 개의 장에서 출발하여, 군주제와 귀족제의 상이한 모델들을 논하는 장들을 거쳐, 저자가 "완전히 절대적인 국가(omnino absolutum imperium)"라고 부르는 민주제에 대한 논의에 이르렀을 때 갑작스럽게 중단된다.(11장 4절) 발리바르는 이러한 중단이 1677년에 발생한 저자의 죽음으로 인해 초래된 우연한 결과에 지나지 않는다고 보는 관점에 명확히 반대한다.

---

2   이하 다음과 같은 약어들을 사용한다. 『신학 정치론』 → TTP, 『정치론』 → TP, 『에티카』 → E. 정의(D) 공리(A) 정리(P) 증명(d) 따름 정리(c) 주석(s) 보조 정리(l). 특히 『신학 정치론』은 Spinoza, *Complete Works*, trans. Samuel Shirley(Indianapolis: Hackett)의 페이지를 병기했다.

이러한 관점에 서게 되면, 이제 남은 일은 『정치론』의 논의를 의미 없는 것 또는 적어도 중요치 않은 것으로 폄훼하든지, 아니면 이해된 저자의 의도에 따라 완성되지 못한 부분을 마저 채워 넣는 일뿐이다. 그러나 이러한 태도들은 (서로 차이가 있음에도 불구하고) 스피노자가 그토록 반대한 목적론의 논리에 따라 텍스트를 읽는다는 동일한 잘못을 범한다. 『정치론』을 자신의 목적에 도달하지 못한 불완전한 작품으로 보든, 아니면 목적한 바가 텍스트 초반에 제출된 전제들 속에 주어져 있으므로 그것들을 논리적으로 발전시키기만 하면 되는, 사실상 이미 완성된 작품이라고 보든 간에, 양자는 실재 텍스트의 물질성과 복잡성을 그것의 이념형으로 부단히 환원한다. 필자가 보기에 네그리 같은 이가 취하는 입장이 정확히 후자의 입장인데, 그는 『야생적 별종』의 후속 논문들을 묶어 낸 『전복적 스피노자』의 2장과 3장에서 이 문제를 논하면서, 『정치론』의 "미완의 여백"을 채우는 두 가지 대표적인 방식으로 『신학 정치론』에 문헌학적으로 준거하는 방식과 스피노자의 "형이상학의 역동성"에 준거하는 방식을 꼽고, 이중 두 번째 방식을 택하여 민주주의에 대한 스피노자의 이론을 완성하는 작업에 몰두한다. 반면 발리바르는 『정치론』의 '여백'을 채우려는 이러한 시도를 회의적인 시각으로 바라보면서, 스피노자의 민주주의 이론을 필연적으로 실패로 몰고 가는 내적인 아포리아를 식별하고, 그것과 함께 오래 견디며 사유하는 해석적 전략을 취한다.[3]

---

3   흥미롭게도 네그리는 발리바르를 토젤과 함께 『신학 정치론』에 준거하여 『정치론』의 여백을 채우려고 했던 해석자로 분류하는데(안토니오 네그리, 『전복적 스피노자』(2005), 59쪽), 이는 보다시피 발리바르의 관점과는 거리가 있다. 에티엔 발리바르, 『스피노자와 정치』(2005), 89~90쪽을 보라.

하지만 우리는 정치에 관련된 논의에만 스피노자의 고유한 아포리아가 있다거나,『정치론』만이 스피노자가 남긴 미완의 저작이라고 볼 필요는 없다. 우선 미완의 초기 저작인『지성 교정론』이 있을 뿐만 아니라, 이와 더불어 어떤 의미에서는 미완의 저작이라고 볼 만한 또 다른 것이 스피노자에게서 발견되기 때문이다. 정확히 말하면, 미완의 저작이라기보다는 계획했지만 쓰지 못하고 죽은 '미처 시작되지 못한 저작'이라고 봐야 하겠지만 말이다. 바로 취른하우스(Tschirnhaus)에게 보낸 여든세 번째 편지에서 스피노자가 암시한 '자연학(물리학, physique)'에 대한 저술이 그것이다. 발리바르는 1990년에 쓴 「개체성, 인과성, 실체」라는 글에서 스피노자가 자연학을 구성함에 있어 아포리아에 봉착했다고 지적한다. 여기에서 문제가 되는 것은 1661년과 1665년 사이에 행한 보일(Boyle), 올덴부르크와의 서신 교환, 그리고 1674년과 1676년 사이에 행한 슐러(Schuller), 취른하우스와의 서신 교환이다. 발리바르에 따르면 스피노자는 올덴부르크의 문제 제기와도 관련이 깊은 취른하우스의 질문들, 특히 연장 속성으로부터 하나의 실재 사물 또는 하나의 유한 양태를 연역할 수 있는 방법에 대한 질문에 제대로 답하지 못한다. 흥미롭게도 10년의 격차를 두고 일어난 두 군의 서신 교환은 네그리가 체계의 "재정초"라고 부르는 것을 전후하여 일어났는데, 발리바르는 이를 기점으로 스피노자에게서 아포리아가 해소되기는커녕 반대로 집요하게 존속한다는 것을 보여 준다. 물론 이 아포리아는『정치론』의 그것과 마찬가지로 순수하게 부정적인 것이 아니다. 발리바르는 이에 대한 분석을 통해 스피노자가 자신의 존재론(또는 오히려 존재론 '비판')을 통해 말하고자 했던 바를 이해하기 위한 몇몇 전제들을 추출하고, 이후 스피노자의 관개체성(transindividualité)에 대한 사유를 해명하는 길로 나아가기 위한

이론적 채비를 한다.[4]

　이제 우리의 흥미를 자극하는 것은 또한 이 두 가지 아포리아가 서로 간섭하여 긍정적인 효과를 산출하는 방식이다. 우리는 먼저 발리바르가 지적하는 스피노자 자연학 구성의 아포리아의 내용을 알아보고, 이 논의로부터 도출되는 전제들이 어떻게 스피노자의 관개체성 이론에 대한 이해를 돕는지를 살펴볼 것이다. 그다음 정치학의 아포리아의 내용을 파악하기 위해 우선 『신학 정치론』의 문제 설정을 고찰하고, 『정치론』이 어떤 방식으로 그 한계를 넘어서려고 했는지, 또 그러한 시도가 최종적으로 어떤 곤란에 다시 부딪혔는지를 살펴볼 것이다. 『에티카』는 정확히 위의 두 아포리아가 서로 긍정적으로 접합(節合)되는 장소를 이루는 것으로 보인다. 이 글은 스피노자의 철학에서 발견되는 두 '미완성'이 우리에게 던져 주는 긍정적인 의미를 규명하는 것을 주된 목표로 한다.

1　자연학 구성의 아포리아

　스피노자는 『에티카』 2부에 삽입된 책 속의 책으로 「자연학 소론」을 쓴다. 하지만 이 「자연학 소론」은 스피노자가 인정하듯이(보조 정리 7의 주석) "정신의 본성과 기원"을 해명하는 데 필요한 논의들에 한정하여 비교적 소략한 것이었고, 자연학에 대한 본격적인 논의는 끝내 이루어

4　에티엔 발리바르, 「스피노자에게서 개체성과 관개체성」(1996), 『스피노자와 정치』(2005), 209~229쪽 참조.

지지 않았다. 발리바르는 이러한 자연학의 미완성이 단순한 우연이라기보다는 스피노자의 '존재론'의 내적인 아포리아에 결부되어 있다고 본다. 핵심적인 곤란은 스피노자가 고전적 존재론을 비판하지만, 역설적으로 그것을 단순히 거부하지는 않는다는 점에서 생긴다.

주지하다시피 아리스토텔레스의 고전적 존재론은 자연 안에 보편적인 것과 특수한 것, 또는 일반적인 것과 국지적인 것의 연속적인 분류에 따라 실체들 또는 형태들(formes)의 우주론적 위계를 확립하는 목적론의 성격을 갖는 것이었다. 근대에 새롭게 출현한 철학들은 이러한 관점과 단절하려는 그만큼의 시도들이었다고 볼 수 있는데, 특히 합리주의의 기초를 다졌다고 널리 인정받는 데카르트는 자연을 그 어떠한 종국 목적(finalité)에도 준거하지 않는 순수한 기계적 인과성의 영역으로 표상함으로써 고전적 존재론과의 발본적인 단절을 시도했다. 하지만 이러한 기획의 성과는 사실 불확실했다. 왜냐하면 그는 자연에 기계적 인과성을 철저히 적용하기 위하여 연장된 사물들을 (스스로 운동할 수 있는 내적 역량을 지니지 못한) 불활성(inerte)의 사물로 만들었어야 했으며, 따라서 연장된 사물이 운동하는 본래적 원인을 신과 영혼 쪽에서 찾는 '사유와 연장의 이원론'을 확립할 수밖에 없었기 때문이다. 이에 따라 (신적) 의지의 목적론은 복귀했으며, 더구나 존재론과 자연학 사이(또는 형이상학과 형이하학 사이)에는 사유와 연장의 구분선에 조응하는 근본적인 불연속이 발생하게 되었다.

스피노자는 이러한 데카르트의 기획에 반대하여 고전적 존재론의 연속성을 다시 복구할 것을 제안한다. "실체의 '본질'과 '역량'의 동일시에서 출발하여 개체적 코나투스의 세세한 묘사 및 그 완전한 전개를 표상하는 정서들의 동역학에 이르기까지, 어떤 불연속도 갖지 않는, 실체의 진정한 분석을 구성"함으로써 말이다.[5] 단 그는 이 일을 철저히 반(反)목적론적인 관점에서 수행하자고 주장한다. 따라서 스피노자의 존재론의 '대상'은 정확히 이러한 의미에서 (실체에서 개체들로 나아가는) "개체화(individuation), 또는 능동과 수동의 차이 일반"이라고 할 수 있는데, 이러한 "차이"는 또한 "하나의 기원적 통일성"이기도 해야만 한다는 점에서 아포리아가 형성되는 것이다. 따라서 내기에 걸려 있는 것은 스피노자의 '존재론'으로부터 개체들의 '자연학'이 일관되게, 그리고 연속적으로 구성되어 나올 수 있는가라고 볼 수 있다. 만일 스피노자가 이 작업에서 곤란을 겪었다면, 이는 결코 가볍게 보아 넘길 문제가 아닌 것이다.

두 군의 서신 교환

발리바르는 문제의 윤곽을 드러내기 위해 두 군의 서신 교환을 논한다. 먼저 올덴부르크와의 서신 교환이 있다. 원자론의 입장을 취하는 보일 및 올덴부르크와의 논쟁은, 전통 철학에서 절대적으로 단순한 사물이나 또는 부분을 갖지 않는 전체라는 의미로 이해되는 개체(individu)라는 의념의 모호함에 부딪혀 계속 혼선을 빚는다. 편지 32에서 스피노자는 "어떻게 자연의 각 부분이 전체와 합치하며, 다른 부분들과 서로 결합되는가?"라는 올덴부르크의 질문에 대해 자신은 완전한 해답을 모른다고 시인한다. 하지만 그는 나름대로 이 문제를 사고하기 위한 '전체와 부분의 상대성'이라는 원칙을 제시하는데, 이 원칙에 따르면 기본적으로 사물

---

5   Balibar, "Individualité, causalité, substance: Réflexions sur l'ontologie de Spinoza," *Spinoza: Issues and Directions* (1990), p. 58. 강조는 인용자.

들은 서로 합치할 때 하나의 전체를 이루며 그 속에서 부분들로 결합하지만, 서로 불일치할 때는 떨어져 나와 스스로 (더 이상 부분이 아닌) 전체가 되어 활동하기 시작한다. 결국 어떤 것의 부분은 그 자체로 전체가 될 수 있으며, 반대로 어떤 전체는 다른 것의 부분이 될 수 있다는 말인데, 여기에서 전체와 부분을 상대적으로 구분할 수 있는 것은 하나의 개체가 그 부분들 간의 내적 인과 관계 속에서 고려되는가, 아니면 또 다른 주위의 개체들과의 외적 인과 관계 속에서 고려되는가를 기준으로 한다.

스피노자는 혈액을 예로 든다. 동일한 혈액이 외부를 추상하고 그 자체로 고려되면, 그것은 림프액, 유미(乳糜, Chyle) 따위의 부분들을 인과적으로 통제하면서 영원히 스스로를 존속시킬 수 있는 하나의 전체로 나타날 수 있다.(E3P4가 말하듯이 외부가 없는 개체는 파괴될 수 없다.) 반면 그것이 외부와의 인과 관계 속에서 고려되면, 혈액은 신경, 근육 등 다른 사물들과 함께 인체를 형성하는 하나의 부분으로 나타난다. 편지에서 스피노자는 이러한 설명을 일상에서 경험할 수 있는 주변의 개체뿐 아니라 우주 전체로까지 확장하는데, 이렇게 되면 이제 자연 전체는 그 부분들이 내적 인과 관계에 따라 합치하여 서로 하나의 개체로 통일된 상태를 가리키게 된다. 문제는 스피노자가 이러한 주장들을 펼치기에 앞서, 자연적 "전체"라는 적합한 관념과 우주적 "질서"라는 상상적 관념을 서로 대립시킨다는 점이다.("저는 미, 추, 질서, 혼란을 자연에 귀속시키지 않습니다. 〔그런 것들은〕 단지 우리의 상상에 관련될 뿐입니다.")

왜 '전체'와 '질서'의 이러한 구분이 중요할까? 발리바르는 이 구분이 바로 데카르트와의 논쟁에 관련되어 있다고 설명한다. 스피노자는 같은 편지에서 "전체 우주 안에는 운동과 정지가 동일한 비율로 보존된다."라고 쓰는데, 사실 이 정리는 데카르트에게서 고스란히 차용해 온 것이다. 유일한 차이점은 스피노자에게서는 이러한 보존이 신의 계속되는 창조 행위 덕분에 이루어지는 것이 아니라는 점이다. 그러나 이 차이가 결정적인가? 스피노자는 (혈액 따위의 유한한 개체들의 경우와 비교해 볼 때) 자연의 부분들과 전체는 실체로 인해 또는 실체의 관계하에서(ratione substantiae) "훨씬 더 긴밀한 관계를 갖는다."라고 덧붙이고 있지 않은가? 우리는 이러한 추가야말로 신의 연속 창조라는 생략된 데카르트적 관념의 실정적 맞짝이 아니냐고 질문할 수 있다.

따라서 올덴부르크가 답장에서(편지 33) 자신은 자연으로부터 어떻게 "질서와 대칭"을 배제할 수 있다는 것인지 좀처럼 이해하지 못하겠으며, 특히 스피노자 자신이 "모든 물체들은 …… 명확하고 규칙적인 방식으로, 하지만 동시에 정지에 대한 운동의 비율이 보존되는 가운데, 실존하고 활동하도록 서로 결정되어 있다."라는 점을 인정하는 만큼 더욱 그렇다고 말하면서, 이러한 결정이야말로 자기 눈에는 "참된 질서의 엄밀한 토대"인 것처럼 보인다고 반박할 때 그는 핵심적인 문제를 건드리고 있다. 그의 반론은, 설사 스피노자가 데카르트처럼 신의 창조에 대한 준거를 하지 않는다고 해도, 자연 내 운동과 정지의 보존과 같은 원칙을 천명하게 되면 결국 그것은 어떤 '질서'라는 관념을 도입할 수밖에 없고, 따라서 목적론을 그대로 남겨 둘 수밖에 없지 않느냐는 것이다.

더 나아가 올덴부르크의 반론은 두 가지 점에서 중요하다. 첫째, 스피노자는 『에티카』에서 하나의 개체로서의 전체 자연이라는 관념을 매개적 무한 양태[6]의 유일한 예로 유지할 뿐만 아니라, 실제로 자연 전체

---

6   스피노자에게 무한 양태는 직접적 무한 양태와 매개적 무한 양태가 있다. 직접적 무한 양태의 사례는 연장에 속하는 운동과 정지, 사유에 속하는 무한 지성이 있고, 매개적 무한 양태의 사례는 무한하게 변하지만 항상 동일하게 남아 있는 '전 우주의 형상'이라는 단 하나만 제시된다.

를 단순한 개체에서 더욱 복잡한 개체들로 나아가는 형태들의 위계로 묘사하는 아리스토텔레스적인 목적론의 오류를 범하고 있는 듯이 보이기 때문이다.(우리는 이 문제로 돌아올 것이다.) 둘째, 스피노자는 『에티카』에서 질서라는 의념을 비판한 후에도[7] 여전히 그것을 두 가지 상이한 용법에 따라 계속 사용하는데, 그것은 우선 부적합한 상상의 산물로 지시되는 "자연의 공통의 질서"라는 표현 속에도 등장하지만,[8] 반대로 원인에 대한 스피노자의 핵심적인 정의를 이루는 "사물들의 질서와 연관(ordo et connexio rerum)"이라는 표현 속에도 다시 등장한다.[9] 따라서 우리는 스피노자에게서 질서라는 관념의 잔존에 대한 올덴부르크의 문제 제기에 대해, 적어도 반정립적인 두 가지 질서의 의념이 있다고 대답할 수 있을 것이다. 하나는 무질서에 대립되는 질서라는 관념으로 등장하며, 또 다른 하나는 무질서를 상관물로 갖지 않는 질서, 곧 독특한 사물들의 무한한 연결로서의 현실 자체를 지시하는 관념으로 등장한다.(E2D6에서 스피노자가 말하듯이 현실이 그 자체로 완전한 것이라면, 이러한 완전함은 불완전함을 가정하지 않는다.)

그러나 이것이 곤란을 해결해 주는가? 문제는 (근대 물리학에서 여전히 유지되는 것으로 보이는) 법칙들의 대칭성으로서의 질서를 가정하지 않으면서 자연을 이론적으로 설명하는 일이 좀처럼 불가능해 보인다는 점이다. 그리하여 하나의 양자택일이 나타난다. 이론으로서의 자연학은 데카르트에게서처럼 원인들과 결정들의 연구에 있어서 목적론적 질서

편지 64 참조.

[7]   1부 부록 참조.

[8]   E2P29S.

[9]   E2P7.

의 원칙들에 의해 인도되든지, 아니면 (극단적 유명론의 관점에서 이해되는) 독특한 사물들의 '순수한' 인과성만을 상대하기 위해 발본적으로 극복되어야 한다. 스피노자가 택하는 것처럼 보이는 후자의 경우 결국 자연학의 구성은 곤란해지고, 앞서 말한 실체적 통일성과 개체적 독특성들의 차이를 화해시키는 일은 실패하고 만다.

두 번째 서신 교환은 이로부터 10년 후에 행해진다. 이 서신 교환은 마찬가지로 개체라는 의념과 깊이 관련되는 취른하우스와의 논쟁으로 이루어지는데, 차이점은 속성이란 무엇인가 또는 속성의 존재론적 지위란 무엇인가라는 문제가 논쟁의 한복판에 부상한다는 점이다. 발리바르는 취른하우스의 핵심적인 질문을 세 가지로 추려 낸다. 첫째, 사물의 본질 또는 사물에 속하는 모든 성질들의 작용인을 표현하는 실재 사물의 정의(définition)의 본성이란 무엇인가? 둘째, 사유 속성과 연장 속성 간의(또는 사유와 다른 모든 속성들 간의) "조응(correspondance)"은 어디에 위치하는가? 셋째, 연장된 물체(corps)로 인식되는 독특한 사물들의 실존(existence)은 어떻게 무한한 연장 속성으로부터 연역될 수 있는가?

이러한 질문들은 공히 무한자, 인과성, 실재적 독특성의 관계를 함축하는데, 스피노자는 여기에서 적어도 두 가지 아포리아와 직면하는 것으로 보인다. 먼저 취른하우스는 하나의 실재 사물의 인과적 정의로부터 어떻게 그 사물에 속하는 무한한 성질들 내지 결과들(곧 그것이 겪는 모든 사건들)이 유래하는지를 해명해 달라고 요구하는데, 스피노자는 (실재 사물이 아닌) 신의 정의를 예로 들어 설명한다. 또 취른하우스는 연장 양태들의 실존이 어떻게 연장 속성의 본질로부터 연역될 수 있는지를 질문하는데, 스피노자는 양적이고 불활성인 데카르트의 기하학적 연장 관념에 대한 비판으로 질문을 전위시킨다. 단적으로, 여기에서도 아포리아는 자연학의 구성 가능성, 또는 존재론과 자연학 사이의 관계의 체계적 해명이라는 문제를 둘러싸고 형성되고 있다는 사실을 확인할 수 있다.

이 때문에 현대 스피노자의 해석가들 가운데 마르시알 게루와 같은 이는 스피노자에게는 존재론과 자연학의 수수께끼 같은 병존이 있다고 보고, 또 반대로 네그리와 같은 이는 존재론은 그 자체로 일관될 수 있지만 (독특한 사물들의 이론으로서) 자연학에 대해서는 부적절한 것으로 남는다고 보는 일이 생긴다. 게루는 『에티카』가 형이상학만큼이나 자연학(형이하학)에도 기초를 두고 있지만, "원인"의 상이한 개념들을 통일함에 있어 곤란을 겪기 때문에 결국 상이한 두 가지 물리학이 출현하게 된다고 말한다. 한편에는 "추상적"이고 "순수하게 관계적"인 물리학이 있는데, 여기에서는 타동적이거나 외재적인 인과성에 기초한 기계론이 지배한다. 다른 한편에는 "형이상학적 근저"를 표현하는 "구체적" 물리학이 있는데, 여기에서는 각 사물의 코나투스가 실체의 통일성과 직접 교통하는 사물의 "내부"가 다루어진다. 추상적 물리학에서 구체적 물리학으로 이행할 필연성은, (매개적 무한 양태로서의) 전 우주의 형상(facies totius universi)이 외부를 갖지 않는 개체이므로 더 이상 "주위의 압력"에 의한 외재적 인과성에 따라 사고할 수 없게 되며, 따라서 그것이 추상적 물리학의 사정거리를 벗어나는 모순이 발생한다는 점에서 찾아진다.[10] 이와 반대로, 네그리는 스피노자의 존재 관념에서 발견되는 존재론적 일의성과 인식론적 다의성 사이의 긴장이 오직 '실천'의 지반 위에서만 해소될 수 있으므로, 결국 충만함으로서의 존재라는 유토피아로부터 실재적인 것의 실천적인 "구성의 존재론"으로의 체계의 진화가 일어난다고 본다.

10 Martial Gueroult, *Spinoza*(1974), vol. 2.

구성의 존재론 안에서 스피노자적 존재는 더 이상 (인식의) 대상이 아니라 (실천의) 주체로서 조직된다. 다중의 역량으로서, 역량의 다양성으로서, 스스로를 집단적으로 조직하여 해방으로 향하는 생산력들의 다양성으로서. 그리고 이러한 체계의 '진화'의 표지는 바로『에티카』에서 속성이라는 의념의 "점진적인 제거"를 통해 주어진다.[11]

그러나 앞서 말했듯이, 스피노자의 존재론의 대상을 이루는 것이 "개체화 또는 능동과 수동의 차이"라면, 존재론과 자연학을 대립시키거나 그중 하나를 단순히 기각하는 방식은 스피노자의 아포리아를 너무 쉽게 해결하려는 것은 아닌지 자문해 볼 수 있을 것이다.

속성들의 문제

발리바르는 독특한 사물들의 생산이라는 문제를 고찰하기 위해 취른하우스가 제기한 속성들의 지위라는 문제를 더욱 집중적으로 조명한다. 두 가지 전형적인 이해 방식이 있는데, 발리바르는 이들을 각각 '방식 A'와 '방식 B'라고 명명한다.

'방식 A'에 따르면, 실체 개념은 구분되는 무한수의 속성들 위로 평등하게 '분배'되며, 따라서 모든 속성들이 나란히 실체적인 것으로 나타난다. 이 방식에서 양태들은 속성들을 매개(médiation)로 하여 실체로부터 생산되며, 따라서 유한 양태들은 다른 유한 양태들과 구분되는 독특성뿐만 아니라, 자신들의 생산을 매개하는 속성의 종별성에 따르는 또

---

11   안토니오 네그리,『야만적 별종』(1997) 3장과 4장 참조. 특히 속성 의념의 "점진적 제거"라는 주장에 대해서는 164쪽을 보라.

다른 독특성도 갖게 된다. 곧 언제나 이중적인 독특성을 갖는 것이다. 더 나아가서 각각의 속성에 속한 양태들은 다른 속성들에 속한 양태들과는 독립적으로 각각 하나의 세계를 형성한다고 볼 수 있으므로, 결국 속성들의 수만큼의 세계, 무한수의 세계가 만들어진다. 이 때문에 이 방식을 따를 경우, 『에티카』에서 스피노자가 직접 제시한 매개적 무한 양태로서의 '전 우주의 형상'을 연장 양태로 한정 짓고, 사유에 속하는 "관념들의 우주"(게루)라는 또 다른 매개적 무한 양태를 목록에 추가하는 것이 중요해진다. '방식 A'에서 주목해야 할 점은 매개라는 관념은 (자신이 매개하는 항들의) 분리라는 관념을 내포한다는 점이다. 곧 이 방식에서는 실체와 양태, 능산적 자연과 소산적 자연이 바로 속성의 매개에 의해 분리되며, 더 나아가 속성을 매개하는 무한 양태들에 의해 한 차례 또는 그 이상으로 더욱더 분리된다. 이렇게 매개를 통해 도입되는 거리들은 실체로부터 개체들로 이어지는 퇴락(dégradation) 또는 유출(émana-tion)의 신플라톤적 위계를 만들어 낸다.[12]

반면 '방식 B'에 따르면,[13] 독특한 사물들은 어떤 매개도 없이 직접적으로 실체의 양태들이며, 역으로 오직 실체만이 양태들의 생산적 역량일 수 있다. 이 관점에 설 경우, 양태들의 존재와 실체의 존재 사이에는 어떤 존재론적 차이도 발견될 수 없다.(이러한 존재의 일의성 관념은 존재와 존재자의 수직적 차이를 강조하는 하이데거의 입장과 날카롭게 대립한다는 점을 지나치는 김에 지적하자.) 당연히 이 방식에서는 무한 양태가 아니라 유

---

12   게루만이 아니라 네그리도 속성을 기본적으로 이러한 '매개'의 관점에서 파악한다. 다만 게루는 이러한 관점에 문제가 있기 때문에 스피노자에게서 체계의 재정초가 불가피하다고 보는 것이다.

13   발리바르가 명시적으로 말하는 것은 아니지만, 여기에는 들뢰즈와 마슈레 같은 해석자들이 속하는 것 같다.

한 양태들이야말로 진정한 양태들로 특권화되는데, 유한 양태들은 무한자의 퇴락의 결과나 또는 데카르트가 말하는, 존재와 무 사이의 중간적 현실이 아니라 실체 자체에 내재한 존재들로 간주되어야 한다. 그렇다면 실체와 양태의 내재성을 긍정하는 '방식 B'에서 속성이라는 개념은 도대체 어떤 의미를 갖는가? 발리바르는 속성 개념이 이러한 실체에서 양태들로의 이행을 무한한 방식으로 이해할 수 있다고 주장함으로써, 이 이행을 무매개적으로 인지 가능한 것으로 만들어 주는 역할을 한다고 답한다. 속성들은 이 이행에 대한 그만큼의 이해 방식들을 이루는 것들이다. 따라서 '방식 B'에서 속성은 분할 불가능한 것의 (탈)다원화요, 절대적으로 구분되는 다양한 본질들의 공통의 본질의 실현이다. 요컨대 속성은 '방식 A'에서와는 정반대로 양태들과 실체 사이의 모든 거리를 부인하는 역할을 떠맡게 되며, 매개가 아니라 (유한과 무한, 일자와 다자의) 대립물들의 통일이라는 기능을 수행한다.

　발리바르는 '방식 A'가 기계론적이라면, '방식 B'는 생기론적 또는 에너지론적이라고 말하는데, 두 방식 간의 논쟁은 속성들 사이의 '조응'이라는 문제를 중심으로 다시 이해될 수 있다. 먼저 '방식 A'는 속성들을 실체화하기 때문에 거기에서는 실체의 통일성과 속성들의 자율성(다수성)을 화해시킬 필요가 생겨나며, 따라서 속성들의 조응이라는 문제가 필연적으로 대두된다. 사실상 이는 실체 자체가 이러한 조응의 기초라고 선언됨으로써만 해결될 수 있는 문제이지만, 이 기초라는 관념은 실체를 속성들에 선행하는 상위의 현실로 표상함으로써 유일한 실체로서의 신을 신비화하고, 신을 사물들의 초월적 원인으로서 이해하게 만든다. 이 경우 신에서 속성들, 직접적 무한 양태들, 매개적 무한 양태들, 그리고 유한 양태들로 이어지는 인과의 사슬은 기본적으로 타동적인 것

(기계적인 것)으로 이해되며, 따라서 결정적으로 "신은 모든 것의 내재적 원인이지 타동적 원인이 아니"라는 『에티카』 1부 정리 18과 어긋나게 된다.

반면 '방식 B'에서는 각각의 속성이 자신의 유(類) 안에서 무한하다는 사실보다 무한수의 속성들이 있다는 사실이 훨씬 더 중요해진다. 속성을 실체화하고 속성에서 유한 양태로 이어지는 위계를 강조하는 '방식 A'에서는 양태들의 유한성에 대비되는 각 속성의 무한성이 중요하지만, 내재성을 강조하는 '방식 B'에서는 오히려 무한과 유한이라는 '대립물의 통일'을 가능하게 만드는 것으로서 속성들이 무한수로 있다는 사실이 중요해지기 때문이다. 그리하여 "신성한 본성의 필연성에서 무한한 것이 무한한 방식으로 (곧 무한한 지성에 의하여 파악될 수 있는 모든 것이) 필연적으로 따라 나온다."라는 『에티카』 1부 정리 16이 결정적으로 중요해진다. 또 속성들이 무한수로 존재하므로, '방식 B'에서는 속성들의 수를 세거나 그것들을 열거하는 것은 처음부터 부적합한 것으로 여겨져 배제되며, 따라서 속성들 사이의 '조응'이라는 문제도 하나의 비(非)문제로 해소되어 버린다.

그렇다면 "관념들의 질서와 연관은 사물들의 질서와 연관과 동일하다."라는 『에티카』 2부 정리 7을 어떻게 이해해야 할까? '방식 A'에 따르는 종래의 해석은 이 정리를 사유와 연장의 조응, 또는 "평행론"을 주장하는 것으로 봤다. 그러나 스피노자의 정리는 글자 그대로 보면 (연장된) 물체들이 아니라 어떤 특정한 속성에 속하는 것으로 볼 수 없는 "사물들"(따라서 이것들은 심지어 관념들이라는 사물들까지 포함한다.)을 언급하고 있을 뿐이다. 게다가 스피노자는 그 두 가지의 "질서와 연관"이 서로 조응한다고 말하지 않고 정확히 "동일하다"라고 말하고 있다. 따라서 여기에서 말하는 사물들의 질서와 연관이란 (같은 정리의 주석에 등장하는) "원인들의 질서와 연관"이 지시하는 것과 다르지 않다. 발리바르는 이 정리에 등장하는 "질서와 연관(ordo et connexio)"이라는 말이 그 자체로 분해될 수 없는 표현이라는 점을 역설한다. 왜냐하면 여기에서 문제는 원인들로서의 사물들이 서로 연관되는 질서(ordo)의 필연성이기 때문이다. 이러한 이유로 발리바르는 여기에서 '~와'로 해석되는 et가 라틴어의 고전 용법에서는 '~의(de)'라는 뜻도 있었다는 점에 착안해 2부 정리 7을 "관념들의 연관의 질서는 사물들의 연관의 질서와 동일하다."라고 번역하자고 제안한다. 곧 이 정리는 사물들에 대한 관념들의 내적 합치를 주장하는 것으로, 유일한 인과적 현실이란 실체 이외의 것이 될 수 없다는 점, 따라서 모든 "원인" 개념은 어떤 속성하에서 인식되든 완전히 동일한 것으로 남는다는 점을 확증한다. 이렇게 봤을 때, 유일한 실체의 본질을 구성하지만 동시에 그 자체 무한수로 존재하는 속성들은 (그러한 대립물의 통일이라는 기능을 통해) 정확히 무한한 독특성들과 차이들의 필연적 연관의 망이 자기 자신과 일치한다는 것을 표현한다. 실체는 그리하여 개체화의 역량, 양태들의 생산적 원인으로 나타난다. 곧 실체는 독특한 양태들을 서로서로의 원인과 결과로 관계 맺게 함으로써, 스스로의 원인이 된다는 의미에서 정확히 자기 원인(causa sui)인 것이다.

그럼에도 불구하고 발리바르는 '방식 B' 또한 문제가 없는 것은 아니라고 지적한다. 어떤 문제가 있는가? 두 가지 문제가 있는데, 그중 하나는 어느 정도 해결이 가능하지만, 다른 하나는 그렇지 못한 것 같다. 첫 번째 문제는 '방식 B'가 속성들을 실체화하지 않음으로 인해서 그것들을 단순한 관점들에 불과한 것으로 만들어 버릴 위험이 있다는 것이다. 이러한 문제는 들뢰즈의 해석에서 주로 나타나는데, 들뢰즈는 속성들을 실체의 단순한 "이름들"에 불과한 것으로 만들어 버리는 경향이 있다.[14] 마슈레는 들뢰즈의 "표현"이라는 관념에 "구성"이라는 관념(곧 속성들은 단지 실체를 표현할 뿐만 아니라 그것의 본질을 구성한다는 관념)을 보충함으로써 이러한 오류를 정정하고, 특히 속성들이란 무한수로 존재하는 것이므로 서로에 대립하는 것, 또는 서로를 제약하는 것이라고 볼 수 없고, 그런 만큼 속성들을 하나의 제약을 표현하는 "관점"이라고 생각할 수는 없다고 잘 설명한다. 하지만 더 가공할 두 번째 문제는, 비록 '방식 B'가 무한자와 유한자 사이의 심연은 불식해 주지만, 여전히 본질과 실존 간의 심연은 보존한다는 점에서 유래한다. 이 때문에 '방식 B'는 (2P7이 부정했던) 관념과 사물의 차이를 전위된 형태로 재도입하게 된다. (들뢰즈도 마찬가지이지만) 특히 마슈레는 모순을 실체의 차원은 물론 양태들의 본질의 차원에서도 완전히 배제하고, 그것을 유일하게 양태들의 실존의 차원으로 한정하는 해석을 제시한다. 그는 『헤겔 또는 스피노자』의 결론이라고 할 만한 "독특한 본질들"이라는 절에서 다음과 같이 말한다.

　　…… 양자의 경우 동일한 사물들이 상이한 관점에 따라 규정되고 있는 것이다. (내적 규정의 경우) 유한한 사물은 자신의 본질에 관해 규정되고 있는데, 이에 따르면 이 사물은 자신의 존재 안에서 무한정하게 존속하려는 경향을 보여 준다. 반면 (외적 규정의 경우) 이 사물은 자신을 제한하는 조건들 속에서 자신의 실존에 관해 규정된다. 정확히 말하면 바로 이것이 독특한 사물들의 특수한 상황이다. 곧 이 사물들은 자신의 고유한 본질

14　질 들뢰즈, 『스피노자와 표현의 문제』(2003) 3장을 참조하라.

을 지니고 있는데, …… 이 본질 안에서 실체는 어떤 규정된 방식으로 자신을 표현한다. 그리고 또한 이 사물들은 다른 모든 사물들과 이것들을 연결시켜 주는 끝없는 연쇄 속에서 외재적으로 실존한다. …… 곧 본질의 경우에는 자기 자신 안에서(in se), 실존의 경우에는 다른 것 안에서(in alio) 규정되기 때문이다. 이 때문에, 독특한 사물들이 영원성 속에서 실존하는 것이 아니라 끊임없이 변화하는 외생적 관계들의 운동──이 과정 중에 이 사물들은 생성, 소멸한다.──속에서 실존한다는 사실은 이 사물들의 본질의 영원성, 곧 자신들의 존재 안에서 존속하려는 이 사물들의 내재적 경향의 영원성에는 아무런 영향도 미치지 않는다.[15]

따라서 마슈레에 따르면 독특한 사물들의 본질은 절대적으로 긍정적이며, 서로를 부정하지 않는 영원한 것들이다. 바로 이 때문에, 예컨대 거짓된 관념과 참된 관념은 그것들이 본질들인 한에서 서로를 파괴하지 않으며, 거짓된 관념은 그것이 긍정적으로 갖는 어떤 것도 참된 관념의 현존에 의해 제거되지 않는다.[16] 반면 실존들은 서로 모순될 수 있고, 서로를 파괴할 수 있다. 3부의 정리 4와 5가 말하는 것이 그것이다. "사물은 외부의 원인에 의하지 않고는 파괴될 수 없다." 또 "사물은 하나가 다른 하나를 파괴할 수 있는 만큼 반대되는 본성을 가진다. 곧 동일한 기체(基體)(주체, sujet) 안에 있을 수 없다." 이렇게 해서 우리는 평등

---

15   피에르 마슈레, 『헤겔 또는 스피노자』(2004), 280~281쪽.
16   『에티카』 2부 정리 35의 주석에 등장하는 예가 이를 잘 보여 준다. 스피노자는 태양이 200걸음 떨어져 있다고 우리가 생각하는 것은 그 자체로는 오류가 아니며, 오류는 단지 우리가 그렇게 상상하게 되는 원인을 모른다는 "결핍"에서 성립할 뿐이라고 설명한다. 그러나 우리가 태양과의 참된 거리를 알게 된 후에도 여전히 태양은 200걸음 떨어진 것으로 경험되는데, 왜냐하면 그 때에도 여전히 "우리 신체의 변용이 태양의 **본질**을 포함"하기 때문이다.(강조는 인용자)

한 본질들에 관련된 원인으로서의 역량 개념에서 (『신학 정치론』16장이 말하듯이 큰 물고기와 작은 물고기가 갖는) 서로 불평등한 실존들에 관련된 자연권으로서의 역량 개념으로 이행하며, 그리하여 마침내 『에티카』에서 결정적인 역할을 하는 4부의 공리에 도달한다. "자연 안에는 그보다 더 위력적이고 강력한 다른 사물들이 존재하지 않는 독특한 사물은 아무것도 없다. 어떤 사물이 주어지면, 이 사물을 파괴할 수 있는 더 위력적인 다른 사물이 존재한다." 그런데 정확히 문제는 이러한 본질과 실존의 차이를 설명하기 위해서 우리가 다시 한 번 인과성을 이중화하도록 강제되는 것 같다는 사실이다. 자연에는 "실체가 어떤 규정된 방식으로 자신을 표현"하는 본질의 차원이 있지만, 또한 사물들을 "다른 모든 사물들과 …… 연결해 주는 끝없는 연쇄"로서의 "외재적" 실존의 차원이 있다고 하면서 마슈레가 두 차원을 나눌 때, 우리는 내재적 인과성과 타동적 인과성 사이의 심연이 거기에서 다시 열리고 있음을 본다.

확실히 발리바르는 '방식 A'보다 '방식 B'를 선호하는 것 같다. 그러나 그는 스피노자 자신의 시도가 정확히 저 두 방식 중 어느 하나로 환원될 수 있는 것은 아니라고 본다. 스피노자의 아포리아는 오히려 그 양자택일을 넘어서려는 시도의 어려움에서 발생한다고 볼 수 있다는 것이다. 취른하우스가 스피노자에게 강요하는 것도 사실은 이러한 양자택일이다. 예순세 번째 편지에서 그는 "그렇다면 틀림없이 신의 속성들만큼이나 많은 세계들이 구성되는 것처럼 보인다."라고 지적하면서 스피노자를 '방식 A'에 가두려고 한다. 반면 예순다섯 번째 편지에서는 반대로, 그렇다면 "세계는 하나이며 따라서 세계는 무한한 방식으로 표현된다."라고 말함으로써, 속성들을 단순한 관점들로 취급하는 '방식 B' 안에 스피노자를 가두려고 한다. 그러나 발리바르는 이러한 양자택일 자체가 자연을 하나의 닫힌 "세계(monde)"로 표상하고자 하는 우리 자신의 필요에 따른 것일 뿐이라고 지적하면서, 스피노자가 사고하려고 했던 것은 오히려 중심 없는 "무한한 우주" 또는 알튀세르가 지적한 것처럼 자신의 부분들에 대해 갖는 전체(Tout)의 효과 및 전체 안에서 부분들의 활동을 설명하는 '구조적 인과성'이 작동 중인 "닫히지 않은 전체(un Tout sans clôture)"였다고 결론 내린다.

스피노자의 관개체성의 사유

이제 발리바르는 이상의 논의로부터 스피노자가 말하고자 했던 바를 사고하기 위한 세 가지 전제를 도출해 낸다. 첫째, 우리는 가능한 것과 현실적인 것의 구분을 은연중에 다시 도입하지 않도록 주의해야 한다.(예컨대 '방식 A'는 무한자와 유한자의 구분을 통해, '방식 B'는 본질과 실존의 구분을 통해 그렇게 한다.) 둘째, 우리는 (마슈레가 말하듯이) 그 자체 무한한 속성들이 무한히 존재한다는 테제를 심각하게 받아들임으로써 그것을 수적 다수성의 관점을 뛰어넘는 것으로 이해하고, 따라서 실체의 유일무이함 또한 수적인 의미에서의 일자(一者)를 뛰어넘는 것으로 이해해야 한다. 셋째, 독특한 사물들의 개체성에 대해서도 수적인 관점을 벗어나는 유사한 해석을 적용시킴으로써, 개체들을 최소 단위, 원자, 개별 실체처럼 수적으로 구분되는 어떤 것으로 보는 관념들과 대척점에 있는 스피노자적 개체들의 독특성을 이해해야 한다. 스피노자가 말하는 개체들의 본질의 독특성은 다른 사물들과 비교할 때 나타나는 환원 불가능성이나 또는 (개체의) 외부에 대립되어 있는 내부를 의미하는 것이 아니라, 사물의 자기 자신의 본질에 대한 적합성, 곧 능동적 원인이 될 수 있는 역량을 의미하는 것이다.

　이 가운데 특히 중요한 것이 바로 세 번째 전제이다. 왜냐하면 이 것은 나중에 발리바르가 관개체성에 대한 스피노자의 사유를 규명하고, 스피노자의 자연학(특히『에티카』 2부의「자연학 소론」)을 재해석할 수 있는 기초를 마련해 주기 때문이다. 사실 발리바르가 위와 같은 복잡한 논의의 최종 결론에서 전체와 부분들 간의 인과 관계를 이론화한 알튀세르의 구조적 인과성 개념에 다시금 준거한다는 것은 매우 의미심장한 것이다. 왜냐하면 이 개념은 전체에 속하는 상이한 부분들이 서로 복잡하게 접합(articulation)되는 독특한 방식이야말로 '구조'에 다름 아니며, 결정은 정확히 그러한 의미에서의 구조가 부분들 자체에 역으로 반영됨으로써 이루어진다는 점을 정식화하는 개념이기 때문이다.

　　…… 효과들은 구조의 외부에 있지 않으며, 구조가 도착하여 자신의 특징을 각인하는 미리 존재하는 대상, 요소, 공간이 아니다. 반대로 구조는 자신의 효과들 속에 내재하고, 용어의 스피노자적인 의미에서 자신의 효과들 속에 내재하는 하나의 원인이며, 구조의 전체적 실존은 자신의 효과들로 구성된다. 요컨대 자신의 고유한 요소들의 종별적인 결합(combinaison)에 불과한 구조는 결코 자신의 효과들의 외부에 있는 것이 아니다.[17]

　바꿔 말해서 알튀세르의 구조적 인과성 개념은 (부분들로서의) 개체

17　루이 알튀세르·에티엔 발리바르, 『『자본론』을 읽는다』(1991), 239~240쪽.(번역은 수정, 강조는 인용자)

들이 서로 맺고 있는 독특한 관계(전체)가 거꾸로 그 개체들의 개체성 내로 기입되는 방식을 개념화한다. 개체들의 내부와 외부를 단순하게 대립시키지 않는 이러한 관점에 따르면, 모든 개체성은 항상 이미 관개체적(transindividuel)이라고 볼 수 있다.

「스피노자에서 개체성과 관개체성」(1996)이라는 논문에서 발리바르는 스피노자의 개체성 개념을 이해하기 위해서는 세 가지 주요 관념을 결합해야 한다는 말로 논의를 시작한다. 그런데 사실 이 세 가지 관념이 묘사하는 것은 구조적 인과성에 대한 것이라고 봐도 손색이 없다. 첫 번째 관념은 실체가 "개체들의 생산의 무한한 과정"으로서의 개체화 과정이며, 동시에 "개체들 사이에 실존하는 무한하게 많은 인과 연관들"임을 말한다. 두 번째 관념은 모든 개체가 (미리 주어진 요소로서의 원자가 아니라) 항상 부분들로 합성된 "통일체"이자, "개체화 과정의 효과"라고 말한다.[18] 이 두 측면이 능산적 자연 안에서 통합됨으로써 세 번째 관념이 도출되는데, "개체들의 구성과 활동은 원초적으로 다른 개체들과의 관계를 함축한다."라는 관념이 그것이다. 요컨대 이 세 가지 관념이 종합적으로 말하고자 하는 바는, (개체화의 원인으로서의) '실체/전체'에 의한 (개체화의 효과로서의) '개체/부분'의 결정이 '개체들 사이의 관계/독특한 접합'의 개체들 내로의 '함축/반영'을 통해 이루어지는 구조적 인과성에 따른다는 것이다.

실제로 발리바르는 한두 문단 뒤에 "『에티카』 1부에서 관개체성은 우선 인과 관계 도식으로 제시된다."(강조는 인용자)라고 말한다. 문제가

---

18   스피노자에게 모든 개체는 그저 복합물일 따름이다. 그가 말하는 "가장 단순한 물체"라는 것은 실존하는 원자적 개체를 말하는 것이 아니라 유한한 인간의 인식의 한계로 말미암아 그것의 내부성이 더 이상 분석 불가능한 물체를 의미할 뿐이다.

되는 정리는 다음과 같은 스물여덟 번째 정리이다. "모든 독특한 실재, 곧 유한하고 규정된 실존을 가지는 모든 것은, 그것 역시 유한하고 규정된 실존을 가지는 다른 원인에 의해 실존하고 작업하도록 규정되지 않는 한, 실존하고 작업하도록 규정될 수 없으며, 이 후자의 원인 역시 유한하고 규정된 실존을 가지는 다른 원인에 의해 실존하고 작업하도록 규정되지 않는 한 실존하고 작업하도록 규정될 수 없으며, 이처럼 무한하게 나아간다." 마슈레를 포함하여 많은 이들은 이 정리가 유한 양태의 본질이 아닌 실존의 차원에서, "악무한"으로 이어지는 타동적 인과성에 대한 묘사를 하고 있을 뿐이라고 본다. 그러나 발리바르는 이 정리가 사실은 전혀 다른 것을 말하고 있다는 견해를 피력한다. 그는 이 정리에서 나타난 인과성의 두 가지 특징으로 그것이 비선형적이라는 점, 그리고 그것이 원자적 항들(대상들, 사건들, 현상들) 사이에서가 아니라 개체들인 독특한 사물들 사이에서 확립된다는 점을 든다.

정리 28의 인과성 도식이 독특한 개체들 사이에서 성립한다는 점은 곧바로 이것이 데카르트적인 타동적 인과성과는 별로 상관이 없다는 것을 우리에게 알려 준다. 왜냐하면 스피노자에게서 개체들은, 데카르트의 불활성의 연장된 물체들과 달리, 단순히 다른 물체들로부터 타동적으로 운동을 전달받는 존재가 아니며, 또한 스스로 운동할 수 있는 내적인 역량을 지닌 채 항상 이미 그렇게 활동 중인 존재로 나타나기 때문이다. 한 개체가 다른 개체에 작용할 때, 그것은 다른 개체를 일방적이고 완전한 방식으로 결정하는 것이 아니라 반대로 그 개체의 독특한 "실존과 작업", 곧 그것의 인과 활동 자체를 변양(modifier)하거나 변조(moduler)하는 방식으로 결정한다. 이 때문에 모든 인과 작용은 단순한 '변화'가 아니라 '변화의 변화'로, 곧 이미 변화하고 있는 것의 미분적인 변화로 나타나게 된다. 결국 우리는 A→B→C→D의 선형적 도식이 아니라, C→D의 인과 활동 자체가 B의 인과 작용에 의해 변조되고, B→C의 인과 활동 자체가 다시 A의 인과 작용에 의해 변조되는 비선형적이고 복잡한 도식을 얻게 된다. 더 나아가서 스피노자에게서 변양하는 개체는 언제나 변양되는 개체의 독특성에 의해 스스로의 변양 활동이 변양되기 때문에, 변양한다는 것은 언제나 변양된다는 것을 동시에 의미하게 된다. 가장 단순한 C→D의 인과 연관에서조차 이미 C와 D는 일방적 관계가 아니라 상호 작용의 복잡한 관계를 형성한다.

이렇게 봤을 때, 복잡성은 기계론의 입장에서도 사고할 수 있다는 반론은 처음부터 유효하지 않다. 기계론이 활용하는 인과적 복잡성의 설명 방식은 독립적으로 진행하는 둘 또는 그 이상의 인과 계열들이 어느 시점에서 마주침으로써 인과성이 복잡화된다는 식이다. 그러나 이는 스피노자의 설명과는 전혀 다르다는 것을 알 수 있다. 무엇보다도 스피노자에게 이러한 독립된 인과 계열들과 같은 것은 애초에 성립할 수 없다. 왜냐하면 그에게는 항상 이미 모든 개체들이 다른 모든 개체들과 상호 작용하고 있는 무한한 인과 연관의 망으로서의 전체가 있을 따름이기 때문이다. 다양한 개체들 사이의 상호 작용 또는 그것들 사이의 "과잉결정"은 따라서 비교적 단순한 작용들의 중첩에 의해 사후적으로 파생되어 나오는 것이 아니라, 반대로 "인과 활동의 기본 구조 안에 항상 이미 함축되어 있는 원초적인 것"이라고 말해야 한다.[19]

그러나 발리바르는 이상의 논의가 아직 1차 수준의 복잡성에 대한

19   이 대목에서 우리는, 알튀세르가 기원의 문제 설정을 거부하면서, 아무리 과거로 거슬러 올라가도 우리는 "항상 이미 주어진 구조화된 복잡한 전체"만을 발견할 뿐이라고 말했던 것을 기억하지 않을 수 없다. 알튀세르, 『마르크스를 위하여』(1997), 232쪽 이하를 보라.

설명에 머물러 있다고 본다. 이 설명은 각각의 개체와 (무한하게 많은 다른 개체들로 주어져 있는) 그 개체의 실존 조건 전체를 등가적이라고 봄으로써 개체성의 구성을 관개체적으로 복잡하게 사고하고 있지만, 여전히 그것은 개체들을 하나의 단일한 수준 내지 평면 위에서 연결시키고 있을 따름이다. 모든 사물들을 하나의 무한한 인과적 "연관의 질서(ordo et connexio)" 안에 위치시키고 있는 『에티카』 2부 정리 7의 정식이 보여 주는 것도 이러한 1차 수준의 복잡성이다. 물론 스피노자는 2부 정리 13 이후에 나오는 「자연학 소론」에서 모든 개체는 자신보다 하위의 통합 수준에 속하는 개체들을 포섭하며, 자신보다 상위의 통합 수준에 포섭되는, 통합의 규정된 수준을 의미한다고 말함으로써 2차 수준의 복잡성을 향해 전진한다. 그러나 이러한 생각은 우리가 앞서 살펴본 올덴부르크에게 보낸 서른두 번째 편지에 등장하는 '전체와 부분의 상대성'이라는 생각과 크게 다르지 않다. 일정한 통합의 수준으로서의 개체는 자신의 부분들 사이에 형성되는 "운동과 정지의 항상적 비율(ratio)"의 실존에 기초하여 동일성을 갖게 되며, 자신보다 상위의 개체 안에 형성되는 또 다른 "비율" 속으로 들어섬으로써 부분으로 통합될 수 있다. 곤란은 이러한 설명이 단순한 "형태"에서 복잡한 "형태"로 나아가는 개체 통합의 일반 질서로서의 자연이라는 표상, 곧 그 자체로 목적론적인 정역학적 표상에 의존하고 있는 듯이 보인다는 점이다. 아리스토텔레스의 자연학과의 차별성은 "형태"라는 관념을 스피노자가 "항상적 비율"이라는 관점에서 새롭게 사고한다는 점에 있지만, 그럼에도 "개체"라는 개념이 여기에서 "통합의 모든 수준에 무차별적으로 적용"되는 "형식적 의념"으로 남아 있는 것은 사실이다. 이 때문에 자연 전체는 개체들의 통합의 최종 항으로서 "하나의 개체"를 이룬다는 관념이 나오게 된다.[20]

이러한 한계를 넘어서기 위해 발리바르는 개체가 외부의 개체들에 의해 변용되는 방식을 설명하는, 「자연학 소론」의 마지막에 등장하는 요청들(특히 3~6)에 주목한다. 거기에서 스피노자는 개체가 외부의 개체들에 의해 다양한 방식으로 변용될 뿐만 아니라, 스스로를 유지하기 위해 그것들을 필요로 하며, 그것들에 의해 "연속 재생"된다고 말한다. 바꿔 말하면 개체의 동일성을 구성하는 "운동과 정지의 항상적 비율"이란 단순히 그 개체를 구성하는 정해진 부분들 사이의 비율을 의미하는 것이 아니라, 그 개체의 부분들이 또 다른 개체들의 부분들과 끊임없이 교환되는 가운데 동역학적으로 유지되는 비율을 의미한다는 것인데, 이러한 설명은 올덴부르크에게 보낸 서른두 번째 편지에서 그가 개체의 내부와 외부를 단순 대립시킨 것과는 상이한 설명이다. 개체는 자신을 보존하기 위해 자신의 부분들을 버리고, 외부의 개체들로부터 새로운 부분들을 충당한다. 이러한 교환이 없다면 개체는 재생될 수 없으며, 따라서 스스로를 보존할 수 없을 것이다. 사태가 흥미로워지는 것은 이러한 교환이 개체를 보존하는 데에 필수적이지만, 경우에 따라서는 그것이 개체를 파괴할 수도 있다는 점을 확인하면서부터이다. 부분들의 교환 자체는 언제나 타자인 개체들과 행해지기 때문에, 언제나 모종의 세력 관계를 포함한다. 하나의 개체를 정의하는 동역학적 비율이 타자들의 본질적 비율이 보존되는지 여부와 관계없이 보존될 경우, 개체는 자신의 본질을 보존한다. 곧 '나'의 본질의 보존은 타자들의 파괴를 함축할 수 있다. 그러나 정확히 그 역도 사실이다. 타자들의 본질의 보존은 얼마든지 '나'의 파괴를 함축할 수 있는 것이다.

20   보조 정리 7의 주석.

이 점과 관련하여 『에티카』 4부 정리 39는 시사하는 바가 매우 크다. "인간 신체의 부분들이 서로에 대해 유지하고 있는 운동과 정지의 비율을 보존하게 해 주는 것은 모두 좋은 것이다. 그리고 인간 신체의 부분들이 서로 간에 다른 운동과 정지의 비율을 가지게 만드는 것은 나쁜 것들이다." 사실 「자연학 소론」의 요청들은 아직 개체들의 파괴에 대해서 명시적으로 언급하고 있지는 않다. 그러한 논의는 "인간의 예속 또는 정서의 힘"을 논하는 4부에 이르러서야 본격적으로 등장한다. 이 때문에 요청들은 그것이 개체들 사이의 부분의 교환을 말하고 있다는 점에서도 주목할 만한 가치가 있지만, 그것이 다른 개체들이 아닌 "인간 신체"에 대해 말하고 있다는 점에서도 주목할 만한 가치가 있다. 이는 존재론 및 자연학의 논의가 어떤 불연속도 없이 코나투스에 대한 인간학적 논의로 확장되고 있다는 점을 알려 줄 뿐만 아니라, 또한 역으로 인간학적 논의에 의해 그 의미가 더욱 정확하게 규명될 수 있다는 점을 알려 준다. 이 점에서 인간 신체의 죽음을 논하는 정리 39의 주석은 더욱더 시선을 끈다. 거기에서 스피노자는 신체의 부분들이 서로 종전과 상이한 운동과 정지의 비율을 취할 때 신체가 죽는다고 말하면서, 생명에 필수적인 다른 모든 부분들을 유지함에도 불구하고 그 비율이 변화함에 따라 신체가 다른 본성을 갖게 될 수도 있는데, 그때 신체는 죽은 것으로 간주된다고 말한다.(기억 상실증에 걸린 스페인 시인의 사례)

개체의 파괴에 대한 이러한 설명은 분명 삶과 죽음에 대한 양자택일적 설명이긴 하지만, 신체의 보존 또는 파괴를 규정하는 운동과 정지의 비율이라는 것을 너무 경직된 방식으로 이해할 필요는 없다. 여기에서 "비율"이라는 말을 「자연학 소론」에서도 수학적 엄밀함을 갖는 용어라고 이해할 경우 인간의 신체처럼 고도로 복잡한 개체를 사고하는 데 있어 많은 곤란이 생겨난다. 『에티카』 3부에서 스피노자는 "행위 역량의 증대"나 "감소", 개체의 자율성 증대나 감소를 말하는데,[21] 이는 확실히 코나투스에 "정도들"이 존재하며 개체의 무한정한 보존과 직접적 파괴 사이에 "변이의 여지들"이 존재한다는 점을 함축한다. 이 때문에 우리는 개체의 잠재적 해체와 현행적 해체, 또는 가역적 해체와 비가역적 해체를 구분할 필요가 있다. 2부 정리 24의 증명은 실제로 각각의 개체가 다른 개체들과 부분들을 교환할 수 있기 위해서는 잠재적 해체를 겪어야 한다는 점을 잘 보여 준다. 곧 모든 교환은 단순히 타자들의 부분으로의 해체를 요구할 뿐만 아니라 자기 자신의 일정한 해체도 포함할 수밖에 없다.

그렇다면 이러한 잠재적 해체(보존)와 현행적 해체(죽음)를 구분하는 기준은 어디에서 발견되는가? 발리바르는 이 기준을 『에티카』 4부에 나오는 사회적 관계 이론의 출발점이 되는, 자연권으로서의 역량에 대한 공리에서 발견한다. 다시 읽어 보자. "자연 안에는 그보다 더 위력적이고 강력한 다른 사물들이 존재하지 않는 독특한 사물은 아무것도 없다. 어떤 사물이 주어지면, 이 사물을 파괴할 수 있는 더 위력적인 다른 사물이 존재한다." 발리바르에 따르면, 이 공리는 단지 독특한 사물들 간에는 역량의 우열이 있다는 것만을 의미하지 않는다. 그것은 정확히 자연 안에 그보다 더 위력적이지 않은 사물이 존재하지 않는 사물은 없다고 말하고 있다. 왜 이런 일이 필연적으로 생기는가? 왜냐하면 '내'가 얼마나 우월한 역량의 소유자이든 간에 '나'와 대립해 있는 다른 사물들은 자기들끼리 어떤 상위의 집합 또는 다양체를 형성함으로써 언제든지 '나'보

---

21   E3P11 참조.

다 더 위력적인 사물이 될 수 있기 때문이다. 또한 역으로 이렇게 고립된 '나'는 자신의 본성과 합치하는 또 다른 사물들과 결합함으로써, 자신과 대립하는 다양체를 제압할 수 있는 또 다른 다양체를 형성할 수 있다. 그러므로 여기에서 작동 중인 논리는 개체들 사이에는 일종의 역량의 위계가 있다는 논리가 아니라, 오히려 개체들 사이의 세력 관계는 항상 다양체 또는 상위 개체의 형성들을 통해 만들어지고 변화된다는 논리이다. 이 때문에 우리는, 개체가 스스로를 보존하기 위해서는 그 자신이 순수하고 단순하게 능동적이기만 해서는 안 되며, 오히려 더욱 복잡하고 역량 있는 개체 속으로 통합되는 어떤 수동을 경험할 필요가 있다는 놀라운 결론에 도달한다. 이것이 바로 잠재적 해체이다. 반면 현행적 해체, 곧 개체의 '죽음'은 개체가 자신과 합치하는 다른 개체들을 발견하지 못함에 따라, 자기와 대립하는 사물들을 제압할 수 있는 더 큰 역량의 집합을 스스로 형성하지 못할 때 닥쳐온다. 고립은 죽음의 동의어인 것이다.[22]

이로써 우리는 개체의 완결된 관념이란 고정되지 않은 역동적 평형을 표현한다는 점을 알 수 있게 되었다. 발리바르는 이상의 논의를 요약하며 결론적으로 다음과 같이 말한다.

이 때문에 나는 스피노자의 자연적 인과 관계 이론은 1부 정리 28이 표현하고, (2부 정리 7의) 인과 연관의 질서(ordo et connexio causarum)가 축약하고 있는 일차 수준의 복잡성을 넘어 '이차 수준의' 복잡성을 포

---

22   스피노자는 『정치론』 6장 1절에서 이렇게 말한다. "고립 속에서는 어느 누구도 자신을 방어하고 삶의 필수품들을 얻을 수 있는 힘을 가지지 않는 만큼, 모든 사람은 고립에 대한 공포를 타고난다."

함하고 있다고 제안했던 것이다. 단지 '같은 수준에' 위치한 원인들의 상호 작용 내지는 상호성만이 아니라, 각각의 유형의 개체……에 대해서 기저에 놓인 하위 수준으로 후퇴하면서 동시에 포괄적인 상위 수준으로 전진하는 통합 과정 역시 문제가 된다. …… 이는 개체들 사이의 정역학적 연관을 표현하는 복잡성의 '일차 수준'은 항상 부분적인 해체들 및 재합성들의 집합적 균형을 표현하는 (동역학적인) 이차 수준으로부터 생산됨을 의미한다.[23]

그러므로 스피노자가 「자연학 소론」에서 유지하고 있는 개체적 형태들의 위계라는 정역학적 표상은 갈등하는 개체들을 통합하는 동역학적 평형의 잠정적 계기들 내지 결과들이라는 관점에서 이해될 수 있다. 그리고 이는 스피노자가 아리스토텔레스적인 고전적 존재론을 데카르트처럼 단순하게 거부하지 않고, 오히려 그 상상적 인식의 숨겨진 전제들을 원인에 입각하여 설명함으로써 그것을 (데리다적인 의미에서) 해체하려고 했다는 것을 잘 보여 준다.

이 대목에서 우리는, 그렇다면 왜 스피노자는 「자연학 소론」 자체 내에서 이러한 관점을 좀 더 체계적으로 정리할 수 없었던 것일까 하고 의문을 제기할 수 있다. 필자가 보기에, 이는 무엇보다도 존재론으로부터 자연학을 일관되게 구성하는 과제가 스피노자에게 또 다른 논의를 경유할 것을 요구하고 있었기 때문인 것 같다. 바로 사회적 관계에 대한 이론으로서 정치적 인간학에 대한 논의가 그것이다. 우리가 「자연학 소론」의 말미에 제시된 요청들의 의미를 '인간'을 다루는 『에티카』 4부에 이르러서야 동역학적인 관점에서 제대로 규명할 수 있었던 것도 우연이

---

23   SP, 228~229쪽.(강조는 인용자)

아니다. 자연학 구성의 아포리아는 정치학의 개입을 요구하며, 그것을 통해서만 긍정적으로 전화할 수 있다. 막상 정치학 자신은 흠 없는 기초로, 곧 아포리아 없는 어떤 것으로 나타날 수 있을까라는 질문이 여전히 우리를 괴롭히겠지만 말이다.

2 정치학의 아포리아

발리바르는 네그리를 따라 스피노자 정치사상의 독창성을, 그것이 취한 정치와 국가에 대한 "대중의 관점" 또는 "대중적 관점"에서 찾을 수 있다고 말한다. 하지만 네그리와 달리, 그는 곧바로 이러한 관점이 그 자체로 양가적이며 따라서 아포리아적이라고 지적한다. 왜냐하면 대중은 통치자들에 대해 그들이 갖는 공포에 의해서뿐 아니라, 통치자들에게 그들이 불러일으키는 공포에 의해서도 규정되는 근원적으로 양가적인 존재이기 때문이다. 이러한 의미에서 대중의/대중에 대한 공포(la crainte *des* masses)는 스피노자 정치학의 대상이 되며, 이 때문에 우리는 그의 관점을 정확히 국가의 관점으로도, 그렇다고 인민이나 민주주의의 관점으로도 환원할 수 없게 된다.[24] 비록 스피노자가 타키투스(Tacitus)로부터 인용하는 "대중은 공포에 떨지 않을 때 공포스러운 존재가 된다.(Terrere, nisi paveant.)"라는 문구는 『에티카』 후반[25]과 『정치론』[26]에 이

---

24   에티엔 발리바르, 「스피노자, 반(反)오웰: 대중들의 공포」, 『대중들의 공포』(2007), 76쪽 이하.
25   E4P54S.
26   TP, 7장 27절 참조.

르러서야 비로소 등장하는 표현이지만, 이미 그것은『신학 정치론』에서부터 정치에 대한 스피노자의 사고를 근본적으로 규정하는 문제로 나타난다. 스피노자 자신이 가졌던 대중에 대한 공포까지 포함하여, 변화하는 정세 속에서 그의 "대중적 관점"이 겪었던 모험을 추적해 보기 위해 우리는 먼저『신학 정치론』의 문제 설정을 간략히 살펴보고, 스피노자가『정치론』의 문제 설정으로 이행할 수밖에 없었던 필연적인 이유를 함께 분석할 것이다. 그러고 나서 우리는『정치론』의 기획이 그럼에도 불구하고 하나의 미완성으로 귀결된 이유를 대중들의 공포라는 아포리아와 관련하여 살펴보고, 이러한 불가능성을 오히려 긍정적으로 이해할 수 있는 사유의 가능성을 모색해 보고자 한다.

『신학 정치론』의 문제 설정: 종교와 국가 관계의 변혁

스피노자가『신학 정치론』(1670)을 저술할 당시의 정치 상황은 홀란트(Holland) 공화정의 위기로 특징지어지며, 특히 계급 모순이 종교 이데올로기적 모순에 의해 과잉 결정되어 공화파의 권력 기반이 급속히 무너지고 있었다.(결국 공화정은 1672년에 전복된다.)[27] 칼뱅주의 정통파 신

---

27   우선 정치적으로는 부르주아 계급의 이익을 대표한 정무관파(공화파)와 지방의 토지 소유 귀족 계급의 이익을 대표한 오라녀파(군주파)가 대립하고 있었지만, 사실상 중간 부르주아는 권력에서 배제되어 있었으며 기층 민중 대다수는 수년간 맹렬하게 진행된 자본주의 축적으로 말미암아 비참한 프롤레타리아트로 전락해 있었다. 다른 한편 종교적으로는 아르미니우스파(간쟁파, 칼뱅주의 소수파)와 고마루스파(반간쟁파, 칼뱅주의 정통파)가 서로 대립하고 있었는데, 이 외에도 민중적 이단 분파들이 또 다른 진영을 이루고 있었다. 시민 권력의 종교 권력에 대한 우위와 종교적 관용을 주장하는 아르미니우스파는 정무관파 사이에서 널리 받아들여졌지만, 기독교적 군주를 옹호한 칼뱅주의 정통파는 소부르주아 및 계급적 불만에 차 있던 기층 민중 사이에서 큰 영향력을 발휘했다. 오라녀파는 종교적 신념이 아니라 정치적 이득에 따라 칼뱅주의 정통파를

앙을 매개로 "마치 자신들의 예속이 구원이라도 되는 양"[28] 오라녀 군주파에 가담하여 싸우던 대중들의 이데올로기를 해체하고 그들을 공화국의 민주적 기초로 새롭게 재구성하려면 무엇을 해야 하는가라는 질문에 답하는 것이 긴급한 과제로 떠올랐다. 공화국을 위기에서 구하기 위해 스피노자는 '종교와 국가의 관계'라는 문제를 새롭게 제기하고, 당시 공화파 인사들 사이에서 지배적이던 홉스의 사회 계약론을 비판적으로 가공하여, 국가에 관련된 사회 계약과 종교에 관련된 신성 계약으로 이루어진 이중 계약 이론을 발전시킨다.

왜 이러한 이중 계약 이론이 필요한가? 스피노자는 홉스의 어떤 한계를 극복하기 위해 이러한 이론화를 시도했던 것일까? 이에 답하기 위해 발리바르는 먼저 스피노자가 『신학 정치론』 16장에서 시민 사회를 형성하기 위한 사회 계약에 대한 상세한 논의를 마친 후에, 17장에 들어서자마자 갑자기 다음과 같이 말한다는 점에 주목한다.[29] "주권 권력의 압도적 권리 및 주권 권력으로의 개인들의 자연권 이양에 관해 바로 앞 장에 제시된 상은 …… 많은 면에서 이론에 그칠 뿐이다."[30] 이미 16장 끝자락에 '자연 상태' 개념을 좀 더 분명히 이해시킬 목적으로 언급되지만, 17장에 가서야 본격적으로 소개되는 신성 계약과 히브리 신정에 대한 논의로 나아가는 대목에 나오는 스피노자의 이와 같은 말은 그가 이중 계약 이론을 발전시키는 이유를 짐작케 한다는 점에서 매우 중요하

후원하고, 이들의 영향력 하에 있던 대중들을 동원해 정무관파에게 정치적 압력을 가하고 있었다.(SP, 36쪽 이하 참조.)

28   TTP, 서문, pp. 389~390.

29   Balibar, "Jus-Pactum-Lex: Sur la constitution du sujet dans le Traité Théologico-politique(A Monsieur Sylvain Zac)", *Studia Spinozana* 1(1985), p. 106.

30   TTP, p. 536.

다. 스피노자는 사회 계약 이론이 단지 "이론"에 그칠 뿐이라는 이유로, "사람들이 자신의 권리와 역량을 다른 이들에게 너무나 완전하게 양도해 버려서 그것을 양도받은 자들이 더 이상 그들을 두려워하지 않아도 되었던 적은 없으며, 정부가 외부의 적보다 자신의 시민들에 의해 더 위협받지 않았던 적은 없다."[31]라고 말한다.

정확히 어떤 권리와 역량이 특히 양도 불가능하며, 따라서 억압되었을 때 국가가 자신의 시민들에 의해 위협당할 수 있는가? 그것은 바로 "종교를 자유롭게 판단하고 스스로 그것을 설명하고 해석할 지고의 권위"로, "각각의 개인에게 귀속"되는 "종교적 견해의 주권적 권리"이다.[32] 이 때문에 개인들의 견해를 금지하는 법은

악덕을 교정하기보다는 야기한다. …… 이러한 (판단의) 자유가 억압될 수 있고, 주권자의 명령 없이는 감히 한마디도 하지 못하게 사람들을 종속시킬 수 있다고 가정해 보자. 그렇더라도 결코 주권자가 원하는 대로 사람들이 생각하게 만들지는 못할 것이다. 따라서 필연적인 결과로 사람들은 끊임없이 자신이 하는 말과 다른 견해를 가질 것이고, 국가가 가장 필요로 하는 신의는 부패할 것이다. …… 사람들은 자신이 옳다고 믿는 견해들이 범죄적인 것으로 취급받고, 신과 인간을 향한 경건함에 대한 그들의 사랑을 고취하는 것을 범죄로 낙인찍는 것에 대해서만큼은 참지 못하게 되어 있다. 그리하여 사람들이 법을 혐오하고, 집정관들에 맞서 모든 일을 감행하며, 그와 같은 대의를 위해 소요를 불러일으키고, 어떤 식이든 폭력적인

---

31   Ibid.
32   Ibid., 7장, p. 471.

기획을 시도하는 것을 수치스러운 일이 아니라 매우 선한 일이라고 판단하는 일이 생긴다. 인간 본성이 그러하기에, 견해들에 관한 법은 범죄자들이 아니라 독립적 인품을 지닌 사람들을 위협하고, 따라서 그 법이 국가에 커다란 위험이 되지 않고는 보존될 수 없다는 것이 명백하다.[33]

스피노자는 바로 여기에서 홉스와 날카롭게 갈라서고 있다. 홉스는 종교의 자유에 관한 질문, 곧 "만일 주권자가 그리스도를 믿지 못하도록 금지하면 어찌할 것인가?"라는 질문에 답하면서, 신을 믿고 믿지 않고는 인간의 명령에 의해 좌우될 수 없으며, 또한 보상의 약속이나 고문에 의해 강제할 수도 없는 신의 선물이기에 원칙적으로 금지될 수 없는 것이지만, 주권자가 만일 믿지 않는다고 혀를 가지고 말하라고 명령하면 그 명령은 믿음 자체가 아니라 고백의 "외적 행위"에 관련된 명령이니만큼 반드시 복종해야 한다는 입장을 밝힌다.[34] 홉스에게 개인의 내적 견해는 외적 행동으로부터 완전히 분리될 수 있으며, 따라서 신민은 자신의 생각이 어떻든 간에 주권자가 시키는 대로 말할 수 있어야 한다. 그러나 스피노자는 이러한 분리를 물리적으로 불가능한 허구라고 생각하며, 따라서 홉스의 "해결책"은 (도덕적으로 옳지 않기 때문이 아니라) 실행되면 국가 자체에 더 큰 화를 불러올 수 있는 위험한 것이기 때문에 기각되어야 한다고 주장한다.[35]

그렇다면 스피노자는 종교에 관련된 개인들의 견해의 자유를 완전히 보장해야 한다는 자유주의적 주장을 펼치는가? 발리바르는 이 문제

---

33 Ibid., 20장, pp. 569~570.
34 Thomas Hobbes, *Leviathan*(1985), pp. 527~528.
35 에티엔 발리바르, 앞의 책(2007), 122~123쪽.

와 관련하여 『신학 정치론』에서 스피노자가 보여 주는 태도에는 모순적인 면이 있다고 지적한다. 방금 전에 봤듯이 7장에서 스피노자는 종교 문제를 판단할 수 있는 자유는 각 개인에게 귀속된다고 말한다. 하지만 흥미롭게도 19장에서 우리는 이와 정확히 반대되는 주장을 접한다. 곧 종교가 주권자의 결정에 의해서만 법의 힘을 얻을 수 있다는 주장이 그것이다. 이 모순을 순수한 개인의 신앙 활동으로서의 '내적 종교'와 예배의 공적 형식에 관련된 '외적 종교'의 구분에 따라 해석하는 것은 어느 정도 가능하지만, 그러한 해석이 근원적으로 곤란을 제거해 주지는 못할 것이다. 왜냐하면 정확히 국가는 외적 종교에 자신의 법률을 부과하면서 내적인 신앙 활동들에 필연적으로 간섭해 들어올 수밖에 없다는 것을 스피노자 자신이 잘 알고 있기 때문이다. 내적 신앙과 외적 행동이 구분될 수 없기 때문에, 홉스와 같이 발언의 자유를 금지하려는 시도는 실패할 수밖에 없지만, 국가가 개인의 견해와 발언의 완전한 자유를 보장한다는 것도 마찬가지 이유로 생각할 수 없는 일이다. 왜냐하면 개인이 국가에 대해 반역적인 견해를 가질 경우 이는 말과 행동의 구분을 통해 해결할 수 없는 근본적인 곤란을 야기할 것이기 때문이다. "행동뿐만 아니라 말도 반역적일 수 있다는 것 역시 부인할 도리가 없으며, 따라서 신민들의 발언의 자유를 완전히 박탈할 수는 없지만, 그렇다고 이 자유를 제한 없이 허락하면 최대의 재앙적인 결과들을 불러올 수 있다."[36]

홉스와 달리 스피노자는 이러한 이중 구속의 상황에 대처하기 위해, 개인들의 내밀한 정신 공간에 주권 권력이 실제로 개입할 수 있는 (물리적 강제와는 구별되는) 또 다른 "가능한 수단들"을 추구한다. "비록 혀

---

36   TTP, 20장, p. 567.

(말)에 대해 명령하는 것과 똑같이 마음에 대해 명령할 수야 없지만, 그래도 마음은 어느 정도까지는 주권자의 통제하에 있을 수 있는데, 그것은 주권자가 자신이 바라는 대로 다수의 사람들이 믿고, 사랑하고, 혐오하도록 유도할 수 있는 많은 수단들을 지닌 경우에 그렇다."[37] 이 수단들은 무엇인가? 스피노자는 바로 모세의 "신정"의 역사적 사례 속에서 그것들을 발견한다.

> 이집트에서 탈출한 후 히브리인은 더는 다른 민족의 법에 종속되지 않게 되었고, …… 그리하여 자연 상태로 되돌아간 그들은 모세의 조언을 굳게 신뢰하여 자신들의 권리를 어떤 유한자에게도 양도하지 않고 오직 신에게만 양도하기로 결심했다. …… 그리하여 히브리인에게는 오직 신만이 국가 권력(imperium)을 행사하게 되었으며, (신과 히브리인 사이의) 계약 때문에 오직 이 국가만이 정당하게 '신의 왕국'……이라 불리게 되었다. …… 따라서 이 국가에서는 시민법과 종교는 …… 단 하나의 동일한 것이었다. …… 이 때문에 이 국가는 신정 국가라 불릴 수 있었다.[38]

그러므로 발리바르가 말하듯이 신정에서 주권 권력이 신민들의 마음에 개입할 수 있게 되는 것은 바로 동일시(identification)의 효과를 통해서이다.[39] 모세가 고안해 낸 신화 속에서 개인들은 정치적, 종교적 대표자의 매개 없이 신과 직접 계약을 맺음으로써 자신들의 권리를 오로지 신에게만 양도하고 신에 대한 복종을 맹세한다. 이러한 방식으로 신

37   Ibid., 17장, p. 537.
38   Ibid., 17장, pp. 539~540.(SP, 73쪽에서 재인용, 강조는 인용자)
39   SP, 74~78쪽.

정은 시민법과 종교법의 동일성을 확립함으로써 "개인적 구원과 집합적 구원의 완전한 동일화"를 이루고, 그리하여 신민들 간의 강력한 애국적 연대를 생성하는 민족주의를 창안한다. 물론 이러한 신과의 계약이란 '허구'에 지나지 않지만, 바로 이 허구를 수단으로 해서 모세는 히브리인들의 거의 완전한 정치적 통합을 실현할 수 있었다. 그는 '거의' 그럴 수 있었는데, 왜냐하면 신정은 또한 내적인 모순을 지니고 있었고, 시간이 흐름에 따라 결국 그 모순의 대가를 치를 수밖에 없었기 때문이다. 신정은 기본적으로 신에 대한 두려움과 불경에 대한 강박적 공포에 의해 지배되는 '슬픈 정체'이기 때문에, 결국 개인들은 각자 신의 판단을 두려워하면서, '혹시 다른 이들이 신의 분노를 사는 일을 행하지는 않나' 서로 의심하고 감시하는 갈등과 반목의 상태로 들어선다. 신과의 계약을 통해 형성된 민족주의적 연대는 점차 자신의 대립물로 전환되고, 개인들은 하나하나 "고독" 속으로 유폐된다.

발리바르는 이러한 내적 모순의 원인으로, 신정이 일체성의 외관 아래 실은 두 개의 반대되는 경향을 은밀하게 결합하고 있다는 점을 지적한다. 한편으로 신정은 민주정과 등가적이다. 왜냐하면 히브리인들은 신에게 권리를 양도하면서 어떤 사람에게도 그것을 주지 않았기 때문이다. 매개자 없는 신과의 계약 속에서 사람들은 서로 위계 없는 평등한 시민들로 구성될 수 있었고 그러한 한에서 서로 유대를 만들어 낼 수 있었다. 그러나 이러한 상상적 민주정의 설립은 집합적 주권을 "다른 무대"로 옮겨 놓음으로써만 가능했고, 따라서 그것은 초월적인 "신의 자리"를 상징적으로 확립하는 것을 의미했다. 이 "신의 자리"를 처음에는 모세가, 그리고 나중에는 또 다른 개인들이 차지함으로써 역사적 군주정들이 형성된다. 그러나 군주들은 사실 신적 인간이 아닐뿐더러 전체로서의 대중에 비하면 극히 미약한 역량만을 지닌 한낱 개인에 지나지 않았기 때문에, 이들은 대중 앞에서 스스로를 지상의 신의 대표자처럼 보이게 만들기 위해 항상 신성한 주권의 기억을 다시 활성화하고, 신에 대한 공포와 사랑으로 스스로를 신비화하는 일에 몰두하게 된다. 예언자들은 바로 이러한 일에 이용된다. 예언자들은 인민의 언어로 율법의 존재를 환기시키고, 히브리 역사를 해석하면서, 히브리인들이 신의 율법에 복종하도록 율법의 약속들을 다시 일깨우는 신의 살아 있는 중개자들이다. 그러나 예언자들을 동원한 이러한 모든 노력에도 불구하고, 초월적인 신의 자리와 현실적 군주 사이에는 항상 균열이 있게 마련이어서, 종종 군주들은 자신의 면전에서 또 다른 신의 대표자들(예언자들 자신을 포함한)이 대중을 등에 업고 출현하여 자신의 권력을 찬탈하는 일을 예방하지 못했다.

그렇다면 우리는 신정 없는 민주정의 설립을 통해 군주정의 이러한 부정적 영향이 섞여 들어오는 것을 막을 수 있어야 할 것이다. 하지만 이미 살펴봤듯이, 이는 개인들이 신성 계약의 "허구" 없이 오직 사회 계약에 따라 집합적 주권을 행사하는 것이 가능하다는, "단지 이론에 지나지 않는" 또 다른 허구로 돌아감을 의미할 것이다. 사실 당시의 네덜란드에서 공화파가 대중의 종교 이데올로기에 어떤 유효한 개입도 하지 못한 채 자신의 권력 기반을 잃고 있었던 것은 바로 이러한 사회 계약의 허구를 그들이 믿고 있었기 때문이기도 했다. 스피노자의 결론은 분명하다. "신정의 유산"과 단절한 민주정이란 존재하지 않는다. 그는 모세 신정의 부정적 효과를 중화하기 위해, 예수가 이룩한 혁신의 내용을 결합시키고, 이를 "참된 종교(vera religio)"의 제도화로 종합하려고 한다. 예수는 "선택된" 민족으로부터 율법을 분리하고 그것을 내면화함으로써 복종을 모든 사적 개인들의 지적 깨우침의 문제로 만들 수 있었다. 정확히 이 때문에 예수 이후에 모든 예언자들은 소멸할 수밖에 없었는데, 신자들은 더 이상 예언자들을 통해 신의 약속의 영원성을 보증해 주는 외적 증거들을 찾을 필요 없이, 자기 안에서 예수가 전해 준 현행적 준칙들과 참된 삶의 징표들을 발견하기만 하면 되었던 것이다.[40]

민주정을 수립하고 그것을 보존하기 위해서는, 국가가 개인의 종교적 견해들의 영역에 개입하여 관용 및 이웃 사랑에 대한 합의(신에 대한 복종의 실천적 형태는 '이웃 사랑'이다.)를 형성시킬 수 있어야 한다. 그러나 이러한 합의는 국가의 강제를 수단으로 확보될 수 없다. 국가가 자신의 권위로 이 합의를 달성하려고 들면, 그것은 필연적으로 대중의 이질적인 견해들 사이에서 심각한 갈등을 야기하고, 결국 자신을 향하는 대중의 극단적인 분노(indignation)를 초래할 수밖에 없다. 국가는 이러한 합의를 간접적으로만 획득할 수 있다.[41] "참된 종교"는 바로 이를 달성하기 위한 장치(알튀세르가 나중에 "이데올로기적 국가 장치"라고 부르는 것)로 고안된다. 『신학 정치론』의 기획은 (시민들의 이성적 실리 추구에 기초하여 수립되는) 주권자의 자연권과 (상상적 동일시에 기초하여 수립되지만, 최대한 기독교가 그 속에서 '이웃 사랑'의 본질적인 도덕적 교훈과 일치하게 되는) 참된 종교가 서로 완전히 섞이지 않으면서도 각자 상대편의 도착을 제한할 수 있는 하나의 필연적인 체계를 만들어 내는 데에 그 목표가 있었다.

---

40   TTP, 5장, p. 436.
41   Ibid., 17장, p. 537.

『신학 정치론』에서 『정치론』으로

그렇지만 이러한 『신학 정치론』의 기획에는 내재적 난점들이 있었고, 실제로 홀란트 공화국의 몰락을 막을 수도 없었다. 발리바르는 긴밀하게 연결된 두 개의 난점을 지적한다. 하나는 참된 종교를 통해 발생하는 민족주의적 동일화란 모세의 신정 분석에서 볼 수 있듯이 그 효과가 지극히 양가적이라는 것이다. 다른 하나는 그렇다고 이러한 부정적 효과를 중화하기 위해 예수의 내면 종교를 결합시키면, 기독교적인 세계 시민주의(cosmopolitanisme)의 요소마저 함께 도입할 수밖에 없게 되고, 결국 대중의 애국적 연대의 생산이라는 민족주의의 "긍정적" 효과는 반감될 수밖에 없다는 것이다.[42]

그러나 이러한 표면적 난점들 뒤에는 더욱 심각한 이론적 문제가 있었는데, 바로 『신학 정치론』의 기획 속에 은폐되어 있는 목적론적 사고의 경향이 그것이다. 발리바르는 이러한 경향이야말로 공화국의 위기라는 국면에 대한 『신학 정치론』의 효과적인 개입을 불가능하게 만든 내적 원인이 되었다고 말한다.[43] 우리는 이 목적론을 "가장 자연적인 국가"로서의 민주정이라는 스피노자의 중심 테제에서 발견할 수 있다. 사실 스피노자의 관점에 충실하자면, 국가의 모든 형태는 (다른 모든 현실이 그러하듯이) 자연적 원인들에 의해 야기되는 그 자체로 자연적인 것들이어야 하며, 따라서 그만큼 완전한 것들이어야 한다.[44] 그러나 스피노자는 『신학 정치론』에서 자연적인 정체와 그렇지 않은 정체를 나누고, 이

42   Balibar, "Jus-Pactum-Lex" 참조.
43   SP, 55쪽 이하 참조.
44   E2D6 참조.

넘형으로서의 민주정을 자신의 '목적'으로 설정한 채 논의를 이끌어 간다. 물론 그는 민주정의 관념성을 참된 종교의 제도화를 통해 보정하려고 했던 것이 틀림없다. 하지만 그것은 여전히 국가와 개인이 서로 최대한의 조화를 이루고 있는 이상적 상황을 전제한 채, 그러한 기준에서 일탈한 공화국의 부분적인 오류들을 교정하려는 시도에 불과했다. 따라서 참된 종교라는 수단은 이미 대중이 미신과 공포에 사로잡혀 반역 행위에 가담하게 될 정도로 공화국이 변질되었을 때, 별다른 현실 개입 능력을 갖지 못하게 된다.

목적론의 가장 탁월한 비판자인 스피노자에게 왜 이러한 한계가 나타났는가? 아마도 우리는 스피노자가 대중에 대해 스스로 가졌던 공포에서 그 원인을 찾아볼 수 있을 것이다. 실제로 그는 『신학 정치론』의 서문에서 자신의 책이 우중에게 읽힐까 봐 두려워하고 있으며, 본문에서도 줄곧 "이성이 아닌 감정에 의해서만 움직이는" "변덕스러운" 대중에 대한 부정적인 태도를 견지했다. 그런데 이러한 그의 태도야말로 그가 '복종(obéissance)'이라는 질문을 개인의 내면적 도덕의 수준에서만 고려할 뿐, 대중의 집단적 정념의 조직화라는 수준에서 제대로 제기하지 못하게 하는 요인이 된다.[45] 대중의 정념은 국가의 보존을 위해서는 분해되어야 할 부정적인 것으로 판단되고 있을 뿐이지, 그 동학이 분명한 이론적 분석의 대상이 되어야 할 필요성은 (제한적으로밖에는) 인식되지 못하고 있는 것이다. 이 때문에 『신학 정치론』은 내면적 복종을 강조하고, 율법을 개인의 차원으로 끌고 내려오는 예수의 전략을 모방하지만, 그

45　『신학 정치론』의 아포리아에 대한 이와 같은 관점에서의 접근은 발리바르, 「스피노자, 정치와 교통」, 『알튀세르의 현재성』(1996), 178쪽 이하를 참조하라.

러한 도덕적 교화의 전략은 대중의 정념의 폭주 앞에서 무능력한 것으로 드러난다. 『신학 정치론』보다 6년 후에 쓰인 『정치론』(1676~1677)에서 스피노자는 "'네 이웃을 사랑하라'는 준칙은 정념들 앞에서는 아무 소용도 없다."[46]라고 씀으로써 종전의 자기 입장을 비판한다. 이는 스피노자가 스스로 겪었던 대중에 대한 공포를 완전히 제거하진 못했다고 하더라도, 그러한 공포에 대해 어느 정도 능동적인 위치에 서기 시작했다는 것을 의미한다. 복종이라는 질문은 『정치론』에서도 여전히 중요한 것으로 남겠지만, 그것은 이제 완전히 다른 지평 위에서 다른 방식으로 사고될 것이다.

『정치론』에서 스피노자는 대중(multitudo)을 전면에 등장시킨다. 스피노자는 주권을 더 이상 통치자 또는 지배자의 역량이 아니라 명확히 다중의 역량에 의해 정의하고[47] 대중의 운동이야말로 국가의 힘의 인민적 토대를 이루는 것이라고 보면서 이를 자신의 이론적 분석의 대상으로 삼는다. 『신학 정치론』에서 중심적인 역할을 했던 국가와 개인이라는 대립된 두 항은 『정치론』에 와서는 더욱더 근본적인 세 번째 항인 다중의 역량에 자리를 내주고 그 역량이 실현되는 양상의 표현에 불과한 것으로 위상이 재조정된다.[48] 그러나 우리는 이러한 변화를 대중에 대한 공포의 관점으로부터 "다중의 구성적 역량"(네그리)에 대한 무한한 긍정의 관점으로의 이행이라고 볼 필요는 없다. 스피노자에게 "다중의 역량은 화합의 역량일 뿐만 아니라 또한 불화의 역량이기도 하기 때문이다."[49]

---

46   TP, 1장 5절.
47   Ibid., 2장 17절.
48   SP, 105쪽.
49   같은 책.(강조는 인용자)

대중들이 무대의 전면을 차지하는 『정치론』 안에서도 대중의/대중에 대한 공포는 여전히 존속한다.[50] 다만 그것은 이제 저자 스스로의 공포에 의해 억압되는 문제가 아니라 명확한 이론적 질문의 형태를 띠고 우리 앞에 나타날 뿐이다. 따라서 (국가 권력의) "자기 한정" 또는 "자기 제어"라는 문제도 여전히 존속한다. 그것은 더 이상 다중 바깥에 있는 초월적인 주권자에 의한 통치의 관점에서 다루어지지는 않지만, 통치자와 피치자를 동시에 포함하는 전체 다중의 "정념"의 제어라는 관점에서 새롭게 조명된다. 진정한 질문은 다음과 같다. 다중은 스스로를 통치할 자질을 가지고 있는가? 그러한 자질은 어떻게 증대되는가?

민주주의의 아포리아

국가의 주권적 의사 결정(décision)에 관한 『정치론』의 핵심적인 아포리아가 형성되는 것은 바로 이러한 맥락에서이다. 발리바르가 말하듯이, "내적으로 분할된 모순적인 역량으로서의 다중은 전혀 결정을 내리지 못"하는 무능력에 의해 규정되지만,[51] 그렇다고 다중을 의사 결정 과정에서 배제하는 것은 그만큼 그 결정의 (복종을 강제할 수 있는) 역량 자체를 감소하는 결과를 가져온다. 이러한 문제를 해결하기 위해 스피노자는 두 가지 측면을 결합한다. 더 많은 다중을 통치 계급 안으로 포함시킴으로써 주권 권력의 힘을 최대한 확대하면서, 동시에 의사 결정 과정의 효율성을 제고하기 위한 다양한 대의 제도 및 견제 장치를 고안하

---

50   TP, 7장 27절.
51   SP, 120쪽.

는 것이 그것이다. 이러한 이중적 수단을 통해 스피노자가 목표로 하는
것은 무엇보다도 피지배 다중의 역량을 제압할 수 있는 주권자의 역량
을 확보함으로써 권력이 다중에게로 복귀하는 내란적 상황을 막아 내는
것이다.("귀족들의 수는 대중의 수보다 훨씬 더 클 수 있다. 위험은 오직 귀족들의
수가 너무 적을 때에만 존재한다."[52])

　　하지만 실천적으로 이는 피지배 다중을 의사 결정 과정에 가능한
한 많이 참여시킴으로써 각각의 정체에 나름대로 적합한 민주적 원리
를 도입한다는 말과 같다. 이 논리를 끝까지 추구하면, 우리는 결국 "전
체 인민이 소유한 권력"만이 "절대 권력"이며, 민주주의야말로 "완전히
절대적인 권력"이라는 결론에 도달하게 될 것이다. 이것이 스피노자의
결론인가? 『정치론』 11장은 그렇게 말하고 있는 듯하다. 그러나 민주주
의를 향한 이 마지막 일보를 내딛는 순간, 스피노자가 갑작스럽게 저술
을 중단한 것도 사실이다. 만일 이러한 중단이 저자의 죽음에 의한 우연
한 사건으로 치부될 일이 아니라면, 우리는 그 이유를 어떻게 봐야 하는
가? 발리바르는 사실 이러한 결론이 자신의 전제를 위반하는 논리적 모
순을 포함하고 있다고 지적한다. 곧 권력이 전체 인민에 의해 소유된 민
주주의야말로 절대 권력으로 정의될 수 있지만 그것은 동시에 권력이
대중에게로 완전히 복귀한 무권력의 상황이기도 하다는 모순 말이다.
발리바르는 이렇게 반문한다. "권력이 전체 대중에게 항상 이미 속해 있을
것이므로, 대중으로의 복귀의 위험에서 결정적으로 벗어나 있는 권력 개념이
란 도대체 무엇인가? 또는 말하자면, 대중이 본성상 '권력의 보유자들에
게 두려운 존재라면' ……, 그 극한(민주주의)으로의 이행은 권력을 쥔 대

52　TP, 8장 13절.

중이 스스로에게 두려운 존재가 되지 않으리라는 것을 무엇으로 조금이나마 보장할 수 있는가?"[53]

　그러나 발리바르는 민주주의를 정의하는 데에 실패하게 만든 이러한 스피노자의 아포리아를 결코 부정적인 것으로만 보지 않는다. 오히려 그는 이러한 아포리아야말로 정치 철학의 근본적인 편견을 뒤흔든 스피노자의 새로운 이론적 발견의 상관물을 이루고 있다고 본다. 사회성에 대한 혁신된 이해가 바로 그것이다. 주지하다시피 고대 정치 철학, 특히 아리스토텔레스의 정치 철학에서 사회성은 자연적 사회성이라는 형태를 띤다.("인간은 정치적 동물이다." 또는 "인간은 본성상 도시를 위해 살아가는 존재이다.") 반대로 근대 정치 철학, 특히 홉스를 비롯한 사회 계약론에 속하는 정치 철학에서 사회성은 제도적 또는 인위적 사회성이라는 형태를 띠며, 이 때문에 자연 상태와 시민 사회의 구분이 핵심적인 설명의 쟁점으로 떠오른다. 하지만 발리바르는 이러한 표면적 대립을 넘어 양자가 공유하고 있는 어떤 공통의 전제가 있는데, 그것은 바로 사회성이란 "유대"를 뜻한다는 생각, 곧 사회성이란 언제나 인간들의 연합, 상호 필요, 우정으로부터 생겨난다는 생각이라고 말한다.

　스피노자가 위와 같은 두 노선의 대립을 전위시키면서 비판하는 것이 바로 이러한 "유대로서의 사회성"이라는 전제이다.[54] 이 비판의 의미를 제대로 파악하기 위해서는 『에티카』 4부의 논의에 대한 발리바르의 분석(『스피노자와 정치』의 4장)을 빠짐없이 살펴볼 필요가 있지만, 지금

53　에티엔 발리바르, 앞의 책(2007), 102~103쪽.
54　진태원은 『신학 정치론』의 오류를 정정하기 위해 스피노자가 『정치론』에서 "인간의 자연적 사회성"을 내세운다고 주장하는데, 이는 프랑수아 마트롱이나 네그리의 입장에서라면 몰라도 적어도 발리바르의 입장에서는 할 수 없는 주장이다. 진태원, 「대중들의 역량이란 무엇인가?: 스피노자 정치학에서 사회 계약론의 해체 2」, 《트랜스토리아》(2005), 13~50쪽을 보라.

은 핵심적인 지점만 간추려 보도록 하자. 여기에서 특히 문제가 되는 것은 "덕을 추구하는 모든 사람은 스스로 선을 욕망하며, 또한 이것을 다른 사람들을 위해서도 욕망할 것이다, 그리고 그가 신을 더 많이 인식할수록 이 욕망은 커진다."라고 말하는 4부 정리 37이다. 이 정리는 네그리가 주목하는 긍정적 계열의 정념인 도의심(pietas)이 그 주석 중 하나에 등장하는 정리이기도 하다는 점에서 우리의 주목을 끈다.[55] 그러나 정리 37이 진정 특이한 이유는 도의심을 매개로 한 다중의 '합의'를 강조하는 네그리가 생각하는 것과 달리 그것이 두 가지의 완전히 상반된 증명을 통해 논증되고 있다는 점 때문이다. 첫 번째 증명은 이성에 관계하지만, 두 번째 증명은 이성의 타자인 정념의 메커니즘에 관계한다. 발리바르는 이러한 두 증명이 다름 아닌 사회성의 두 가지 상이한 발생에 조응한다고 말한다. 이성이 개인들의 실재적 일치를 발견하게 해 줌으로써 사회성을 생산한다는 것은 쉽게 이해될 수 있다. 문제는 정념인데, 정념은 분명 부적합한 인간의 욕망 양상을 표현하며, 따라서 인간들 사이의 영속적인 갈등의 원인이 되고, 그렇다면 정념이 사회성을 생산한다는 말이 도대체 무슨 말인지 알 길이 없기 때문이다. 그러나 두 번째 증명이 보여 주는 것은 정확히 이러한 정념이 사회성의 반대항을 표상한다고 결론을 내릴 수는 없다는 것이다. 만일 이것이 (네그리가 말하는) 긍정적 계열의 정념만을 지칭한다면 사실 그것은 그렇게까지 놀라운 주장은 못 될 것이다. 그러나 정념들을 사회성 생산의 분명한 하나의 형태로 만

---

55 네그리, 『전복적 스피노자』의 3장, 특히 102~103쪽 참조. 네그리는 『신학 정치론』이 초월적 주권자에게 권리를 양도하는 "계약"의 문제 설정에 사로잡혀 있다면, 『정치론』은 다중의 (양도 없는) 내재적 "합의"의 문제 설정에 따라 논의가 전개된다고 본다. 그런데 이는 그가 사회성을 여전히 유대와 우정 속에서만 사고하고 있다는 점을 잘 보여 준다.

드는 두 번째 증명에 입각하여 발리바르는 정념의 '부정적 공통성'을 논하는 4부의 정리 32~34를 다시 읽으면서 다음과 같은 놀라운 결론으로 나아간다.

> 이 (정리들은) 슬픔의 심리적 경제에 의존하고 있는데, 슬픔은 자신의 무력함에 대한 개인의 의식(意識)이며, 다른 사람들만이 아니라 자기 자신에 대한 증오를 초래한다.〔E4P34P〕 그런데 인간들이 완전히 고립되어 있다면, 슬퍼하지도 증오하지도 않을 것이다. 더욱이 그들이 이러저러한 대상에 대해 가지고 있는 사랑과 관련하여 (이 대상을 상실하지나 않을까 하는) 두려움을 느끼지 않고, 자신들이 사랑하는 것에 관해 그들이 두려워하는 외부 원인들——특히 다른 사람들——을 물리칠 수 있으리라는 희망을 경험하지 않는다면, 그들은 서로를 증오하지 않을 것이다. 그들은 사람들이 동일한 대상을 서로 다르게 사랑하는 한에서, 또는 양립 불가능한 대상들을 사랑하는 한에서, 또는 좀 더 근본적으로는 그들이 다 함께 사랑하는 대상들을 서로 다르게 상상하는 한에서 서로를 증오한다.(그들의 독특한 '기질'을 구성하는 것이 바로 이것이다.) 여기에서 놀라운 관념이 모습을 드러낸다. 곧 증오는 단지 사회적 (또는 관계적) 정념일 뿐만 아니라, 또한 '사회적 유대', 사회성의 (모순적인) 한 형태다.[56]

발리바르에 따르면, 이것이 스피노자가 자연적 사회성과 제도적 사회성의 대립을 넘어서는 방식이다. 여기에서 이해의 열쇠가 되는 것은 바로 정념의 양가성이다. 증오는 사랑과 분리될 수 없으며, 바로 그러

---

56   SP, 127~128쪽. 강조는 인용자.

한 한에서 증오는 사회적 유대의 한 형태이다.(사랑은 그것이 신에 대한 지적 사랑인 경우 증오로부터 분리될 수 있지만, 그 역은 사실이 아니다.) 뿐만 아니라, 사랑과 증오를 각각 "사회화(공동화)"하는 반정립적인 행동들의 기원에는 동일한 원인이 존재하기 때문에, 공동선에 대한 사랑은 공동으로 피하려는 악에 대한 증오와 분리될 수 없다.[57] 다시 말해서 공동선에 대한 사랑뿐 아니라 공동으로 피하려는 악에 대한 증오의 정념 역시 사회적 유대를 생산한다. 그리하여 우리는 '공동선'의 추구로 사회성을 정의한 4부 정리 37이 그것의 두 번째 주석에서는 정반대로 '공동으로 피하려는 악'에 대한 증오를 통해 사회성의 정의를 시도하게 되는 이 놀라운 반전을 분명하게 이해할 수 있게 된다.

　　　…… 모든 사람이 다른 사람에게 해를 입히지 않도록 자제하는 것은 더 커다란 피해에 대한 두려움이다. 이것이 바로 사회의 안전을 보증하게 될 법칙인데, 단 이는 사람들 각자가 지닌 보복할 권리와 선악을 판단할 권리가 이 법칙에 귀속될 것을 조건으로 한다. 이렇게 해서 이 법칙은 공동의 삶의 규칙을 명령할 수 있는 권한과 법률들을 제정하고 보증할 수 있는 권한을 지니게 되는데, 이는 정서들을 억제할 수 없는 이성[E4P17S]이 아니라 위협들을 통해 이루어진다. 법률들과 자기 자신을 보존할 수 있는 권한에 기초하여 설립된 이러한 사회를 우리는 도시(국가)라고 부르며, 그 법에 의해 보호받는 사람들을 시민들이라고 부른다.[58]

57　SP, 130~131쪽.
58　E4P37S2.(SP, 120쪽에서 재인용)

사회성은 (이성에 의해 인도되는) 개인의 실재적 일치와 (정서적 모방에 따른) 상상적 양가성의 통일체이다. 그러나 이러한 통일체는 바로 그것의 상상적 양가성이라는 측면 때문에 앞의 주석이 보여 주듯 오직 권력(potestas)이 형성될 경우에만, 곧 통치와 피치의 관계 또는 대의/대표(representatio)의 관계가 형성될 경우에만 현실적으로 실존할 수 있다.[59] 이러한 권력은 공통적 선과 공통적 악을 확고히 정의하고, 개인들이 서로 개별적 역량들을 결합하여 자신들을 보존하는 형식을 확정함으로써 개인들의 사랑과 증오의 운동을 인도한다. 이러한 권력의 이름이 국가(civitas)이며, 따라서 사회는 또한 현실적으로 항상 하나의 국가여야만 한다. 사회와 국가라는 두 개념은 하나의 동일한 실재를 가리킬 수밖에 없다. 따라서 자연적 사회성과 같은 것은 없지만, 사회화는 항상 이미 시작되어 있으며, 국가 또한 항상 이미 시작되어 있다고 말해야 한다.[60] 사실은 이 때문에 우리는 자연 상태에서 시민 사회로 결코 "이행"하지 않으며, 사회 계약 관념은 근거를 상실한다.

이제 우리는 이러한 맥락에서 복종의 문제를 『신학 정치론』에서와는 다르게 생각해 볼 수 있다. 『신학 정치론』은 복종을 개인적 내면의 차원으로 끌고 내려와 도덕적 교화의 문제로 만드는 경향이 있다. 그러나 『정치론』과 『에티카』의 논의는 반대로 복종이란 언제나 집단적 차원에서만 실제로 달성될 수 있음을 잘 보여 준다. 왜냐하면 "정서들을 억제할 수 없는 이성"이 대중의 정념을 얼마간 장악할 수 있는 것은 오직

---

59 '주권의 자기 제한'으로서의 대의제의 필연성에 대해서는 발리바르, 「민주주의적 시민권인가 인민주권인가?」, 『정치체에 대한 권리』(2011), 240쪽을 참조하고, 또 통치와 피치의 관계에 대해서는 발리바르, 「스피노자, 정치와 교통」, 『알튀세르의 현재성』(1996), 179쪽을 참조하라.
60 SP, 132쪽.

(국가를 통해 집단적으로 달성되는) "공동의 삶의 규칙"을 확립함으로써이기 때문이다. (현자이든 무지자이든 간에) 개인이 혼자 동떨어져 있을 때 이성은 정념에 대해 무기력하다. 복종은 이제 개인의 수준에서는 아무 의미도 없는, 언제나 집단적 수준에서 제기되는 문제이며, 더 나아가서 집단적 수준에서 사회성이 조직되기 위해서는 언제나 제기되어야만 하는 문제이다. 그리고 바로 그렇기 때문에, 복종의 지양으로서의 자유라는 문제 또한 개인의 수준이 아닌 집단의 수준에서 제기될 수 있을 뿐이다. 그것은 결국 집단적 교통 양식의 전화라는 문제이다.[61]

우리는 앞에서 민주주의에 관련된 『정치론』의 아포리아가 사회성에 대한 스피노자의 혁신된 사고의 상관물인 한에서 순수하게 부정적인 것이 아니라고 말했다. 스피노자가 맞닥뜨렸던 아포리아는 달리 표현하자면 결국 복종을 매개로 하지 않은, 절대적 의미에서 해방된 다중의 자유롭고 직접적인 역량의 행사로서의 권력이란 형용 모순에 지나지 않는다는 말이 될 것이다. 사회란 언제나 권력, 곧 통치와 피치의 관계로서의 국가를 통해서만 실존할 수 있기 때문이다. 하지만 이것이 자유의 확장을 위한 기획을 봉쇄하는가? 그렇지 않다. 자유가 애초에 복종이라는 것과 완전히 분리되어 규정될 수 없으며 언제나 복종의 지양으로 나타날 수밖에 없다면, 역으로 복종이라는 것도 하나의 고정된 내용을 가질 필요가 없다. 국가, 종교, 도덕이 제도화하는 복종은 불변의 사실이 아니라 "진행 중인 이행의 축"이며, 교통 양식 자체의 변혁을 목표로 하는 실천과 투쟁의 쟁점이다.[62] 민

---

61   『신학 정치론』의 해결책을 완전히 일관된 것으로 받아들이지 않는다는 것을 전제로, 그것을 종교 이데올로기의 역사성에 대한 분석으로 다시 읽는다는 것은 가능할 뿐만 아니라, 또한 필수적이다.(에티엔 발리바르, 앞의 책(2007), 117쪽)

62   SP, 144쪽.

주주의란 이렇게 봤을 때 단순히 하나의 정체를 지칭하는 이름이 아니라, 민주정을 포함한 모든 정체에서 부단히 재개되어야만 될 실천, 곧 민주화를 위한 대중들의 실천으로서의 정치(*la politique*)를 지칭하는 이름으로 이해되어야 한다.

그런데 이러한 논의들은 결국 우리로 하여금 자연학의 아포리아에 연결되어 있던 『에티카』 4부의 공리를 다시 한 번 상기하게 한다. 자연권에 대한 그 공리는 우리가 능동적이 되기 위해서는 우리와 합치하는 다른 개체들과 결합함으로써 더욱 커다란 역량을 지닌 상위의 개체를 형성해야 하며, 이를 위한 조건으로서의 어떤 수동을 우리가 반드시 경험해야 한다는 점을 알려 주었다. 어쩌면 우리가 지금껏 논한 집단적 수준에서의 복종이란 바로 우리가 능동적이 되기 위한 하나의 조건으로서의 수동에 주어진 또 다른 이름이 아닐까? 그렇다면 결국 자연학의 아포리아와 정치학의 아포리아는 단순히 제거되어야 할 것이 아니라, 정확히 우리가 수동과 예속으로부터 능동과 해방을 향해 나아가는 운동 속에서 함께 견디며 사고해야 할 우리 윤리의 부단한 쟁점들이 아닐 수 없다. 스피노자가 저 두 가지 아포리아를 서로 긍정적으로 접합하고 서로를 전화시키도록 하고 있는 저서의 제목이 '윤리학'인 것은 아마 우연이 아닐 것이다.

발리바르의 스피노자 연구 문헌

1. 「스피노자, 반(反)오웰: 대중들의 공포(Spinoza, l'anti-Orwell: La crainte des masses)」, *La crainte des masses*(Galilée, 1997); 『스피노자와 정치』(2005)에 수록; 『대중들의 공포』(2007)에 다른 번역으로 수록.

스피노자 정치학의 중심 대상을 이루는 대중(multitudo)이라는 용어의 상이한 용법을 분석하고, 특히 "대중의/대중에 대한 공포"라는 아포리아가 정치에 대한 스피노자의 사고를 어떻게 근본적으로 규정했는지를 그의 주요 저작들을 통해 분석한 논문이다. 발리바르는 먼저 민주주의의 이론적 정식화와 관련하여 『신학 정치론』과 특히 『정치론』이 경험한 실패를 검토하고, 그러한 실패의 의미를 오히려 『에티카』에서 발견되는 (관)개체성 및 교통에 대한 스피노자의 독창적인 논의들에 준거하여 긍정적으로 전화하려고 시도한다. 발리바르는 "개체성의 압축 불가능한 최소"에 대한 스피노자의 사유가 오웰 식의 "전체주의"의 허구성을 미리 입증함으로써 대중 운동들 속에서 폭력과 비합리성의 표지만을 발견하려고 드는 일체의 관점을 비판하고, 예속에 맞서 정치를 사고할 수 있는 실질적인 수단을 우리에게 제공해 준다고 주장한다. 스피노자 사상의 이러한 측면에 대한 검토는 1990년대 들어 발리바르가 반폭력의 정치로서의 시민 공존(civilité) 개념을 발전시키는 결정적인 계기가 된다.

2. 「권리, 계약, 법: 『신학 정치론』에서 신민/주체의 구성에 관하여(Jus, Pactum, Lex: Sur la constitution du sujet dans le *Traité théologico-politique*), *Studia spinozana*(1985) vol. 1.

『신학 정치론』에 등장하는 사회 계약과 신성 계약의 이중 계약론을 분석한 글이다. 스피노자는 사회 계약이 자신의 실효성을 보증할 수 없다는 점에서 그 추상성의 한계를 찾고, 이를 보충하기 위한 장치로서 유대 민족의 역사에서 그 사례가 발견되는 신성 계약 관념을 도입한다. 사회 계약이 신민들과 주권자 간의 '집단적' 관계의 형식을 취한다면, 신성 계약은 각각의 개인의 신에 대한 '개인적' 복종이라는 형식을 취함으로써 사회 계약에 대해 종교적 신앙(fides)의 보충적 힘을 상상적 보증의 형태로 도입하는데, 이는 우선 신의 자리(vicem Dei)라는 초월적 자리의 구성으로 나타난다. 그러나 신의 자리는 변증법적 모순이 기입된 자리이다. 이 때문에 그 자리를 현실적으로 차지한 인물들은 또 다른 인물들이 대중들의 상상적 힘을 동원하여 스스로 그 자리를 차지하는 것을 막지 못하게 되곤 한다. 동일한 인과성이 사회의 창립을 돕는다면 그것의 와해를 도울 수도 있다. 다양한 역사적 맥락 속에서 실재 이해관계의 합치에 기반한 사회 계약과 (초월적 신과의) 상상적 동일시에 기반한 신성 계약이 과잉 결정됨으로써 나타나는 역사적 계약들은 모두 독특하며, 따라서 민주적 국가는 하나가 아니라 여러 형태들을 가질 수 있게 된다. 스피노자의 실재와 상상의 이중 인과성 이론에 대한 연구는 이후 발리바르가 두 개의 토대론(경제와 이데올로기)을 발전시키는 결정적 계기가 된다.

3. 『스피노자와 정치(*Spinoza et la politique*)』(PUF, 1996).

「스피노자, 반오웰: 대중들의 공포」와 유사하게 스피노자 정치학의 아포리아를 분석한 책이라고 볼 수 있지만, 여기에서는 정치, 종교, 계급 모순들이 과잉 결정되던 당시의 복잡한 정세와 스피노자의 주요 텍스트들의 관련성이 더욱 구체적으로 해명되고, 각각의 텍스트의 구조에 대한 치밀하고 체계적인 분석이 시도된다. 이 때문에 상대적으로 짧은 논문 「대중들의 공포」에서 압축적으로 다루어졌던 난해한 주제들이 더욱 알기 쉽고 명쾌하게 교과서적으로 정리된다. 특히 『에티카』를 다루는 4장의 논의들은 사회성의 이론화와 관련하여 서로 대립하는 두 가지 전형적인 노선(아리스토텔레스적인 자연적 사회성과 사회 계약론적인 제도적/인위적 사회성)을 스피노자가 뛰어넘는 방식을 잘 보여 주며, 이를 통해 '대중들의 공포'의 아포리아의 이론적 함의를 더 깊고 풍부하게 이해할 수 있도록 돕는다. 발리바르는 스피노자의 기획이 대중(운동)들에 대한 단순한 낙관에 빠지지 않으면서도 (최대 다수의 최대 인식을 슬로건으로 내건) 코나투스들의 집합적 해방을 위한 새로운 운동의 기획으로 스스로를 정립한다고 주장한다.

4. 「개체성, 인과성, 실체: 스피노자의 존재론에 대한 성찰(Individualité, causalité, substance: Réflexions sur l'ontologie de Spinoza)」, *Spinoza, Issues and Directions*(Brill, 1990).

이 논문은 스피노자가 존재론으로부터 자연학을 일관되게 구성함에 있어서 겪었던 아포리아를 올덴부르크, 취른하우스 등과 교환한 서신 내용을 분석함으로써 검토한다. 특히 발리바르는 스피노자에 대한 현대 해석자들이 속성이라는 의념을 해석하는 두 가지 전형적인 방식으로서의 기계론적 방식과 생기론적 방식이 스피노자의 기획을 남김없이 설명하기에는 여전히 무리가 따른다는 점을 보여 준다. 이러한 논의를 통해 그는 자연 전체와 그것의 부분들, 그리고 전체와 부분들이 맺는 관계에 대한 스피노자의 사유를 새롭게 조명하기 위한 몇 가지 핵심적인 전제들을 이끌어 낸다. 이 논문은 나중에 발리바르가 '관개체성'에 대한 스피노자의 발본적으로 혁신적인 사유를 체계적으로 해명할 수 있도록 하는 기초를 다진다.

5. 「진리의 제도화, 홉스와 스피노자(L'institution de la vérité, Hobbes et Spinoza)」, *Hobbes e Spinoza: Scienza e politica, Atti del Convegno Internazionale*(1988), ed. Daniela Bostrenghi(Bibliopolis, 1992); *Lieux et noms de la vérité*(Editions de l'Aube, 1994)에 재수록.

근대 철학의 구성에서 중심 문제로 떠오른 '진리의 세속화'의 두 가지 길로 홉스와 스피노자의 길을 논하는 논문이다. 공화적 길을 대표하는 홉스가 진리의 법적 '제도화(institution)'를 통해 진리의 세속화를 시도했다면, 민주적 길을 대표하는 스피노자는 진리의 인과적 '구성(constitution)'을 통해 그것을 시도했다. 홉스는 언어를 진리의 장소로 보면서, 국가에 의한 진리의 제도화(공식 철학의 수립)가 가능해지기 위해서는 먼저 단어들을 그 은유적, 정서적 사용에서 분리해 고정된 대상을 지시하게 만드는 '의미의 확립'이 이루어져야만 한다고 본다.(기호들의 경찰 규제) 반면 스피노자는 단어들의 대상 지시적, 재현적, 분류적 기능을 중시하는 홉스적 관점을 비판한다. 그는 '언어' 자체가 아니라 단어들 또는 관념들의 연쇄로서의 '과정'이야말로 진리의 장소라고 보고, 그 연쇄 과정을 내재적으로 교정하여 사물들 또는 원인들의 연관의 질서(E2P7)에 적합하게 만드는 전략을 취한다. 그리하여 홉스는 여전히 하나의 신인 "죽을 수 있는 신"(법치 국가로서의 리바이어던)에 이르는 반면, 스피노자는 더 이상 신이 아닌 "자연 신"에 이른다.

6. 「스피노자, 정치와 교통(Spinoza, politique et communication)」, *Cahiers philosophiques*(1989);『알튀세르의 현재성』(1996)에 수록.

스피노자에 대한 발리바르의 전반적 해석이 제시되어 있는 글로, 어떻게 보면 그가 7년 후에 완성할『스피노자와 정치』의 밑그림 역할을 하는 글이라고 볼 수 있다.(실제로『스피노자와 정치』의 영어 번역본에는 이 논문이 5장으로 수록되어 있다.) 발리바르는 스피노자의 전기적 고찰에서 출발하여, 스피노자에게서 확인되는 정치학과 형이상학의 분리 불가능성의 원칙을 확인하고, 이 원칙에 입각해서『에티카』의 정치적 인간학에서 제기되는 정신과 신체의 문제 및 국가(civitas)의 두 가지 기초(이성과 정념)라는 문제를 논한다. 그 후 발리바르는『신학 정치론』에서『정치론』으로의 이행에 대한 독창적 해석을 통해,『정치론』의 미완성된 민주주의론을 '민주화론'으로 인식하자고 제안하는데, 그 핵심은 (대중들 사이에 교통을 가로막는) 국가의 '비밀주의'의 해체, 그리고 이를 통한 대중들의 자기 인식의 확장 및 자기 자신에 대한 공포의 경향적 극복에서 찾아질 수 있다.

7. 「『에티카』에서 '의식/양심' 개념의 용법에 대한 노트(A Note on 'Consciousness/Conscience' in the *Ethics*)」, *Studia Spinozana*(1992) vol. 8.

매우 짧은 논문이지만, 스피노자의 인식론 이해에 엄청난 기여를 한 논문이다. 발리바르에 따르면, 스피노자는 근대 철학의 언어에서 라틴어 콘스키엔치아(conscientia)가 발본적인 의미 변화를 겪은 시대를 살아간 인물이었다. 원래 콘스키엔치아는 배타적으로 '양심'이라는 도덕적 의미만 가지고 있었다. 반면 컨셔스니스(consciousness)라는 영어 신조어는 17세기에 발명되어 결정적으로 로크에 의해 '의식'이라는 의미를 부여받았다. 스피노자의 콘스키엔치아 용법의 특징은 그것이 의식과 양심을 정확히 동일한 것으로 취급된다는 점에서 찾아질 수 있다. 스피노자에게 의식은 충동(appetitus)과 (충동에 대한 의식으로서의) 욕망(cupiditas)의 미분으로 기능한다. 그러나 동시에 인간은 인과 연쇄의 '끝(end)'으로서 자기 안에 있는 충동의 현존만을 '의식'할 뿐 그 인과 연쇄 자체에 대해서는 '무지'하기 때문에, 그는 이 인과 연쇄를 전도하여 자신을 모든 것의 목적(end)으로 만들고, 주위의 사물들을 자신에게 좋거나 나쁜 가치들을 지닌 것들로 분류하는 하나의 "세계"를 구성한다. 도덕적 선악 관념은 바로 여기에서 유래하는데, 그러한 한에서 의식은 곧 양심인 것이다. 1종의 상상적 인식으로서의 의식/양심은 비의식적인 2종의 인식에 의해 치유되어 3종의 인식으로 전환된다. 그러나 3종의 인식은 그 누구도 아닌 자신의 육체가 겪는 독특한 경험들을 그것들의 원인에 의해 부단히 인식하는 하나의 '과정'으로 특징지어지는 한에서 다시 한 번 (치유된) 의식으로 나타나게 된다.

8. 「하이데거와 스피노자(Heidegger et Spinoza)」, *Spinoza au XXe siècle* (PUF, 1993).

하이데거와 스피노자를 비교 연구한다는 것은 매우 곤란한 일인데, 왜냐하면 하이데거는 스피노자에 대해 거의 완벽한 침묵을 지켰기 때문이다. 그러나 발리바르는 바로 이러한 침묵이 징후적 가치를 갖는다고 주장한다. 하이데거에게 스피노자가 보이지 않는다면, 이는 스피노자가 아리스토텔레스에서 데카르트 및 그 이후로 이어지는 형이상학의 구성을 "존재-신학적"인 것으로서 비판한 유일한 인물이지만, 동시에 하이데거와는 완전히 상이한 것을 말한 인물이기 때문이다. 양자는 "존재자들의 총체"로서의 "세계"와 "지고의 존재자"로서의 "신"의 고전적 매듭을 문제 삼는 두 가지 적대적 방식을 표상한다. 하이데거는 "세계"라는 지평과 "세계-내-존재"의 경험을 보존하려고 든다. 그는 종말목적성(finalité)을 폐기하려고 하는 것이 아니라, 그것을 탈실체화하고, 표상에서 빼내고, 존재자로부터 존재가 물러서는 심연에 위치시킴으로써, 종말 목적성을 확실하게 구제하려고 한다. 스피노자의 방법은 정반대이다. 그는 창조 신학이라는 어떤 새로운 우주론만을 비판하는 것이 아니라 우주론의 종말 목적성 자체를 비판한다. 스피노자에게 자연은 하나의 세계가 아니다. 스피노자에게도 능동과 수동의 차이라는 "존재론적 차이"가 있지만, 이것은 존재의 물러섬이나 "부재한" 종말 목적성이라는 의미를 갖는 것이 아니라, 규칙성의 고정에 대한 독특성들의 항상적 과잉이라는 의미를 갖는다.

9, 「정치적인 것의 자율성, 정치의 타율성: 스피노자, 루소, 마르크스(Le politique, la politique: De Rousseau à Marx, de Marx à Spinoza)」, *Studia Spinozana*(1993); 『스피노자와 정치』(2005)에 수록.
발리바르가 해방, 변혁, 시민공존(civilité)이라는 "정치의 세 개념"을 정식화하는 과정에서 스피노자가 어떤 역할을 했는지를 잘 보여 주는 논문이다. 루소는 자율성의 정치(해방)를, 마르크스는 타율성의 정치(변혁)를 각각 대표하는데, 전자에 대한 후자의 비판의 요점은 전자가 정치를 자기 완결적인 것으로 착각하고, 정치가 전개되는 조건을 이루는 경제라는 타자를 무시했다는 점에 있다. 그러나 발리바르에 따르면 오늘날 위기에 처한 것이 바로 정치와 경제의 단락(短絡)에 입각하여 정치를 사고하려는 이와 같은 마르크스적 기획이다. 오늘날 많은 사람들이 자율성의 정치(루소, 로크, 칸트 등)로 복귀하고 있는 것은 이 때문인데, 오히려 발리바르는 정치의 타자인 경제가 이데올로기라는 또 다른 타자를 가지고 있다는 점에 주목하면서, 이를 이론화하기 위해서는 스피노자에 준거해야 할 필요가 있다고 역설한다. 왜냐하면 스피노자에게는 상상적인 것에 대한 이론 및 실재와 상상의 과잉 결정에 의한 역사적 독특성들의 생산에 대한 이론이 있기 때문이다.

10. 「스피노자에서 개체성과 관개체성(Individualité et transindividualité chez Spinoza)」, *Architectures de la raison: Mélanges offerts à Alexandre Matheron*, ed., P.-F. Moreau(ENS Editions, 1965);『스피노자와 정치』(2005)에 수록.

스피노자의 개체성과 관개체성 이론에 대한 발리바르의 사고가 체계적으로 정리되어 있는 논문이다. 스피노자는 개체성을 원자적 실체 또는 외부와 대립한 내부로서의 개체가 갖는 환원 불가능한 고유성이라고 보지 않고, 오히려 개체들이 맺는 복잡한 인과 관계가 그 개체들의 형성 자체에 함축된 결과라고 본다. 이러한 의미에서 모든 개체들은 관개체적이라고 볼 수 있는데, 발리바르는 개체들이 횡적으로 관계함으로써 갖게 되는 일차적 복잡성을 넘어서는 종적인 이차적 복잡성에 대한 사고가 또한 스피노자에게서 발견된다고 말한다. 개체들이 다른 개체들과 연합함으로써 상위의 개체를 만드는 운동이 그것이다. 일차적 복잡성이 정역학적이라면 이차적 복잡성은 동역학적이며, 후자가 더 근본적이다.

참고 문헌

Balibar, Etienne, *Spinoza: Issues and Directions*, eds. E. Curley and P.-F. Moreau, E. J. Brill: New York, 1990. 9~10.

_____, *Studia Spinozana*, 1992.

_____, *Studia Spinozana*, 1993.

_____, *Spinoza au XXe siècle*(PUF, 1993).

Hobbes, Thomas, *Leviathan*(New York: Penguin Classics, 1985).

Martial Gueroult, *Spinoza vol. 2*(Paris: Aubier, 1974).

Osborne, Peter, Interview Etienne Balibar: Conjectures and Conjunctures, *Radi-*

cal Philosophy 97, 1999.

루이 알튀세르, 이종영 옮김, 『마르크스를 위하여』(백의, 1997).

루이 알튀세르·에티엔 발리바르, 김진엽 옮김, 『자본론을 읽는다』(두레, 1991).

안토니오 네그리, 윤수종 옮김, 『야만적 별종』(푸른숲, 1997).

_____, 이기웅 옮김, 『전복적 스피노자』(그린비, 2005).

에티엔 발리바르, 진태원 옮김, 『스피노자와 정치』(이제이북스, 2005).

_____, 진태원 옮김, 『정치체에 대한 권리』(후마니타스, 2011).

_____, 최원·서관모 옮김, 『대중들의 공포』(도서출판b, 2007).

윤소영, 『알튀세르의 현재성』(공감, 1996).

진태원, 「대중들의 역량이란 무엇인가?: 스피노자 정치학에서 사회 계약론의 해체 2」, 《트랜스토리아》 제5호(2005).

질 들뢰즈, 이진경·권순모 옮김, 『스피노자와 표현의 문제』(인간사랑, 2003).

피에르 마슈레, 『헤겔 또는 스피노자』, 진태원 옮김(이제이북스, 2004).

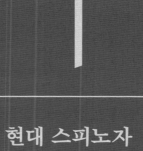

4

현대 스피노자
학자들과의 만남

피에르프랑수아 모로(Pierre-François Moreau)

프랑스의 철학자. 현재 스피노자 연구에 관해 세계적
전문가로 꼽히며, 알렉상드르 마트롱을 이어 현재 리옹
고등사범학교 교수로 재직 중이다. 국립과학연구소(CNRS)의
소속인 수사학, 철학 및 사상사 연구소(CERPHI, Centre
d'études en rhétorique, philosophie et histoire des
idées)와 스피노자 연구회(GRS, Groupe de recherches
spinozistes)의 소장이기도 하다. 루이 알튀세르, 실뱅 자크,
알렉상드르 마트롱과 더불어 스피노자 사상과 철학사를
연구했다. 『경험과 영원성(*L'expérience et l'éternité*)』(1994)를
비롯하여 스피노자에 관한 여러 저작을 출판했다.
대표작으로 『스피노자(*Spinoza*)』(1975, 2003), 『스피노자와
스피노자주의(*Spinoza et le spinozisme*)』(2003), 『유물론과
정념(*Matérialisme et passions*)』(2004), 『스피노자: 국가와
종교(*Spinoza: Etat et religion*)』(2005), 『스피노자주의의
문제들(*Problèmes du spinozisme*)』(2006) 등이 있다. 그 외에도
루크레티우스, 홉스 등에 대한 저작들을 출판했으며, 고전
시대 고대 철학의 귀환 및 고대 이후 정념론의 역사에 대한
논문집을 엮었다. 현재 라틴어-프랑스어 대역 스피노자 새
전집(PUF) 편집을 이끌고 있다.

모로와의 대화[1]

대담 · 번역 김은주

1 결산: 1960년대 말 '스피노자 르네상스'의 유산

얼마 전 번역된 당신과 보브의 알렉상드르 마트롱 대담을 통해,[2] 무엇보다도 한국 스피노자 연구자들의 꾸준한 소개와 연구 작업을 통해, 한국 독자들도 1968년 이후 프랑스에서 일어난 스피노자 철학 연구 경향을 어느

---

[1] 모로, 토젤 교수와의 대담은 2009년 3월 말에서 5월까지 프랑스에서 진행했고 대담자가 이후 한국어로 옮겼다. 대담 항목 구성에 김문수, 박기순, 진태원 선생이 도움을 주었다. 모로 교수와의 대담은 처음에는 구두로, 이후에는 추가 질의를 위해 구두와 서면을 오가며 약 두 달간 프랑스 리옹 고등사범학교에서 이루어졌다. 토젤 교수와는 한 번의 서면 대담 이후 역시 서면으로 추가 질의와 응답을 교환했다. 두 교수 모두 기꺼이 인터뷰에 응했고, 특히 모로 교수는 긴 대담 과정 내내 흥미와 열의를 보여 주었다. 애초 계획보다 대담이 길어졌지만, 스피노자 철학뿐 아니라 철학의 현재성과 관련된 귀중한 진술이라는 판단 아래 모두 옮겨 둔다. 각주는 모두 번역자가 붙인 것이며, 주석 가운데 스피노자 원전 인용은 겝하르트가 편집한 *Spinoza Opera*(Carl Winter, 1925, 4 vols.)의 페이지 번호에 따른다.

[2] 알렉상드르 마트롱, 김문수·김은주 옮김, 『스피노자 철학에서 개인과 공동체』(그린비, 2008) 부록 참조.

정도 알고 있습니다. 그 결정적 전환점 역할을 한 마르시알 게루와 질 들뢰즈, 그리고 알렉상드르 마트롱의 기념비적 저서들도 게루의 책을 제외하고는 모두 번역이 되었고요. 1960년대 이 해석들에서 차후 스피노자를 읽는 데 주춧돌로 남은 요소들은 무엇입니까? 그리고 만일 한계가 있다면 무엇입니까?

실뱅 자크(Sylvain Zac) 역시 언급할 필요가 있습니다. 그는 1960년대에 스피노자의 철학을 진지하게 다루었던 최초의 인물입니다. 그리고 이전까지 (적어도 프랑스에서는) 과학적인 관점에서 다루어지지 않았던 문제들, 가령 생(vie)의 관념[3]이나 성서의 지위[4] 같은 문제들을 과학적인 방식으로 연구한 최초의 인물이기도 하지요. 이는 아주 중요한 지점입니다. 왜냐하면 철학이 형이상학이나 인식 이론으로 환원되지 않음을 의미하며, 또한 역으로 이 문제들이 단순히 일화적인 것, 혹은 다른 학문 분과들과 연관된 연구에만 속하는 것이 아니라, 철학 자체에서도 할 말이 있는 사안임을 의미하기 때문입니다. 사실 체계 자체에 대한 연구라는 측면에서 일어난 '스피노자 르네상스'는 핵심적으로 자크, 게루, 들뢰즈, 마트롱 네 사람의 이름과 결부되어 있습니다. 이들 덕분에 스피노자주의는 더 이상 철 지난 유산이나 멋진 문구들의 일람도, 데카르트주의의 부속물도 아니게 되었습니다. 또한 그때까지 스피노자가 파편적인 연구나 에세이스트들에게 내맡겨져 있었다면, 그 이후 10여 년이 흐르는 동안 강한 의미에서 철학사 작

---

3   *L'idée de vie dans la philosophie de Spinoza*(스피노자 철학에서 생의 관념)(PUF, 1963).

4   *Signification et valeur de l'interprétation de l'Ecriture chez Spinoza*(스피노자 철학에서 성서 해석의 의미와 가치)(PUF, 1965). 그 외 *Philosophie, théologie, politique dans l'œuvre de Spinoza*(스피노자 저작에서 철학, 신학, 정치학)(J. Vrin, 1979).

업의 적법한 연구 대상이 되었죠.『카이에 스피노자(*Cahiers Spinoza*)』나 '스피노자 친우회(Association Spinoza)', '스피노자 문헌 게시판(Bulletin de bibliographie spinoziste)', '스피노자 연구회(Groupe de recherches spinozistes)' 같은 도구들도 바로 이 네 사람의 항적을 따라서 창출되었습니다. 프랑스 연구자들이 외국에서 스피노자를 재발견하고 있던 사람들이나 이미 재발견했던 사람들, 그러니까 독일의 만프레드 발터(Manfred Walther)[5]와 바르투샤트(Wolfgang Bartuschat)[6], 이탈리아의 잔코티(Emilia Giancotti Boscherini)[7]와 미니니(Filippo Mignini),[8] 미국의 컬리(Edwin Curley)[9], 네덜란드의 후블링(Hubertus G. Hubbeling)[10]이나 반슈틀런(Nico van Suchtelen),[11] 그리고 아

5 　스피노자를 중심으로 한 고전 시대 정치 철학 및 법철학, 그리고 독일 관념론의 스피노자 수용사 연구자. 주요 저술로 *Metaphysik als Anti-Theologie: Die philosophie Spinozas im Zusammenhang der religionsphilosophischen Problematik*(반(反)신학으로서의 형이상학: 종교 철학적 문제의식과의 연관에서 본 스피노자의 철학)(Hamburg, 1971)이 있다.

6 　스피노자 철학의 윤리적 차원에 대한 대표적 독일 연구가. 주요 저술로 "Metaphysik und Ethik in Spinoza's 'Ethica'(스피노자의『에티카』에서 형이상학과 윤리학)" in *Studia Spinozana* 7(1991), pp. 15~37; *Spinozas Theorie des Menschen*(스피노자의 인간론)(Felix Meiner, 1992) 등이 있다.

7 　스피노자 문헌 연구의 기본 도구인 *Lexicon Spinozanum*(스피노자 어휘집)(Nijhoff, 1970)의 저자. 1982년 스피노자 탄생 350주년 기념으로 우르비노에서 열린 이탈리아 최초의 대규모 스피노자 국제회의를 조직하기도 했다.(*Proceedings of the First Italian International Congress on Spinoza*(ed. Emilia Giancotti, Biblopolis, 1985)로 출판)

8 　스피노자의 상상 개념을 본격적으로 연구하고 그것을 미학과 결부한 박사학위논문 *Ars imaginandi: Apparenza e rappresentazione in Spinoza*(상상의 기예: 스피노자 철학에서 외양과 표상)(Edizioni Scientifiche Italiane, 1981)를 썼고 스피노자의 *Korte Verhandeling*(소론)에 대한 가장 신뢰할 만한 고증본을 편집했다.

9 　가장 신뢰할 만한 스피노자 영역 고증 판본 전집 *The Collected Works of Spinoza* I, II(Princeton University Press, 1985, 2015)의 번역자이며, 대표적 저술로 *Behind the Geometrical Method*(기하학적 방법의 이면)(Princeton University Press, 1988)이 있다.

10 　스피노자 방법론 및 종교 철학을 중심으로 한 연구가. 대표 저술로 박사논문 *Spinoza's methodology*(스피노자의 방법론)(Assen, 1964)가 있다.

11 　스피노자 저작 및 선집의 네덜란드어 번역가.

커만(Fokke Akkerman)[12] 등과 관계 맺기 시작한 것도(특히 1977년 스피노자 사망 300주년 기념 콜로퀴엄을 시작으로) 프랑스에서 연구가 일정 수준에 올랐기 때문에 가능한 일이었죠. 이렇게 해서 갑자기 스피노자 연구는 국제적인 것이 되었습니다. 2차 세계 대전 이전처럼 말입니다. 겝하르트 판본이 출간된 지 60년이 지난 지금, 새로운 판본의 스피노자 전집 출간을 내다볼 수 있게 된 것도 바로 이런 바탕이 있었기 때문입니다.

이처럼 다양한 연구들의 공통된 유산을 몇 마디로 간단히 규정하기는 쉽지 않지만, 이렇게 말할 수 있을 겁니다. 한편으로는 이 해석들 가운데 이런저런 요소가 정확하지 않다고 판단할 수 있을지 몰라도(가령 게루의 '하나의 속성을 가진 실체들' 이론이 그렇죠.) 특별히 어떤 태도만은 남습니다. 스피노자 철학을 직관이나 멋진 경구들의 모음 혹은 '지혜'와는 다른 것으로 간주하는 태도입니다. 철학사는 사실 아주 오랫동안 저런 유의 독해들 일색이었죠. 스피노자뿐 아니라 다른 철학자들에 대해서도 그런 읽기는 그 나름의 무게를 가지고 있었고 나름의 효과를 낳았습니다. 거의 한결같이 부정적인 효과죠. 이에 대해 몇 마디 해 둘 필요가 있습니다. 철학을 멋진 잠언이나 아주 충격적인 정식의 선집으로 보는 태도는 철학의 체계적 엄밀성을 이해하지 않으려는 사람에게 아주 유혹적입니다. 그리고 유독 그런 빌미를 주는 철학자들이 있지요. 가령 니체가 그렇듯이, 스피노자도 강렬한 정식들이 있습니다. 사람들은 이것들을 진술된 맥락에서 떼어 낼 수 있다고 여기고, 멋들어진 것을 좋아하는

---

12   스피노자 문헌 전반에 대한 연구가이자, 가장 신뢰할 만한 『신학 정치론』 고증본 편집자. 대표적으로 *Studies in the posthumous works of Spinoza Studies in the Posthumous Works of Spinoza: On Style, Earliest Translation and Reception, Earliest and Modern Edition of Some Texts*(스피노자 유작 연구: 문체, 최초의 번역과 수용, 그리고 몇몇 텍스트의 최초의 근대적 번역에 대하여)(Rijksuniversiteit te Groningen, 1980)가 있다.

자기네 취향에 영합하는 표현에다 자기네 구미에 맞는 의미를 갖다 붙여 인용할 수 있다고 생각하죠. 그렇기 때문에 스피노자는 역시 니체처럼 그의 사상과는 전혀 무관한 에세이의 제사에 가장 자주 인용되는 철학자 중 한 사람일 겁니다. 인용된 문구의 힘이 대개 그 뒤에 이어지곤 하는 밋밋한 담론에 충격을 불어넣을 거라고들 생각하는 거죠. 물론 그런다고 활력이 생길 리는 만무합니다. 철학이 지혜라고 믿는 사람들은 한편 철학이 특별한 전문 기술적 작업 없이도 모든 이의 의식에 현현할 '영원한' 물음들에 답을 주기를 기대하거나, 반대로(하지만 절차상으로는 그리 다르지 않습니다.) 현재의 문제들에 핵심 열쇠를 제공해 주기를 기대합니다. 이 두 부류에서 우리는 철학의 이론적 특수성을 인정하려 들지 않는 사람들이 철학에 줄기차게 제기해 온 두 가지 유형의 질문을, 그리고 두 가지 인간학적 태도를 찾아볼 수 있습니다. 게다가 이 인간학적 태도는 그 자체로도 분석해 볼 만하지요. 이런 태도에 대한 직업 철학자들의 거부 반응 또한 분석해 볼 일이지만 말입니다. 직업 철학자들은 이런 태도가 과연 무엇에 대한 응답인지 별로 생각해 보지 않는 것 같아요.

인상주의적 독해 혹은 선집 유형의 독해만이 아니라 영원화하는 독해나 이 독해의 변이인 현재화하는 독해에 맞서 게루와 1960년대 다른 대해석자들은 이론적 노력을 기울였습니다. 그들의 공로는, 철학이란 무엇보다도 개념적 연쇄이며 그 가치는 건축물의 공고함과 그 논변들의 타당성으로 가늠된다는 점을 환기했다는 점입니다. 가령 철학자가 쓴 글을 읽는다는 건 하나의 이성적 절차를 다른 이성적 절차에 적용하는 일임을 보여 준 것입니다. 이것이야말로 비가역적인 지점입니다. 이 태도는 더 일반적으로는 프랑스 철학이 취한 형태와 연관되며, 또한 프랑스 철학과 더불어 1960년대 프랑스 철학 제도가 취한 형태, 나아가 이

제도에 선행한 제도와도 관련이 있습니다. 곧 인식론의 지배와 연관된 태도로, 과학들의 역사를 넘어 철학 자체의 과학적 성격이 강조되었던 것입니다.

다른 한편, 이런 태도 외에도 엄밀한 연구들이 낳은 몇 가지 확실한 성과들이 있습니다. 지금 우리는 체계를 객관적으로 더 잘 알고 있지요. 이제 더 이상 말할 수 없는 것이 있다는 사실, 그러려면 아주 공고한 논변을 제시해야 한다는 사실이 바로 그 증거입니다. 가령 속성들이 주관적인 것이라는 오해, 혹은 스피노자가 신비주의자냐 아니냐, 무신론자냐 아니냐를 둘러싼 불모의 논쟁이 그렇습니다.(이런 문제는 단지 원탁 토의의 논의를 여는 데나 쓰일 수 있겠죠.) 우리는 실체, 속성, 관념, 정념, 종교, 정치체 등등 개념의 정확한 의미를 잘 알고 있습니다. 물론 해야 할 작업은 더 남아 있고, 이 때문에 당연히 새로운 박사논문이 집필되고 새로운 책이 출판될 수밖에 없습니다. 하지만 이 새로운 작업도 공고하게 인정되고 사용 가능한 초석 위에서 이루어지며, 이 초석은 진지한 연구자라면 모두 공유하고 있습니다. 과거에 제공된 현실적 작업들이 더 이상 그 뒤로 돌아갈 수 없는 어떤 한계를 수립한 셈이죠. 이를 받아들이지 않는 사람은 과학적 연구 바깥에 홀로 서야 할 것이고 아무 이득 없이 그저 속견으로 되돌아갈 겁니다.

과학적 접근의 확실한 성과는 더 일반적으로 말해 철학에 대한 체계적인 시각의 획득이라 할 수 있습니다. 이 말의 뜻을 분명히 해 둡시다. 그것은 한 철학의 모든 개념, 사례, 진술의 의미가 대부분 그것들 간의 상호 연관으로부터, 그것들이 체계라는 건축에서 차지하는 자리로부터 연원하며, 단지 '상식'이나 일상어로부터 이해되어서는 안 된다는 것입니다. 예컨대 스피노자 철학에서 '의지'라는 단어와 마주칠 때 그것을 곧장 우리가 자연어에서 알고 있다고 믿는 대로, 혹은 그것이 데카르트 철학에서와 동일한 의미를 갖는 양 이해해서는 안 되지요. 한 철학 내에 중심 관념(혹은 '중심 직관')이란 없으며, 체계 자체에 대한 작업에서 산출되는 여러 관념이 있을 뿐입니다. 각 개념(혹은 각 진술)은 여타의 개념(혹은 진술)을 정의하는 데 쓰입니다. 각 개념은 또한 다른 개념들의 반향에 미묘한 변화를 일으키며, 다른 학설 안에서라면 부여되지 않았을 귀결과 조건을 부여합니다. 바로 이런 이유로 기성의 문장 그리고 전통이나 여타의 철학들에서 이미 만난 듯한 문장도 반드시 똑같은 것을 의미하진 않습니다. 가령 "인간이 정치적 동물"이라는 말은 인간이 자생적으로 사회를 이루어 살아간다는 뜻으로 이해하느냐, 아니면 사회를 구축할 능력을 가지고 있다는 뜻으로 이해하느냐에 따라 의미가 상당히 달라지죠. 물론 그렇다고 이 체계성이라는 말을 고정주의적 관점으로 받아들여서는 안 됩니다. 게루에게는 종종 그런 경향이 있죠. 체계는 마치 하늘에서 떨어지듯 단번에 주어지지 않으며, 상이한 여러 지평에서 비롯된 일련의 테제들을 세우려는 철학자의 노력을 통해 구축됩니다. 철학을 특징짓는 체계성이란 모든 것이 하나의 경직된 집합처럼 이루어져 있다는 뜻이 아닙니다. 그것은 정반대로, 어떤 담론이 그때까지 모순적이라고 간주되어 왔던 테제들, 혹은 이전의 독해로 환원될 수 없어 보이는 새로운 대상들을 체계적으로 나타나게 하는 지적 도구들을 산출하고자 노력한다는 사실을 가리킵니다. 체계성이란, 물음과 답변 이 둘 모두가 함께 서게 하려는 노력이며, 우선 물음이 물음으로 나타나게 만드는 노력이라는 점을 잘 이해해야 합니다.

2   또 다른 흐름: 스피노자주의, 철학적 실천의 준거

앞에서 말한 주석가나 철학사가들 외에도 스피노자를 (유일한 준거는 아니지만) 주요 준거 중 하나로 삼은 '철학자들'이 있었죠. 스피노자 철학을 실천 철학으로, 더 나아가 피에르 마슈레의 표현을 빌리자면 "실용 철학"으로 벼려 낸 질 들뢰즈 말고도 가령 자크 라캉이나 루이 알튀세르를 생각해 볼 수 있습니다. 물론 이들은 들뢰즈와는 달리 스피노자를 특별히 다룬 글을 단 한 편도 남기지 않았지만 말입니다. 이 역시 관념론적 혹은 유심론적 관점에서 스피노자를 해석해 온 이전 전통과의 단절이었습니다. 이들 모두는 이런저런 방식으로 구조주의 운동에서 영감을 받았다고 할 수 있겠죠.

그런데 실상 1960년대 이후의 이런 경향이 출현하기 이전에도 이미 프랑스에는 암암리에 스피노자적 준거가 있었던 것 같습니다. 가령 가스통 바슐라르나 장 카바이에스가 그렇죠. 이들은 스피노자를 관념론적으로 해석한 레옹 브륑슈비크의 제자들이었지만, 스승과는 달리 '진정한' 스피노자주의자들이었다고 할 수 있을 것 같습니다. 만일 이런 암묵적 흐름이 그 이전부터 정말 있었다면, 이 흐름에 대해 좀 더 말씀해 주실 수 있을까요?

라캉과 알튀세르의 경우, 그들의 시선은 제가 앞서 언급한 저자들의 시선과 다릅니다. 스피노자는 연구 대상이 아니라 하나의 준거, 그리고 명백히 다른 준거들에 맞서 이용된 준거였기 때문입니다. 철학은 어떤 식으로든 늘 논쟁적이며, 어떤 철학자를 표방한다는 건 다른 독트린에 대항해, 다른 사고방식에 대항해 분리선을 긋는 것입니다. 라캉은 정신분석학회에서 축출될 때 일시적으로 스피노자를 표방합니다. 상황을 (유대 공동체로부터 스피노자의) '파문'에 비유하면서 말입니다. 정통이 곧 진리는 아니라는 항변인 셈이죠.

　　그럼에도 스피노자주의와 정신분석학의 관계 문제는 좀 더 깊이 생각해 볼 여지가 있습니다. 이 문제는 처음부터 정신분석학의 역사를 끊임없이 따라다녔고, 그러면서 단 한 번도 본격적으로 주제화되지 않았습니다. 스피노자에 대한 프로이트의 간략한 정식들을 알고 계실 겁니다. 또한 프로이트 주변, 그리고 이후 콘스탄틴 브루너 주변의 인물들 가운데 이 물음에 관심을 갖던 자들이 늘 있기도 했죠. 엄밀성의 정도에서 이들보다 비할 데 없이 높지만, 마슈레의 스피노자 주석 3권[13]에서 우리는 아직도 이런 접근의 반향을 목격할 수 있습니다. 분명 『에티카』 3부를 읽다 보면 적지 않은 진술들이 정신분석학의 중심 주제들을 생각나게 합니다. 잘 붙잡히지 않으면서도 강력하게 말입니다. 하지만 동시에 이런 어림치들을 결코 더 정확하게 만들 수도 없습니다. 이 모든 프로이트적 주제들은 무의식 개념을 중심으로 짜여 있고, 스피노자 철학에는 정확하게 정신분석학적 의미의 (억압을 통해 드러나며, 전의식과는 동일시할 수 없는) 무의식은 분명 없기 때문입니다. 물론 우리가 본의 아니게 행하는 일, "각자는 자기 자신을 모른다."라는 사실, 정서들의 물질성에 대한 적지 않은 지적들이 있긴 해요. 하지만 나머지 모든 것을 재조직화할 바로 그 중심 개념이 빠져 있습니다. 그래서 기이한 상황이 벌어지죠. 시간을 들여 생각하는데도, 결코 생각할 수가 없는 상황!

　　라캉으로 돌아가 보죠. 정신분석학사에서 프로이트 이후의 지배적 조류는 정신분석학을 자아 심리학으로 변형시키는 것이었습니다. 자아

13　*Introduction à l'Ethique de Spinoza*(스피노자 『에티카』 입문)(PUF, 1994~1998) 5 vols. 중 "La troisième partie: La vie affective"(3부, 정서적 삶)(1995).

를 사회의 요구에 적응할 수 있도록 강화해서 개인이 적응에 성공하게 하는 것을 목표로 말입니다. 이는 (적어도 라캉이 보기에는) 프로이트의 발견에서 환원 불가능한 것을 지워 버리고서야 가능한 일이었죠. 그러니까 자기 정서와 외부 세계를 지배할 수 있는 강력하고 분별 있는 자아, 간단히(아주 간단히, 너무 간단히) 말하자면, 일종의 데카르트적 자아관을 함축했던 것입니다. 이와 같은 재독해에 맞서, 라캉의 프로이트로의 회귀, 그리고 주체의 불투명성으로의 회귀는 실제로 (프로이트를) 스피노자주의 시각에서 다시 쓰는 것으로 볼 수 있습니다.

알튀세르의 경우, 「자기비판의 요소들」에서 자신을 구조주의자라 비난하는 사람들을 반박할 목적으로 그는 "우리는 스피노자주의였다."라고 말하지요. 하지만 사실 초기 저작들에서 그는 스피노자를 거의 언급하지 않았습니다.(하지만 그가 스피노자를 언급할 때면, 이는 뇌관이 되는 지점들이었죠.) 『『자본』 읽기』에서 한 번, 역사 이론과 쓰기 이론을 결합한 최초의 사람으로 언급한 적이 있죠. 물론 이처럼 강경한 긍정의 의미가 무엇인지는 따져 보아야 할 문제입니다. 하지만 그가 속류 마르크스주의가 제안했던 단순한 기계적 인과성이나, 루카치나 뤼시앵 골드만에게서 발견할 수 있는 표현적 인과성과는 다른 인과성의 모델을 스피노자로부터 길어 왔다는 점만은 분명합니다. 이데올로기의 역할이라는 사례를 들어 보죠. 속류 마르크스주의는 사회적 토대에 의한 결정과 상부 구조의 반작용이라는 엥겔스의 진술을 되풀이하는 데 만족했습니다. 엥겔스가 이렇게 표시해 둔 건 확실히 옳았고, 게다가 그는 이처럼 단순한 표시에 불과한 것을 하나의 이론으로 여기지도 않았어요. 이 '반작용'이 어떻게 이루어지는지에 대한 설명은 여전히 이루어지지 않았으니까요. 설령 설명적 도식을 구축한다고 하더라도 이는 그런 표현이 충분치는 않음을 전제하는 가운데에서였죠. 그런데 루카치적 전통은 바로 그런 도식을 제안했던 겁니다. 곧 계급 의식은 계급 상황의 구조들을 자기 수준에서 재생산하고, 그 자체는 또한 문학 작품이나 예술 작품에서 재생산된다는 도식입니다.(따라서 가령 골드만의 『숨은 신』에서 장세니스트의 이데올로기는 그 구조를 통해 법적 부르주아의 상황을 재생산하며, "숨은 신", 개종, 비극적 우주와 같은 주요 특징들과 더불어 라신이나 파스칼의 작품으로 표출됩니다.) 문제는 그럴 경우 더 이상 최종 심급에서의 결정이 없는 일종의 원근법주의에 빠지게 된다는 점입니다. 모든 것이 모든 곳에서 다 읽힐 테니까요. 이와 반대로 알튀세르는 더 복잡한 형태의 인과성을 통해, 상이한 구조들의 역사적 관계를 해명하는 동시에 모순들이 이런저런 구체적 상황으로 집중되는 방식을 해명하는 사회 구성체의 표상을 구축하고자 했습니다. 스피노자적 행보가 이런 노력의 지평에 있었다는 점은 의심의 여지가 없습니다. 더구나 『마르크스를 위하여』에서 알튀세르가 1917년의 위기와 과잉 결정을 분석하는 방식과 스피노자가 『신학 정치론』에서 히브리 민족의 구성을 분석하는 방식은 서로 비교해 볼 가치가 있습니다.

알튀세르가 스피노자에 접근하는 차원(어떤 의미에서는 앞의 것과 동일하지만, 좀 더 후에 명시화되었습니다.)은 또 있습니다. 그것은 『존 루이스에 대한 답변』에서 가장 명확하게 확인됩니다. 거기에서 알튀세르는 마르크스주의를 전통적 의미의 역사 철학으로 보는 해석들을 비판합니다. 그러니까 역사를 주체 활동의 전개로 바라보는 해석 말입니다. 간단히 요약해 봅시다. 전통 이데올로기는 개인이 역사의 주체라고 말합니다. 루이스의 마르크스주의는(적어도 알튀세르가 이해한 대로라면) 인간(인간이라 해도 좋고, 인민 혹은 대중이라 해도 상관없습니다. 구조적으로는 하등 다를 게 없으니까요.)이 역사의 주체'들'(*les* sujets)이라고 말하죠. 두 경우 모두에서, 역사는 한 '주체'가 지닌 잠재성의 의식적, 무의식적 실행에 불과합니다. 이 주체는 역사의 토대이자 정당화이며, 따라서 역사를 초월하지요. 다만 휴머니즘적 마르크스주의자는 주체를 단수에서 복수로 바꿀 뿐이며, 이로써 부르주아 휴머니즘의 한계를 극복한다고 믿습니다. 그런데 알튀세르에 따르면, 마르크스주의의 고전들에서 "인간이 역사를 만든다."라고, 혹은 "역사를 만드는 것은 대중이다."라고 할 때(마르크스의 「브뤼메르 18일」 서두, 그리고 엥겔스가 블로흐(J. Bloch)에게 보내는 편지에서 실제로 그렇게 말합니다.) 의미는 전혀 다릅니다. 사실 이 표현들은 오직 역사가 이루어지는 과정을 조건 짓는 규정, 인간이 선택하지 않았지만 인간 행위에 구체적 내용을 제공하는 그런 규정들을 강조하기 위해 사용됩니다. 따라서 이 규정들 전체로서의 역사는 '주체 없는 과정' 자체에 의해 생산된다는 의미에서의 주체만이 있음을 함축합니다. 주체가 아예 없다는 뜻이 아니라, 오직 '주체화/예속된다는(assujettis)' 의미에서의 '주체들(sujets)'만이 있는 것입니다. 아울러 『재생산에 관하여』에서 알튀세르는 이러한 주체 생산의 다양한 측면들을 분석합니다. 이 텍스트를 읽노라면 스피노자 철학에서 주체 비판을 겨냥하는 제반 요소들이 떠오를 수밖에 없습니다.(물론 '주체'라는 단어는 스피노자에게 이런 뜻으로 쓰이지는 않습니다. subjectum이라는 단어는 그의 저작에서 아주 드물게 나오는 데다, 스콜라적인 의미로만 쓰이죠.[14] 하지만 인간이 자기 행위에 대한 절대적 지배력을 갖는다는 가상들에 대한 비판은 그의 사상 전체를 관통하는 주제입니다.) 주체 없는 과정이라는 이 테제야말로 마르크스 사상에 대한 스피노자주의적 혹은 유사 스피노자주의적 독해라 할 수 있습니다. 자아 심리학에 대한 라캉의

---

14   『에티카』 5부, 공리 1을 참조하라.

비판을 프로이트에 대한 유사 스피노자주의적 독해로 볼 수 있듯이 말입니다. 요컨대 명시적으로 언급되든 아니든, 스피노자주의는 정신분석학 이론 내부 혹은 역사적 유물론 내부에서 지배적 조류에 대항하는 일종의 대안적 해결책을 제공했던 셈입니다.

들뢰즈에 관해, 그리고 '실천 철학'이라는 문제에 대해 말하자면 들뢰즈의 절차는 『에티카』 2부를 3부와 4부로부터 읽어 들어가는 것, 그러니까 최근의 용어로는 인식론을 윤리학에 종속시키는 것이라고 할 수 있을 겁니다. 그래서 들뢰즈는 스피노자주의의 여러 측면 가운데 니체와 가장 가까운 측면들을 부각할 수 있었고, 또한 자신의 스피노자 독해에서 도출된 개념들을 미학이나 정신분석학 같은 다양한 실천과의 연관 속에 위치시킬 수 있었던 겁니다. 여하간 들뢰즈는 1960~1970년대 스피노자에 대한 열광주의적 이미지를 진작하는 데 기여했습니다. 이것만 해도 어딥니까.

바슐라르나 카바이에스의 경우, 스피노자 철학과의 근접성이 그들의 학설에 포함되는지, 아니면 이 학설에 대한 당대 사람들의 담론에 포함되는지 잘 모르겠습니다.(저 역시 이 당대에 속하는데, 1975년 출간된 스피노자에 대한 저의 첫 번째 책[15]에서 인식론적 장애 및 단절이라는 개념을 두고 스피노자, 레닌, 바슐라르를 동일한 수준에서 다룬 적이 있죠.) 사실 제가 알기로 바슐라르는 스피노자를 언급한 적이 거의 없습니다. 다만 과학사를 토대로 한 그의 인식론에 대한 관점은 과학 일반에 대한 무의미한 담론을 종결할 요소들을 제공했습니다. 바슐라르 이전이나 심지어 그 이후에도 사람들은 사실이란 무엇인가, 법칙이란 무엇인가, 귀납이란 무엇인가, 추

---

15   『스피노자』(류종렬 옮김, 다른세상, 2008); *Spinoza*(Seuil, 1975).

상이란 무엇인가와 같은 무(無)역사적인 일반성들을 '인식 이론'으로 팔아먹곤 했지요. 심지어 과학적 정직성이란 무엇인가라는 문제까지 도출할 수 있었어요. 내 기억이 맞다면, 명백한 사례를 무이(Paul Mouy)의 『논리학』에서 찾을 수 있습니다.[16] 물론 이것보다 나쁜 것도 있었지만 말입니다. 이런 유의 담론에서 과학적 실천의 현실적인 사실은 그냥 단적으로 사라졌어요. 가스통 바슐라르의 역사적 인식론은 이런 진부한 담론에 작별을 고하고 엄밀한 출발점에 입각하게 됩니다. 곧 과학들에 대한 반성은 과학들의 구체적이고 특수한 역사에 대한 분석을 통해서만 이루어질 수 있다는 것이죠. 이는 한편으로 철학이 모종의 기적으로 이미 소지하고 있을 어떤 선행하는 이상(理想)의 이름으로 과학을 심판하고 규범화할(상대성 이론을 단죄하면서 그런 자격을 자처했던 몇몇 철학자들이 그랬듯이) 자격이 없음을 함축하며, 다른 한편으로 '이성'이란 정신의 능력이라기보다는 과학적 실천의 실제적 활동임을 함축합니다. 1960년대에 바슐라르의 영향을 받은 집단들 사이에서 회자되곤 하던 다음 사상도 바로 여기에서 나옵니다. 곧 '단수' 과학(la science)에 대한 담론은 의심스러우며, 솔직히 말해 이데올로기적이기까지하다는 것입니다. 왜냐하면 오직 과학들만이 존재하는데, 과학을 단수로 말하는 것은 이미 그 특수성, 즉 엄밀함을 지워 버리고 이름 자체를 내세워 이름만 같은 이데올로기적 통념으로 개념을 대체하는 것이기 때문입니다. 바슐라르에게는 또 하나의 큰 사상이 있습니다. 그것은 인식론적 장애라는 개념으로 표현되죠. 어떤 발견이나 이론은 무지 뒤에, 그러니까 인식의 단순한 부재 뒤에 오는 것이 아니라, 일련의 끈질긴 오류더미에 대항하여 수립

16   *Logique: Cours de philosophie*(Librairie Hachette, 1944).

된다는 겁니다. 고유의 일관성이 있고, 단지 참된 것의 반대가 아닌 어떤 실정성(positivité)에 뿌리내리고 있는 상상계에 대항해서 말입니다.(바슐라르는 이런 실정성을 '정신분석학적' 인간학에서 찾아냈지요. 이것은 그가 한 일 가운데 가장 뛰어난 부분은 아니지만, 그런 점은 별로 중요치 않습니다. 아니, 유의할 필요가 있다는 점에서는 중요하다고도 할 수 있겠네요. 바슐라르에 대해 말하면서 바로 이 유산의 상속자로 표방하는 자들이 있으니까요. 이 유산이야말로 가장 혼동되는 것인데 말입니다.) 이런 유의 상상계는 당연히 스피노자가 기술한 상상의 몇몇 측면을 생각나게 합니다.『과학 정신의 형성』서문을『에티카』1부 부록에 접근시켜 보는 것은 매력적인 일이었지요. 마찬가지로 학자들의 자생적 철학에 대해 말할 때 바슐라르는 과학의 실천에서 수행되는 철학적 활동과, 과학자들이 자신의 실천에 외적인 진술을 언명할 때마다 언제든 홀로 표면으로 다시 떠오를 수 있는 자생적 이데올로기를 구별해야 함을 잘 보여 줍니다. 이 자생적 이데올로기는 종종 이전 철학들을 단순히 재생하곤 하는데, 그 이데올로기가 순전히 사회적이거나 정치적 편견만은 아닐 때가 그렇습니다. 그리고 바로 이 '학자들의 철학'에 기대어, 가장 전통적인 철학적 이데올로기는 자신의 가장 고답적인 진술들을 새로운 미사여구로 재무장할 구실을 찾습니다. 역시 바슐라르가 "주어진 것이란 없으며, 모든 것은 구성된 것이다."라는 사실을 강조할 때, 이는 제가 보기에 스피노자주의의 핵심 중 하나인 자생성 비판과 상통합니다.

　'학자들의 자생적 철학'에 대한 이런 비판을 모델로 우리는 또한 '예술가들의 자생적 철학'이나 '정치가들의 자생적 철학'에 대한 비판 역시 구성해 볼 수 있을 겁니다. 예술가들의 자생적 철학은 딱히 그들의 미학적 실천이 지닌 새롭고 특수한 면을 드러내 주지 않으며, 어쨌든 철학적 미학을 대신할 수 없습니다. 그렇다고 예술가들의 담론에서 취할 게 전혀 없다는 말은 아닙니다. 그들이 자신들의 실천으로 표현하는 것(그리고 철학적 담론이 줄기차게 억압하려는 것)과 그들을 에워싸고 있는 지극히 전통적 담론(규칙이나 천재에 대한 전통 이데올로기, 혹은 단절에 대한 '아방가르드' 이데올로기의 재탕에 불과한 것)을 갈라내야 한다는 겁니다. 정치가들이 자신의 경험을 반성할 때의 담론 역시 마찬가집니다. 저는 스피노자가 『정치론』 1장에서 '정치가들(poilitici)'에 대해 말한 것,[17] 더 뒤에서 마키아벨리에 대해 말한 것[18]은 그와 같은 비판의 싹을 보여 준다고 봅니다.

　　카바이에스를 스피노자에 근접시켜 보는 일은 바슐라르의 경우보다 더 적확합니다. 더욱이 카바이에스의 스피노자주의가 카바이에스 자신의 인식론적 테제와 레지스탕스 운동을 동시에 해명해 준다는 캉길렘의 텍스트도 있습니다.[19](캉길렘은 카바이에스의 다음 말을 인용하지요. "나는 스피노자주의자다. 나는 우리가 도처에서 필연적인 것을 포착하고 있다고 믿는다. 수학자들의 연쇄는 필연적이고, 심지어 수학이라는 학문의 단계들조차 필연적이며, 우리가 이끄는 이 투쟁 역시 필연적이다."[20]) 이런 접근이 틀린 건 아닙니다.

17　"정치가들은 사람들을 돌보기보다 덫을 놓는다고, 지혜롭다기보다는 교활하다고 여겨진다. 사실 경험은 정치가들에게 인간이 있는 한, 악은 있을 것이라고 가르쳤다. 그래서 그들은 오랜 경험이 가르치는 기예들을 통해 인간의 사악함에 대비하려 애쓰며 …… 경험을 스승으로 삼기 때문에, 실상에서 동떨어진 것은 전혀 가르치지 않는다."(2절)

18　"오직 지배욕으로 움직이는 군주가 권력을 안정화하고 보존하기 위해 어떤 수단을 사용해야 하는지는 더없이 예리한(acutissimi) 마키아벨리가 상세하게 보여 주었다. 하지만 어떤 목적으로인지는 충분히 잘 보이지 않는다."(5장, 7절); "이런 식의 국가(귀족정)를 해체시키는 일차적 원인은 아주 예리한(acutissimi) 마키아벨리가 『로마사 논고』(3장 1절)에서 관찰하고 있다. …… [그러나 이에 대한 그의 처방에 따라] 선한 사람이나 악한 사람이 공히 공포를 느끼게 된다면, 국가는 가장 큰 위험에 내몰릴 것이다."(10장, 1절).

19　Georges Canguilhem, *Vie et mort de Jean Cavaillès*(장 카바이에스의 삶과 죽음)(Alia, 1996).

20　1943년 카바이에스가 레이몽 아롱(Raymond Aron)에게 보낸 편지. Cf. Georges Can-

하지만 그것이 왜 매력적인지, 그리고 왜 우리를 매료했는지 물을 필요가 있습니다. 그것은 인식론에 이중의 정당성을 부여하는 것이었고, 또한 17세기의 한 철학에 근대성을 부여하는 것이기도 했죠. 이는 아주 중요한 지점인데, 철학 제도의 혁신에서 인식론은 1950년대 말부터 점점 더 큰 비중으로 이론적 뼈대 노릇을 해 왔기 때문입니다. 한편으로는 가상에 대한 스피노자적 비판을 토대로, 다른 한편으로는 레지스탕스 운동을 토대로 삼아 인식론에 기반을 제공하는 일은, 인식론이 구현하고 있다고 여겨졌던 엄밀성에 일종의 역사적, 정치적 아우라를 부여하는 셈이었죠. 어떤 의미에서 보면 이는 스피노자가 말한 상상계의 작동 방식에 대한 좋은 예증이기도 합니다. 그래도 당시 이런 식의 행보에는 분명 단점보다는 이점이 더 많았습니다. 이와 같은 엄밀성에의 호소는, 그 바탕에 어떤 동일시가 작용했든 간에, 강단 전통 및 지배 이데올로기의 가장 고약한 판본들과 결별할 수 있도록 해 주었으니까요. 물론 그렇다고 해서 차후 이런저런 형태로 회귀가 일어나지 않았던 건 아닙니다. 결연하게 가장 '현대적'이라고 자처하지만 놀랄 만큼 낡아 빠진 판본으로의 회귀 말입니다.

3 스피노자 연구의 현주소: 절대적 합리주의와 상상에 대한 '작업'

앞서 이야기한 1960년대 연구의 관심사는 주로 스피노자 사상의 체계를 수립하는 데 있었고, 따라서 실체, 속성, 양태, 영원성과 같은 형이상학

guilhem, op. cit.(1996) p. 25.

적 개념들의 해명을 중심으로 이루어졌다고 할 수 있을 것 같습니다. 영미권이나 독일어권 연구에서는 아직도 마찬가지고요. 그러나 현재, 특히 프랑스의 스피노자 연구는 양태의 수준에 집중되어 있습니다. 그 결과 상상, 언어, 기억, 정서처럼 지속 안에서의 실존과 관련된 일련의 개념들이 점점 더 많이 밝혀지고 있습니다. 실체보다는 양태에 중점을 둠으로써 드러나는 스피노자주의의 새로운 모습이 있다고 할 수 있을까요? 그리고 이런 각도에서 볼 때, 이른바 스피노자의 '절대적 합리주의'는 어떻게 사고할 수 있을까요?

'절대적 합리주의'라는 표현이 스피노자 자신의 것인 양 매달릴 필요는 없습니다. 하지만 잘 이해하기만 한다면 그리 나쁜 표현도 아니죠. 세계가 이성적(이성이 바라는 것을 거스르지 않으리라는 의미에서)이라는 뜻이 아니라, 정반대로 모든 비이성적인 것, 세계 운행이 마치 이성을 거스르듯 일궈 나가는 모든 것, 이 모든 것이 이성적으로 규정 가능한 원인들로 설명될 수 있다는 뜻으로 이해한다면 말입니다.

'이성'이라는 단어를 곰곰이 되새겨 볼 필요가 있습니다. 이 단어는 철학의 핵심이면서 애매성의 본산이기도 하니까요. 이성의 착란도 있습니다. 이성을 규범으로 이해하면서 모든 것이 그런 이성에 자생적으로 맞춰지리라고 믿는 경우가 그렇죠. 그러나 모든 것은 인과성의 체계로서의 이성에 의해 설명될 뿐입니다. 더구나 이 인과성의 체계는 여럿이며, 역사의 과정에 따라 진화합니다. 그런 의미에서 여러 형식의 합리성이 있습니다. 하기에 효력이 다해 버린 한 가지 형식의 합리성을 옹호하거나 다른 영역에서 인식된 합리성의 형식을 특정 영역 안으로 들이미는 것만큼 비이성적인 건 없습니다. 역으로 원형적인 논리를 고수하는 태도나 고리타분한 합리주의적 태도는 종종 논리 이전에 있거나(prélogique) 이성 밑바닥에 있다(infra-rationnelle)고 비난받기도 하죠. 이성 역시 역사적으로 형성됩니다. 이성의 제1규칙은 모든 것이 가지적(可知的)이라는 것이고, 두 번째 규칙은 이 가지성을 드러내는 데는 일정한 작업이 필요하다는 것입니다. 스피노자에 대한 비이성주의적 해석에서 망각되는 것은 첫 번째 규칙이며, 관념론적 혹은 유심론적 해석에서 망각되는 것이 두 번째 규칙입니다.

달리 말해 이성은 하늘에서 뚝 떨어진 양 그것이 적용되기도 전에 이미 존재하는 도구가 아닙니다. 이성은 이성적 작업 자체의 효과로서, 그것이 취하는 각각의 형식 안에서 산출됩니다. 스피노자가 『지성 교정론』에서 물질적 도구와의 비유를 통해 말하는 바도 바로 이것입니다. 인간에게는 우선 거친 도구들밖에 없습니다.(신체일 수도 있고, 아직 장구한 기술 교육의 혜택을 받지 못한 몸짓일 수도 있죠. 기술 교육은 차후 마치 자연적인 것인 양 이 몸짓에 새겨질 것이고요.) 그리고 이 거친 도구를 가지고 점점 더 정교한 다른 도구를 만들어 냅니다. 그런데 이 도구란 물질적 대상인 동시에 이 대상들을 작동시키는 용법 및 절차이기도 합니다. 중요한 것은 깎인 돌멩이나 반들반들해진 돌멩이, 그리고 이 연쇄의 다른 끝에 있는 현미경이나 망원경이 인간 활동의 산물인 동시에 이 활동의 새로운 국면에 쓰이는 도구라는 점입니다. 합리적 형식들도 마찬가지예요. 그것들은 지적 작업의 산물인 동시에 조건입니다.

'이성'에 대해 더 말해 둘 게 있습니다. '착란'에 대한 물음(이성의 '착란'이란 엄밀히 말해, 이성'의' 착란이 아니라 이성'에 대한' 착란일 것입니다.) 말고도, 합리성의 이데올로기도 있습니다. 비합리주의의 맞짝이라고 할 수 있을 합리성의 이데올로기에는 두 가지 기능이 있는데, 둘은 공존할 수는 있지만 완전히 동일하진 않습니다. 우선 권력의 측면에서, 기술 관료주의 형태를 취할 때 이 이데올로기는 다른 이해 관심에 반대되는 〔자기〕 이해 관심이나 입장에 결부된 선택과 결정만을 합리적인 듯 제시합니다. 그리고 피지배자들 쪽에서 혹은 지배자들이 담지한 잘 구축된 담론을 숙달하지 못한 자들 쪽에서 나오는 비판과 요구는 '비합리적'이라고 선고합니다. 별로 어려운 일도 아니죠. 피지배자들 쪽의 열망이나 이해 관심이 표현될 때, 그것은 걸맞은 형태를 찾아내기에 앞서 정서적 형태(걱정, 분노, 해롭다고 느껴지는 변화에 대한 고집스러운 저항)를 띨 수 있으니까요. 이럴 경우 진정한 합리성은, 이 표현들을 정서적이라고 단죄하는 것이 아니라 거기에 담긴 정당한 논거를 찾는 것입니다. 합리성의 이데올로기의 두 번째 형태는 제3세계에 대해 몇몇 '서구' 이데올로그들이 취하는 현재의 담론에서 찾을 수 있습니다. 그들은 제3세계가 문명에다 정념에 눈멀고, 추론하지 못한다고 주저 없이 표상하죠. 마치 유럽이나 북아메리카의 군중(여기에는 이 대중의 지도자로 자처하는 자들까지 포함해야 합니다.)은 지난 세기부터 지금 현재까지도 수없이 많은 기회를 통해 자신들의 집단적 정념을 드러내지 않았던 양 말입니다. 사실 식민주의적 담론의 재활용에 불과한 이런 담론은 냉전 시대에는 거의 사용되지 않았습니다. 공산주의자나 반공산주의자 모두 상대편이 합리적이라고 상호 인정했으니까요. 심지어 이것이 '공포의 균형'의 원칙이기도 했고요. 그런데 이 담론이 동구권의 몰락 이후 무대 정면에 다시 나타난 것입니다. 그리고 그것은 다른 세 요소와 같이 응결되어 극히 호소력 있고 상당히 인기 있는 새로운 이데올로기를 형성합니다. 곧 역사와 절연된 세속성에 대한 요구, 비서구 국가들에 전형적인 것으로서의 성 불평등에 대한 표상, 그리고 인권에 대한 담론과 더불어 말입니다. 과거의 식민주의 담론에서는 불가능했던 이러한 응결이 지금 가능한 이유는 뻔

합니다. 정교 분리나 평등, 인권 등 상대적인 것에 불과하지만 실재적인 최근의 획득물을 마치 영원한 특징인 양 내세울 수 있기 때문입니다.

양태 문제로 가 봅시다. 스피노자 철학에 대한 대다수의 독해가 양태나 상상 등등에 관심을 갖지 않거나, 그것을 환원론적으로 해석하던 시대가 있었던 게 사실입니다.(가령 언어와 상상의 기만적 측면만이 일방적으로 강조되곤 했죠. 더구나 스피노자 텍스트 안에서 이런 방향으로 가는 구절들이 있다는 것도 사실입니다. 하지만 17세기에는 누구나 그렇게 말했습니다. 흥미로운 일은 오히려 스피노자가 이 상식적 테제를 가지고 무엇을 하는지를 살펴보는 겁니다.) 자크, 들뢰즈, 마트롱의 작업이 갖는 해방적 효과는 이와 반대로 양태나 상상이 체계 안에서 갖는 중요성을 부각한다는 점입니다. 스피노자 철학에서 개체들이 신적인 것에 모조리 흡수되고 전체 안으로 용해된다는 신화는 프랑스에서(그리고 다른 곳에서, 다른 형태로) 아주 오랫동안 끈질기게 되살아나곤 했지요. 그리고 이것이 스피노자의 철학을 '범신론'으로 정의하는 관행의 여러 의미 중 하나이기도 합니다. 이런 유의 독해는 종종 스피노자를 유물론이라는 비난에서 '구원하기' 위해 제기되었습니다.(이것이 빅토르 쿠쟁(Victor Cousin)[21]이 제안한 판본 중 하나입니다. 곧 나쁜 범신론과 좋은 범신론이 있는데, 전자는 신을 피조물 안에 흡수하는 범신론이고, 후자는 피조물을 신 안에 흡수하는 범신론입니다. 나쁜 범신론은 유물론의 형태를 띠며, 좋은 범신론은 힌두교 선자들이나 페르시아 사제들 그리고 스피노자의 교설이라는 것이죠.) 어떤 때는 스피노자가 피조물이나 구체적인 것에 무관심하다고 비난하기 위해 제기되기도 했지요. 이 해석의 여러 변이들이 갖는 정교

---

21   19세기, 특히 자유주의 성향의 기조 총리하에 프랑스 공교육의 토대를 닦은 철학자이자 교육자, 정치가(1792~1867). 쿠쟁의 철학 자체는 절충주의로 간주되지만, 철학사적으로는 18세기 유물론 중심의 프랑스 철학을 유심론 혹은 관념론으로 전환했다고 평가받는다.

성의 정도에는 차이가 있겠지만(게다가 대개는 정교하지도 않습니다.) 어떤 근거로, 누가, 어떤 주해를 제안했는지는 결국 별로 중요하지 않습니다. 핵심은 스피노자주의가 일반적으로 실재를 간과하고, 상상을 무시하며, 경험적 역사에 무관심한 철학으로 통하는 풍토에 머물러 있었다는 겁니다. 바로 이런 상황에서, 스피노자가 양태에 대해 말한 내용을 연구하는 것은 무용하게 보였던 겁니다. 이는 실제로 텍스트 안에 있는 많은 부분들을 보이지 않게 만들었습니다. 곧 히브리 국가나 로마사 분석, 정념적 행위들에 대한 아주 면밀한 기술, 여러 상이한 구절에서 종종 반복되는 특정 개인(알렉산더 대왕, 모세, 솔로몬, 예수)에 대한 관심, 『정치론』에서 각 체제의 제도를 평가하고 재구축할 때 보이는 놀라운 섬세함 등등. 1960년대 주석가들(특히 마트롱)이 가져온 해방적 효과는, 만일 스피노자 철학에서 만물이 신 안에 있다면, 이는 또한 그리고 특히 만물이 신적 역량에 의해 살아 있음을 뜻한다는 것을 강조한 데 있습니다. 그러니까 속견과는 정반대로 각 개체는 아무 이득 없는 부수 현상이 아니라 오히려 가장 강한 의미의 인과성이 전달되고 산출되는 초점입니다. 아울러 체계 내에 두 인과성, 곧 개체들에 대한 신의 인과성과 개체들 상호 간의 인과성이라는 두 인과성이 있는 것이 아니라, 개체들 간의 인과적 관계 자체가 신적 인과성입니다. 각각의 상호 개인적 행위는 신적 행위의 변형된 형태이고, 신적 행위는 변형된 형태들과 별도로 존재하지 않습니다. 이 점을 이해하지 않는다면 스피노자의 신은 초월적 신으로 다시 탈바꿈하겠죠. 반대로 이 지평을 속속들이 받아들인다면 상상, 언어, 기억, 정서, 인물, 국가 형태 등등에 대한 연구는 가능하기만 한 게 아니라 필연적입니다.

당신의 저서 『경험과 영원성』은 앞에서 언급한 모든 작업의 토대 역할을 했습니다. 특히 '기하학적 방법'이 데카르트 코기토 발견의 체험적 양식 아니면 영국식 경험주의에 대립되는 모토였고, 그런 만큼 '경험' 개념은 스피노자 철학에서 그늘에 머물러 있었다면, 당신은 바로 이 개념을 본격적으로 조명했습니다. 단 그러면서도 스피노자 철학과 경험주의의 근본적 차이를 전혀 약화하지 않았지요. 이 점을 들어 당신은 "경험의 합리주의"라 불렀습니다. 하지만 이 '경험'이라는 관념에 대하여 온전한 적극성을 인정하거나 언어, 기호, 역사 등과 같이 경험적인 것, 상상적인 것에 속하는 대상들에 어떤 자율성을 부여할 수는 없을 것입니다. 만일 그렇다면, 스피노자 철학에서 이것들을 대상으로 하는 특수한 연구는 고유한 한계를 가질 수밖에 없지 않을까요? 제가 보기에는, 적어도 지금까지 어느 누구도 거기에서 명실상부한 특수 '이론'을 발견한다거나 다른 근대 이론에 비해 스피노자주의가 지닐 수 있는 독창적 공헌을 드러내지는 못한 것 같습니다. 이는 모두 스피노자 철학에서 경험이 갖는 애매한 지위에서 비롯되는 듯합니다. 그러니까 모종의 적극성은 있지만, 자율성은 없다는 거죠. 이 애매성에 대해 해명해 주실 수 있을까요?

우선, 이는 애매성이라기보다는 필연성입니다. 언어나 기억 등등에 대한 스피노자의 진술에 완전한 자율성을 부여할 수 있다면 스피노자는 철학자가 아니겠죠. 철학자가 아니라 언어학자, 심리학자나 사회 심리학자인 데다 진짜 언어학자, 진짜 심리학자보다 진지하지도 완벽하지도 않을 것입니다. 물론 스피노자가 이 학자들보다 낫다고, 혹은 그가 모든 인문학의 정초자나 선구자라고 믿을 수도 있을 겁니다. 하지만 그렇게 되면 더 이상 철학사가 아니라 위인전을 쓰는 셈입니다. 이 점은 보다 일반적인 문제로 소급됩니다. 곧 현재 인문학에서 다루는 대상, 혹은 그것과 이름만 같은 대상에 대한 17, 18세기(혹은 다른 시기) 철학자의 진술을 어떻게 읽을 것인가라는 문제입니다. 인문학 분과들의 교과서나 대중용 저서에서 이 철학자들이 제일 첫 장에 언급되는 일이 있습니다. 각 분과가 얼마나 유구한지, 따라서 존중받을 만한지를 증명해 주는 권위로 말입니다. 그리고 성질난 인식론자들은 제기된 문제가 동일하지 않다고 역설하기도 하지요.

여기에서 두 문제를 구별해야 합니다. 어떤 학문이 고유한 장과 규준, 제도들을 구비한 과학으로 공식 학제상 구축되기 이전에 사람들이 그 학문의 내용을 다루는 방식의 문제와, 구축된 대상이든 아니든 과학적 실천의 대상으로 철학자들이 그에 관계하는 방식의 문제를 말입니다. 전자는 우리 논의와는 별 상관이 없습니다. 후자의 경우, 유심히 보아야 할 점은 철학의 고유성은 여타의 이론적 실천들에 관계하면서도 그 영역을 초과한다는 점입니다. 초과한다고 해서 반드시 철학이 더 일반적이라는 것은 아닙니다.(철학이 '학문의 여왕'이라는 신화처럼 말이죠. 이러한 신화는 '초과'라는 표현에서 나올 수 있는 여러 상상적 판본 중 하나일 뿐입니다.) 초과한다는 것은 철학이 특별히 여타 학문들이 물음을 제기하지 않는 지점에서 그것을 다시 제기하고, 그 학문들의 행보를 그것들의 경계 지대에서 시도해 보며, 그 개념을 재검토하고 변형하는 일을 한다는 것입니다. 물론 역사적으로 여러 철학자들이 이런 초과의 행보를 일종의 통제권으로(간단히 말해, 과학들을 '정초'하거나 '비판'하는 행보로) 해석하거나, 혹은 정반대로 이 학문들의 결과를 반복하는 밋밋한 판본이 되고자 하는 경우가 있었죠. 하지만 이와는 상이한 형태도 생각해 볼 수 있습니다. 스피노자의 경우로 돌아갑시다. 양태적 대상들에 대한 스피노자의 진술이 완전한 자율성을 수용할 수 없다면, 이는 이 대상들에 대해 그가 말할 수 있는 바가 갖는 독창성이, 그리고 이 독창성과 더불어 현실적 힘이 스피노자 철학 고유의 합리성의 형식(이것은 그가 실체, 속성, 활동 역량 등의 개념들을 가지고 구축한 역량 이론 안에서 분리 가능한 방식으로 표현됩니다.)을 통해 보증되기 때문입니다. 역으로 스피노자가 역량 이론을 구축한 것은 오직 이 양태적 대상들에 대해 그가 말할 것이 있고 이 작업을 하기 위해서일 뿐이라고 할 수도 있습니다. 이성은 이론적 작업의 수단인 동시에 산물이며, 이 작업에 선행하여 존재하지 않습니다.

4 스피노자 정치 철학의 현재성: '야생적' 현실주의와 자명한 것의 역사성

스피노자는 두 편의 정치 저작을 남겼습니다. 하나는 철학 하는 자유의 필연성을 증명하는 것을 목표로 합니다. 다른 하나는 군주정, 귀족정, 민주정이라는 세 가지 전통 정치 체제의 제도들을 다루며, 민주정에 대한 논의 초반에서 미완으로 끝납니다. 그렇기에 그의 정치사상은 근대사의 획득물인 사상의 자유나 민주정이 이미 자명해진 오늘날 독자의 관점에서 보면 낡은 이야기로 보일 수 있습니다. 하지만 스피노자 사상의 '야생적 이례성'은 여전히, 심지어 오늘날의 눈으로 보아도 흥미로운 지점들을 도출하게 해 주리라 생각됩니다. 우선 스피노자의 두 정치 저작이 당대 다른 정치 철학에 대해 갖는 독창성이 무엇인지, 그리고 오늘날 그것을 읽으면서 얻을 수 있는 이득은 무엇인지 말씀해 주실 수 있을까요?

언뜻 보면 이 정치 저작들에서 스피노자가 긍정하는 것이나 분석하는 것 중 몇몇이 당대(그러니까 17세기와 그다음 세기)의 관심사와 당대의 투쟁에 아주 쉽게 편입된다는 점을 주목할 수 있을 겁니다. 스피노자는 벨(Pierre Bayle)과 볼테르처럼 관용을 옹호했고, 홉스와 루소처럼 사회 계약론을 구축했고, 몽테스키외처럼 세 가지 통치 형태를 연구하죠. 하지만 스피노자와 당대인의 이런 유사성을 지나치게 강조하다 보면 스피노자 철학을 잘못 보기 십상입니다. '철학 하는 자유'를 옹호하면서 스피노자는 단 한 번도 관용이라는 단어를 내뱉은 적이 없습니다. 그리고 주권(물론 그는 이것이 절대적이어야 한다고 분명히 말합니다.)이 철학 하는 자유를 인정할 수 있고 또 그럴 수밖에 없음을 증명하는 그의 논변들은 인간의 본유적 권리를 토대로 하는 것이 아니며, 단적으로 인간이 침묵하는 것이 정념 때문에 불가능하다는 사실을 토대로 합니다. 계약 이론을 구축한다 싶으면 곧장 그것이 실상에 있어서는 실현될 수 없다고 덧붙이고, 필요와 정념이 사회를 정초한다는 이론으로 계약론을 대체합니다. 마지막으로 국가 유형을 구별할 때도 그 목표는 국가 유형들의 원리와 덕목을 찾기 위해서가 아니라 인간 삶을 뒤흔드는 이익과 정서 법칙들을 찾기 위함입니다. 요컨대 그것은 적나라한 현실주의로, 조금이라도 인간 행위에 대한 가상을 낳을 수 있는 모든 것을 거부합니다. 의도적으로 취한 냉소적 어조("인간이 있는 한 악은 있을 것이다.")는 체념한 비관주의(이는 스피노자에게 이 정식과 사례들을 제공한 로마 역사가들의 비관주의죠.)처럼 비칠 수 있으며, 그가 공화주의를 정당화하는 방식은 공화주의 지지자들에게는 아마도 역설적으로 보일 겁니다. 즉 대중은 폭력적이고, 불안정하고, 자질이 없으므로 정치에 대한 공적 논의에 참여시킬 수 없다는 귀족주의자들에게 스피노자는 대중은 정말 그렇다면서 기꺼이 양보합니다. 하지만 이렇게 덧붙이죠. 인간의 본성은 똑같은 이상, 귀족주의자들에게서도 똑같은 악덕이 발견될 것이다. 게다가 그들에게는 비밀을 좋아하는 취향이 있어 전제정을 초래하게 된다. 따라서 정치적 문제는 대중과 더불어 논의하는 편이 더 나을 것이다.

우리가 스피노자의 정치 저작들을 읽으면서 얻을 수 있는 이득은 두 가지일 겁니다. 우선 만인이 이제 동의한다고 여기는 것, 당연하다고 내세우는 것을 다른 시선으로 볼 수 있습니다. 또한 그럼으로써 지금의 현실을 우리에게 개진된 방식과는 다른 식으로 보는 데 도움을 줄 수 있습니다.

먼저 낡았다는 문제부터 생각해 봅시다. 만인이 스피노자가 말한 것에 동의하므로 거기에는 이제 아무 이득이 없다고 할 수 있을까요? 자명해진 것이야말로 따져 물을 가치가 있습니다. 우리는 과연 양심의 자유가 무엇인지, 그리고 민주정이 무엇인지 정말로 알고 있을까요? 현재 가장 팽배한 담론은 이것들을 인간이 인간으로서 갖는 가장 본질적인 특징으로 공언하는 것입니다. 그런데 수천 년간 인간은 이런 관점 없이 살아왔는데 이것이 갑자기 당연해졌다는 것이야말로 다소 불안스러운 일일 겁니다. 이는 우리가 믿고 싶은 것 이상으로 역사가 우리를 만들어 냈다는 것을 보여 주는 표지가 아닐까요? 아주 폭력적인 역사적 전복이 우리를 돌연 다른 형태의 자명성, 오늘날의 우리로서는 생각할 수 없을 다른 자명성으로 되돌아가게 할 수 있음을 보여 주는 표지 말입니다.

오늘날 모두가 민주정과 양심의 자유, 관용이 마치 인간 본성의 영원한 획득물인 양 여깁니다. 하지만 이 영원한 획득물을 인간은 아주 오랫동안 완전히 모르고 살아왔거나 폭력적으로 거부해 왔음을 돌이켜 볼 필요가 있습니다. 그런데 2~3세기가 지나면 우리 후세들은 지금의 바로 이 생각들을 아주 야만적이라고 생각하고, 더 세련되고 더 민주적인 다른 정식들로 대체할지도 모르죠. 그러고선 다들 현재 우리가 살고 있는 민주정은 민주적이지 않았다고 생각하겠죠. 예를 들어 프랑스가 1870년 마침내 보통 선거를 결정적으로 얻어 냈다는 것은 19세기 모든 사람에게 자명한 사실이었습니다. 그리고 보통 선거라는 이 자명한 통념에서 여성이 배제된다는 점에 주목한 사람은 정말 별로 없었습니다. 그러다 1945년 이래 프랑스에서는 보통 선거에 남성뿐 아니라 여성까지 포함된다는 것을 문제시하는 자는 아무도 없습니다. 이는 너무나 당연해서, 사람들은 그렇지 않은 나라를 아직도 중세에 살고 있는 양, 혹은 역사 바깥에 살고 있는 양 바라봅니다. 이 중세가 겨우 60여 년 전 우리의 조건이었음을 까맣게 잊어버리고 말이죠. 이런 변동에 대한 역사를 쓸 수도 있고, 제3공화국 아래서 일어났던 투쟁들을 떠올릴 수도 있고, 유럽 내에서 프랑스가 이 걸음을 내디딘 가장 마지막 나라 중 하나였음을(그리고 심지어는 프랑스가, 자신이 현재 가차 없는 시선으로 바라보는 이 비유럽 국가들 가운데 어떤 나라보다 늦은 나라임을) 주목할 수도 있겠죠. 하지만 여기에서 제가 강조하고 싶은 건 이 두 모순된 자명성의 병치입니다. 곧 모든 사람이 보통 선거에 오직 남성만이 포함된다고 생각했고, 몇몇 소수파 사상가나 이단적 사상가를 제외하면 아무도 정반대가 당연한 것으로 여길 때가 있으리라고는 상상조차 하지 못한 때가 있었죠. 마찬가지로 불과 몇 년 전, 많은 사회에서 누군가를 동성애자로 여긴다는 건 그의 성실성이나 진지함 혹은 신뢰성을 의심하는 것과 진배없었습니다. 오늘날엔 누군가를 동성애 혐오자라고 생각하는 것이 똑같은 효과를 빚죠. 여기에서도 하나의 자명성이 그것과 모순되는 다른 자명성의 뒤를 잇습니다. 아마도 어느 날 사람들은 우리가 가진 민주주의관을 아주 제한된 통치관으로 여길 수도 있겠지요. 단지 기술적 가능성의 차원에서만 생각해 봐도, 의사소통의 테크놀로지들은 이런저런 새로운 형태의 직접 민주정을 가능케 할 것이고 사람들은 우리가 도대체 어떻게 대표제 민주정을 참았는지 아연실색하며 물을지도 모르지요. 따라서 이 근본 관점들을 돌이켜 보고 오늘날 우리에게 자명해 보이는 양식과는 다르게 사고할 수는 없는지, 그리고 어떻게 이 양식이 우리에게 자명하게 되었는지는 따져 볼 만한 일일 겁니다.

양심의 자유도 마찬가지입니다. 그것이 무엇을 뜻할까요? 국가가 사람들이 원하는 대로 생각하도록 내버려 두어야 한다는 걸까요, 아니면 국가가 어떤 생각은 허용하고 어떤 생각은 금지해야 한다는 걸까요, 아니면 어떤 생각을 생각으로는 허용하되 행위로는 금지해야 한다는 걸까요? 심지어 오늘날 우리 체제에서도, 가령 부모가 종교적인 이유로 자녀에게 예방 접종을 받지 못하게 하는 경우 국가는 양심의 자유에도 한계가 있다고 여깁니다. 그리고 언젠가 만일 그 백신이 아주 유해하다고 밝혀진다면 사람들은 부모가 옳았다고, 국가가 자녀에게 예방 접종을 받게 하면서 권위를 남용했다고 그러겠죠. 저희 집에 오래된 다리미가 하나 있는데, 사용법을 보면 사뭇 자랑스럽게 석면이 들어 있다고 공언합니다.(이 다리미가 제조된 시대에 이 말은 다림질하는 사람을 보호하기 위한 온갖 좋은 게 다 들어 있다는 뜻이었답니다.) 오늘날 누군가 그런 다리미를 팔려고 든다면 그는 공적인 위험으로 여겨질 겁니다. 그러니까 아주 자명한 듯 보이는, 그리고 거의 모두에게 반박할 여지가 없어 보이는 이런 통념들에 대해 우리는 그것들이 어떻게 출현하게 되었는가, 어떻게 우리가 그것을 산출했고 그 통념들이 우리를 산출했는지 따져 보아야 할 겁니다. 왜냐하면 여기에서 '우리'란, 인간 일반이 아니라 20세기와 21세기 사유의 조건들에 의해 산출된 인간을 일컫기 때문입니다. 따라서 우리에게 자명해 보이는 것은 우리가 자명하다고 여기도록 길들여진 것, 혹은 우리 제도들이 자명하다고 여기는 것에 불과합니다. 이런 이유에서,『신학 정치론』을 다시 읽는 것은 바로 이 자명성들을 다시 따져 묻고, 그것에 물음을 제기하도록 우리를 길들이는 것입니다.

가령 스피노자 사상 자체의 역사적 한계처럼 보일 수 있는 것으로 돌아가 보는 것도 한 방법일까요? 민주정 의회에서 여성이나 봉급생활자를 배제해야 한다거나, 자유를 행동까지가 아니라 사고의 자유에만 한정해야 한다는 주장 같은 것 말입니다.

그게 한계일까요? 혹여 스피노자가 책을 쓸 당시의 조건을 드러내는 것은 아닐까요? 스피노자는 당대인 모두가 말하는 것을 말하며, 그뿐 아니라 그들이 그렇게 말하는 이유를 지적하고, 나아가 왜 그들이 이유를 말하지 못하는지까지 말하고 있습니다. 17세기에는 거의 모든 사람이 여성을 정치에서 배제하는 데 동의했고 이런 생각은 제도적 현실의 번역에 불과합니다. 혹자는 그래도 통치하는 여성도 있지 않았느냐고 하겠지요. (영국의 엘리자베스나 스웨덴의 크리스티나처럼) 여왕들이 다스리는 군주정도 있었으니까요. 하지만 여왕들이 권좌에 있다는 건 여성 일반의 해방과는 전혀 무관하며 단지 왕조적 관념의 적용에 불과합니다. 물론 다들 알고 있듯, 이 단순한 적용조차 그리 당연한 건 아니었습니다. 어떤 나라, 특히 프랑스에서는 여성이 왕좌뿐 아니라 왕조 계보에서조차 배제되었으니까요.(심지어 그들의 남자 후손도 주권을 행사할 수 없었죠.) 따라서 스피노자가 여성이 국가에 참여하지 않는다고 말할 때, 그는 당대인들이 말하던 것과 정확히 동일한 것을 말하고 있으며, 딱 그만큼입니다. 그는 그들의 편견을 공유하고 있었죠. 그뿐입니다. 그런데 흥미로운 건 그가 제시한 이유들인데, 왜냐하면 이것들이 사실이기 때문입니다. 이유인즉, 당대에(물론 그는 이 조건을 덧붙이진 않았지만) 여성들은 경제적 독립성이 없기 때문이라는 겁니다. 마찬가지로 스피노자가 하인, 곧 사실상의 모든 노동자, 타인에게 (경제적으로) 의존하는 자들이 통치에 참여하는 것을 거부할 때 이는 그들이 의회의 이런저런 구성원에게 의존하며, 그들의 참여는 그들이 의존하는 자에게 투표권을 얹어 주는 셈이기 때문입니다. 그런데 이렇게 말하면서 스피노자는 모종의 방식으로 민주정의 경제적, 사회적 토대가 무엇인지 보여 줍니다. 의견을 표현하는 자들에게 가정되는 독립성과, 그러한 형식적 권리 배후에 은폐된 역량이 무엇인지를 짚는 것이죠. 그러니까 사회 경제적 역량이 사법적인 권리를 뒷받침하고 있음을 말입니다. 이런 의미에서 우리는 스피노자 사상의 진술로부터 또 다른 결론을 도출할 수도 있습니다. 예컨대 여성이 본성상 민주정에 참여할 수 없다는 뜻으로 읽는 대신, 여성이 경제적으로나 사회적으로도 해방되지 않은 채 이루어지는 참여라면 이런 참여는 가상적이리라는 뜻, 적어도 제한적이리라는 뜻으로 말입니다. 그렇다고 해서 그런 해방이 우선 경제적 차원에서 이루어져야 하는지, 혹은 정치적 변화가 법적, 경제적 조건들의 변경을 위한 지렛대 역할을 할 수는 없는지의 문제가 해소되는 건 결코 아닙니다. 이것은 또 다른 문제이고 그가 제기한 문제도 아니니까요. 핵심은, 그렇게 말하면서 대부분의 사회 계약론자나 민주주의 일반에 대한 이론가보다 상황을 훨씬 명철하게 보고 있다는 점입니다. 결국 스피노자가 문제 삼는 것은 개인의 삶에서 사적인 것과 공적인 것의 분할, 부르주아적 권리관 및 정치관의 바탕에 은밀하게 자리 잡고 있는 이런 분할이기도 합니다.

5   경제, 교육, 종교의 장에서 스피노자주의의 현대적 응용

2008년 "스피노자 정치 철학의 현재성"이라는 제목으로 리옹 정치 대학의 정치학도들 앞에서 한 강연에서 당신은 스피노자 사상에서 현재 새로운 영감을 얻을 수 있는, 혹은 이미 그렇게 하고 있는 영역으로 정신분석학, 경제학, 교육학, 그리고 국가와 종교의 관계를 꼽았습니다. 이를 다시 한 번 자세히 설명해 주시겠습니까?

누군가가 하나의 철학을 그 진술들의 엄밀한 연쇄를 통해 끝까지 연구해 보았다면, 아마도 그 철학에 철학 스스로는 제기해 보지 않았을 물음을 제기할 수 있을 겁니다. 스피노자 사상으로부터 스피노자적 개념들을 산출하는 기계를 끌어냈다면, 이는 이후 이 기계를 스피노자 자신은 작동시키지 않았던 장에서 작동시켜 볼 수 있다는 뜻이기도 하니까요. 역설적이지만, '현재성(actualité)'이라는 질문에 단번에 답하기를 거부함으로써 그에 답할 수단들을 장기간에 걸쳐 끌어낼 수 있습니다. 사실 한 사람의 철학자를 철저히 연구하려면 그것을 현재화하는 물음들에 답하기를 피해야 합니다. 그런데 현재성이라는 물음, 그리고 이 현재성 안에서 살아가는 직업들은 우리에게 그에 답하도록 끊임없이 압력을 넣습니다. 철학을 가르치는 자나 연구자들은 사실상 모두 그런 경험을 하게 마련이죠. 한 사람의 저자에 대한 전문가로 얼마간 알려지자마자 라디오나 텔레비전에서 일하는 자들이 인터뷰를 하러 와서 이런 질문들을 합니다. 스피노자(혹은 소크라테스나 데카르트)라면 사르코지에 대해 뭐라고 말했겠느냐, 원자핵에 대해, 자주 관리에 대해, 이슬람의 히잡 문제에 대해 뭐라고 말했겠느냐? 그들을 비난할 순 없습니다. 그것이 그들의 직업이고, 현재성은 전적으로 정당한, 인간 실존의 한 차원(그리고 정치적 존재를 구성하는 차원들 가운데 하나)입니다. 더구나 현재성의 물음에 대한 직업 철학자들의 무시는 그들 특유의 전형적인 착각이기도 합니다. 그들의 생각과 반대로, 이렇게 무시하면서 그들은 가장 자유로운 것이 아니라 오히려 가장 종속되지요. 미디어에 의한 소외를 비난하는 직업 철학자들의 담론은 종종 아주 적은 비용으로 그들 자신을 추상적 자유의 옹호자로 내세우는 방식이기도 합니다. 반면 위협받는 것은 종종 구체적 자유이며 여기에는 그들보다 저널리스트들이 더 많이 개입되어 있습니다. 노골적으로 말해, 직업 철학자들이 스스로를 자유의 대표자라고 떠벌리고 저널리스트를 속견의 봉신, 의견이라는 폭군의 봉신으로 기술할 때, 그들은 철학 교수보다 더 많은 저널리스트가 매년 바로 그 직업을 수행하면서 암살당한다는 사실을 잊어버립니다. 경찰이나 마피아가 저널리스트들을 단죄하는 것도 그들이 사람을 우둔하게 만드는 미디어의 힘에 종속되었기 때문은 아니겠지요.

하지만 현재화하는 물음들을 제기하는 것이 정당하다고 해서 그에 답변하는 것도 반드시 정당한 것은 아닙니다. 우선 대부분의 경우 물음의 수신자인 철학 체계 내에 직접적 답변이 없기 때문입니다. 있다 하더라도 이 답변은 대개 상투적인 수준에 불과합니다. 다음으로는 설령 답변을 발견한다 하더라도 그렇게 해서 무엇이 얻어지겠어요? 만일 누군가가 스피노자 철학에 자주 관리를 지지하는 논변이 있다고 믿는다면, 이렇게 묻고 싶어집니다. 그래서? 그러면 이론이 더 옳아집니까? 아니면 그저 저명한 누군가가 이 이론에 동의했다고 말하려는 겁니까? 그런데 숱한 유명 인사가 수없이 많은 어리석은 테제에 동의해 온 이상, 총명한 테제의 경우라면 아무개가 거기 찬성했다고 환기하기보다는 그 테제가 총명한 것임을 직접 증명하는 편이 더 낫죠. 반대로 질문의 지점을 바꾸는 일은 흥미로울 수 있습니다. 또한 방법이나 절차, 그러니까 방금 언급했던 스피노자적 개념들을 산출하는 기계가 이 물음에 대한 반성의 요소들을 제공할 수 있는지, 나아가 다룰 수 있는지를 따져 보는 일은 흥미로울 것입니다. 다만 이는 우리가 체계로서의 이 기계가 어떻게 작동하는지를 진정으로 이해했을 때만 할 수 있는 일입니다. 그러니까 우선은 체계성을 가지고 우회해야 한다는 것이지요.

역설적인 것은 한 저자의 사상이 어떻게 작동하는지를 일단 이해하고 나면, 그 순간부터 현재적인 물음들에 관심을 가질 수가 있다는 겁니다. 저자의 사고 메커니즘을 가지고 우회를 거친 다음이기 때문이죠. 바로 이런 이유로 이제는 실제로 스피노자의 개념들을 바탕으로 한 흥미로운 정신분석학 연구가 있을 수 있습니다. 마찬가지로 프레데리크 로르동(Frédéric Lordon)[22]처럼 스피노자주의 경제적 인간학을 구축하는 사람도 나오고 있습니다. 이 인간학에서 이익이라는 전통적 통념은 코나투스의 영감을 받은 다른 개념으로 대체되고, 시장은 전투의 장으로 나타납니다. 이렇게 해서 그는 "정력적 구조주의(structuralisme énergétique)"를 전개할 수 있게 되는데, 여기에서 역사는 『정치론』과 『신학 정치론』에서 분석된 대로 힘들 간의 갈등으로 사고됩니다. 이런 절차의 핵심은

---

22   스피노자의 관점에서 사회 과학 및 경제학을 연구하는 프랑스 연구자. 대표적인 저서로 *L'intérêt souverain Essai d'anthropologie économique spinoziste*(주권적 이익: 스피노자주의 경제 인류학 시론)(La Découverte, 2006)가 있다.

스피노자의 이런저런 진술을 곧바로 수입하는 것이 아니라 이 진술들을 산출한 방법을 다른 장에 적용하는 데 있습니다.

마찬가지 방식으로 교육 사상을 구축하고, 유년기를 스피노자적 견지에서 분석해 볼 수도 있습니다. 이 문제에 대한 스피노자 자신의 언급은 드물지요. 하지만 이 물음을 다루는 몇몇 구절들에서 그는 극도의 일관성을 보여 줍니다. 주라비슈빌리(François Zourabichvili)의 박사논문은 대부분 바로 이 문제들을 다루었습니다.[23] 그는 형상 변화에 대한 스피노자적 관점을 바탕으로 교육학적 상상계의 가장 지배적인 두 조류를 비판합니다. 두 조류 모두 아이-어른이라는 가상을 토대로 하는데 하나는 아이에서 어른의 축소물을, 현실화하기만 하면 될 잠재성을 보는 조류이며, 다른 하나는 반대로 자율적 아이의 세계가 있다고 믿으면서 어떻게든 그것을 보존해야 한다고 보는 조류입니다. 주라비슈빌리는 소비에트의 대심리학자인 비고츠키(Lev Vigotsky)[24](주라비슈빌리는 그를 이런 가상에 빠지지 않고서 유년기와 교육의 문제에 관심을 가진 드문 사람 중 하나로 간주할 겁니다.)가 명시적으로 스피노자적인 절차에서 출발해서 이런 비판을 수행했다고 환기했죠.

예를 하나 더 들어 봅시다. 현재 프랑스에서 사람들은 국가와 종교,

23　이 박사논문을 바탕으로 이 문제를 주제적으로 다룬 저서로 *Le conservatisme paradoxal de Spinoza: Enfance et royauté*(스피노자의 역설적 보수주의: 유아기와 왕권)(PUF, 2002)이 있다.

24　구소련의 교육학자(1896~1934)로, 추론과 같은 고등 정신 기능을 중심으로 아동 발달 심리학을 개척했으며 당대 소련 교육학에 큰 족적을 남겼다. 서구 사회에서는 1970년대 들어서야 겨우 조명되기 시작했고 21세기 들어 본격적 연구가 이루어지고 있다. 특히 정신 기능 발달에서 기호나 언어의 역할, 따라서 사회 문화적 요인을 중시했으며, 철학적으로 마르크스 외에도 스피노자의 영향을 받았다. 국내에서는 '비고츠키 연구회'에 의해 『도구와 기호』, 『생각과 말』 등이 시리즈로 번역되고 있다.

신앙, 종교 분파의 관계에 대해 제기되는 문제들에 관하여 대개 종교 공동체를 옹호하거나, 아니면 일종의 형식적인 세속성을 옹호합니다. 물론 이 세속성은 실상 일련의 추상적 진술에 더 가깝고 사람들은 어떻게 해서 그것이 현실적으로 이행될 수 있는지는 묻지 않습니다.(혹은 묻고 싶어 하지 않죠.) 제가 보기에 스피노자주의적 분석은 몇몇 지점에서 이 원칙을 덜 형식적으로 만드는 데 기여할 수 있을 것 같습니다. 가령 프랑스에서 많은 이들이 사상의 자유나 세속성을 정교 분리와 동일시합니다. 다른 시대로 물러서서 보면, 마치 당연한 듯이 우리에게 들러붙어 있는 이 통념들을 '떼어 낼' 수 있습니다. 여러 형태의 세속적 체제를 생각해 볼 수 있겠죠. 하나는 교회와 국가의 분리이며(오늘날 우리 체제가 그렇습니다.) 다른 하나는 국가가 교회를 지배하는 형태입니다.(이것이 홉스와 스피노자의 생각인데, 사실 '에라스투스적(국가 지상주의)' 전통이 전부 그렇습니다. 프랑스 혁명의 성직자 민사 기본법은 바로 이 형태의 적용이며, 심지어 프랑스의 교회 독립주의가 견지했던 것도 얼마간은 이 형태라 볼 수 있습니다.) 여하간 우리가 분리라고 부르는 것조차 어떤 통제를 함축합니다. 물론 교회에서 벌어지는 일들이 법적 틀을 위배하지 않게 하는 최소한의 통제이긴 하지만요. 교회와 국가 관계의 다양한 형태 중 무엇을 선택하느냐는 자의적인 것이 아닙니다. 그것은 역사적 정황에 달려 있고 여러 형태를 넘나들 수도 있다고 상상할 수 있습니다. 가령 '분리'라는 형태가 실행되려면, 종교는 사적 실천이 되어야 하며, 분리는 그런 지위를 더 강화하는 데 기여합니다. 하지만 종교의 사사화(私事化)가 다른 무엇보다 '도덕화'로 치닫는다는 사실도 유념해야 합니다. 사실 신자들은 종교에 대해 옛날처럼 의례를 기대하기보다는 윤리적 조언을 더 많이 기대합니다. 역으로 종교 지도자들 스스로도 도덕의 전문가로 행세하지요. 바로 이런 점 때문에 역설적으로 종교 지도자들에게 또다시 공적 역할이 돌아갈 위험이 있습니다. 그들이 과거에 지녔던 직무로 회귀하면서가 아니라 이 역할에 대해 공적으로 인정하면서 말입니다. '윤리 위원회'에 종교인이나 그들의 대표자들이 참석하는 것만 보아도 충분히 알 수 있는 일입니다.

스피노자의 국가 분석에서 또 중요한 측면은, 국가와 종교 현상의 관계에 대한 분석에서도 그렇고 더 일반적으로도 그렇지만, 이 분석이 국가 자체에 대해서는 전혀 논하지 않는다는 점, 혹은 그리 길게 논하지는 않는다는 점입니다. 분석의 주된 관심은 늘 바로 국가의 특수한 형태에, 이 국가를 다른 국가와 구별되게 하는 요소에 기울어져 있습니다. 이는 "언어, 법률, 풍습"이라는 정식으로 집약될 수 있을 것이고,[25] 쉽게 말해 문화라고 해도 좋습니다. 그런데 개별 국가는 그것을 형성해 온 역사를 재구성해 보지 않고는 불가해합니다. 한 나라의 법률과 풍습을 분석한다는 것은, 이 나라의 역사를 통해 주어지는 이 나라의 환원 불가능한 성격을 설정한다는 것입니다. 단 여기에서 역사란 일련의 주요 사건들로서의 역사가 아니라, 그 나라가 처한 고유한 상황에 상응하는 제도적이고 이데올로기적인 형태(히브리인에게는 신정(神政), 로마인에게는 폭력의 여러 변위체, 네덜란드인에게는 권력들 간의 균형이나 불균형)의 형성 과정을 의미합니다. 달리 말해 법률에 대한 스피노자주의적 시선이란 법률을 뒷받침하는 하부 구조, 곧 인간 본성의 법칙들의 역사적 구현체가 무

---

25   『신학 정치론』에서 히브리 국가의 멸망이 히브리 민족의 반항심 때문이라는 의견을 반박하는 스피노자의 다음 진술을 염두에 둔 표현이다. "왜 이 민족이 다른 민족들보다 더 반항적인가? 자연적인 이유 때문인가? 그러나 자연은 민족을 창조하지 않으며 오직 개인들만을 창조한다. 이 개인들은 오직 언어와 법률, 수용된 풍속의 차이에 의해서만 민족들로 구별된다."(『신학 정치론』 17장, G III, p. 217)

엇인지 규정하는 데 있습니다. 오직 그것에 대한 분석만이 실정법의 정향을 이해할 수 있게 해 주며, 실정법의 의미를 설명해 줍니다. 어떤 법률(가령 모세의 이런저런 결정)을 옹호하거나 비판하면서, 혹은 어떤 사건(히브리인들이 왕을 요구하거나, 그 히브리 왕이 이방의 신을 도입하는 등의 사건)에 대해 이야기하면서 이 하부 구조를 도외시할 때, 그리고 이 하부 구조의 역사적 진화를 고려하지 않을 때 설명은 완전히 비생산적이 될 위험이 있습니다. 따라서 현재 프랑스에서 국가와 종교의 관계 문제를 스피노자주의적 관점에서 이해한다는 건 결코 『신학 정치론』에서 찾아낸 기성의 해결책을 수입하는 게 아니라, 세속성이 프랑스적 형태로 생성되는 실제적 과정을 분석하는 것입니다. 가령 국가가 어떻게 가톨릭교회에 대한 자율성을 획득하게 되었는지, 어떤 조류들이 (교회 내부의 조류까지 포함하여) 이런 진화를 지지했는지, 과연 어떤 타협을 기반으로 바로 이 세속성(가톨릭적 색채의 세속성이라 할 수 있겠지요.)으로 굳어졌는지를 분석한다는 것을 함축하지요.(프랑스적 세속성의 가톨릭 색채는 휴일의 지정이나 교육 문제에서의 양보 그리고 부동산 상속에서, 곧 소유 형태를 막론하고 가톨릭 의례지가 역사로 뒤덮여 있다는 사실에서 가시적으로 나타납니다.) 그 경계에 갈등의 지대가 있고 이 갈등은 대개 제한적이고 단지 상징적인 것에 불과하지만, 위기가 오면 언제든 재활성화될 수 있습니다.(사학 문제나 성도덕 같은 문제에서 말입니다.) 이런 하부 구조에 상응하는 법률들을 형식상 옹호한다는 것은 이미 변화한 역사적 환경에서 완전히 다른 의미를 띨 수 있습니다. 사실상 타 종교에 맞서 가톨릭 종교를 옹호하는 셈이 되거나, 혹은 역으로 그리고 동시에 타 종교에 대한 국가의 통제 가능성을 포기하는 셈이 될 우려가 있어요. 이런 가능성은 법률에서 미리 내다보지 못했던 것이니까요.

더 나아가 스피노자의 종교 분석이 갖는 또 다른 이득이 있습니다. 현재의 집단적 상상계를 이런 분석의 견지에서 바라볼 수 있다는 겁니다. 종교적이지 않은 상상계의 경우에도 말입니다. 물론『신학 정치론』에서 종교적 정념과 종교적 상상계는 가장 강력하고, 나아가 가장 폭력적인 것, 여하간 가장 가시적인 것으로 나타납니다. 그래서 정도의 차이는 있지만 이것들이 모든 상상계 분석의 범형 노릇을 합니다. 하지만 이것들이 영원히 지배적이란 법도 없죠. 역사적으로 상이한 상황들을 얼마든지 생각해 볼 수 있으니까요. 종교적 상상계가 다른 형태의 상상계로 대체된다든지 말입니다. 하지만 그 경우에도 상상계 작동의 법칙들만은 결코 사라지지 않을 겁니다. 다른 변형태를 취할 뿐이죠. 스피노자 자신도 고대 그리스를 이런 식으로 생각했을지 모릅니다. 고대 그리스를 생각해 보기는 했으니까요.(스피노자가 고대 그리스를 언급하는 일은 아주 드뭅니다. 로마나 히브리 국가와 달리 고대 그리스는 그의 지평에 거의 나타나지 않습니다.) 스피노자에게 고대 (그리스) 철학들은 신의 다수성 때문에 고유한 종교적 상상계의 충격이 감소되거나 중화되어 세속적인 목적론적 이데올로기의 형태로 나타납니다. 만일 정말 그렇다면 바울의 그리스도교가 가진 위력은 상이한 지적 환경에서 이 세속적 목적론에 의해 주조된 과정들을 종교 안에 재도입한 데 있는 셈입니다. 당연히 이 과정들과 더불어, 거기에 동반된 일련의 제도적 형태 역시 도입되었겠지요. 권력을 둘러싼 교회 간의 분열이나 경합하는 학파들 간의 고도로 기교화된 논쟁들처럼요.

오늘날 우리는 가령, 종교가 소멸해 가는 중이라고, 아니면 적어도 그 권력이 상당히 감소하고 있다고 생각할 수 있습니다. 제가 살고 있는 프랑스에서는 인구의 절반 이상이 무신론자나 불가지론자로 자처하거나, 적어도 교회가 제공하는 가르침, 가령 사후의 삶의 가능성을 인정하지 않습니다.(최근 나온 여론 조사에 따르면 가톨릭 신자의 30퍼센트가 그런 의견을 보였습니다.) 하지만 이는 인구의 절반 이상이 상상계 없이 살고 있다는 뜻은 아니죠. 텔레비전 방송만 봐도 현재 무엇이 종교를 대체해 가고 있는지 금방 알 수 있습니다. 분명 이성(理性)은 아니죠. 인간의 상상계는 줄곧 현존합니다. 종교적 형태와는 다른 형태로, 그러나 규범이나 목적론, 자유 의지라는 가상, 차이에 대한 단죄 등에 호소하는 동일한 메커니즘과 더불어 말입니다. 가장 화려하게 눈에 띄는 형태는 민족주의적 담론이나 실천에서, 혹은 스포츠(저런 민족주의적 담론 및 실천과 밀접히 연관되어 있죠.)에서 찾아볼 수 있습니다. 그러나 아마도 가장 잠행적이면서 장기적으로 가장 강력한 변이태는 아마도 의학과 관련된 일체의 것에서 공급될 거예요. 오늘날 집단 상상계의 주제와 명령들을 생산하는 것은 건강에 대한 염려입니다. 그것은 과거 종교가 그랬던 만큼이나 지배적인 주제와 명령들을 생산하지요. 그러므로 공공의 건강에 대한 염려가 정부의 염려든 여론의 염려든 집단적 상상계와 직결되어 있지는 않은지 물어볼 수 있습니다. 물론 예방을 통해서든 처치를 통해서든 개인의 건강을 보존하는 것은 전적으로 정당한 일 아니냐고 하시겠죠. 맞습니다. 그런데 종교들이 정의와 자유를 가르칠 때, 그 가르침 역시 전적으로 정당한 것입니다. 그러니까 우리는 이런 염려가 정당화될 수 있느냐 여부를 묻고 있는 게 아니에요. 문제는 이 이성적인 핵(더 정확히 말해 이성적 추론 역시 다른 길을 통해 수립할 수 있는 어떤 목표에 해당하는 것)이 곧장 상상계의 작동을 통해 변환되고 예증되고 또 왜곡된다는 점입니다.

상상계가 어떻게 작동하는지는 점점 더 강도 높게 권력 그리고 시민들에게 직접적으로 호소하는 개인이나 집단의 담론에서 아주 쉽게 찾아볼 수 있습니다. 그들은 공권력이 그 정도만 해서 되겠느냐면서 약속과 명령으로, 또한 자기네 규범을 따르지 않는 자들의 미래에 대한 무시무시한 협박으로 호소합니다. 이는 그야말로 예언자들의 기능을 생각나게 합니다. 예언자들처럼 그들도 '법'의 보완물로서 유익한 역할을 할 수도 있고, 해로운 역할을 할 수도 있으며, 특수한 이해관계에 봉사할 수도 있습니다. 이는 스피노자가 『신학 정치론』1, 2장에서 분석했던 (예언자의) 기능(자기 기질(ingenium)에 떠밀려 주권자 이상으로, 주권성의 원천의 수호자라 자처하게 된 개인)이 특별히 종교적 기능만은 아님을 시사합니다. 그것은 상상계 일반의 기능이며, 스피노자는 그것을 종교적 변이의 경우를 통해 분석한 것뿐입니다. 이 건강 이데올로기(그리고 그에 수반되는 이데올로기적 장치)에는 종교들의 작동법을 연상시키는 다른 특징들도 있는데, 가령 규범과의 관계가 그렇습니다. 더구나 종종 태도도 똑같고 논거도 똑같지요. 예를 들어 공공장소에서 흡연 금지는 비흡연자들의 이익뿐 아니라 또한 흡연자들 자신의 이익 때문이기도 하죠. 담배를 피우면 병에 걸리니까요. 예전에 이교도를 박해했던 기독교도들이 그들 자신의 이익을 위해서만이 아니라 또한 비신자나 이교도들의 이익을 위해, 그들의 안녕을 보증하기 위해 그들을 박해했던 것과 마찬가지로 말입니다. 우리에게 흡연을 금지하면서 국가는 우리 뜻과 무관하게 우리의 안녕을 보증하고자 합니다. 예전에 교회가 우리 뜻과 무관하게 우리의 구원을 보증하려 들었던 것과 꼭 마찬가지로 말입니다.

그렇다고 해서 건강 이데올로기(혹은 민족주의를 비롯해 이런저런 다른 이데올로기)를 '새로운 종교'라고 결론 내려서는 안 됩니다. 그럴 경우 일반적 현상을 그것의 최초의 역사적 변이와 혼동하는 셈이 됩니다.(그러니까 쥘 몬로(Jules Monnerot) 식으로, 공산주의를 마치 그것이 새로운 종교였던 양

'설명하는' 자들처럼 말이에요. 이는 사실 아무것도 설명하지 않는데, 설명 원리에 대한 분석을 건너뛰고 있기 때문이죠.) 결론은 다만 종교적 이데올로기와 건강 이데올로기는 상상계와 흡사한 메커니즘들을 보여 준다는 겁니다.

그러니까 처음 질문으로 돌아가면, 맞습니다. 스피노자의 분석들은 그 자신은 적용해 보지 않은 다른 장에 적용해 볼 수 있습니다.

특히 교육학과 관련해서 당신은 스피노자적 유형의 완전히 무(無)도덕적인 교육 원칙을 언급하신 적이 있습니다. 이는 "아이들을 사랑하는 대신 도우라."라는 말로 요약되는데, 여기에서 도우라는 말은 스피노자적 언어로 말하자면 활동 역량을 강화하라는 것이죠.

그런 이야기를 하면서, 저는 페르낭 델리니(Fernand Deligny)를 언급했었지요. 델리니는 원래 초등학교 교사였다가 이내 일반 학교 체계를 벗어나 문제아, 특히 비행 소년들에게 관심을 갖게 되었습니다. 이는 1945년 프랑스에서 아주 뜨거운 문제였습니다. 기독교적 배경이나 사회사업을 배경으로 한(이 둘이 자주 겹치기도 했습니다.) 많은 이들이 이 문제에 뛰어들었습니다. 전후에 많은 아이들이 버려졌고, 부모를 잃거나 부모가 있어도 그들을 돌봐 줄 수가 없었기 때문이죠. 어려운 아이들을 돕는 이런 사회 집단에는 요컨대 '아이를 사랑해야 한다'는 이데올로기가 널리 퍼져 있었습니다. 이 아이들은 부모 사랑을 충분히 받을 수 없어서 불행하다고, 사회학자나 교육자는 부모 이상으로 그들을 사랑해 줄 사람들이라고. 그런데 델리니의 입장은 달랐습니다. 그는 스피노자는 거의 몰랐던 것 같고, 앙리 왈롱의 심리학을, 그 이후에는 정신분석학(혹은 적어도 라캉에 흥미를 보이면서도 비판적인 시각)을 준거로 삼았습니다. 그의 입장을 요약하면 이렇습니다. "만일 당신이 아이들을 사랑으로 다룬다면 당신은 증오로 보답받을 것이다. 사랑보다 증오에 가까운 건 없기 때문이다. 사실 정서만큼 쉽게 뒤집히는 건 없다! 당신은 바로 당신의 좋은 의도 때문에 정서에 기습당한다. 중요한 건 당신의 의도가 아니라 실질적인 행위이며, 만일 그 행위가 당신이 알든 모르든 정서에 의지한다면, 정서에 정면으로 얻어맞아도 놀라지 말라." 완벽히 스피노자적이죠. 이렇게 말하면서 원래 그가 겨냥했던 것은 당시 이 사회사업 분야를 지배하던 기독교적 감상주의에 바탕을 둔 행위들이었어요. 그런데 1968년 이후, 그의 표적에는 자신이 "해방의 이데올로기"라 부른 것까지 포함되었습니다. 그가 보기에 이것 역시 위의 부류와 그리 다르지 않았습니다. 두 부류는 동일한 가상을 다른 장에서 표상하고 있었으니까요. 델리니는 "나의 목표는 결코 이 아이들을 사랑하는 것이 아니다. 나의 목표는 그들을 돕는 것, 그들에게 기회를 제공하는 것이다."라고 말했습니다. 그는 "기회가 도둑을 만든다."라는 프랑스 속담을 인용합니다. 이 생각은 당연히 고전 시대 전통에서 운(fortuna)의 이미지와 관련된 주제를 생각나게 합니다. 원하지 않았는데도 일어나는 일, 우리가 잡을 수 있거나 잡지 못하는 기회, 그런데 일단 잡으면 당신 삶의 흐름은 바뀐다는 것 등등. 델리니의 생각은, 어떤 아이가 자기 환경에서 잘못된 반응을 보일 때 해야 할 일은 더 많은 사랑을 주는 것이 아니라 발달의 다른 가능한 길을 제공하고 스스로 선택하도록 내버려 두는 것입니다. 여기에서 '선택하다'란 의식적 선택을 가리키는 것이 아니라, 한 개인이 들어서는 길들이 있고 그로서는(다른 개인에겐 또 다르겠죠.) 도저히 시작할 수 없는 다른 길들이 있음을 가리킬 뿐입니다. '큰 대열(Grande Cordée)'이라는 조직을 만들면서 델리니는 철도 노동자들의 아이들을 돌보았습니다. 그는 아이들을 유스호스텔 연맹에 가입시키고, 견습을 하게 하고, 여행을 보냅니다. 그는 이렇게 말했죠. 만일 첫 번째 기회가 듣지 않는다면, 거기에 집착하지 말고 제2, 제3의 기회를 도모하자. 그 가운데 먹히는 게 있을 것이다. 사실 "기회가 도둑을 만든다."라는 속담은 대개 경멸적 의미로 쓰입니다. 그러니까 정직한 자들도 훔칠 기회가 있으면 아마도 훔치리라는 것, 직업적 도둑이 아니라도 기회가 그를 도둑으로 만들리라는 겁니다. 텔리니는 이 속담을 뒤집어 말합니다. "자, 여기 '잘못된' 아이가 있습니다. 이 아이에게 적극적인 기회를 제공하면 아이는 다르게 될 기회를 거기에서 찾을 겁니다. 아이를 분석하거나 사랑하기보다 기회를 제공하는 편이 훨씬 더 흥미로운 일이지요. 그러니 아이의 정서를 돌보기보다는 상황을 창출하는 데, 스피노자가 말하는 코나투스를 발달시킬 수 있는 상황을 창출하는 데 관심을 두십시오."

이런 입장 혹은 이와 흡사한 스피노자의 입장과 스키너 같은 행동주의자들의 조건 형성 이론의 차이는 무엇일까요? 마트롱도 정치 이론에서 조건 형성(conditionnement)이라는 말을 줄곧 사용합니다. 사실 스피노자 심리학이 있을 수 있다면, 그것은 분명 정신분석학에서처럼 개인이 겪어 온 독특한 역사를 중시할 것입니다. 하지만 스피노자적 심리학자는 환자의 심층적 역사를 파고드는 일은 하지 않을 것 같습니다. 이런 점에서 그의 입장은 오히려 행동주의의 입장과 더 가까울 수도 있지만, 그럼에도 행동주의의 입장과 스피노자의 입장의 저변에 놓인 인간관 사이에는 큰 차이가 있지 않을까요?

심리학이 개인의 '자아'(안정적이라 가정된)를 심층적으로 들여다보기를 중시하고 상황에 대해서는 마치 고려할 가치가 없는 피상적 세부 사항에 불과한 양 관심을 갖지 않는다면, 델리니는 정반대로 이 상황들에 결정의 모든 무게를 실었습니다. 이런 관점에서 보면 델리니의 입장은 행동주의와 적어도 한 가지 점에서는 근접합니다. 사람들의 내면에 관심을 갖지 않는다는 점에서요.

스키너나 그 이전 왓슨의 태도가 권위적이었다면, 델리니의 태도는 그가 제공한 가능성들을 가지고 아이들이 알아서 하도록 내버려 두는 것이었습니다. 그가 릴의 '관찰 선별 센터' 소장으로 있을 때 일입니다. 재판 대기 중인 미성년 범죄자들을 모아 두던 곳이었죠. 다음 이야기는『효과적인 방황』[26]이라는 책에서 그가 들려준 경험입니다. 관례상이런 유의 기관은 억압적으로 운영되는데, 델리니는 반대로 기회를 늘리려고 시도했죠. 게다가 그는 이 센터를 외부로 개방해서 일요일이면아이들을 가족에 보내고, 심지어는 동네에 일종의 청소년 센터를 열기도 했습니다. 어떤 아이가 건물 열쇠를 훔쳐서 경찰들이 그 아이를 수갑에 채워 그에게 데리고 온 적이 있습니다. 이럴 때 델리니가 제일 먼저 하는 일은 경찰더러 수갑을 벗기게 하는 일입니다. 심지어 그는 이책 어딘가에서 아이들은 다른 해결책을 찾지 못하면 도망가는 수밖에없다고 한 적도 있습니다. 그러니까 행동주의적 관행에서처럼 자극−반응 과정에 호소하기보다는 아이들이 길을 발견하도록 시도하자는 생각입니다.

마트롱이 조건 형성이라 부른 것은 제도에 의한 객관적 조건 형성입니다. 그러니까 우리가 제도나 학교, 민주주의 등에 의해 조건 형성

---

26   *Les Vagabonds efficaces et autres textes*(효과적인 방황 및 다른 텍스트)(Editions Dunod, 1947).

된다는 것이지요. 제 생각에 행동주의자들에게 개인은 오직 자극에 의해 반응하는 순전한 기계에 불과합니다. 스피노자의 관점에서는, 적어도 저나 마트롱이 보는 바로는, 개인은 순전한 기계가 아닙니다. 물론 처음엔 순전한 기계, 신체적 기계죠. 그러나 일정 시간이 지나면 이력(biographie)이 형성되고, 일정 수의 처리 절차가 후천적으로 획득됩니다. 자극이 먹히느냐 아니냐를 결정하는 것은 바로 이것입니다. 행동주의적 관점에서는 모든 것이 매 순간 영에서 다시 시작된다면, 스피노자의 관점에서는 그렇지 않습니다. 스무 살이 되면 한편으로는 후천적으로 얻어진 것, 그러니까 국적과 계급, 성별 등등으로 형성된 기질이 부지불식간에 그 사람 안에 통합됩니다. 프랑스 젊은이는 독일 젊은이나 한국 젊은이처럼 반응하지 않고, 또 예순 살 먹은 사람이나 다른 사회 계층에서 자란 사람처럼 반응하지 않습니다. 게다가 그를 동일 국적이나 나이, 성별 등을 가진 다른 사람들과 구별하는 개인적인 획득물도 있습니다. 이 모든 것은 외부에서 온 자극들을 여과하는 일종의 자율성의 초점을 형성합니다. 행동주의자들에겐 이런 여과기가 없는 것 같아요.

그러니까 조건 형성도 각자의 상상계에 맞춰질 때나 가능하다는 것이죠?

다른 견지에서이긴 하지만, 『신학 정치론』 14장에서 스피노자가 저마다 "최소한의 신앙(credo minimum)"의 교리들을 각자 자기 관점에 맞추고 각자가 "그것들을 가장 쉽게 채택하도록 하기에 알맞다 싶은 방식으로 그 스스로 해석하도록 한다."라고 하면서 말한 것이 바로 그것이라 할 수 있습니다.

고유한 내면성을 지닌 주체 개념에 비해, 스피노자적 개체 개념은 아주 매력적이면서도 명쾌하게 이해하긴 어려운 것 같습니다. 당신이 밝혀낸 '기질' 개념에서 알 수 있듯이 스피노자적 개체에 내면성이 없진 않지만, 이 역시 철저히 외부성의 형태하에 고려되어야 하니까요.

인간 개체로 논의를 맞춰 봅시다. 주체라는 통념 대신 무엇을 설정할 것인가를 물을 때 문제가 되는 것이 바로 인간 개체니까요. 물론 그 다음에는 그들이 비(非)인간 세계(자연) 안에 편입된다는 점으로 다시 돌아가야 하겠지만요. 이 문제는 두 가지 상호 보완적인 방식으로 접근할 수 있습니다. 하나는 앞에서부터, 그러니까 『에티카』 2부 인간 신체에 관련된 요청들과, 이후 이 요청들을 참조하는 모든 것들(체계의 최종적 재진술이라 할 수 있는 『정치론』 서두를 포함해서)의 구축에서 출발하는 방식입니다. 다른 하나는 끝에서부터, 그러니까 스피노자가 몇몇 개인(모세, 알렉산더 대왕, 예수 그리스도)과 그들에게 일어나는 사건에 대해 구체적으로 말한 내용에서 출발하는 방식입니다. 어떤 개체에게 아무것도 일어나지 않는다면 그는 사실상 개체가 아닙니다. 지속 안에 있는 개체는 일정한 전환점들을 따라 살아가며 그 자신이 이것들을 모두 선택하지는 않습니다. 가령 알렉산더는 중대한 패배를 겪자 신탁에 대한 입장을 바꿉니다.[27] 스

27   『신학 정치론』 서문에서 미신의 원인이 공포임을 보여 주기 위해 제시된 사례. "알렉산더는 수사 문에서 운을 두려워하는 것을 배운 후에야 비로소 미신적인 마음으로 점쟁이들에게 집착하기 시작했다. 그러다가 다리우스를 쳐부순 후에는 점쟁이와 점술가들에게 더 이상 조언을 구하지 않았다. 그러나 이후 그가 부상을 입고 움직이지 못하는 동안, 박트리아인들의 변절과 스키타이인들의 침략을 겪으면서 '인간 정신의 가소로운 노리개인 미신으로 다시 돌아가, 자신이 맹신해 왔던 아리스탄더에게 희생물로 미래를 예견하도록 명했다.'"(겝하르트 판본 3권, p. 6)

페인 시인은 기억 상실증에 걸립니다.[28] 아들은 아버지와 심하게 다투고 가출해서 군에 입대합니다.[29] 그의 운명은 어떻게 될까요? 아마도 그가 집에 머물러 있었을 경우와 같지는 않겠죠.

그러니까 물리적이면서 상상적인(혹은 심리적인) 애초의 소여가 있고, 이 소여는 곧바로 개체화되고 사회화됩니다. 개체화되는 이유는 신체 구성상 주어진 특정 지각, 특정 몸짓들이 있기 때문입니다.(맹인은 강력한 상상력을 가진 인간인데, 바로 이 특정 때문에라도 그는 단번에 다른 인간과 구별됩니다.) 탁자가 풀을 뜯는 것처럼[30] 불가능한 것이 있고 가능한 것, 그러나 아직 규정되지 않은 것들이 있습니다. 이 소여는 또한 곧바로 사회화되는데, 인간은 아무 데서 아무 때나 태어나지 않기 때문입니다. 가령 신정 사회에서 태어나거나[31] 로마인으로 태어나거나 기사나 농부의 계층적 환경에서 태어나겠죠.[32] 따라서 신체의 어떤 소질은 발달할

28 『에티카』 4부, 정리 39의 주석에서 시체로의 변화만이 죽음은 아님을 보이기 위해 제시된 사례. 이 시인은 병에 걸린 후 회복된 뒤에도 모국어 외에 거의 모든 것을 잊어버려 자신이 쓴 작품조차 알아보지 못한다.

29 『에티카』 4부, 부록, 13항에서, 부모의 꾸지람을 참지 못하고 오직 부모에게 복수할 목적으로 전쟁에 참여하고 모든 불편과 부담을 감수하는 소년의 사례.

30 『정치론』에서 시민이 국가의 권리에 종속된다고 하더라도, 인간 본성의 법칙상 한계가 있을 수밖에 없음을 말하기 위해 든 비유. "가령, 내가 권리상 이 탁자로 뭐든 원하는 대로 할 수 있다고 말한다면, 이 말은 분명 내가 이 탁자에게 풀을 뜯어먹도록 할 권리를 가지고 있다는 뜻은 아니다."(4장, § 4)

31 『신학 정치론』 여러 곳(특히 17장)에 나오는 히브리인들의 사례를 염두에 둔 것이다.

32 『에티카』에서 경험적 마주침에 따라 신체 변용들의 연쇄 및 연상되는 관념들의 연쇄가 사람마다 다르다고 하면서 드는 사례를 염두에 둔 것이다. "pomum이라는 단어의 사유로부터 로마인은 곧장 어떤 과일의 사유로 옮겨 가며…… 군인은 모래 위의 말의 흔적들을 보면서 말의 사유로부터 곧장 기사의 사유로 옮겨 갈 것이고, 이로부터 또한 전쟁의 사유 등등으로 옮겨 갈 것이다. 반면, 농부는 말의 사유로부터 쟁기의 사유, 밭의 사유 등등으로 옮겨 갈 것이고, 이렇게 각자는 익히 사물들의 이미지들을 결합하고 연쇄시켜 온 방식에 따라 하나의 사유에서 이런저런 다른 사유로 옮겨 갈 것이다."(2부, 정리 18의 주석)

테고, 다른 소질은 덜 발달하거나 전혀 발달하지 않을 겁니다. 다음으로 개인 삶의 전환점들이 있습니다. 역설적인 건, 이 전환점들이 개인적이면서도 많은 부분 예견 가능하다는 점입니다. 스피노자의 어휘에는 들어 있지 않은 용어들이지만, 그것들은 운명(destin)에 속하면서 동시에 생애(destinée)에 속합니다. 운명에 속하는 이유는 적어도 통계적으로 예견 가능하기 때문입니다. 어느 나라의 왕이 휘하의 장군더러 너무 많은 권력을 갖도록 해서 병사들과 시민들 사이에서 자신이 누려야 할 권위를 뺏긴다면, 장군에게 권력을 잃을 확률이 아주 크다는 것을 예상할 수 있죠. 박봉의 공무원이 부패에 민감해질 확률이 아주 크다는 것도 예상할 수 있는 일입니다. 선거에서 적어도 외관상으로라도 대중의 의견을 따르지 않는 출마자는 권력에 오를 확률이 거의 없다는 것도 예상할 수 있습니다. 바로 이것이 개인을 규정하는 운명입니다. 그렇다면 생애는 어떨까요? 그것은 이력(biographie)의 전환점들로 이루어집니다. 어떤 것은 사회에 의해 마련됩니다. 다른 것은 더 개별적인 듯 보입니다. 개인이 선택하는 것 혹은 선택한다고 믿는 것들이죠. 또 어떤 일은 마치 자연 재해처럼 일어납니다. 그중 어떤 것은 개인을 강타하고, 어떤 것은 사회 전체나 한 계층을 강타합니다. 국가라는 개체도 마찬가지입니다. 국가에도 일련의 전환점들이 있습니다. 그런데 국가의 삶의 이 전환점들을 스피노자는 긍정적으로 평가하기 어려워하는 것 같아요. 마치 그가 검토하는 모든 것이 늘 부정적인 내용(퇴화)에 해당되는 양 말입니다. 물론 그도 긍정적인 진화를 언급하긴 합니다. 그런데 이 경우 그는 분석을 하지 않습니다. 마치 분석할 수단이 없다는 듯이 말입니다. 심지어 교황이라는 인물을 언급하는 한 문장에서(『정치론』에서 교황이 아라곤인들과 그들의 왕 사이에 일어난 갈등을 해결할 때) 스피노자는 거의 회의적인 어투로 그것이 예외적임을 강조합니다.[33] 역사가 흘러가면서 안정적 국가들을 형성하도록 구성되었던 좋은 제도, 그러니까 경험이 그 효율성을 입증한 제도에 대해 언급할 때 스피노자는 그 좋은 제도들이 구체적으로 어떻게 형성되었는지는 결코 말하지 않습니다. 바로 이것이 역사적 사건들에 대한 스피노자적 분석의 역설입니다. 그러니까 부정적인 사건들이 있고 그는 그것들을 정밀하게 분석합니다. 다른 한편 긍정적 사건들의 경우 그는 우리에게 그 결과만을 보여 줍니다.

국가의 측면은 놔두고 개인으로 돌아가 봅시다. 약간 과장해서 말하자면, 스피노자에게 인간은 전기적(biographique) 동물이라 할 수 있을 것 같습니다. 인간의 경우 개체화는 계속 이어지는 개체화이지요. 오직 개별화 과정에 의해서만 개별적인 것이 있고, 이 과정은 주어진 것과 물려받은 것, 그리고 일정 수의 전환점 모두를 동시에 함축합니다.

돌멩이는 외부 세계에 의해 아주 조금밖에 변용되지 않습니다. 물론 매우 자주 변용될 수는 있지만, 그 방식은 늘 똑같죠. 충격에 의해서 말입니다. 화학적 과정을 통해 분해될 수도 있겠지만 그게 전부입니다. 마찬가지로 돌멩이는 외부 세계를 아주 조금밖에 변용시키지 못합니다. 우선 스스로 자리 이동을 하지 못하기 때문이고, 다음으로는 낙반이나 그것을 모으는 손에 의해 운동하게 되더라도 충격이나 압력에 의해서만 외부 세계를 변용시킬 수 있죠. 돌멩이의 타격은 강도상 아주 강력할 수 있으나, 그 작용에는 거의 변이가 없습니다. 따라서 돌멩이는 개체화할 장, 개체화할 기회가 거의 없고, 따라서 내면성이 창출될 수 없겠지요.

---

33   『정치론』 7장, §30을 참조하라.

혹자는 스피노자의 말마따나[34] 그래도 돌멩이에게 영혼이 있다고 할 것입니다. 스스로를 의식하지 못하는 영혼이지만, 물론 돌멩이에게도 영혼이 있을 수밖에 없습니다. 이 말은 그저 돌멩이가 사유 가능하다는 뜻일 뿐이니까요. 그것도 타인에 의해서 말이죠. 만일 돌멩이에 영혼이 없다고 한다면, 돌멩이가 사유 속성에 있지(présenter) 않고, 따라서 우리가 그것을 표상할(représenter) 수 없다는 말이 되겠죠. 그런데 돌멩이의 영혼은 부적합하게라도 자기 자신을 표상할 만큼 충분한 상호 작용을 하진 않습니다. 스피노자가 물론 모든 것들에 영혼이 있다고, 단 "다양한 정도로(diversis gradibus)" 그렇다고 말하는 것도 이 때문이지요. 그런데 '다양한 정도로'란 무슨 뜻일까요? 이는 결국 상호 작용의 다채로움의 정도입니다.

스피노자 철학에서 가능한 것과 가능성에 대해 말할 때 [그런 것이 없다고] 흔히들 오해를 하곤 하는데, 신체(따라서 거기에 동반되는 상상계)에는 일정 수의 잠재성이 있습니다. 이것들은 외적 자극에 따라 발달하거나 발달하지 않겠지요. 이런저런 이유로 종교에 대해 어떤 기질을 가진 독특한 존재는 그가 신정을 만나느냐, 다른 종교를 만나느냐, 혹은 종교가 세속적 목적론으로 대체된 문화를 만나느냐에 따라 아주 다른 방식으로 발달할 거예요. '발달/전개(développement)'라는 말 자체에도 오해의 소지가 있습니다. 흔히는 이 말을 어떤 것이 자기를 발달시킨다는 뜻으로 사용하니까요. 마치 그 자신에서 모든 것을 끌어내는 씨앗인 양 말이죠. 스피노자 사상에는 이 모델이 없음을 명심해야 합니다. 유한 양

---

34 "(인간 외에) 다른 개체들에도, 다양한 정도로나마 모두 정신이 있다(animata sunt). 왜냐하면 그 어떤 사물도 필연적으로 신 안에 그것의 관념이 있으며, 신은 인간 신체의 관념[인간 정신]의 원인인 것과 마찬가지로, 이 관념의 원인이기 때문이다."(『에티카』 2부, 정리 13의 주석)

태(우리가 만나는 모든 존재자)에는 본질이 있지만 이 본질은 그의 실존을 함축하지 않습니다. 이는 무엇보다도 그것이 존재하기 위해 다른 유한 양태들의 작용을 필요로 함을 의미합니다. 만일 그렇다면 '실존하다'라는 말을 세상에 출현하느냐의 여부(이는 거의 무의미한 빈말이죠.)와 같이 약한 의미로만 받아들일 게 아니라 강한 의미로도, 이런저런 규정이 있느냐의 여부로 받아들여야 합니다. 따라서 한 존재의 개체화, 구체적 형상은 다른 것들과의 마주침에 의존합니다. 스피노자 철학에서 '발달'이라는 말은, 씨앗의 모델이 아니라 산출의 모델에 따라 이해한다는 조건에서만 사용될 수 있습니다. 독특성이 연속적 개체화를 가리킨다는 생각을 받아들인다면, 그리고 발달이 타인과의 관계를 함축한다는 생각을 받아들인다면, 스피노자에게서 인간 개체가 무엇인지도 이해할 수 있습니다. 바로 이 때문에 저는 본질과 실존의 분리를 '소외'로 간주하는 독해들(가령 들뢰즈적 풍토에서)에 유보를 둡니다. 마치 유한 양태가 이 분리를 극복하면서 자신의 진리를 발견해야 하는 듯이 말하지만, 그건 특히 아닙니다! 오히려 양태를 진정으로 개체화된 존재일 수 있게 하는 것이 분리입니다.

다시 정식화해 봅시다. 애초에 개체는 신체와 상상계에 일정량의 한계, 그리고 잠재성들의 보유고를 가지고 있습니다. 이 잠재성은 개체가 처한 환경에 의해 항상-이미 투자되어 있습니다. 사실 개체가 살고 있는 사회는 그에게 일정 수의 동일시(정체성)를 제안합니다. 귀족정의 구성원이라면, 그는 자신을 국가와 동일시하고, 이와 동시에 국가를 이끄는 계급과 동일시하겠지요.[35] 아무 문제 없이 말입니다. 하지만 종

---

35 『정치론』 8장에 제시된 귀족정의 원리를 염두에 둔 표현. 스피노자에 따르면, 귀족정에서

종 이러한 동일시가 먹히지 않을 때가 있습니다. 가령 귀족정 사회에서 젊은 귀족이 이방 국가를 찬미하게 될 때 말입니다. 다음으로 개체에게는 전기(개인적 이력)가 있습니다. 이것은 이 보유고를 바탕으로 해서 연속되지만, 삶이 그에게 제안하는 바에 따라, 이를테면 그의 운명에 따라 이미 그를 정향시키기 시작합니다. (스승에게 비례산을 배운 상인을 예로 들어 봅시다.[36] 그는 이 규칙의 수학적 근거는 잊어버릴 것이고, 타당성의 규칙들은 무시할 수 있는 어떤 원칙을 기계적으로 적용하는 덕분에 상인의 삶을 구축할 것입니다.) 그런 다음, 그는 일정 수의 전환점들과 마주칩니다. 사회의 정상적 흐름상 사회적으로 예견된 것일 수도 있고, 우연이나 외적인 힘에 의해 촉발된 것일 수도 있고, 그 자신에 의해 '선택된' 것일 수도 있겠죠. 전투에서의 패배,[37] 수학적 합리성과의 마주침,[38] 종교적 개종이나 종교와의 절연,[39] 기억 상실을 일으키는 질병······.[40]

　　철학적 인간학을 구축하고자 한다면, 스피노자가 여기저기 분산된 형태로 윤곽을 그려 둔 칸들을 채워야 할 겁니다. 잠재성들의 계열로서의 생물학적-심리학적 소여, 사회 구조와 이를 표상하는 이데올로기,

국가 권력은 귀족 회의와 동일시되며, 인민이 이질적 물체가 된다. 따라서 국가 보존의 핵심은 귀족 계급의 통일성(가령, 종교적 통일성)을 유지하는 데 있다.

36　　이것은 『지성 교정론』(브루더 판본 23절)에서 세 가지 종류의 인식(경험을 통한 막연한 인식과 추론을 통한 명석판명한 인식, 그리고 본질을 통한 직관적 인식)이라는 세 종류의 인식을 설명하기 위해 든 사례다. 뒤의 경우는 경험을 통한 막연한 인식에 해당한다.

37　　주석 27의 알렉산더 대왕의 사례를 참조할 수 있다.

38　　『에티카』 1부, 부록에 나오는 다음 문장을 참조할 수 있다. "이것(목적인에 대한 가상으로부터 세계 전체의 상상적 구축)만으로도 충분히 진리가 영원히 인류에게 감춰져 있도록 할 수 있었을 것이다. 만일 목적이 아니라, 오직 도형의 본질과 특성들에만 관심을 둠으로써 인간에게 진리의 다른 규준을 보여 준 수학이 없었다면······." (겝하르트 판본 2권, p. 79, l. 29~31)

39　　24세(1656년)에 파문당한 뒤 평생 유대 공동체를 떠나 살았던 스피노자의 생애 자체를 참조할 수 있다.

40　　주석 28의 스페인 시인의 사례를 참조할 수 있다.

따라서 이것들의 역사적 특수화, 또 이것들이 개인에게 제안하는 운명(이는 그의 잠재성 발달의 특정 유형들을 함축합니다.) 그리고 개인이 이 잠재성 가운데 특정한 것들(전혀 비개연적으로 보이지만 사건들에서 예측 불가능한 힘을 얻게 되는 것까지 포함하여)을 발달시켜 가는 전기적 여정이 그것입니다. 그뿐 아니라 사회의 오작동(dysfonctionnements)과 이것이 제공하는 가능성, 따라서 내면성을 구성하는 전환점들 역시 고려해야 합니다. 이 모든 것이 바로 운명의 장난 안에 생애들(destinées)을 도입합니다.

스피노자주의를 일종의 오작동주의라고, 혹은 적어도 이것이 그의 경향들 가운데 하나라고 할 수도 있을 듯합니다. 실상 솔로몬이 과학적 인식 없이도 현자가 된 건 히브리 국가가 오작동의 와중에 있었기 때문이지요.[41] 그리스도가 예언자들 사상의 보편주의적 변이를 정식화할 수 있었던 것은 이 국가가 완전히 해체되었기 때문입니다.[42] 나아가 스피노자의 생각을 그가 가 본 지점보다 더 멀리까지 밀어붙여 볼 수도 있을 듯합니다. 혹시 〔당대의〕 네덜란드는 맞이한 위기의 구조 때문에 유럽적 예외(과학과 정치적 자유에 그토록 호의적이었던)가 될 수 있었던 것이 아닐까 하고 말입니다.

---

41   "(솔로몬의 건축물의) 모든 척도들은 그의 이해와 의견에 맞춰 계시되었다. 우리는 솔로몬이 수학자였다고 믿을 수 없으며 따라서 그가 원의 직경과 원주의 비율을 몰랐다고 할 수 있다." (『신학 정치론』 2장, 겝하르트 3권, p. 36); "솔로몬은 자연의 빛에 있어서 당대 모든 사람을 능가했다. 그래서 그는 자신이 '법' 위에 있다고 판단했으며(법은 이성, 그리고 자연적 지성의 가르침이 부족한 자들을 위해서만 전해지므로), 왕과 관련된 모든 법률들을 무시하고…… 심지어 위반했다."(같은 곳, p. 41)

42   특히 『신학 정치론』 11~12장을 참조하라. 가령 "구약의 예언가들은 모든 민족을 위해서가 아니라 오직 개별 민족을 위해서만 전도하고 예언하도록 호명되었다. 이 때문에 그들에게는 각 민족을 위한 명시적이고 개별적인 명령이 필요했다. 그러나 사도들은 만인에게 예외 없이 전도하고 모든 인간을 종교로 개심케 하도록 호명되었다. 그래서 그들이 가는 곳마다 그들은 그리스도의 명령을 완수했다."(11장, 겝하르트 판본 3권, p. 154)

현재성과 관련된 이 논의를 맺기 위한 질문입니다. 스피노자주의의 역사에서 "나는 스피노자주의자다."라는 고백(가령 장 카바이에스와 알튀세르)과 관련된 전설적인 이야기들이 있습니다. 당신은 앞에서 그것이 어떤 구체적인 맥락에서 나온 말인지 이미 말씀해 주셨는데요. 오늘날 '스피노자주의자라는 것'은 어떤 의미일까요? 그것을 '스피노자를 연구한다는 것'과 다소 구별한다면 말입니다.

스피노자를 연구한다고 해서 반드시 스피노자주의자일 필요가 있을까요? 만일 이를 잠정적으로 체계 내부에 들어가서, 전제된 '상식'을 앞세워 판단하는 대신 그 체계의 가동을 세부적으로 이해한다는 것으로 이해한다면, 당연히 그렇습니다. 이는 스피노자뿐 아니라 칸트나 헤겔 혹은 그 어떤 다른 철학자의 경우에도 마찬가지입니다. 한편 이를 저자의 모든 진술을 시대나 맥락의 차이를 고려하지 않고서 전부 받아들인다는 것으로 이해한다면, 스피노자주의자라는 건 아무 의미가 없습니다. 칸트, 헤겔을 연구할 때도 마찬가지고요. 그런데 우리가 살아가는 현실에 대한 분석을 구축하고자 할 때, 스피노자는 루크레티우스나 마르크스처럼 도움이 될 수 있습니다. 이는 스피노자가 이데올로기를 비판하고, 인간의 삶에서 신체 역할에 대한 분석을 강조하며, 인간 삶의 불투명성이라는 생각을 아마도 가장 멀리까지 밀어붙였기 때문입니다. 인간의 행위를 분석하고 싶다면 인간이 자기 행위에 대해 생각하는 바를 잠정적으로 제쳐 놓아야 하며, 그런 다음 이 생각들 자체를 행위의 토대가 아니라 분석의 대상으로 간주해야 한다는 것이죠.

그런데 또 다른 의미에서 스피노자의 현재성을 논할 수도 있습니다. 스피노자주의는 종종 일종의 '대체 이데올로기'를 제공하곤 했습니다. 이 표현에는 경멸적인 뉘앙스가 담겨 있지만, 그렇게 받아들이진 마십시오. 제가 말하려는 건 오히려 어떤 위기에 직면했던 사람들에게 스피노자는 그들의 사상을 갱신하고 변형할 수 있게 해 주었다는 점입니다. 마르크스주의나 정신분석학, 유대주의나 기독교 전통에서 시작하여 진화를 겪은 사람들, 그리고 자신이 수행하는 작업에서 어떤 모순에 봉착한 사람들에게 스피노자주의는 그들이 시작했던 데서 부정적인 측면은 버리고 적극적 측면은 이어 갈 수단을 제공했습니다. 가령 1978년인가 1979년 무렵 마트롱이 스피노자 연구회(Association de Spinoza) 모임의 발표에서 했던 이야기가 기억납니다. 마트롱은 마르크스주의로 시작했고 그가 마르크스주의에서 본 건 사회에 대한 이성적 분석이었습니다. 그러다가 어느 순간 마르크스주의자들이 보지 않았던 것, 보았다 하더라도 설명할 수 없었던 것이 있음을 깨닫게 되었습니다. 그가 보기에 역사적 유물론은, 예를 들어 공산당 내부의 분파주의나 정파 투쟁, 이성적 분석을 능가하는 폭력적 단죄 등을 해명할 수 없었던 겁니다. 반면 스피노자주의 시각은 왜 당내에 늘 내부 투쟁이 존재하는지, 그리고 왜 정서들이 늘 그토록 결정적 위치를 차지하는지, 과학적이라 자처하는 담론들 바로 옆에 왜 늘 상상계가 작동하는지 등등을 더 잘 설명할 수 있다고 생각했습니다. 그러니까 그는 정말로 스피노자주의가 마르크스주의적 분석 안에 있는 적극적인 것은 보존하고, 게다가 마르크스주의자들이 보지 못하는 것들을 해명한다는 인상을 받았던 것입니다. 저는 프로이트 담론의 철학적 한계에 불만족스러워했던 정신분석학자들이나 다른 이들의 사정도 마찬가지가 아니었을까 생각합니다. 가령 자기가 믿어 온 종교가 제시하는 지나치게 단순한 전망에 거리를 두게 되면서 성서와 다른 관계를 맺고자 했던 자들에게 『신학 정치론』은 성서를 상이한 방식으로 읽을 수 있는 수단을 제공합니다. 비신화적인 독해 말입니다. 이 순간 결국 스피노자주의자라는 것은 상이한 개인들에게 그들이 저마다 지나온 여정에 따라 상이한 의미를 지니며, 이는 매번 각 여정의 단절이 아니라 어떤 전환점을 표시하는 것 같습니다.

6 모로의 경우: 클라우제비츠에서 스피노자로

당신 자신의 경우는 어떤가요? 스피노자를 연구하게 된 계기는 무엇이었나요? 그리고 당신이 앞서 잠깐 언급한 스피노자에 대한 첫 저작, 그러니까 1975년에 출판된 『스피노자』를 쓸 때만 해도 지금보다 현대철학(바슐라르나 알튀세르 혹은 레닌)에 대해 더 많은 관심을 가졌는데, 지금은 고전 시대로 연구의 초점이 다소 바뀐 것 같습니다. 어떻게 해서 그렇게 되었나요?

흔히 있는 상황이죠. 전기에서 숱하게 찾아볼 수 있습니다. 더 직접적인 다른 동기 때문에 처음에는 우회로, 필요하긴 하지만 잠정적인 우회로 어떤 영역에 관심을 두었다가, 이 영역에 그 자체로 고유한 이익이 있음을 발견하게 됩니다. 당신은 빠져들고 그때부터 그 일은 단순한 우회가 아니라 직접적인 작업 대상이 됩니다. 따라서 예상했던 것보다 많은 시간이 걸리는 건 당연한 일이죠. 이는 연구 대상의 경우뿐 아니라 인간 삶의 다른 이해 관심의 장에서도 마찬가지입니다. 휴가 때 산에 갔다가 산에 빠져서, 산이 삶의 단순한 우회가 아니라 그 자체로 대상이 되면서 산악가가 되는 사람들처럼요. 마르크스는 1840년대 말경 엥겔스에게 쓴 편지에서 이렇게 말하죠. "나는 경제학에 관심을 갖기 시작했고, 여섯 달(그러니까 1년도 안 되는 시간이죠.)을 연구한 후, 이게 끝나면 다른 과학으로 넘어갈 거라네." 그런데 마르크스의 생애를 보면, 이후 그는 30년 가까운 시간을 경제학 연구로 보냅니다. 죽을 때까지 말입니다. 요컨대 누군가가 "나는 이걸 들여다볼 거고, 시간이 그리 많이 걸리진 않을 거야."라고 말한 다음 오직 그 대상에, 아주 일시적인 관심만을 불러일으킬 듯 보이던 그 영역에 실상 자신을 전부 바치는 경우는 아주 흔히 목격되는 일이죠. 이는 그가 애초에 우회로 바라보았던 영역이나 활동이 고유한 구조를 지니며 고유한 방식으로 작동한다는 사실 때문이기도 합니다. 그걸 멀리서, 외부에서 바라보는 데 만족하지 않고 기계에 손을 댄다면 그는 이 구조에 흡수되고 이 구조에 의해 변형됩니다. 이것이 흔히 말하는 '프로페셔널리즘'과 관련되는 현상이죠. 흡사 어떤 사람이 정치적 계산으로 저널리스트 혹은 시 자문 위원이 되었다가 이 직업의 가동 규칙들을 통해 결국 그가 이전에 갖지 못했던 경험과 기준, 그리고 반사 과정들을 획득하는 것처럼 말입니다. 일정 시간이 흐른 후 그의 인격의 구성 부분이 되고 애초에 이 과정에 들어가면서 가졌던 목표들과 모순을 빚을 수 있는 것들을요.

한 개인의 전기가 일직선으로 이루어진다고 생각해서는 안 됩니다. 그러니까 그가 열다섯 살에 무언가를 하기로 결심하고, 그런 다음 50~60년 동안 처음 기획했던 것을 정확히 실행에 옮기는 식으로 말입니다. 바로 이것이야말로 인간 삶에 대한 관념론적 관점('성공한 삶이란 어릴 적 꿈이 어른이 된 나이에 실현되는 것이다.')이며, 이는 가능하지도 바람직하지도 않습니다. 바람직하지 않은 이유는, 이것이 무한히 슬픈 일이기 때문입니다. 만일 그렇다면 현실의 삶은 미리 정해진 프로그램의 전개에 불과할 테니까요. 가능하지 않은 이유는, 그런 준칙은 우리가 사건들에 의해 형성되고 변형된다는 사실을 무시하기 때문입니다. 외적 변용들에 의해 변양되지 않을 '생(生)'이란, 사실 생이 아니겠죠. 그런 생이 있다고 믿는다면, 이는 한 개인의 독특성이란 외부 세계의 자극들(공격들)에 얼마나 잘 닫혀 있는지에 달렸다고 상상하는 셈입니다. 결국 이보다 스피노자주의와 먼 것은 없습니다!『에티카』2부 요청들을 다시 읽어야 하겠죠. 어떤 현실 삶은 그래도 이 일방향적 도식에 들어맞기도 한다고 여긴다면('나는 늘 이걸 하고 싶어 했고 결국 했다.') 이것이 소급적 착각은 아닌지 따져 볼 필요가 있습니다. 그러니까 개인이 나중에 자기 삶에 대해 말하면서 상상적 투사의 형태로 지금의 현실을 과거에다 회고적으로 투사하는 식으로 말입니다. 변형된 삶 앞에서 관념론적인 철학자는, 문제의 인물이 애초 그 자신의 기획에서 '빗나갔다'고 말하면서 실망할지도 모르지요. 하지만 사실 문제의 기획이란 거의 텅 빈 것으로, 편견이나 현실성 없는 희망으로 형성되었을 개연성이 더 큽니다. 그리고 만일 개인이 그 기획으로 돌아갈 수 있다면, 그 기획은 이제 현실적인 것이 될 텐데, 그 이유는 다름 아니라 이 기획이 다른 것으로 채워질 것이기 때문이지요. 바로 이것이 들뢰즈가 스피노자에 대해 말하면서 '마주침'이라 부른 것이고, 전통적으로 '운(Fortuna)'이라 불려 온 것입니다. 물론 이 운이라는 말은 그 가운데 종종 나쁜 측면만을 가리키지만 말입니다.

역설적으로 저는 원래 문학 교육, 그다음엔 과학 교육을 받았고 처음엔 철학 연구를 하리라고 생각지도 않았습니다. 아시다시피 프랑스 중등 교육 체계는 철학을 고등학교 마지막 해에만 다룹니다. 따라서 철학을 발견하기 전, 제가 고등학생이었을 때 저의 문화는 문학이었습니다.(사실 아직도 철학보다는 문학입니다.) 그런데 저는 수학과 물리학

계열(계열 A라고 불렸던)에 속해 있었습니다. 그런데 고3이 되면 어느 한 쪽을 결정해야 했고, 저는 문학 연구(68년 이전에 그것은 이데올로기 중에서도 최악의 이데올로기, 가장 무르고 가장 김빠진 이데올로기였습니다.)의 수사에 염증을 느꼈던 터라 기초 수학반(이것은 '공병(taupe)', 그러니까 이공계 그랑드 에콜 준비반으로 가기 위한 준비반이었습니다.)으로 가기로 결심했고, 따라서 1년 동안 주로 수학과 물리학을 공부했습니다. 이 반에서는 철학을 일주일에 세 시간밖에 가르치지 않았는데, 그래도 그 정도면 철학을 발견할 수는 있는 시간이죠. 원래 저희 학교 고3 반에는 철학 교사가 없었어요. 그런데 그 학년이 거의 끝날 무렵, 교장 선생님은 학생들이 전혀 철학 수업을 받지 않고 바칼로레아를 치르게 된다는 생각에 아주 불안을 느껴(심지어 기초 수학에서도 철학은 시험에서 몇 점을 보태 줄 수 있었으니까요.) 신문에 짤막한 광고를 냈습니다. 그 학년도 제일 마지막 달에 부임한 새 철학 교사는 열광을 불러일으켰어요. 그는 우리에게 칸트에 대해 조금, 그리고 스피노자에 대해 조금 말해 주었습니다. 그리고 클라우제비츠에 대해 조금! 그리고 정치학에 대해 많이요. 미국이 산토도밍고를 침략한 날(선거로 좌파 정부가 권력을 잡았기 때문이죠. 아주 급진적인 좌파도 아니었는데 말입니다.) 우리는 국제 정치에 대한 강의를 들을 수 있었습니다. 그것은 라신이나 코르네유보다 더 흥미진진했어요. 특히 고등학교에서들 말해 왔던 것보다 훨씬 더 현실적이었습니다. 그래서 저는 철학을 하기로 결심했고, 처음 생각했던 과학이 아니라 인문학 쪽 그랑드 에콜 준비반으로 들어갔습니다. 방학 때는 책을 몇 권 읽었습니다. 클라우제비츠의 『전쟁론』과 레닌의 『제국주의: 자본주의 최고 단계』를 말입니다. 요컨대 저는 순진하게 바로 이게 철학이라 믿었고, 철학을 사람들이 요즘 말하는 인문 과학, 사회 과학이나 위대한 철학적 학설에 대한 엄밀한 연구와 혼동했습니다.(저는 세 권인가 네 권으로 된 에밀 브레이어(Emile Bréhier)의 『철학사』[43]를 열심히 읽었는데, 물론 이는 고3 반에서 배우지 못한 것을 따라잡기 위해서였지만, 이 학설들의 쟁점들을 따져보게 되었습니다.)

말할 것도 없이 나중에 대학 제도에서 말하는 '철학'이 과연 어떤 건지 목격하고 저는 크게 실망했습니다. 그 당시의 정치적 열망과 알랭(Alain)[44]의 제자들이 하는 강의 사이에는 엄청난 간극이 있어 보였어요. 사회학이나 경제학으로 전공을 바꿀까 생각하기도 했습니다. 다행히도 실뱅 자크가 쓴 스피노자의 도덕에 관한 짧은 책을 읽었고, 그러면서 저는 현실 세계를 가리는 편견이나 공허한 담론에 대한 현실적 비판을 마주하고 있다는 느낌을 받았습니다. 이런 우회를 거친 다음 저는 스피노자를 재발견했습니다. 하지만 칸트를 재발견하기까지는 이보다 훨씬 오랜 시간이 걸렸죠.

철학에서 늘 당신의 관심을 끄는 것은 무언가 구체적인 것이군요.

그래요, 현실적 갈등에 대한 분석입니다. 제가 스피노자 철학에서 재발견한 것도 이 갈등에 대한 분석의 도구들을 구축하려는 노력입니다. 그래서 스피노자 주석가들 가운데서도 저는 마트롱의 독해에서 곧바로 살가움을 느꼈는데, 이는 여기에도 스피노자를 바탕으로 한 현실

---

43   *Histoire de la philosophie* vols 3(PUF, 1930~1964).
44   본명은 에밀오거스트 샤티에(Emile-August Chatier, 1868~1951). 데카르트에서 사르트르로 이어지는 의식 철학의 계보에서 의식의 반성적 활동을 중시하고 결정론에 반대하여 인간의 자유를 강조한 철학자.

적 갈등 분석이 있었기 때문이죠. 반면 스피노자에 대한 유심론적 해석에 대해서는 늘 거리감을 느꼈으니, 거기에는 바로 스피노자의 핵심, 즉 구체적 상황에 대한 구체적 분석이 빠져 있었기 때문입니다.

칸트를 재발견한 계기는 무엇이었습니까? 이론적인 것일 수도 있고 경험적인 것일 수도 있겠는데……. 철학을 전투장으로 보는 관점 같은 것 때문인가요?

프랑스에서 철학 연구를 하면, 늘 칸트를 연구하게 되죠. 단 대개 분산된 방식으로 말입니다. 게다가 칸트는 일체의 맥락에서 잘려 나온 일괴암처럼 연구되거나, 아니면 독일 관념론의 입문으로 연구됩니다. 사람들은 칸트를 세 비판서와(이것조차 전부 읽은 철학 전공생들이 얼마나 되는지 모르겠습니다.)『프롤레고메나』,『도덕 형이상학 정초』(대개는 형이상학 자체만, 자연 형이상학이나 도덕 형이상학은 고려하지 않고)로 제한합니다. 칸트 연구의 첫 번째 버전은 칸트 철학을 모든 철학의 모델로 삼는 것입니다. 칸트 철학이 정말 어떤 구체적 문제들에 답하고 있는지 묻지 않은 채 말입니다. 제가 그랑드 에콜 준비반 1학년 때『순수 이성 비판』의 도입과 두 서문을 공부했던 것도 바로 이런 식이었습니다. 이 텍스트를 마치 그 뒤에 이어지는 이론적 건축술 없이, 그리고 그것이 답하고 있는 역사적-이론적 상황을 묻지 않은 채 읽어도 이득이 되는 양 말입니다. 두 번째 버전, 그러니까 독일 관념론의 선도자로서의 칸트에 대한 연구는 전자보다는 낫긴 하지만 일방적입니다. 어쨌든 칸트 자신은 결코 피히테, 셸링, 헤겔을 예비했다고 자칭한 적이 없으니까요. 심지어 피히테가 자기 나름의 방식으로 칸트주의를 제시한『모든 계시에 대한 비판』[45]에 대해서조차 칸트는 의구심을 갖고 반응했습니다. 그러나 칸트를 계몽 운동, 그리고 이 운동을 일으킨 논쟁과 갈등 속에 편입되어 있는 인물로 읽는 것은 적어도 풍부하긴 합니다. 칸트는 바로 이 운동에 참여했고 그 의미를 물었으니까요. 그리고 정말로, 칸트에 대한 작업을 다시 할 때마다 늘 저는 이 측면들과 만나게 되었습니다.

교수 자격시험 때문에 법철학을 공부할 때는 『법 형이상학』(『도덕 형이상학』의 2부)을 읽었습니다. 역설적으로 빌레(Michel Villey)[46]가 이 책에 대해 말했던 건 정말 별게 없었지만 말입니다.(그는 법과 관련된 전문 기술적 문제에 관한 칸트의 세부적 무지를 폭로하느라 시간을 허비했는데, 물론 이는 정확했겠지만, 중요한 건 그게 아니잖아요.) 법철학사에 관한 빌레의 해석이 제공해 준 열쇠들은 이 저작의 문제 틀을 정위할 수 있게 해 주었고, 동시에 저는 칸트 체계 전체에 대한 더 첨예한 관점에 접근할 수 있게 되었습니다. 특히 이 독해를 『실용적 관점에서 본 인간학』에 대한 독해로

---

45   *Essai d'une critique de toute révélation*〔*Versuch einer Kritik aller Offenbarung*〕 (1792~1793)(Vrin, 1988). 계시 종교의 가능 조건을 도덕과 관련하여 다룬 피히테의 첫 출판물로, 출판되기 전 피히테는 이 논문을 칸트에게 보여 주었으며 칸트는 출판업자를 알아보고 추천서를 써 주었다. 초판에서 우연히 피히테의 이름과 서문이 누락되는 바람에 칸트의 마지막 비판서로 오인되기도 했다.

46   프랑스의 대표적 법철학자이자 역사가, 로마법 전문가(1914~1988). 스트라스부르 대학 법학부 교수를 거쳐 파리 대학 교수로 재직. 법의 토대를 협약이나 명령에 두는 근대 법사상(홉스에서 루소로 이어지는 계약론이나 켈젠의 법실증주의)에 맞서, 아리스토텔레스와 토마스주의, 그리고 로마법에 토대를 둔 고전적 자연법사상을 주장했다. 법(droit)은 신이나 인간이 세운 법칙(loi)(이 점에서 기독교주의와 중세 유명론, 근대 인간주의는 서로 연속적이다.)이 아니며, 협약이나 결단 이전에 사물의 본성에 내재하는 자연적인 올바름(droit)이 있다는 것이다. 대표적 저작으로 *Philosophie du droit I, II*(법철학)(Dalloz, 1975, 1979), *Le droit et les droits de l'homme*(법과 인간의 권리들)(PUF, 1983) *Questions de saint Thomas sur le droit et la politique*(법과 정치에 대한 성 토마스의 물음)(PUF, 1987)이 있다. 모로는 빌레의 저서 *Philosophie du droit I*에 대한 서평을 쓴 적이 있다.(*Revue Philosophique de Louvain*. Quatrième serie, tome 77, N. 33, 1979. pp. 114~116)

보완할 경우 말입니다. 돌연 헤겔이 자연권에 대한 논고에서 말했던 것이 아주 명확해졌습니다. 어떻게 해서 헤겔은 자신이 맞섰던 이론에 경험주의적 판본과 형식주의적 판본이 모두 있다고 여겼는지, 이 둘은 하나가 다른 하나 없이는 이해될 수 없는지가 납득되었던 겁니다. 이렇게 저는 한편으로 계몽에 대한 시각을 보충했고, 다른 한편으로는 이 계몽에 대해 독일 관념론이 스스로 어떻게 위치했는지 보았던 셈입니다.

다음으로는『자연 형이상학의 제일 원칙들』을 발견했고, 여기에서『순수 이성 비판』의 철학적 구축물들이 얼마나 고전 시대, 곧 데카르트에서 라이프니츠를 거쳐 뉴턴에 이르는 기간 동안 촉발된 자연학의 문제들에 대한 답변으로 점철되어 있는지를 명확히 보게 되었습니다. 실상 칸트(전(前)비판기의 칸트)가 이 논쟁들에 참여했던 이상, 잘 생각해 보면 이는 당연한 것일 수도 있었죠. 하지만 대학 강단의 담론은 비판주의로 인해 도입된 단절을 강조하면서 핵심적인 사실 하나를 은폐하고 있었습니다. 제기된 과학적 문제들의 연속성 말입니다. 물론 1770년 박사 논문 발표 이전의 칸트의 시각과 그 이후의 시각은 같지 않습니다. 하지만 그가 주시하던 문제들은 바뀌지 않았습니다. 학문들의 상태나 형태학(phoronomie)의 문제, 동역학과 기계론의 문제 같은 것 말이죠. 오히려 자신이 주시하던 문제들을 더 잘 해명하기 위해 그 자신이 바뀌었던 셈이죠. 마찬가지로 세 번째 비판서를 연구할 때 여기에서도 저는 아름다운 것과 숭고한 것에 대해 전(前)비판기에 다루었던 문제들이『판단력 비판』에 굴절되어 나타나 있음을 깨닫게 되었습니다.

마지막으로, 토픽들('자연'이나 '운'처럼 사상사를 가로지르는 상투어들)의 연속성에 대해 작업하면서 저는 가령『도덕 형이상학 정초』의 서두에서 이 토픽들을 독자들이 알고 있다고 전제하면서 그것들을 수사학적 방식으로 이용하고 있음을 깨달았습니다. 흔히들 칸트가 선의지라는 관념을 도입한 절차에 대해서는 주목하지 않는데, 그의 방법은 제거입니다. 우선 자연의 선을 고려하고, 그런 다음 운의 선을 고려하고 등등과 같이 말입니다. 그러니까 완전히 토포스 속에서 이루어지는 셈이죠. 더 일반적으로 말해, 이 모든 것은 칸트 사상의 과거로 소급됩니다. 이 과거에 대해 프랑스 주석가들은 기껏해야 볼프(Christian Wolff)를 언급하는 정도지요. 그런데 사실 (볼프로 대표되는) 학교 형이상학의 역사 전체를 재구성해야 합니다. 겉보기와는 정반대로(대학 강단의 보급용 판본에서 믿는 것과는 정반대로), 외관상 그토록 폐쇄적이고 그토록 창의성 없는 이 '학교 철학'의 한가운데에 실상 과학의 발달, 종교적 갈등, 그리고 정치적 분열로 인해 제기된 갖가지 거대한 문제들의 반향이 있기 때문입니다. 물론 이 철학은 이런 문제들을 전문 기술적 언어의 구축물 속에서 굴절시키고 있습니다. 하지만 그토록 자기 완결적 폐쇄성을 지닌 이 언어는 철학이 전문적 이론 연구소에서, 다른 방식으로였다면 고유 영역을 떠날 수 없었을 개념들에 대해 작업하는 방식이었어요.(제가 이런 사실을 깨달은 건, 막스 분트(Max Wundt)[47]의 작업들을 면밀히 읽으면서였습니다. 물론 분트 스스로는 자신이 무엇을 보여 주고 있는지 늘 이해하지는 못했지만 말입니다.) 칸트는 이 모든 작업의 상속자였고 그의 사유 기계는 우선적으로 바로 거기에서 가동됩니다.

작년에 『순수 이성 비판』이 교수 자격시험 과목(그러니까 텍스트 설명 시험은 프랑스 교육의 전형적인 장르인데, 단점도 있지만 적어도 텍스트를 자세히 검토하는 방법을 배우게 한다는 장점이 있죠.)에 들어 있었기 때문에 저는 연

---

[47] Wilhelm Maximilian Wundt(1832~1920). 실험 심리학의 창립자로 알려진 19세기 독일의 물리학자, 생리학자, 심리학자.

속 강의를 할 기회를 갖게 되었고 강의에서 이 책을 한 페이지 한 페이지, 때로는 한 줄 한 줄 주해했습니다. 다소 미친 짓이었으니, 교수 자격 시험 강의에 할당된 시간이 누가 봐도 불충분했죠. 마지막 몇 주 동안은 여러 날에 걸쳐 네 시간짜리 강의를 계속 해야 했습니다. 그런데 그 덕분에 저는 이 책이 지닌 다양한 형태의 연속성을 보여 줄 수 있었고, 이와 동시에 자신이 살던 시대의 핵심 문제로 여기는 것에 답하고자 칸트가 기울인 노력을 강조할 수 있었습니다. 그 문제란 형이상학에 대한 유물론의 공격입니다. 당연히 이는 프랑스 대학이 되풀이해 온 생각, 곧 칸트가 형이상학을 비판(일상적 의미의 비판)했고 나아가 파괴했다는 생각을 해체할 것을 전제합니다. 칸트가 형이상학자들을 비난한 것은, 오히려 그들이 형이상학을 잘 옹호하지 못한다는 점이니까요. 칸트는 동시에 두 진영에 맞서 싸우지만 이는 비대칭적입니다. 실상 이 책의 배경, 그러니까 한편으로는 윤리적, 정치적 쟁점과(매케나(Anthony McKenna)와 더불어 지난 여러 해에 걸쳐 수행해 온 유물론과 자유사상가들(libertins)에 대한 작업들 덕분에 저는 그 논변들이 무엇인지를 알아볼 수 있게 되었습니다.) 다른 한편으로는 자연 과학들의 성장으로 마련된 재료를 보지 않고서는 아무것도 이해하지 못합니다. 이 과학들은 단순한 사례들의 목록이 아닙니다. 칸트에게 과학은 일종의 진영, 합리성이 전개되는 유일한 진영이며, 과학이 이룩한 인과성의 규칙들은 과학의 영역 내에서만은 비가역적인 지점입니다.

이런 연유로 저는 칸트 사상이 고전 시대와 갖는 연관을 조명하는 최근의 모든 작업, 가령 앙드레 샤락(André Charrak)[48]의 작업이 아주 중

---

48 18세기 경험주의자들이 자연 법칙의 수학적 필연성을 포기했다는 통념에 반대하여 17세기와 18세기의 연속성을 연구하는 소장 학자(파리 1대학 강사). 데카르트와 루소 전문가이기도 하다. 대표 저서로 Contingence et nécessité des lois de la nature au XVIIIe siècle(18세기, 자

요하다고 봅니다. 뿐만 아니라, 구베(Jean-François Goubet)[49]나 파치오니(Jean-Paul Paccioni)[50] 그리고 그들과 같이 작업하는 이들처럼, 볼프와 독일 강단 철학을 연구하는 자들 역시 마찬가지입니다.

어떤 글에서 당신은 앞서 언급한 미셸 빌레와 같이 이봉 블라발과 루이 알튀세르를 스승으로 꼽은 적 있습니다. 이들에게서 본 것은 무엇인가요?

그래요, 기이하게도 미셸 빌레가 있었습니다. 미셸 빌레를 발견한 건 교수 자격시험을 준비할 때였습니다. 그해에 철학 심사 위원단은 '법과 정치'를 시험 과목에 넣었거든요. 지원자들은 이 과목에 상당히 곤혹스러워했습니다. 이렇게 나란히 놓인 이 두 용어가 그들 문화에서 비대칭적이었기 때문이었죠. 정치학의 경우, 그들은 그것이 무엇인지 잘 알고 있다고 여깁니다. 우선은 젊은 철학 생도들은 그들의 여정에서 반드시 플라톤의 『국가』나 마키아벨리 그리고 사회 계약론을 마주칠 수밖에 없었기 때문이고, 다음으로는 정치학적 주제들은 당연히 철학의 자연스러운 대상으로 간주되기 때문입니다. 이 주제들에 대해 뭔가를 말하려면 전문적인 교육을 받아야 한다는 생각 없이 말이죠. 심지어 철학은 이와 반대 주장을 하는 자들을 '소피스트'라고, 혹은 자유에 대한 위협이라고 쉽게 단죄하기도 하죠. 이 문제에 대한 직업 철학자들의 이데올로

연 법칙의 우연과 필연)(Vrin, 2006)이 있다.
49   피히테 철학 연구가. 대표 저서로 *Fichte et la philosophie transcendantale comme science: Etude sur la naissance de la première Doctrine de la Science*(1793~1796)(피히테와 학문으로서의 초월 철학: 학문에 대한 제1교설의 탄생에 대한 연구)(Harmattan, 2002)가 있다.
50   볼프 연구가. 대표 저서로 *Cet esprit de profondeur: Christian Wolff, L'ontologie et la métaphysique*(깊이의 정신: 크리스티앙 볼프, 존재론과 형이상학)(Vrin, 2006)가 있다.

기가 어떻게 이루어지는지는 분석해 볼 만할 것 같습니다. 그것은 이를 테면 "국가(Cité)는 모두와 관련된다."라는 정당한 요구와 플라톤주의적 자족성 그리고 코포라티즘적 편협함의 혼성물이죠. 그런데 법은 다릅니다. 법에는 전문 기술이 있죠. 창안되는 것이 아니라 배워야 할 무언가가 있어요. 그래서 저는 법학자들 가운데서도 법의 역사를 다루는 이가 있는지를 찾아보았습니다. 그리고 바로 미셸 빌레를 발견했죠. 미셸 빌레, 그는 아주 이상한 양반이었습니다. 지극히 반동주의적이었는데, 너무 반동적인 나머지 마르크스주의자와 잘 통할 정도였어요. 당시 프랑스 법학을 지배한 사조는 자유주의와 실증주의였고, 법을 영원화하는 관점을 가르쳤던 이 자유주의와 실증주의 진영을 비판한 것은 한편으로는 마르크스주의자, 그리고 다른 한편으로는 토마스주의자였던 미셸 빌레뿐이었습니다. 양자가 공유했던 것은 역사적 시선이었습니다. 그들은 제도와 학설을 역사적으로 연구했을 뿐만 아니라(이는 다른 자들도 하던 일이죠.) 상이한 시대를 마치 현재가 규범인 양 현재에다 끼워 맞추지 않고 각 시대의 역사적 의의를 탐구하는 시선을 공유했던 겁니다. 아주 반동주의적 기관이었던 아사스 법대에 놀랍게도 젊은 마르크스주의 조교들이 있었던 것도 이 때문이었습니다. 사람들은 이토록 반동적인 대학에 어떻게 그들이 선발되었는지 의아해하곤 했습니다. 사실 그들이 뽑힐 수 있었던 건 바로 빌레 덕분이죠.

　　당대의 법학자들은 법에 무시간적 '본성'이 있다고, 법의 범주들이 '역사'로 환원될 수 없다고, 따라서 권리(droit subjectif)는 늘 있어 왔다고 (르 브라(Le Bras)의 말에 따르면 "아담과 이브만큼이나 오래되었다."라고) 생각했습니다. 빌레는 이 거짓 자명성에 유일하게 이의를 제기한 사람이었죠. 아니다, 법은 역사적이다, 특정 시대에 생겨났다고 말입니다. 바로 아리스토텔레스와 토마스 아퀴나스를 표방했기에 그는 근대 초입에 뭔가가 일어나 이 법 해석이 폐기되고 새로운 해석, 곧 개인주의적 혹은 유명론적인 해석이 생겨났다는 것 등등을 보아 왔던 겁니다. 그런데 마르크스주의자들이 말하던 것도 바로 이것이었죠. 현행법은 고대 및 중세의 법과 단절하면서 르네상스 및 종교 개혁기에 탄생했다고 말입니다. 이름의 연속성하에 존재하는 개념적 차이들에 민감하다면, 강한 의미에서 법의 역사가 존재함을 알게 됩니다. 그러니까 법의 주체라는 관념은 근대적 관념입니다. 흔히 말하는 것과 반대로 이 관념은 16세기나 17세기에(엔진 역할을 한 요소들은 심지어 14세기 유명론자들에서부터) 생겨났죠. 빌레의 장점은 그가 법의 이런 범주들이 지닌 역사성을 놓치지 않았다는 점입니다. 그래서 저는 알튀세르나 블라발이 우리에게 한 번도 말해 주지 않았던(그들은 이 영역에 대해 작업하지 않았으니까요.) 흥미로운 것들을 감탄해 마지않으면서 발견했습니다. 그런데 빌레는 자기 영역에 자리를 틀고 있었을 뿐만 아니라 이 영역의 가지성의 열쇠들을 제공해 주었습니다. 법철학만 알고 있었던 게 아니라, 법 관행도 꿰고 있었고, 기욤 드 오캄이나 수아레즈, 그리고 르네상스 시기 온갖 법학자들의 법 문서를 죄다 읽었습니다. 우리에겐 없었던 법의 기술(技術)과 관련된 실질적 문화 전체가 거기 있었던 셈이죠. 가령 그는 비토리아나 수아레즈가 토마스 아퀴나스를 비판하면서 도입한 개념들이 어떻게 토마스 사상을 정말로 뒤틀 수밖에 없었는지를 보여 주었습니다. 그때 당시 저는 이 모든 걸 이용했습니다. 그를 개인적으로 안 건 그 이후였는데, 저는 제가 쓴 스피노자에 관한 책을 그에게 보냈고, 그는 당신 세미나에 저를 초대했죠. 이 세미나는 아주 놀라운 광경을 연출했어요. 거기에는 빌레가 지도하는 젊은 연구자들 외에 법대의 늙은 법학 교수들이 죄다 참석하고 있었어요. 이 교수들은 빌레를 두려워해서(그가 최고의 학자였으니까요.) 감히 그를 노골적으로 거스를 생각은 못 했지만 속으로는 적대적이었죠.

그럼에도 빌레의 방법을 두 가지 점에서 비판할 수 있습니다. 하나는 그가 자신의 증명에서 늘 아주 엄밀하지는 않았다는 점입니다. 빌레를 읽노라면 때로는 결론이 이미 준비되어 있다는 인상을, 그리고 이런저런 저자가 (설령 아리스토텔레스를 표방한다고 하더라도) 아리스토텔레스를 이해하지 못했고 이해할 수도 없었음을 보여 주는 수단이 되는 것이면 모두 좋다는 인상을 받습니다. 그리고 때로는 빌레에게 동의하면서도 그가 해낸 증명을 같은 텍스트를 바탕으로 다르게 해 보고 싶어지기도 하죠. 종종 빌레 자신도 그렇게 했던 것처럼요. 두 번째 단점은 정교한 범주들을 잘 다루지 못한다는 점입니다. 이는 종종 그가 법학자들에게서 효력을 발휘했던 이른바 자명성들에 맞서 망치를 들어야 했기에 지불해야 했던 대가인지도 모릅니다. 또한 그의 확신이 토마스주의에 대한 애착에, 더 정확히는 아리스토텔레스주의에 대한 애착(그는 신토마스주의 역시 유명론자들을 공격할 때와 동일한 강도로 단죄했었으니까)에 기초했다는 사실의 대가이기도 하겠죠. 그러므로 빌레를 읽을 때 우리는 단 두 명의 배우만 출연하는 연극, 그리고 둘 중 한 명은 계속해서 변장을 하고서 여러 번 장면으로 되돌아오는 연극을 보고 있다는 느낌을 받습니다. 한편에는 성 아우구스티누스주의(혹은 전(前) 기독교 시대의 아우구스티누스 같은 플라톤)가 있고, 다른 한편에는 아리스토텔레스주의와 로마법(스토아적 해석에서 해방된 '진짜' 로마법)이 있죠. 분석이 가장 잘 이뤄진 부분에서는 세 번째 배우가 출연합니다. 유명론자들과 그 후계자인 근대 자연권 이론가들이지요. 그리고 덜 훌륭한 부분에서 이 세 번째 배우는 다시 아우구스티누스주의와 가까워집니다. 그 이후의 법철학들의 경우 빌레는 가령 법실증주의가 얼마나 유명론의 타격에 힘입어 가능하게 되었는지를 힘주어 강조합니다. 그것들 거의 모두가 실은 하나같이 동일한 사상 조류의 상속자이자 변이들인 셈이죠. 요컨대 사상사의 근본적 적대, 근본적으로 유의미한 적대를 드러내려면 필경 여타의 모순들을 보지 못하는 대가를 치르게 되고 맙니다. 적어도 다른 모순들의 고유한 역사적 의미를 놓치게 되죠.

이봉 블라발에게서 발견한 것은 무엇이었나요? 그와 함께 작업한 적이 있는지요?

블라발과 작업한 적은 없습니다. 그는 제 첫 박사논문 심사 위원장이었습니다.(당시 프랑스 대학 체계에서는 박사논문 두 편을 잇달아 발표했는데, 하나는 3기 논문으로 오늘날 조교수(maître de conférence)라고 부르는 강사-조교가 되기 위한 것이고, 다른 하나는 국가 박사학위논문으로 교수가 되기 위한 것입니다.) 그다음 우리는 라이프니츠 연구회의 콜로퀴엄 때문에 페라레로, 그리고 국제 철학 기구 모임을 위해 예루살렘으로 함께 여행을 한 적이 있습니다. 당시 소르본에서 학업할 때, 학생들을 문화에 가장 많이 개방해 준 이도 실은 그였습니다. 강의보다 대화를 통해 더 많이 말입니다. 알튀세르는 고등사범학교에 있었고, 당시 소르본에서 흥미로운 거물급 인물은 드장티(Jean-Toussaint Desanti)와 블라발이었습니다. 그들은 진정한 철학자였죠. 캉길렘은 이미 은퇴한 후였습니다. 블라발은 라이프니츠로 박사논문 「라이프니츠, 데카르트의 비판자」[51]를 썼지만(전공 논문이

---

51   *Leibniz, critique de Descartes*(Gallimard, 1960).

라는 장르의 한계를 피해 가는 멋진 주제입니다. 두 가지 전문적 시선을 교차시키면서 두 지적 세계 사이의 경계에 가능한 한 가장 가까이 접근하고 있기 때문입니다.)

볼테르, 달랑베르, 사드나 헤겔 같은 다른 저자들에도 열려 있었습니다. 계몽의 그 어떤 측면도 그에겐 낯설지 않았죠. 이후 그는 도미니크 부렐(Dominique Bourel)과 같이 『계몽 시대와 성경(*Le siècle des Lumières et la Bible*)』(보슈느 출판사의 '모든 시대의 성경' 시리즈에 속합니다.)이란 책을 기획하기도 했습니다. 하지만 그는 또한 학제의 전통적 한계들을 벗어날 능력도 있었습니다. 가령 블라발은 심리학에도 관심을 가졌고 그것을 철학적 시각으로 바라보았습니다. 실패하는 행위나 진정성에의 관심에 관해 글을 쓰기도 했죠. 그는 문학에도 아주 개방적이었습니다. 디드로에 대한 책을 쓰기도 했고, 당대의 많은 시인들과 어울렸죠. 저에게 헨리 토머스(Henri Thomas)를 읽게 한 것도 그였는데, 이 은둔하던 작가는 아주 중요한 시인이자 소설가였지만 철학자들 사이에만 머물러 있는 철학자들에겐 금시초문인 부류였죠. 블라발은 대학 강단적 박식에 아주 능했지만 동시에 대학에서 일어나는 게임들을 멀리서 바라보기를 좋아했습니다. 그는 자신이 처음에는 상선을 탔고 다음에는 세관 감독관이었음을 흔쾌히 상기시켰으며, 그러다 마침내 교수직을 선택했는데, 이는 단지 이 직업이 여행을 위한 여유를 가장 많이 가질 수 있기 때문일 뿐이라고(물론 이것도 완전히 옛날이야기죠!) 했습니다. 그는 강조하건대 철학책만이 아닌 새로운 책 읽기를 갈구하는 만큼이나 새로운 풍경을 보기를, 새로운 정신들과 만나기를 갈구했습니다. 세계 일주를 위해 1년의 휴가를 얻은 적이 있다고 말하더군요. 그러니까 블라발은 우리에게 교양인을 대표했습니다. 이탈리아인들처럼 말입니다. 결국 크로체나 그람시의 전통이기도 하거니와, 이탈리아인들에겐 철학 외에도 연극이나 문학 등등을 알고 있지 않으면 철학자가 아닙니다. 블라발도 그랬습니다. 이를테면 프랑스적 사막에 사는 교양인이었던 셈이죠. 그는 페라르에서 라이프니츠가 수행했던 계보학적 연구에(그리고 그 연구들에 포함된 외교적 쟁점 역시!) 라이프니츠의 형이상학이나 수학적 발견에 대해서와 같은 정도의 관심을 보였습니다. 요컨대 한편에는 을씨년스러운 상투성을 가르치는 복습 교사들이, 다른 편에는 이론의 거장들로 철학장이 분할되어 있던 시대에 그는 또 다른 이미지, 세계에 개방된 지성의 이미지를 제공했던 겁니다. 그것은 우리의 분파주의를 완화하는 평형추였다고 할 수 있습니다.

블라발을 만난 초기에 저는 아주 교조적인 시기를 건너고 있었어요. (『자본』 2권의 위기 이론에 대한 석사 논문을 막 끝냈을 즈음이었죠.) 그는 모스크바에 있는 레닌 도서관을 방문했을 때 받은 충격에 대해 말한 적이 있습니다. 거기에서 본 엄청난 수의 시집들에 대해서요. 저는 3기 박사 논문 발표에서 마르크스와 리카도 사이의 상당히 복잡한 논쟁을 두고 기원의 형태와 재생산의 형태 간 관계를 (아주 형편없이) 분석했는데, 심사 위원 중 한 명이 기원에 대한 제반 이론에는 거의 한결같이 하나가 아니라 두 개의 시작이 있음을 주목하게 했습니다. 그리고 블라발은 이렇게 덧붙였죠. "그래요, 심지어 『O의 이야기』[52]에도 두 개의 시작이 있지요."(이는 정확한 말이기도 합니다. 역시 두 개의 끝이 있는 것처럼 말이죠.) 그건 그렇고, 이와 같이 무정치적인 태도를 보이면서도 그는 갈등이 있을 때마다 늘 올바른 편에 섰습니다. 그는 알키에나 폴랭과 같은 반동적 특권 지식인들에게, 그리고 철학사에서 그들이 일으킨 가련한 반향에 최

---

[52] Pauline Réage, *Histoire d'O*(Jean-Jacques Pauvert, 1954). 영화 「르네의 사생활」의 원작이기도 한 프랑스의 에로 소설. O라는 여성이 애인 르네의 인도로 마조히스트적 사랑에 빠져들고, 다시 O가 다른 여성 자클린을 동일한 과정으로 이끈다.

대한의 경멸을 보냈습니다.(1981년 알키에가 쓴 스피노자에 대한 책[53]과 폴랭이 쓴 홉스에 대한 책[54]이 출판될 무렵 그는 저에게 이렇게 말했죠. "이런 식으로 돌아오다니 읽어 볼 가치도 없다네. 결국 읽어 보기야 하겠지만, 그 안에 뭐가 있는지는 이미 뻔하잖나.") 말년에 블라발은 아주 비관적이 되었습니다. 모든 것이 너무 빨리 지나가는 세계 안에서 인간이 추월당했다고 생각한 그는 "축척의 변화"라는 아이디어를 책으로 펴냈습니다. 그러니까 과학적 발견과 그것의 기술적 적용이 우리가 살고 있는 일상 세계를 너무나 바꾼 나머지 우리는 여러 세대가 다른 세계를 위해 마련해 놓은 기준들을 적용할 수 없게 되었다는 거예요.(이 책의 제목은 『상실된 미래(L'avenir perdu)』였습니다.) 물론 이 비관주의를 사건들에 추월당한 한 인간의 노스탤지어로 해석할 수도 있습니다. 1930년대 막스 자코브(Max Jacob)나 장 폴랑(Jean Paulhan)과 교제했던 양반이 1970~1980년대를 과연 어떻게 바라보았겠습니까? 하지만 우리는 거기에서 지난 역사가, 또한 바로 지금의 이 역사가 인간의 지각을 바꾸는 방식에 대한 인간학적 반성을 볼 수도 있습니다. 철학자들은 기술에 대한 사유를 대개 멸시하기에 이런 물음들을 제기하지 못하지요. 그리고 지각의 역사성이라는 관념은 그들에게 너무 생소합니다.

블라발이 철학사 내적으로 갖는 의미는 무엇이었습니까?

그가 있다는 사실 자체로도 그는 우리를 68년 이전, 그리고 그 이후

---

53   *Le Rationalisme de Spinoza*(스피노자의 합리주의)(PUF, 1981).
54   *Hobbes, Dieu et les hommes*(홉스, 신과 인간)(PUF, 1981).

에도 남아 있던 프랑스 강단 이데올로기의 진흙탕 같은 서클에서 빠져 나오게 해 주었습니다. 물론 그는 투사는 결코 아니었습니다. 하지만 바로 이 교양 때문에 그는 대학의 낡아 빠지고 화석화된 측면을 비웃으면서 바라보았죠. 또한 블라발은 우리에게 처음으로 라이프니츠를 데카르트에 맞서는 관점에서 읽도록 한 사람이었습니다. 그런데 철학자들이 서로 논쟁하고 대화하는 것을 보는 것은 저에게 정말 중요한 경험이었습니다. 마치 폐쇄된 기념물처럼 오직 한 철학자만을 연구해서는 안 된다는 것을 알게 되었지요.

두 번째로 블라발은 완전히 성공하지는 못했지만 프랑스에서 18세기가 철학적 세기임을 발견하는 데 기여한 사람이었습니다. 그래서 사람들은 디드로나 루소 등등을 철학자로 읽을 수 있게 되었습니다. 이전까지 18세기는 문학 연구만이 들어갈 수 있는 보호 구역이었습니다. 그리고 이 연구들은 이 세기의 고유하게 이론적인 차원을 강조하지 않았습니다.(바로 최근까지도 그래요. 문학을 전공한 한 동료의 말에 따르면, 현대 문학의 교수 자격시험 심사 위원은 시험 과목에 몽테스키외나 디드로보다는 셰니에(Chénier), 크레비용(Crébillon) 혹은 마르몽텔(Marmontel)을 넣는 걸 선호한다고 합니다.) 이론적 차원에 관심을 가진 사람들은 정치 투사들뿐이었습니다. 가령 홀바흐에 관한 책을 쓴 피에르 나빌(Pierre Naville), 그리고 출판사 에디시옹 소시알(Editions sociales)처럼 말입니다. 이 출판사의 '민중의 고전'이라는 컬렉션은 1950~1960년대에 계몽 시대 유물론자와 혁명가들이 쓴 글을 읽을 수 있도록 했습니다. 블라발은 프랑스에서나 세계적으로나 18세기 연구회를 정초한 사람 중 한 명입니다. 그리고 철학자가 18세기에 관심을 갖는다는 건 당시로서는 엄청난 일이었습니다. 사정은 아직도 마찬가지인데, 만일 계몽 시대 철학에 대해 박사논문이나 논문지도 교수 자격 논문 발표를 하려면 심사위원단을 충분히 구성할 만큼의 전문가들도 찾기가 쉽지 않습니다. 17세기나 독일 철학에서는 반대로 누구를 선택할지 몰라서 문제인데 말이죠.

알튀세르와의 작업은 어땠나요?

아주 정감 어린 동시에 다소 실망스러웠는데, 알다시피 알튀세르가 자주 아팠기 때문입니다. 여섯 달 내내 못 보기도 했습니다. 작업한 것을 가져가면 그는 아주 많은 격려를 해 주곤 했습니다. 아주 강경한 조언을 해 줄 때도 있었지요. 마르크스주의나 20세기 인문학의 문제들에 대해 말하려면 라브리올라를 읽어라. 크로체-라브리올라 논쟁 속에 있는 모든 것이 이후의 논쟁과 모든 저작, 가령 레이몽 아롱을 이해할 열쇠를 준다는 것이었죠. 그런데 아롱은 이 논쟁을 몰랐습니다. 그는 시간이 없었죠! 《사상(La Pensée)》에 제 첫 논문을 발표하게 한 것도 알튀세르였습니다. 데카르트와 루소에 관한 논문이었는데, 한 친구와 같이 여러 사상들의 항수가 되는 이론적 '형식들'이 있음을(그것들이 다른 영역에 적용된다 하더라도) 보여 주고자 했습니다. 훌륭한 논문이 아니었는데도 그는 제 절차에 흥미를 보였습니다. 개념적 궤적들의 가능성을 내다보는 철학사 독해를 제공한다는 점을 흥미롭게 여겼어요. 비록 증명이 기획에 미치진 못했지만 말입니다. 『독일 이데올로기』 집필 30년 후 엥겔스가 그 책에 대해 했던 말을 따오자면, 그 논문은 무엇보다도 사상의 역사에 대한 우리의 무지를 보여 주었다고 할 수 있을 겁니다.

이후 당신 작업의 바탕에 알튀세르적 요소가 있다면 무엇인가요?

우선은 절차입니다. 언젠가 장피에르 오지에(Jean-Pierre Osier)는 그가 더 이상 알튀세르에게 동의하는 것이 아무것도, 혹은 거의 아무것도 없었을 때조차 "적어도 그는 나에게 사유하도록 가르쳐 주었다."라고 말한 적 있어요. 사실 그렇습니다. 알튀세르가 당신의 교수라면 당신은 알튀세르의 이런저런 분석에 동의하지 않을 수 있습니다. 하지만 그는 두뇌를 이용하는 법을 가르쳐 줍니다. 이것만으로도 이미 상당한 거죠. 당신이 기계를 가지고 있고 그걸 작동시키는 법을 모르는데, 누군가 그걸 가동하는 법을 가르쳐 준다면 감사할 수밖에 없지 않습니까?

그러나 당신 작업에 대한 알튀세르의 반향은 그 이상인 듯합니다. 당신이 가령 스피노자 철학에서 관념의 직접적 불투명성이라는 테제를 거듭 강조할 때가 특히 그렇죠.

물론 그건 알튀세르의 테제입니다. 하지만 알튀세르는 그걸 아마도 스피노자에게서, 또한 바슐라르와 캉길렘에게서 끌어냈을 겁니다. 역사적 인식론과 마르크스주의의 혁신을 등가화하려는 시도의 틀 안에서 말입니다. 그런데 그걸 지금 다시 읽어 보면, 반사(réflexe) 개념의 역사에 대한 캉길렘의 분석[55]이나 생명 과학에 대한 나머지 다른 연구들[56] 이 (드장티가 수학사에 대해 쓴 것처럼) 극도로 세밀하고 현실적인 역사의

---

55   *La formation du concept de réflexe aux XVIIe et XVIIIe siècles*(17~18세기 반사 개념의 형성)(Vrin, 1955).

56   대표적으로 *La connaissance de la vie*(생명의 인식)(Vrin, 1952);『정상적인 것과 병리적인 것』(여인석 옮김, 인간사랑, 1996); *Le normal et le pathologique*(PUF, 1966); *Idéologie et rationalité dans l'histoire des sciences de la vie*(생명 과학의 역사에서 이데올로기와 합리성)(Vrin, 1977) 등.

굴곡들을 면밀하게 따라가는 반면, 바슐라르는 과학사를 자기 테제를 예증하는 목록으로 다소 거칠게 이용하는 경향이 있었습니다. 사람들은 바슐라르에게서 자기가 읽고 싶은 것을 읽었던 것 같습니다. 그러나 제가 보기에 실상 바슐라르 안에서 진정 당대의 사상운동으로 꼽을 수 있는 것은 인식론적 장애에 할애된 두 쪽입니다. 그 나머지는 대개 일종의 반복적인 웅웅거림이죠. 가령 바슐라르가 시에 대해 쓴 것을 읽어 보면, 대부분 가끔씩은 흥미로운 패러프레이즈에 불과합니다. 더구나 알튀세르의 영향권 내에 있던 집단에서는 시에 대한 바슐라르의 텍스트만은 아예 인용하지 않는 편을 더 낫게 보았죠. 그 대신 미학(혹은 미학 비판)의 준거로 통했던 건 마슈레의 문학 이론서[57]였습니다. 그 책은 가독성은 있었지만 결국 아주 단순한 것들을 증명하기 위해 거대한 구조주의적 기계를 제조했습니다. 물론 마슈레의 보르헤스 분석이나 발자크의 『농민』 분석, 레닌의 톨스토이 독해에 대한 분석은 발군이었죠. 그런데 그는 왜 그것들을 장황한 1부로 정당화해야 한다고 느꼈는지 모를 일입니다. 그러고 보면 바슐라르의 텍스트가 쉽게 읽히는 건 분명합니다.

알튀세르로 돌아가 보죠. 그렇다면 남은 건 무엇일까요? 다른 여러 가지 가운데 적어도 세 가지 핵심적인 것이 있습니다.

하나는 '과학성'에 대한 요청입니다. 이는 알튀세르 작업의 항수인데, 더 정확히 말하면 철학이 과학 그리고 정치와 맺는 두 가지 관계의 문제입니다. 그는 이 문제에 대해 차례로 여러 가지 진술을 했습니다. 이 진술들은 종종 서로 모순되기도 했지만, 결정적 답변의 제시보다는

---

57   『문학 생산의 이론을 위하여』(윤진 옮김, 그린비, 2015); *Pour une théorie de la production littéraire*(Maspero, 1966).

그런 문제를 중심으로 한 선회가 더 중요했을 겁니다. 그가 적확한 규정을 찾아 가장 멀리까지 나아갔던 것도, 철학에는 (과학들과 달리) 대상이 없고 쟁점들만이 있을 뿐이라는 관점을 가지고 있었기 때문이 아니었나 싶습니다.

다음으로 '지적 이력'에 대한 시선입니다. 이 때문에 '인식론적 단절' 개념을 둘러싼 온갖 논쟁들이 촉발되었지요. 여기에서도 역시 그는 마르크스 생애의 전환점들을 사유하기 위한 여러 가지 해결책을 시도했고, 이는 알튀세르 비판자들이 생각했던 것보다 훨씬 섬세합니다. 그는 우선 (『마르크스를 위하여』의 가장 오래된 논문에서) 관념에서 현실로의 이행을 단절의 표지로 삼고자 했습니다. 이후 스스로도 비판했지만, 상당히 실증주의적 관점에서 접근했던 거죠. 그다음에는 반대로 프랑스 인식론의 영향 아래 이 단절을 인식론적 장애라는 견지에서 생각했습니다. 마지막으로 그는 여러 단계("이제 막 단절한" 시기, "성숙"기 등등으로)를 거치는 마르크스의 여정에 초점을 맞춥니다. 이 문제들에서 알튀세르를 반박했다고 믿는 사람들 태반이 도대체 쟁점이 무엇인지를 알아차리지 못했습니다. 그것은 한 사상이 어떻게, 어떤 작업을 통해 자신의 도구들을 산출하는가를 묻는 것이었습니다.

마지막으로 '이데올로기적 국가 장치'입니다. 이것은 이데올로기 분석에서 그야말로 하나의 혁명이었죠. 알튀세르 이전 그 누구도 이 정도까지 이데올로기가 실천들로 구현된다는 것을, 이 실천은 바로 장치의 작용이라는 것을, 따라서 국가는 일련의 억압적 장치(경찰, 군대, 관료제)로 환원될 수 없고 필연적으로 이데올로기적 장치들 역시 포함하며, 바로 이 때문에 개인은 단지 강제로(폭력으로)뿐 아니라 '이데올로기로' 가동된다는 것을 강조한 적은 없었습니다. 물론 그가 너무 경직된 관점으로 접근했는지도 모릅니다.(이 문제에 대해 그가 남긴 초안을 보면 국가 장치들에 내적 모순의 자리는 거의 없습니다. 정치의 토대는 바로 거기일 수 있는데 말이죠.) 다른 사람들이 이미 이 문제를 다룰 수 있었는데도 그가 더 빨리 이 문제를 연구하지 않았던 것도 바로 이 때문인지 모르죠. 분명한 건 이 생각이 그에게 홀연 떠오르지는 않았다는 겁니다. 1966년과 1968년 사이, 몇몇 외부 사건을 계기로 그는 이데올로기가 단지 학설에 불과한 것이 아니라 제도에 뿌리내리고 있고, 이 제도야말로 사회 구성체 재생산의 핵심 역할을 한다는 생각을 하게 되었습니다. 단 그가 이미 자명한 이치를 되풀이하여 읊조리는 대신 문제와 맞닥뜨릴 준비가 되어 있었던 것은, 이데올로기의 작동에 대해 이미 생각하고 있었기 때문이죠.

이 세 가지 질문은 결국 다음과 같은 하나의 정식으로 집약될 수 있을 겁니다. 제가 알기로 알튀세르 스스로는 한 번도 이렇게 말한 적이 없지만요. 알튀세르의 관심사는 인간이 어떻게 생각하는가를 이해하는 것이었습니다. 대부분의 철학자들이 사유를 주어진 것으로, 투명한 것으로 여기는 반면 그는 반대로 사유를 산출하는 과정을 따져 물었던 거죠. 이론적 실천이니, 인식의 산출이니 하는 생소해 보였던 용어들의 출처는 바로 여깁니다.

반대로 당신은 알튀세르의 주요 관심사였던 반(反)변증법이라는 문제를 별로 언급한 적이 없습니다. 당신을 필두로 하는 이른바 스피노자 연구의 제3세대는 알튀세르뿐 아니라 선배 연구자들 모두(게루, 들뢰즈, 마슈레, 그리고 그들과 상반되는 방식이긴 하지만 마트롱 역시)를 끊임없이 따라다니던 이(反)헤겔주의적 문제 틀에서 마침내 벗어남으로써 시작되지 않았나 싶습니다.

게루의 경우 그가 헤겔에 대해 대립한 지점은 하나의 세밀한 부분이었습니다. 그는 헤겔을 실체의 속성들에 대한 '주관주의적' 해석의 선조라고 간주했죠. 더욱이 헤겔의 스피노자 독해에는 다른 것도 분명 있지만, 이는 중요치 않았어요. 알튀세르를 준거로 표방했던(단 알튀세르에게도 마르크스주의 자체의 역사에서 여하튼 몇몇 선행자가 있었습니다.) 1960~1970년대 세대는 마르크스주의를 반헤겔주의적으로 읽기 위해 헤겔에 맞서 기꺼이 스피노자를 불러들였죠. 하지만 그들이 변증법에 반대하는 건지 아니면 헤겔적 변증법에 반대하는 건지, 다시 말해 변증법 없는 유물론을 원했던 건지 아니면 정반대로 더 나은 변증법을 찾고 있었던 건지는 늘 애매했습니다. 사실 변증법에 대한 당시 프랑스 스피노자주의자들은 두 입장 사이에서 오락가락한다는 인상을 주었습니다. 변증법을 신비화하거나(스피노자가 이 함정에 빠지지 않은 걸 축하해야겠죠.) 아니면 진정한 변증법은 비판적 사유의 필수 형태인데 헤겔은 그걸 관념론적으로 잘못 해석했으니 스피노자에게서 좋은 해석의 바탕을 찾아야 한다고 여기거나요. 두 번째 입장이 더 매력적이지만, 이 약속을 과연 어떻게 지킬 수 있을지는 아무도 말해 준 적이 없어요. 제가 보기엔 여기에 가장 근접한 사람이 알튀세르입니다. 하지만『마르크스를 위하여』에 실린 유물 변증법에 대한 두 핵심 논문에서 그는 스피노자를 거의 언급하지 않습니다. 게다가 이후에 쓴 글에서는 다른 지점("주체 없는 과정")에서 헤겔의 공적을 재발견하죠. 더 나중의 글에서 그는 "유물론의 관할하에서 변증법을 사고하기"라는 표현을 사용하기도 하는데, 알튀세르 자신의 기획에 대한 정의로서 나쁘지 않은 표현입니다.

   저는 우르비노에서 열린 콜로퀴엄의 발표에서 스피노자의 철학사관이 어떤 점에서 모순 개념에 토대를 두고 있는지 보여 주려고 한 적 있습니다.(그 밑그림은 제 첫 번째 책에서 그려졌죠.) 발표가 끝난 후 가브리엘 알비악(Gabriel Albiac)이 와서 했던 말이 기억납니다. "스피노자가 유물론자라는 건 사람들이 이미 증명했어요. 그런데 이에 더해 그가 변증법자이기도 한가요?"(게다가 알비악 자신이 자기 책에서 "전쟁의 존재론"이라는 생각을 개진하기도 했는데, 그것은 스피노자의 변증법화와 많이 비슷했죠.)

1972년 울름의 고등사범학교에서 『에티카』 3부를 강의하면서 마트롱은 코나투스에 대해 이렇게 말한 적이 있습니다. 스피노자 철학에는 헤겔이나 마르크스를 생각나게 하는 것들이 꽤 있다. 하지만 절대적으로 갈라지는 지점이 하나 있다. 변증법의 핵심인 내적 모순은 스피노자 철학에선 생각조차 할 수 없는 것이다. 한 사물을 파괴에 이르게 하는 요소들이 그 사물 안에 있을 수 없다는 것은 스피노자주의의 근본 특징 가운데 하나다. 따라서 부정성도 없고, 변증법적 지양 같은 것도 없다. 파괴는 오직 바깥에서만 올 수 있다. 그리고 파괴가 내부에서 연원하는 듯 보인다면(가령 자살의 경우) 이는 실상 외적 힘이 내면화된 것이다. 이를 강조하면서 마트롱은 그야말로 논의의 한계를 그었습니다. 그러니까 이 한계를 축소하는 모든 해석은 자동적으로 틀렸다는 거죠. 물론 그렇습니다. 저는 이 지적에 전적으로 동의합니다. 하지만 한 가지 덧붙일 게 있습니다. 스피노자의 글 가운데 모순을 주요 사회 현상의 중심에 두는 듯한 것들이 많이 있다는 점입니다. (이 점을 방금 말한 '반(反)변증법적' 원칙과 어떻게 함께 견지하느냐는 이후 다시 모색하기로 합시다.) 가령 애초부터 히브리 국가의 핵심에 있는 멸망의 씨앗(모세의 법을 점차 퇴락시켜갈 레위족의 지위)이나 외부의 적보다는 자기 시민들에 의해 늘 더 위협받았던 로마의 경우가 그렇습니다. 이 점을 반변증법적 원칙과 조화시킬 해결책은, 코나투스 개념이 기초적인 현상들의 사례를 바탕으로 제시되는 반면, 복잡한 사회 현상들은 이런 기초적 현상들로서의 '사물들'이 아니라는 사실에서 찾아야 할 겁니다. 하지만 더 면밀히 살펴보면 이는 체계가 실효성을 발휘하는 조건을 표상적 실재성의 펼침(explication)으로 생각해 볼 수밖에 없게 합니다.

7 철학적 실천과 역사적 시선

당신의 학문적 이력은 당신의 연구 방법이 갖는 의미를 더 잘 납득하게 해 줍니다. 스피노자 사상을 고전 시대의 다른 다양한 사유 조류들과의 접점 속에 위치시키는 당신의 작업 방법론을 게루의 구조주의적 방법과 구별하여 '역사적 구조주의'라고 할 수 있을까요?

내 작업을 '역사적 구조주의'라 부를 수 있을지 잘 모르겠습니다. '역사적 합리주의'라 하는 편이 더 나을 듯합니다. 그리고 스피노자 자신이나 다른 몇몇 철학자들에 대해서도 동일한 표현을 사용할 수 있으리라 봅니다. 철학사와 사상사에 대한 작업에서 제가 하고자 하는 건 사유 체계들의 일관성과 형성 과정, 그리고 그 효과들을 분석하는 것입니다. 물론 그런 일관성을 분석하면 종종 특정 구조를 밝혀내게 됩니다. 하지만 이것만으로는 구조주의라 부르기에 충분치 않죠. 어쨌든 하나의 체계나 하나의 철학적 장면을 단 하나의 구조로 몰아가는 건 경계해야 합니다. 차라리 일관성의 결들(textures)이 있습니다. 이러한 결들은 자리를 잡으면서 서로 간에 조정되고, 경험에서 무엇을 할 수 있는지 해명하며, 또한 경험에 비춰 볼 때 해석에 저항하는 것은 기각하거나 다른 방식으로 읽을 근거를 발견하면서 점점 더 일반적이거나 생산적이 되는 합리성의 형식들을 생산하려 합니다.

이런 절차를 취하면서 사상사를 분석할 때 제가 하는 이 일이 루크레티우스나 스피노자, 마르크스가 물체, 정념, 사회를 분석할 때 했던 것과 다르다고 생각하지 않습니다. 제가 하는 일은 텍스트 및 사상 체계라는 이 대상에, 여타의 역사적 대상이나 자연적 대상에 대한 합리적 분석에서와 마찬가지 절차를 적용하는 것입니다.

그 밖에도 당신은 사상사에 대한 스피노자의 철학적 실천 자체가 구획선의 설정에 있음을 누차 환기한 바 있죠. 사실 「휴고 복셀에게 보내는 편지」나 『정치론』 등에서 명시되듯 스피노자는 자신을 데모크리토스, 에피쿠로스 그리고 마키아벨리로 이어지는 진영에 위치시킵니다. 이 철학자들의 이런저런 독트린, 가령 원자론을 단호히 부정함에도 말입니다. 구획의 기준은 그런 내용들이 아니라 이성적 분석의 정신에 있는 셈이죠. 이는 역사와 관계 맺는 방식에서, 『방법 서설』로부터 시작해서 『정념론』에서까지, "내 앞에는 아무도 없었다(nemo ante me)"라는 데카르트적 입장(물론 여기에서 '나'는 진리이며, '내 앞'이란 오류에 불과하죠.)과 스피노자를 분리하는 지점이자, 철학사를 유물론과 관념론의 영원한 투쟁으로 사고하는 레닌의 관점과 합류합니다. 현재의 철학 연구 관행으로 돌아와 볼 때 역사적 시선의 유용성, 나아가 필수성이 있다면 어떤 점에서입니까?

먼저 역사적 접근 방법이 맞서야 할 세 유형의 적수를 명시해 봅시다. 하나는 철학에서 지혜를 찾는 사람들이고, 다른 하나는 철학을 전문적 기술처럼 실행하면서 철학사에 대한 시선을 생략하는 사람들이며,

마지막은 그저 간단히 철학의 유용성을 의문시하는 자들입니다.

첫 번째 유형의 논변은 실은 직업 철학자 사회 외부에서 옵니다. 철학을 지혜의 추구와 동일시하고 철학 안에서 영원한 가르침을 찾으려는 것이죠. 이 관점에서 보면, 도대체 뭐하러 (그저 우연적일 뿐인) 철학자들 간의 차이나 그들을 역사적으로 규정하는 (그들이 전하는 메시지에 하등 본질적이지 않을) 조건들에 주목하겠습니까? 삶의 이상이나 우주에 대한 직관 혹은 인간 조건에 대한 직접적 접근을 오히려 에두르게 만드는 쓸데없는 연구로 시간 낭비할 것 없이 이 철학자들에 공통된 것이나 그들 가운데 가장 훌륭한 철학자들이 말한 것을 듣는 편이 더 낫겠죠. 어떤 철학을 독창적이게 만드는 것이야말로 가장 덜 흥미로운 것 아니냐? 불가해한 정식, 용인할 수 없는 테제, 우리 경험과 동떨어진 분석들이 바로 그런 게 아니냐? 더구나 철학자들이 쓰는 전문어는, 전문화된 철학들이 단지 참된 것을 추구하는 길(이것이야말로 모두가 저마다 욕망하는 것인데요.)에서 얼마나 멀어져 있는지를 보여 주는 사례 그 자체로 보이겠죠.

이런 유의 담론에는 두 가지 답변을 제시해야 합니다. 하나는 개념의 명확화가 통일성과 미규정성 속에서 얻어지는 것이 아니라 정반대로 차이 속에서, 그리고 구획선을 찾는 가운데 이루어진다는 겁니다. 차이 없이 사유한다는 것, 이는 대개 진부한 것들을 사유한다는 것이고 결국 사유하지 않는다는 겁니다. 단어들에 대해 외관상의 만장일치가 이루어지죠. 그러나 이 만장일치는 기초 개념들 간에 경계선 긋기를 거부함으로써 이미 내용이 무뎌져 버린 듯한 단어들에 대한 것이죠. 만일 어떤 학설에 의미가 있다면, 또 우리에게 뭔가 말하는 바가 있다면 이는 그것이 다른 것이 아니라 바로 이 학설로 만들어 주는 것 때문입니다. 용인하기 어렵거나 불미스러운 지대 혹은 우리 체험에서 완전히 동떨어져 보이는 지대에 있는 학설까지 포함해서 말입니다. 그러니까 한 학설이 일관성을 띠는 한, 이처럼 전문 기법을 동원한 우회는 가장 받아들일 만해 보이는 테제를 수립하기 위해 치러야 할 대가입니다. 두 번째 답변은 우리에게 지금 자명하고 상식적인 듯 보이는 것, 이를테면 모두가 용인할 수 있어 보이는 것도 늘 그랬던 건 아니라는 겁니다. 게다가 차후 자명성의 힘을 획득했던 관념들도 대개 우선은 지극히 복잡한 지적 장치와 설비들이 동원되는 가운데 산출되어야 했고, 그러면서 그 이전의 자명성, 그리고 지금의 것과는 상반되는 자명성을 망각하게 만들었죠. 이런 지평에서 보면 가령 용어들의 의미를 특수한 어휘 체계 속에 수립하는 일은 부차적인 임무이기는커녕 가장 엄밀한 방식으로 사유하기 위한 절대 조건입니다. 더욱이 철학적 논쟁의 정치적 의미를 따질 때(철학적 장면에서 일어나는 일은 최종 심급에선 늘 정치적 의미를 갖기 마련이므로) 상투어를 받아들이는 것, 혹은 더 나쁘게는 그것을 강화하고 정당화하는 것은 완곡하게 말해 기성 질서와 그 역관계를 받아들이는 것이나 다름없습니다. 이 역관계가 더 이상 그런 성격으로 지각되지 않는 이유는 그것이 아주 오래전에 우리를 압도했기 때문이며, 지적 풍경이 그 차원으로 환원되어 왔기 때문입니다. 지극히 평화로운 상투어들을 받아들인다는 것은 실상 그것들의 창립을 주재했던 폭력, 또한 그것들의 영속을 통해 은밀하게 재생산되는 폭력에 순응한다는 것입니다.

두 번째 유형의 논변은 첫 번째와 반대로 철학자 단체 내부에서 옵니다. 이번에는 철학의 전문성을 믿는 이론가들의 논변입니다. 그들은 철학이 영원하다고 생각하지 않으며, 정반대로 과학적 유형의 진보로 인해 과거의 학설들은 만료되고 무의미해진다고 여깁니다. 그러니까 과거의 학설이 우리에게 주는 이득이란 바지런함이 테제베 운전수나 이용자들에게 주는 이득보다 크지 않다는 거예요. 요컨대 우리에게 중요한 건 현재의 철학이며, X(여기에 아마도 러셀이나 비트겐슈타인, 인지 과학 등 10년 단위로 바뀌는 고유명이나 준거들을 대입할 수 있을 겁니다.) 이전에 있었던 것을 연구하는 일은 이득이 없다는 거죠.

이런 입장에서 생기는 역설은 이렇습니다. 이 입장은 한편으로 철학적 활동이 갖는 고도의 전문성을 긍정합니다. 이 전문성 때문에 철학적 활동은 과학적 학문 분과와 유사해지고 이 학문 분과들 가운데서도 최신 학문의 뒷받침을 받을 수 있게 됩니다. 따라서 이 입장은 자연어로 표현된 비전문가들의 혼동된 관심사에 답변할 필요가 없다고 여깁니다. 다른 한편 이 입장은 철학의 과거에 대해서는 첫 번째 입장이 드러내는 것과 똑같은 착각을 재생산합니다. 얼핏 보기에 대립되는 이유들로 사상에 대한 역사적 시선은 또다시 가치 절하되는 겁니다. 아니, 먼지 나는 유적 보존 작업과 매한가지가 되는 거죠.

우리는 이런 논변에 대해 전문 기술적 근대가 단어들과 더불어, 그리고 특정 틀 내에서 만들어졌다는 사실을 목도하게 할 수밖에 없습니다. 이 틀, 이 단어들, 그리고 과학과의 이런 관계 자체는 역사적으로 산출되었고 또 특정한 이론적 정세에서만 타당합니다. 역사가 그 가능성과 한계를 표시해 주죠. 물론 역사가 그 한계를 미리 내다볼 수 있기 때문이 아니라 그 윤곽을 그려 주기 때문입니다. 특정 언어와 특정 규준을 사용하는 특정 영역들을 구축하는 것이 가능하다면, 학문 분과사의 커다란 단락(短絡)들이 우리에게 가르쳐 준 것은, 철학적 활동의 지평과 프로그램이 위기와 변형을 겪으면서 규칙적으로 의문시된다는 점입니다. 그와 같은 순간에 이미 시효가 만료된 것처럼 보였던 것이 무대 정면으로 되돌아올 수도 있고(물론 기능은 다를 수 있겠죠.) 사상의 선행 국면들은 쟁점과 가동 조건을 새롭게 가늠하게 해 줍니다. 그러므로 현재의 이론 활동이 과거 활동을 만료시킨다면 이는 단지 겉보기에만, 그리고 단지 특정 기간에만 그렇습니다. 단 그렇다고 해서 현재의 이론 활동이 과거 활동을 반복한다거나 그것과 완전히 일치한다는 건 아닙니다.

마지막으로 세 번째는 무엇보다도 이른바 의사 결정자들(그리고 의사 결정자들이 참칭하는 신화적 인물인 납세자들)이 내세우는 논변입니다. 그들이 문제 삼는 건 사실 철학사의 존재이기보다 더 일반적으로 철학사를 연구하는 학문 분과들의 존재입니다. 유용성의 이름으로, 다른 분과들과 비교했을 때의 유용성을 내세워서 말입니다. 최근 이런 물음들이 제기될 때 수반되는 집요함과 난폭함에는 일정한 형태의 객관적 깊이가 있습니다. 그러니까 개인적 총명함이나 섬세함, 뉘앙스에 대한 감각 등과 같은 주관적 깊이가 아니라, 왜 정보 처리나 경제가 아닌 철학사 연구를 사회가 부담해야 하느냐고 따지는 집단적 취조의 객관적 깊이 말이에요.

이런 호출 앞에서 상식적 답변들만 내놓기는 어렵습니다. 곧 습관에 호소하거나, 무용성을 진정성의 보증으로 내세우거나, 모든 문화에 교양적 가치가 있다는 식의 답변들 말이죠. 이런 대답들에도 물론 그 나름의 가치가 있죠. 하지만 바로 이 연구가 왜 가치가 있는지, 그리고 유용한지(주장해야 하는 건 이겁니다.) 충분히 엄밀하게 한정되진 않습니다. 제가 지금 말하는 유용성은 철학사가 현실적으로 수행하는 작업 자체의 유용성입니다. 아주 구체적으로 갖가지 문헌학적 요소들을 고려한 텍스트의 수립, 그리고 텍스트 해석 및 주석, 이 텍스트들이 구성하는 체계와 문제에 대한 분석, 이것들을 맥락 속에 편입시키는 작업, 그러니까 전통(물음의 틀거리가 갖는 전통과 체계적 구축이 갖는 전통이라는 이중의 전통)

과 동시에 철학적 장면 속에, 결국 역사 속에 편입시키는 작업의 유용성 말입니다.

우리 사회 구성체가 (잠정적으로 21세기 유럽에 한해서만 말하자면) 철학사 연구 지원을 정당하다고 간주한 이유는 무엇일까요? 첫 번째 답변은 사상사에서 철학이 갖는 위치와 관련이 있습니다. 실상 사상사 연구를 해야 합니다. 왜일까요? 우리가 누구인지 알기 위해서입니다. 가령 유럽인의 경우 최근 들어 자신들이 누구인지, 유럽이란 무엇인지 많이 묻고 있습니다.(물론 어떤 물음들은 외국인 배척이라는 지평에서 이루어지지만, 이 물음은 전혀 그런 유는 아닙니다. 그리고 이 물음은 그 자체로는 부당하지도 않습니다.) 그런데 이 물음은 이내 유럽의 '뿌리'라는 문제에 이릅니다. 물론 이데올로기적으로 혼동된 용어지만, 이 혼동 자체 때문에 흥미로운 용어죠. 이 용어는 여러 계열의 문제들이 뒤얽혀 있는 어떤 터를 지시하며, 바로 이 문제들을 풀어내기 위해 이 터에 접근해야 합니다. 게다가 이 물음은 다른 대륙의 문화를 위해서도 중요합니다. 유럽 인민들을 하나로 묶는 것은 핵심적으로 이른바 '종교에서의 탈출'(이는 종교의 철폐를 뜻하는 것이 아니라 일상 삶에 대한 종교 지배의 종결, 또한 미신적 의례에 대한 얼마간의 무관심의 확산, 그리고 과학과 기술의 해로운 효과를 고발하는 자들도 대개 공유하는, 과학과 기술에 대한 공통의 믿음을 의미합니다.)과 동시에 사상의 자유와 관용에 대한 일정 정도의 동의, 그리고 민주주의 규칙에 대한 포괄적 동의입니다. 물론 이 모든 것은 일반적 틀을 고정할 따름이며 이 틀에는 많은 변이의 여지가 있습니다. 그런데 이른바 이 자명한 것들의 역사적 지위를 자세히 살펴보아야 합니다. 만일 우리가 미신의 효과를 제한해야 한다는 데 동의한다면, 이는 우리가 고전 시대의 '새로운 자연학' 이래 인과성에 삼투된 세계를 상속받았기 때문이죠. 또 만일 우리가 관용과 사상의 자유를 옹호한다면, 이는 우리가 특별히 이것들에 대한 재능을 타고났기 때문이 아니라 우리 이전에 계몽주의자들의 투쟁이 있었기 때문이며, 사적 예배의 관념이 종교 운동 자체에서 형성되었기 때문입니다. 만일 우리가 주권이 오직 인민에서 유래하고 제도화된 형식에 따라 수립될 때만 정당하다고 간주한다면, 이는 우리가 부지불식간에 자연권 이론과 사회 계약론 및 그 후속 이론들이 마련해 놓은 형식들 안에서 사고하기 때문입니다. 우리는 바로 이런 역사의 산물이며, 이 역사를 살고 있습니다. 그리고 이 역사를 인식함으로써만 능동적으로 그리고 명철하게 살아갈 수 있을 겁니다. 단지 사상가들만이 아니라 모든 시민들이요.

그런데 이와 같은 사상적 지형들 속에서 철학은 특별한 역할을 수행합니다. 물론 '학문들에 대한 학문'으로서가 아니라, 아주 특별한 상황 때문에 그렇습니다. 곧 철학에는 대상이 없다는 사실 때문이죠. 모든 학문에는 설령 그것이 상상적 대상이라 하더라도 대상이 있습니다. 철학에는 쟁점들이 있습니다. 물론 철학은 이 쟁점들을 대상이라는 형태로 사유합니다. 그리고 대상이 없을 때는 스스로 대상을 부여하죠.(종종 과학적 실천의 대상 자체를 자신의 대상으로 삼기도 하고, 혹은 그것과 이름만 같은 것을 대상으로 삼기도 하는데, 가령 17세기 자연학이 공간을 수학화할 때의 연장이 그렇죠.) 따라서 철학은 많은 시대에 범주들의 실험실 노릇을 해 왔습니다. 역으로 어떤 시대에는 다른 학문 분과가 이론적인 것, 따라서 철학적인 것의 핵심을 보유할 수도 있습니다. 이처럼 철학사를 탐구함으로써 우리는 사상사를 집약된 방식으로 탐구할 수 있습니다. 그런데 너무 집약적인 나머지, 우리는 그것을 이 부식토 안에 주기적으로 다시 집어넣지 않고서는 이해할 수가 없습니다. 철학사 연구(그리고 이것은 텍스트,

학파, 논쟁들을 알아 나가면서 수없이 우회한다는 것을 함축합니다.)가 겨냥하는 것은 결국 합리성의 형식들의 역사를 만드는 것입니다. 그리고 이 합리성의 형식들은 결코 철학의 전유물이 아닙니다. 이 형식들의 실질적 상태는 오히려 과학, 정치학, 종교의 담론과 실천에서, 그리고 감성의 형식들에서 발견됩니다.

두 번째 답변은 이 장의 갈등적 성격과 관련됩니다. 실상 합리성 및 감성의 형식들은 결코 동질적이지 않으며, 앞의 설명에서 목가적으로 보일 수 있는 것은 곧장 정정해야 합니다. 철학자들은 서로 싸웠습니다. 그리고 그들의 역사를 쓴다는 것은 이 갈등에 대해 입장을 취하는 것이기도 합니다. 물론 이는 과거 철학들 가운데 무엇이 더 중요한지를 결정하는 가운데서만, 심지어 우리 선대의 상이한 사상가들 가운데 과연 누가 철학자인지를 결정하는 가운데서만 가능하지만 말입니다. 대학의 언어로 말해 봅시다. 재출판되고 연구될 가치가 있는 사상가는 누구이며, 박사논문의 정당한 대상이 될 만한 사람은 누구입니까? 누가 아류 혹은 통속적 사상가로 간주될까요? 우리가 대규모 저작 전집을 출간하는(그래서 출판을 위해 자금줄을 찾는) 노고를 감수할 가치가 있는 저자는 누구입니까? 철학자들과 철학사가들 사이에서 그들끼리 과거의 철학자들을 위치 짓기 위해 과거에 무엇이 철학이었고 철학적 투쟁이 어떤 의미를 가졌는지 정의하기 위해 벌어지는 논의에서 쟁점은, 어떤 의미에서는 현재의 우리가 이 역사에 대해 어떤 위치에 설 것인가이기도 합니다. 바로 이 때문에 다음 질문이 중요합니다. 과연 누가 철학자인가? 여기에서 박식은 분석에 도움이 됩니다. 물론 이 분석에서는 현재의 우리를 우리로 만든 모순들의 역사적 의미를 가늠하는 작업이 우선합니다.

이 측면과 관련하여, 프랑스와 구별되는 타문화권, 가령 영미권이나 이탈리아 혹은 독일권 스피노자 연구의 특징은 무엇이라 보시나요?

이탈리아와 비교해 보면 프랑스 스피노자주의 문화의 특수성이 가장 잘 드러날 것 같습니다.(자신이 누구인지를 알려면 늘 외적인 것으로 우회할 필요가 있죠.) 더구나 스피노자 철학과 관련하여 이 두 지적 풍토를 분리시키는 측면은 종종 두 지적 풍토를 일반적으로 분리시키는 측면의 반영이라고도 할 수 있을 겁니다. 첫 번째 특징은 우리가 델보스(Victor Delbos)의 『스피노자 철학에서 도덕의 문제와 스피노자주의』[58]를 재출간할 때 마트롱이 붙인 서문에서 강조된 것입니다. 20세기 초부터 프랑스인들은 스피노자의 정치적 차원에 대해 침묵했습니다.(그리고 이런 관점에서 볼 때 1896년 박사논문이기도 한 델보스의 이 첫 번째 책과 20년 이후 1912~1913년에 출판된 두 번째 책[59]의 차이는 아주 선명합니다.) 돌연 그들은 스피노자주의를 데카르트주의의 아류나 포스트-데카르트주의로 축소했습니다. 『지성 교정론』은 방법에 대한 데카르트주의적 관심의 훌륭한 예화로 높이 평가되었고, 『에티카』는 무엇보다도 1, 2부를 위해 연구되었지요. 결국 제기해야 할 유일한 문제는 스피노자가 데카르트를 창조적인 방식으로 이어 나갔는지, 아니면 자기 스승의 사상을 곡해했는지뿐이었습니다.(오늘날에도 여전히 이런 유의 물음에 머물러 있는 후미 전투 부대들이 있죠. 다행히도 핵심에서 이미 철 지난 것이 되었지만 말입니다.) 이런 지평에서는 스피노자와 홉스의 관계, 마키아벨리와의 관계 그리고 라틴 역

---

58 『스피노자와 도덕의 문제』(이근세 옮김, 선학사, 2003).
59 *Le Spinoizme: cours professé à la Sorbonne en 1912~1913*(스피노자주의: 1912~1913년 소르본 강의)(Vrin, 1926).

사가들과의 관계는 사라집니다. 예외가 있다면 마들렌 프랑세(Madeleine Francès) 정도겠죠. 게루 자신도 여전히 이런 한계들을 노정합니다.(그가 홉스에 대해 갖는 관심은 수학적인 부분에 한정됩니다.) 반대로 이탈리아인들은 줄기차게 스피노자주의와 홉스의 관계, 마키아벨리와의 관계, 반종교개혁기의 이단자들과의 관계(이 역시 정치적 물음으로의 입구인데, 왜냐하면 반종교개혁기의 분파들은 분명 정치-종교 운동의 유형 자체였으니까요.) 혹은 이후에는 마르크스주의와의 관계에 관심을 가졌습니다. 이는 20세기 내내 이탈리아의 철학 문화가 프랑스의 철학 문화보다 늘 더 정치적이었다는 부인할 수 없는 사실과 연관됩니다.(프랑스의 철학 문화는 이 세기 마지막 사반세기에 가서야 정치적이 되죠. 오늘날 일군의 동료들이 '전투적(militant)'이라는 용어를 말하거나 쓸 때 그것이 경멸적 의미를 띤다는 것만 봐도 충분히 알 수 있는 일입니다.) 이탈리아 문화를 특징짓는 두 번째 특색이야 역시 역사와 문헌학에 대한 애착입니다. 세 번째 특색은 '골동품 같은' 면모이고요.

독일의 연구에 관해 말하자면, 1930년대의 단절 이전과 이후를 구별해야 합니다. 1880년에서 1933년까지, 독일 학자들은 명실상부한 스피노자학(Spinoza-Wissenschaft)을 정초했습니다. 『스피노자 연보(*Chronicon Spinozaum*)』를 살펴보면, 진짜 연구들은 겝하르트와 동시대 독일인 및 네덜란드인들의 연구입니다.(가령 프랑스인들의 연구는 더없이 피상적이죠.) 1933년 모든 게 다 깨지고, 적어도 향후 12년 동안, 아니 사실 그 이상을 그 상태로 머무르죠. 반유대주의 박해와 합리주의에 대한 마녀 사냥은 연구자들을 분산시키고 스피노자 연구를 비합법화했습니다. 1945년 이후에도 연구는 이 구도에서 다시 비상하지 못했어요. 마치 도약하던 박학의 기세가 완전히 꺾여 버린 양 말이죠. 독일 철학에서도 역시 스피노자에 대한 태도와 문화 일반에 대한 태도가 나란히 갑니다. 프랑크

푸르트학파의 역할과 미국 철학의 수입에 함축된 무정치주의(apolitisme)는 17세기 연구를 질식시켰어요. 1960년대가 되어서야 바르투샤트나 만프레드 발터 등의 이름이 돋보이는 작업들이 재탄생할 수 있었어요. 하지만 이는 새로운 바탕에서 일어난 일입니다. 문헌학적 박식함, 전기적 연구 등 이 모든 것이 이루어지는 곳은 이제 이탈리아와 네덜란드입니다.(물론 영미권에서 나온 전기들도 있습니다. 하지만 스티븐 내들러(Steven Nadler)의 전기[60]처럼 그중 가장 잘된 것조차 유럽에서 이루어진 작업들의 결산에 불과하죠.) 현재 독일 연구자들의 관심은 오히려 체계의 재구축입니다. 그런데 그 지평은 게루나 마트롱의 것과는 전혀 다릅니다. 그들은 철학 체계의 규범적 바탕으로 보이는 것들에 따라 체계를 재구축하고자 하는데, 이는 때때로 흥미로운 결과를 보여 주기도 하고(『에티카』에 대한 바르투샤트의 인간학적 독해처럼) 때로는 독일 관념론의 전통에서 나온 전제들을 스피노자 철학에 투사하는 데 그치기도 합니다. 저는 이런 지평이 핵심적으로는 엄밀성이 떨어진다고 생각하는 편인데, 이렇게 말하면서 결국 나 자신도 프랑스 학파에 속한다는 걸 보여 주고 있을 뿐인지도 모르겠군요.

어떤 의미에서 1945년 이후 프랑스 철학이 비정치적이었다고 말할 수 있지요? 가령 사르트르도 있었고 《현대》도 있었는데요.

정치 평론들을 포함한 전투적 활동과 이 정치 평론들이 토대로 삼

---

60 『스피노자: 철학을 도발한 철학자』(김호경 옮김, 텍스트, 2011); *Spinoza: A Life*(Cambridge University Press, 1992).

은 철학은 분리되어 있었습니다. 더 정확히 말해 그들은 후설과 하이데 거에서 나온 철학의 가능성들을, 원래 이 철학에는 없었던 사회 반성을 전개하는 데 최대한 이용했습니다. 루카치가 『소설의 이론』에 차후 서문을 붙이면서 1916년 자신의 입장을 특징짓기 위해 사용했던 정식이 생각나는군요. 우파 존재론에 바탕을 둔 좌파 윤리학 말입니다.

마지막 질문입니다. 당신이 이끌고 있는 스피노자 전집(PUF)의 재출간의 동기와 목표는 무엇이었나요?

두 가지입니다. 우선 겝하르트 판본은 물론 스피노자 텍스트 자체에 대해서나 그의 쓰기 방식에 대해 많은 것을 알게 해 주지만, 그 후로 60년이 지난 만큼 이제까지 이루어진 연구들을 결산하려고 합니다. 그래서 텍스트 고증뿐 아니라 번역, 주석까지 개선되어야 합니다.

두 번째로 이 공동 출간 작업은 여러 나라의 스피노자주의자들, 특히 문헌학적 작업의 중요성에 애착을 가지고 있는 사람들의 힘을 한데 모을 수 있게 합니다. 궁극적으로는 스피노자 연구자들 가운데 스피노자에 대해 점점 더 정확하고 진지한 작업을 하고자 하는 사람들과, 에세이스트적인 혹은 유심론적 해석을 끝없이 되풀이하는 사람들을 분리하는 것이기도 하죠.

앙드레 토젤(André Tosel)

프랑스의 정치 철학자. 주로 스피노자와 마르크스 및 여타
마르크스주의 철학자들, 그리고 근대 합리성과 세계화
문제를 연구했다. 1982년 『스피노자 혹은 예속의 황혼:
『신학 정치론』에 대한 시론(*Spinoza ou le crépuscule de la
servitude: Essai sur le Traité Théologico-Politique*)』(1984)으로
국가 박사 학위를 받았다. 저서로는 『스피노자 혹은
다른 (무)유한성(*Spinoza ou l'autre (in)finitude*)』(2009),
『민주주의와 자유주의(*Démocratie et libéralismes*)』(1995),
『스피노자의 유물론(*Du matérialisme de Spinoza*)』(1994) 등이
있다.

토첼과의 대화

대담·번역 김은주

1 스피노자 사상으로의 입문

스피노자 연구가들 가운데서도 당신은 특히 알튀세르처럼 마르크스주의와의 연관 속에서 끊임없이 스피노자 사상의 현재적 함축을 끌어내고 밝혀냈습니다. 우선 마르크스주의자(혹은 마르크스주의 연구자)로서 스피노자 사상에 관심을 갖게 된 개인적 동기나 사회적 동기를 말씀해 주시겠습니까?

제가 마르크스를 발견한 건 오히려 스피노자를 발견한 이후였습니다. 제가 속한 지적 환경은 사회기독교주의였어요. 이는 1966년부터 알제리에서 프랑스가 벌인 식민지 전쟁에 대항하여, 그리고 레지스탕스 투쟁에서 비롯된 사회 개혁을 공고화하기 위해, 또한 드골주의로 형성된 보나파르트주의의 아류에 대항하기 위해 투쟁했던 조류입니다. 젊었을 때의 독서 체험, 곧 파스칼과 베르나노스(Georges Bernanos)[1]에서 저는 유한성에 아주 강한 의미를 부여하게 되었습니다. 하지만 기독교주의와 그 고통주의의 틀 안에서는 그것을 더 깊이 생각할 수가 없음을 깨달았지요. 그러다 『신학 정치론』을 읽었고 거기에서 해방적 사상을 만날 수 있었습니다. 그것은 실재를 스스로 산출하는 활동의 무한성과 유한 양태들의 상호 관계의 유한성을 접목하는 사상이었습니다. 내재성은 계시 종교에 대한 탁월한 비판(이는 계시 종교를 인간 현실의 계기라는 그 본연의 지위로 되돌려 보내는 것이기도 하지요.)과 민주주의를 체제보다는 과정으로 바라보는 사상을 함께 결합하고 있었습니다. 이렇게 해서 저는 가톨릭주의의 영역에서 벗어나게 되었습니다.

같은 시기, 운 좋게도 저는 고등사범학교에서 알튀세르를 만났습니다. 그는 스피노자 연구를 고무해 주었고, 저는 1960년대에 이루어진 『『자본』 읽기』 발표들을 참관할 수 있었어요. 그러면서 저는 철학적, 이론적 소양의 부족함을 가늠하게 되었지요. 에콜의 동료들, 그러니까 에티엔 발리바르나 피에르 마슈레, 자크 랑시에르, 로제 에스타블레(Roger Establet)처럼 아주 젊은 친구들이 해내는 것을 지켜보면서 말입니다. 그래서 저는 알튀세르의 지평에 서서 강한 열정을 가지고 마르크스를 읽기 시작했어요. 물론 순진했지만 그것이 또한 추진력이었지요. 우리는 철학과 인문학의 변형을 겨냥하는 거대한 작업의 장, 마르크스와 스피노자가 함께 진두지휘하는 어떤 작업의 장이 열린다는 인상을 받았습니

1   부르주아 정신과 민주주의에 비판적이었던 보수파 성향의 프랑스 작가(1888~1948). 한 때 프랑코의 파시즘에 매혹되기도 했으나 환멸을 느끼고 비판적 입장으로 돌아섰으며, 2차 세계 대전 시 비시 정부와 프랑스의 패배주의에 대항했다. 국내에 번역된 대표작으로 『사탄의 태양 아래』가 있다.

다. 마르크스주의적 방식으로 역사적 대륙을 개방한 것은 그야말로 이론적 혁명이었고, 이 혁명은 목적론적 변증법(역사의 목적)의 근거 없는 보증으로 점철된 여러 형태의 교조적 마르크스주의에 대한 비판으로 이어졌습니다. 당시 우리는 캉길렘 이후 푸코와 라캉, 레비스트로스의 저작을 발견했고 사르트르, 코제브, 르페브르처럼 그때까지 지배적이었던 헤겔주의적 실존주의를 따져 볼 수밖에 없었습니다. 이와 같은 이론적 혁명은 또한 스탈린주의 비판이라는 형태 아래 서구 공산주의 혁명의 정치적 재개로 표현될 수밖에 없었지요. 미 제국주의 반대 투쟁의 시대(베트남 전쟁, 그리고 쿠바 사회주의자 피델 카스트로의 등장)였고, 노동자 운동이 상대적으로 강력한 때였으니까요. 노동자 운동과 연대를 내용으로 한 급진적 민주주의, 1종의 인식의 표현인 이데올로기에 대한 비판, 해방의 과정으로서의 적합한 인식 산출, 독특한 것에 대한 인식. 바로 이것이 우리가 '알튀세르' 그룹에서 공유했던 스피노자-마르크스주의적 상식의 요소들이었습니다. 물론 개인적인 한계 탓에 이 그룹에 방계적으로밖에 속하지 못했지만 저에게는 지적 활동의 장이 열렸죠. 제가 이러한 요소들을 납득하게 된 것은 박사 과정 연구에서였고, 이는 이후 부분적으로만 출판된 박사논문 『스피노자 혹은 예속의 황혼: 『신학 정치론』에 대한 시론』의 저변이기도 합니다. 결실이 있었다고 할 수 있는 첫 번째 철학적 작업은 플레이아드의 백과사전 『철학사』[2]의 한 장으로 실린 「1917년 이후 서구 유럽 마르크스주의의 전개」였습니다. 안토니오 그람시가 이룩한 실천 철학의 발견을 바탕에 두는 한편, 알튀세르와의 대면을 간략히 그려 낸 글입니다.

2   *Histoire de la Philosophie*(Encyclopédie de la Pléiade, tome 3, Gallimard, 1974).

2 다양한 흐름과 이론적 긴장

프랑스에서 1968년은 스피노자 연구의 전환점입니다. 이는 물론 게루나 마트롱, 그리고 들뢰즈의 저작들이 거의 동시에 출간된 사실로 드러납니다. 하지만 스피노자를 주요한 준거로 삼으면서도 그를 다루는 특별한 저작은 남기지 않은 다른 철학자들도 덧붙일 수 있을 것입니다. 가령 라캉이나 알튀세르가 그렇지요. 이 모든 것은 무엇보다도 구조주의 운동의 영감을 받았으며, 이상주의나 유심주의의 영향 아래 있던 이전의 해석들과는 근본적인 단절을 이룹니다. 그렇다면 영원한 구조 안에 일어난 '사건'인 68이 스피노자주의에 미친 영향은 무엇입니까? 더구나 스피노자 해석에서 일종의 정치적 전회를 이룩한 마트롱의 저작은 다소 시간이 지난 후에야 영향을 미치기 시작했고, 당신이 어떤 책에서 표현한 대로 "운동주의적 스피노자주의(spinozisme mouvementiste)"를 대표하는 네그리의 책은 1980년대가 되어서야 출간된 점을 고려할 때 더더욱 생길 수 있는 의문이지요. 나아가 "스피노자주의 르네상스"의 배경을 이루는 두 흐름, 구조주의와 68은 이렇게 부활한 스피노자주의 내에 모종의 이론적 긴장을 낳았던 건 아닌지요?

68은 실제로 전환점입니다. 하지만 앞에 언급된 저작들은 아주 오랜 기간 벼려져 나온 것들입니다. 구조주의는 구조를 위해 주체성을 기각했다고 가정되지만, 구조주의와 1968년의 집단적 주체성의 역사적 반란 사이에 지나치게 단순한 대립을 설정해서는 안 될 것 같습니다. 흔히 구조주의자라 불리는 사람들 역시 그들의 적과 마찬가지로 이 반란을 받아안았습니다. 혹은 정치적 분리가 이론적 분리와 정확히 일치하지는 않았다고도 할 수 있겠지요. 주체와 구조의 효과 사이의 절합에 역점을 둔다고 해서, 해방을 가로막는 것이 목표였다고는 할 수 없죠. 가령 알튀세르의 경우 68을 환영하면서도 동시에 비판적으로 평가하고자 했는데요. 다만 구성적 주체성에 선험적으로 준거를 두지 않으면서 해방의 효과를 재사고하는 것, 그리고 정세의 독특성을 사고하는 것이 알튀세르의 목표였습니다. 비판적 의도가 겨냥했던 표적은 개인 간의 관계가 빠진 사상들 일체였어요. 가령 질베르 시몽동(Gilbert Simondon)이 연구한 개체화 과정이라는 주제를 발리바르가 자기 나름의 방식으로 가져가서 차후 발전시키게 될 상호 개체적, 혹은 관(關)개체적(transindividuelle) 관계 말입니다.[3] 스피노자는 사회적 관계와 역사적 주체성의 형태를 사고하는 데 이르지 못한 사유를 뒤흔들었습니다. 게루와 들뢰즈, 마트롱의 독해는 바로 이런 스피노자적 접근의 재개라 할 수 있습니다. 게루는 정치에 무관심한, 체계의 전문 기술자였고, 마트롱은 당시 마르크스주의자였으며, 들뢰즈는 좌파의 반(反)변증법적인 니체주의를 전개했습니다. 이 접근들을 심층에서 결합하는 것은 충만한 즉자적, 대자적 의식의 도래를 보증하는 목적론적 역사라는 변증법적 관념에 대한 문제 제기입니다. 스피노자의 사상은 구조-사건-주체화의 대립을 넘어, 역사적 인과성을 존재론적으로 재정식화하도록 해 주었습니다. 이 인과성은 유한 양태들 간의 관개체적 관계들의 복잡한 구조에, 그리고 동시에 (『지성 교정론』 서두에 그려진 것과 유사한) 개인적 해방의 계기에 권리를 부여한 것이죠. 『헤겔 또는 스피노자』에서 마슈레는 변증법에 대한 문제 제기를 시도한 바 있습니다.

---

3   「스피노자에게서 개체성과 관개체성」, 『스피노자와 정치』(진태원 옮김, 그린비, 2014, 209~229쪽)를 참조하라.

1968년 이후 스피노자 연구의 전반적 특징은 스피노자 마르크스주의 혹은 마르크스주의적 스피노자주의의 퇴조이자, 정치적 현실화의 관심에 대한 거리 두기였습니다. 이 연구들은 스피노자 독해의 특정 성향을 탈이데올로기화하게 만들었습니다. 저작의 특수성을 문헌학적으로나 역사적으로 가늠함으로써, 종교적 정세를 밝혀냄으로써(자클린 라그레(Jacqueline Lagrée))[4], 근대 자연권과의 관계(라체리(Christian Lazzeri))[5]나 마키아벨리와의 관계(모로와 라몽(Charles Ramond))[6]를 명확히 함으로써, 초기 저작의 지위(샹탈 자케(Chantal Jaquet))[7]나 수동(정념)과 능동 이론의 정확한 범위와 같이 경시되어 왔던 측면들을 중심으로 저작을 연구함으로써(역시 자케[8]와 파스칼 세베락(Pascal Sévérac)[9]), 언어처럼 거의 연구되지 않았던 문제 설정을 재개함으로써(로렌초 빈치게라(Lorenzo Vinciguerra))[10], 독

---

4   대표적으로 *Spinoza et le débat religieux: Lectures du Traité théologico-politique*(스피노자와 종교 논쟁: 『신학 정치론』 읽기)(PUR, 2004)가 있다.

5   *Droit, pouvoir et liberté: Spinoza, critique de Hobbes*(권리, 권력, 그리고 자유: 홉스의 비판자, 스피노자)(PUF, 1994).

6   이 부분은 토젤의 기억이 정확하지 않은 듯하다. 이 두 연구가는 스피노자를 다루면서 마키아벨리를 언급하기는 했지만, 스피노자와 마키아벨리의 관계를 주제적으로 다룬 논문은 없는 것으로 보인다. 스피노자와 마키아벨리의 관계에 관한 연구자들에 대해서는 608쪽을 참조하라.

7   *Les pensées métaphysiques de Spinoza*(스피노자의 형이상학적 사유)(Publication de la Sorbonne, 2004). 그 외 스피노자 개념의 발달사적 과정을 참조하는 방법론적 측면과 관련해서는 대표작 *Sub specie aeternitatis: étude des concepts de temps, durée et éternité chez Spinoza*(영원의 상 아래에서: 스피노자 철학에서 시간, 지속, 영원 개념에 대한 연구)(Kimé, 1998)를 참조하라.

8   *L'unité du corps et de l'esprit chez Spinoza*(스피노자 철학에서 신체와 정신의 통일성)(PUF, 2004).

9   *Le devenir actif chez Spinoza*(스피노자 철학에서 능동적으로 되기)(Honoré Champion, 2005).

10   *Spinoza et le signe: La genèse de l'imagination*(스피노자와 기호: 상상의 발생)(Vrin, 2005).

일 관념론 및 하이데거와의 관계 문제를 재개함으로써(장마리 베스[11]) 말입니다. 이 혁신이 역사적, 개념적 엄밀성의 방향으로 조직되는 중심에는 모로와 마슈레의 줄기차고 소중한 작업들이 있었다고 할 수 있습니다. 모로는 경험과 역사에 대한 발본적인 연구(『경험과 영원성』)를 제공하면서도, 자기 팀과 더불어 스피노자 저작들의 새 판본(텍스트 정리와 번역)을 궤도에 올렸죠. 마슈레는 『에티카』에 대한 거대하고 정확한 주석을 제시했고요.[12]

하지만 비교를 통해 우리의 현재성을 사유하라는 스피노자적 요구가 사라진 것은 아닙니다. 들뢰즈와 네그리의 맥을 따라 해방에 대한 분자적 사유가 활성화되었지요. 헤겔주의–실존주의적 변증법이 종언을 고한 후 자유주의적 개인주의와 공화주의적 개인주의가 대립하고 방법론적 개인주의와 전체주의가 대립하는 시대에, 로랑 보브[13]는 출구를 모색하는 사회적, 정치적 활동의 문법을 코나투스의 전략에서 찾습니다. 발리바르는 대중에 대한 이상화를 공유하지 않는 일종의 메타–마르크스주의적 메타–스피노자주의로의 이행을 확보해 주었죠.[14]

따라서 제기하신 문제는 그 자체가 스피노자 사상에 새겨진 진리의 요구가 예측할 수 없는 정세 속에서 끊임없이 재활성화됨을 함축합니다. 이는 반박이 아닙니다. 양태들 상호 간의 관계를 가로지르는 무한한

---

11   *Totalité et subjectivité*(전체와 주관성)(Vrin, 2002); *Totalité et finitude: Spinoza et Heidegger*(전체와 유한성: 스피노자와 하이데거)(Vrin, 2004).
12   *Introduction à l'Ethique de Spinoza*(스피노자 『에티카』 입문)(PUF, 1994~1998), 5 vols.
13   *La stratégie du conatus: Affirmation et résistance chez Spinoza*(코나투스의 전략: 스피노자 철학에서 긍정과 저항)(Vrin, 1997).
14   대표적으로 「스피노자와 정치」, 「스피노자, 반오웰: 대중들의 공포」(『스피노자와 정치』, 각각 9~146쪽, 148~208쪽).

산출성이, 기회들을 단번에 선험적으로 전체화하는 무한 지성을 준거로 하는 것이 아니라는 점에서 말입니다. 우연은 필연이 현실화되는 양상의 양태입니다.

당신은 스피노자주의를 "역량주의(puissantialisme)"라 표현한 바 있습니다. 그리고 이 점이 사실 스피노자를 범신론적 해석에서 벗어나게 한 1968년 이후 스피노자 연구의 주요 특성이기도 하지요. 그런데 이 개념은, 적어도 지금까지의 추세로 보아 새로운 형태의 목적론이나 생기주의로 흐를 위험이 있습니다. 2009년 출간된 책『스피노자 혹은 또 다른 (무)유한성』에서 당신은 "역량의 합리주의(rationalisme de puissance)"라는 표현을 사용했습니다. 이 점이 스피노자를 여전히 살아 있는 철학자로 만든다고 하면서 말입니다. 하지만 '합리주의'와 '역량'의 결합은 모순적으로 보일 수 있습니다. 이 표현이 스피노자의 합리주의나 역량관에 대해 어떤 측면을 알려 줄까요?

역량주의라는 표현은 합리주의라는 표현과 대립되지 않습니다. 그것은 사유 및 신체 역량의 문제 설정이 우선함을 나타내되, 생이라는 모호한 바탕이나 자연의 객관적 목적성 따위가 아니라 원인과 근거의 등가성을 전제합니다. 역량주의라는 표현이 겨냥하는 바는 신을 지성과 의지가 분리되는 어떤 주관성으로 여기는 제반 철학에 대한 비판을 확보하는 것입니다. 따라서 한편으로는 가지적 관념들을 준거로 삼는 지성의 신과, 다른 한편으로는 자신이 생각하는 것을 무효화하거나 그것과는 다른 것을 행할 수 있는 순수 권력의 신 사이에서 동요하게 하는 모든 철학에 대한 비판을 말입니다. 저는 신에 해당되는 것은 인간 유한 양태에도 해당되며 따라서 윤리적 수준에서든 정치적 수준에서든 지성과 의지를 분리할 수 없다는 점을 보여 주었습니다. 특히『에티카』2부의 마지막 정리들과『정치론』서두를 보십시오. 이런 의미에서 이론 이성과 실천 이성, 사실들의 우주와 초월적 규범들의 세계 역시 서로 분리될 수 없습니다. 바로 이처럼 분리가 없다는 점이야말로 역량을 이성으로부터 분리할 수 없다는 생각의 기초입니다. 우리는 우리 자신이나 세계의 주인도, 절대적인 노예도 아닙니다. 우리는 양태 내적으로 일어나는, 그리고 양태 상호 간에 일어나는 역량의 변이들에 노출되어 있을 뿐입니다.

역시 같은 책에서 당신은 스피노자에게서 유한성의 적극성을 전개했습니다. 메타(혹은 반(反))데카르트주의라는 견지에서, 혹은 비(非)존재론(mé-ontologie)이라는 견지에서 말입니다. 이 점에 비추어, 하이데거가 존재–신–학의 형이상학으로 규정한 바 있는 서구 철학사 안에 스피노자를 어떻게 위치시킬 수 있을까요?

중요한 질문입니다. 저는 행간에 스피노자가 그 나름의 방식으로 서구 존재–신학을 해체한다는 것을 암시해 두고자 했습니다. 바로 유한한 양태적 조건 때문이죠. 유한 양태는 무한 실체의 부분(분유가 아니라)이면서 동시에 이 무한 실체에 내재한다는 조건, 그런 의미에서 무한 실체와 동일하면서도, 무한 역량의 유한한 부분으로서 이 무한 역량을 표현하되 전부 표현하지는 않기에 무한 실체와 다르다는 조건 말이에요. 다시 말해, 자기 안에 어떤 것을 가지고 있는 코나투스는 스스로를 긍정하지만, 이 긍정은 내–외적(관개체적)인 양태적 관계(이것은 현행적 무한일 수 없지요.)의 영속적 실행을 조건으로 합니다. 실체는 자신 안에서 서로를 산출하는 모든 양태를 포함하고 뒷받침하지만 이 양태들과 구별됩니다. 자기의, 자기에 의한 인과성은 다른 것에 의한 인과성과도, 타동적 인과 관계의 무한정한 계열의 인과성과도 구별되어야 합니다. 이 때문에 비존재론이라는 표현을 정당하게 사용할 수 있습니다. 이는 바디우에게서 차용한 것으로, 부정적 존재론과는 다릅니다. 부정적 존재론에서 부분적 존재들은 유비적 관계를 통해 전체적 존재에 합일되기에, 전체적 존재는 부분적 존재들과 동일한 방식으로 말해지지 않습니다. 반면 스피노자가 전개하는 것은 부정적 존재 신학의 지평에 머무르는 유비나 다의성의 존재론이 아니라 일의성의 존재론입니다.

이런 의미에서 스피노자는 하이데거적 해체의 타격권에 놓이지 않습니다. 나아가 그가 말하는 (실체에 대한) 유한 양태의 의존성은 존재에 대한 현존재의 비(非)본래적 관계라는 문제 설정과 무관하며, 이 문제 설정의 필연적 귀결들(예컨대 일상성과 여론에 대한 비판, 엘리트 사상가를 새롭게 정의하면서 플라톤처럼 진리의 비전에 입각해서 스스로 대중이라는 폭군의 조언자로 나서고, 새로운 선민인 형이상학적 민족의 광적인 숭배자가 되는 것)과도 무관합니다. 이처럼 민주주의관에는 존재론적 뿌리가 있고 역량주의에는 정치적 귀결이 있습니다. 정치가 관념적인 앎을 토대로 한다는 생각은 착각입니다. 정치란 정말로 여론이나 의견과 같은 상상의 영역에 속하며, 상상은 더 깨우쳐지거나 작업이 가해질 수는 있어도 제거될 수는 없습니다. 잘 이해된 스피노자는 하이데거가 겪은 정치적 오류를 거칠 일이 없는 것입니다. 상상의 체제 안에서의 삶이라는 이론은 실존론적 현상학과 등가적이지만, 부정적 유한성을 선험적으로 공유하지는 않습니다. 이 점에 관해서는 스피노자와 하이데거를 대질시키는 장마리 베스의 책을 참조할 필요가 있습니다.

3 자유주의와 공화주의 너머

스피노자를 자유주의 및 공화주의와 대질시키는 당신의 작업은 스피노자 사상을 근대 정치 철학사나 현대 정치사상과 관련짓는 데, 그리고 한국 독자들에게는 더 익숙할 영미권 정치사상을 프랑스 정치사상과 연결하는 데 도움을 줍니다. 당신은 자유주의와 공화주의라는 대립되는 이 두 지배적 정치사상에 비교할 때 스피노자 사상이 갖는 이례성이 다음과 같은 점에 있다고 봅니다. '스피노자 철학에도 분명 공동선이라는 문제 설정이 존재한다. 단 이 공동선이 실체적인 것이 아니라 관계적인 것으로, 다시 말해 국가 제도를 통해 표현되는 대중의 관계 자체로 고찰되는 한에서.' 그렇다면 스피노자 사상은 자유주의와 공화주의를 넘어서는 새로운 대안으로서 일관성 있는 하나의 입장이 될 수 있을까요?

실제로 저는 스피노자의 정치 철학을 근대 사상의 두 지배적 형태 사이에 위치시키고자 했습니다. 계약주의적이고 절차적인 자유주의적 개인주의와, 절반은 전체주의적이고 절반은 개인주의적인 공화주의 사이에 말입니다. 스피노자가 이들에 대해 보여 주는 차이는 바로 공공선의 재정식화와 관련됩니다. 아리스토텔레스와 토마스 아퀴나스에게는 그 자체로 본성상 좋은 것을 준거로 한다는 점에서 건축술적인 공동선의 통념, 그리고 얼마간 일의적인 공동선의 통념이 존재합니다. 스피노자는 그들 편에 서지 않습니다. 스피노자의 관계주의(relationnisme)는 근대적입니다. 곧 각자가 자신에게 좋다고 판단하는 것이 좋은 것이고, 정세 변화가 이 판단의 변모를 강제하지 않는 한, 늘 그렇다는 겁니다. 하지만 스피노자는 규범의 상대주의(흄)를 피해 가며, 역으로 실천 이성에 아주 중요한 보편적인 것의 초월론(칸트)에 빠지지도 않습니다. 공통 개념(notio communis) 이론을 정식화하면서 공동선이라는 통념을 복수화하기 때문이죠. 공통 개념 이론은 공동선이라는 통념을 분화해 볼 것을 요구합니다. 모든 인간에게 공통되기 때문에 좋은 것(공기, 물, 음식, 건강, 주거지)과 다양한 인간 공동체에 공통되기 때문에 좋지만 이 때문에 또한 필연적으로 갈등의 위험을 함축할 수밖에 없는 것을 구별할 필요가 있다는 것입니다. 특수한 공동선은 그것을 둘러싼 분쟁을 불러오는데, 이 투쟁은 모두 결국 각 코나투스의 "압축 불가능한(incompressible)"[15] 한계로 소급됩니다.

공동선 및 공통 개념의 복수성에 대한 당신의 지적은 스피노자 정치학의 현실주의적 합리주의를 사고하는 데 많은 점을 시사해 줍니다. 하지만 공통 개념, 공동선, 그리고 제도 간의 3중 등식을 이해하기가 쉽지는 않군요.

우선 당신의 정식에 따르면, 제도를 각 개인의 외부만이 아니라 내부라는 측면에서도 고려할 수 있다는 것인가요? 다음으로 특수한 공통 개념들이 당신의 말대로 갈등을 일으킬 수 있다면, 상상(그리고 정념) 역시 이런 종류의 공통 개념을 구성하는 요소인 셈인가요? 가령 히브리인들에게는 모세의 법이 분명 공동선 혹은 실천적 공통 개념이었지만, 그것이 동포애의 이면으로서 이방인에 대한 증오 역시 함축했던 것처럼 말입니다. 마지막으로 이 상상적 요소들은 당신이 『스피노자 혹은 예속의 황혼』에서 『신학 정치론』

---

15   개체성에는 탄력성이 있지만, 여기에는 한계가 있고, 그래서 개인이 대중으로 완전히 동화되거나 전체주의적으로 획일화되기란 불가능하다는 것. 발리바르가 「스피노자, 반오웰: 대중들의 공포」(『스피노자와 정치』(2014, 202~208쪽))에서 들뢰즈가 말한 유한 양태 안의 다양성(mulitude)과 개체화의 강도적(intensive) 성격을 바탕으로 개념화한 것이다.

의 지위를 논하면서 주목한 것처럼, 실천적 질서에 고유한 어떤 한계에 속하나요? 혹은 스피노자에게서 공통 개념이 본질적으로 실천적인 것임을 고려할 때, 이런 갈등적이고 상상적인 특성은 가장 보편적인 공통 개념을 제외한 공통 개념, 따라서 실질적으로 거의 모든 공통 개념에 해당된다고 볼 수 있나요?

공통 개념을 그것이 갖는 존재론적 의미에 충실하게 사고할 필요가 있습니다. 즉 공통 개념은 가장 넓은 범위의 자연적 관념적 결정론에서부터 동일한 형태 혹은 '구조(fabrica)'를 지닌 유한 양태들이 이루는 가장 좁은 공동체의 관계에 이르기까지, 다양한 정도/단계(gradation)를 함축합니다. 이 공통 개념은 대립 관계를 포함하는 개별화 요인 혹은 기능자들(foncteurs, 사전에 없는 단어인데 양해해 주십시오.)과 늘 절합되어 있습니다. 공적인 것/국가(res publica)는 유한 양태들 간의 공통 개념으로 구성되어 있지만, 그것을 개별화하고 대립시키기도 하는 상호 관계들을 제거할 수는 없습니다. 스피노자는 시민들이 동일한 한 신체의 부분들이며 이 신체의 특징은 (부분들이) "마치 하나의 정신에 의해서인 듯(veluti una mente)" 연결되어 있다는 점임을 적절하게 환기합니다. 실천적 공통 개념(『신학 정치론』에서 말하는 사랑과 자비의 법)에 의해 형성되는 공동체는 형식적 공동체에 지나지 않으며, 그것은 다양한 상황을 구성하는 합성과 대립의 관계에 따라 다양한 형태로 구체화됩니다. 사랑과 자비의 법은 공동선의 형태로 실현된 공통 개념들의 유사체입니다. 여기에서 공동선은 그것에 준거하는 자들에 의해 목적으로 인정된 것이고요.

어떤 주석가들은 아베로에스적 상승[16]을 환기하기도 하는데, 그것은 신의 무한 지성과, 유한 지성들로 이루어진 다양한 정도의 공동체(곧 변양을 겪는 신체들 가운데서도 가장 안정화된 신체로서의 정치체)의 관계를 사고할 수 있도록 합니다. 이는 마르크스가 말한 일반 지성을 생각나게 합니다. 생산자(가변 자본)에서 분리된 기술 및 기계(고정 자본) 속에 객관화되고 물질화된 인식 말입니다. 이런 관점에서 보면 코뮤니즘이란 생산자들에 의한 일반 지성의 전유라 할 수 있겠지요. 이것이 계급 투쟁의 쟁점이고요. 최근 30년간 전개된 인지 자본주의는 지성을 만인에게 개방된 망으로 만듦으로써 가능성을 보여 주기도 합니다.

4 대중과 현대 민주주의 이론

이런 관점에서, 정치학에서 질 들뢰즈가 스피노자를 전유한 방식에 대해 어떻게 생각하십니까? 스피노자를 다루는 두 저작[17]에서 들뢰즈는 스피노자의 정치 저작들을 전혀 참조하지 않습니다. 그가 과타리와 함께 저술한 '자본주의와 정신 분열증' 연작(『안티 오이디푸스』와 『천 개의 고원』)에서 스피노자주의를 자기 정치학의 주요 원천으로 삼고 있다는 점에 비춰 보면 이

---

16   아베로에스는 중세의 대표적 아리스토텔레스 주석가로, 개별 영혼의 개별적 지성(잠재적인 지성)과 구별되는 단 하나의 보편 지성(순수 형상으로서의 능동적 지성)이 있어 신체 사멸 이후 그것만이 남는다고 보았다. 이 이론은 인간 지성이 신의 무한 지성의 일부이며, 인간 영혼에 사멸하는 부분과 영원한 부분이 있다는 스피노자의 이론과 종종 동일시되곤 한다.
17   『스피노자와 표현의 문제(*Spinoza et le problème de l'expression*)』(이진경·권순모 옮김, 인간사랑, 2003); 『스피노자의 철학(*Spinoza: Philosophie pratique*)』(박기순 옮김, 민음사, 1999).

는 놀랍기도 합니다. 그런데 이렇게 해서 정치학은 오히려 급진적인 의미를 획득하며 지평은 무한히 확장됩니다. 하지만 동시에 고유하게 정치적인 문제 설정 역시 사라지는 것 같기도 합니다. 가령 대중이라는 문제 설정뿐만 아니라 제도라는 문제 설정까지 말이에요. 그런데 이 둘이야말로 당신이 스피노자 정치학의 핵심이라 간주하는 것들이죠. 이와 같은 들뢰즈적 관점은 당신이 생각하는 스피노자 사상에 낯선 것입니까? 아니면 당신의 관점과 결합되는지요? 예를 들어 당신이 강조하는 대중의 대표(표상) 불가능성 같은 것에서 말입니다. 들뢰즈의 관점과 당신의 관점 사이에 차이가 있다면 무엇인지요?

들뢰즈의 정치학에 대해서는 많이 연구하지 않았지만, 자본주의 세계화의 흐름을 선취하면서도 그것에 맞서 새로운 무정부주의를 내세우는 원(原)사회·경제적인 것의 논리를 담고 있는 것 같습니다. 만일 그렇다면 제기해야 할 문제는 공적 공간이란 과연 가능한가입니다. 여하튼 '자본주의와 분열증' 연작을 전유하기 위해 해야 할 많은 것들이 남아 있지요. 다중이라는 개념은 특히 더 이상 사회 계급이라는 범주로도, 부르주아와 프롤레타리아 두 중심 계급 간의 정면 투쟁이라는 범주로도 사고될 수 없는 자들의 존재론적 조건을 사고하는 데 도움을 줍니다. 이런 의미에서 다중 개념은 세계화된 자본주의의 사회적 분화와 아울러 그것이 산출하는 주변부와 피상적 인간성, 그리고 동화와 비동화의 변증법을 분석하도록 권유합니다. 그렇지만 스피노자는 대중을 이상화하지 않아요. 저는『스피노자와 정치』에서 발리바르가 보여 준 독해가 네그리의 '열광주의적' 독해보다 훨씬 정확하고 신중하다고 생각합니다. 대중의 대표(표상) 불가능성은 제도화 과정의 종결 불가능성과 상호 순환적입니다. 제가 보기에 이 지점에서 적합한 준거는 마키아벨리입니다. 이는 모르피노(Vittorio Morfino)[18]나 '네그리주의'자 델 루케제(Filippo Del Lucchese)[19] 같은 이탈리아의 새로운 스피노자 연구가들에 의해 잘 연구된 바 있습니다.

스피노자가 마키아벨리를 참조하는 지점에 대해 좀 더 자세히 듣고 싶습니다. 제 생각으로 스피노자와 마키아벨리의 연결은 한편으로는 제도의 구상에서 해당 민족의 특수한 기질(따라서 역사)을 고려하는 것, 다른 한편으로는 역사의 매 순간을 독특한 정세로, 그리고 정세에 대한 독특한 인식을 바탕으로 포착해야 할 기회로 바라보게 하는 대중의 가변성을 고려하는 것에 있을 것 같습니다. 이 두 지점이, 당신이 스피노자적 관점에서 필연과 우연의 관계를 재정식화하면서 명명한 "역사적 인과성"을 구성하는 요소일 듯합니다. 그렇다면 스피노자의 필연적 인과성은 궁극적으로 이와 같은 기회에 대한 사유에, 그리고 필연적 우연성에 있다고 할 수도 있겠지요. 헤겔의 이성의 간지와 같은 우연의 필연성이 아니라요. 하지만 스피노자의 인과성에서 갈등이나 위기가 마키아벨리에서처럼 적극적인 역할을 할 수 있을까요? 불가피하게 고려해야 할 사항이 아니라 국가의 덕이 비롯되는 원천으로 말입니다.

그렇기도 하고 아니기도 합니다. 정치적 삶은 (실체적이 아니라) 여전

---

18 대표적으로 *Il tempo e l'occasione: L'incontro Spinoza Machiavelli*(시간과 기회: 스피노자와 마키아벨리의 마주침)(LED, 2002)를 참조하라.
19 대표적으로 *Tumulti e indignatio: conflitto, diritto e moltitudine in Machiavelli e Spinoza*(소요와 분개: 마키아벨리와 스피노자에게서 갈등, 법, 그리고 대중)(Ghibli, 2004)를 참조하라.

히 양태적이지요. 따라서 구체적 관계에서는 우연적인 것으로 체험됩니다. 그리고 이 체험된 것이 실재의 형식이고요. 이 우연성은 제거될 수 없는데, 왜냐하면 모든 유한 양태는 자신에게 닥쳐오는 것에 의해 늘 도전받고, 그것을 곧바로 적합하게 인식하지는 못하기 때문이죠. 바로 이런 상황을 바탕 삼아 상황에 대한 인식, 상황에 대한 적합한 인식의 산출이 가능합니다. 그렇지만 이 인식은 또한 늘 부분적이며 다른 상황의 현실성에 의해 다시 시작됩니다. 그리고 어느 정도까지는 이전의 인식 형태를 변형하지요. 정말로 필연적 우연성이 있는 겁니다.

그런데 스피노자는 실재의 발현 형식과, 이 형식에 상대적 필연성을 부여해 주는, 이 형식에 대한 인식의 형식 사이의 관계를 주제화합니다. 마키아벨리가 곧장 실재의 발현 형식의 논리를 따라간다면, 스피노자는 새로운 인과성의 논리에서 이론적 수단들을 모색하는 거죠. 정치 상황이 갈등에 의해 정의된다는 것은 스피노자와 마키아벨리 둘 다에 해당됩니다. 중요한 문제는 갈등의 정치적 생산성이라는 물음입니다. 스피노자가 영국 청교도 혁명에 대해 내린 부정적 판단[20]이 입증하듯, 모든 것이 다 생산적이지는 않습니다. 역사에 목적은 없지만, 최대 다수의 활동 역량 및 사유 역량의 증진이라는 관점에서 평가되는 국지적 역사의 가능성은 존재합니다. 이는 또한 끝없는 후퇴와 정지, 재개와 재시작을 의미하지요.

마르크스주의 외에도 당신에게는 또 다른 철학적 준거가 있는 것 같습

---

20   "결국 〔영국〕 민중은 그들이 조국의 안녕을 위해 한 일이라고는 합법적 왕의 권리를 능멸하고 모든 상황을 더 나쁘게 바꾼 것밖에 없음을 깨달았다."(『신학 정치론』 18장, 겝하르트 판본 3권, p. 227)

니다. 『혁명적 칸트, 권리와 정치』[21]라는 저작에서 당신이 밝힌 칸트주의가
그렇습니다. 실상 『민주주의와 자유주의』에서도 당신은 1989년 이후 '민주
주의 혁명'이 사회 혁명의 자리를 대신하게 되었다고 환기했습니다. 합리적
인 절차로서의 민주주의가 비가역적인 준거가 되었고, 따라서 이제 남은 일
은 이성의 이념에서 비롯되는 민주주의의 이런 형식적 측면과 민주주의의 경
험적이고 역사적인 내용 사이에 있는 간극을 좁히는 것이라는 서술이었지요.
그렇다면 민주주의에 대한 스피노자의 관점은 칸트주의의 영감을 기초로 한
이 같은 당신의 전망과 합치하는지요? 아니면 스피노자 사상은 민주주의의
미래에 대한 새로운 대안을 제공할 수 있을까요?

칸트는 저에게 핵심 준거는 아닙니다. 칸트의 초월론적 공화주의가
민주정에 대한 격렬한 비판에 근거를 두고 있다는 점에서요. 다만 제가
칸트에게 관심을 갖는 이유는 그가 초월론적 접근에다 내용에 대한 분
석을, 프랑스 혁명같이 아주 결정적인 역사적 사건들에 대한 분석을 통
합시킬 줄 알았기 때문입니다. 규범의 힘과 정세(여기에서는 폭력을 제거
할 수 없죠.)의 도전들을 함께 사고하면서 말입니다. 스피노자는 체제로
서의 민주정과 과정으로서의 민주정 사이의 결정적 구별을 대략적 형
태로나마 제시하고 있습니다. 전자는 자율적이지 않은 모든 자들(여성,
수공업 노동자들)을 배제하면서 형해화될 수밖에 없는 반면, 후자는 이런
배제 조항들을 제거하도록, 분개(우리와 유사한 다른 자들에게 악을 자행하는
모든 자들에 대한 미움으로 정의되는)의 조정적 기능을 정치적으로 선용하
도록 강제합니다. 바로 이것이야말로 랑시에르가 가령 『불화(*La mésen-*

21   *Kant révolutionnaire, droit et politique*(혁명적 칸트, 권리와 정치)(PUF, 1992).

tente)』에서 분석한 민주주의적 잠재력으로, 스피노자는 이를 당대에 사고할 줄 알았던 겁니다. 물론 그렇다고 해서 스피노자의 민주주의론이 우리의 현 상황을 사고할 수 있게 하는 민주주의 이론을 대신할 수는 없습니다. 스피노자 안에 모든 게 다 있지는 않지요. 다행히도 말입니다. 하지만 그가 프로그램을 개방해 준 것만은 맞습니다.

랑시에르의 민주주의론에 대해 언급하셨는데, 스피노자의 사상과 정말로 수렴점이 있는 것 같습니다. 특히 권리에 대한 현실주의적 관점이 그렇습니다. 하지만 스피노자의 주된 관심이 제도를 통한 정서들의 규제(régulation)에 있다면, 랑시에르는 민주주의의 본질, 따라서 정치의 본질이 불화의 분출에 있다고 봅니다. 이런 차이는 어디에서 연원할까요? 스피노자가 그의 시대 이후, 보다 본격적으로 전개될 자본주의의 화해 불가능한 이해관계와 사회 분할을 볼 수 없었기 때문은 아닐까요? 그리고 이것이 바로 당신이 "스피노자 안에 모든 게 다 있지는 않다."라고 말할 때 염두에 둔 것 아닙니까?

당신 분석에 동의합니다. 하지만 한 가지 분명히 해 둘 게 있습니다. 규제는 역동적이라는 겁니다. 규제는 영속적 위기를 바탕으로 이루어지고 늘 위협받는 불안정한 평형이며, 불화는 바로 이런 취약성의 신호입니다. 랑시에르는 스피노자보다 더 전면적으로 다중의 편에 서서 사고합니다. 대중의 노예화(désémanciptation)가 무엇을 의미하는지, 그래서 체제로서의 민주정이 어떻게 과정으로서의 민주정이 되도록 도전받는지를 제대로 보았다는 점에서 말입니다. 반면 스피노자는 내적 배제를 여전히 고수했죠. 그는 여성이나 종복, 봉급 노동자(operarii)를 시민으로 간주하지 않았으니까요. 이 점은 잊지 말아야 합니다. 물론 스피노자 사유의 다른 운동은 분명 다중에 개방되어 있지만 말입니다. 다중은 여러 가지 의미로 말해지죠.

에티엔 발리바르와 안토니오 네그리가 바로 스피노자의 민주주의관에 대한 해석을 기초로 전(前) 국가적인 시민성(civilité)이나 새로운 '제국' 안에서 대중의 구성적 역량과 같은 개념들을 정식화하게 되는데, 이들의 해석에 대해서는 어떻게 생각하십니까?

『심연에 빠진 세계?: 자본주의적 세계화에 대한 시론』[22]이라는 책에서 당신은 네그리의 다중 개념과 스피노자의 그것 사이의 간극을 다음과 같이 정식화한 바 있습니다. 네그리에게는 기술 경제적 자유주의와 흡사한 기술주의적 결정론과, 다중을 데미우르고스의 역할을 짊어진 역사의 주체로 보는 사회적 주체주의의 야릇한 혼합이 있다고요.(제 생각에는 『제국』이 거둔 대중적 성공도 다중에 대한 이러한 호명, 물론 올바르든 아니든 현 상황에 대한 분석을 수반한 호명에서 비롯된 것이 아닐까 싶습니다.) 반면 스피노자는 다중에 대한 바로 이런 유의 이상화에 거리를 두면서 다중의 구체적 형세 및 내적 분화에 대한 인식을 강조한다고 지적했는데요. 이는 스피노자주의의 틀 안에서는 정치적 주체 이론이 불가능하다는 뜻인가요? 유일하게 가능한 주체는, 『정치론』의 독자로서 스피노자가 염두에 두었던 입법자들처럼, 제도를 돌보는 자들인 셈인가요?

스피노자가 배제한 주체성 이론이 바로 네그리가 스피노자에게 귀속시키는 주체성 이론입니다. 구성 권력이 바로 그런 주체성이죠. 이것

---

22   *Un monde en abîme?: Essai sur la mondialisation capitaliste*(Kimé, 2008).

은 (전통적인 정치적 주체 개념의) 대체물로서, 양태성 안에서 양태성의 지위 자체를 초과해 버립니다.

물론 『정치론』의 수신자는 입법자들입니다. 스피노자는 입법자들에게 다중을 고려하도록 요구합니다. '다중은 물론 그들의 자리에 있지 않지만, 버젓이 자신의 자리를 가지고 있다.' 하지만 입법자들만이 주체화의 효과를 이용하는 건 아닙니다. 주체화의 효과는 마찬가지로 대중적 분개에 뿌리내리고 있습니다. 스피노자가 관심을 둔 입법자들은 현실 경험(스피노자는 '프락시스(praxis)'라는 단어를 사용하죠.)을 가진 입법자들이죠. 그들은 '정치가들'입니다. 정치적 주체의 문제는 그것을 복수화하면서, 그리고 그것을 구체적 답변으로 사고하면서 다시 생각할 필요가 있습니다.

5 마르크스주의의 미래와 스피노자

당신은 알튀세르를 들뢰즈와 더불어 스피노자 주석가가 아닌 스피노자주의 철학자로 위치시킨 적이 있습니다. 실상 알튀세르는 목적론이나 주체의 중심성 비판, 이데올로기라는 문제 설정에서 핵심적인 역할을 수행했습니다. 그리고 이는 마르크스주의와의 관계하에서 이루어진 것이죠. 스피노자에 대한 알튀세르적 전유의 강점은 무엇이며, 역으로 한계는 무엇입니까? 그리고 알튀세르 이후에도 스피노자 사상은 마르크스주의를 재구성하는 데 일정 역할을 할 수 있다고 보십니까? 만일 그렇다면 어떤 점에서일까요?

멋진 질문입니다! 알튀세르에게 스피노자는 마르크스주의적 지성을 정화하는 데 필요한 강력한 원군이었지요. 그가 인식 양식들 간의 인식론적 단절을 강조할 때, 그리고 헤겔주의-마르크스주의-실존주의적 변증법에 존재하는 목적론적 가상들을 비판할 때 말입니다. 그는 규정된 조건하에서의 주체성이 어떻게 능동적이 되는지에 대한 일종의 교육학을 찾고 있었던 셈입니다. 초기 알튀세르는 과정으로서의 민주주의라는 관점에 민감하지 않았습니다. 그가 스피노자 안에서 찾고 있었던 것은 무엇보다도 새로운 범주의 전체성과, 실체와 양태의 관계 내에 어떤 역사적 인과성을 수립하기 위한 요소들이었습니다. 후기 알튀세르는 자기 자신의 구성주의적 가상(역사에 대한 과학)을 자기비판하고, 생성의 절대적 우연성이라는 포스트모던적 문제 설정을 다시 가져와서 우발적 유물론의 파괴된 전통을 이어 받아 비판을 전개해 갑니다. 이 유물론은 스피노자보다는 오히려 루크레티우스나 마키아벨리에게서 영감을 얻은 것이죠. 들뢰즈는 그 나름대로 구성주의자입니다. 생성이라는 새로운 문제 설정의 창안자, 이를테면 자유 지상적(libertaire) 메타 자유주의의 창안자죠. 과정과 사건 간의 관계에 대한 관점을 중심으로 (들뢰즈와 후기 알튀세르를) 비교해 볼 필요가 있습니다.

　　오늘날 중요한 문제는 더 이상 마르크스주의의 재구축이 아닙니다. 오히려 현실에 대한 비판 이론을 자본주의적 세계화의 도전들의 높이에 걸맞도록 구상하는 일입니다. 세계화를 구성하는 다양한 실천들에 대한 분석을 정면에 내세우고, 우리에게 현재 결여되어 있다고 느껴지는 정치적 존재론의 개념들을 벼려 내면서 말입니다. 물론 마르크스에서 연원한 정치 경제 비판에 대한 창조적 재작업 없이는 아무것도 전개될 수 없겠죠. 하지만 들뢰즈나 여타 철학자들의 개념이나 문제 설정을 소화해야 할 것입니다. 다시 한 번 스피노자는 이 새로운 소여의 거울로서 드러날 수 있습니다. 흥미로운 것은 프랑스 사회 과학 분야에서 일어나고 있는 신(新)스피노자주의 운동입니다. 경제학에서 프레데리크 로르동의 작업[23]이나 이브 시통(Yves Cittons)이 제시한 새로운 해석[24]이 그렇습니다. 합리성의 새로운 패러다임에 대한 모색으로 볼 수 있죠. 물론 이는 한 가지 사례에 불과합니다. 여기에서 비교 작업의 준거는 마르크스가 아니라 타르드(Gabriel Tarde)나 시몽동이니까요,

스피노자 사상과 관련된 역사에서 전설처럼 전해지는 이야기들이 있지 않습니까? "나는 스피노자주의자다."라는 장 카바이에스의 선언이나 알튀세르의 고백이 그렇습니다. 오늘날 스피노자주의자란 어떤 의미를 지닐까요?

이는 제가 『스피노자 혹은 다른 (무)유한성』(2009)에서 말하고자 했던 것을 참조하라고 할 수밖에 없군요. 특히 되물어야 할 것은 사유 역량과 활동 역량의 해방을 위한 탐색에서 어째서 스피노자가 새로운 소여를 위한 준거가 되고 프로그램이 되는가 하는 점일 것입니다. 제아무리 결정적이고 정확하다고 자처하는 독해가 있음에도 왜 계속해서 새로운 스피노자주의들이 나올 수밖에 없는가의 물음입니다.

---

23   대표적으로 *L'intérêt souverain Essai d'anthropologie économique spinoziste*(주권적 이익: 스피노자주의 경제 인류학 시론)(La Découverte, 2006)이 있다.
24   *L'envers de la liberté: L'invention d'un imaginaire spinoziste dans la France des Lumières*(자유의 이면: 18세기 프랑스 계몽주의에서 스피노자적 상상계)(Editions Amsterdam, 2006).

이 책에 나오는 철학자 소개 (가나다순)

루이 알튀세르(Louis Althusser, 1918~1990)

알제리 비르망드레이스에서 태어났다. 1939년 파리 고등사범학교에 입학했지만 2차 세계 대전에 징집된 후 포로 생활을 했으며, 전후 고등사범학교로 돌아와 헤겔 철학에 대한 논문으로 졸업했다. 1948년 프랑스 공산당에 입당했으며 1960년대 본격적으로 마르크스주의 연구에 착수해 철학과 정치의 연관을 탐구했다. 스피노자 철학과 정신분석, 프랑스 과학철학을 바탕으로 마르크스 사상의 고유성을 해명하는 데 몰두한 알튀세르는 데리다, 발리바르, 랑시에르, 라클라우, 지젝 등에게 영향을 미쳤다. 주요 저서로는 『마르크스를 위하여』(1965), 『『자본』을 읽자』(공저, 1965), 『레닌과 철학』(1971), 『미래는 오래 지속된다』(1992) 등이 있다.

마르틴 하이데거(Martin Heidegger, 1889~1976)

독일 동남부 슈바르츠발트의 메스키르히에서 태어났다. 종교에 관심을 가지고 1909년 프라이부르크 대학 신학부에 입학한다. 그러나 2년 후 신학 공부를 포기하고 철학 연구에 전념하게 된다. 1913년 슈나이더 리케르트 교수의 지도하에 『심리주의의 판단론』으로 박사학위를 받았으며, 1915년에는 『둔스 스코투스의 범주론과 의미론』

으로 교수 자격을 획득했다. 이후 1923년부터 1928년까지 마르부르크 대학에서 교수로 재직한 뒤, 1928년 에드문트 후설의 후계자로서 프라이부르크 대학의 정교수로 초빙되었다. 연구와 강연으로 말년을 보내다가 1976년 고향 마을에서 생을 마감했다. 그가 잠든 이후에도 계속 발간되고 있는 다수의 작품들을 통해 계속 큰 영향력을 행사하고 있다.

주요 저서로는 『존재와 시간』(1927), 『칸트와 형이상학의 문제』(1929), 『형이상학이란 무엇인가』(1929), 『휴머니즘에 관하여』(1947), 『숲길』(1950), 『니체』(1961) 등이 있다.

미셸 푸코(Michel Foucault, 1926~1984)

프랑스의 소도시 푸아티에에서 태어났다. 파리 고등사범학교 졸업 후 클레르몽페랑 대학, 뱅셴 대학 등에서 강의했고, 1972년 콜레주 드 프랑스의 교수로 취임했다. 푸코의 작업은 역사의 심층을 파헤쳐 담론의 형성과 변환을 분석하는 고고학적 방식을 취한다. 그는 서구 근대 사회에서는 새로운 담론들이 계속해서 생겨났으며, 이 담론들은 항상 지배 권력과 연계되어 있다고 강조했다.

주요 저서로는 『광기의 역사』(1961), 『임상의학의 탄생』(1963), 『말과 사물』(1966), 『지식의 고고학』(1969), 『담론의 질서』(1970), 『감시와 처벌』(1975), 『성의 역사 1: 앎의 의지』(1976), 『성의 역사 2: 쾌락의 활용』(1984), 『성의 역사 3: 자기 배려』(1984) 등이 있으며, 콜레주 드 프랑스 강의록이 계속 출간되고 있다.

안토니오 네그리(Antonio Negri, 1933~)

이탈리아 파도바에서 태어났다. 1957년 독일 역사주의에 관한 논문으로 박사학위를 취득했다. 파도바 대학 정치과학연구소를 중심으로 노동자주의와 아우토노미아 사상을 지속적으로 발전시켰다. 정치 운동에 대한 탄압으로 수감과 계속되는 이감, 연금 생활을 겪었으며 그의 저서 대부분은 수감 중에 집필된 것이다. 마르크스, 들뢰즈, 마키아벨리, 스피노자의 독해를 통해 현실에 대한 급진적인 철학적, 정치적 비판을 펼치는 네그리는 현재 베니스와 파리를 오가며 정치 철학 연구를 계속하고 있다.

주요 저서로는 세계 자본주의 시대에 새로운 해방 운동의 가능성을 제시하는 마이클 하트와의 공저 『제국』(2001)·『다중』(2008)·『공통체』(2009) 3부작과 스피노자의 진보성을 드러낸 『야만적 별종』(1981)이 있다.

알랭 바디우(Alain Badiou, 1937~)

모로코에서 태어났다. 프랑스 고등사범학교를 졸업하고 같은 학교에서 강의하던 중 1968년 혁명을 계기로 마오주의 운동에 투신했으며 정치 저작을 집필했다. 문화대혁명의 실패와 마르크스주의의 쇠락 이후 해방을 위한 또 다른 길을 모색하는 과정에서 철학을 시작했다. 바디우의 철학은 주체와 진리의 범주를 재정립해 해방의 정치를 모색하며, 그 과정에 바탕이 될 세계 속의 '사건'을 집합론을 경유해서 해명하는 것을 목표로 한다. 현재 플라톤의 진리 이론을 일자가 아닌 다수의 시점에서 재구성하는 작업에 매진하고 있다.

주요 저서로는 『존재와 사건』(1988), 『조건들』(1992), 『사도 바울』(1997), 『세계의 논리』(2006) 등이 있다.

에티엔 발리바르(Etienne Balibar, 1942~)

프랑스 파리고등사범학교에서 루이 알튀세르, 장 이폴리트, 조르주 캉길렘, 자크 데리다에게서 사사했다. 현재 영국 킹스턴 대학 현대 유럽 철학부에서 교수로 재직 중이다. 마르크스, 스피노자의 영향 아래 마르크스주의 그리고 근대 정치 철학의 주요 범주들을 재구성하는 발리바르는 세계화와 유럽 연합 건설이라는 정세 속에서 민족 형태, 이민, 시민권, 유럽 헌법에 관한 독자적인 사유를 개진하고 있다.

주요 저서로는 『스피노자와 정치』(1985), 『대중들의 공포』(1997), 『정치체에 대한 권리』(1998), 『우리, 유럽의 시민들?』(2001) 등이 있고, 알튀세르의 제자로서 『『자본』을 읽자』 집필에 참여했다.

자크 라캉(Jacques Lacan, 1901~1981)

프랑스 태생의 정신분석 이론가. 콜레주 스타니슬라에서 고전 및 인문학 교육을 받은 후 파리 의과대학에서 수학했고, 1932년 망상증에 관한 연구로 박사학위를 받은 뒤 바로 프랑스 정신분석학계에서 두각을 나타냈다. 프로이트의 정신분석학을 재해석하여 주체와 욕망의 문제를 주요 관심사로 삼았고, 무의식의 언어적 본성과 욕망을 새로운 시각으로 설명함으로써 정신분석이 오늘날 인문학과 예술 비평의 토대 이론으로 활용되는 데 크게 기여했다.

주요 저서로는 논문 및 강연 모음집인 『에크리』(1966)와 사후에 출간된 『또 다른 에크리』(2001)가 있으며, 1953년 이후 약 30년 동안 지속된 '라캉 세미나'가 계속해서 출간되고 있다.

지그문트 프로이트(Sigmund Freud, 1856~1939)

모라비아의 프라이베르크에서 태어났다. 오스트리아의 정신과 의사이자 정신분석학의 창시자이다. 다윈의 『종의 기원』과 괴테의 『자연』의 영향으로 빈 대학의 의과 대학에 입학했다. 1885년 정신과 진료소를 열고 환자들과의 대화를 통해 정신분석학적 임상 치료를 펼쳤다. 그 과정에서 무의식과 억압의 방어 기제를 밝혔으며 성욕, 꿈, 농담이 인간 생활에서 가지는 의미를 새롭게 발견했다. 프로이트는 인간의 무의식의 세계를 탐구하는 길을 열어 근대 철학을 전복한 사상가로 평가되며 철학, 문학, 예술 등에 깊은 영향을 미쳤다.

주요 저서로는 『꿈의 해석』(1900), 『성욕에 관한 세 편의 에세이』(1905), 『토템과 터부』(1913), 『정신분석 강의』(1917), 『쾌락 원리를 넘어서』(1920), 『문명 속의 불만』(1930) 등이 있다.

질 들뢰즈(Gilles Deleuze, 1925~1995)

프랑스 파리에서 태어났다. 소르본 대학에서 철학을 전공한 뒤 파리8대학에서 교수 생활을 했으며 1987년 은퇴했다. 철학사를 해석하는 뛰어난 능력과 독특한 관점으로 일찍부터 주목을 받았다. 근대적 이성의 재검토라는 1960년대의 큰 흐름 속에서 서구 사상의 전통들을 새롭게 종합하려는 시도를 했으며, 문학과 예술 비평에 철학적 깊이를 더하는 활발한 작업들을 통해 철학 분야 바깥에서도 큰 영향력을 행사했다.

주요 저서로는 『니체와 철학』(1962), 『차이와 반복』(1968), 『스피노자와 표현의 문제』(1968), 『의미의 논리』(1969), 『안티 오이디푸스』(1972), 『천 개의 고원』(1980), 『푸코』(1986), 『철학이란 무엇인가?』(1991) 등이 있다.

프리드리히 니체(Friedrich Wilhelm Nietzsche, 1844~1900)

프로이센의 뢰켄에서 태어났다. 엄격한 고전 교육을 받고 1864년 본 대학에 진학해 신학과 고전 문헌학을 공부했다. 1870년 프로이센-프랑스의 전투에 지원, 위생병으로 복무했으나 건강을 해쳐 바젤로 돌아와 고전 문헌학 교수로 일했다. 1879년 건강이 악화되면서 바젤 대학을 퇴직하고, 이후 주로 이탈리아와 프랑스의 요양지에 머물며 저술 활동에만 전념했다. 1888년 말경부터 정신 이상 증세를 보이기 시작한 그는 이듬해 1월 토리노의 광장에서 쓰러진 뒤, 정신 착란 상태에 빠져 1900년 바이마르에서 사망했다. 독일과 독일 민족, 유럽 문화에 대한 통렬한 비판을 가한 니체는 근대가 정점에 이르렀을 때 근대의 사유방식을 극복하자고 외쳤기에 광인 취급을 받았다. 그의 사상은 20세기에 와서 널리 각광받기 시작했다.

주요 저서로는 『즐거운 학문』(1882), 『선악의 저편』(1886), 『도덕의 계보』(1887), 『차라투스트라는 이렇게 말했다』(1883~1885), 『이 사람을 보라』(1889) 등이 있다.

김문수

서울대학교 철학과 박사과정을 수료했으며, 주로 스피노자의 상상 및 감정 이론을 연구해 왔다. 『스피노자 철학에서 개인과 공동체』(공역)와 『나는 철학자다: 부르디외의 하이데거론』(이매진, 2005)을 옮겼다.

김은주

서울대학교 국어교육과 학부 졸업 후 서울대 철학과 석사 졸업 및 박사과정을 수료했다. 프랑스 리옹고등사범학교에서 박사학위 논문으로 *La causalité imaginaire chez Spinoza*(스피노자 철학에서 상상적 인과성)를 썼다. 현재 한양대학교에서 박사 후 연구원으로 재직 중이며 단국대학교 등에 출강하고 있다. 「스피노자 철학에서 개체의 복합성과 코나투스」, 「데카르트 『성찰』의 신 존재 증명과 새로운 관념 이론」 등의 논문과 『생각하는 나의 발견: 방법서설』을 썼으며 알렉상드르 마트롱의 『스피노자 철학에서 개인과 공동체』(공역) 등을 옮겼다.

박기순

서울대 미학과와 동 대학원 철학과를 졸업하고, 프랑스 파리4대학에서 스피노자에 관한 논문으로 박사학위를 받았다. 서울대 인문학연구원 HK연구교수를 역임했고, 현재는 충북대학교 철학과 교수로 재직 중이다. 『서양근대미학』(공저), 『미술은 철학의 눈이다』(공저), 『동서의 문화와 창조』(공저) 등의 책을 저술했고, 들뢰즈의 『스피노자의 철학』 등을 번역했다.

백승영

서강대학교 철학과 및 동 대학원을 졸업하고, 독일 레겐스부르크 대학에서 철학박사 학위를 받았다. 현재 홍익대학교 대학원 미학과 초빙교수이자 재단법인 플라톤아카 데미 연구교수로 재직 중이다. 저서로 *Interpretation bei Nietzsche: Eine Analyse*, 『니체, 디오니소스적 긍정의 철학』, 『니체, 건강한 삶을 위한 긍정의 철학을 기획하다』, 『파테이 마토스』, 『내 삶의 길을 누구에게 묻는가』 등이 있으며 니체의 저작 『바그너의 경우·우상의 황혼·안티크리스트·이 사람을 보라·디오니소스 송가·니체 대 바그너』, 『유고(1887년 가을~1888년 3월)』, 『유고(1888년 초~1889년 1월 초)』 등을 옮겼다.

서동욱

벨기에 루뱅대학교에서 들뢰즈 연구로 철학박사학위를 받았으며, 현재 서강대학교 철학과 교수이다. 1995년 계간 《세계의 문학》을 통해 등단한 이래 시인, 문학평론가로도 활발히 활동하고 있다. 『차이와 타자: 현대철학과 비표상적 사유의 모험』, 『들뢰즈의 철학: 사상과 그 원천』, 『일상의 모험: 태어나 먹고 자고 말하고 연애하며, 죽는 것들의 구원』, 『익명의 밤』, 『철학 연습』, 『생활의 사상』 등의 저서와 엮은 책으로 『싸우는 인문학』, 『미술은 철학의 눈이다』, 옮긴 책으로 들뢰즈의 『칸트의 비판철학』, 『프루스트와 기호들』(공역), 레비나스의 『존재에서 존재자로』 등이 있다.

조정환

서울대학교 국문과 대학원에서 한국근대문학을 연구했고, 《실천문학》 편집위원, 월

간《노동해방문학》주간을 거쳐 현재 '다중지성의 정원'(http://daziwon.net) 대표
겸 상임강사, 도서출판 갈무리 대표로 활동하고 있다. 저서로『민주주의 민족문학론
과 자기비판』,『노동해방문학의 논리』,『아우토노미아』,『제국기계 비판』,『카이로
스의 문학』,『민중이 사라진 시대의 문학』(공저),『예술인간의 탄생』,『미네르바의
촛불』,『공통도시』,『플럭서스 예술혁명』(공저),『인지자본주의』,『인지와 자본』(공
저),『후쿠시마에서 부는 바람』(공저) 등이 있으며 그 외에 여러 권의 편역서와 번
역서가 있다.

진태원

연세대학교 철학과와 동대학원에서 석사 과정을 마치고 서울대학교 철학과에서 스
피노자에 관한 학위 논문으로 박사학위를 받았다. 현재 고려대 민족문화연구원 HK
연구교수로 재직 중이다.『알튀세르 효과』를 엮었고 공저로『라캉의 재탄생』,『서양
근대 철학의 열 가지 쟁점』,『현대 프랑스 철학사』,『팽목항에서 불어오는 바람』 등
이 있다. 자크 데리다의『법의 힘』,『마르크스의 유령들』, 에티엔 발리바르의『스피
노자와 정치』,『우리, 유럽의 시민들?』, 피에르 마슈레의『헤겔 또는 스피노자』, 장
프랑수아 리오타르의『쟁론』, 자크 랑시에르의『불화』 등을 옮겼다.

최원

뉴욕주립대학교 스토니브룩캠퍼스 철학과를 졸업하고 뉴욕 뉴스쿨대학교에서 철학
과 석사학위를, 시카고 로욜라대학교에서『이데올로기에 대한 알튀세르와 라캉의
구조주의 논쟁(*A Structuralist Controversy: Althusser and Lacan on Ideology*)』으로 박
사학위를 받았다. 이 논문은 수정 보완되어『라캉 또는 알튀세르: 이데올로기적 반
역과 반폭력의 정치를 위하여』로 출판되었다. 역서로는 발리바르의『대중들의 공
포: 마르크스 전과 후의 정치와 철학』(공역)이 있으며, 현재 몇몇 대학으로 출강 중
이다.

찾아보기

개념

ㄱ

강도(intensité) 76, 85, 130,
　　187~188, 190, 210~211, 397, 604
거울〔라캉〕 145~146, 153~156, 158,
　　161~164, 167, 178, 344~345
결단〔하이데거〕 117~121, 123,
　　133~134
결여〔들뢰즈〕 193, 203, 207
결정론 40, 60, 64~65, 74, 78, 177,
　　233, 393, 557, 605, 612
고유성(propria) 192, 200, 493
공동선 482, 603~605
공산주의 327, 516, 537, 595

공통 개념(notio communis) 133,
　　231, 291, 395, 397~399, 402,
　　416~418, 420, 429, 604~605
공통 통념 → 공통 개념 231
공포 6, 50, 57, 111, 115~119,
　　124, 169, 236, 242, 285~286,
　　294, 351, 377~378, 391, 393,
　　408~409, 418, 421, 462,
　　464~465, 471~472, 475~477,
　　486, 488, 490, 494, 512, 516,
　　543, 599, 604
관개체성(transindividualité) 250, 437,
　　453~455, 489, 493, 597
교통 444, 475, 483~484, 486, 490
구조적 인과성 275, 315, 453~455
군주제 245~246, 376, 387, 399,

인명

엮은이 진태원

서울대학교 철학과에서 박사학위를 받았고, 고려대학교 민족문화연구원 HK연구교수로 재직하며 스피노자, 알튀세르 및 현대 프랑스 철학에 대한 연구를 계속하고 있다. 『알튀세르 효과』를 엮었고 『법의 힘』, 『마르크스의 유령들』, 『스피노자와 정치』, 『헤겔 또는 스피노자』, 『쟁론』, 『불화』 등을 옮겼다.

엮은이 서동욱

벨기에 루뱅 대학교 철학과에서 박사학위를 받았으며, 현대 유럽 철학, 예술 철학 등에 대한 연구를 하고 있다. 현재 서강대학교 철학과 교수로 재직 중이다. 『차이와 타자』, 『들뢰즈의 철학』, 『일상의 모험』, 『익명의 밤』, 『철학 연습』, 『생활의 사상』 등을 쓰고 『싸우는 인문학』, 『미술은 철학의 눈이다』 등을 엮었다.

필자 소개(게재순)

백승영 홍익대학교 미학과 초빙교수 ｜ 김은주 한양대학교 박사 후 연구원 ｜ 김문수 서울대학교 철학과 박사과정 수료 ｜ 서동욱 서강대학교 철학과 교수 ｜ 진태원 고려대학교 민족문화연구원 HK연구교수 ｜ 박기순 충북대학교 철학과 교수 ｜ 조정환 다중지성의정원 대표 ｜ 최원 《문화과학》 편집위원

대담자 소개

피에르프랑수아 모로 리옹 고등사범학교 교수 ｜ 앙드레 토젤 전 니스 대학교 명예교수

스피노자의 귀환

현대철학과 함께 돌아온 사유의 혁명가

1판 1쇄 펴냄 2017년 4월 21일
1판 2쇄 펴냄 2018년 4월 16일

엮은이 서동욱, 진태원
발행인 박근섭, 박상준
펴낸곳 (주)민음사

출판등록 1966. 5. 19. (제16-490호)
주소   서울시 강남구 도산대로1길 62
        강남출판문화센터 5층 (06027)
대표전화 515-2000 팩시밀리 515-2007
www.minumsa.com
© 김문수, 김은주, 박기순, 백승영, 서동욱, 조정환, 진태원, 최원, 2017.
Printed in Seoul, Korea

ISBN 978-89-374-3402-0 (93160)